民報

俱分進化論（第七號）

太炎

近世言進化論者。蓋昉於海格爾氏。雖無進化之明文。而所謂世界之發展即理性之發展者。進化之說。已蘖芽其間。達爾文斯賓塞爾輩應用其說。一舉生物現象爲證。一舉社會現象爲證。如彼所說。則其目的必達於盡美醇善之區。而進化[illegible]

第一論

論進境之理

言進境者至臨口欲言而人或不能喩非其言之難喩也其所包者既深閎廣博雖

言進固不足盡之倘善以立號綠不得已以定名則言進云耶今夫五洲之國其戶

口之多寡版圖之腴瘠物産之盈縮械器之良楛實殖之奇贏法度之區別斯固可

以進境言之矣從而詢其人之志識學問與其技藝則其用在虛大氣擧之其思慮

與神明往來不可以校先後進境之義於此文非其到切者迺至微而無

所薄逮象所不能顯彼呲童之爲成人歟野蠻之慕爲賢聖歟非閱歷問學不足以

就固也然而發軔於閱歷問學夫其智獻或不足以運之則是安足當用也令人類

教化所需於器物者愈多斯似數化進境之運乎矣庸詎知識見所精閎歷嚴則所

待於用者目不能不求其博非因物而埒藏乃因禮而須物斯亦自然之勢也然則

其內不足以表外乃可以表內矣是故欲探隱索微宜一切滌除其故見瞽

之地球之變遷滄海大陸之不能久非深求地學與考其變化之理者無以知之以

是知凡事當得其比例而後可考其進境何如也。

鸣沙

013

原 道

章太炎与两洋三语的思想世界（1851~1911）

彭春凌　著

社会科学文献出版社
SOCIAL SCIENCES ACADEMIC PRESS(CHINA)

本书以国家社会科学基金青年项目的结项成果（证书号：20183194）为基础，进一步的研究、全面总结和出版得到国家高层次人才计划青年项目的支持。

序 一

陈平原

多年以前，听一位熟悉的中科院院士感叹，他已经读不懂早年学生的论文了，言下之意，很是悲伤。我说这很正常，若毕业多年，学生还在老师的笼罩下翩翩起舞，那才是最大的悲哀。作为导师，读老学生的论著，能努力跟上最好，实在跟不上，或对相关话题不感兴趣，放下就是了，没关系的。反而是不懂装懂，还想继续指导，那才让人反感。

说实话，我的不少学生（包括本书作者），早就摆脱"影响的焦虑"，走出了属于自己的学术道路，我没必要也没能力追踪其每篇论文。即便如此，他/她们仍一直在我的视野之中，除了平日保持交往，拿到惠赠新书时会很欣喜，翻阅报刊时注意学生的作品及行踪，闲来聊天时好炫耀。若论题或思路恰好是我目前所关注的，那才认真阅读。

一个多月前，接到春凌君来信，说她的新书《原道：章太炎与两洋三语的思想世界（1851~1911）》即将由社会科学文献出版社推出，要我写篇小序，理由是："学生初读章太炎，是2006年在您开设的'章太炎研究'课程上。17年过去了，虽然也上下求索，孜孜矻矻，但说来惭愧，只积攒下这么一点小小的心得。章太炎研究，或者说近代思想文化史的研究目前确实生成了一些新的契机，有一些新的可能。学生也愿意在这条路上继续探索。至于效果如何，还请老师多多教诲指正！"

无论是眼下即将刊行的《原道：章太炎与两洋三语的思想世界（1851～1911）》，还是前年出版的《章太炎译〈斯宾塞尔文集〉研究、重译及校注》，其实都不是我能准确评判的。而说不到点子上的表扬，不但无效，还会起反作用。倒不如讲点陈芝麻烂谷子，作为该书的"前史"，或许有助于阅读。

我在北大讲授"章太炎思想研究"专题课总共有两次。第一次是1996年，忘记是春季学期还是秋季学期，那时刚写了几篇论述章太炎的文章，自认为很有心得，于是贸然踏上讲台。课程的相关内容好多收入1998年北京大学出版社刊行的《中国现代学术之建立——以章太炎、胡适之为中心》。该书2003年获教育部颁发的第三届中国高校人文社会科学研究优秀成果一等奖，算是我的代表作之一，其中论及私学传统、游侠精神、魏晋文章，还有经学、子学方法之争，有若干精彩的见解，但我知道自己的知识结构与章太炎有较大差距，再往下走会碰到无法逾越的障碍。因而，2006年秋季学期第二次开课时，我改变策略，主要带领学生精读《国故论衡》，一字一句抠，速度很慢，但效果不错。多年后，好几位修课的学生在著作后记中提及那时的魔鬼训练。

当时我就说了，章太炎撰写体大思精的《国故论衡》，立意孤高决绝，用语佶屈聱牙，加上不少过渡时代的特殊词汇，你若能大致读懂，以后看古今中国书，不会有太大障碍。对于这位近现代中国最博学、最复杂、最深邃、最具前瞻性的学者、斗士、思想家、政治家，值得与其保持深入持久的对话。

修课学生中，日后著述多有旁涉章太炎的，但直接与之正面对话的，目前只有勇猛精进的重庆妹子彭春凌。2011年初夏，彭君完成博士学位论文《儒教转型与文化新命——以康有为、章太炎为中心

（1898～1927）》。我在导师评语中称："不同于既往研究之以五四新文化运动为基点，'逆流而上'，追溯其与传统中国各种思想资源的联系，彭春凌《儒教转型与文化新命——以康有为、章太炎为中心》着重论述戊戌以来的历史进程中，针对关涉'民族生命之站立'等重大问题，以康有为、章太炎为代表的儒教精英知识人如何因应时局变化，逐步调整自身的思想认知，其'艰难的选择'又怎样影响日后新文化运动中的反孔批儒与语文运动。本文着眼宏观的历史演变，入手处却是通过康有为、章太炎生命际遇中实在遭逢的儒教转型问题及其在新文化运动中的回应，进行思想史层面的探讨。作者立意甚高，辨析细致入微，尤其是关于《儒术真论》的成立以及《訄书·原教》的溯源，能因小见大，有很好的发现。本文借助康章对读，以及章太炎与新文化弟子们的对话，呈现清末民初错综复杂的思想激荡与文化转型，有不少精彩的论述。"

作者虽系中文系出身，却对思想史研究情有独钟，且能登堂入室，得到近代史研究界的认可，这点很不容易。三年后，彭君的第一本专著《儒学转型与文化新命——以康有为、章太炎为中心（1898～1927）》由北京大学出版社推出。其之所以获得学界广泛好评，不仅是具体的论述方向及思路，更包括其体现出来的治学态度与功力。此后，作者主要活跃在近代史研究领域，得到诸多前辈学者的指引与提携，也收获若干重要奖项。这些在作者简介或后记中会有所呈现，用不着我来絮叨。

我能够说，或最想说的，是节外生枝的闲话。求学北大十二年（1999～2011），加上中国社会科学院工作十一年（2011～2022），彭春凌完成上述三部大书，当然是了不起的成绩。这主要得益于她的天资与勤奋，也与大环境密切相关。三书多少都涉及"两洋三语"，属于全球化时代的学术思路，除了阅读英文、日文文献的能力，还必须有频繁且深入的体验、交流与请教。作者读博期间多次参加国际学术会议，且到东京大学东洋文化研究所访问研究一年（2009 年 10 月至 2010 年 9 月），工作后又曾任哈佛燕京学社访问学者（2014 年 8 月至 2015 年 7 月）。这样的机遇，"当初只道是寻常"，放长视线，其实是很难得的。

有机会没能抓住，那是个人的失误；若没机会，那是时代的责任。有的题目必须机缘凑合才能做，否则伤筋动骨，且效果欠佳。比如当初我就不具备这个条件，读博时也曾申请出国开会或进修，均未获批准。春凌碰上了好时代，很早就参与国际对话，不仅转益多师，也得到很多外国学者的鼎力支持，这在以前是难以想象的。她很好地抓住了转瞬即逝的机会，一步步走过来，中间虽也有曲折与困惑，但从未停顿过。

最后想剧透的是，成为章太炎研究专家之前的彭君，2006 年完成的硕士学位论文《"另一个中国"的敞开——抗战前夕大众媒体的西行记（1935~1937）》同样值得一提。多年以后，作者入选国家青年高层次人才，挂职西北一年（2020~2021），体会中国的幅员辽阔及发展不均衡，感受民生艰辛的同时，对学问、社会与人生的关系当有更深层次的领悟。这些难得的阅历与经验，或将对作者日后的治学产生某种潜移默化的影响。

2023 年 10 月 7 日于京西圆明园花园

序二　开花在星云以外[*]

王德威

　　章太炎是晚清、民国时期最重要的文化人物之一。他一生历经反清、革命、共和、自治等不同阶段，思想杂糅清代朴学、欧美及日本进化论、社会学，老庄儒墨、唯识论及欧陆唯心哲学等。他交游的人士来自保皇、革命、维新、明治汉学等阵营，从康有为、梁启超到孙中山、袁世凯，从周氏兄弟到井上哲次郎、岸本能武太，再到俞曲园、罗振玉等，有如中日近代政治史、学术史的缩影。

　　有关章太炎的研究其来有自，因为种种原因至近年才形成一股力量。稍早的朱维铮、王汎森，之后的林少阳、陈学然、石井刚、小林武、慕唯仁（Viren Murthy）等中外学者各言其志，所形成的对话网络甚至被戏称为"章学"友。其中彭春凌教授的系列论述无疑后来居上，值得瞩目。

　　"章学"难治，不仅因为章太炎一生屡起屡落，学问和思想复杂多端，也因为其人其文独行其是，难以测度。章氏下笔晦涩执拗，早已是近现代文论研究的一大挑战，学者莫不谨慎以对。除此，章氏问学直指晚清民国知识谱系的世界化倾向，远超过一般专题研究范式。这正是彭春凌新著《原道：章太炎与两洋三语的思想世界（1851~1911）》的用力所在。

　　顾名思义，彭春凌新书一方面探求进化论东来后，清末知识分子

---

[*]　借用无名氏小说标题《开花在星云以外》（1983）。

如何重启天道、世道、人道的大哉问，另一方面她将研究扩向所谓"两洋"——太平洋、大西洋——和"三语"四国——中、日、英、美——场域。两种方向所形成的张力成为此书关怀所在，而以章太炎为辐辕点。彭春凌认为，章氏的重要性不仅在于他亲历中国思想的今古之变，也在于他直接、间接参与了世界思想的转型，其间的流动、参差、对照带来了始料未及的洞见，也产生了无从回避的盲点。

本书研究时段始于 1851 年，止于 1911 年。1851 年意义何在？这一年为咸丰元年，洪秀全在金田起义，晚清即将进入最后一甲子动荡。同年，世界博览会在英国伦敦开幕，展出逾十万件全球各地机械发明、工艺创造。小说家哈代（Thomas Hardy）意识到"一个超乎寻常的时代边界和转折线"就此划开，产生了"时间断崖"（a precipice in Time），"就好像地质学上的断层，我们突然把古代和现代完全联系在一起"。此前一年，思想家斯宾塞（Herbert Spencer）《静态社会学》（Social Statics）出版。他纵观物种演变，由同趋异、用进废退的道理，借有机胚胎发育学、牛顿定律和天体力学等新知，提出物种进化法，并与达尔文、赫胥黎等相互呼应，成为 19 世纪下半叶思想界主流。影响所及，1898 年 29 岁的章太炎和曾广铨合译《斯宾塞尔文集》，同年严复出版译著《天演论》（赫胥黎著），进化论进入中国自此势不可挡。

彭春凌新著即以章太炎、曾广铨合译斯宾塞文集展开。她铺陈章氏跨国、多语的"原道"之路，不仅旁及 19 世纪下半叶英美科学与社会学界就斯宾塞理论所做的辩证攻防，也延伸至日本明治西学和汉学学者的译介和引申。这只是开始。借章太炎与中日学者的互动，彭春凌进一步深描东亚知识分子如何折冲东西学术典范间，形成千丝万缕的谱系；更重要的是，她思考章氏如何由此审理儒墨老庄思想、佛教因明学说、民族文明体制，成就一家之言。

本书是彭春凌治章学的第三部著述。第一本《儒学转型与文化新命——以康有为、章太炎为中心（1898~1927）》（2014）处理戊戌以降儒教自身转型与新文化形成之间的历史关联。新文化运动的反孔批儒思潮是近百年学术界最具争议性的问题之一。康、章曾因儒教的兴废之道而产生互动，之后又因道不同而分道扬镳。及至 1920 年代，他们的立场竟然有了微妙互换。康、章彼此，以及他们与新文化诸君子之间的思想对话揭示反孔批儒的多层次互动。与此同时，日本明治学者将儒学纳入国体论，基督教大举入境中国，在在影响儒教，"正信"与"异端"的辩证，更不提宗教信仰与革命意识间既联合又斗争的关系。19 世纪末，孔教曾经被视为维持帝制的最后关键，近代国民思潮兴起后，传统的天地君亲师秩序被视为封建糟粕，最终难以跨越现代转型障碍。

彭春凌的第二部著作《章太炎译〈斯宾塞尔文集〉研究、重译及校注》（2021）整理斯宾塞著作百年汉译史，并于其中定位章太炎译著的历史价值。章（曾）所译《斯宾塞尔文集》是近代中国思想史、翻译史的奇书，意义不亚于严复译的《天演论》。她分析章太炎译的《斯宾塞尔文集》背后 18 世纪末到 20 世纪初，英、中、日三国思想论述交叉互动的历史，指出全球史视域为理解此书及其后续知识效应必要的方法。与此同时，彭春凌根据四个版本重译、校订斯宾塞的英文原著，不仅查明译作对应的原作段落，标明译作未尝翻译或有意无意曲解原作的段落，并从思想史角度出发为原作、译作都做了详细注释。此书呈现英、中两种著述背后的文化脉络，建立从斯宾塞、章太炎所在的两个思想时空进行对话的图景。所投注其中的知识量和判断力不是泛泛一句"跨语际实践"所能尽详：掌握传统经典原意和历史文化内涵需要真功夫。

彭春凌前两部章太炎研究一从儒教转型入手，一从西学翻译入手。明乎此，我们对她新作强调"两洋三语四国"的多重互动即有所理解。三部著作间存在逻辑关系，由内而外、互为表里。在新作里，章太炎依然是研究重心，但"章太炎"俨然又是一种阿图塞（Louis Althusser）所谓的质诘呼声（interpellation）：由章氏所启动的知识、情感交流，召唤出一代士人学者自我及彼此的定位——国家、伦理、宗教、审美无不在内。全书除绪论、结语外，分为四章。第一章深化作者前二著的要旨——"儒学新命"与翻译斯宾塞进化学说。章太炎早年《儒术真论》（1899）、《訄书》初刻本（1900）的整个知识架构、文化观念都受斯宾塞影响。除了智性启发，更不能忽视宇宙万物的进化变迁——"天变"带给章太炎的情感震撼。《儒术真论》的两篇附文——《视天论》与《菌说》推崇以牛顿力学原理为支柱的近代宇宙天体理念，以原子微粒的运动和相互作用来解释万物的产生。这表明章太炎的儒术新诠又可视为对 16、17 世纪科学革命所产生的学术的"范式转换"。

彭春凌指出，章氏参与清末的儒墨之辨，声言儒术真谛为"以天为不明及无鬼神二事"，所根据的理路不仅来自儒家家法，更有斯宾塞进化学说的不可知论（agnosticism）影响。所不同者，斯宾塞对宇宙本体论里上帝的未知或可知仍留有余地，章太炎的姿态则激进得多。他认为日月星辰"未尝隶属""无所根系"；并以"欲恶去就"来描述引力与离心力的关系，证成万物"自造"，从而建构"依自不依他"的哲学观念。

本书第二章论斯宾塞的《社会学原理》作为社会学研究的滥觞，及其在美国、日本所引发的联动影响。美国内战后迎来第一波斯宾塞热潮，以哈佛大学为基地。任教哈佛大学的约翰·菲斯克（John Fiske）推崇斯宾塞纯任自然、自由放任的学说；相对于此，布朗大学教授莱斯特·沃德（Lester Ward）以《动态社会学》

（*Dynamic Sociology*，1883）强调人类行为的目的性及能动性、摆脱环境制约，扩大公权力职能。1890 年代初在哈佛大学求学的日本学者岸本能武太深受影响，日后撰成《社会学》。岸本专书承认社会群体追求幸福之必要，却不忽视特立独行甚至消极反抗的因子，因此保留斯宾塞自由主义的潜台词。章太炎受岸本一书启发甚深，1902 年将之译为中文，并借题发挥，带入"群"与"独"相互证成的己见。章太炎认为人类社会之异于禽兽者，在于不但享有未来，也能回顾过去；过去与未来之念驱动人类行为、建立价值秩序。借此章步武岸本，将沃德所放逐的宗教感重新引入对人类社会本质的理解。此章由斯宾塞谈起，到沃德，再到岸本能武太，以迄章太炎的创造性传译，环环相扣，充分展现彭春凌横跨两洋三语四国的方法学。

本书第三章专注章太炎的日本因缘。1899 年，章太炎与井上哲次郎——明治时期思想界巨擘——在东京相识。两人都接受斯宾塞的社会进化学说，皆有强烈的亚洲命运共同体自觉，以及融汇东西文明——欧洲唯心哲学和东方儒教或佛教——的用心，自然引为同道。章太炎思想"转俗成真"时期对康德、黑格尔、叔本华等德国哲学的了解，基本上来自井上哲次郎及其学生辈的译介和解析。随着政治立场转向革命，章开始接触井上哲次郎周边东京哲学圈学人。姊崎正治在德国宗教神学启发下，以欲望的表现来定义宗教，修正此前宗教学、人类学以基督教为最高文明位阶的宗教进化观，从而凸显东亚知识界抵抗殖民者文明话语的立场。但更让章心有戚戚焉的是井上圆了。圆了力图振兴明治佛学，倡《妖怪论》破除世俗迷信的"假怪"，代之以所谓"真怪"，即以"无限绝对之心体"来降伏心、物，支配无量诸相。这与受到唯识佛学启发后的章太炎一拍即合。章与他人合译了井上圆了的《妖怪学讲义录》，用心可见一斑。

章太炎与两位井上的纠葛最终显露在他对心体与国体的分疏上。

井上圆了长期从事民间教育和哲学普及工作，和井上哲次郎的"官学"身份迥殊。两人虽然都提倡"现象即实在论"的观念论，但圆了立足于佛教哲学，而哲次郎在19、20世纪之交试图以《教育敕语》的伦理统合所有宗教。他们的对峙在1900年有关"宗教和教育"的辩论中表露无遗。章太炎心仪井上哲次郎的学说，但在转向革命后，力倡革命主体的自我感知及独立诉求，而哲次郎则将理想的极致置于超出个体之外的绝对实在之物。两者在认识论、伦理观和政治哲学上出现了根本性差别。井上圆了反而更加契合章的诉求。彭春凌甚至认为，章太炎与井上哲次郎的差距象征着两个民族的心智角力和道路对决。章太炎的齐物哲学，主张平等之"道"主动向下、不断变化、应和"有差别"的万物，而哲次郎则向天皇论、国家论靠拢。

本书第四章来到章太炎的文化政治和"文"学观念。彭春凌论章太炎力倡国学以抵御明治汉学，着眼点不仅在于民族主义，更是在于从儒家正统分疏文野、雅俗的道理。章严厉批判日本汉学家因维护天皇"万世一系"国体论，而诋毁支援放伐革命的中国儒学。他曾有系列文字批判荻生徂徕以降的日本汉学，以《与罗振玉书》最为人熟知。另外，他对清末以来的文字语言改良运动，不论"步武日本"或"规仿泰西"，均不以为然。为抵抗仿日与崇欧的代表——"汉字统一论"和"万国新语说"，章太炎立足于方言，以不变应万变。他看似保守的态度实则激进异常。

章太炎提议以方言为根基，建立以文化地域亲缘性为基础的"语言统一"论。他反对以文辞压抑言语，主张以言语"展转缘生"为依据，保持汉字的稳定性；沟通古今文野，实为另一种以不齐为其齐的概念实践。所谓"鼎革以文"，章太炎对广义"文"学的操持，极具物质性又极具内铄性。章太炎与同代中日学者从王国维到服部宇之吉的论争，还有他对新兴考古学科的质疑，都必须在此前提下审视。

彭春凌新著考证详细、论述缜密，部分章节抽丝剥茧，甚至有了推理小说的趣味。近年"章学"兴起，种种章氏引语如"依自不依他""不齐之齐""俱分进化""大独必大群"等已经成为学界信手拈来的金句，甚至用在与章氏初衷相反的语境里。彭春凌的新著不仅论章太炎的学术思想，更考掘其源流，追踪其转变，有意无意间，其实呼应章氏所立足的小学传统。她的发现和论证势必引起"章学"友们继续对话的兴趣。以下数点权充对话缘起。

第一，如上文指出，本书的起始点为 1851 年，所谓全球（欧洲）知识体系进入断崖式蜕变的关键时刻。斯宾塞的进化论即将席卷学界，成为显学。几十年内，东亚的中日学界也受到影响。章太炎虽然出身传统朴学，也在 19 世纪末加入此一东西学界串流的大潮。他对斯宾塞学说的翻译、思考或借镜日本，或受教原典，或独出心裁，又必须与清末的政治、学术、思想、情感论述交相比对，才能得见真章。彭春凌一再强调清末学术史必须同时也是全球学术史，不是空谈。在此之上，她更要叩问，章太炎个人的洞见与不见何在。

1857 年，斯宾塞发表《论进步：其法则和原理》，提出"星云假说"（Nebular Hypothesis），以及关于生物进化用进废退的"获得性遗传"（inheritance of acquired characteristics）理念。正是基于"星云假说"，章太炎建构了其早期的宇宙观。"星云假说"主张最初宇宙空间充满了基本颗粒，在引力与斥力的作用下，它们逐渐形成了太阳系的星体和宇宙秩序。浩茫的宇宙不过由无穷的太阳系拥有无数的地球而构成，并无神秘力量存在。这样的宇宙观无疑为晚清思想的蜕变带来寓言性意义。"道"的改变以"天变"开始。不同的是，"星云假说"尽管对斯宾塞而言为宇宙存在的"第一原因"、神秘力量，科学和宗教始终互相支撑；对章太炎而言则提供了否定神秘主义思想的依据——科学与宗教因此两相对峙。然而章太炎的视野何止于此？他终将糅合佛教唯识、欧陆唯心，以及儒道学说，提出一己介入宗教的"真怪"之法。彭春凌对章氏毕生思路的追踪，在在说明其人不断变化的潜力。斯宾塞的"星云假说"即便颠覆前此知识典范，又何尝不为新的宇宙机械论述背书？彭春凌笔下的章太炎作为革命者的意义恰恰在于面对旧学、新学，都不视为当然；追求知识的同时，自有信仰所在——依自不依他。这样的问学视野置于今日，何可复得？

第二，彭春凌的研究也点出了当下学术研究范式的运用值得检讨。章太炎著述从早期的《儒术真论》、斯宾塞文集翻译、《訄书》到《齐物论释》，以迄《国故论衡》《菿汉微言》等，卷帙浩繁，其中涉及东洋、西洋之学的线索尤其千丝万缕。彭春凌的方法是回到根本，细读文本并搜集其内外可见资料，遂成绝不打诳语的"知识的考掘"。如本书第一章以四种版本的斯宾塞文集合校，从而推衍晚清翻译过程中的种种误读现象，以及其下语义变化的动机与结果。本书第二章以岸本能武太的《社会学》为借镜，折射章太炎辗转接受并修订斯宾塞、沃德社会学的过程，并预示章个人"群""独"思想的发展。本书第三章从章太炎与明治哲学界交游始，描述章与关键人物及理念的分合，终于分析章本人对知识和（政教）信仰两难间的取舍，以及中日文明现代化过程中的国族隐喻。本书第四章则对比民国国粹学派与东洋汉学之间的异同，不仅涉及章氏"文"学的政治，更涉及一代中日知识分子面对现代性风暴，如何传承文化遗产的终极课题。彭春凌大可以套用"帝国的碰撞""权力与知识谱系""反现代性的现代性"等流行话语，但她迂回挺进，将这些课题化简为繁。更重要的是她提醒我们，章太炎穿梭这些课题的路径既然不为19世纪中的"星云假说"所圈限，也就没有必要为我们当代的"学术星云假说"所圈限。

第三，彭春凌的研究促使我们再思晚清到民国现代化的进程是否仅能以俗世主义（secularism）完满理解，还是另有超越的层面值得发掘。一般认为，全球现代性的特征之一即在于韦伯（Max Weber）所指出的"去魅化"：传统宗教、迷信式微，庶民身心解放，肇始以理性、功能、秩序管理为目标的生活。在中国语境里，"革命""启蒙"崛起，莫不以推翻封建天命，重整现世社会为目的，也是一种去魅运动。但百年历史见证，世俗现代性并未能摒除宗教——包括广义宗教感、神圣性——的影响。政治神学兴起，乌托邦计划此起彼落，种种圣战烽火或信仰狂热……其实构成现代经验的一部分。识者如泰勒（Charles Taylor）、伯格（Peter Berger）、卡萨诺瓦（José Casanova）早已提醒俗世主义的局限，我们必须正视当代宗教（或宗教性）历久弥新的意义。

彭春凌新书的注意所及，与其说是宗教作为圣宠和信仰机制，不如说是宗教作为感觉结构、内铄追求。我们论章太炎的宗教因缘多半集中在他"转俗成真""回真向俗"的心路历程，而以 1903~1906 年"苏报案"为转折点。彭春凌则将战线拉长，提醒我们章太炎的出真入俗是毕生历练。早期他对斯宾塞"星云假说"的理解已经可见端倪。他不为斯宾塞版的（上帝）不可知主义背书，却并不代表他缺乏宗教情怀。恰恰相反，他已在酝酿如何超越神迹、神学辩证的局限，想象宇宙无量的存在及其播散。这一倾向历经"苏报案"系狱、接触唯识佛学，以及之后转向庄学而逐渐显现。随顺进化、俱分进化，不齐之齐、真俗平等，章太炎的革命观与宗教观实为一体之两面。在此之上，他未尝忘情儒教，从早期与康有为的分合到晚期对国粹学派的辩难，历历可见。彭春凌全书各章有关章太炎的宗教思考，如重新定义斯宾塞的"星云假说"、延伸岸本能武太社会学未来与过去的向度，翻译井上圆了的《妖怪学讲义录》，以及提倡国学的返本开新论等，无不指向一个中国现代性研究隐而不彰的命题。

章太炎的一生充满争议，他的思想之路曲折多变。唯其如此，他再次见证晚清是多么复杂又充满动能的时代：没有晚清，何来五四？《原道：章太炎与两洋三语的思想世界（1851～1911）》挖掘那些曾被压抑的现代性脉络，也让我们追问，时序已至后现代的今日，还有多少现代和前现代性被压抑？"星云假说"之后，量子力学在欧洲兴起，打破牛顿力学定理，再次改变全球知识典范。彼时在世界的另一端，章太炎正执着他充满个人色彩的思想革命——开花在星云以外。

作为章学门外汉，我原无撰写此文资格。唯彭春凌教授提出，斯宾塞的进化论、社会学、自由主义曾以哈佛大学为基地，在北美传播。书中三位人物——菲斯克、岸本能武太、芬诺洛萨（Ernest Fenollosa）先后在哈佛任教或求学；后两者与斯宾塞学说东渡日本更有直接关系。而彭春凌 2015 年也来到哈佛燕京学社担任访问学者，因而展开此书研究。春凌以此为由，嘱我为序。但章学如此艰深，岂能造次？谨聊述阅读所得，权充笔记，就教于春凌和"章学"友们，并志春凌在哈佛问学的一段因缘。

2023 年秋，哈佛大学

序 三

石井刚

很高兴能为彭春凌的这本新著《原道：章太炎与两洋三语的思想世界（1851~1911）》撰序。这是一本跨文化视角思想史研究的重要著作。如果按照我的理解，本书对章太炎的定位应该是晚清民初跨文化实践的典型哲学家。请读者不要以为这个定位与章太炎国学大师的形象不符。《国粹学报》同人许守微曾说："国粹无阻于欧化。"此"欧化"，我认为不一定就是如字面表示的同化于欧洲，更不能和后来的"全盘西化"论等而视之。其意思大概是提倡国粹并不是要主张闭关锁国，而是要以开放的心态广泛吸收外来的优秀文化思想，提炼自己的民族文化。在当时的语境下，"欧化"应该理解为"现代化"更妥。章太炎作为《国粹学报》的主要撰稿人之一，充分代表了这种开放与进取的精神。本书"两洋三语的思想世界"这一副书名正说明章太炎思想的这一特点。实际上，借西学以复古求创新乃是他所敬仰的清代皖派考证学家的学术特点。章太炎的学术非常忠实地继承了清代学术的精华。他诉诸国粹、国故等的复古思想实则离不开广泛吸纳外来学术思想。在帝国主义推动下，西学东渐呈现出空前强势，他要比清代考证学更进一步，广泛搜罗"两洋三语"的哲学新资源，并勉力把它消化成为自己的骨肉。不是别的，他古奥的写作风格恰恰表示他吸收外来学术思想的彻底。就是这个"彻底"才使他能够运用古语畅谈富有创新性和批判性的哲学话语。木山英雄先生曾经提出"文学复古与文学革命"命题，就是旨在指出这一点。这样一来，本书作者不无挑战地称本书为《原道》也并不给人那么突兀的感觉了。"原道"的欲望和实践总伴随着在危机当头求复古创新的渴求。竹内好讨论中国现代化道路的艰难时说："他在拒绝他自己的同时，也拒绝成为自己之外的任何自己。"竹内说的"他"是指鲁迅《聪明人和傻子和奴才》中的"奴才"。竹内也认为"奴才"就是鲁迅。这双层拒绝无非就是要走"挣扎"之路，而我们也完全可以把章太炎重新回到古学和古文的方法解释为走这种艰难的路。鲁迅从绝望出发走无道之道，是他的抵抗，从中寻找解放的社会条件就是鲁迅的文学。竹内好认为这也是中国的现代化不同于日本之处，而我认为若把这种中国的现代化挣扎以国粹或国故来指称，并无大碍。章太炎辛亥前的整个哲学实践始终充满了"原道"的精神。这又经过鲁迅的文学奠定了中国现代化的人文品质。而在章太炎的哲学体系当中，这种精神品质集中体现在复古创新的学术思想取向与文体风格。本书书名可谓很贴切地概括了章太炎辛亥前哲学的总体面貌及其特点。

作者认为，章太炎（及本书涉及的一切思想者）以 16、17 世纪的科学革命和 19 世纪进化论所提供的新的宇宙观为共同的世界观基础，去探究新的"道"。换句话说，章太炎在现代性的前提下重新思考自然与人——"天道"与"人道"。本书以章太炎为中心，横跨欧美、日本和中国的知识界，勾画出了丰富多彩的不同路向，所涉及的思想者一同形成了全球"原道"群像。我们可以视之为分享新的世界观的一个跨文化学问共同体。他们分别身处北半球的西边和东边，却浸泡在同一个世界史时刻。它仿佛雅斯贝尔斯所称的"轴心时代"，都在不同的历史脉络中面对各自的"临界境况"。对近代东亚各国来说，现代化的驱动器不外乎是西方冲击（Western Impact）。本书聚焦的日本和中国两国知识分子在不同的政治社会历史条件下翻译并吸收西方的概念和语言。我们已有许多研究描述这类思想和语言的跨语言、跨文化"连锁"轨迹。本书似乎也可以被视为这一类研究的最新成果，但本书的可贵绝不仅限于此。阅读同一文本、同一思想体系不一定得出同一解释，在时代的同一大背景下产生的同一思潮却得到不同的理解和不同的发展。这是文化传播最自然不过的事实，无论古今、东西，无不如此。文本阅读的延异（différance）性质已经是不言自明的道理，何况语言思想跨文化的传递。所以，重要的不是跨语言、跨文化"连锁"的事实及其梳理，而是从中产生出了什么样的思想史事件，以及这种思想史事件对其时代的危机形成了什么样的回应，还有其全球性意义如何。尤其是就章太炎研究的角度而言，章太炎的哲学既然在特定的世界史条件下应运而生，那么它在世界史上究竟具备何等意义和价值？章太炎的"两洋三语"经验充分给我们展示了跨文化的延异作用所包含的张力，而正如本书所展现，这个"张力"往往会发展成为激烈的思想碰撞。我们应该细心留意于这种碰撞的实际情况，因为它足以为我们提供资源，让我们反思我们共同经历却有不同遭遇的现代性（modernity）本身。本书多处指出翻译西学文字过程中出现的"误解"、"曲解"和"忽视"，以及不同译者之间的诠释分歧；本书也详细描摹了章太炎与日本学者互相切磋而"始相投契，继互为镜像，终而异路"的路程。本书提供的这些信息都饶有兴味，而严复、岸本能武太、梁启超、曾广铨、姉崎正治、井上哲次郎等中日知识分子都在其求"道"过程中发展各自不同的学术体系和思想世界，折射出多样光彩的"原道"图谱。章太炎也不例外，而他的"齐物哲学"则从这种图谱当中产生出来，也就是通过跨语言实践吸收现代性话语，并以此为基础，构建出了极其深刻的批判现代性的厚重话语体系。本书暗示了其与柏格森《创造进化论》之间的遥相呼应关系。两者均对斯宾塞的社会进化论做出不同的回应，开启了 20 世纪的思想运动。其实，与柏格森对法国后现代思想的巨大影响相对照，章太炎在 20 世纪世界哲学中的重要性至今仍然鲜为人知，不免令人叹息。本书"两洋三语"的叙事方法在这点上的确很鼓舞人心。

以往的东亚现代跨语言、跨文化思想传播研究大多把重点放在从日本（日文）到中国（中文）的知识传递现象。事实上，日本也从中国吸收了大量的西方现代知识。本书作者明确指出，本书的目的不在于在日中二元性的视野中讨论问题，而是厘清"全球思想流动最核心的内在驱力"如何影响中国近代思想的兴起。这个问题视角难能可贵。因为就放在这样的全球性视野中，各具特色的本土话语或者民族形式才能体现出其独特的意义。章太炎的国粹或国故更是如此。他在和日本无政府社会主义者交流的过程中逐渐锻造以《五无论》和《国家论》为代表的宇宙论政治哲学，而其与他以光复主张为核心的汉民族中心主义政治思想之间存在不容忽视的张力。其实，这种张力印证了现代启蒙政治哲学话语的内在困境。因此，我们要在 21 世纪的语境当中接续章太炎致力于重构我们世界想象以应对当下危机，那么，往返于本土性和全球性、历史传统和当代意识之间，从中建构新的语言仍然是严峻的学术实践问题，而章太炎的"原道"精神自然隐含了很丰富的启示。在这个意义上，除了本书着重研究的章太炎与当时的日本学界理论话语，我们不能忽视的还有他在东京广泛接触的民间人士及其思想运动。也就是，堺利彦、大杉荣、山川均及幸德秋水等早期社会主义思想家，还有像权藤成卿那样的黑龙会系统的民间思想家与章太炎之间的关系似乎还有待进一步研究。当然，我说"关系"不只意味着上述思想"连锁"关系，更重要的应该是从中思考我们当下处境中的人与社会、人与自然、人与世界等等的条件。这也是本书留给我们，提示给我们的今后研究该走的径路。

本书从海外研究吸取了很丰富的营养。其中，日本的章太炎研究影响尤著。新中国成立后，日本的汉学研究重整旗鼓，以新的国际形势为现实判断的基础，开始重新反思19世纪以来东亚现代化的历程。这样，章太炎开始走入日本思想史研究的视野。在岛田虔次、西顺藏、近藤邦康、高田淳、坂元弘子及小林武等前辈的不懈推动下，出现了众多富有特色、极具文献学价值的研究论著。岩波书店1990年刊行的《章炳麟集》乃是一个里程碑式的成果。和高田淳的《辛亥革命与章炳麟的齐物哲学》（1984）一起，这些翻译及注释使得懂日文的学者较为容易走进以难读著称的章氏文本。所以，日本应该可以算作海外章太炎研究最重要的基地。

由于这个地理条件，近二十年来章太炎研究者的跨越国界交流出现在东京。东京大学成了其枢纽。我记得首先美籍学者慕唯仁的到来为东京的章太炎研究带来了新鲜且活跃的空气。那个时候的东京大学还有林少阳。他和慕唯仁一起都在驹场校区的教养学部，而当时在本乡校区文学部的我正因为对章太炎的共同兴趣常跟他们交流。2008年我来驹场工作，和林少阳成为同事。第二年，由林少阳发起，"章学会"开办。青山学院大学的陈继东、当时在驹场访问研究的北京师范大学张昭军、从纽约大学来交换的刘卓等人和我们一起研读章太炎，而当时还在北京大学攻读博士学位的彭春凌也在其列。在我印象中，少阳兄提议共同研究章太炎的很大原因大概是彭春凌的存在。章学会每次开得让我们非常投入，不知从什么时候起，少阳兄开始戏称我们是"章学友"，同人学术友谊之深厚和温暖可想而知。由于我们工作在不同的地区、不同的国度，往来并不频繁，但2009年的这一共同经历给我们很大的推动力量，尤其是发起人林少阳和彭春凌如今都各自成了当代章太炎研究的世代代表。60后学者和80后学者共同切磋推动东亚章太炎研究，应该是很值得骄傲的现象。

章太炎在东京时与中国人、日本人、印度人、菲律宾人等来自亚洲各地的民间知识分子共同组织了亚洲和亲会。该会宗旨的英文版中有"亚洲人文友谊"（Asiatic Humanitarian Brotherhood）这样一个标语。由于日本当时的政治环境恶劣，该会成立后没有多长时间就解散了。但我总觉得，亚洲范围的"人文友谊"从来没有真正消失，而经过时间的磨炼和雕琢，还在延续当中，并形成了强劲且广泛的流动网络。我擅自以为本书也算是从这份友谊网络当中产生出来的作品，也是这份友谊的见证。

希望本书能够为 21 世纪以中国人文学为共同平台的世界人文网络招来更多来自各地的年轻学者。

以此为序。

2023 年 11 月写于东京

目　录

绪论　章太炎与近代中国思想的全球史脉动　　　　　　　　001

　一　"道之变"与进化　　　　　　　　　　　　　　　001

　二　章太炎思想从"以进化为枢轴"到"以俱分进化为进境"　009

　三　两洋、三语、四国的思想世界之连锁　　　　　　　021

　四　由横向层累的历史观念出发重绘思想地图　　　　　044

第一章　进化中的宇宙与种群：跨入近代的观念断崖　　　056

　第一节　何为进步：章太炎译介斯宾塞的主旨变焦及其投影　058

　　一　英中日跨语际传译中科学与宗教关系之调适　　　058

　　二　章太炎译介《论进步》的主旨变焦（上）：宗教视域淡出　062

　　三　章太炎译介《论进步》的主旨变焦（下）：与科学遭遇　077

　　四　严复理解"进步"立足点的差异及其对斯宾塞的呼应　085

　　五　东学滤镜下章太炎对斯宾塞的再认识　　　　　097

　　小结："进一步、退半步"的思想全球化　　　　　112

　第二节　儒术新诠、牛顿定律与宇宙图景嬗变中的新旧西学更替　114

　　一　真儒术与科学革命的范式转换　　　　　　　114

　　二　章太炎对儒墨差异的再认识及区隔治经、治子之法　117

　　三　牛顿定律介入章太炎真儒术认知的路径　　　139

　　四　清末西学对明末西学的更替与宇宙图景嬗变的深层次知识基础　150

　　小结：国学涵容近代科学　　　　　　　　　　162

第三节　斯宾塞、拉马克主义与清末的种群竞争论述　164

一　种群进化论与1850年代以降中英间的知识流通　164

二　卡彭特与斯宾塞种群进化论的生成及在中国的落地　173

三　调律种群进化论（上）：调整进化位阶　189

四　调律种群进化论（下）：营造"退化""灭种"焦虑意识　197

五　用进废退与种群竞争论述（上）：分殊斯宾塞、达尔文学说　206

六　用进废退与种群竞争论述（下）：从章太炎看日译新词　217

小结：喧哗舆论的表层和内里　227

第二章　人的再定位：跨洋流变的"社会学"之思　236

第一节　自由与秩序之思的跨洋交流：从岸本能武太到章太炎　239

一　岸本能武太《社会学》的英美资源　241

二　岸本能武太对斯宾塞社会有机体说的再编及其个人主义诉求　247

三　章太炎翻译《社会学》之前从"乐群"到"隐"的思想动向　259

四　章太炎对个人自由观念消极与积极两个方向的发展　268

小结：自由与秩序之思的跨洋流变及其影响　281

第二节　人兽之辨的越洋递演：从沃德、岸本能武太到章太炎　287

一　章太炎人兽之辨认知的越洋递演脉络　287

二　岸本能武太对沃德人兽界域的第二次划线　289

三　章太炎接受人兽之别在"有过去、未来之念"　300

四　章太炎理解岸本能武太命题的增益与转调　311

小结：解析人的本质以召唤生活的目的　330

第三章　反思进化的物质宇宙观：章太炎与以井上哲次郎为中心的东京哲学圈　333

第一节　章太炎与井上哲次郎的交往及跨越欧亚的思想地图　336

一　并非两颗运行轨道相似的"孤星"　　336

二　章太炎与井上哲次郎原是旧相识　　344

三　从按图索骥到得鱼忘筌　　359

小结：面对进化之宇宙观所带来的不确定性　　368

第二节　从姊崎正治到井上圆了：清末革命思潮中的日本宗教学　　370

一　由章太炎参与翻译《妖怪学讲义》引出的问题　　370

二　姊崎正治的比较宗教学与清末革命的展开　　374

三　井上圆了与章太炎的《建立宗教论》　　387

四　同旨中的异趣　　393

第三节　章太炎与井上哲次郎哲学的再会及暌离　　401

一　从《哲学丛书》到《原道》：章太炎再会井上哲次郎哲学
及其思想史意义　　401

二　章太炎《读佛典杂记》与森内政昌《认识与实践、实在
观念与理想观念》的交叠　　406

三　为什么是"活动"：从章太炎、森内政昌到井上哲次郎的
逻辑溯源　　416

四　章太炎与井上哲次郎认识论及伦理观的暌离　　424

五　去宥成别：章太炎齐物哲学和井上哲次郎、井上圆了的纠葛　　446

小结：围绕"现象即实在论"及其政治实践的对峙　　460

第四章　章太炎与转轨中的清末国学及明治汉学　　468

第一节　章太炎将"小学"转型为"语言文字学"及其建国理想　　470

一　从"小学"到"语言文字之学"　　471

二　以"一返方言"拒斥"汉字统一"论　　476

三　以"一返方言"抵抗"万国新语"说（上）　　490

四　以"一返方言"抵抗"万国新语"说（下）　　497

小结：声音和语汇之间的现代中国 508

第二节 从雅乐到郑声：章太炎与明治汉学 510

一 章太炎与走向建制化的明治汉学 510

二 从章太炎首次旅日看《与罗振玉书》中追忆与现实感的汇流 514

三 《訄书》重订本与明治汉学中的比较文明史取向 521

四 章太炎批判《汉学》 540

小结：超越夷夏之辨的雅郑之争 556

第三节 另一侧的潜流：清末国学变迁与章太炎的明治汉学批判 562

一 章太炎批判"九能"之士与岛田翰系列事件的发酵 563

二 清末知识人调适"自心"与"外物" 571

三 "古物"与"故闻"之学的两途 580

四 章太炎与罗振玉的分飞 590

小结：清末国学与明治汉学的二重奏 601

结 语 近代思想全球流衍视野中的章太炎与五四一代 604

附录一 《訄书》初刻本（1900）中的日本元素 617

附录二 《訄书》重订本（1904）征引日本著述及其所涉西人情况 626

附录三 章太炎与明治汉学关系表 640

表1 章太炎《与农科大学教习罗振玉书》（1911）关联人事表 640

表2 章太炎与明治汉学大事年表 644

参考文献 648

人名索引 696

后 记 726

绪 论
章太炎与近代中国思想的全球史脉动

一 "道之变"与进化

在中华数千年文明史中，屡见以《原道》为篇名的著述。其中最知名的几家包括西汉时编纂的《淮南子》之《原道》篇，南朝刘勰《文心雕龙》之《原道》篇，以及唐代韩愈所撰《原道》篇。清中叶时，章学诚所著《文史通义》设有《原道》上、中、下三篇。时人见其题袭前人，颇不以为然。章学诚辩曰，"淮南托于空蒙，刘勰专言文指，韩昌黎氏特为佛老塞源，皆足以发明立言之本"，"鄙著《原道》之作，盖为三家之分畛域设也，篇名为前人叠见之余，其所发明，实从古未凿之窦"。① 诚然，只要自出机杼、自有心得，篇名叠见并无妨碍。

章学诚之《原道》，立意在道出于事物之变，以"道不离器，犹影不离形"② 来夯筑"六经皆史"论，对此后学术发展影响至深。值得一提的是，本书的中心人物近代思想家章太炎（1869～1936），其扛鼎之作《国故论衡》亦不避雷同，同样设置《原道》上、中、下三篇。章太炎将《原道》放在《国故论衡》下卷"诸子学"的范围

---

① 章学诚：《与陈鉴亭论学》，（清）章学诚：《文史通义新编新注》，仓修良编注，商务印书馆，2017，第718页。

② 章学诚：《原道》（中），（清）章学诚：《文史通义新编新注》，第100页。

内，实际是在整个中西文明碰撞的背景中，借着诠释老子以降的道家思想来阐述以"齐物"为中心的政治哲学。所谓"庄周明老耽意"，"其道在分异政俗，无令干位，故曰得其环中以应无穷者，各适其欲以流解说，各修其行以为工宰，各致其心以效微妙而已矣"。[①] 章太炎之《原道》也堪称"在内容与形式两方面都能成一家言"。[②]

本书题名"原道"，主旨又与历来诸家迥殊。"原"这里是动词，意为推究。"道"则指向 16、17 世纪的科学革命和 19 世纪的生物进化学说奠定的新的宇宙与人的观念，它们构成了今天对宇宙与人的认知基础；而宇宙与人观念的新旧变迁，又引动了包括宗教、伦理、美学、社会政治学说等诸领域的思想震荡、观念协商或革命。本书以近代中国的大思想家、公认的国学大师章太炎之思想经历为轴心，来辐射自 19 世纪中期到 20 世纪初，跨越大西洋、太平洋的英语、日语、中文三个文化圈，涉及英、美、日、中四国，由革新中的宇宙与人的观念所牵动的宗教、伦理、美学、社会政治学说诸领域之思潮跌宕和交互影响。在寰球的同一段时空中，因各国固有的文化特征不同、当前之社会命题有别、内部的派别分歧深刻，整体上步伐相同的观念革新面临理解要点之参差错落、逻辑理路之递演流变。恰恰是在这么一个复调喧哗的格局中，才能以章太炎为切入点，来把握中国近代思想的某种全球史脉动。

近代以来，无论中西，思想家都普遍承认科学革命与生物进化学说带来了宇宙观和伦理观的根本革新。严复在《天演论》第一篇《察变》按语中，借赫胥黎（Thomas Huxley）的观点总结了古今之别："古者以大地为静，居天中，而日月星辰，拱绕周流，以地为

---

① 《原道》（下），章太炎：《国故论衡》，上海古籍出版社，2003，第 115 页。
② 胡适：《五十年来中国之文学》（1922），欧阳哲生编《胡适文集》（3），北京大学出版社，1998，第 229 页。

主；自哥白尼出，乃知地本行星，系日而运。古者以人类为首出庶物，肖天而生，与万物绝异。自达尔文出，知人为天演中一境，且演且进，来则方将，而教宗抟土之说，必不可信。盖自有哥白尼而后天学明，亦自有达尔文而后生理确也。"在该书第十二篇《人群》的按语中，严复话锋略转，述及宇宙与人观念的大转变对中国传统思想的冲击："十八期民智大进步，以知地为行星，而非居中恒静，与天为配之大物，如古所云云者。十九期民智大进步，以知人道为生类中天演之一境，而非笃生特造，中天地为三才，如古所云云者。"[1] 地与天配，和阴阳学说相关。[2] 天、地、人并称三才，[3] 说法源自《易·系传》。三才之说赋予了人"笃生特造"的地位和灵性。它们均属于中国传统思想。而日本进化论者丘浅次郎（又名"丘浅治郎"）的概括则最为直接："天文学进步的结果是，让人们知道地球是太阳系中的一颗行星。与之十分相似的是，生物学进步的结果是让人们清楚地知道人类也是兽类的一种。"[4]

中国古人对"道"——从自然万物运行的时令规则，到建构在血缘亲疏、长幼尊卑上的人间道德秩序、伦理操守，一般而言，有着相当笃定的信仰。其原因，大体可归结为董仲舒所谓的"道之大原出于天，天不变，道亦不变"。[5] 春夏秋冬，四时交替；日升月落，

---

① 严复译《天演论》，慎始基斋本，汪征鲁等主编《严复全集》卷一，福建教育出版社，2014，第84、104页。
② 如王充《论衡》之《自然》篇谓："天地，夫妇也。地体无口目，亦知天无口目也。"黄晖：《论衡校释》，中华书局，1990，第776页。
③ 章太炎《重订三字经》就录有传世《三字经》中的"三才者，天地人；三光者，日月星"，并释曰："天地人为'三才'，见《易·系传》。日月星为'三光'，见《白虎通》。"《章太炎全集·重订三字经》，上海人民出版社，2018，第407页。
④ 丘淺治郎『進化論講話』開成館，1904年，723頁。如非特别说明，本书所涉英文、日文著作的翻译均为笔者所译。
⑤ （汉）班固撰，（唐）颜师古注《汉书》卷56《董仲舒传》，中华书局，1964，第2518～2519页。

昼夜更迭。自然的运行规律是亘古不变的。既然主宰人间事物的天意是不变的，那么人间的道德秩序、伦理教化也就不会改变。到了清代，盛时彦在为纪昀《阅微草堂笔记》作序时，对当然之理、不易之道仍有确定不移的坚执，颇能代表世人的大体认知："夫道岂深隐莫测，秘密不传，如佛家之心印，道家之口诀哉！万事当然之理，是即道矣。故道在天地，如汞泻地，颗颗皆圆；如月映水，处处皆见。大至于治国平天下，小至于一事一物、一动一言，无乎不在焉。"①

清中叶以降，如耶稣会士蒋友仁（Michel Benoist）就介绍过哥白尼学说。而1840年代海通以来，随着《重学》（1859）、《谈天》（1859）等西书的翻译，融汇哥白尼、开普勒的天文新学说和伽利略的物理学说，代表科学革命成就的牛顿定律及其所支撑的近代宇宙天体认知已经在中国逐步传播并产生影响。然而要到戊戌时期，以《天演论》《斯宾塞尔文集》的翻译为契机，英国哲学家赫伯特·斯宾塞（Herbert Spencer）糅合18世纪进步哲学与19世纪生物进化学说形成的"进化"哲学在中国获得了趋新知识人大范围的认可和接纳。② 宇宙与种群的演化、人类社会的发育、文明的变迁等，才因被整合进一套"进化"哲学的逻辑框架，而被一股脑地接受下来，并且持续在中国的思想界发挥影响力。

正如生物学家恩斯特·迈尔（Ernst Mayr）指出的那样，19世纪的生物进化学说在世界观和思维方式上，完善了以逻辑学、数学、物理学的发展所支撑的"科学革命"。"达尔文的进化思想迫使我们对

---

① 盛时彦：《序》，（清）纪昀：《阅微草堂笔记》，上海古籍出版社，2016，第1页。
② 众所周知，严复1898年出版的译著《天演论》，原书是赫胥黎的《进化论与伦理学》（Evolution and Ethics）。赫胥黎在进化观念上更接近达尔文，而非斯宾塞。然而，严复的学说实际上以斯宾塞的学说为基础。他从《原强》（1895）到1903年出版的译著《群学肄言》（即斯宾塞的《社会学研究》）都是正面介绍斯宾塞学说。在《天演论》中他也通过"按语"等形式阐明斯宾塞的主张，甚至屡次驳斥赫胥黎的观点。

人在生命世界中的地位采取一种现实主义观念";"它还促使我们在哲学思想上容纳物理学家的哲学所轻视或缺少的一些概念，诸如变异、多元论、机遇、不确定性、目的性程序、历史信息以及其他。新的生物学世界观为控制事态过程（包括人类历史）各种力量的相互作用提供了一幅全新的画面"。①

斯宾塞的生物进化观念和达尔文有差别，即不同于达尔文的自然选择（natural selection）原理。斯宾塞用拉马克主义用进废退的理念来解释生物进化的原因（参见本书第一章第三节的详细讨论）。斯宾塞"进化"哲学也包含了变异、多元、目的性程序、历史信息等诸元素。特别是他从宇宙的诞生开始，为所有自然和人文现象勾勒了一个全新、可识别的演变图景。借助星云假说（Nebular Hypothesis）、获得性状遗传（inheritance of acquired characteristics）等理念，他将从 17 世纪牛顿力学原理到 19 世纪生物学发展的主要知识汇通在一起，为人类感知范围内的所有对象提供了整全性的、确定的解释，尤有撼动人心的力量。

章太炎 1898 年与曾广铨合译了《斯宾塞尔文集》。研究者指出，从宇宙到生物的进化，到人类文明的演变，章太炎早年《儒术真论》（1899）、《訄书》初刻本（1900）的整个知识架构、文化观念都受到斯宾塞影响。② 除了智性的层面，不可忽视宇宙万物的进化变迁——

---

① 参阅恩斯特·迈尔《生物学思想发展的历史》，涂长晟等译，四川教育出版社，2010，"前言——为中译本出版而作"，第 1 页。

② 早期的评价和研究，参阅姜义华《章太炎评传》，百花洲文艺出版社，1995，第 27~39 页；王天根《章太炎对"本土经验"的强调与早期"西方社会学中国化"》，《东方丛刊》2004 年第 2 期。彭春凌《章太炎译〈斯宾塞尔文集〉研究、重译及校注》（上海人民出版社，2021）在斯宾塞的百年汉译史中定位了曾广铨、章太炎合译《斯宾塞尔文集》的价值，考证译著所据原作底本，论析如何在全球史视域中来看待这部译作，将原作、译作的相关段落进行一一对应，用 4 个版本对原作进行了校勘，重译原作，从思想史角度详细注解了译作，建立了斯宾塞、章太炎两个思想时空对话的图景。本书涉及的《斯宾塞尔文集》的现代翻译，如非特别说明，均出自《章太炎译〈斯宾塞尔文集〉研究、重译及校注》。

"天变"带给章太炎的情感震撼。从原作中并不存在,而是章太炎直抒胸臆的语句那里就能窥见一斑。斯宾塞辨析地壳变动、陆地沉陷带来潮汐、风、降雨等一系列气象的改变,译文笔述者章太炎感叹:"故曰今日不如古日之热,今月不如古月之白,非虚言也。"① 针对原文"古物之受镕"容易引起读者困惑,译文解释说:"由地球之有亡灭,可以知其必为积点所成,可以知其日久而变化,然则古物之受镕也,复何惑焉?"② 太阳的热度在变化,月亮的颜色在变化,连地球都有灭亡之日,"天不变"自然就难以取信。

宇宙万物、生物种群作为物质的存在都处于不懈变化的进程中,人类的每个个体都是进化的"中间物",并且都遵循"进化"的自然法则。这是进化学说带给全世界年青一代的新鲜体验。1857 年,37岁的斯宾塞在撰写《论进步:其法则和原因》时感叹:"在外在和内在的两个世界中,他都发现自己处于永恒变化的中间,他既不能发现变化的起始,也不能发现变化的终结。"③ 他的朋友赫胥黎则领悟到,"有肉体、智力和道德观念的人,就好象最没有价值的杂草一样,既是自然界的一部分,又纯粹是宇宙过程的产物"。赫胥黎在 19 世纪末坚信:"伦理本性虽然是宇宙本性的产物,但它必然是与产生它的宇宙本性相对抗的。"④ 日本的加藤弘之 40 岁读到达尔文、斯宾塞、海克尔(Ernst Haeckel)等关于进化主义的书籍,更加明白"宇宙是

---

① 曾广铨采译,章炳麟笔述《斯宾塞尔文集·论进境之理》,《昌言报》第 3 册,台北:文海出版社 1987 年影印本,第 142 页。

② 曾广铨采译,章炳麟笔述《斯宾塞尔文集·论进境之理》,《昌言报》第 1 册,第 5 页。

③ Herbert Spencer, "Progress: Its Law and Cause," in Herbert Spencer, *Essays: Scientific, Political, and Speculative*, Vol. I (London: Williams and Norgate, 1868), p. 59.

④ Thomas H. Huxley, *Evolution & Ethics and Other Essays* (London: Macmillan and Co., 1895), pp. 11, viii. 译文参阅赫胥黎《进化论与伦理学》,翻译组译,科学出版社,1971,第 8 页、"序"第 iii 页。

唯一的自然，绝无所谓超自然的东西"，也因而更相信"我们人类并非本来就是万物之灵长，而是完全由于进化才成为灵长"，就此而放弃了天赋人权说。① 德富苏峰在二十四五岁时出版了《将来之日本》，中江兆民赞其"祖述近时英国硕学斯辨施尔氏万物追世化成之说，更创意有所发明，因以论吾邦制度、文物，异日必当为云云状"。② 此处的"斯辨施尔氏"正是斯宾塞。章太炎参与翻译《斯宾塞尔文集》时不到 30 岁。谭嗣同 31 岁时观察到化石中动植物遗迹，"大要与今异"，"天地以日新，生物无一瞬不新也。今日之神奇，明日即已腐臭"。③ 鲁迅则写下了和斯宾塞中间物的感受极为接近的文字："一切事物，在转变中，是总有多少中间物的。动植之间，无脊椎和脊椎动物之间，都有中间物；或者简直可以说，在进化的链子上，一切都是中间物。"④

从斯宾塞到赫胥黎，从加藤弘之到德富苏峰，从谭嗣同到鲁迅，与看清宇宙与生命的变异性相伴随的是 19 世纪下半叶到 20 世纪初期，各国青年不断思索人类文明的走向，陆续激荡政治、社会的改革目标，重审道德的归处、伦理的担当。

而处于这一时期英语、日语、中文三个文化圈之间知识流通中枢环节的章太炎，当初正是用传统对"道"的诠释来阐述斯宾塞的"进步"（progress）。

在斯氏那里，"进步"（progress）乃是描述"进化"（evolution）过程及状态的词。两个词都蕴含了由同质性向异质性的演变，又几乎可以

---

① 加藤弘之『自然と倫理』實業之日本社、1912 年、「序」、4 頁。
② 中江篤介「將來之日本序」德富猪一郎『將來之日本』經濟雜誌社、1887 年、2 頁。
③ 谭嗣同：《上欧阳中鹄》，蔡尚思、方行编《谭嗣同全集（增订本）》下册，中华书局，1981，第 458 页。
④ 鲁迅：《写在〈坟〉后面》（1926），《鲁迅全集》（1），人民文学出版社，2005，第 301~302 页。

通用置换。① 章太炎合译的《斯宾塞尔文集》多次将贯穿宇宙到人类一切事物之进步法则——"从同质性到异质性的转变"（the transformation of the homogeneous into the heterogeneous），对译为"由一生万，是名进境"。② "由一生万"，又或写为"由一而化万"，它来自道家的观念。传世《老子》第四十二章有云："道生一，一生二，二生三，三生万物。"③《说文解字·一部》释"一"曰："惟初太始，道立于一，造分天地，化成万物。"④ 将"进化"类比于"道"之演变，显然是章太炎深思熟虑的结果。斯宾塞指出，不同的生殖细胞最终会成长为千差万别的人、鸡、猫、狗等，但在最初并看不出它们的特异性，"没有动物和植物的胚芽包含它们未来有机体哪怕最微小的雏形、痕迹或者表征"。⑤ 章太炎译文处理为："动植物之生机质点，泯然若寥天一。"⑥ "寥天一"典出《庄子·大宗师》"安排而去化，乃入于寥天一"。宣颖《南华经解》释曰："乃入于空虚之天之至一者耳。"⑦ 也就是说，章太炎这里仍

---

① 在《论进步：其法则和原因》中经常出现两个词可以置换的句子，比如"the evolution of the homogeneous into the heterogeneous"（从同质性到异质性的进化），又说"Endless facts go to show that every kind of progress is from the homogeneous to the heterogeneous"（无穷的事实显示每一种进步都是从同质性到异质性）。Herbert Spencer, "Progress: Its Law and Cause," in Spencer, *Essays*, Vol. Ⅰ (1868), pp. 22, 42, 57. 从斯宾塞对自己思想与文章的布局中也能看到这一点。1891 年，他重新编纂三卷本《论文集：科学的、政治的和推断的》。《论进步》所在的第 1 卷主题是"以一般或专门的方式讨论进化观念"（essays in which the idea of evolution, general or special, is dominant）。Herbert Spencer, "Preface," in Herbert Spencer, *Essays: Scientific, Political, and Speculative*, Vol. Ⅰ (London: Williams and Norgate, 1891), pp. Ⅲ-Ⅴ.

② Herbert Spencer, "Progress: Its Law and Cause," in Spencer, *Essays*, Vol. Ⅰ (1868), pp. 30, 11-12; 曾广铨采译，章炳麟笔述《斯宾塞尔文集·论进境之理》，《昌言报》第 3 册，第 138 页；《昌言报》第 1 册，第 6 页。

③ （魏）王弼注《老子道德经注校释》，楼宇烈校释，中华书局，2008，第 117 页。

④ （汉）许慎：《说文解字》，中华书局，1963，第 7 页上。

⑤ Herbert Spencer, "Progress: Its Law and Cause," in Spencer, *Essays*, Vol. Ⅰ (1868), p. 45.

⑥ 曾广铨采译，章炳麟笔述《斯宾塞尔文集·论进境之理》，《昌言报》第 4 册，第 203 页。

⑦ （清）宣颖：《南华经解》，曹础基校点，广东人民出版社，2008，第 58 页。

是用作为天之本原的、空虚无形的"道"的演变来描述生物进化。

有意思的是，1910年初版的《国故论衡》的《原道》下篇中，章太炎对庄子齐物之道的阐述，其实又暗含着斯宾塞对进化的解析。他说："独王弼能推庄生意，为《易略例》，明一以《彖》，……明岐以《爻》。""一"与"岐（歧）"的关系，亦正可对应从同质性到异质性的转化。该文篇末曰："道若无岐，宇宙至今如抟炭，大地至今如孰乳已。"① 他将宇宙、大地最初的状态指向同质性的"抟炭""孰乳"，经过"歧"的异质性演化，生成包罗万象、众歧纷纭的宇宙、地球面貌，对应的正是斯宾塞以星云假说为基础的宇宙进化论述。章太炎在1907年写成的《五无论》中就有类似表述。《国故论衡》再次建立了"道之变"与进化的对应关系。这意味着"原道"是一个恰适的总名。它可用于指涉过去四百年围绕宇宙与人观念的根本革新。受其搅动，19世纪下半叶到20世纪初，英语、日语、中文三个语言文化圈彼此关联、交叉影响、互相质询。而其间宗教、伦理、社会政治及美学的种种思想变迁，皆可由章太炎之牵引而得见。

二　章太炎思想从"以进化为枢轴"到"以俱分进化为进境"

侯外庐的《中国近代启蒙思想史》正文共五章，论述了19世纪下半叶至20世纪二三十年代的四位思想家，他们是康有为、谭嗣同、章太炎、王国维，关于章太炎的论述独占了两章。侯外庐为其中一章题名为，章太炎的哲学思想"反映19世纪末叶社会全貌"。② 数十年来，经过几代学者的努力，以年谱编订、传记整理、全集辑录、文献注疏方

---

① 《原道》（下），章太炎：《国故论衡》，第116页。
② 侯外庐：《中国近代启蒙思想史》，黄宣民校订，人民出版社，1993，第214页。

式涌现的诸多优秀成果为经纬，与章太炎有关的儒释道三教、经学、史学、诸子学、文学等各种专门学问的研讨论著如繁星满天。①

① 关于章太炎的研究，兹根据类别说明其中代表性作品。第一，年谱传记类的研究和资料整理。汤志钧编《章太炎年谱长编（增订本）》（中华书局，2013）是汤志钧在《章太炎年谱长编》（中华书局，1979）、《乘桴新获：从戊戌到辛亥》（江苏古籍出版社，1990）、《章太炎传》（台湾商务印书馆，1996）等后的集大成之作。该增订本主要增加1898年底章太炎因戊戌政变避祸台湾期间的经历，1906~1911年章太炎旅居日本期间日本方面对其活动的记录，以及1916年章太炎游历南洋的情况；增加历次章太炎讲演国学的记录，如通过《东北丛刊》第7号（1930年7月）所刊金毓黻《国学会听讲日记》，明确了1913年章太炎在北京主讲国学会的详细内容，等等。姜义华的《章太炎思想研究》（上海人民出版社，1985）系统研讨章太炎一生思想、行止；《章太炎评传》（百花洲文艺出版社，1995）侧重于章太炎的学术经历和成就，较早分析章太炎接受斯宾塞所代表的新学来建构早期文化观。姜氏《章炳麟评传》（南京大学出版社，2002）是总结性的著述，它充实了章太炎1916年结束北京幽囚之后的政治活动，以《儒术真论》为章太炎对康有为建立孔教的驳议，《检论》为章太炎对中华文化的总检核，把章太炎与时代精英群体康有为、孙中山、宋恕、刘师培、吴稚晖、鲁迅等进行了比较研究。此外，熊月之的《章太炎》（上海人民出版社，1982），唐文权、罗福惠的《章太炎思想研究》（华中师范大学出版社，1986），谢樱宁编的《章太炎年谱摭遗》（中国社会科学出版社，1987），姚奠中、董国炎编的《章太炎学术年谱》（山西古籍出版社，1996），马勇的《民国遗民：章太炎传》（东方出版社，2015）亦各有侧重和特色。汪荣祖1989年在香港牛津大学出版社推出的英文著作《追寻现代民族主义：章炳麟与革命中国（1869~1936）》（Search for Modern Nationalism: Zhang Binglin and Revolutionary China, 1869-1936）认为，章太炎式的民族主义不等同于文化保守主义，是主张各个文化的自主与共存。汪荣祖的论文《章太炎对现代性的迎拒与文化多元思想的表述》（《中央研究院近代史研究所集刊》第41期，2003年9月）比较了章太炎与19世纪俄罗斯的"亲斯拉夫派"的文化观。他之后又推出《章太炎散论》（中华书局，2008）、《康章合论》（新星出版社，2006）等著作。第二，对章太炎著述的搜集整理及文献注疏类作品。1970年代后期以来，学界已经进行了一些奠基性的工作，中华书局1977年出版汤志钧编《章太炎政论选集》，上海人民出版社1981年推出朱维铮、姜义华编著《章太炎选集》，该社1980年代又陆续推出由沈延国、汤志钧、姜义华、朱维铮、徐复、王仲荦、朱季海等点校、整理的6册《章太炎全集》，分别收录《膏兰室札记》，《诂经札记》，《七略别录佚文征》，《春秋左传读》，《春秋左传读叙录》，《驳箴膏肓评》，《訄书》初刻本、重订本，《检论》，《太炎文录初编》，《太炎文录续编》，《齐物论释》，《齐物论释定本》，《庄子解诂》，《管子余义》等。该社1994年推出第8册《医论集》，1999年出版的第7册收入《新方言》《岭外三州语》《文始》等。此后还有虞云国标点整理的《菿汉三言》（辽宁教育出版社，2000）；陈平原选编的《章太炎的白话文》（贵州教育出版社，2001）；陈平原导读的《国故论衡》（上海古籍出版社，2003）；

马勇编的《章太炎书信集》（河北人民出版社，2003）；张昭军编的《章太炎讲国学》（东方出版社，2007）；章念驰编订的《章太炎讲演集》（上海人民出版社，2011）等陆续出版。2014~2017年，上海人民出版社分三批陆续推出共20册的《章太炎全集》（2018年将之排序后再版）。新增12册中，收录了《国故论衡》《书信集》《译文集》《菿汉微言》《演讲集》《太炎文录补编》《说文解字授课笔记》等基本文献。至此，章太炎作品的搜集整理工作告一段落。关于章太炎重要文献的校注、疏证，包括徐复注的《訄书详注》（上海古籍出版社，2000）；梁涛注释的《〈訄书〉评注》（陕西人民出版社，2003）；庞俊、郭诚永疏证，董婧宸校订的《国故论衡疏证》（中华书局，2018）；孟琢的《齐物论释疏证》（上海人民出版社，2019）；马强才的《章太炎诗集：注释本》（上海人民出版社，2020）；彭春凌的《章太炎译〈斯宾塞尔文集〉研究、重译及校注》（上海人民出版社，2021）；等等。第三，关于章太炎的各种专题研究。据陈学然辑《章太炎研究文献书目初编》（《章太炎全集·附录》，上海人民出版社，2017，第155~343页）统计，截至2016年，专题研究章太炎的学术专著共88部，学术期刊论文1433篇，著述或论文集单篇章节91篇，硕士、博士学位论文达128篇，几乎涵盖人文社会科学（还包括医学）的所有重要学科。就本书最为关注的章太炎生平时段（截至1911年），各个方面的研究呈现一些共性——往往是从"变"，既包括相对于传统中国思想学术而言的"变迁"，又包括章太炎观念立场的不断调整和"变化"，来认知他的国学。侧重研究章太炎之儒学、经学者，如王汎森《章太炎的思想（1868~1919）及其对儒学传统的冲击》，台北：时报文化出版事业有限公司，1985；张昭军《儒学近代之境：章太炎儒学思想研究》，北京师范大学出版社，2011；刘巍《从援今文说古文经到铸古文经学为史学：对章太炎早期经学思想发展轨迹的探讨》，《近代史研究》2004年第3期；张荣华《章太炎与章学诚》，《复旦学报》2005年第3期；黄翠芬《章太炎春秋左传学研究》，台北：文津出版社，2006；彭春凌《儒学转型与文化新命——以康有为、章太炎为中心（1898~1927）》，北京大学出版社，2014等。侧重阐发章太炎之诸子学，尤其是《齐物论释》及其哲学者，如高田淳『辛亥革命と章炳麟の斉物哲学』研文出版、1984年；石井刚《齐物的哲学：章太炎与中国现代思想的东亚经验》，华东师范大学出版社，2016；张春香《章太炎主体性道德哲学研究》，中国社会科学出版社，2007；Murthy Viren, *The Political Philosophy of Zhang Taiyan：The Resistance of Consciousness*（Leiden，Boston：Brill，2011）；张志强《"操齐物以解纷，明天倪以为量"——论章太炎"齐物"哲学的形成及其意趣》，《中国哲学史》2012年第3期；蔡志栋《章太炎后期哲学思想研究》，上海社会科学院出版社，2013；等等。侧重梳理章太炎之佛学者，如郭应传《真俗之境：章太炎佛学思想研究》，安徽人民出版社，2006；陈继东《从〈訄书〉初刻本（一九〇〇）看章炳麟的早期佛教认识》，《言语·文化·社会》第7号，2009年3月；坂元弘子《中国近代思想的"连锁"——以章太炎为中心》，郭驰洋译，上海人民出版社，2019；等等。侧重考察章太炎之小学、文学者，如孙毕《章太炎〈新方言〉研究》，华东师范大学出版社，2006；许良越《章太炎〈文始〉研究》，中国社会科学出版社，2015；陈雪虎《"文"的再认：章太炎文论初探》，北京大学出版社，2008；

可以说，章太炎的生平经历、著述与思想的大致脉络已然较为清晰。而章太炎一向被视作近代国学运动的中心人物。研究者从观念上早就意识到，近代国学之倡导者，在知识系统上面对西学新知是开放涵容的。相比于旧式士大夫，章太炎、刘师培等人"有全然相异的宇宙观和价值取向"；而所谓的国粹派，"新学知识体系的核心内容，是进化论与社会学"，对"进化论的宇宙观的确立和对西方社会学理论的积极吸纳，使国粹派的认知结构得到了根本性的改造"。[①] 并且中国近代"国学"的发生、发展和日本的思想学术有着密切关联。[②] 这些正确意识和论断，为本书从斯宾塞"进化"思想及著述在全球的传播、影响出发，以章太炎为轴心来研讨中国近代思想的全球史脉动提供了有力支持。

林少陽『「修辞」という思想：章炳麟と漢字圏の言語論的批評理論』白澤社、2009 年；林少阳《鼎革以文：清季革命与章太炎"复古"的新文化运动》，上海人民出版社，2018；等等。侧重于学术史的分析者，如陈平原《中国现代学术之建立——以章太炎、胡适之为中心》，北京大学出版社，1998；李帆《章太炎、刘师培、梁启超清学史著述之研究（修订版）》，商务印书馆，2016；江湄《创造"传统"——梁启超、章太炎、胡适与中国学术思想史典范的确立》，社会科学文献出版社，2013；等等。还有一些总括性研究，如王玉华《多元视野与传统的合理化——章太炎思想的阐释》，中国社会科学出版社，2004。除专著外，还有很多经典论文，比如朱维铮《章太炎与王阳明》、孙万国《也谈章太炎与王阳明——兼论太炎思想的两个世界》，收入章念驰编《章太炎生平与思想研究文选》，浙江人民出版社，1986。本书正文涉及具体问题时，将另外呈现之前的相关研究，这里不再一一赘述。

① 郑师渠：《晚清国粹派：文化思想研究》，北京师范大学出版社，1997，第 55、61、99 页。桑兵：《晚清民国的国学研究》（北京师范大学出版社，2014）称，"'西学'这一东亚人特有的模糊概念，作为对外来新的思想和学术的笼统观照，不仅刺激了国学研究的兴起，更制约着其发展趋向"（第 1 页）。桑兵的《国学与汉学：近代中外学界交往录》（中国人民大学出版社，2010）、罗志田的《国家与学术：清末民初关于"国学"的思想论争》（三联书店，2003）都有展现近代国学与西学的关系。

② 明治二十一年（1888），为反对明治政府鹿鸣馆式的欧化政策，三宅雪岭、志贺重昂创刊了《日本人》杂志，倡导国粹保存主义与国民主义。这成为黄节等创办《国粹学报》的重要动因。黄节《〈国粹学报〉叙》说："昔者日本维新，归藩覆幕，举国风靡于时，欧化主义，浩浩滔天，三宅雄次郎、志贺重昂等撰杂志，倡国粹保全，而日本主义，卒以成立。"《国粹学报》第 1 期，1905 年 2 月 23 日，《国粹学报》第 3 册，广陵书社 2006 年影印本（下文简称"《国粹学报》影印本"），第 10 页。

章太炎 1869 年出生于浙江余杭，名炳麟，字枚叔，号太炎，自幼受到文字、音韵、训诂的传统学术训练，1890~1897 年在杭州诂经精舍问学于朴学大师俞樾。他 1897 年赴上海，先后参与编撰《时务报》《经世报》《实学报》《译书公会报》《昌言报》等，并与曾广铨合译《斯宾塞尔文集》。无论在学还是办报，他都有融汇中西学的高度自觉，自谓撰述"近引西书，旁傅诸子"①，誓要"以欧罗巴学上窥九流"②。章太炎在清末三赴日本，每一次在日本的经历都触动他撰写了有代表性的著述。戊戌政变后，1898 年底他流亡到已被日本占据的台湾，在《台湾日日新报》担任编辑。1899 年他第一次游历日本本岛，回国后于 1900 年出版了《訄书》初刻本。1902 年，他第二次赴日，同年翻译出版了我国第一本完整的社会学专著——岸本能武太《社会学》。经过 1902 年的修订，《訄书》重订本 1904 年在日本印行。因身涉"苏报案"，章太炎 1903 年在上海入狱，1906 年出狱后他第三次赴日，直到 1911 年辛亥革命爆发后回国。他于此间主编了同盟会机关报《民报》，并在《民报》上先后发表《俱分进化论》《无神论》《建立宗教论》《人无我论》《中华民国解》《五无论》《国家论》《四惑论》等。这些作品"对于极大极微的宇宙、人生、社会问题，表现出自我横冲的独行孤见"，置诸中国思想史，实属少有的"人格性的创造"，③ 亦可谓近代最幽玄深邃的思想表达。在日期间，他已完成或基本搭好了《新方言》《文始》《国故论衡》《齐物论释》等传世名作的架构。

　　正因章太炎和日本有如此紧密的关系，战后日本学术界也形成了

---

① 章太炎：《与谭献》（1896 年 8 月 18 日），《章太炎全集·书信集》，上海人民出版社，2017，第 12 页。
② 章太炎：《实学报叙》，《实学报》第 1 册，1897 年 8 月 12 日，台北：文海出版社 1995 年影印本，第 3 页。
③ 侯外庐：《中国近代启蒙思想史》，第 218 页。

章太炎研究的传统。几代学者关注的问题从中国革命发展到中国的民族主义、近代佛教等，颇可见出他们对中国的兴趣点及中日两国交叉共享的思想文化资源。① 21 世纪以来，日本学者小林武就章太炎与明治思潮的关系做出了开创性研究。② 他的突出贡献在以《訄书》重订本（1904）为重心，从文献上基本厘清了该作中章太炎援引的日本

① 由于关注中国革命，日本学界对章太炎的研究开展较早。不少京都、东京的近代中国研究者处理过关于章太炎的话题。小野川秀美『清末政治思想研究』（東洋史研究會、1960 年），小野川秀美、島田虔次編『辛亥革命の研究』（筑摩書房、1978 年）从探究辛亥革命政治思想角度进入章太炎。西順藏、近藤邦康編訳『章炳麟集』（岩波書店、1990 年）用日文翻译、注释了 24 篇章太炎作品，厘清了章太炎民族革命思想的脉络。此外，高田淳『辛亥革命と章炳麟の斉物哲学』（研文出版、1984 年）、『章炳麟・章士釗・魯迅：辛亥の死と生と』（龍溪書舎、1974 年）则以章太炎及其周边知识人为对象来思考中国革命。近藤邦康《章太炎与日本》（章太炎纪念馆编《先驱的踪迹——章太炎先生逝世五十周年纪念文集》，浙江古籍出版社，1988）较早勾勒了章太炎受岸本能武太《社会学》和姉崎正治宗教学影响的大体思想脉络。而此后，就章太炎的民族主义思想、佛教、与清代学术的关系、《訄书》各个篇章的疏证与注释、章太炎的排满问题等，坂元弘子、石井刚、福岛仁、林义强等学者分别有论文或专著进行讨论。参阅坂元ひろ子『中国民族主義の神話：人種・身体・ジェンダ』岩波書店、2004 年；坂元ひろ子「章炳麟の個の思想と唯識仏教——中国近代における万物一体論の行方」「章炳麟における伝統の創造」『連鎖する中国近代の「知」』研文出版、2009 年；石井剛『戴震と中国近代哲学：漢学から哲学へ』知泉書館、2014 年；福島仁「章炳麟『訄書』の中国思想論」『国際交流研究：国際交流学部紀要』（12）、（13）、（14）、（15）、2010–2013 年；福島仁「章炳麟『訄書』の知識人論」『国際交流研究：国際交流学部紀要』（16）、（17）、2014–2015 年；林義強「章炳麟における排満思想の形成とアイデンティティの変容」『東洋文化研究所紀要』第 146 冊、2004 年 12 月；林義強「排満論再考」『東洋文化研究所紀要』第 149 冊、2006 年 3 月。

② 小林武很早就开始了章太炎研究，1980～1990 年代发表了有关章太炎的语言学思维、历史意识、自我意识等方面的论文，鞭辟入里、相当贴切。这些论文包括「章炳麟について：方法としての言語」『京都産業大学論集』、1982 年 11 月；「章炳麟の歴史叙述をめぐって」『東方学』第 82 期、1991 年；「章炳麟における『我』の意識：清末の任侠（IV）」『京都産業大学論集』、1994 年 3 月。2003 年后，小林武开始集中研讨章太炎与明治思潮的关系，代表性的论文包括「章炳麟『訄书』と明治思潮——西洋近代思想との關連で」『日本中國學會報』第 55 集、2003 年；「章炳麟と姉崎正治——『訄书』より『齊物論釋』にいたる思想的關係」『東方学』第 107 期、2004 年 1 月；「章炳麟の哲学思想と明治の厭世観——中江兆民訳『道徳大原論』を中心に」『中国——社会と文化』第 20 号、2005 年 6 月。代表性的著作则是小林武『章炳麟と明治思潮：

著作的来源。特别是，他较准确地把握了日本宗教学家姊崎正治的著述对章太炎"齐物平等"思想的影响。他开始在全球化的知识环境中考察章太炎思想如何生成的问题，从而"不再单从传统的再生和反近代性的视角来观照章太炎的思想，而是从全球化的知识环境如何触发传统，以及和西洋近代思想相对抗的层面上来追迹"。① 此外，佐藤丰、坂元弘子、石井刚等对章太炎与明治思想家所做的比较研究也颇具启发性。②

然而，以小林武为代表、就章太炎与明治思潮的关系展开的研究，目前来看有大面积的内容之缺失——如 1902 年章太炎旅日期间阅读了大量日本的社会学著作，并挑选了最心仪的岸本能武太《社会学》进行翻译，章太炎思想与明治日本的社会学思潮之间有何关

もう一つの近代』研文出版、2006 年（该作已有中译本，小林武：《章太炎与明治思潮》，白雨田译，上海人民出版社，2018）。此后，小林武再接再厉，2006～2007 年分别发表「章炳麟における実証の問題——西洋近代の知識の意味」（『中国学の十字路——加地伸行博士古稀記念論集』研文出版、2006 年）、「清末の『自主』と明治思想——その言語的考察」［『文芸論叢』(68)、2007 年 3 月］、「章炳麟の反功利主義的倫理観と明治思想」(『東方学』第 114 期、2007 年 7 月)。小林武・佐藤豐『清末功利思想と日本』(研文出版、2006 年) 也涉及章太炎与明治思潮的关联。2010 年代，小林武又围绕章太炎与法律相关的几篇文章《虏宪废疾》《五朝法律索隐》展开研究，除了《虏宪废疾》要抨击的《钦定宪法大纲》涉及与明治宪法的关系，其他文章已经不再在"章太炎与明治思潮"的范围内展开讨论了。这些论文包括「章炳麟「虜憲廃疾」と「欽定憲法大綱」」『京都産業大学論集』(46)、2013 年 3 月；「章炳麟「五朝法律索隠」の歴史的位置」『中国研究集刊』第 56 号、2013 年 6 月；「章炳麟の中国法に対する評価：「五朝法律索隠」の視点」(上)(下)、『中国研究集刊』第 58、59 号、2014 年 6、12 月；「章炳麟「五朝法律索隠」とその周辺：礼と法の見方をめぐって」『中国研究集刊』第 60 号、2015 年 6 月。

① 小林武『章炳麟と明治思潮：もう一つの近代』、187 頁。
② 佐藤丰讨论了章太炎《四惑论》批评的"唯物"观念与井上圆了《破唯物论》抨击的"唯物"观念的相通性。佐藤豐「明治思想に関連して見た所の章炳麟の『唯物』概念について」『愛知教育大学研究報告』第 49 辑、2000 年。石井刚发掘了章太炎的国家观念与高山樗牛国家想象之间的相似性。石井刚：《超越国家的国家想像：章太炎和高山樗牛》，《齐物的哲学：章太炎与中国现代思想的东亚经验》。

联，几乎未出现在考量之中；[①] 又如，在近代中日文化交流史上的关键作品《与罗振玉书》中，章太炎批判了林泰辅、服部宇之吉、白鸟库吉等著名汉学家，他和明治汉学的持续纠葛却付诸阙如；等等。[②] 既有的研究亦有某些判断上的失准，如"自主"诚然是表明章太炎个人主义立场的核心观念，但这一观念并非他 1902 年后接触日本明治时期传播的叔本华哲学厌世观，特别是中江兆民所译《道德学大原论》的结果。[③] 章太炎 1898 年翻译《斯宾塞尔文集》时，已有非常明确的、西方个人主义意义上的"自主"和"自由"的表达（参阅本书第二章第一节）。

指出上述问题，并不是求全责备，苛责做出巨大贡献的学者和著述。因为，扪心自问，无论是谁，在某一个大论题中要穷尽所有的对象，每一个判断都做到无可挑剔，若非绝无可能，也是万分艰难的。这里想说的是，某种研究视野和特定的问题导向，对论题本身可能产生根本的限制。

长期以来，在明治日本与清末中国的二元性视野中，通过明治日本的中介作用来探讨清末知识界对西学的接受，是操作性相当强的研究路数；但这种双边、二元性的视野对于处理"全球化的知识环境"

---

① 坂元弘子的《略探章太炎思想里的社会主义因素以及其与日本人的交往》（周东华、张君国编《章太炎和他的时代》，上海人民出版社，2020）涉及岸本能武太的《社会学》，但处理的是章太炎的社会主义思想，而非章太炎与明治日本的社会学。

② 除了上述问题，小林武"章太炎与明治思潮"诸论明显的缺失还在于，几乎没有处理章太炎 1898 年流亡台湾及 1899 年第一次旅日期间和明治思潮的关系。彭春凌《儒学转型与文化新命——以康有为、章太炎为中心（1898~1927）》已经详细论析了章太炎旅台期间和被整合进国体论的明治儒学的对话，这里不再重复。此外，章太炎 1899 年旅日和井上哲次郎的交往、和明治汉学界的互动，本书第三章、第四章将有详细讨论。

③ 关于中江兆民所译叔本华哲学与章太炎基于"自主"观念的个人主义伦理观的关系，参阅小林武「章炳麟の哲学思想と明治の厭世観——中江兆民訳『道徳大原論』を中心に」『中国：社会と文化』第 20 号、2005 年 6 月。

如何生成中国近代思想这一论题有根本的局限。因为19世纪中期以降，中日两国均被迫卷入了资本主义的全球体系。鸦片战争后，中国率先被动打开国门，通过传教士、新兴出版机构、报纸杂志、新学堂、开眼看世界的先觉者、驻外使节、留学生等多重渠道，从自然科学到社会人文，范围广泛的西洋新知被引介到中国。[①] 中国一度充当日本学习西方的中介。在日本，"直至庆应二年（1866）出版福泽谕吉著的《西洋事情》的初篇时为止，当时的大部分知识人主要是通过汉文书籍来认识世界的"。[②]《万国公法》《海国图志》《全体新论》《谈天》《重学浅说》等关乎西学的汉文书籍在日本均有翻刻本，有的影响还很大；[③] 在中国，它们也奠定了章太炎、梁启超等戊戌一代青年最初的西学认知。如何重建贯穿性、整体性的中、西、日之间的知识流通网络，是探索中国近代思想全球史脉动的当务之急。此外，如果目标聚焦在从日本引介的西学怎样导致中华意识发生变化，亦即"在普遍性的事例中将中国相对化"，[④] 那么，可以说仍是在国族意识变动，这一由宇宙和人的观念革新所牵涉的相对外围的影响层级来讨论问题，而没有抓住导致此一时期全球思想流动最核心的内在驱力。

这是一部流动的人类精神的史诗。只有同时把握知识流通（包含阻隔、选择、交叉等）全球连锁的社会史途径（external approach）与近代思想内核延展（包含冲突、变异、调和等）跨语际流变的思

① 参阅熊月之《西学东渐与晚清社会》，中国人民大学出版社，2010。
② 源了圆：《幕末日本通过中国对"西洋"的学习——以接受〈海国图志〉为中心》，收入严绍璗、源了圆主编《中日文化交流史大系·思想卷》，浙江人民出版社，1996，第370页。
③ 参阅增田涉《西学东渐与中国事情》，由其民、周启乾译，江苏人民出版社，2010。
④ 小林武「章炳麟『訄書』と明治思潮——西洋近代思想との關連で」『日本中國學會報』第55集、2003年、207頁。

想史途径（internal approach），① 才能绘出这部史诗繁复而连贯的篇章。就好像有千百块碎片的拼图游戏，只要胸中、眼前有完整的画面，即便还缺一些小块件、有的对象暂时未及知悉或处理，仍可以相对完整地拼出可窥测全貌的图画，因为这里的每一部分都是作为有机整体的部分而存在。相反，即便手握更多的拼图块件，一旦胸中、眼前没有完整的画面，每一部分就只能作为孤立的部分而存在。如果不清楚明治思潮，固然无法了解章太炎思想的演变与发展；但如果不把握彼时全球思想连锁、交流的整体图景，同样无法透彻解析嵌凿在其中的章太炎与明治思潮方方面面的关联，遑论理解章太炎及中国近代思想的演变了。

19 世纪中期至 20 世纪初，由科学革命和生物进化学说所奠定的新的宇宙和人的观念，引动了宗教、伦理、美学、社会政治学说等诸领域的思想震荡、观念协商或革命，是近代思想全球流动的内在驱力。而斯宾塞提出的"进化"思想及其著述在长达半个多世纪的时间里，跨越大西洋、太平洋，在英语、日语、中文三个文化圈，英、美、日、中四国所产生的传播影响、批判反思浪潮，则建构了章太炎走出书斋后、自我思想发展过程中，来自全球思想流衍的外部隐含动力。

有如斯判断，乃是从建立新的宇宙和人的观念着眼，章太炎思想发展的内在理路——从"以进化为枢轴"到"以俱分进化为进境"，高度匹配乃至反映了上述两洋、三语、四国的思想连锁演变图景。

说到章太炎思想发展的历程，《菿汉微言》中"自揣平生学术，始则转俗成真，终乃回真向俗"② 一语最为世人熟悉。本书所言的

---

① 社会史途径、思想史途径的说法，取自山室信一『思想課題としてのアジア：基軸・連鎖・投企』岩波書店、2001 年、14 頁。

② 章太炎：《菿汉微言》，章太炎：《菿汉三言》，第 61 页。

"以进化为枢轴"几乎贯穿了章太炎从翻译《斯宾塞尔文集》到晚年思想的全过程；而从"以进化为枢轴"发展到"以俱分进化为进境"则同步于他"转俗成真"的思想历程。换言之，"俱分进化"并非放弃宇宙与人的"进化"观念，而是对"进化"认知的深化。

杜威指出，在斯宾塞以"进化"为中心的综合哲学体系中，位居两个极端的是天文学和社会学，在中间作为疏通渠道的则是生物学。[①]《訄书》初刻本凝练总结了章太炎青年时期的思想。其中《天论》、《公言》上中下三篇和《儒术真论》（1899）一样，在海通之后输入中国的天文学作品及斯宾塞著述的启发下，呈现了基于牛顿力学定律的机械论（Mechanics）的宇宙图景。而《原人》《民数》《原变》《族制》四篇则几乎完整地分解论述了斯宾塞关于生物种群进化、竞争逻辑的各个环节。对于斯宾塞的社会进化学说，章太炎在《訄书》初刻本中重点演绎了若干人类社会和诸文明表象的演变进程：《冥契》《封禅》《河图》《榦蛊》涉及古代神权、王权，《订文》则处理语言文字的形成和变迁。1904 年的《訄书》重订本集中体现了章太炎革命时期的思想。该版在略有调整的情况下，悉数保留上述涉及生物种群与人类社会文明演变的篇章。并且根据受斯宾塞影响的吉丁斯（Franklin H. Giddings）、有贺长雄、岸本能武太等美国、日本的社会学著述及日本受社会学影响的文明史论述，他创作了《序种姓》上篇，将华夏民族的历史编织进人类社会的进化史。章太炎此后持续修订《訄书》，1915 年出版了《检论》。《检论》共有 9 卷，奠定后 8 卷立论基础的"卷一"，即由《原人》、《序种姓》上下篇、《原变》构成。也就是说，章太炎后来关注"进化"，集中在生物种群，特别是人类社会及诸文明表象的演变上。章太炎在其"中国通

---

① John Dewey, "Herbert Spencer," in *Characters and Events*, *Popular Essays in Social and Political Philosophy*（New York：Henry Holt and Company, 1929），p. 62.

史"理念诞生之初，即已明确把道家、进化与孔德、斯宾塞、吉丁斯的社会学相统一，称："今世求史，固当于道家求之，管、庄、韩三子，皆深识进化之理，是乃所谓良史者也；因为求之，则达于廓氏、斯氏、葛氏之说，庶几不远矣。"① 章太炎晚年仍以社会进化的文明史框架来解释人类早期历史。他 1933 年在讲演中就将《易》视作彰往察来、描述社会演变大致情状的史学著述，称："《周易》，人皆谓是研精哲理之书，似与历史无关。不知《周易》实历史之结晶，今所称社会学是也。"② 综上所述，章太炎思想"以进化为枢轴"。

《俱分进化论》是章太炎在《民报》上发表的第一篇论文，也是他 1903～1906 年入狱期间学术"转俗成真"——从早年笃信荀学到着迷于释迦玄言、大乘深趣，由儒入佛后诞生的标志性思想作品。受法相唯识学的影响，章太炎根本否定了宇宙的实存性，认为眼前所见的物质世界只是"阿赖耶识"这一本体幻出的世界，是自心之幻象。也就是说，所谓的进化之宇宙和生物种群也并非真实之存在，而只能在幻象的世界中进行讨论。章太炎称之为"随顺进化"，"于进化诸事类中，亦惟择其最合者而倡行之"。在框定了讨论"进化"的边界后，他指出，在这个由人心所幻化出世界中，"一切生物，无不从于进化之法而行"。③《五无论》亦从生物进化的脉络中描述人类必然诞生、社会文明必然兴起的原理："自毛奈伦极微之物，更互相生，以至人类，……要使一物尚存，则人类必不能断绝；新生之种，渐为原人，久更浸淫，而今之社会、今之国家又且复见。"④ 章太炎对

① 章太炎：《与吴君遂》（1902 年 7 月 29 日），《章太炎全集·书信集》，第 118 页。
② 太炎先生讲，诸祖耿记《历史之重要》（1933），《制言》第 55 期，1939 年 8 月，第 4 页。
③ 太炎：《俱分进化论》，《民报》第 7 号，1906 年 9 月 5 日，科学出版社 1957 年影印本，第 13、6 页。
④ 太炎：《五无论》，《民报》第 16 号，1907 年 9 月 25 日，第 8 页。

"进化"认知的深化主要表现在，他领悟到，"进化之所以为进化者，非由一方直进，而必由双方并进，专举一方，惟言智识进化可尔。若以道德言，则善亦进化，恶亦进化；若以生计言，则乐亦进化，苦亦进化。双方并进，如影之随形，如罔两之逐影"。道德上的善恶、生计上的苦乐是双向并进的。在人心幻化出的世界中"进化之实不可非，而进化之用无所取"，这才是"俱分进化"之真谛。[①] "俱分进化论"是将斯宾塞那里紧密结合在一起的哲学上的"进步"与宇宙、生物学层面的"进化"两者进行了分解。章太炎想说的是，进化即便被假定为宇宙发生、演变的事实，进化并不必然是进步的，它不必然带来价值上的善与感官上的乐。"俱分进化"遥相呼应了赫胥黎《进化论与伦理学》"善固演也，恶亦未尝非演"[②] 的论调，亦能见出荀子性恶论、佛教唯识学的痕迹。在日本阅读"彼土所译希腊、德意志哲人之书"，具体地讲，东京帝国大学井上哲次郎哲学、宗教学圈子所引进的叔本华一系德国形而上学的作品，则是此番思想演进的外部重要推手。融汇"华梵圣哲之义谛，东西学人之所说"，[③] 章太炎思想"以俱分进化为进境"。

三　两洋、三语、四国的思想世界之连锁

章太炎思想从"以进化为枢轴"到"以俱分进化为进境"，是在跨越大西洋、太平洋，英语、日语、中文三个文化圈思想连锁演变的历史进程中展开的。在这里，两洋三语的文化圈具体指向 19 世纪中叶到 20 世纪初下面这些知识群落。

---

① 太炎：《俱分进化论》，《民报》第 7 号，1906 年 9 月 5 日，第 2 页。
② 此引自严复译《天演论》的译文。汪征鲁等主编《严复全集》卷一，第 149 页。原文参阅 Huxley, *Evolution & Ethics and Other Essays*, p. 79。
③ 章太炎：《菿汉微言》，章太炎：《菿汉三言》，第 60~61 页。

英语文化圈包含了英美两国围绕斯宾塞及与进化学说相关的自然科学家和哲学家、社会学家。他们有英国生物学家达尔文、赫胥黎、威廉·卡彭特（William Carpenter），天文学家赫歇尔（John Frederick William Herschel，旧译"侯失勒"）、地质学家查尔斯·赖尔（Charles Lyell）、社会学家本杰明·基德（Benjamin Kidd）、优生学者高尔顿（Francis Galton）、出版人约翰·查普曼（John Chapman）①周边的河岸街知识圈子，以及成立于 1864 年、由斯宾塞在内的 9 位激进派科学家组织的"X 俱乐部"②。在美国，则有《大众科学月刊》（*The Popular Science Monthly*）创办者爱德华·尤曼斯（Edward Youmans）和哈佛大学约翰·菲斯克（John Fiske）为首的传播斯宾塞学说的圈子，以及第一代社会学家莱斯特·沃德（Lester Ward）、吉丁斯、威廉·萨姆纳（William Sumner）等。

对于这场蔓延到章太炎及中国近代思想的连锁演变而言，中心人物自然是斯宾塞；而 1851 年作为斯宾塞进化哲学萌芽并逐步拉开全球传播帷幕的年份，也成为本书所论历史时段的起点。斯宾塞 1820 年出生于英格兰中部的德比城（Derby），其父是名狂热的教会改革者，从小即教育他要有个人独立的判断，挣脱固有习俗之拘囿。斯宾塞 17 岁成为一名铁路工程师，参与了工业革命最后阶段的"战役"。1830~1840年代，他辗转于家乡和伦敦之间，着迷于包括地质学、颅相学、植物分

---

① 约翰·查普曼是著名的出版人，1851 年开始主导激进的哲学杂志《威斯敏斯特评论》（*The Westminster Review*），为正在兴起的进化哲学运动提供了公共表达的平台。

② 这 9 位科学家是乔治·巴斯克（George Busk）、爱德华·弗兰克兰（Edward Frankland）、托马斯·赫斯特（Thomas Hirst）、约瑟夫·胡克（Joseph Hooker）、托马斯·赫胥黎（Thomas Huxley）、约翰·卢伯克（John Lubbock）、赫伯特·斯宾塞、威廉·斯波蒂斯伍德（William Spottiswoode）、约翰·廷德尔（John Tyndall）。Herbert Spencer, *An Autobiography*, Vol. Ⅱ (London: Williams and Norgate, 1904), p. 115.

类学等各种时兴学说，广泛阅读亚当·斯密（Adam Smith）、边沁（Jeremy Bentham）、约翰·密尔（John Mill）、卡莱尔（Thomas Carlyle）、奥古斯特·孔德（Auguste Comte）、爱默生（Ralph Emerson）等人的作品。1842 年后他陆续为《非信奉国教者》（Nonconformist）、《颅相学杂志》（The Phrenological Journal）撰稿，并于 1848 年担任《经济学人》（The Economist）的副编辑。在那个时代的宪章运动和反谷物法运动中，他还见证了工业资产阶级在政治、经济等领域的崛起。

1851 年，斯宾塞《自传》称为"闲散的一年"（an idle year），但其实正是他思想生涯关键的一年。前一年他刚刚出版了毕生"传播最广、最受欢迎"的著作《社会静力学》（Social Statics）。1851 年，哲学激进刊物《威斯敏斯特评论》几经转手后，由与斯宾塞交情颇深的出版人约翰·查普曼买入接管。《威斯敏斯特评论》随即成为斯宾塞进步哲学最好的公共展示平台。同年，查普曼请斯宾塞为威廉·卡彭特的著作《一般和比较的生物学原理》（Principles of Physiology, General and Comparative）写一则通讯。斯宾塞在精读该书的过程中，关注到胚胎学者冯·拜尔（Karl Ernst Ritter von Baer）总结的有机体胚胎发育的法则——从同质性向异质性的变化，刺激了他关于进步哲学的构想；[①] 加之，维多利亚早期的知识人普遍信仰牛顿定律，认为其所昭示的机械论法则主宰着整个宇宙所有物体的运动，而普遍规律存在于一切自然和社会现象之中。1857 年，斯宾塞将冯·拜尔所示有机体胚胎发育的法则贯穿人类感知范围内的万事万物，创作了《论进步：其法则和原因》。他说：

> 有机体进步的法则就是所有进步的法则。不论是地球的发

---

① Spencer, *An Autobiography*, Vol. I, pp. 367–386.

展，地球上生命的发展，还是社会、政治、制造业、商业、语言、文学、科学、艺术的发展，同样自始至终通过持续的分化来实现从简单到复杂的进化。从最早的可追溯的宇宙变化到最近的文明成果，我们都能发现这种从同质性向异质性的转化，这就是"进步"本质上包含的东西。①

《论进步：其法则和原因》集中体现了斯宾塞进化论之宇宙哲学要点，②足堪代表整个维多利亚时代进化哲学的思想。1850年代也成为斯宾塞平生"智力活动最为活跃，发现最为丰富"的年代。③如《一种人口理论：演绎自动物生育力的一般法则》（A Theory of Population, deduced from the General Law of Animal Fertility, 1852）这样的长文，更是搭建了此后《生物学原理》等巨著的基本格局。1859年，斯宾塞建构了宏大的"综合哲学体系"，在往后近40年的时间中，他将之逐一落实，创作了《第一原理》1卷（1862）、《心理学原理》2卷（初版于1855年，重写出版于1870、1872年）、《生物学原理》2卷（1864、1867）、《社会学原理》3卷（1876~1896）、《伦理学原理》2卷（1879、1893）的十卷本《综合哲学》（Synthetic Philosophy, 1859~1896）。章太炎与曾广铨合译的《斯宾塞尔文集》所收两篇文章《论进步：其法则和原因》及《礼仪与风尚》（Manners and Fashion, 1854），事实上均体现了斯宾塞在1850年代进化哲学奠基时期的思想。

---

① Herbert Spencer, "Progress: Its Law and Cause," in Spencer, *Essays*, Vol. I (1868), p. 3. 译文参阅彭春凌《章太炎译〈斯宾塞尔文集〉研究、重译及校注》，第138页。
② 参阅西奥多·M. 波特、多萝西·罗斯主编《剑桥科学史》第7卷，大象出版社，2008，第43页。
③ J. D. Y. Peel, *Herbert Spencer: The Evolution of a Sociologist* (Aldershot: Gregg Revivals, 1992), p. 14.

1851 年，有史家判定为现代世界诞生及开启全球化时代黎明之年。[①] 英国作家托马斯·哈代（Thomas Hardy）在小说《里尔舞的小提琴手》中描述了维多利亚人的如斯领悟：1851 年意味着"一个超乎寻常的时代边界和转折线"，在那里产生了所谓的"时间断崖"（a precipice in Time），"就好像地质学上的断层，我们突然把古代和现代完全联系在一起"。[②] 这样的意识在很大程度上受到该年在伦敦水晶宫举行的第一届万国工业博览会的触动。博览会展出了来自世界各地 10 万件以上琳琅满目、争奇斗异的展品，包括各式原材料、工业制成品、艺术品，最受欢迎的是发动机、蒸汽锤等机械发明。漫步其间，如同进行了一次环球旅行。维多利亚女王亲自参观展览，为电报设备传送电子信息之迅捷感到十分震惊。斯宾塞也流连在水晶宫里，愉悦地欣赏来自世界各地的工艺品。万国工业博览会作为一个窗口，将逐渐走向鼎盛时代的全球殖民帝国——大不列颠帝国的实力和心态形象地展示在世人面前。

1713 年《乌得勒支和约》签订后，建立在海洋基础上的新兴霸主英国已经开始显露峥嵘。卡尔·施米特（Carl Schmitt）指出，将自己的存在从陆地转向海洋，意味着英国赢得了"一场行星的空间革命"。[③] 而随着 18 世纪工业革命的展开，凭借对海权的掌控和机械的力量，英国建立了一个全球范围的世界帝国。1900 年，英帝国已经包括了世界 1/4 的人口和将近 1/4 的土地。1851 年发生的另一标志性事件，是由法国经英吉利海峡到达英国多佛港的海底电缆敷设成

---

① Ben Wilson, *Heyday: The 1850s and the Dawn of the Global Age* (New York: Basic Books, 2016).

② Thomas Hardy, "The Fiddler of the Reels," in *Life's Little Ironies* (New York and London: Harper & Brothers Publishers, 1894), p. 165.

③ C. 施米特：《陆地与海洋——古今之"法"变》，林国基、周敏译，华东师范大学出版社，2006，第 31 页。

功，全球各大洲、各国开始通过电信联系在一起。此后，1866年穿越大西洋的海底电缆、1902年穿过太平洋的电缆完成敷设，最终建立了事实上的全球信息网络。

维多利亚时代（1837~1901）是大不列颠帝国的极盛时代，也是属于斯宾塞的时代。他的理论从"解释并称扬"的维多利亚时代生长出来、自然天成，"但其思想体系也随其时代结束而俱终"。[①] 斯宾塞的进化哲学，及其最典型地体现了自由竞争资本主义时期英国社会主流思想的自由放任理念和个人主义伦理，乃是英帝国无形资产的重要组成部分。它们随着英帝国的全球扩张，以及全球信息流通网络实际上的建立，如同那些工业制成品、机械、银行、运输、通信等各种服务抢占全球市场一样，也四散流播，参与了全球各地的思想运动。

当然，那些与斯宾塞进化学说的各个环节——天体、地质、生物演化相关联的著述，比如赫歇尔的《天文学纲要》（*Outlines of Astronomy*）、查尔斯·赖尔的《地质学原理》（*Principles of Geology*）、威廉·卡彭特的《动物生理学》（*Animal Physiology*）等，也通过各种翻译、传播渠道进行了全球旅行。各类著述在时间上抵达的先后有差别，空间上散布的内容有落差，与当地文化产生了不同的嵌入结构和化合作用，在当地进化哲学的展开上也发挥了不同的效能。此外，达尔文《物种起源》于1859年问世。而斯宾塞的好友赫胥黎在进化观念上紧随达尔文、在社会政策上质疑斯宾塞——赫胥黎不仅在1870年代后与斯宾塞多次论辩，还在1893~1894年发表了有针对性的讲演《进化论与伦理学》。达尔文、赫胥黎及本杰明·基德的学说同斯宾塞的进化原理、社会政策等各方面构成了强大的理论张力。它

---

① J. S. McClelland, *A History of Western Political Thought* (London and New York: Routledge, 1996), p. 467. 译文参见约翰·麦克里兰《西方政治思想史》，彭淮栋译，海南出版社，2003，第528页。

们于 19 世纪后半叶在全世界广泛传播。一方面，生物进化科学发展过程中新兴学说与旧说艰难作战；另一方面，针对英帝国工业资本主义发展到 1870 年代所滋长的严重的政治、经济危机，知识界在寻找新的应对方式。不同的科学观念和社会政治思潮在其他文化圈又以不同的形态着陆，并且面临不同的理解、阐述和再生产。

从美国内战结束（1865）到一战之前，大概没有任何一位同时在世的知识分子在美国精神生活中的影响能够超过斯宾塞。① 第一波热潮的推波助澜者主要是出版人爱德华·尤曼斯和哲学家约翰·菲斯克。尤曼斯从 1850 年代就开始关注斯宾塞关于进化的著作，被其综合哲学体系所深深折服。他与斯宾塞频繁通信，并几乎可说为了登载斯氏较为通俗的科学论文，而专门创办了一份杂志——《大众科学月刊》。斯宾塞本人在《社会学原理》出版前也有意普及时人知之甚少的"社会科学的概念"（conception of a Social Science）。② 斯宾塞相对通俗的《社会学研究》（The Study of Sociology）1872 年开始在该月刊上连载，1873 年又结集出版。该书不仅创造了销售奇迹，还形塑了英语世界几代人对"社会学"的基本认知。哈佛大学，这座创建于 1636 年的美国第一所大学，在 1869 年迎来了新校长——化学家查尔斯·艾略特（Charles Eliot）。艾略特扫清了学校原有的保守风气，邀请斯宾塞进化哲学的信徒、哈佛大学毕业生约翰·菲斯克做了关于科学哲学的系列讲座。哈佛大学此后逐渐成为美国传播斯宾塞学说的

---

① 关于斯宾塞对美国的影响，可参阅 Richard Hofstadter, *Social Darwinism in American Thought* (Boston: Beacon Press, 1955), pp. 31-50; James R. Moore, *The Post-Darwinian Controversies: A Study of the Protestant Struggle to Come to Terms with Darwin in Great Britain and America, 1870-1900* (Cambridge: Cambridge University Press, 1979), p. 168; Michael W. Taylor, *The Philosophy of Herbert Spencer* (London: Continuum International Publishing Group, 2007), pp. 2-3; 王生团《赫伯特·斯宾塞的思想对镀金时代美国社会影响研究》，博士学位论文，东北师范大学，2017。

② Spencer, *An Autobiography*, Vol. II, p. 253.

重要基地。菲斯克根据 1869~1871 年在哈佛的讲座，于 1874 年出版了《宇宙哲学纲要：基于进化主义，批判实证哲学》。菲斯克说："斯宾塞的哲学不仅仅是一种'综合'，而是一种'宇宙综合'，这是一个不诉诸本体论的证据或外在宇宙的中介的系统。这个系统把一切已知的涉及共存和连续现象之事实彼此联系起来，作为一个单一的、最初真理的推论，此即所谓无所不在的存在。"[1] 其一语道出了建立在进化哲学基础之上，影响了一个时代的宇宙观念。

南北战争后的美国，新的炼钢技术、石油产业及稍后以汽油驱动的汽车制造业等取得长足进步，加之新的企业管理和联合体的经营模式，共同推动了工业资本主义突飞猛进的发展。19 世纪七八十年代，安德鲁·卡内基几乎控制了钢铁制造业的全过程，洛克菲勒掌控着美国 90% 的精炼油。这些工业巨头的诞生表明自由竞争的资本主义逐渐被垄断资本主义取代。19 世纪末 20 世纪初，美国已跃升为世界头号工业强国；摩天大楼渐次耸立，地铁开始运行，芝加哥、波士顿等城市面貌焕然一新。然而在寡头垄断和政治腐败下，巨大财富的创造反而加深了社会贫富分化的鸿沟，相对的贫困感进一步激化了阶级矛盾。人们喜欢用"镀金时代"（the Gilded Age）这一借自马克·吐温 1874 年同名小说带有讽刺意味的标题来指称这个时期的美国。

斯宾塞的思想和镀金时代的美国可谓筋骨相连，知识界对他更是爱恨交织。美国的第一代社会学家，如社会学会最初的 4 位主席吉丁斯、阿尔比恩·斯莫尔（Albion Small）、威廉·萨姆纳、莱斯特·沃德，无一例外都是斯宾塞主义者。斯宾塞将社会科学置于自然与社会之间，"作为进化的持续性的自然科学的分枝"，这一理念浇筑了美

---

[1] John Fiske, *Outlines of Cosmic Philosophy*, *Based on the Doctrine of Evolution*, *with Criticisms on the Positive Philosophy*, Vol. I（Boston and New York：Houghton, Mifflin and Company, 1890），preface, p. x.

国第一代社会学的基本框架。① 作家杰克·伦敦（Jack London）通过半自传体小说《马丁·伊登》（*Martin Eden*）的主人公，说出了普通知识群体阅读斯宾塞的震撼体验——他清晰描绘了宇宙万物运行的规则。马丁·伊登心想，斯宾塞"把全部知识都替他组织起来，把一切事物整合成一个统一体，详细阐述终极现实问题，于是在他那吃惊的目光的凝视之下，出现了一个宇宙，具体得能让人看得清清楚楚，就像水手们做的一只放在玻璃罩子下面的航船模型。既没有随意性，也没有偶然性。一切都有规律"。② 斯宾塞坚信自由竞争、个人主义为中心的伦理法则，又在市场和社会运转上持自由放任的立场。资本主义经济中的成功者，通过斯宾塞的理论，标榜自己因遵循了适者生存的自然法则而获取巨额财富，从而将自己塑造成道德上的英雄。1882 年，斯宾塞访问美国，受到知识界和企业界精英的追捧膜拜，他的声名臻于极盛。

在镀金时代迅猛的工业化、城市化及移民浪潮中，美国政治、经济诸问题持续累积，社会动荡不安，工人运动此起彼伏。走出自由放任的泥淖，通过改革以完善国家体制，从而寻求新的秩序和社会正义，成为 19 世纪末 20 世纪初进步主义的核心诉求。深受斯宾塞影响的美国第一代社会学家——威廉·萨姆纳和莱斯特·沃德出现深刻分歧。萨姆纳坚守斯宾塞自由竞争的理念，尝谓："我们不能在这两种选择之外另择他途：一是自由、不平等和适者生存；二是不自由、平等和不适者生存。前者推动社会前进，并有

---

① Daniel Breslau, "The American Spencerians: Theorizing a New Science," in *Sociology in America: A History*, edited by Craig Calhoun (Chicago and London: The University of Chicago Press, 2007), p. 57.

② 杰克·伦敦：《马丁·伊登》，殷惟本译，人民文学出版社，1996，第 95 页。

利于其最优秀的成员；后者令社会堕落并有利于它那些最差劲的成员。"① 公然站在强者一边，鼓吹自由而不平等，实在难以拥有道德上的号召力，也牵连斯宾塞被指斥为社会达尔文主义之父。莱斯特·沃德则在以《动态社会学》（*Dynamic Sociology*，1883）为代表的著述中，批评纯任自然、惰于改革的自由放任风气，一再强调要重视人类行为的目的性，摆脱环境的制约，扩大政府在处理社会事务中的职能。沃德受到进步主义者的欢迎，被誉为美国思想史及世界社会学史上"最有才干，亦最有预见性的思想家"。② 萨姆纳和沃德立场的差异与对决，反映了世纪之交思想界内部的激烈冲突。主张个人自由、极为反对政府干涉的斯宾塞，此后在美国的形象也被逐渐推向思想光谱中保守主义之一侧。

两洋三语相互连锁中的思想世界所涉日语文化圈，指明治时代东京的学人圈。他们主要包括由东京大学师生构成的哲学、宗教学及汉学研究的圈子，以及东京专门学校（1902 年更名为早稻田大学）的社会学学人。东京大学师生构成的哲学、宗教学圈子，加藤弘之、外山正一属于早期奠基者，其中心人物则是井上哲次郎、井上圆了、姉崎正治；汉学研究的圈子则包括从幕末走出来的大儒、老一代汉学者重野安绎，以及由近代西方哲学、历史学训练出的新一代汉学家服部宇之吉、白鸟库吉等人。东京专门学校的社会学家指的是岸本能武太、浮田和民等人。

明治维新促成日本文化、政治体制两个层面的根本转变。一是日本从攘夷走向了开国，新政府发表《五条御誓文》，阐明求知识于世界，追求富国强兵与文明开化的主旨；二是日本从封建、分权及身份

① William Graham Sumner, *The Challenge of Facts and Other Essays*, ed. by Albert Galloway Keller (New Haven: Yale University Press, 1914), p. 25.

② Hofstadter, *Social Darwinism in American Thought*, p. 71.

约束的政体逐渐转向高度的中央集权，其标志是 1889 年制定的《大日本帝国宪法》和次年颁布的《教育敕语》，确立了天皇万世一系的国体。①

1871 年，岩仓使团由横滨出航做环球考察。该使团包括 48 名新政府领袖，显示了求知识于世界的决心，伊藤博文在旧金山甚至用英文发表了演讲。1873 年，从美国归来的森有礼倡议成立了明六社，成员包括西村茂树、中村正直、加藤弘之、西周、福泽谕吉等人。次年，该社发行的机关报《明六杂志》成为这些留洋学者的舆论阵地，明治初期的启蒙运动轰轰烈烈地展开了。"转向西方"构成明治初期文化生活的鲜明特色。黄遵宪 1877 年作为首任驻日公使何如璋的参赞来到日本，诚如他所观察，明治维新后的日本，"举凡政令之沿革，制度之损益，朝令夕改，月异而岁不同"。②

随着武士阶级被废除，覆盖全国的单一学校制度逐渐确立，由帝国大学培养的知识精英在教育、行政、舆论宣传等各个领域肩负起国家重任。加藤弘之幕末即研习兰学、德语，明治初年撰有《真政大意》（1870）、《国体新论》（1874）等宣传天赋人权说的作品，是典型的启蒙思想家。他 1868 年复兴旧幕府的开成所，设置开成学校。1877 年，东京开成学校和东京医学校合并，成立了东京大学。③ 加藤弘之理所当然地担任了东京大学的初代综理。18 岁时，外山正一即成为幕府派遣赴英留学的 14 名学生之一。他 1872～1876 年在美国专攻哲学和科学，从密歇根大学的化学科毕业后回国在开成学校任教，并顺利转成东京大学教授，而当时东京大学的所有科目几乎都用英文

① 詹森主编《剑桥日本史》第 5 卷，王翔译，浙江大学出版社，2014，第 10 页。
② 黄遵宪：《日本国志·凡例》，陈铮编《黄遵宪全集》，中华书局，2005，第 821 页。
③ 1886 年，帝国大学令公布，设置帝国大学（即原东京大学）。1897 年，由于创设了京都帝国大学，帝国大学改称东京帝国大学。

讲授。外山正一留美期间正逢斯宾塞热潮。他在东京大学讲授英语、哲学、史学时倾情介绍斯宾塞学说，还被学生称为"斯宾塞轮流朗读会的看门人"①。不仅如此，1878年，外山正一还邀请哈佛大学毕业生芬诺洛萨（Ernest Francisco Fenollosa）到东京大学担任外国人教师。芬诺洛萨在哈佛大学时即组织过"斯宾塞俱乐部"。他在东京大学履职长达8年，加上外山、加藤的助力，日本的第一高等学府一度是斯宾塞进化论的宇宙观、社会学及自由主义思想传播中心。有贺长雄是芬诺洛萨的学生，他从东京大学文学部毕业后，在1883~1884年推出三卷本《社会学》，分别是《社会进化论》《宗教进化论》《族制进化论》，内容颇多祖述斯氏《社会学原理》。

东京大学的上述风气和1870~1880年代日本全社会的斯宾塞热潮是一体的。② 从1878年铃木义宗译《斯边撒氏代议政体论》（*Representative Government*，1857）开始，日本逐渐完成了斯宾塞几乎全部著作的翻译工作。这在明治时代所翻译的外国人著作中可谓罕见，其中尤以自由民权运动时期1881~1883年所刊松岛刚全译本《社会平权论》（即《社会静力学》）最为知名。③ 除了马场辰猪、坂本直宽、德富苏峰等政治思想家屡屡援引斯宾塞思想，明治政府要人森有礼、金子坚太郎和斯氏均有直接接触。章太炎《訄书》重订本所引斯宾塞观点或著述，相当一部分就来源于此一时期日本的各种译述，比如有贺长雄的《宗教进化论》《族制进化论》，加藤弘之的《讲论集》，等等。

① 「外山正一先生小傳」『ゝ山存稿』丸善株式會社、1909年、33頁。
② 关于日本对斯宾塞的接受，参见山下重一「明治初期におけるスペンサーの受容」日本政治学会編『日本における西欧政治思想』岩波書店、1975年；山下重一『スペンサーと日本近代』御茶の水書房、1983年。
③ 近代日本思想史研究会：《近代日本思想史》第1卷，马采译，商务印书馆，1983，第84页。

1881 年，明治政府发生政变，以内务卿伊藤博文和右大臣岩仓具视为中心的统治集团驱逐了以大隈重信为代表的民权派。近代日本国家创设的方向调整成以德国为目标。伊藤博文随后再赴德国调研宪法，《德意志帝国宪法》成为 1889 年推出的《大日本帝国宪法》之蓝本。国家大政方针向德国一边倒，也体现在学习域外思想上。文部省从 1875 年开始派遣留学生，最初 5 年向德国、奥地利所派留学生数量仅占全体的 13%，而接下来的 5 年里则接近 90%。在整个明治期所派遣的 683 人次中，80% 的目的地是德、奥。① 政变发生后的十数年，亦即明治二十年代（1887~1897）前后，日本文化风潮朝向探寻民族精神自觉的方向奔流，也有学者认为这意味着保守主义的勃兴，其表现为政治运动相对消沉、重新召唤道德和宗教、国粹主义萌芽等。②

加藤弘之率先在 1881 年末上书内务省，因"恐误后生"而请求将自著的《真政大意》《国体新论》两书绝版，并于次年刊行了主旨与天赋人权绝相抵牾的《人权新说》。井上哲次郎 1880 年成为东京大学第一批毕业生，1884 年被官派赴德国留学，1890 年归国后成了东京大学第一位日本籍哲学教授，为日本奠定了输入德国形而上学的方向，并在此后的 30 余年间引领了东大的哲学潮流。1891 年，井上哲次郎出版了《敕语衍义》，该书长期被作为《教育敕语》的辅导教材使用。他自称撰述该作是受到德国人自主、独立的爱国精神鼓舞，以反驳激进西化浪潮，从而探寻日本独立自主的精神。③ 他倡导以儒

---

① 森川潤『明治期のドイツ留学生：ドイツ大学日本人学籍登録者の研究』雄松堂、2008 年、1 頁。
② 高坂正顕『明治思想史』源了圓編、燈影舍、1999 年、215 頁。高坂正顕認為，明治二十年代的思想倾向包含了新的个人的自觉和民族的自觉，不能因这一时期自由民权运动相对消歇、建设了绝对主义的国家而将之视为反动期。
③ 井上哲次郎『井上哲次郎自伝』富山房、1973 年、31-32 頁。

学的忠孝伦理来锻造国民道德，声称非如此不足以抵制进化论所带来的物质宇宙观，并进而将日本儒学与天皇制的国体深深捆绑在一起。章太炎思想转俗成真时期对康德、黑格尔、叔本华等德国哲学的了解，基本上来自井上哲次郎及其学生辈相关的译介和解析。讨论章太炎和德国哲学的关系，首先就需要对作为中介渠道、以井上哲次郎为中心的东京哲学圈进行了解和讨论。

井上圆了出生在一个佛教家庭。他虽然只比井上哲次郎小 3 岁，但他通过东京大学预备门 4 年的学习后，1881 年才正式进入该校文学部。1882 年，为他讲授东洋哲学课程的老师正是井上哲次郎。井上圆了 1887 年创办私立学校哲学馆，于日本哲学教育事业功莫大焉。他秉持"护国"与"爱理"的理念，致力于通过西洋哲学之原理来促成佛教的"再兴"与近代化。[①] 井上圆了长期在民间从事教育和哲学普及工作，和井上哲次郎的"官学"身份迥殊。两位井上虽然都提倡"现象即实在论"的观念论，但圆了是立足于佛教的哲学家，而哲次郎在 19、20 世纪之交试图以《教育敕语》的伦理来统合所有宗教。这就导致两位井上在 1900 年前后的第二次"宗教和教育"冲突的论争中出现了激烈的思想对立。井上哲次郎和井上圆了在差别与无差别之间政治哲学的不同走向，和章太炎"不齐而齐"的齐物哲学发生了深刻的思想纠葛。

1896 年，姊崎正治和岸本能武太在东京成立了比较宗教学会。多年后，岸本能武太的儿子岸本英夫迎娶了姊崎正治的女儿。姊崎正治和岸本能武太这一对事业上的搭档、生活上的姻亲，却有着颇堪对照的人生轨迹。1873 年出生的姊崎正治比岸本能武太小约 8 岁，一路发展极为顺利。他 1893 年进入帝国大学文科大学哲学科学习，此

---

① 井上圆了『佛教活論序論』哲學書院、1888 年、1 頁。

时的文科大学长是外山正一。姉崎正治不但亲炙于井上哲次郎，后更成为井上哲次郎在东京大学的实际继承者。1898 年他和井上哲次郎的侄女（也是养女）结婚，1900 年赴德留学，1904 年开始担任东京帝国大学文科大学教授长达 30 年。在井上哲次郎之后，姉崎正治持续推介叔本华一系的德国形而上学，一生撰述了大量开拓性的宗教学著作。

岸本能武太的教育和文化背景与东京大学出身的帝国精英多少有些疏离。岸本出生于冈山，幼时家庭贫困，通过基督徒姐夫的经济资助，1880 年进入京都的同志社英语学校学习。该校是著名的基督徒新岛襄创立的日本第一所基督教大学，岸本也在此受洗入教。岸本于 1890~1894 在美国哈佛大学神学院学习比较宗教学，归国后进入东京专门学校任教。东京专门学校乃是 1881 年政变后，由大隈重信支持创办，以传播英美系政治社会思想为主的学校，1902 年更名为早稻田大学。在东京帝国大学跟随整个国家的政治方向侧身转入德国学术思潮时，早稻田大学英美文化的特征显露了明治文化的斑驳光影。岸本能武太和浮田和民、安部矶雄都出身于同志社，也都有留学美国的经历。他们相继进入东京专门学校，产生了新的社会科学，形成了明治中后期早稻田大学的学风。① 岸本能武太在日本近代宗教学和社会学的奠基与发展上都功不可没。他 1896 年在东京专门学校的讲稿《社会学》，参考的正是斯宾塞社会学和莱斯特·沃德的《动态社会学》。遗憾的是，岸本长期受留学时代因学费所欠债务困扰，为了谋生将更多精力用于英语教学，没能像稳坐第一学府教席的姉崎正治那样开宗立派。

---

① 早稻田大学社会学研究室『早稻田百年と社会学』早稻田大学出版部、1983 年；真辺将之『東京専門学校の研究——「学問の独立」の具体相と「早稻田憲法草案」』早稻田大学出版部、2010 年。

章太炎和岸本能武太、姊崎正治年龄相仿。他 1899 年后三次旅居日本，主要是在明治三四十年代（1897～1911）。随着先后在甲午战争、日俄战争中取胜，日本国家主义思潮升腾，对外的帝国主义野心迅速增长，对内的国民道德规范越发强固。而个人主义的展开和人生问题的讨论，以及社会主义、无政府主义思潮的涌现，也构成此一时期日本社会文化的鲜明特色。以 1903 年青年藤村操的自杀为标志，"怀疑""烦闷""厌世"成为那个时代的关键词。姊崎正治发表《关于现时青年的苦闷》，表明了和藤村有同感。如何在国家之外实现自我，在逐渐空洞的符号背后把握住现实，也是基督教上帝一位论派（Unitarianism，不信仰三位一体的基督教派别）信徒岸本能武太的困境。国家、社会、个人、宗教等，对这些命题的思考宛如纽带，将章太炎和这两位日本学者系结在一起。

章太炎结识井上哲次郎后，集中阅读了他和他周边哲学、宗教学学人的著述——与人合译了井上圆了的《妖怪学讲义》，细读了井上哲次郎所编的《哲学丛书》，《訄书》重订本大量援引了姊崎正治的宗教学著论。岸本能武太《社会学》则是目前所见章太炎独立翻译完成的唯一完整的译著。章太炎思想所牵涉的明治时代东京的学人圈，会聚了从幕末到明治末期数十年的几代学人。明治日本几十年间社会思潮、学术的演变，被折叠、打包，一股脑地呈现在章太炎面前，供他取择、融会。明治时代的这一东京学人圈，在同事、师生、姻亲关系的捆绑下，其实指向了一个相对稳固的人际集团。并且，他们还表现出从哈佛大学到东京大学（包括早稻田大学）——美国和日本的思想学术界围绕斯宾塞"进化"思想和著述的持续联动，但又包含德国元素所带来的突变、转折之谱系。其核心领域是作为近代新兴学问的哲学、宗教学与社会学，如何演绎、解析科学革命和生物进化学说所奠定的新的宇宙和人的观念。换言之，这一学人圈仍旧镶嵌在 19 世纪中期以降近代思想全球流动的环节中。

当然，对宇宙与人、人类社会认知的变革，近代哲学、宗教学、社会学的奠基，既受益于诸如人类学、考古学、语言学等领域的发现，又进一步推动了上述学科及历史学、文学的近代转轨。章太炎自命"上天以国粹付余"①。在他最擅长的中国学研究领域，他和运用这一套全新观念和方法来解剖中华文明，并试图建立权威范式的明治汉学家，在文史哲各个领域就势必展开对垒和竞争。加之，东京大学的学院化汉学从产生之初就浸润着日本成为强大帝国的雄心。章太炎以一己之力对战从重野安绎到林泰辅、服部宇之吉、白鸟库吉等在内的几代汉学家，体现的正是清末十年和明治后期两国转轨期的中国学彼此遭遇时的复杂面相。

至于由章太炎及其师友、论敌所构成的中文的思想文化圈，几乎囊括了从 19 世纪后半叶到 20 世纪前十年中国各个领域最顶尖、最具开创性的思想家和学者。他们包括章太炎的老师——浙派学术大师俞樾、孙诒让，章太炎心目中的一生思想之敌康有为，同样传播斯宾塞进化哲学、因持不同文化观念而与论战的严复，在受到明治思潮熏染上颇为同调、在政学各个层面的竞逐亦可谓最烈的梁启超；革命派内部同人中，则有共译井上圆了著作的蔡元培、因"苏报案"结下仇怨的吴稚晖、推奖国粹惺惺相惜的刘师培；还有在发展国学的思路上大相径庭的罗振玉、王国维等人。

他们或参与、或激发、或批驳了章太炎从"以进化为枢轴"到"以俱分进化为进境"思想过程中的观念主张。在由新的宇宙和人的观念所引动的宗教、伦理、美学、社会政治学等诸领域的思想震荡、观念协商及革命历程中，他们与章太炎有某种聚合或角力的关系。他

---

① 章太炎：《癸卯狱中自记》，《章太炎全集·太炎文录初编》，上海人民出版社，2014，第 145 页。

们或伸展了中国思想的近代化在某个方向上的幅度，或尝试、孕育了中国思想学术一些其他的可能性。相对来讲，新文化运动时期名满天下的章门弟子鲁迅、周作人、钱玄同等人对老师的思想学术多有继承。面对"进化"的宇宙观，他们更像是另一个时空中的章太炎，而并非如章太炎的师长和同时代人那样，构成清末时期他思想发展的某种结构性动因。

鸦片战争后，"志士扼腕切齿，引为大辱奇戚，……经世致用观念之复活，炎炎不可抑"。[①] 道咸以降，传统学术内部已经在酝酿变革性的新元素。而从 1850 年代开始，滋养了斯宾塞进化哲学的近代天文学、地质学、生理学著述也以各种翻译形式开始在中国传播。其中就有 1851 年在广州出版的《全体新论》，参考了威廉·卡彭特的《动物生理学》；1859 年上海墨海书馆推出的《谈天》，原著为赫歇尔的《天文学纲要》；1870 年代出版的《地学浅释》，原著为查尔斯·赖尔的《地质学纲要》；等等。

在面对那个逐渐逼近并日益切身的新世界时，浙江几代清学正统派代表性学者的感受和因应却颇见落差。1821 年出生的俞樾心态雍容平和，不太为时代风云所动。他冷眼旁观京师同文馆"招致西贤，使海内士大夫抠衣受业"的盛况，表示："吾侪顾抱遗经，以究终始，哑其笑矣。"[②] 面对庚子国变，耄耋之年的俞樾将限制华洋接触作为解决之道，谓："除通商口岸外，蚩蚩之民，皆不与洋人相接，自不与洋人为难；寰海镜清，中外禔福，岂不美哉。"[③] 眼界之局限亦可见一斑。俞樾晚年与日本学者交往频繁，因编辑《东瀛诗选》

① 梁启超：《清代学术概论》（1920），《饮冰室合集·专集之三十四》，中华书局，1989，据上海中华书局 1936 年版影印，第 52 页。
② 俞樾：《致戴望》（1867），张燕婴整理《俞樾函札辑证》，凤凰出版社，2014，第 39~40 页。
③ 俞樾：《致李鸿章》（1900），张燕婴整理《俞樾函札辑证》，第 180 页。

更在日本享有盛誉。日本汉诗人结城蓄堂 1903 年在《太阳》杂志上登载了采访俞樾的记录，评价称："若此翁生于欧美诸国，可与施泰因、斯宾塞同样在 19 世纪的文学界绽放异彩。"① 此言说明俞樾和斯宾塞在日本都拥有人气。小柳司气太赞俞樾乃"新旧过渡之大步头"。俞樾颇不以为意，谓，"我闻此言三太息，此言于我非所徯；方今一变可至道，俎豆危欲祧宣尼"，② 在危难关头弘扬圣人之旨才是自己的追求。

中国在甲午战争中战败，"今日之以广运千里、地球中第一大国而受制于小夷也"，中国知识界受到了前所未有的冲击，"有天地开辟以来未有之奇愤，凡有心知血气莫不冲冠发上者"。③ 思想界掀起革新巨浪，变法维新的社会政治运动风起云涌。在章太炎心目中，孙诒让的学问"不后于宁人、东原"④，堪比顾炎武、戴震，乃是有清一代最杰出的学者。然而，孙诒让深恨守旧之无益，谓："虽人怀晁、贾之策，户诵杜、马之书，其于沦胥之痛，庸有救于豪穈乎。"他心心念念的是以复古为革新，在古经中找到符契"华盛顿、拿坡仑、卢梭、斯密·亚丹之伦所经营而讲贯，今人所指为西政之最新者"。⑤ 他甚至不与儿孙辈谈论经、子之学，而督促他们去学校接受科学教育。章太炎在诂经精舍时已有志融合中西之学，他彼时创作的

① 原文为"若し夫れ翁をして欧米の国に產れしめなば、スタイン氏スペンサー氏と同じく十九世紀の文学門に異彩を放ちしならむ。""スペンサー"指的自然是赫伯特·斯宾塞（Herbert Spencer），"スタイン"应该指德国经济学家、社会哲学家洛伦茨·冯·施泰因（Lorenz von Stein）。結城蓄堂「俞曲園翁」『太陽』第 9 卷第 6 号、1903 年 6 月 1 日、154—155 页。

② 俞樾：《日本人有小柳司气太者，编辑余事迹，……因题其后》，谢超凡整理《俞樾全集·春在堂诗编》，凤凰出版社，2021，第 888 页。

③ 冯桂芬：《校邠庐抗议·制洋器议》，熊月之编《中国近代思想家文库·冯桂芬卷》，中国人民大学出版社，2014，第 326 页。

④ 章炳麟：《孙仲容先生年谱叙》（1933），孙延钊：《孙衣言孙诒让父子年谱》，徐和雍、周立人整理，上海社会科学院出版社，2003，第 1 页。

⑤ 孙诒让：《叙》（1902），《周礼政要》，陕西通志馆印，1934，第 1 页。

《膏兰室札记》就征引了《几何原本》《谈天》《天文揭要》《地学浅释》等西书。① 除欧几里得的《几何原理》明末时已由利玛窦、徐光启译出前6卷外，其余基本上是1850年代之后的西学译著。这也为他接受斯宾塞的进化学说做了知识准备。

　　严复1877~1879年在英国留学。前此数年，达尔文继《物种起源》之后于1871年出版了《人类的由来》（*The Descent of Man*），而斯宾塞也于1873年发表了《社会学研究》。严复恰好赶上了斯宾塞在英语世界影响力臻于极盛的时代，他在1881~1882年就阅读了《社会学研究》。② 甲午战败，东事兀臬，刺激严复发愤著述。从1895年《论世变之亟》《原强》诸作开始，他不遗余力地引介进化学说。严复说，达尔文《物种起源》使"泰西之学术政教，为之一斐变"，"其彰人耳目，改易思理"甚于牛顿的天算格致；斯宾塞的著作"根柢物理，征引人事，推其端于至真之原，究其极于不遁之效而后已；于一国盛衰强弱之故，民德醇漓翕散之由，尤为三致意"。③ 1896年，他心怀自强保种的炽热激情开始翻译《天演论》，试图借着赫胥黎1893~1894年较晚近的作品，以自撰按语配合译文的形式，在赫胥黎、达尔文、斯宾塞诸家学说间不断穿插、评议，从而精炼传递欧洲二百年来学术发展所总结的名理、公例。其中，严复尤为推崇斯宾塞的综合哲学体系"以天演自然言化"，"举天、地、人、形气、心性、动植之事而一贯之"，赞叹"欧洲自有生民以来，无此作也"。④ 严复1897年即开始翻译斯宾塞的《社会学研究》，先

① 参见熊月之《早年的章太炎与西方"格致"之学》，《史林》1986年第2期。
② 严复在《〈群学肄言〉译余赘语》中说："不佞读此在光绪七、八之交。"汪征鲁等主编《严复全集》卷三，第10页。
③ 严复：《原强》（1895），汪征鲁等主编《严复全集》卷七，第15~16页。
④ 严复：《译〈天演论〉自序》（1896），《天演论·察变》按语，汪征鲁等主编《严复全集》卷一，第76、84页。

译其名为《劝学篇》，后更名为《群学肄言》，并于1903年将全书付梓。作为进化学说及斯宾塞思想在中国最热烈的鼓吹者，严复以其对维多利亚思想的精准把握和有意味的翻译，在相当程度上成为清末民初国人西学认知的标杆。

戊戌维新时期，《时务报》堪称舆论界之翘楚。以它为中心，聚集了彼时中国青年知识精英中的佼佼者。该报1896年于上海创刊之初，严复就汇款支持，并与主事者梁启超、汪康年颇多联络，还将《天演论》译稿寄给梁启超阅读。《天演论》极大地震荡了这一青年知识群体的心怀，梁启超曰："天下之知我而能教我者，舍父师之外，无如严先生。"严复谓，"斯宾塞尔之学，视此书尤有进"，更激发了他们的求知欲，"闻之益垂涎不能自制"。① 章太炎1895年时就曾寄费加入上海强学会，1897年更因赴沪担任《时务报》撰述而离开诂经精舍。他此一时期虽已产生与康有为派的学术分歧——"特左氏、公羊门户师法之间耳"，然而在革政的意愿上难分轩轾，"至于黜周王鲁、改制革命，则未尝少异也"。②《时务报》的经历不仅让他得以和康梁派有更密切的接触、浸润于《时务报》的文化氛围，还作为笔述者获得与曾广铨合译《斯宾塞尔文集》的机会，并因此而塑成从宇宙演化、种群变迁到文明演变，以进化为枢轴的清晰知识图景。

面对庚子后更加急遽的民族危机，1901~1911年的清末新政不仅推动学校、军队的各种现代化进程，拟定铁路、矿产、商业等实业振兴方案，还启动了预备立宪的政治改革。一时间，中国呈现出从传统

① 梁启超：《与严幼陵先生书》（1897），《饮冰室合集·文集之一》，第107、110页。

② 章太炎：《〈康氏复书〉识语》，《台湾日日新报》1899年1月13日，汉文第3版。章太炎与康有为思想的离合，参阅拙著《儒学转型与文化新命——以康有为、章太炎为中心（1898~1927）》。

农业国向近代工业资本主义体制转轨的面貌。清政府学习的目标正是明治维新后的日本。康有为《日本变政考》曾曰："我朝变法，但采鉴于日本，一切已足。"① 1896 年，清朝首次派遣 13 名留学生抵达日本；1906 年，留日学生数约有 8000 人。② 中国以日本为中介输入西学。壬寅癸卯间，"日本每一新书出，译者动数家，新思想之输入，如火如荼"。③ 1899 年，章太炎在重野安绎弟子馆森鸿的陪同下首次游览日本本岛。此间，他重逢梁启超，广泛搜罗各种社会学书籍，与众多日本学者晤谈，并结识了井上哲次郎。1902、1906~1911 年的旅日经历使章太炎与先后创办《清议报》《新民丛报》的梁启超一起，站在了彼时从日本输入新学的潮头。他还因此和以东京大学、早稻田大学为中心的日本社会学、哲学及汉学圈产生了密切联系。

在东西洋帝国主义侵略加剧的情况下，全面、迫急的政经改革反而搅动朝局、加重赋税，朝野、满汉、官民之间的矛盾亦渐次升腾喧哗。立宪改良与排满革命的不同政治势力，革命派内部持无政府主义与民族主义立场的不同派别之间的相互攻讦从未止歇。康有为谓，中国只可行立宪不能行革命，因为"由君主专制，必须历立宪君主，乃可至革命民主"，就好像由盛暑而至严冬必经历凉秋的自然规则一样。④ 严复《社会通诠》则称，"进化之阶级，莫不始于图腾，继以宗法，而成于国家"，"此其为序之信，若天之四时，若人身之童少

① 康有为：《日本变政考》（1898），姜义华、张荣华编校《康有为全集》第 4 集，中国人民大学出版社，2007，第 274 页。
② 实藤惠秀：《中国人留学日本史（修订译本）》，谭汝谦、林启彦译，北京大学出版社，2012，第 1 页。
③ 梁启超：《清代学术概论》（1920），《饮冰室合集·专集之三十四》，第 71 页。
④ 康有为：《答南北美洲诸华商论中国只可行立宪不能行革命书》（1902），姜义华、张荣华编校《康有为全集》第 6 集，第 325 页。

壮老，期有迟速，而不可或少紊者也"。① 严复与康有为可谓两相呼应，都强调社会形态、政治体制演变均需依据进化之序列，试图以新的"天命"来摇落革命。吴稚晖所属的《新世纪》革命派别推崇无政府主义，"只论公理、是非，断不论种界、国界也"。② 他们批评《民报》以民族主义为基础的革命，是乞灵于祖先，不仅不符"物力不灭，无有神灵"的科学公例，亦与"求伸公理，非图自私"③ 的革命精神相悖离，实乃"仇视异族、妄自尊大"，失博爱之谊。④ 罗振玉立足于新出土文物启动国学新潮流，他对章太炎担忧域外新潮导致国粹沦胥很不以为然。罗振玉赞叹，当今"声气相应，梯航大通；长庆《乐府》传入鸡林，《尚书》百篇携来蓬岛；将见化瀛海为环流，合区宇为艺府；观摩逮于殊方，交友极于天下"，⑤ 正是国学发展的好时代。

"我是疯癫，我是有神经病。"辛亥革命前十年，作为民族革命者的章太炎，在万千矛盾的时代旋涡、剜肉锥心的无边痛苦中，表现出一个挣扎着站立的不屈个体的精神状态。在和康有为、严复、吴稚晖、罗振玉等论敌的论争过程中，他一面呼吁"用宗教发起信心，增进国民的道德"，"用国粹激动种性，增进爱国的热肠"，⑥ 分析国家主义、社会主义、无政府主义、民族主义各种主张之合理性与可行性；一面意识到，拘执于公理、进化、惟物、自然乃是论敌思想的四

---

① 严复：《〈社会通诠〉译者序》（1903），汪征鲁等主编《严复全集》卷三，第358 页。
② 真：《答 CHEE 氏》，《新世纪》第 3 号，1907 年 7 月 6 日，第 2 版。
③ 真：《续祖宗革命》，《新世纪》第 3 号，1907 年 7 月 6 日，第 4 版。
④ 民：《伸论民族民权社会三主义之异同再答来书论〈新世纪〉发刊之趣意》，《新世纪》第 6 号，1907 年 7 月 27 日，第 4 版。
⑤ 罗振玉：《〈国学丛刊〉序》（1911），罗继祖主编《罗振玉学术论著集》第 9 集，上海古籍出版社，2010，第 184 页。
⑥ 太炎：《演说录》，《民报》第 6 号，1906 年 7 月 25 日，第 2、4 页。

惑渊源，而其中最根本的问题还是如何应对进化的宇宙与人的观念。他结合法相唯识学、在日本收获的德国叔本华一派之哲学及英美个人主义诸般学理，在宇宙万物之幻象与真实，人的肉身与精神，过去的记忆、未来的预期与当下的转瞬即逝，心理感受的悲苦与喜乐之间辗转思索，总结出"俱分进化"的构想。骨子里，他还是在追问，既然人类只是镶嵌在宇宙自然之中，并从属于演化规律的一部分，那么，面对永恒变迁的宇宙、人间纷繁龟裂的观念，如何"不住涅槃，不住生死，不着名相，不生分别"，[①] 稳稳地立住个体的意义。

1911年10月，辛亥革命爆发，之前纷扰的思想界被这一声惊天巨雷震得忽然暂时安静下来，寻各自的出路。章太炎也随即结束在日流亡生活归国，回真向俗，黾勉于日常的世俗政治。本书主要讨论的时间下限也就划定在了1911年。而不久之后的一战，其实也宣告了以对人类进步的乐观信心、强劲的个人主义等为特征的思想上的维多利亚时代在某种程度上的终结。

四　由横向层累的历史观念出发重绘思想地图

在1851~1911年一个甲子的寰球时空中，以章太炎之思想经历为轴心，上文梳理了从斯宾塞进化哲学出发，跨越大西洋、太平洋，涉及英语、日语、中文三个文化圈，英、美、日、中四国思想连锁演变之图景。维多利亚时代的英美知识人、明治日本的知识群体和清末的知识精英其实已经强烈感受到并各自展望着两大洋汇通的激烈与豪迈。

19世纪中叶地质学、自然地理学等地球科学的迅猛发展，让斯

---

① 章太炎：《佛学演讲》（1911），《章太炎全集·演讲集》，上海人民出版社，2015，第159页。

宾塞拥有足够丰富的地理、气象知识来畅想剧烈的地壳变动所制造的地球奇观。在《论进步：其法则和原因》中，他将变动之域设定在两大洋交汇处——中美洲的瞬时沉陷："地壳变动的即时结果，其自身将会非常复杂。除了无数的地层异位、火山物质的喷发、地震波传播到千里之外、大爆炸的巨响、气体泄漏，还将会有大西洋和太平洋的激流来填充空间，紧接着巨浪海啸穿过两个大洋，在海岸制造出无穷的变化，相伴而来的气浪被每个火山口周围的气流弄得更加复杂，这样的扰动还伴随着电闪雷鸣。……数千英里的气象学条件在所有方面都将或多或少地被更革。"[1] 这里演绎了普遍的"进步"之原因，即变化的复杂性从一开始就在以加速度的方式增加。

跨越大西洋、太平洋的思想连锁演变，如同发生在地球板块交会处的大地震一样，其变化的复杂性从一开始也在以加速度的方式增加。跨洋交流、语言、国家——思想连锁流通中交叠的三个不同层面，则构成了衍生其复杂性的主要因素。

"万国梯航成创局"，[2] "让大世界沿着隆隆作响的变化之辙永远旋转下去"，[3] 无论是清朝首任驻英国使臣郭嵩焘，还是维多利亚桂冠诗人丁尼生（Alfred Tennyson），他们都尝试来描述全球一体化的近代文明跃动感。而连接地球上各个大陆、岛屿的海洋，乃是近代文明跨国传播的主要通路。沿着洋流能"无界限"流通的，除了建立

---

[1] Herbert Spencer, "Progress: Its Law and Cause," in Spencer, *Essays*, Vol. I（1868），pp. 38-39. 译文参阅彭春凌《章太炎译〈斯宾塞尔文集〉研究、重译及校注》，第309页。

[2] 郭嵩焘：《题曾劼刚〈归朴斋诗钞〉，并以为别，即效其体》，梁小进主编《郭嵩焘全集》第14册，岳麓书社，2012，第127页。

[3] 原文为 "Let the great world spin for ever down the ringing grooves of change." Alfred Tennyson, "Locksley Hall," *The Complete Works of Alfred Tennyson: Poet Laureate*（New York: R. Worthington, 1880），p. 65. 译文参阅哈维、马修《19世纪英国：危机与变革》，韩敏中译，外语教学与研究出版社，2007，第225页。

在蒸汽动力学、光学、化学、电学上的"商政、兵法、造船、制器及农、渔、牧、矿诸务"①，还有通过传教士、政治流亡者、外国人教师与学生、商旅使节等人群的跨洋活动，以及新兴印刷媒体和教育机构的传播，所扩散的是对宇宙和人认知的根本革新。

语言的异同、远近，一般而言彰显着文化、宗教或种群之亲疏，文化、宗教或种群又恰恰构成观念革新过程中律动差异的首要缘由。因此，语言的异同、远近就成为观察各地新旧观念变迁之殊别的第一层瞭望台。最初提出"大西洋世界"这一概念，其实就是因为西班牙、英国、法国、荷兰等欧洲国家在南、北美洲的殖民活动建立起了大西洋东西两岸之间文化、宗教、种群的勾连。独立战争后，美国虽然摆脱了英帝国的统治，但英美两国在文化上仍旧保持了高频率的互动与交流。英、美两大帝国先后的扩张，在物质文明上取得了显著优势，让它们更添因"强大的英格兰血统"（a mighty nation of English descent）② 所带来的种群自豪感和傲慢心，也自认肩载着教化原始民族的所谓"白种人的负担"（The White Man's Burden）③。同质的语言文化，使斯宾塞哲学在美国产生的影响深刻而广泛。进化论挑战特创论（creationism）所牵涉的宗教、伦理诸问题，1870 年代以降对自由放任理念的反思，在英美往往引发相似的切己应对。但正因语言文化上的同质性及宗教上的复杂渊源，美国虔诚的基督教福音派信徒更难

---

① 蔡少卿整理《薛福成日记》，1890 年 5 月 19 日，吉林文史出版社，2004，第 542 页。

② 约翰·菲斯克说："从英国种族殖民北美开始，就命中注定她将继续其殖民之旅，直到地球表面任何一块还没有被古老文明所占据的土地在语言、政治习惯和传统及其人民主宰性的血统上变成英国人。"John Fiske, *American Political Ideas：Viewed from the Standpoint of Universal History*, *Three Lectures Delivered at the Royal Institution of Great Britain in May 1880* (New York and London：Harper & Brothers Publishers, 1898), pp. 141, 143.

③ Rudyard Kipling, "The White Man's Burden," in *The Writings in Prose and Verse of Rudyard Kipling Volume XI The Five Nations* (New York：Charles Scribner's Sons, 1903), pp. 78–85.

接受斯宾塞的"不可知"观念；而由于社会达尔文主义在美国的泛滥和恶劣影响，继受到热烈追捧后，斯宾塞在美国遭到了猛烈的批评和抵制。

如众所知，中日之间的语言文化相似而不相同。汉字是两国共有的表记符号，儒佛两教在漫长的历史中不同程度地参与塑造了两国的文化。这就意味着，近代观念在两国的传播一方面是一个同创共享新语汇的历史过程。具体地说，从16世纪中后期到1880年代前后，主要是中文翻译的西籍和英华字典等影响了日本的近代化过程，而到1880年代中后期，随着日本初步建构起从自然科学到社会人文学的全套近代学术词汇体系，日制汉字新词、译词开始源源不断流入中国。甚至受日译西籍的影响，清末民初整个"社会主义"的思想体系都从日本而来。[1] 张之洞就说："各种西学书之要者，日本皆已译之。我取径于东洋，力省效速，则东文之用多。"[2] 当然，由于新旧汉字语汇在两国的意义可能有较大差别，而日语中光凭借汉字其实难以判定句子的意义，于是在挪移借用过程中，偷工减料、添枝加叶者或有之，望文生义、张冠李戴、浑水摸鱼者抑或有之。梁启超承认，从日本引介新思想，"稗贩、破碎、笼统、肤浅、错误诸弊，皆不能免"，但也指出，为了冲击思想界闭塞萎靡的局面，不得不用"卤莽疏阔手段"来"烈山泽以辟新局"。[3] 另一方面，进化观念提供了对宇宙和人的一整套完整解释。破除天的神性，在儒学中自能找到渊源。但是，由于人的社会性不再是作为人不证自明的前提，中日两国

---

[1] 关于近代中日间语言交涉的历史，可参阅沈国威《新语往还：中日近代语言交涉史》，社会科学文献出版社，2020；陈力卫《东往东来：近代中日之间的语词概念》，社会科学文献出版社，2019。

[2] 张之洞：《劝学篇》（1898），吴剑杰编《中国近代思想家文库·张之洞卷》，中国人民大学出版社，2004，第310页。

[3] 梁启超：《清代学术概论》（1920），《饮冰室合集·专集之三十四》，第72、65页。

建构在五伦基础上的传统儒家社会和价值面临相似的巨大伦理挑战。而人的本质由大脑的结构所决定这等物质主义的新观念，也使以"治心"擅长的佛教面临界域和美学的重整。在宗教、伦理和社会政治思想上，中日两国面临相似的冲击。但是，儒佛两教在两国的长期发展过程中，脉络和去取上其实差异深刻，又令这一过程中的异质感分外凸显。同中之异所带来的异质感往往更加坚硬。

国家之间力量的大小，地缘政治、经济利害的纠葛所形成的权力关系，牵动着不同国家国民情感与利益的畛域。19 世纪下半叶到 20 世纪初，全球范围内帝国主义与民族主义两种思潮和势力的勃兴、压制与反抗的对垒，反复形塑着与思想表达切切相关的情热心绪。由此，不同国家利益诉求的差异也成为观察各地新旧观念变迁之殊别的第二层瞭望台。

丁尼生在 1842 年时畅想未来，既"看到天空里贸易不断，神异玄妙的航队来往频频"，同时，"天上充满了呐喊，而交战各国的空中舰队，在蓝天的中央厮杀"，"在雷电的轰鸣声中，各个民族的军旗只顾往前冲"。① 胡适 1915 年读到此诗，禁不住感叹："在当时句句皆梦想也，而七十年来，前数句皆成真境。"② 19 世纪末，日不落帝国势力犹在，时人感叹其殖民地犬牙交错，"英人睥睨地球，如囊中物"。③ 美西战争后，帝国主义国家美国在太平洋上将势力伸向东亚。日本在日俄战争胜利、吞并朝鲜之后跃升为帝国主义强国。《东京经济杂志》1896 年曾刊文展望跨越太平洋的电缆，其中蕴含着环

---

① Alfred Tennyson, "Locksley Hall," *The Complete Works of Alfred Tennyson*, p. 64. 译文参阅丁尼生《丁尼生诗选》，黄杲炘译，上海译文出版社，1995，第 111~112 页。
② 胡适:《梦想与理想》（1915 年 3 月 8 日），曹伯言整理《胡适日记全编》（2），安徽教育出版社，2001，第 86 页。
③ 《论英国殖民政策》，《时务报》第 11 册，1896 年 11 月 15 日，《强学报·时务报》第 1 册，中华书局 1991 年影印本，第 731 页。

球体验和想象——"假使地球为活物，则电线似为其脑气筋。而汽车及轮船，如循环血液之血脉也"。文章敏锐地指出，近代文明的中心从地中海、大西洋到太平洋地域的迁移，"间尝思古往今来世运之消长，昔时最擅荣华者莫如地中海滨诸岛，沿至今日，寒烟衰草，无复从前景象。即大西洋全盛之运，亦将渐倾。而富强之气运，且将移于滨太平洋诸国"。① 如果说日本媒体的观察是建基于对日本眼下国运的希冀，那么梁启超、章太炎模仿这篇文章描绘寰球文明发展史时，将中国定位到继日本之后的强盛之地，则更多出自贫弱境遇下对中国富强的强烈愿望。

梁启超《论中国之将强》根据五德终始之学和康有为所言的"气运"，对寰球文明的繁兴进行了更加复杂详尽的勾勒。他将中国西北的昆仑山视作地运的起始点，地运经印度、波斯、巴比伦、埃及等古老文明之后，"渡地中海而兴希腊"、罗马、意大利，"循大西洋海岸"而兴西班牙、葡萄牙、法兰西、英吉利，千年之内，地运洋溢欧土全洲。而近百年来，大地之运分为东西两股，"一入波罗的海迤东以兴俄，一渡大西洋迤西以兴美"。而"三十年来，西行之运，循地球一转，渡大东洋以兴日本"，因"日本与中国接壤，运率甚速，当渡黄海、渤海兴中国"，"东行之运，经西伯利亚达中国"。梁启超总结说："十年以后，两运并交，于是中国之盛强，将甲于天下。"② 章太炎《东方盛衰》则声称依据"堪舆之言"，即风水相地之说，"亚洲之衰，西衋于欧洲；欧洲盈，西溢于美；美洲挶，西被于日本。古者太平洋之盛，由长安而东；今者太平洋之盛，由英吉利

① 《太平洋电线论》（译《东京经济杂志》西八月十五日），《时务报》第 7 册，1896 年 10 月 7 日，《强学报·时务报》第 1 册，第 458~459 页。
② 梁启超：《论中国之将强》，《时务报》第 31 册，1897 年 6 月 30 日，《强学报·时务报》第 3 册，第 2079 页。

而西。自日本西被，非支那则谁与?"①

如从个人来看，英、美、日、中各国皆有兼通数种语言、皈依异域宗教文化的思想人物，他们游走在不同语言文化、国家疆域的内外，传递着异文明的信息。如以思潮而言，近代的无政府主义、大同主义频频召唤打破各式人为的上层建筑、思想意识之壁垒，建立世界一家、谈笑晏晏的乌托邦家园。然而，正如日本《东京经济杂志》那篇文章的作者，清末的梁启超、章太炎一样，近代各国大多数的知识人一方面强烈意识到两大洋汇通的全球文明流动乃是观察本国文明之未来的必要元素；另一方面认为"皮之不存，毛将安傅"，万国竞争的时代，"惟国权能御敌国"，② 在贫弱受侮的国家中，主流的思想和政治派别尤其将建立一个强大的现代国家作为切实的奋斗目标，个人的荣辱往往系于国家之强弱。当运用近代这套宇宙和人的观念体系来解析某一国的文明时，就出现了利益攸关各方对阐述主导权的争夺战。这也就导致了章太炎在国学领域和日本的汉学家出现激烈对峙。

那么，如何在全球史的脉动下勾勒经两洋、三语、四国的流通管道或壁垒所塑造的思想连锁演变呢？本书主张由横向层累的历史观念出发来重绘思想地图。

众所周知，"古史是层累地造成的"，③ 乃古史辨运动的理论假设。这里，造成古史的"层累"主要指向纵向的时间维度。随着时代的演进，经过不断的书写与口传，本无或模糊的人物事迹被制造出来，或被改写、踵事增华。而在近代全球的思想流动中，造成历史观

---

① 章太炎：《东方盛衰》，《章太炎全集·〈訄书〉初刻本》，上海人民出版社，2014，第 58 页。
② 张之洞：《劝学篇》（1898），吴剑杰编《中国近代思想家文库·张之洞卷》，第 296 页。
③ 《古史辨第一册自序》，顾颉刚：《古史辨》（1），上海古籍出版社 1981 年影印本，第 52 页。

念"层累"的因素主要是横向的空间维度。进化中的宇宙和人的新观念，在跨越不同语言文化的滋生过程中，呈现出某种基于内在关联性持续叠加增殖的系谱。通过解剖历史观念跨越不同语言横向层累的过程，我们重绘思想的地图。其目的不在单纯勾勒思想流通的路途或阻隔，如同在地球仪上画出各种交汇的实线与悬置的虚线那样。重绘思想地图的目标是对建构了历史观念关键空间层累的意义元素予以深描（thick description）。沿着那些内在意涵高度关联、被表现和理解的样态却疏落参差的历史观念，我们进入各个文明的机体，从而在已经逝去的时间中释放出各国社会明暗斑驳的政治文化生态，各个思想人物所遭逢的艰难时世、坚硬生活，各自的骄傲自负、不平之鸣和意欲诉求。在凭借观念走进自国历史的同时，也试图去接近那些无穷的远方、无限联系与延展的他者。

本书将从以下四个方面分四章来重绘思想地图。

（一）体认到宇宙与种群都处于进化的自然进程之中，乃是跨入近代之观念断崖的标志。斯宾塞将哲学上的"进步"（progress）观念与宇宙、生物学层面的"进化"（evolution）相结合，形成进化即进步的混一体。他首先区分了"可知"与"不可知"，将理解进步问题的前提，即科学所揭示的进步的法则和原因，限定在"可知者"的范畴。在科学昌明的时代，"不可知者"为带有神秘性的宗教保留了空间，缓解了维多利亚时代人的伦理焦虑。曾广铨、章太炎在译介斯宾塞的作品时，整体上淡化了"不可知"范畴所指向的宗教视域，相对放大了"可知"之科学领域所建构的物质宇宙图景。而严复对"不可知"的珍视和针锋相对的翻译，则提示了中国思想学术界内部的分歧及接受斯宾塞进步哲学的不同线索。而此后，在宗教与科学的关系问题上，英、日、中三种文字的斯宾塞文本及其评价的曲折传译，产生了负负相加的跨文化误读，提示早期全球化过程中知识生产的某种情状。在斯宾塞的进化哲学中，宇宙的构成与演化主要遵循牛顿力学原理所支撑的"星云假说"，而生物种群的进化变迁则建立在拉马克主义用进废退的理念之上。这两项内容，前一项的牛顿定律介入章太炎"以天为不明及无鬼神"的真儒术建构过程。宇宙图景的变迁，既反映了科学革命导致"范式转换"的普遍性影响，又折射出西学东渐从明末到清末的复杂历史轨迹。至于经学与子学间的方法论区隔，则为国学涵容近代科学打开了空间。后一项所关涉的斯宾塞种群进化及竞争论述，在甲午战争后的时代舆论中，黄白种争及"保种"成为焦点问题而受到知识界青睐。章太炎、严复翻译斯宾塞的种群进化论，意味着自1850年代人体生理学、生物历史知识在中英间大流通以来，中国知识界也开始以"进化"观念将这些知识绾合在一起。种群思维（population thinking）对中西某些传统思维产生了幅度相当的震荡。中国知识人通过调整黄种人的进化位阶来抵制欧洲中心主义和种族主义，但又主动催化"灭种"的焦虑感。斯宾塞以拉马克主义用进废退的原理来解释生物进化的主要机制，蕴含着人类有能力进行某种自我改善的意味，契合了清末种争背景下的社会政治变革思潮，也规制了舆论场英译中、日译中的多重翻译渠道下有关种争论述的通俗化语汇之方向。

（二）人由动物进化而来，生物进化论将人也纳入自然秩序；社会进化论则提示，人类目前的社会化生存状态是长时期历史演变的产物。这就意味着，个体与群体的关系、人与动物的区别——"人"两个关键层面的内涵都必须进行重新定义。将"人"天然框定在五伦之社会性关系中的儒教价值、以未来完具幸福为号召的基督教、追求内心自足圆满的佛教信仰都势必面临着强劲震荡。日本社会学家岸本能武太借鉴、改造了社会学奠基人斯宾塞、美国社会学之父莱斯特·沃德为代表的英美资源，创作了《社会学》一书。章太炎1902

年将之翻译出版。伴随形成连锁影响关系的"社会学"这一载体，19世纪的生物和社会进化学说在英国、美国、日本、中国跨洋递进传播。在国家主义思潮高涨的明治三十年代（1897~1907），岸本能武太却较准确传达了逆潮流而动的斯宾塞以个人主义为特征的社会有机体说，巧妙地用汉字"非社会性"来对译斯宾塞、沃德原作中的"反社会性"，从而松弛了个人主义带给东亚儒家社会的紧张感。岸本提供的"非社会性""消极"等论说，进一步使儒学观念中不甚光彩的"废""隐"等逃群举动获得了价值正当性。章太炎更从中升华出以不作为为作为的"抵抗政治"，为清末革命寻找伦理依据。章太炎借鉴岸本能武太，将人类与鸟兽的界限划定在有无过去、未来之念。岸本能武太以"欲望由肉欲与将来之观念综合而成"，把沃德所放逐的宗教重新引入对人本质的理解。章太炎解构了受进化学说所指导的"社会学"朝向幸福的方向感，并且着重对岸本未尝展开的"过去之念"及其驱动人类行为及建立价值秩序的方式进行了理论阐发和历史实践。在各自社会饱含冲突的时刻，"社会学"反映了英、美、日、中各国著译者召唤生活目的、再造秩序之憧憬。

（三）进化学说将人类卷入不由自身掌握命运的巨大不确定性；各个文明的思想家普遍感受到主观与客观、精神与物质的分裂，以及宇宙本性（cosmic nature）与伦理本性（ethical nature）的冲突。章太炎与明治哲学的"性格决定者""现象即实在论"的代表井上哲次郎思想轨迹和细节呈现出高度的相似性。他们都从主要接受以斯宾塞为代表的社会进化学说，过渡到糅合德国形而上学和东洋的儒学或佛学重建观念体系及伦理依据。1899年，章太炎与井上哲次郎在东京相识。强烈的东洋学术思想自觉、亚洲的连带感及融汇东西洋文明的企图心，这些共同的话题让他们相谈甚欢。随着章太炎的政治立场转向革命，他开始积极阅读井上哲次郎周边东京哲学圈学人的作品。姊崎正治在德国宗教神学的启发下，以欲望的表现来定义宗教，修正了此前的宗教学、人类学以基督教为最高文明位阶的宗教进化图示，发出了东亚知识人抵抗殖民者文明话语的共同革命心声。章太炎赞其"齐物论而贵贱泯"。随着深入思考革命主体如何建立自身的道德修养和行为逻辑，章太炎的宗教观念逐渐向井上圆了倾斜，即以佛教体认的"无限绝对之心体"来降伏心、物，支配无量诸象。从1905年在狱中研读《哲学丛书》到1910年出版《国故论衡》，都属于章太炎和井上哲次郎哲学的再会期。凭借德国进化主义的生理学和心理学，章太炎进一步将宇宙与人的交汇点定位在"活动"上，越发靠拢叔本华的意志论。章太炎立足于尊重和扩展个人的自我感知，井上哲次郎则把理想的极处置于超出个体之外的绝对实在之物。两者在认识论、伦理观和政治哲学上出现了根本的暌离，在某种意义上象征着两个民族的心智角力和道路对决。章太炎的齐物哲学主张平等之"道"主动向下、不断变化去相合有差别的万物之"理"。这和号召差别性元素听从"大我之声"召唤的井上哲次郎绝然异轨。井上哲次郎的论敌井上圆了倡导无限的"实在"去适应差别、有限的人生，章太炎和井上圆了的观念意外地亲近冥合。

（四）19世纪中期以来，现代的自然和社会科学创造了一整套认知和解释宇宙及人类文明的方法和框架。随着近代民族国家的勃兴和彼此间竞争的加剧，大学、科研机构等建制化力量逐渐成为各国推动各种科学普及、传播、研究的主体。作为转轨期清末国学的代表，章太炎深切地体会到需要习得并创造性地运用这一套新的认知方法与框架。与此同时，在欧洲东方学，特别是转型中的明治汉学及国内不同思路的国学者之压力下，守护吾民呼吸吟诵于其间的生活世界，彰显在时空中绵延不绝、自成体系的文化传统之价值，掌握阐述自身文明的主导权成为同样急迫的任务。作为现代"语言文字学"学科的命名人，章太炎抵抗来自日本与欧洲的两种论说——"汉字统一论"和"万国新语说"，阐述了以方言为根基、打通古今的"言文一致"观，以言语之展转缘生为依据、建立在文化地域亲缘性基础上的"语言统一"论，展示了清末以小学言建国者的文化理想。章太炎1899年以降三次旅日，从体验残存的汉字圈雅文化之余温，到参考以比较文明史为特征的汉学著论，再到以《汉学》为标靶、对被建构进帝国秩序的学院化汉学进行文史哲全方位的把握和批评，他对转轨中的明治汉学有从雅乐到郑声的体验变迁。中国国学界内部之演变则助推了章太炎对明治汉学的批判。"依自不依他"反映了中国知识人通过坚信内心的实在圆满，来应对文物外流及外在事物变迁流转的共同心态。"故闻"与"古物"之学的纷争，蕴含了章太炎论衡"国故"与罗振玉"古器物之学"各自的关切和嗣后国学发展的分途。

第一章

进化中的宇宙与种群：跨入近代的观念断崖

　　19 世纪中后期，作为英国维多利亚时代"进化"哲学运动的知识领袖，赫伯特·斯宾塞[①]关于政治、宗教、科学乃至生活伦理的种种言论似巨浪激荡着全球思想界，他也因此被视为"第一位全球公共知识人"。[②] 在东亚，"日本人自言，斯宾塞为其学界之母"，[③] 斯

①　W. R. Sorley, *A History of English Philosophy* (New York and London: G. P. Putnam's Sons, The Knickerbocker Press, 1921), p. 260. 关于斯宾塞的研究，基本资料除了斯氏各个时期的著作，还有他的自传（Spencer, *An Autobiography*）和书信集［David Duncan, *Life and Letters of Herbert Spencer* (New York: D. Appleton and Company, 1908)］。潘德重的《近代工业社会合理性的理论支撑——斯宾塞社会进化思想研究》（博士学位论文，华东师范大学，2004）归纳了英语世界 2000 年以前对斯宾塞的研究及其趋向，可以参看。几个代表性的作者及其作品包括 J. D. Y. Peel, *Herbert Spencer: The Evolution of a Sociologist* (Aldershot: Gregg Revivals, 1971, 1992); T. S. 格雷（T. S. Gray）在 20 世纪八九十年代出版的研究专著; J. H. Turner, *Herbert Spencer: A Renewed Appreciation* (Beverly Hills: Sage Publication, 1985)。他们都致力于对斯宾塞的不公正认知进行纠偏。2000 年之后的研究，值得关注的是 Michael W. Taylor, *The Philosophy of Herbert Spencer* (London: Continuum International Publishing Group, 2007)，该书全面总结了斯氏哲学; 以及 Mark Francis, *Herbert Spencer and the Invention of Modern Life* (Stocksfield: Acumen Publishing, 2007)，该书回到维多利亚时代的思潮和论争来理解斯宾塞的思想世界。2015 年马克·弗朗西斯（Mark Francis）与迈克尔·W. 泰勒（Michael W. Taylor）联手主编了《赫伯特·斯宾塞：遗产》［*Herbert Spencer: Legacies* (London & New York: Routledge, 2015) ］一书，是近年关于斯宾塞历史学、社会学、生物学、教育学、政治学、伦理学、哲学各领域研究有分量的论文集。

②　Taylor, *The Philosophy of Herbert Spencer*, p. 2.

③　彗广:《大哲斯宾塞略传》,《新民丛报》第 38、39 号合本，署 1903 年 10 月 4 日（该刊有拖期，此文实际作于癸卯十一月斯宾塞逝后第 29 天，即 1904 年 1 月 6 日），第 112 页。斯宾塞对日本影响的情况，可参阅山下重一「明治初期におけるスペンサーの受容」日本政治学会编『日本における西欧政治思想』; 山下重一『スペンサーと日本近代』。

氏为日本明治维新后的政治与学术涂上了浓墨重彩；而通过颜永京、严复、章太炎、马君武的翻译，经由格致书院、《万国公报》、《新民丛报》等机构、报刊的推荐，以及引介日译斯氏作品等多重渠道，斯宾塞也深刻影响了清末中国的思想和学术。① 从《社会静力学》（1850）、十卷本《综合哲学》，到《个人与国家》（*The Man versus the State*，1884），斯宾塞著述卷帙浩繁、论题纷呈。语言文化有亲疏，采撷移译的篇章有差异，不同民族、国家及同一社会不同成员自身的知识语境、核心关切、利益诉求有殊别，使斯宾塞著述的跨语际翻译、传播、意义歧变及交叉影响，成为工业革命后具有全球化特征的思想史事件。

1898 年，《昌言报》连载了曾广铨采译、章炳麟笔述的《斯宾塞尔文集》，包括《论进境之理》与《论礼仪》两文，所对应的原作分别是斯宾塞《论文集：科学的、政治的和推断的》（*Essays：Scientific，Political，and Speculative*）中的《论进步：其法则和原因》（Progress：Its Law and Cause）和《礼仪与风尚》（Manners and Fashion）。《斯宾塞尔文集》虽由曾广铨、章太炎合译，但是作为"笔述"者兼具"再生产"能力的思想家，章太炎在译作中展现了自身的话语方式和观念逻辑，并将译作的内容整合进自己的思想表达。

章太炎与曾广铨 1898 年合译的《斯宾塞尔文集》是中国思想史上一部独一无二的作品，因为它提供了观察中国传统文明朝向近代观念世界转型的绝佳窗口。为了用中文传达"进化"哲学观念所统摄的从宇宙演化、种群变迁到文明演变的近代观念世

① 关于中国早期翻译斯宾塞的历史，可以参阅韩承桦《斯宾塞到中国——一个翻译史的讨论》，《编译论丛》第 3 卷第 2 期，2010 年 9 月；韩承桦《审重咨学：严复翻译〈群学肄言〉之研究》，台湾师范大学历史学系、五南图书出版股份有限公司，2013；彭春凌《章太炎译〈斯宾塞尔文集〉研究、重译及校注》。

界，章太炎几乎必须调动所有传统经典文献中的重要记述，"来整合出一套家族相似，但符号的所指却不尽然相同的叙述"。① 本章以章太炎译《斯宾塞尔文集》为切入点，围绕如何理解"进步"、章太炎"以天为不明及无鬼神"真儒术观念的发生逻辑、清末的种群进化和竞争论述三个问题，在 19 世纪中叶以降两洋三语思想世界的连锁中，描绘以章太炎为中心的中国知识人接纳进化的宇宙和种群观念，跨入断崖般的近代观念世界之曲折思想历程。

第一节　何为进步：章太炎译介斯宾塞的主旨变焦及其投影

一　英中日跨语际传译中科学与宗教关系之调适

本节集中探究章太炎翻译斯宾塞思想发轫期最重要的代表作《论进步：其法则和原因》（下文简称《论进步》）所发生的主旨变焦，以及这一变焦映射出的中、英、日三国内部充满紧张、又互相联动的思想史图景，目的是将斯宾塞辨析"进步"问题的前提亦即现代性过程的重要标记——科学与宗教关系的调适，置诸更广袤、更复杂也更真实的背景中予以审视。②

---

① 彭春凌：《章太炎译〈斯宾塞尔文集〉研究、重译及校注》，第 37 页。
② 斯宾塞的《论进步：其法则和原因》和《礼仪与风尚》分别原刊于 1857、1854 年的《威斯敏斯特评论》，在收入 1858、1868、1891 年三个版本的《论文集：科学的、政治的和推断的》时，内容有所修改和调整。曾、章译《斯宾塞尔文集》的原作底本，乃是 1868 年伦敦 Williams and Norgate 公司发行的美国铅印版《论文集：科学的、政治的和推断的》。斯氏原作的版本流变及底本考定，章太炎又如何在译作中展现自身的话语方式和观念逻辑，并将译作的内容整合进自己的思想表达，参阅彭春凌《章太炎译〈斯宾塞尔文集〉研究、重译及校注》。

"变焦"是一个光学名词，指通过改变焦距来实现影像覆盖面放大或缩小的效果。学界此前讨论斯宾塞与近代中国包括与章太炎的关系时，多集中在早期社会学的萌芽、社会进化学说的影响及民族国家的建构理论等方面，较少关注斯氏哲学本体论层面上影响的有无与深浅。[①] 此种格局的形成固然取决于论者对斯氏学说重要关切的把握，但不容回避的是，它也和译介者"变焦"斯氏作品的主旨亦即刻意放大或缩小其中某一部分的内容有关。《礼仪与风尚》从"礼仪"这一具体层面讨论社会演进，《论进步》则一般性地研讨进化观念，[②] 观照从天体、地质、生物的演化发展到人类社会及文明诸表象的演变进步，归纳总结其背后共同的法则和原因。原刊于 1857 年的《论进步》一文后来融入斯宾塞《综合哲学》提纲挈领的《第一原

---

① 关注斯氏社会学影响者，有董家遵《清末两位社会学的先锋——严几道与章炳麟》，《社会研究》第 1 卷第 3 期，1937 年 1 月；姚纯安《社会学在近代中国的进程（1895~1919）》，三联书店，2006；王天根《严复与章太炎社会学思想的对峙与交流》，《广西大学学报》2003 年第 2 期；王天根《章太炎对"本土经验"的强调与早期"西方社会学中国化"》，《东方丛刊》2004 年第 2 期；黄克武、韩承桦《晚清社会学的翻译及其影响：以严复与章太炎的译作为例》，沙培德、张嘉哲主编《近代中国新知识的建构》，中研院，2013。关注斯氏社会进化学说影响者，有姜义华《章太炎评传》，第 27~39 页；王中江《进化主义在中国的兴起：一个新的全能式世界观（增补版）》，中国人民大学出版社，2010；张士欢、王宏斌《究竟是赫胥黎还是斯宾塞——论斯宾塞竞争进化论在中国的影响》，《河北师范大学学报》2007 年第 1 期。关注斯氏学说与近代中国民族国家相关理论及思想文化建构者，如本杰明·史华兹《寻求富强：严复与西方》，叶凤美译，江苏人民出版社，1995；蔡乐苏《严复启蒙思想与斯宾塞》，《清华大学学报》1989 年第 1 期；王宪明《严译名著与中国文化的现代化——以严复译〈群学肄言〉为例的考察》，《福州大学学报》2008 年第 2 期；周红兵《严复与斯宾塞的"社会有机体论"》，《东南学术》2015 年第 2 期。

② 1891 年，斯宾塞重新编纂 3 卷本《论文集：科学的、政治的和推断的》，《论进步》被列入第 1 卷，而第 1 卷的主题是"以一般或专门的方式讨论进化观念"（essays in which the idea of evolution, general or special, is dominant）。Herbert Spencer, Essays: Scientific, Political, and Speculative, Vol. I（London: Williams and Norgate, 1891），"Preface", pp. III-V.

理》（*First Principles*，1862），浓缩呈现了斯氏进步哲学的整体设想。[1] 斯宾塞哲学的根基，"发端于不可知、可知之分"。[2]《论进步》的主旨，首先是通过区分"可知"与"不可知"来处理理解进步问题的前提，即科学所揭示的进步的法则和原因。这些都是针对"可知者"而言的，与宗教相联系的、本体意义上的"不可知者"仍然保持着神秘性，宗教主体在人的经验范围之外。通过强调两者共生而非对峙，斯宾塞试图调解最困惑维多利亚时代人的科学与宗教之间的矛盾。斯宾塞思想兼具激进与保守两个面相，这恰恰体现了维多利亚时代的宗教自由主义、理性主义与守卫国教信仰的保守思潮之间的拉锯。而章太炎译作以增删改写的方式，"变焦"了原作的主旨，使原作"不可知"范畴所投射的宗教视域整体淡出；相对而言，译者就"放大"了原作基于"可知"领域的科学所塑造的物质宇宙图景。译作凭此肯定人的认知能力，呼应儒家的理性主义，反映了章太炎此一时期对神秘主义思想的抵制。诚如严复所批评："读译书者，非读西书，乃读中土所以意自撰之书而已。"[3] 原作与译作的差异宛如一个横断面，展示了斯宾塞与章太炎这两位没有海外留学经历、各自浸润在本国文化氛围中的知识人足堪代表一个时代、两个大国宗教情怀与科学素养的差别。

"投影"在光学上指光线照射物体，其影子投射到平面上的迹象。曾广铨、章太炎译介斯宾塞的变焦、偏误，刺痛了斯宾塞学说的"护法"——严复。他拍案而起，针锋相对地翻译了《论进步》的首段。

---

[1] 斯宾塞在 1891 年版的《论进步：其法则和原因》之前有按语 "*the ideas and illustrations contained in this essay were eventually incorporated in* First Principles"（这篇文章的观点和例证最终都并入了《第一原理》）。Spencer, *Essays*, Vol. I (1891), p. 8.

[2] 严复：《穆勒名学》篇三《论可名之物》第八节《论心》按语，汪征鲁等主编《严复全集》卷五，第 58 页。

[3] 严复：《论译才之难》（1898），汪征鲁等主编《严复全集》卷七，第 87 页。

无论是斯宾塞批判以人的幸福和利益为尺度的目的论（teleological）的进步观，还是其"不可知"范畴，严复都有较准确的把握和深度认同。这提示出另一条接受斯宾塞哲学本体论的路径，凸显了近代中国思想学术界的内部分歧。而章太炎庚子后对斯宾塞的基本认知维持在其"看得宗教都是漠然"，①"崇重科学，以为最上"②；但相比于戊戌时期翻译《论进步》时对斯氏的赞赏，其态度却逆转为批判。个中原因，主要是投身革命的章太炎自身对宗教的态度发生了积极的转变，倡导"用宗教发起信心，增进国民的道德"③。而从学术资源角度来看，除章太炎早年翻译《论进步》所秉持的错误印象外，东学——这里主要指日本学术，成了他观察斯宾塞的新滤镜。明治日本的最后十年（1902~1912），斯宾塞热逐渐衰退，宗教思潮则日益高涨。留德留美的学人姊崎正治、岸本能武太介绍、翻译了或质疑或有别于斯宾塞的西方宗教与社会学说。日本学界译介英语作品，本就有断以己意、添枝加叶的现象，例如角田柳作翻译本杰明·基德的《社会之进化》（*Social Evolution*）时对斯宾塞的评价。总之，日本学界有选择地推荐西学及其中隐含的变形影响了章太炎对斯宾塞的观感。而彼时日语并不灵光的中国学者在用中文翻译介绍日译英语作品时，又或断章取义、扣槃扪烛，例如章太炎转述藤井宇平所译斯宾塞的《综合哲学原理》（即《第一原理》）。斯氏著作及评价在英语、日语、中文三种文字间的曲折传译，产生了一系列枝枿丛生、负负相加的跨文化错判和误读；而它们恰恰呈现了早期全球化过程中知识生产的某种真实样貌。本节辨别了关于斯宾塞的知识经由日本流播、变形而到达章太炎的复杂环节，分析其原因，从而在交叠错落的不同国别文化背景的幕布上映射出一幅立体的知识地图。

---

① 太炎：《演说录》，《民报》第 6 号，1906 年 7 月 25 日，第 4 页。
② 太炎：《四惑论》，《民报》第 22 号，1908 年 7 月 10 日，第 16 页。
③ 太炎：《演说录》，《民报》第 6 号，1906 年 7 月 25 日，第 4 页。

二　章太炎译介《论进步》的主旨变焦（上）：宗教视域淡出

原作《论进步》结构整饬，前半部分讨论进步的法则，后半部分分析进步的原因。斯宾塞指出："从最早的可追溯的宇宙变化到最近的文明成果，我们都能发现这种从同质性向异质性的转化，这就是'进步'本质上包含的东西。"（"From the earliest traceable cosmical changes down to the latest results of civilization, we shall find that the transformation of the homogeneous into the heterogeneous, is that in which Progress essentially consists."）[①] 译作《论进境之理》处理为："其始皆原于一，其后愈推至于无尽，盖夫日夜相代乎前，而未尝息者，斯进境之说也。"[②] 原作谓进步的原因是"每一个变化都跟随着不止一种其他的变化"（every change is followed by more than one other change）；[③] 译作用"因变之繁"[④] 4 个字来翻译。斯宾塞对"进步"（即从同质性向异质性的转化）的情感趋向是乐观的，称："进步并非一个偶然，也并不受人的控制，而是一个有益的必然。"（thus

---

① Herbert Spencer, "Progress: Its Law and Cause," in Spencer, *Essays*, Vol. I (1868), p. 3. 原文 "Progress" 首字母大写。

② 曾广铨采译，章炳麟笔述《斯宾塞尔文集·论进境之理》，《昌言报》第 1 册，第 2 页。

③ Herbert Spencer, "Progress: Its Law and Cause," in Spencer, *Essays*, Vol. I (1868), p. 42. 事实上，章太炎在文中多次概括进步的原因，意思大致相同，如谓："每一个作用力产生不止一个变化——每一个原因产生不止一种效果。"原文 *"Every active force produces more than one change—every cause produces more than one effect."* 全句用斜体表示。章太炎译为："凡一力所生，必不止一变，就其一变计之，则所歧出者，又觚析而不可数。"《昌言报》第 3 册，第 138 页。但正文所引的这句话最有概括力，斯宾塞自己就说："我们的普遍原则最正确的表述也将是其最抽象的表述——每一个变化都跟随着不止一种其他的变化。"原文为 "And this suggests that perhaps the most correct statement of our general principle would be its most abstract statement——every change is followed by more than one other change." 可能考虑到与后文有些重复，1891 年的版本删掉了这句话（1891 年版，第 46 页）。

④ 曾广铨采译，章炳麟笔述《斯宾塞尔文集·论进境之理》，《昌言报》第 3 册，第 144 页。

Progress is not an accident, not a thing within human control, but a beneficent necessity.）① 译作谓，"故知变化之故，非矫揉所能为也"，② 使用了中性叙述，未带多少乐观情绪。

《论进步》在文章中间与结尾处集中讨论了谈论"进步"的前提。这些涉及斯氏哲学本体论的部分，译作《论进境之理》删除或改写得却最多。尤为重要的是，译作通过删改隐去了原作"不可知"的范畴，由此，"不可知"所指涉的宗教视域被整体淡化了。

原作《论进步》中间部分用了近 4 页的篇幅归纳进步的法则，并过渡到讨论进步的原因。这 4 页的内容，译作对应部分仅用 120 余字、一个段落予以总结。如将进步（"进境"）定义为"由一生万"，进步的原因（"进境之矩"）归纳为"凡一力所生，必不止一变"。③ 译者删除的内容包括：

（1）斯宾塞简略概括了文学的发展，从《希伯来圣经》神学、宇宙起源学、历史、传记、民法、伦理、诗歌诸成分混杂，分化到今日文学各种独立的类型；科学从艺术中分裂出来；建筑学、戏剧、服装的演化也都遵循从同质到异质的进步法则。④

（2）斯宾塞明确指出："进步的本质包含在从科学所能探测的最遥远的过去，到昨天出现的新奇事物之中，进步的本质是从同质性到异质性的转变。"（From the remotest past which Science can fathom, up to the novelties of yesterday, that in which Progress essentially consists, is the transformation of the homogeneous into the heterogeneous.）科学所探

---

① Herbert Spencer, "Progress: Its Law and Cause," in Spencer, *Essays*, Vol. I (1868), p. 58.

② 曾广铨采译，章炳麟笔述《斯宾塞尔文集·论进境之理》，《昌言报》第 5 册，第 263 页。

③ 曾广铨采译，章炳麟笔述《斯宾塞尔文集·论进境之理》，《昌言报》第 3 册，第 138 页。

④ 原文第 29 页 "Were they needed…with the Drama, with Dress" 整段未译。Herbert Spencer, "Progress: Its Law and Cause," in Spencer, *Essays*, Vol. I (1868).

测的进步之法则和原因具有普遍性，但这并不意味着原因是从本体层面考量的，"我们可以理解，这样的原因本不应该从本体上考虑；这样做意味着去解决超越于人类智慧之上的终极神秘之事"。（That we can fathom such cause, noumenally considered, is not to be supposed. To do this would be to solve that ultimate mystery which must ever transcend human intelligence.）① 这里涉及斯宾塞分别将科学与宗教对应于"可知"与"不可知"两个范畴。

（3）斯宾塞的理论抱负是要成为牛顿式的学者，"从基于经验的概括走向理性的概括"（from the condition of an empirical generalization, to the condition of a rational generalization），"将有多重表现的进步的法则解释为某一种相似的宇宙原理的必然结果"（to interpret this law of Progress, in its multiform manifestations, as the necessary consequence of some similarly universal principle）。② 这里表现了 19 世纪上半叶流行的科学统一观及对宏大理论的追求，即斯氏认为："所有科学探讨，根本上都是在寻找同一个东西的不同外显，这东西就是进化。"③ 斯氏学说的根本关怀亦在此。这些内容译作均未呈现。译作此处对应的只有一句"言事烦而不察，则闻者思卧"，④ 多少表露了译者对相关内容颇不耐烦的情绪。

---

① Herbert Spencer, "Progress: Its Law and Cause," in Spencer, *Essays*, Vol. I（1868），p. 30.

② Herbert Spencer, "Progress: Its Law and Cause," in Spencer, *Essays*, Vol. I（1868），pp. 30-31.

③ McClelland, *A History of Western Political Thought*, p. 469. 译文参见约翰·麦克里兰《西方政治思想史》，第 530 页。

④ 曾广铨采译，章炳麟笔述《斯宾塞尔文集·论进境之理》，《昌言报》第 3 册，第 138 页。原作此处有一句结束语，"毋庸置疑，读者已经对这样的举例论证感到厌倦，而我们的承诺已经得到充分的实现"（doubtless the reader is already weary of illustrations; and our promise has been amply fulfilled）。Herbert Spencer, "Progress: Its Law and Cause," in Spencer, *Essays*, Vol. I（1868），p. 29. 译作此处对应的似乎是这句话，但是把所有删节的内容都概括为这句话，还是显露了译者的心绪。

原作《论进步》结尾近 5 页 7 个段落的内容，译作《论进境之理》仅以 3 个段落对应，匆匆收尾。其间整体删除未译的，是斯氏原文对前两个段落的概述：一是讲语言、雕塑、音乐上的一个变化如何带来更多变化，而科学上一个部门的改进如何促进其他部门的改进（涉及光学发展对天文学、生理学的影响，化学间接增加电学、磁学、生物学、地质学的知识等）；二是叙述更带英国文化现场感的事例，即原初的神秘剧衍生出近代喜剧，且影响其他类型的诗歌、小说，前拉斐尔画派（pre-Raffaelites）影响其他绘画流派，约翰·罗斯金（John Ruskin）新的批评学说产生复杂结果等。[1] 而斯宾塞数次讨论"可知"与"不可知"的段落，其意义则被译文严重扭曲。

①原作：However, to avoid committing ourselves to more than is yet proved, we must be content with saying that such are the law and the cause of all progress that is known to us.[2]（参考译文：然而，为了避免论述超出已经被证明的范围，我们必须安心地说，所有这些进步的法则和原因都是关于我们所知者。）

译作："虽然，求免误推之议，则姑举所推之理言之。"[3]

②原作：A few words must be added on the ontological bearings of our argument. Probably not a few will conclude that here is an

---

① 被删掉的两段是从 "Space permitting, we could willingly have pursued the argument in relation to all the subtler results of civilization" 到 "here become so involved and subtle as to be followed with some difficulty"。Herbert Spencer, "Progress: Its Law and Cause," in Spencer, *Essays*, Vol. I（1868）, pp. 56–57.

② Herbert Spencer, "Progress: Its Law and Cause," in Spencer, *Essays*, Vol. I（1868）, p. 57.

③ 曾广铨采译，章炳麟笔述《斯宾塞尔文集·论进境之理》，《昌言报》第 5 册，第 263 页。

attempted solution of the great questions with which Philosophy in all ages has perplexed itself. Let none thus deceive themselves. Only such as know not the scope and the limits of Science can fall into so grave an error. The foregoing generalizations apply, not to the genesis of things in themselves, but to their genesis as manifested to the human consciousness. After all that has been said, the ultimate mystery remains just as it was. The explanation of that which is explicable, does but bring out into greater clearness the inexplicableness of that which remains behind. However we may succeed in reducing the equation to its lowest terms, we are not thereby enabled to determine the unknown quantity: on the contrary, it only becomes more manifest that the unknown quantity can never be found.[1] (参考译文：这里必须要加几句关系我们论述的本体论层面的话。也许不少人会总结说，这里试图解决从古至今哲学所困惑的伟大问题。然而，不应该有这样的误解。只有不知道科学的范畴和限制的人才会陷入如此严重的错误。上文的概括并不适用于事物本身的起源，而只是适用于它们呈现在人类知觉范围内的起源。这里想说的是，终极的神秘仍旧保持它的神秘性。对可解释事物的解释，恰恰使它背后的事物的不可解释性显得更加清楚。无论我们如何成功地将方程式降为它最简单的形式，我们并不能因此判定那些未知数；相反，它仅仅使未知数绝不能被发现这一点更加明晰。)

　　译作："是篇推物性实体之学，不得不系以解说，以释累惑。或以吾所持论，为哲学之微言，数世而不能穷，斯瞀儒之谈

---

① Herbert Spencer, "Progress: Its Law and Cause," in Spencer, *Essays*, Vol. I (1868), p. 58.

也。如右所论，论物与人智之始，然溯其究竟，卒不可得而知，则亦言其可知者耳。所不知者，以俟后人可也。虽然，就余所知，诚足以知未知矣。幽玄罔象之理，笔削所不能达，余虽知之而不能言也，则余固知之。"①

③在《论进步》的篇末，斯氏指出：Little as it seems to do so, fearless inquiry tends continually to give a firmer basis to all true Religion… Inward and outward things he thus discovers to be alike inscrutable in their ultimate genesis and nature... In all directions his investigations eventually bring him face to face with the unknowable; and he ever more clearly perceives it to be the unknowable. He learns at once the greatness and the littleness of human intellect—its power in dealing with all that comes within the range of experience; its impotence in dealing with all that transcends experience. He feels, with a vividness which no others can, the utter incomprehensibleness of the simplest fact, considered in itself. He alone truly sees that absolute knowledge is impossible. He alone knows that under all things there lies an impenetrable mystery。② ［参考译文：虽然说表面上看来并非如此，但事实上，无畏的探索，倾向于持续给予所有真正的宗教以更坚实的基础……（而真诚的科学人）发现内在的和外在的事物在它们最终的起源和本性上同样不可思议……从所有方向上，他的调查最终都使他要面对不可知；而他将更加清晰地体察到不可知者确实是不可知的。他同时了解了人类理智

---

① 曾广铨采译，章炳麟笔述《斯宾塞尔文集·论进境之理》，《昌言报》第5册，第263页。

② Herbert Spencer, "Progress: Its Law and Cause," in Spencer, *Essays*, Vol. I (1868), pp. 58, 59-60.

的伟大和渺小——人类理智的力量可以处理所有那些在经验范围内的事物；它无力来处理所有那些超越于经验的事物。他比所有其他人都更生动地感觉到，当从本质上思考时，最简单的事实也是彻底的不可思议。仅有他真正地明白，绝对知识是不可能的。仅有他知道，在所有的事物之下存在着看不透的神秘。]

译作将上述段落处理为："自知其不知，犹胜也；并其不知而不自知之，悲夫！是将终身不灵矣。然则谓人智之有涯可也，谓其无涯亦可也。何者？因其所知而绌凿之则无涯；于所未历，于所未见，不能立天元一而求之，则又有涯矣，然后知天下无极知之理，而万物各有不能极知之理。"①

下面就上述 3 段话所展现的原作和译作的差别为出发点，来解析斯宾塞和章太炎的思想观念及其所反映的不同的历史与文化。

从斯宾塞一方来说，他一再申明，讨论进步仅限于科学所能窥测的可知者的范畴。他不但无意破坏人类知觉范畴之外的"不可知"的神秘性，并且坚持"对可解释事物的解释"，使得"未知数绝不能被发现这一点更加明晰"。肇基于此，有论者曾称，斯宾塞是一个"明白的形而上学的实在论者和绝对主义者"，"他的'不可知者'处于不思议的位置上，一面从认识论上是断然不可知的，然而它的客观的性质却是可知的"。②

斯宾塞所秉持的"不可知论"，属于上溯至笛卡儿、休谟、康德，下延及尼采、韦伯、波普等的"西方认识论大革命"。墨子刻（Thomas A. Metzger）指出，根据此革命的看法，宇宙本体或"天道"

① 曾广铨采译，章炳麟笔述《斯宾塞尔文集·论进境之理》，《昌言报》第 5 册，第 264 页。
② 大岛正德『近世英國哲學史』三共出版社、1928 年、208、209 页。

属于"第一个世界",实践规范或"人道"属于"第二个世界",知识的范围则只限于能以实验来证明或反驳的命题所构成的"第三个世界"。[①] 关于斯宾塞的形而上学资源,有两条思考路径。一直以来,人们更习惯于讨论他与柏拉图、洛克、康德之间的思想联系。[②] 这里更想强调的是另一条路径,即将斯宾塞的思想置于19世纪中期英国的知识和文化氛围中来理解。

桂冠诗人丁尼生的《悼念》曰:"强大的上帝之子,永恒的爱/我们虽未曾目睹你的容颜,/但是通过信仰,仅仅是信仰,来将你拥抱,/我们相信,但却不能证实。"[③] "相信,但却不能证实",正是维多利亚时代人们在科学与宗教间痛苦迷茫的写照。斯宾塞通过区分"可知"与"不可知","将19世纪实证主义的肉体嫁接到18世纪自然神论的骨骼上",[④] 令科学、宗教和谐共生。研究者业已注意到1850年代斯宾塞所处具体知识环境对他"不可知"观念的影响,这一知识环境包括《领袖》(the Leader)杂志结合宗教与科学的"唯灵论"(spiritualism)与"新改革"(New Reformation)思潮的知识群落、出版人约翰·查普曼周边的河岸街知识圈子,以及19世纪中期苏格兰常识哲学等。[⑤] 然而当进行跨语际比较时,斯宾塞《论进步》文本所携

① 墨子刻:《形上思维与历史性的思想规矩:论郁振华的〈形上的智慧如何可能?——中国现代哲学的沉思〉》,《清华大学学报》2001年第6期,第59页。

② 持此论者中外学者甚多,比如冯契主编《外国哲学大辞典》,上海辞书出版社,2008,第447页;桑木严翼『现代思潮十講』弘道館、1913年、73-74頁;John Cartwright, *Evolution and Human Behaviour: Darwinian Perspectives on Human Nature* (Cambridge, MA: MIT Press, 2000), p. 18.

③ 原诗句为 "Strong Son of God, immortal Love, / Whom we, that have not seen thy face, / By faith, and faith alone, embrace, / Believing where we cannot prove." Alfred Tennyson, "In Memoriam A. H. H.," in *The Complete Works of Alfred Tennyson*, p. 101.

④ Taylor, *The Philosophy of Herbert Spencer*, p. 8.

⑤ Mark Francis, *Herbert Spencer and the Invention of Modern Life*, Part II "The lost world of Spencer's metaphysics," pp. 111-186.

带的民族文化关于宗教信仰的"执拗的低音"散发着整个英国社会进步中兼具保守的气息，这就更加值得关注了。

17世纪中叶由克伦威尔领导的革命造就了英国的非国教派。国教与非国教以无可阻挡的趋势持续分化。18世纪上半叶，约翰·卫斯理（John Wesley）创立了卫理公会派（Methodism），以"圣灵的赐予"、信仰得救教义为宗旨，复兴福音主义，重振英国的非国教运动，掀起了宗教狂热的浪潮。此后，各个非国教教派都得到壮大。斯宾塞拥有福音派的家庭背景。他的奶奶是约翰·卫斯理的信徒，其父也是狂热的宗教改革者。斯宾塞将宗教同法律、礼仪一样，都视作从人类早期神王一体的统治结构中逐渐分化出的治理装置。宗教、法律、礼仪的规则都表现为限制个人的自由。1842年他发表的首篇论文《政府的适宜范围》（The Proper Sphere of Government）就载于《非信奉国教者》（Nonconformist）杂志。《礼仪与风尚》也明确提出了非国教主张。他反对君主与教会权威结合的政教合一，认为"新教松动了这个联盟的纽带；不信奉国教者一直致力于建立一种机制，使宗教控制的运用完全独立于法律"。[1] 他倡导在英国也建立与美国类似的反国教联合会。

然而，事情还有另外一面。在工业化高歌猛进、科学实证主义和伦理功利主义日益瓦解传统信仰之际，1833~1845年，英国兴起了以约翰·基布尔（John Keble）"举国叛教"（national apostasy）的演说为开端，以约翰·亨利·纽曼（John Henry Newman）为灵魂人物的牛津运动（The Oxford Movement）。该运动主张振兴英国国教高教会（High Church），保持教会、主教和神职人员的崇高地位，以权威、

---

[1] 原文为"Protestantism shook loose the bonds of union; Dissent has long been busy in organizing a mechanism for the exercise of religious control, wholly independent of law." Herbert Spencer, "Manners and Fashion," in Spencer, *Essays*, Vol. I (1868), p. 64.

传统和体制化的宗教为基础，来抵制宗教自由主义和理性主义。① 作为反国教者，斯宾塞当然没有追随牛津运动。② 但牛津运动的确是斯宾塞成长过程中必然面临的思潮。通过斯宾塞与纽曼思想的异中之同，我们更能理解坚守信仰构成了维多利亚时代普遍的社会文化。

斯宾塞坚持所有权威都必须经得起理性的检验，强调："每一种权威都给出自身的理由，如果其不能证明自身的正当性则予以拒绝。"③ 他相信个人判断（private judgment）的正当性，号召人们继续将之作为"抵抗专制权力、开创民众政治、否定教会权威"的力量来源。④ 而在19世纪英国宗教思想史里程碑式著作《自辩书》（1864）中，纽曼坚决反对"若非经理性证明其为重要，则所有的宗教教义都不重要"，反对"存在个人判断的权利"（There is a right of

① 关于牛津运动的研究非常多，中文世界的相关介绍可参见叶建军《评19世纪英国的牛津运动》，《世界历史》2007年第6期；唐科《一个半世纪以来英国牛津运动研究综述》，《世界历史》2013年第4期。叶文认为牛津运动"是一场不折不扣的文化保守主义运动"，唐文对此持保留意见。关于纽曼，参阅陆建德《纽曼——纽曼、牛津运动和小说〈失与得〉》，钱青主编《英国19世纪文学史》，外语教学与研究出版社，2012。

② 托马斯·莫兹利（Thomas Mozley）早年曾是斯宾塞父亲（William George Spencer）的学生，后来是纽曼的追随者。莫兹利在晚年出版的回忆录中认为他早年在斯宾塞父亲那里受到的教育，包括轻视权威、倾向于对宇宙进行自然主义的解释等，后来都妨碍他在牛津大学的生涯。斯宾塞对此回忆录非常生气，主要是莫兹利认为自己对宇宙进行了自然主义的解释，是自己独立思想的结果，并非受到斯宾塞父亲的影响。由此可间接说明斯宾塞与牛津运动的距离。莫兹利与斯宾塞的恩怨，参见 Lillie B. Lamar, "Herbert Spencer and His Father," *The University of Texas Studies in English*, Vol. 32（1953）：59-66。

③ 原文为 "demand of every such authority its reason, and reject it if it fails to justify itself." Herbert Spencer, "Manners and Fashion," in Spencer, *Essays*, Vol. I（1868）, p. 64.

④ 《礼仪与风尚》原文中两次提到"个人判断"的权利，一次说 "the feeling which thus leads us more and more to discountenance all forms and names which confess inferiority and submission；is the same feeling which resists despotic power and inaugurates popular government, denies the authority of the Church and establishes the right of private judgment"；另一次说 "The right of private judgment, which our ancestors wrung from the church, remains to be claimed from this dictator of our habits"。Herbert Spencer, "Manners and Fashion," in Spencer, *Essays*, Vol. I（1868）, pp. 88-89, 113.

Private Judgment）等。① 从表面上看，斯宾塞推崇个人主义和理性精神，反感任何繁文缛节，与牛津运动的精神相背。然而，纽曼批评自由主义的个人判断将"本质上超越并独立于人类判断之外的神启教义服从于人类判断"，批评它"声称以内在的根据，来决定那些完全依凭上帝神圣之言的外在权威而必须接受的命题的真理性和价值"。② 斯宾塞所谓的"不可知"，恰恰指向纽曼所言的"本质上超越并独立于人类判断之外"的所在。斯氏《社会学研究》抨击了"反神学的偏见"（the anti-theological bias），简直就像在唱和纽曼的观点。斯宾塞指出，"反神学的偏见"导致了两个方面的错误，即它"忽视了迄今宗教体系所给予行动的必要原则以本质性的支撑"，它认为行动的准则应该"建立在理性的基础"之上，可以智慧地进行有效管理。③ 斯宾塞清楚，情感而非理性从很大程度上决定了人们的信念和行动。人的认知能力有其限界，以科学理性方式讨论的进步仅限于"可知者"的范畴。进化的进程（process of Evolution）意味着"逐渐改进、提升并将继续改变、提升人们对宇宙的认知"，然而，属于不可知范畴、引发宗教情感终极意义上的"原因和起源的观念"并不会灭绝。④ 宗教领域的"进步"表现在其礼仪形式或陈旧信条的不断蜕皮、剥损。虽然"仪文随世升降"，但"教之精意，将与天地终始"。⑤

---

① John Henry Newman, *Apologia Pro Vita Sua: Being a History of His Religious Opinions* (London: Longmans, Green, Reader, and Dyer, 1875), pp. 294–295.

② 原文为"Liberalism then is the mistake of subjecting to human judgment those revealed doctrines which are in their nature beyond and independent of it, and of claiming to determine on intrinsic grounds the truth and value of propositions which rest for their reception simply on the external authority of the Divine Word." Newman, *Apologia Pro Vita Sua*, p. 288.

③ Herbert Spencer, *The Study of Sociology* (London: Henry S. King & Co., 1873), p. 309.

④ Spencer, *The Study of Sociology*, pp. 309–310.

⑤ Spencer, *The Study of Sociology*, pp. 312–313; 严复译《群学肄言》，商务印书馆，1981，第240页。

作为一名非国教者，斯宾塞的"不可知"观念更能印证马修·阿诺德（Matthew Arnold）对牛津运动的评价，即它所培育的信仰的"感情洪流"，"已于不知不觉中对国人的思想产生了影响"。① 总而言之，"不可知"观念体现了维多利亚时代人们需要热切地信仰"世界在改善而人类也变得更有道德"。② 斯宾塞不仅是彼时全球科学食粮的供应者，他"留给这个伟大世界的遗产一直有一种模糊不清而充满疑惑的精神资源，而非物质主义洋洋自得的成功"。③

从章太炎一方来看，译作不仅不存在斯氏形而上学的绝对主义的"不可知"，还反其意而用来肯定人的认知能力。它先承认"物与人智之始……卒不可得而知"，但转过头来就否定了"不可知"具有本体意义。译作指出了两个破解方向：一是"俟后人"，依靠世代之间知识的累积来不断突破；二是努力挖掘自身潜能，"就余所知，诚足以知未知"。甚至"笔削所不能达""不能言"的"幽玄罔象之理"，实质上也是可知的。这和斯氏原意南辕北辙。

《论进步》结尾称，科学的无畏探索反而能持续给予真正的宗教更坚实的基础，因为"人类理智的力量可以处理所有那些在经验范围内的事物"，却"无力处理所有那些超越经验的事物"；"绝对知识是不可能的"，"在所有的事物之下存在着看不透的神秘"。④ 译作此处亦扭曲为："谓人智之有涯可也，谓其无涯亦可也。何者？因其所知而缒凿之则无涯；于所未历，于所未见，不能立天元一而求之，则

---

① 马修·阿诺德：《文化与无政府状态（修订译本）》，韩敏中译，三联书店，2012，第26页。英文原文参见 Matthew Arnold, *Culture and Anarchy*（Oxford：Oxford University Press，2006），pp. 46–47。

② Taylor, *The Philosophy of Herbert Spencer*, p. 8.

③ Francis, *Herbert Spencer and the Invention of Modern Life*, p. 156.

④ Herbert Spencer, "Progress：Its Law and Cause," in Spencer, *Essays*, Vol. I（1868），pp. 58, 59–60.

又有涯矣，然后知天下无极知之理，而万物各有不能极知之理。"①
称人智"无涯"，可用所知来探凿未知，固然为肯定认知能力。以假
设句的方式讨论人智"有涯"，其实也是变相地承认认知能力的无
限。因为只有在不能设立"天元一"来探求"所未历""所未见"
的条件下，人智才有涯涘边界，万物才有不能极知之理。立"天元"
乃中国传统"算氏至精之理"，② "天元"相当于今天代数中的一元
方程式，"天元一"即是方程式中的未知数 X。宋代秦九韶《数书九
章》、元代李冶《测圆海镜》等著作都运用了这种算法，清代学者焦
循还作有《天元一释》。译作想表达的是，只要能运用"天元一"那
样精妙的算学，人智仍旧无涯。这意味着没有终极的神秘可言，进步
是通过人智的探索和知识的积累增进而实现的，并无限界和终点。

斯宾塞承认人的认知有局限性，比如地壳现象的复杂多样，"古
生代"的具体情况，浩茫的宇宙及关于地球的全部知识，就人的个
体或某一专门知识来说，终生难以穷尽，或难以全部触及。相关内容，
译作亦有所呈现。但是，类似经验上的"不知道"，科学探索上目前
"还不能知道"，并非宗教意义上的、终极神秘的"不可知"。比如，
《论进步》讲述地球的气候变化时谈到，地球上的地壳现象实在太复杂
多样，无论是地理学家、地质学家、矿物学家还是气象学家都不能够
悉数其类型。译者在这里加入了一句评论："虽以毕生之力殉之，其得
者，仅若以锥视（文）［天］。呜呼！以大圜之奥博，视吾生微眇，曾
不黍子若，而欲写其形，求其义，亦可悲也已。"③ 斯宾塞这里的讨论

① 曾广铨采译，章炳麟笔述《斯宾塞尔文集·论进境之理》，《昌言报》第 5 册，第 264 页。
② 李锐：《天元一释序》，焦循：《里堂算学记五种·天元一释二卷》，《续修四库全书》子部天文算法类第 1045 册，上海古籍出版社，2002，第 344 页。
③ 这段译文在斯宾塞原文中找不到对应，是译者添加的感叹语。曾广铨采译，章炳麟笔述《斯宾塞尔文集·论进境之理》，《昌言报》第 1 册，第 4 页。

并没有处理终极的、宗教意义上的"不可知"。译者这里加的感叹也只是在经验范围的一般性感想，并没有指向终极的、宗教意义上的"不可知"。类似的情况还有一个段落。《论进步》在谈到生物的遗迹时指出，最早的沉积岩由于火熔现象已经被极大地改变，而事实上比我们所能知道的更早的沉积岩已经融化了，由此，"古生代"的命名恐有些证据不足。译作《论进境之理》针对"古物之受镕"有可能引起的疑惑加了几句解释："夫我生以前，事理之蕃变，智识所不能知也。我生以后，事理之蕃变，智识所不能知也。或言地球之亡，可跂足而待，其语诚夸矣，亦安知其必不中也。由地球之有亡灭，可以知其必为积点所成，可以知其日久而变化，然则古物之受镕也，复何惑焉？"① 斯宾塞原文并非处理宗教上的终极性"不可知"问题。译作添加的解释是，地球的历史比人类的历史要漫长，在有人类之前及人类灭亡之后的地球历史中，有人类智识所不能知道的事理蕃变。译者根据地球由积点构成的星云假说，认为地球有亡灭、有变化，古物受镕并不奇怪。译作这一段同样没有讨论终极的、宗教意义上的"不可知"。总的来说，经验上的"不知道"，科学探索上目前"还不能知道"，与宗教意义上的、终极神秘的"不可知"是两回事。

正如译作在结尾部分所说的那样："所不知者，以俟后人可也。"章太炎相信，经过人类无穷世代的知识累积，人类的认知能够无限地推进。译作整体上体现的乃是儒家相信意志、肯定人的认知能力，坚持"知之为知之，不知为不知，是知也"（《论语·为政》）的知识传统，以及"知其不可而为之"（《论语·宪问》）、"天行健，君子自强不息"（《周易·乾·象传》）的践行精神，也表明章太炎继承

---

① 曾广铨采译，章炳麟笔述《斯宾塞尔文集·论进境之理》，《昌言报》第1册，第5页。

了清代"开自然科学之端绪"① 的算学修养。

如杨国荣所述,在实证主义传入中国的过程中,中国不少思想家难以接受西方正统实证主义极端的经验论和反形而上学的原则。比如,严复就"并不否定本体世界的存在,只是认为本体世界超越了现象的领域,从而'不可思议'"。② 严复一方面受到道家"道可道,非常道"及佛教"不可思议"观念的影响;另一方面接受了斯宾塞具有形而上意义的"不可知"(unknowable)观念。③ 译作《论进境之理》的主旨变焦,可在章太炎此一时期的《儒术真论》、《訄书》初刻本中得到印证。章太炎扭曲斯氏"不可知"的意旨,淡化其所指涉的宗教视域,走在和严复接受实证主义不同的道路上。在驳斥康有为孔子受命于天及儒学宗教化、神秘化的种种主张过程中,章太炎打出经古文学的大旗,建立了颇具个人和时代色彩的"真儒术",意即将孔子最大的功劳勘定为"独在以天为不明及无鬼神二事"。④ 此后,他又与明治日本带有神道意味的"天意论"论战,立志切割儒学中原有的"敬天论",扫除社会文化中的神秘主义。⑤ 这反而使他至少在此一时期,对西方实证主义的经验论和反形而上学有更多的同情。就连《訄书》初刻本、《儒术真论》援引佛教典籍,也是"试图表明在东方存在着与西方科学相匹敌的知识传统"。⑥

---

① 梁启超:《清代学术概论》,上海古籍出版社,2004,第 3 页。
② 杨国荣:《实证主义与中国近代哲学》,华东师范大学出版社,2009,第 2 页。
③ 参阅黄克武《惟适之安:严复与近代中国的文化转型》,社会科学文献出版社,2012,第 163~169 页。
④ 章氏学:《儒术真论》,《清议报》第 23 册,1899 年 8 月 17 日,中华书局 1991 年影印本,第 1507 页。章太炎对康有为孔教思想的驳异,可参阅姜义华《章炳麟评传》,南京大学出版社,2002,第 315~332 页。
⑤ 章太炎旅居台湾期间与明治日本"国体论"的思想对话,参阅彭春凌《儒学转型与文化新命——以康有为、章太炎为中心(1898~1927)》,第 83~118 页。
⑥ 陈继东:《从〈訄书〉初刻本(一九○○)看章炳麟的早期佛教认识》,《言语·文化·社会》第 7 号,2009 年 3 月。

总之，具有形而上学终极意义、指向宗教的"不可知"，在原作《论进步》与译作《论进境之理》中的有或无，以及不同的诠释，体现了斯宾塞、章太炎面对各自急遽变化之社会的思考和因应。

三 章太炎译介《论进步》的主旨变焦（下）：与科学遭遇

维多利亚时代是"一个地质学教科书有时比流行小说还畅销的时代"。[①] 斯宾塞这一代人坚定地支持现代事物，是"对宇宙进行排他性科学解释的第一代人"。[②] 登载《论进步》一文的哲学激进刊物《威斯敏斯特评论》，封面上录有莎翁名句："一切疑惑俱已消除之后，真理还是不厌其烦的要求证明。"[③] 在在显示了知识人执着探求真理的理性精神。而《论进步》像是缩微百科全书，体现了彼时包罗万象又诉诸大众的博物学（natural history）传统和狂热追逐科学的时代风气。[④] 大至宇宙天体的形成、人类社会的演变，微至蜡烛燃烧的过程、天花病毒作用于人体的反应，斯宾塞都饶有兴味地一一解析它们从同质性到异质性的转化及如何因一个变化引发更多的变化。严复感叹："非于天地人、动植、性理、形气、名数诸学尝所从事，必不知其为何语也。"[⑤] 斯宾塞的科学写作，"步步有自然之联络，亦有

---

① Peter J. Bowler, *Evolution: The History of an Idea*, Revised edition (Berkeley and Los Angeles: University of California Press, 1989), p. 110.

② Francis, *Herbert Spencer and the Invention of Modern Life*, pp. 8-9.

③ 原文为 "Truth can never be confirm'd enough, /Though doubts did ever sleep." 出自莎士比亚《泰利亲王佩利克尔斯》（*Pericles, Prince of Tyre*）Act 5, Scene 1。译文参见梁实秋译《波里克利斯》，《莎士比亚全集》第 11 册，台北远东图书公司，1985，第 138 页。

④ 《论进步》同样有科学观念的谬误。比如斯宾塞注意到了热力学第一定律（能量守恒定律），但他预测的朝向异质性的变化则违背了热力学第二定律，亦即不可能把热量从低温物体传向高温物体而不引起其他变化。伯兰特·罗素（Bertrand Russell）曾据此批评斯宾塞，并指出，所有的事物最终趋向于均一性到一个停滞的状态，使异质性逐渐消失而非增加。Taylor, *The Philosophy of Herbert Spencer*, p. 67.

⑤ 严复：《论译才之难》（1898），汪征鲁等主编《严复全集》卷七，第 87 页。

理所当然之呼应"，[①] "对事实的搜集、比较和分类本身就是一种思想
条理化的训练方式，也会培养对现象进行理性解释的能力"，[②] 这无
疑将全面检验译者从知识到思维方式的科学素养。《论进境之理》虽
隐去了原作"不可知"观念，淡化其宗教视域，但章太炎对原作以
"星云假说"来解释宇宙形成的原因十分着迷。根据"星云假说"，
章太炎建构了一个消解终极神秘的物质宇宙，这凸显了跨语际过程中
买椟还珠似的传译对知识再生产的魔力。

由于数十年科学的发展，在极个别地方，1898 年的曾、章译作
比 1857 年的斯氏原作拥有更多信息。比如胚胎的发育，译作擅自加
入一句"特吾目无劳忒根光，无以察之"[③]。"劳忒根光"即伦琴射
线（Roentgen Ray，X 射线），该科学成就 1895 年才面世。而将伦琴
射线翻译为"劳忒根光"，则仅见于 1897 年《时务报》第 18 册译自
《横滨日日报》的《电光摄影奇观》。[④] 章太炎《论亚洲宜自为唇齿》
亦在同期刊发，译词的选择当本于此。除此之外，平心而论，无论天
文、地质，还是物理、化学，这场跨越 40 年的自然科学测验让两位
译者有些捉襟见肘。

地球水土流失的过程，物体碰撞带来的物理变化，蜡烛燃烧的多
重化学效应等，译文纰漏迭出，正反映了彼时中国社会整体科学素养
的低下。在苦思不得其解时，译者往往发挥想象予以填充。比如，斯

①　史本守：《肄业要览》，颜永京译，美华书馆，1883，第 49 页。
②　Charles W. Eliot, "Introduction," in Herbert Spencer, *Essays on Education and Kindred Subjects* (London: Dent, New York: Dutton, 1911), p. ix.
③　曾广铨采译，章炳麟笔述《斯宾塞尔文集·论进境之理》，《昌言报》第 4 册，第 202 页。
④　《电光摄影奇观》原文曰："凡目不能见之物，用劳忒根光，带摄影新法，即能照出影像。"《强学报·时务报》第 2 册，第 1209 页。关于 X 射线汉译词的相关统计，参见张铁文《词源研究与术语规范——X 射线词族的词源研究》，《术语标准化与信息技术》2005 年第 1 期。

氏《论进步》谓，地球冷却带来的收缩使固体的球体外壳为了与内部更小的球体接触而形成褶皱，"最终上升为丘陵和山脉。而被制造的山脉，之后一定不止变得更高，正如我们知道的那样，还变得更长。因此，略去对其他改造力量的观察，我们可以发现地球表面如此巨大的异质性可以追溯到一个原因，即热的损减"。[1]《论进境之理》译此段为："夫川实而谷虚，丘夷而渊塞，相因之势也。是故有其缩朒者，则平者反若上耸，而谥之曰山岳。新山必崇，旧山必庳，此亦热度渐减之所生也。"[2] "川竭而谷虚，丘夷而渊实"典出《庄子·胠箧》篇，雅则雅矣，哲学思辨味道亦浓，却无助于解释山脉形成的原因。何况斯氏原文只讲地表收缩形成丘陵和山脉，译作所谓"川实""谷虚""丘夷""渊塞"均系画蛇添足，其所谓"新山必崇，旧山必庳"也属幻想之词。总之，译作所采大量传统经典话语无力以科学方式解释自然现象。

在一些完全不解文意之处，译者甚至缴械告饶。如斯氏原作辨析生物演化的链条，对比古生代的脊椎动物与现代的脊椎动物（包括爬行类、鸟类及哺乳类等多种多样的生物属类），显示了较少的异质多样性。斯氏举出若干证据证言：①古生代的海洋脊椎动物全是软骨鱼类，之后的海洋脊椎动物则包括多种属的骨质鱼类；②相比于第二纪，第三纪岩层拥有更多目属种类的哺乳动物遗迹；③威廉·卡彭特的观点说，古生代一般生物的蓝图可以从如今地球上每种有组织的生命存在形式的个体生命上探寻；④理查德·欧文（Richard Owen）的

---

[1] 原文为 "rising ultimately into hills and mountains; and the later systems of mountains thus produced must not only be higher, as we find them to be, but they must be longer, as we also find them to be. Thus, leaving out of view other modifying forces, we see what immense heterogeneity of surface has arisen from the one cause, loss of heat." Herbert Spencer, "Progress: Its Law and Cause," in Spencer, *Essays*, Vol. I (1868), pp. 35–36.

[2] 曾广铨采译，章炳麟笔述《斯宾塞尔文集·论进境之理》，《昌言报》第 3 册，第 140 页。

判断说，每一种生物群较早的存在形式，其与原型的通性相分离的广泛度均较小。最后，斯宾塞还留有余地地说："有一位我们最尊重的权威人士认为，目前的证据无论哪种方式都还不足以给出一个确证的判断。遵从他的说法，我们也乐意将问题敞开。"① 译作几乎完全没有翻译这些段落，只留下一句："专家论是者，其文实繁，余不敢儳言，怀所欲陈，则尽乎此而止，其余以俟高材特达之士。"② 如不对照原文，还认为斯宾塞本人"不敢儳言"，事实上，这只是译者因无力处理这两页内容而无可奈何的老实交代。

深有意味的是，斯宾塞和章太炎都对身体表现出异乎寻常的关注或癖好，两人的途径却有差异。斯宾塞"将人的身体和精神都作为服从自然程序的自然物来审查"；③ 一旦将人与万物一视同仁当作科学凝视的对象和博物学的一部分，他对自身健康的关心就显得有些另类，被认为是"怪癖"，其行为也成了后人嘲讽维多利亚时代荒谬性的主要靶标。而章太炎"三世皆知医"④ 的家庭背景使他颇通医理，他对病体表现出比对其他事物多得多的关注。在翻译、梳理《论进步》对"病"的分析时，其译文颇能收放自如。《论进步》描述了天

---

① 相关段落，参见 Herbert Spencer, "Progress: Its Law and Cause," in Spencer, *Essays*, Vol. I (1868), pp. 9—10。所引述的原文为 "But in deference to an authority for whom we have the highest respect, who considers that the evidence at present obtained does not justify a verdict either way, we are content to leave the question open."

② 曾广铨采译，章炳麟笔述《斯宾塞尔文集·论进境之理》，《昌言报》第 1 册，第 6 页。

③ Francis, *Herbert Spencer and the Invention of Modern Life*, p. 107. 马克·弗兰西斯引用了 1933 年出版的《英国怪人》所述关于斯宾塞过分注意健康的逸事：斯宾塞号脉是每天最隆重的仪式，当出行在外时，马车夫会听到一声凄厉的"停止"声。那时，不管车子是在最繁忙的交通要道中央，还是在伦敦繁华的皮卡迪利大街、摄政街，车子都会突然停下来，使交通陷入混乱，会有几秒的安静。与此同时，斯宾塞咨询他脉搏的命令，假如神谕是顺利的，那么出行继续；假如不是，斯宾塞就会回家（第 91 页）。

④ 章太炎：《伯兄教喻君事略》，《章太炎全集·太炎文录续编》，上海人民出版社，2014，第 214 页。

花病毒进入人体后三个阶段的反应，胪举相关病症堪称巨细靡遗，章太炎也"望闻问切"、诊断仔细。① 两人狂热于身体知识的某种"暗合"，表明章太炎能体察科学思维之所指。章太炎尝谓："古之为道术者，'以法为分，以名为表，以参为验，以稽为决，其数一二三四是也'。"② 如假以时日，辅之以必要的科学教育，将自己对医理的热爱扩充至万物，章太炎会在科学领域和斯宾塞更加接近。

《论进步》所涉自然科学知识对章太炎影响最大的，是关于宇宙构成的"星云假说"及关于生物进化用进废退的"获得性状遗传"理念。③ 正是基于星云假说，章太炎建构了其早期的宇宙观。该假说主张，最初宇宙空间充满了基本颗粒，在引力与斥力的作用下，它们逐渐形成了太阳系的星体和宇宙秩序。一组通常被描绘为"机械论"的观念充当了斯宾塞进化哲学的基础，甚至比进化本身更为根本。④

① 斯宾塞的描述为 "A minute portion of the small-pox virus introduced into the system, will, in a severe case, cause, during the first stage, rigors, heat of skin, accelerated pulse, furred tongue, loss of appetite, thirst, epigastric uneasiness, vomiting, headache, pains in the back and limbs, muscular weakness, convulsions, delirium, &c. ; in the second stage, cutaneous eruption, itching, tingling, sore throat, swelled fauces, salivation, cough, hoarseness, dyspnœa, &c. ; and in the third stage, œdematous inflammations, pneumonia, pleurisy, diarrhœa, inflammation of the brain, ophthalmia, erysipelas, &c. " 参考译文：微剂量的天花病毒进入人体后，在严重的情况下，第一个阶段会造成打寒战、皮肤高热、脉动加速、舌苔、厌食、口渴、上腹不适、呕吐、发烧、背部和四肢疼痛、肌无力、痉挛、谵妄等；第二个阶段引发皮肤发痒、瘙痒，刺痒，咽喉肿痛、流涎、咳嗽、声音嘶哑、呼吸困难等；第三个阶段引起水肿发炎、肺炎、胸膜炎、腹泻、脑炎、眼炎、丹毒等。Herbert Spencer, "Progress：Its Law and Cause," in Spencer, *Essays*, Vol. I (1868), p. 43. 章太炎译文为："以常病言，痘之毒质，稍传染入人体，则肤热、舌垢、脉速、消渴、不欲食、善呕、项强脊痛、四体厥张，神昏昏若寐也，其渐则肤裂、发疮、咽喉拥肿、欬逆声嘶、口多沫唳、食积腹中不化也。又渐则发瘅疽、头生疡、肺生痛、肋膜生炎、脑髓生炎、目臀、肠泄也。"曾广铨采译，章炳麟笔述《斯宾塞尔文集·论进境之理》,《昌言报》第 4 册，第 201 页。

② 章太炎：《王学》,《章太炎全集·〈訄书〉重订本》,上海人民出版社，2014，第146 页。

③ 本章第二、三节将分别讨论"星云假说"与"用进废退"理念如何影响章太炎的思想。

④ Sorley, *A History of English Philosophy*, pp. 264-265.

"机械论"观念的核心是用物质（matter）、运动（motion）和力（force）来解释生命、精神和社会现象，其重要依据就是星云假说。斯宾塞指出："如果不带偏见，无论如何都必须接受这个假说之解说的一般性结论。"[1] 在《论进步》一文刊发后，斯氏1858年又专门创作了《星云假说》（The Nebular Hypothesis）一文，同样刊发于《威斯敏斯特评论》，目的是在"星云假说"已经声名扫地时为它辩护。[2]

《论进步》在篇首、篇中、篇尾，三度以星云假说支撑的宇宙演进观念说明进步的法则和原因。从译作的处理不仅能看到译者对该学说的浓厚兴趣，而且能看到其认知层累、增进的过程。

第一次，原作侧重讲述宇宙如何从最初充斥着密度、温度及其他物理属性上同质的星云介质分化出若干星体，并发展出具有高度异质性的太阳系（太阳与行星、各行星和卫星彼此间在重量、运行速度、温度等方面均有极大差异）。[3] 译作加入了原作没有的感慨："呜呼！吾不得太初之神人与之论大块之理，故所见局促于是，又安知是纷纭错杂者，其始固一质之点所积而成乎？"[4] 这表露了译者的震惊心绪：自己之前的见解太过局促，太阳系原来初始于"一质之点"呀！宇宙构造之谜已然解开。

第二次，原作重点在叙述不规则的星云物质微粒通过彼此吸引，产生凝聚与旋转、热与光、地球昼夜交替，形成潮汐，产生水与空

---

① 原文为 "this hypothetical illustration, which must be taken for what it is worth, without prejudice to the general argument." Herbert Spencer, "Progress: Its Law and Cause," in Spencer, *Essays*, Vol. I (1868), p. 5.

② 这个说法出自作者1891年修订《星云假说》的篇前按语。Herbert Spencer, "The Nebular Hypothesis," in Spencer, *Essays*, Vol. I (1891), p. 108.

③ Herbert Spencer, "Progress: Its Law and Cause," in Spencer, *Essays*, Vol. I (1868), pp. 3-4.

④ 曾广铨采译，章炳麟笔述《斯宾塞尔文集·论进境之理》，《昌言报》第1册，第3页。

气、岁差和季节等。斯宾塞还介绍了支撑星云假说的万有引力定律，谓"万有引力同时生成向心力和离心力"（gravitation simultaneously generates both the centripetal and the centrifugal force），[1] 并较详细地解说了"离心力"（centrifugal force）。译作几乎逐层呈现了星云假说的上述全部内容，[2] 还将"星云假说"较为准确地意译为"散点积成之说"[3]。

第三次，原作只简单提及"如果将来星云假说被证实，那么这一点就会很明显，即整个宇宙就如同每一个有机体那样，曾经是同质的"。[4] 译作却在此处添加了对星云假说更详细的解说，谓，"如吾前言太始之时，日星皆为散点因歙成积，使是说果合，则天地太始与他物之原质点，皆为一体"，[5] 表现了译者对该学说愈加自信的把握和理解。

---

[1] Herbert Spencer, "Progress: Its Law and Cause," in Spencer, *Essays*, Vol. I (1868), p. 34.

[2] 在这部分译文中，有段双排小字的按语："按：太阳行星由质点积成。此说亦未确。果尔，则有已积成者，亦必有未积成者。夫已积成者，距今日数兆亿年矣。其未积成者，纵使未成太阳，何以并不积为小星邪。"曾广铨采译，章炳麟笔述《斯宾塞尔文集·论进境之理》，《昌言报》第 3 册，第 139 页。这其实是对斯氏原文一段注释的翻译，并不表示译者自己质疑星云假说的立场。当然，译文也有些不确切。原文是"The idea that the Nebular Hypothesis has been disproved because what were thought to be existing nebulae have been resolved into clusters of stars is almost beneath notice. *A priori* it was highly improbable, if not impossible, that nebulous masses should still remain uncondensed, while others have been condensed millions of years ago."参考译文：有观点认为，由于我们原本认为存在的星云已然分解为星群，星云假说应该被否定。这一观点基本可以不用考虑。因为如果其他星云已经在几百万年前凝缩了，而仍旧存在没有凝缩的星云物质，这一假设即便不是完全不可能，它的可能性也是极低的。Herbert Spencer, "Progress: Its Law and Cause," in Spencer, *Essays*, Vol. I (1868), p. 34.

[3] 曾广铨采译，章炳麟笔述《斯宾塞尔文集·论进境之理》，《昌言报》第 3 册，第 140 页。

[4] 原文为"Should the Nebular Hypothesis ever be established, then it will become manifest that the Universe at large, like every organism, was once homogeneous." Herbert Spencer, "Progress: Its Law and Cause," in Spencer, *Essays*, Vol. I (1868), pp. 57-58.

[5] 曾广铨采译，章炳麟笔述《斯宾塞尔文集·论进境之理》，《昌言报》第 5 册，第 263 页。

在斯宾塞看来，星云假说非但未挑战，反倒更印证了不可知的终极神秘的存在。其《星云假说》结尾称，"虽然太阳系以及无数其他类似系统的起源现在变得可以理解了，终极的神秘仍旧如其最初那样伟大。存在的问题并没有解决，它仅仅是更向后推移了"，"我们和谐的宇宙曾经可能以形状不明的分散物质的形式存在，并慢慢发展为现在有组织的状态，是一个远比通俗的以人为的方法来解释它的构造更加惊心动魄的事实"。① 斯宾塞对星云假说的阐发影响了维多利亚时代的知识人，比如查尔斯·布雷（Charles Bray）和阿尔弗雷德·华莱士（Alfred Wallace）。查尔斯·布雷借鉴了斯氏的观点，在其1863年印行的《必然性的哲学》（*The Philosophy of Necessity*）第2版中，认为星云假说表明，不可能切断上帝和现存的物质宇宙的联系，伟大的神秘力量始终如斯。斯宾塞因此被视为布雷这一代人的自然神学家。②

章太炎《菌说》基于"机械论"的立场，以原子微粒的运动及力的相互作用来解释万物之生成，尝谓："凡物之初，只有阿屯，而其中万殊，各原质皆有欲恶去就，欲就为爱力、吸力，恶去为离心力、驱力，有此故诸原质不能不散为各体，而散后又不能不相和合。"③ 他凭此论证物乃"自造"，与上帝等任何神秘力量无关。他还根据"星云假说"及彼时译介的《谈天》等西学成果，在《儒术真论》的附文《视天论》中，对中国传统"宣夜"学说"无所根系"④ 的宇宙图景

---

① Herbert Spencer, "Progress: Its Law and Cause," in Spencer, *Essays*, Vol. I (1868), pp. 298-299.

② 关于查尔斯·布雷、阿尔弗雷德·华莱士对斯宾塞星云假说的借鉴，参阅 Francis, *Herbert Spencer and the Invention of Modern Life*, pp. 153-154。

③ 章氏学：《菌说》，《儒术真论》附文，《清议报》第28册，1899年9月25日，第1838页。

④ 章氏学：《视天论》，《儒术真论》附文，《清议报》第25册，1899年8月26日，第1641~1642页。

做了实体化论证："日与恒星，皆有地球"，① 浩茫的宇宙不过由无穷的太阳系拥有无数的地球而构成；其境况都能通过我们自己的处境得到投射，并无神秘力量存在。"星云假说"在斯宾塞那里意味着存在"第一原因"、神秘力量，科学和宗教始终互相支撑；但"星云假说"为章太炎提供了否定神秘主义思想的依据，科学与宗教因此两相对峙。

四　严复理解"进步"立足点的差异及其对斯宾塞的呼应

高度认可人的理性能力，也导致了伦理上的功利主义思潮。斯宾塞的《社会学研究》批评说："一个空幻的希望误导了众人，他们认为在一个想象的理性的时代——可以立即取代兼具部分理性的信仰时代，人类的行为可以被直接基于功利考量的准则所正确引导。"② 斯宾塞的《论进步》指出，伦理上的功利主义思想，边沁（Jeremy Bentham）主张的"最大多数人之最大幸福"（the greatest happiness of the greatest number）观念，容易形成以人为中心的目的论视域，从而误导人们对"进步"这一立足于整体考察宇宙构成、地球演变、物种起源的问题的认知。《论进步》首段明确反对以人的幸福和利益为尺度的功利的（utilitarian）、目的论的（teleological）进步观，因为人并非宇宙的中心，而是嵌凿在宇宙自然中的一部分。③

汪康年编《时务报》时，想请"当今名手赓续"，④ 完成严复未译

---

① 章氏学：《儒术真论》，《清议报》第 23 册，1899 年 8 月 6 日，第 1507~1508 页。
② 原文为 "a visionary hope misleads those who think that in an imagined age of reason, which might forthwith replace an age of beliefs but partly rational, conduct would be correctly guided by a code directly based on considerations of utility." Spencer, *The Study of Sociology*, pp. 306-307.
③ Ernest Barker, *Political Thought in England 1848 to 1914* (London: Thornton Butterworth, 1928) 一书就将斯宾塞所代表的政治思想命名为"科学学派"（The Scientific School）。
④ 严复：《与汪康年》（1898 年 6 月 21 日），汪征鲁等主编《严复全集》卷八，第 111 页。

全的《斯宾塞尔劝学篇》。"名手"一语对自负的严复本就有些刺激，何况严氏颇有自己动手之意。估计和汪康年没有谈拢酬金，遂作罢。① 严复调侃汪氏找人翻译"卷帙綦繁"的《天人会通论》即《综合哲学》全集。② 哪知汪康年真的听取建议，去别发洋书坊购得斯宾塞书籍。《综合哲学》全集当然难以下手；《第一原理》虽然提纲挈领，其专著篇幅仍非杂志所能涵盖；《论进步》却浓缩和呈现了《第一原理》主旨。精明的商人汪康年退而求其次，打算翻译斯氏《论文集》（其首篇即《论进步》），译手则选任懂英文的曾广铨和汉文功底深厚的章太炎，认为如此便可取长补短。汪康年与康有为、梁启超争夺《时务报》失败，另创《昌言报》，译文遂阴错阳差成为《昌言报》的第一篇文章。严复本以翻译《第一原理》（*First Principles*）为译书理想，谓使之"得转汉文，仆死不朽矣"，③ 哪知曾、章率尔操觚翻译浓缩《第一原理》意旨的《论进步》，弄得纰漏百出。严复读此译作后之痛心疾首可想而知。他撰《论译才之难》，质问"西书可译而急用者甚多，何必取此以苦人自苦"，并译出《论进步》首段，以证明曾、章所译《论进境之理》"满纸唵哎"。④

就《论进步》首段的翻译问题，之前的研究往往聚焦于两种译作的质量高低。事实上，两种译作呈现了译者本身的观念和立场。严

---

① 严复写给汪康年两封信，第一封（1898年6月21日）说："如一时难得译手，则鄙人愿终其业。《时务报》能月筹鹰洋五十元见寄者，则当按期寄呈，至少一千五百字也。"第二封（1898）又说："'五十饼'前言直与足下戏耳；使公竟诺之，则仆食言矣。"汪征鲁等主编《严复全集》卷八，第111、112页。

② 严复：《与汪康年》（1898年6月21日），汪征鲁等主编《严复全集》卷八，第111页。

③ 严复在《与张元济》函（1899年4月5日）中讲述自己译完《原富》后的计划，"当取篇幅稍短而有大关系，如柏捷（Walter Bagehot）《格致治平相关论》（*Physics and Politics*）、斯宾塞《劝学篇》等为之；然后再取大书，如《穆勒名学》（*A System of Logic*），斯宾塞《天演第一义海》（*First Principles*）诸书为译。极知力微道远，生事苟其时日；然使前数书得转汉文，仆死不朽矣"。汪征鲁等主编《严复全集》卷八，第131页。

④ 严复：《论译才之难》（1898），汪征鲁等主编《严复全集》卷七，第88页。

说有一定程度的拐弯抹角报"私仇"的意味。留英时期，曾纪泽恶语抨击严复"中华文字，未甚通顺"①，即谓之不通中文，严氏如今回敬曾纪泽之子曾广铨，谓"中土士大夫欲通西学，而以习其言语文字为畏途"，②暗指曾广铨不通英语。③但严复拍案而起，根本上还是出于"公心"。他较准确地把握了斯宾塞讨论"进步"的立场，指出，只有祛除以人为中心的"人见"的目的论，方能识得"天演"真谛；而曾、章译作完全没领会到这层意思，且始终围绕肯定人的理性认知能力展开议论。表 1-1 为《论进步》首段原文与严译及曾、章译文的对照（分行及序号均为笔者所加），确可见"二译舛驰若不可以道里计者"。④

斯宾塞在追问"进步"的本质之前，开篇首段要扫除的是理解"进步"的误区。

表 1-1 第一、第二横栏，斯氏批评那时的"进步"概念含混、

① 刘志惠整理《曾纪泽日记》第 2 册，光绪五年三月十三日（1879 年 4 月 4 日），中华书局，2013，第 904 页。

② 严复：《论译才之难》（1898），汪征鲁等主编《严复全集》卷七，第 87 页。《国闻报》早就不满"中国谈洋务西学数十年"，"人人莫不以讲西学为要"，但所造人才政事、学问均"未闻有出乎其类，拔乎其萃"。《论中国洋务西学之人才》，《国闻报》第 8 号，1897 年 11 月 2 日。

③ 上述曾纪泽批评严复的话，见王锡祺辑《小方壶斋舆地丛钞》（初编）第 11 帙《出使英法日记》光绪五年三月十三日的记载（上海著易堂，光绪十七年印行，第 387 页）。但在 1893 年江南制造总局刊印的《曾惠敏公遗集》所载日记中，光绪五年三月十三日没有相关记载，就是说删去了这句批评严复的话；此语亦不见于光绪七年（1881）单行的《曾侯日记》。在台湾学生书局 1965 年影印出版之《曾惠敏公手写日记》中，这段文字又出现了。所以很难讲严复是否通过阅读曾纪泽的日记而得知这句话。然而，据《曾纪泽日记》（以《曾惠敏公手写日记》为底本，汇编现存曾纪泽全部手写日记及其生前亲自校订增删之初始刻本）当日的记载，曾纪泽是在"核改答肄业学生严宗光（按：即严复）一函"的过程中，有批评严复"于中华文字，未甚通顺，而自负颇甚"的感受。曾纪泽还说："余故据其疵弊而戒励之。"《曾纪泽日记》第 2 册，第 904 页。《出使英法日记》"据"作"抉"，见《小方壶斋舆地丛钞初编》第 11 帙，第 387 页。说明他在答严复的函件中也表达了类似的观点。由此可见，严复抨击曾广铨并非无的放矢。

④ 严复：《论译才之难》（1898），汪征鲁等主编《严复全集》卷七，第 87 页。

模糊，甚至谬误。比如有时仅从简单的增长来谈，如国家人口和土地的增长；有时关涉物质产品的数量，那么农业和制造业的推进就成为主题；有时关注这些产品优质与否；有时涉及生产工具的改良。谈论"道德"或"智识"进步时，指涉的是展示它们的个体或群体的状态；而评论"知识"、"科学"或"艺术"的进步，考虑的是人类思想和行动所带来的抽象结果。各项所指层面均不相同。

表1-1 《论进步》首段原文、严复译文、曾广铨和章太炎译文对比

	原 文	严复译文	曾、章译文
一	The current conception of progress is somewhat shifting and indefinite.	夫世俗之言进也，说屡迁，而其义也混。	言进境者，至噤口敝舌而人或不能喻。非其言之难喻也，其所包者既深闳广博，虽言进固不足尽，假借以立号，缘不得已以定名。
二	Sometimes it comprehends little more than simple growth—as of a nation in the number of its members and the extent of territory over which ithas spread. Sometimes it has reference to quantity of material products—as when the advance of agriculture and manufactures is the topic. Sometimes the superior quality of these products is contemplated; and sometimes the new or improved appliances by which they are produced. When, again, we speak of moral or intellectual progress, we refer to the state of the individual or people exhibiting it; while, when the progress of Knowledge, of Science, or Art, is commented upon, we have in view certain abstract results of human thought and action. Not only, however, is the current conception of progress more or less vague, but it is in great measure erroneous.	有以滋长为进者，如国则指其民人之加多，与其幅员之弥广；有以所产之丰歉言进者：则树畜工虞之事是已；有时以所殖之美恶良楛言进，有时以操术之巧拙精粗言进，举无定矣。至于验德智之进否，则第人品能事之高下；言学问艺术之进否，则又视其思索之所及，与夫制作之所成。感物造耑，随地而易，盖不仅淆杂不章而已，谬误则大半也。	则言进云尔，今夫五洲之国，其户口之多寡，版图之广狭，物产之盈绌，械器之良楛，货殖之奇赢，法度之优劣，斯固可以进境言之矣。从而询其人之志识学问，与其技艺，则其用在虚，大气举之，其思虑与神明往来，不可以校先后，进境之义，于此又非其剀切者也。

	原　文	严复译文	曾、章译文
三	①It takes in not so much the reality of progress as its accompaniments—not so much the substance as the shadow. That progress in intelligence seen during the growth of the child into the man, or the savage into the philosopher, is commonly regarded as consisting in the greater number of facts known and laws understood; whereas the actual progress consists in those internal modifi-cations of which this increased knowledge is the expression. Social progress is supposed to consist in the produce of a greater quantity and variety of the articles required for satisfying men's wants; in the increasing security of person and property; in widening freedom of action; whereas, rightly understood, social progress consists in those changes of structure in the social organism which have entailed these consequences. ② The current conception is a teleological one. The phenomena are contemplated solely as bearing on human happiness. Only those changes are held to constitute progress which directly or indirectly tend to heighten human happiness. And they are thought to constitute progress simply *because* they tend to heighten human happiness. But rightly to understand progress, we must inquire what is the nature of these changes, considered apart from our interests.	①夫言进有道，今既置其本而求其末，追其影而失其形矣。则以人为论，由孩提以至[长]大成人。以国为论，由野蛮以至于开化。将徒见其发见外缘之先后，而不悟有内因焉实为之本。外缘者是内因所呈露之端倪，有所待而后能变者也。是故彼论一国一群之进化也，徒诧于人民欲求之日得，居养之日优，抑其生命之日安，财产之不寇，与其悠游多行，日以自由，而无所抑困；而不知是国与群之中，必其条理形官有其先变者存，夫而后乃有是之显效也。②惟常智不离人见，而穷理因以不精。不离人见者，举两间之变境，皆自人之利不利而进退之。苟利斯以为进矣，苟不利斯以为不进矣。而不知求进理之真实，必尽祛人见，而后其变之性情体用可得言也。	至微之理，或虚而无所薄，迹象所不能显，彼龀童之为成人软，野蛮之慕为圣贤软，非阅历问学，不足以就，固也。然而，屡饫于阅历问学矣，其智虑或不足以运之，则是安足为用也。今人类教化，所需于器物者愈多，斯似教化进境之准矣。庸讵知识见既精，阅历既广，则所待于用者，自不能不求其博，非因物而增识，乃因识而须物，斯亦自然之势也。然则其内不足以表外，而其外乃可以表内矣。是故欲探隐索微，宜一切涤除其故见。

	原　文	严复译文	曾、章译文
四	Ceasing, for example, to regard the successive geological modifications that have taken place in the Earth, as modifications that have gradually fitted it for the habitation of Man, and as *therefore* a geological progress, we must seek to determine the character common to these modifications—the law to which they all conform. And similarly in every other case. Leaving out of sight concomitants and beneficial consequences, let us ask what Progress is in itself.[①]	今有为地学者，不知地体之进有大例，不系夫生民之初、生民之后也，乃凡水土奠分草木条之事，皆执民居、民食以验天演之浅深，于地学庸有当乎。故原进者，必就进以言进，而凡与进同时而并著，及夫利我之境，偶与偕行，皆不容稍杂于其际。能如是，则进之真可以见矣。[②]	譬之地球之变迁，沧海大陆之不能久，非深求地学，与考其变化之理者，无以知之，以是知凡事当得其比例，而后可考其进境何如也。[③]

注：①Herbert Spencer, "Progress: Its Law and Cause," in Spencer, *Essays*, Vol. I (1868), pp. 1-2.

②严复：《论译才之难》（1898），汪征鲁等主编《严复全集》卷七，第88页。

③曾广铨采译，章炳麟笔述《斯宾塞尔文集·论进境之理》，《昌言报》第1册，第1页。

　　原文这两栏内容，严译基本到位，曾、章译作则如在梦中。第一横栏，曾、章擅自发挥，将言"进境"之困难归因于符号学意义上所指与能指难以完全贴合的普遍性问题。彼认为"进"这个名称（能指）所囊括的意思（所指）极为"深闳广博"，难以用"进"完全概括；以"进"命名，不过是"不得已""假借以立号"。此处颇可见章太炎以语言文字学之"管籥"入于真理之"堂奥"[①] 的思维习惯。而他之后的《文学说例》（1902）、《齐物论释》（1910）等作，亦试图用西学的"表象主义"（symbolism）、佛经的"能诠"与

---

① 章绛：《致国粹学报社》，《国粹学报》第5年第10号，1909年11月2日，"通讯"栏，《国粹学报》影印本第12册，第7490页。

"所诠"的关系来说明"假借"。① 第二横栏，斯宾塞指出"进步"概念混淆，原因是没有一套内核贯通的科学标准。曾、章却认为，讨论"进境"在"户口之多寡，版图之广狭，物产之盈绌，械器之良楛，货殖之奇赢，法度之优劣"等质实的人地、器物、制度层面是可行的，所谓"斯固可以进境言之矣"，但是"人之志识学问，与其技艺"涉及人类精神发展"其用在虚"的层面，难以用"进境"衡量，所谓"进境之义，于此又非其剀切者也"。此论与斯宾塞原文无关，倒是和戊戌时期知识人从器物、制度与人的培养"实""虚"两个层面思考变法轻重缓急的思想框架颇为相通。如梁启超的《论变法不知本原之害》就驳斥以变法之"荦荦大端"在练兵、开矿、通商的观点，谓："今一言以蔽之曰：变法之本，在育人才；人才之兴，在开学校。"②

第三、第四横栏，斯宾塞指出，造成进步观念之谬误的原因有两个方面。

①舍本逐末，将进步的伴随物和表现形式当作进步本身。他举了两个例子，一是人们通常将从孩童到成人的智力进步理解为其了解更多事情与法度，而忽视真正的进步在内在的调整，知识增加仅是其内在调整的外在表现而已；二是将社会进步理解为生产更多数量和种类的物品来满足人们的需求、保障人身和财产安全、扩大行动自由等，而忽视了社会进步真正的内涵，在于能产生这些结果的社会有机体（social organism）的结构变化。

②当前的进步观是功利的（utilitarian）、目的论的（teleological），

---

① 参阅章氏学《文学说例》，《新民丛报》第 5 号，1902 年 4 月 8 日，第 76~77 页；章太炎《章太炎全集·齐物论释》，上海人民出版社，2014，第 30~32 页。
② 梁启超：《变法通议·论变法不知本原之害》，《时务报》第 3 册，光绪二十二年七月二十一日，《强学报·时务报》第 1 册，第 138 页。

是将人的幸福（human happiness）和利益（interests）作为判定进步与否的标准。斯氏以地质学为例，指出，如将地球上持续的地质演变当作为了逐渐适应人的居住而进行的调整，就可见功利论、目的论之进步观的荒谬。他认为只有抛弃这种观念，探索这些调整的一般特征和法则，超脱进步所带来的伴随物和有利结果，才能够对"进步"本身进行追问。从 1840 年代开始，斯宾塞就持续反驳边沁的功利论说，即反对将政治视为满足个人利益和增进个体幸福的方式。无论是反功利论，还是反目的论，在斯宾塞的思想中都有深层的悖论。[①] 他并非不重视人类的幸福，但在他看来，人类的幸福与自然的演变并不矛盾，因为"自然正在朝一个眼前难以想像的人类幸福阶段进化"，与自然站在同一边，也就是和幸福的创造者站在同一边。[②]

对第三、第四横栏的内容，两个译作做了程度不同的变形。他们既是传播者，又是域外思想的消费者与生产者。差别在于，严复精心筹划，在把握原意的基础上有意识地挟带私货，或为异文明间的屏障做一些必要的疏通；曾、章译文则更多的是信马由缰的自我表达。

---

① 欧内斯特·巴克（Ernest Barker）说："事实上，如我们所见，当斯宾塞攻击他所谓的边沁的'权宜哲学'时，他自己在政治学中一直都是功利论者，幸福一直都是他倡议的目标。"Barker, *Political Thought in England 1848 to 1914*, p. 84. 马克·弗朗西斯称："他对进步的支持和对功利的反对是如此变幻无常以至于难以用来支撑一个系统的伦理和公共政策。一个证明这些早期原理在支持他的体系的企图，只能是强调了斯宾塞哲学中包含的巨大矛盾性。"并指出，斯宾塞反对功利主义并非持续一贯，其早期著作《政府的适宜范围》（*The Proper Sphere of Government*, 1842）用基督教的功利主义来反对个人主义，并对那些视集体不重要的幸福解说充满敌意；而当他自己逐渐熏染上个人主义的观念时，他反驳基督教，并且减少了对集体幸福的关心。Francis, *Herbert Spencer and the Invention of Modern Life*, p. 248. 迈克尔·W. 泰勒（Michael W. Taylor）在"进化的法则"一章中，专门设置"平衡与目的论"（Equilibrium and teleology）来讨论斯宾塞与目的论的关系。他指出："尽管他坚持他之后的思想放弃了目的论，然而他的进化概念包含了一种方向性的元素，他需要在一个没有传统宗教和目的论目标的世界中以之作为道德的支柱。"Taylor, *The Philosophy of Herbert Spencer*, p. 69.

② McClelland, *A History of Western Political Thought*, p. 479. 译文参见约翰·麦克里兰《西方政治思想史》，第 541 页。

严复几乎逐句对译了斯氏举证的第①方面，但所谓"以国为论，由野蛮以至于开化"则是他添加的内容。斯氏原文只说"从粗野的人到哲人"（the savage into the philosopher），并未涉及国家的野蛮与开化问题，而偏向于民族国家视野，恰恰为严复翻译和理解斯宾塞的一大特点。① 反倒是曾、章译之为"野蛮之慕为圣贤欤"更加准确。第②方面，严复极具创意地将以人的幸福和利益为尺度的进步观归纳为"人见"的进步观。具体表现在，他将"the current conception is a teleological one"译为"常智不离人见"；将"we must learn the nature of these changes, considered apart from our interests"译为"必尽祛人见，而后其变之性情体用可得言也"。严氏《论译才之难》称："（《论进步》）此段所谓未祛人见，即庄周所谓其见'未始出于非人'，息之至深而后有此。"② 严复运用庄子的哲学话语来翻译斯宾塞的核心观念，试图构建一座桥梁，以期在近代科学所建立的自然宇宙观中重新理解庄子哲学，同时使中国的思维世界更容易接纳斯宾塞"天演"进化的思想。"其见'未始出于非人'"典出《庄子·内篇·应帝王》蒲衣子的话："而乃今知之乎？有虞氏不及泰氏。有虞氏，其犹藏仁以要人，亦得人矣，而未始出于非人。泰氏，其卧徐徐，其觉于于。一以己为马，一以己为牛。其知情信，其德甚真，而未始入于非人。"郭象、成玄英将"有虞氏……未始出于非人"解释为虞舜未曾出于"以所好为是人，所恶为非人"的是非之域。这种传统权威解释通过在人的范围内区隔"是人""非人"来落实"未始出于非人"。③ 严复并未

① 本杰明·史华兹：《寻求富强：严复与西方》，第67页。
② 严复：《论译才之难》（1898），汪征鲁等主编《严复全集》卷七，第88页。
③ 郭象注"有虞氏……未始出于非人"数语，云："夫以所好为是人，所恶为非人者，唯以是非为域者也。夫能出于非人之域者，必入于无非人之境也，故无得无失，无可无不可，岂直藏仁而要人也。"成玄英疏曰："夫舜，包藏仁义，要求士庶，以得百姓之心，未是忘怀，自合天下，故未出于是非之域。"（清）郭庆藩：《庄子集释》，王孝鱼点校，中华书局，1961，第288页。

沿袭这种理解，他以"其见'未始出于非人'"来界定"人见"，主要是将人作为万物中的一个物类来说的。他以"祛人见"为"出于非人"，不只意味着超越人我或人己，更重要的是意味着超越对人这一物类的偏执，将人类作为宇宙自然的一个构成部分。严复的观点和郭嵩焘对《庄子》文本的诠释颇相一致。郭嵩焘谓："有人之见存，而要人之仁行焉。无人之见存，出于鸟兽之群而不乱；其（世）〔与〕人也（汎）〔汎〕乎相遇泯泯之中，而奚以要人为！出于非人，忘非我之分矣。入于非人，人我之分之两忘者，不以心应焉。为马为牛，非独忘人也，亦忘己也。"① 严、郭二人在英国相遇相知。他们超越以人为本位的传统，强调从更阔大的宇宙自然立场来观察，其背后均有对"浩如烟海""中土人视之茫然莫知其涯"② 的英、法现代科学的领会。立足于现代科学，人只是宇宙自然的一部分，进化"天演"并不必然与人相关，要祛除"人见"才能体察进步的本性。

曾、章译文紧紧抓住斯氏原文的第①方面。斯宾塞在批评舍本逐末的进步观时，所举第一例即人类智力进步的根本是内在的调整，外部掌握知识的多少仅是其表现形式。译文作"餍饫于阅历问学矣，其智虑或不足以运之，则是安足为用也"是相对准确的。由于吻合译作肯定人认知能力和主观能动性的整体取向，译者遂发挥道："非因物而增识，乃因识而须物。"只有提高人的识见和增加人的阅历才能掌握更广博的器物，实现教化的进境。斯氏原文第①方面所举第二例是社会进步表现在社会有机体结构中的变化，曾、章译文竟未做任何呈现。"社会有机体"（social organism）是斯氏社会学说的重要概念。《论进步》原作共 3 次、《论礼仪》原作有 1 次提到这个概念，

---

① 郭嵩焘的诠释，转引自郭庆藩《庄子集释》，第 288 页。
② 参阅郭嵩焘《日记》光绪五年七月初二日（1879 年 8 月 19 日），梁小进主编《郭嵩焘全集》第 11 册，第 150 页。

译作《论进境之理》和《论礼仪》均未翻译，可见彼时章太炎对"社会有机体"并无自觉的概念意识。① 至于斯氏原文第②方面，曾、章译作不仅没有翻译斯宾塞对以人的幸福和利益为尺度的进步观的抨击，还反其意而用之，将原作第四横栏嘲讽以为地球地质演变是为了适合人类居住，改写为只有"深求地学"，"考其变化之理"，人才能了解地球的演进。斯宾塞否定以人为中心的进步观，曾、章译作却充分肯定人乃进步的中心。有论者就指出，进化学说强调"天数"（势之自然）的"决定论"（determinism），与中国文化推崇"人力"（人为过程）的"决心论"（determinationism）和唯意志论之间的冲突，乃是观察该学说在中国产生反响的重要面相。② 章太炎主张"物苟有志，强力以与天地竞，此古今万物之所以变"，③ 属于唯意志论者；而严复颇徘徊于"天数"与"人力"之间。章、严理解进化学说的差别，其实在翻译斯氏《论进步》首段的差异中已经露出端倪。

不仅如此，严复深谙斯氏所谓"不可知"的所指，他晚年仍强调"真宗教必与人道相终始者也"。④ 他教育孩子说："人生阅历，实有许多不可纯以科学通者，更不敢将幽冥之端一概抹杀……如赫胥黎、斯宾塞诸公，皆于此事谓之 Unknowable，而自称为 Agnostic。"⑤ 与曾、章译作凸显了跨文化的误读不同，严复对《论进步》的别样译介提示出近代中国接受斯宾塞哲学本体论的另一条路径。沿此路径前行的学者背靠或儒或释的资源，较准确地理解了斯氏平衡科学与宗教的本意，这寓示了在应对理性时代的宗教问题时东海、西海此心攸同的一面。

---

① 关于章太炎对斯宾塞"社会有机体"学说曲折的接受过程，本书第二章会有详细讨论。
② 参阅浦嘉珉《中国与达尔文》（钟永强译，江苏人民出版社，2014）一书的分析，引词见该书第51~52页。
③ 章太炎：《原变》，《章太炎全集·〈訄书〉初刻本》，第25页。
④ 严复：《进化天演》（1913），汪征鲁等主编《严复全集》卷七，第439页。
⑤ 严复：《与诸儿》（1921年8月6日），汪征鲁等主编《严复全集》卷八，第543页。严复晚年对宗教的态度，可参阅黄克武《惟适之安：严复与近代中国的文化转型》。

1899 年，钟天纬在格致书院课艺答卷中，谓施本思（即斯宾塞）之学将"确可知者，与确不可知者，晰分为二"，而"至若圣教中之所言上帝，格致学之所论原质"，乃"万物之精微"，"非人思力所能知能测"。① 曾游历英国的康有为 1904 年称："英人斯宾塞，兼利心物，学识最为精深，其论穷理尽性，且至于命，吾最取焉。"② 严复以《第一原理》的"宗教主体在知识范围之外"来理解"孔门性与天道所以不可得闻"，与康有为相当默契。③ 而颇有佛学造诣的桐城光钟石士因友人"邃于科学，执着甚深，未易骤语于玄妙之学"，于1918 年选译了斯宾塞《第一义谛》（即《第一原理》）"论事理之不可思议者"编（The Unknowable）中"教学"（Religion and Science）和"教义之终极"（Ultimate Religious ideas）两章，目的是"破其心习，使知即以西国唯物家言，亦谓宇宙间自有其不可思议者"。④ 光钟石士指出，释教的"不可思议"在"涅槃之究竟"与"妄念之初生"；《第一义谛》"以不可思议为宗教之极义也"，"虽以东土迥绝人天之释教，亦赅括于是例之中"。⑤ 所谓"以不可思议为宗教之极义也"，主要是指斯宾塞在"教义之终极"章末的概括："如果说宗教与科学能够和解，那么和解的基础一定是所有事物中最深、最广、最确定的部分——宇宙显示出来的力量对我们来说是完全不可思议的。"⑥

---

① 钟天纬答卷（1889），王韬编《格致书院课艺》第 2 册，"分类西学课艺·格致"，光绪戊戌年仲春上海富强斋书局仿足本重校石印，第 12~13 页。

② 康有为：《英国监布烈住大学华文总教习斋路士会见记》（1904），姜义华、张荣华编校《康有为全集》第 8 集，第 31 页。

③ 严复：《"民可使由之不可使知之"讲义（癸丑仲秋丁祭日在国子监演讲）》（1913），汪征鲁等主编《严复全集》卷七，第 459 页。

④ 英国斯宾塞尔原著，桐城光钟石士译述《第一义谛》上编，《戊午杂志》第 1 卷第 1 期，1918 年，第 1 页。

⑤ 英国斯宾塞尔原著，桐城光钟石士译述《第一义谛》上编，《戊午杂志》第 1 卷第 2 期，1918 年，第 17、18 页。

⑥ Herbert Spencer, *First Principles*（London：Williams and Norgate, 1862），p. 46.

五　东学滤镜下章太炎对斯宾塞的再认识

章太炎翻译《论进境之理》尚算从容，1898 年 9 月戊戌政变发生，《论礼仪》之移译在无奈中匆匆收尾，[①]《昌言报》在出了十册后戛然停刊，《斯宾塞尔文集》之译载自然也难以为继。而此后，章太炎的人生和思想经历了剧烈的跌宕起伏。整体来讲，20 世纪最初十年（特别是 1902 年之后），章太炎和斯宾塞科学与宗教观念的关系呈现了极为诡异的变化，即以思想学问上极相反的方式走向了旨趣追求上的某种一致性。章太炎对斯氏的误解误读还在加深，在宇宙观上，他几乎走向斯氏所肯定的、属于"可知"范畴的科学所揭示的物质世界的反面；然而在革命逻辑驱动下，章太炎充分肯定宗教塑造人的道德情感的价值。他和斯宾塞一样，猛烈批判伦理上的功利主义思潮。

一方面，章太炎这一时期"涉猎《华严》《法华》《涅槃》诸经"，学问上逐渐"转俗成真"，[②] 佛教特别是法相唯识论逐渐铸成他新的宇宙观。章太炎以佛教来建立革命者的宗教信心，强调"万法惟心"，"一切有形的色相，无形的法尘，总是幻见幻想，并非实在真有"。[③]在早期移译或撰作的《论进境之理》与《儒术真论》中，他受斯宾塞影响，承认由"星云假说"所构筑的物质宇宙图景。而此时在他看来，这并非真理，不过是"常人所信"的"覆谛"[④]（颠倒的道理）而已。1907 年，章太炎创作《五无论》，已然对"星云假说"有了明确的概

---

① 斯宾塞《礼仪与风尚》原作，从"Who then shall say that the reform of our system of observances is unimportant?"到结尾近 7 页的篇幅，译作《论礼仪》未进行翻译。Herbert Spencer, "Manners and Fashion," in Spencer, *Essays*, Vol. I (1868), pp. 108–115.
② 章太炎：《菿汉微言》，章太炎：《菿汉三言》，第 60 页。
③ 太炎：《演说录》，《民报》第 6 号，1906 年 7 月 25 日，第 7 页。
④ 太炎：《五无论》，《民报》第 16 号，1907 年 9 月 25 日，第 9 页。

念意识,① 尝谓:"世界初成,溟濛一气,液质固形,皆如烟聚。佛谓之金藏云,康德谓之星云,今人谓之瓦斯气,儒者则以太素目之。尔后渐渐凝成,体若熟乳,久之坚硬,则地球于是定位,次是乃有(罪)〔众〕生滋长。"然而章太炎指出,星云说构筑的"器世间","由众生眼翳见病所成,都非实有"——物质宇宙并非实有,不过如众生因眼生白翳、障蔽视线而形成的幻象而已。一旦"众生既尽,世界必无豪毛圭撮之存,譬若病眼者死,而眼中所见之空华与之俱死"。② 在斯宾塞那里坚不可摧、章太炎自己也曾执着的宇宙世界,最终被他以视之为人心之"幻"的理解方式消弭。

另一方面,章太炎"东走日本……旁览彼土所译希腊、德意志哲人之书",③ 其接受域外思想的重点从西学逐渐向东学转移。

《论进步》创作于1857年,英帝国如日中天,青年斯宾塞声名鹊起。《论进步》及"综合哲学"致力于探讨科学世界中道德和宗教的位置,符合19世纪中叶传统信仰衰退之际维多利亚人的心理诉求。然而在19、20世纪之交,英美工业化国家的主要困境已转变为如何在发展所带来的痛苦的阶级矛盾中维持社会秩序。斯氏理论对此稍显无力,加之斯宾塞所体现的"博雅"的、为一般大众写作的知识传统面临写作愈益专业化的挑战。特别是科学日新月异,由于所依赖的一些科学依据如拉马克主义崩盘,斯宾塞的知识大厦有倾圮之危。④

---

① 贺麟在《康德、黑格尔哲学在中国的传播——兼论我对介绍康德、黑格尔哲学的回顾》中分析了康有为、章太炎对康德星云说的引介,认为章太炎是在《五无论》中才介绍了星云假说。贺麟:《五十年来的中国哲学》,商务印书馆,2002,第86页。事实上如本书所论,译文《论进境之理》乃章太炎首次介绍星云假说,唯将之意译为"散点积成之说"。

② 太炎:《五无论》,《民报》第16号,1907年9月25日,第9页。

③ 章太炎:《菿汉微言》,章太炎:《菿汉三言》,第61页。

④ 参阅 James R. Moore, *The Post-Darwinian Controversies: A Study of the Protestant Struggle to Come to terms with Darwin in Great Britain and America, 1870 - 1900* (Cambridge: Cambridge University Press, 1979), p. 172.

而 1880 年代后，德国、美国逐渐崛起，在包括全球知识传播在内的各个领域挑战英帝国的文化权势。不管是英语圈还是日本，更年轻的世代都在质疑权威中成长起来。新的关于斯宾塞的知识及评价从欧美涌向日本，又在日本被重新诠释。于是章太炎与斯宾塞再次"相遇"时，就戴上了"东学"的滤镜。①

20 世纪最初十年，章太炎仍旧零星吸收散布在日本学界中的斯宾塞学说，但其论斯宾塞持负面意见者居多。② 其中 1902 年译著《社会学》之自序，以及 1906 年刊载于《民报》的《演说录》、1908 年撰作的《四惑论》，均批评斯宾塞漠然于支持社会运转的宗教（心

① 小林武检讨了章太炎与明治思潮的关系，谈到了《訄书》重订本吸收日译斯氏著作的一些情况（有的考证不确），但未涉及日本对西学的介绍如何影响章太炎对斯宾塞的认知。小林武『章炳麟と明治思潮：もう一つの近代』；小林武「章炳麟『訄書』と明治思潮——西洋近代思想との關連で」『日本中國學會報』第 55 集、2003 年。

② 1900~1910 年，章太炎著论提及斯宾塞的情况如下。1900 年《〈訄书〉初刻本·订文》称："吾闻斯宾塞尔之言曰：有语言然后有文字……"《章太炎全集·〈訄书〉初刻本》，第 44~45 页。此为直接援引其所译《斯宾塞尔文集·论进步》中相关段落，《〈訄书〉重订本·订文》保留了此段落，《检论·订文》在略为删减后保留了该段落的大意，却删去了"斯宾塞"的名字，改为"远人有言"。《章太炎全集·〈检论〉》，上海人民出版社，2014，第 499 页。1902 年章太炎旅日期间曾三论斯宾塞。a.《与吴君遂》（1902 年 7 月 29 日）："读刘子骏语，乃知今世史，固当于道家求之。管、庄、韩三子，皆深识进化之理，是乃所谓良史也。因是求之，则达于廓氏、斯氏、葛氏之说，庶几不远矣。"《章太炎全集·书信集》，第 118 页。b.《致吴君遂书》（1902 年 8 月 8 日）："顷斯宾萨为社会学，往往探考异言，寻其语根，造端至小，而所证明者至大。"《章太炎全集·书信集》，第 119 页。c.《〈社会学〉自序》（《章太炎全集·译文集》，上海人民出版社，2015，第 45 页）。1906 年章太炎两论斯宾塞。a.《演说录》（《民报》第 6 号，1906 年 7 月 25 日，第 4 页）；b.《俱分进化论》："近世言进化论者，盖昉于海格尔氏……达尔文、斯宾塞尔辈应用其说，一举生物现象为证，一举社会现象为证。"《民报》第 7 号，1906 年 9 月 5 日，第 4 页。1907 年《答铁铮》称："今之夸者，或执斯宾塞尔邻家生猫之说，以讥史学。"《民报》第 14 号，1907 年 6 月 8 日，第 116 页。1908 年《四惑论》，《民报》第 22 号，1908 年 7 月 10 日，第 16 页。1910 年《中国文化的根源和近代学问的发达》谓："可笑那班无识的人，引了一个英国斯宾塞的乱话，说历史载的，都是已过的事。"《章太炎全集·演讲集》，上海人民出版社，2015，第 81 页。1910 年的《原学》称："有严复者，立说差异，而多附以功利之说，此徒以斯宾塞辈论议相校耳，亦非由涉历人事而得之也。"《国粹学报》第 66 期，《国粹学报》影印本第 13 册，第 7565 页。此文后来收入《国故论衡》，参见《章太炎全集·〈国故论衡〉先校本、校定本》，上海人民出版社，2017，第 107、282 页。

理）因素，而崇重科学，以为最上。章太炎这几次议论都受日译西学的影响，下面将一一厘清其间的纠葛。

1902 年，章太炎第二次东渡日本，寓居新民丛报馆，和梁启超一起大量涉猎日译西学著作，曾感慨："和、汉文籍，吾侪之江海。"① 他翻译岸本能武太的《社会学》，在自序中评价斯宾塞曰：

> 社会学始萌芽，皆以物理证明，而排拒超自然说。斯宾塞尔始杂心理，援引浩穰，于玄秘渀微之地，未暇寻也；又其论议，多踪迹成事，顾鲜为后世计，盖其藏往则优，而匮于知来者。美人葛通哥斯之言曰：社会所始，在同类意识，傲扰于差别觉，制胜于模效性，属诸心理，不当以生理术语乱之。故葛氏自定其学，宗主执意，而宾旅夫物化，其于斯氏优矣。日本言斯学者，始有贺长雄，亦主斯氏；其后有岸本氏，卓而能约，实兼取斯、葛二家。②

章太炎做出此种判断，其隐微或显豁的根据包括了东京专门学校（今早稻田大学）在 1896~1900 年出版的三种讲义，即姊崎正治《宗教学概论》（1900）、岸本能武太《社会学》（1896）及远藤隆吉所译《社会学》（1900）。远藤隆吉所译之原作是吉丁斯的《社会学原理》（*The Principles of Sociology*）。③

---

① 章太炎：《与吴君遂》（1902 年 7 月 29 日），《章太炎全集·书信集》，第 118 页。
② 章太炎：《〈社会学〉自序》，《章太炎全集·译文集》，第 45 页。
③ 三种著作即姊崎正治『宗教学概論』（東京専門学校出版部、1900），本书所引出自『姊崎正治著作集』第 6 卷、国書刊行会、1982 年（乃原版的复刻版）；岸本能武太講述『社會學』東京専門學校藏版（内标"东京专门学校文学科三年级讲义录"，刊年不明。据悉此书是作者明治二十九年，即 1896 年在东京专门学校讲述社会学的讲义）；米國ギッヂングス著、文學博士元良勇次郎閲、文學士遠藤隆吉譯『社會學』東京専門學校出版部、1900 年。岸本能武太的《社会学》还有一个版本，由东京大日本图书株式会社 1900 年出版，该版本对 1896 年版本的内容有所调整和修正。章太炎翻译所据的是 1896 年的版本。相关问题，本书第二章将进行详细讨论。

井上哲次郎 1884 年开始留学德国研习哲学，1890 回日本后担任东京帝国大学哲学科教授，从此为日本确立了输入德国哲学的方向。[①] 他在旅德期间曾拜访冯·哈特曼（Eduard von Hartmann），经哈特曼推荐，科培尔（Raphael von Koeber）从 1893 年开始在东京大学等校讲授了 21 年的哲学。科培尔在课堂上宣布："世人以英语为世界溥通之语，诚然；然英语者，溥通于物质世界而已；精神世界，则今日当以德语为溥通语。"[②] 1893 年后，姊崎正治进入东京大学研习哲学，受教于井上哲次郎和科培尔，1900 年留学德国，承袭叔本华、哈特曼一系德国形而上学的理路。其《宗教学概论》乃依据哈特曼的《宗教哲学》而撰写。1902 年，章太炎从日本回国后，着手修订《訄书》。1904 年出版的《訄书》重订本援引最多的日本著述即为姊崎正治的《宗教学概论》。该书予章太炎革命时期的思想以来自德国的深沉背景和底色。一方面，他认识到宗教作为人意志与欲求的自我扩张乃"人类特性之一端"，组织宗教与民间宗教并无高下之别，"姊崎生言教，齐物论而贵贱泯，信善哉"；[③] 另一方面，"热情憧憬，动生人最大之欲求"，[④] 宗教在革命中能发挥凝聚人心的巨大作用，有特别重要的现实价值。客观上，这补齐了章太炎早年思想中关于宗教的"短板"；而主观上，章太炎难免产生"精神世界"德国领先的想法，谓"康德、索宾霍尔诸公，在世界上称为哲学之圣"，其推崇佛教时也以"德人崇拜佛教"来护持。[⑤] 这就进

---

① 参阅井上哲次郎『井上哲次郎自伝』、23-30 页。明治时期哲学界的情况，参见高坂史朗《东洋与西洋的统合——明治哲学家们的追求》，《日本问题研究》2012 年第 3 期。
② 科培尔：《哲学要领》（下田次郎笔述，蔡元培译，商务印书馆，1903 年初版），高平叔编《蔡元培全集》第 1 卷，中华书局，1984，第 177 页。
③ 章太炎：《原教》（上），《章太炎全集·〈訄书〉重订本》，第 286 页。
④ 章太炎：《通谶》，《章太炎全集·〈訄书〉重订本》，第 164 页。
⑤ 太炎：《演说录》，《民报》第 6 号，1906 年 7 月 25 日，第 7 页。

一步把斯宾塞乃至整个英语圈哲学的位置相对化了。章太炎屡次数落斯氏耽于物质、附以功利，部分外因即在此。

上述引文中，章太炎称岸本能武太"兼取斯、葛二家"（按："葛通哥斯"是对吉丁斯日译假名"ギッヂングス"的汉语音译）其实是他误植。岸本氏《社会学》一书并未提及吉丁斯，也没有讨论"同类意识"。但该书的确反省了斯宾塞的学说，强调社会学"知来"的功能，也重视心理学元素，谓："宗主执意，而宾旅夫物化。"其理论来源，岸本氏说得十分清楚："斯宾塞尔之社会学重在静止，故密于分析历史之研究，而疏于哲学结局之研究。如利他哀夫欧尔德之社会学重在转动，故始终所向，皆在哲学结局之研究，而切论促进程度贯彻目的之道。呜呼！欧尔德者，可谓有意于助长社会者矣。"①"利他哀夫欧尔德"即莱斯特·沃德，岸本氏原文使用之假名作"レスター・エフ・ウォールド"。沃德的《动态社会学》是美国出版的第一部社会学专著，标题即反驳斯氏"静态的社会学"（Static Sociology）。与斯宾塞尊重宇宙万物的自然演进、对社会采取自由放任的进化态度不同，沃德相信，进化自身会产生"有目的"（telic）的进程，社会是可以通过人们深谋远虑的干涉而获得改善和进步的。在自由放任的资本主义面临重重困境的情况下，沃德强调以人为干涉的方法来谋划社会进步。这当然从相当程度上反映了当时的社会思潮，意欲"革命"的章太炎无疑也能欣然地接受这种肯定人的主观能动性的社会学理论。

上述引文中，章太炎对吉丁斯的评价来源于远藤隆吉所译吉丁斯的《社会学》。远藤在凡例中评价该书"盖社会学书中第一的好书"，这无疑会增添吉丁斯在章太炎心中的学术分量；其所谓"同

① 此为章太炎的译文。岸本能武太：《社会学》，章炳麟译，《章太炎全集·译文集》，第60页。原文参阅岸本能武太讲述『社會學』、1896年、26-27頁。

类意识""模效"，则是远藤对"consciousness of kind"和"imitation"的汉字译词。① 吉丁斯说，社会学是心理学的科学，以生物学的术语来描述社会学不免于谬误；能区分人与其他动物，于人群中又以人种、政治、阶级进行区分的"同类意识"，则是产生社会集团的心理学基础。② 章太炎重订《訄书》时，在《序种姓》上篇也数处援引远藤隆吉所译吉丁斯的《社会学》，可见他对该译作相当熟稔。③

岸本一书实际受沃德影响，章太炎却认为受吉丁斯影响。章太炎虽然"沃"冠"葛"戴，但他的确敏锐地感觉到受沃德理论影响的岸本的《社会学》，与远藤隆吉所译吉丁斯的《社会学》具有相近性。长期供职政府部门的沃德和任教哥伦比亚大学的吉丁斯都是美国社会学的早期奠基者。"心理的进化主义"（psychological evolutionism）可以描述他们的工作。④ 事实上，这批美国社会学家通常被指认为斯宾塞自由放任观念的反对者，但他们对斯宾塞学说细节的驳斥，"不能遮蔽他们全然斯宾塞式的出身背景"，因为对他们来说，"斯宾塞的

---

① 远藤隆吉的译本在目录前有"译字例"，专门罗列该书的英语术语与汉字译词之间的对应情况，"consciousness of kind"（同类意识）与"imitation"（模效）两条紧邻排布。ギッヂングス著、遠藤隆吉譯『社會學』、「凡例」1 頁、「譯字例」5 頁。

② Franklin H. Giddings, *The Principles of Sociology* (London, New York: Macmillan and Co. 1896), "preface", p. v; 米國ギッヂングス著、遠藤隆吉譯『社會學』、「原序」1-3 頁。

③ 《序种姓》上篇中有明确的自注"葛通古斯《社会学》"，即远藤隆吉所译的《社会学》。《序种姓》上篇数处对远藤译作的征引，参见小林武「章炳麟『訄書』と明治思潮——西洋近代思想との關連で」『日本中國學會報』第 55 集、2003 年。此外，《訄书》重订本《订孔》篇还援引了远藤隆吉《支那哲学史》的内容来评价孔子。《章太炎全集·〈訄书〉重订本》，第 170、132 页。本书日文书名均直译，特此说明。

④ G. Duncan Mitchell, *A Hundred Years of Sociology* (Chicago: Aldine Publishing Company, 1968), p. 58.

社会学就是社会学本身"。① 沃、吉二人强调社会进步中人的主观元素，可以克服自身对前辈斯宾塞的"影响的焦虑"。他们和美国同时代其他社会学家，比如执教于耶鲁大学、以强硬支持自由放任政策而著称的威廉·萨姆纳（William Sumner）展开学术竞争，其实显示了处于学术光谱带不同位置的斯宾塞主义者各自的价值。岸本能武太1890~1894 年在哈佛大学神学院学习，回日本后于 1896 年和姊崎正治组织了比较宗教学会。二人跟 1899 年毕业于东京大学的远藤隆吉一起，在日本进入精神烦闷期的世纪之交推崇"后斯宾塞"的社会学与宗教学。这不仅反映了追求宗教之存在的时代风尚，而且事实上和自由民权运动时期以翻译斯宾塞得名的有贺长雄一代相比较，② 也凸显了更年青一代的不同知识趣味。章太炎译岸本的《社会学》之自序对斯宾塞的再认识，不光隐藏着全球文化权势变动、英语圈学术思想变迁的踪迹，还折射了日本学术世风转移的波纹。

1906 年，章太炎出狱后再赴日本。他在民报社的演说中鼓动"用宗教发起信心，增进国民的道德"。他将斯宾塞与边沁（宾丹）捆绑在一起予以抨击。

> 近来像宾丹、斯宾塞尔那一流人崇拜功利，看得宗教都是漠然。但若没有宗教，这道德必不得增进。生存竞争，专为一己，就要团结起来，譬如一碗的干麨子，怎能团得成面。欧美各国的宗教，只奉耶稣基督，虽是极其下劣，若没有这基督教，也断不能到今日的地位。那伽得《社会学》中，已把斯宾塞的话，驳

① Daniel Breslau, "The American Spencerians: Theorizing a New Science," in *Sociology in America: A History*, ed. by Craig Calhoun, p. 49.
② 1883~1884 年，有贺长雄参考斯宾塞的《社会学原理》和《社会学材料集》，翻译编写了 3 卷本《社会学》，包括《社会进化论》《宗教进化论》《族制进化论》。这 3 卷后来都有修订再版。

辩一过。[①]

　　斯宾塞被加上漠视宗教的罪名，何其冤哉！章太炎的依据是"那伽得《社会学》中，已把斯宾塞的话，驳辩一过"。"那伽得"究竟何指？其实，"那"这里是一个指示代词，"伽得"就是英国社会学家本杰明·基德，梁启超又译为"颉德"，口语读音相近，抑或系记录之误。

　　基德讨论社会进化时，强调宗教所扮演的重要角色。这种流行于早期工业化时代对待宗教与世俗的态度，后来在马克斯·韦伯的著述中有更详尽的发挥。基德的《社会之进化》（*Social Evolution*）的确批评了斯宾塞，但绝不是因为斯宾塞"漠然"宗教，而是因为斯氏对宗教现象的处理"没有捕捉到现在所理解的进化科学的精神"，斯氏"关于宗教信仰从鬼神和祖先崇拜发展起来的理论""浅薄"（triviality），"让人失望"。[②] 而角田柳作在翻译基德的《社会之进化》（『社會の進化』开拓社、1899）时，有意扭曲了原书的部分意思。梁启超在《新民丛报》第 18 号上介绍《进化论革命者颉德之学说》时，以角田之译作为基础，[③] 复以自己如椽大笔肆意发挥，助推了斯

①　太炎：《演说录》，《民报》第 6 号，1906 年 7 月 25 日，第 4~5 页。

②　Benjamin Kidd, *Social Evolution*（New York and London：Macmillan and Co.，1894），p. 22. 基德和斯宾塞对宗教与进化关系的理解有差异。在斯宾塞看来，社会生活中的宗教需要不断进化，以与人类发展相适应，过于强调神权会有伤害人伦、发生宗教间斗争等弊端。宗教的"进步"表现在其礼仪形式或陈旧信条不断蜕皮、剥损，虽然"仪文随世升降"，但"教之精意，将与天地终始"，"宗教为物，乃群治所不能废"。Spencer, *The Study of Sociology*, pp. 312-313；严复译《群学肄言》，商务印书馆，1981，第 240 页。

③　森纪子的《梁启超的佛学与日本》通过分析具体用语，已经指出梁启超《进化论革命者颉德之学说》援引过角田柳作的译作『社會の進化』。参见狭间直树编《梁启超·明治日本·西方：日本京都大学人文科学研究所共同研究报告》，社会科学文献出版社，2001，第 201~202 页。但该文并未讨论日中两个译本对斯宾塞评价的差异。

宾塞漠视宗教的判断。章太炎 1902 年在《新民丛报》上发表《文学说例》，文中援引了角田译作的内容。① 章太炎 1907 年发表的《〈社会通诠〉商兑》一文也引用过基德的《社会之进化》，其中明确说"伽得《社会之进化》有言曰：美人之于黑种，虽以平等叫号于市朝，名曰预选举参政权，其事实乃绝相反，徒以容貌之黑，遂沦落于社会之下层。"②

章太炎认为基德批驳斯宾塞漠然宗教，这最贴近梁启超的文章和判断。总之，章太炎 1906 年《演说录》脱口而出的关于斯宾塞的论断，是他 1902 年旅日时建立的印象，其间已经历了基德作品英译日、日译中的双重扭曲。

梁启超的《进化论革命者颉德之学说》表彰基德乃"进化论之传钵巨子，而亦进化论之革命健儿"，这两重身份都是通过超越前辈斯宾塞而实现的。梁启超文章深得起承转合之妙法，先铺排斯氏之伟绩曰："自达尔文种源论出世以来，全球思想界忽闻一新天地……斯宾塞起，更合万有于一炉而冶之。取至淆至赜之现象，用一贯之理，而组织为一有系统之大学科。伟哉！近四十年来之天下，一进化论之天下也。唯物主义倡而唯心主义屏息于一隅。科学（此指狭义之科学，即中国所谓格致）盛，而宗教几不保其残喘。"接着梁氏话锋一转，说斯宾塞"以科学破宗教"成为众矢之的，基德则后来居上。

> 虽然，以斯宾塞之睿智，创综合哲学。自谓借生物学之原

---

① 章太炎的《文学说例》"盖近世达马拉人，以烟草二本，易羊一匹；烟草十本，易犊一头。然其算数，知五而已。……而澳大利亚人，则三数犹不能燎"一段之后，有自注"见角田柳作译得《社会之进化》"。《新民丛报》第 15 号，1902 年 9 月 2 日，第 53~54 页。
② 太炎：《〈社会通诠〉商兑》，《民报》第 12 号，1907 年 3 月 6 日，第 17 页。

理，以定人类之原理。而其于人类将来之进化，当由何途，当以何归宿，竟不能确实指明，而世界第一大问题，竟虚悬而无薄。故麦喀士（日耳曼人，社会主义之泰斗也）嘲之曰："今世学者以科学破宗教，谓人类乃由下等动物变化而来，然其变化之律，以人类为极点乎？抑人类之上更有他日进化之一阶级乎？彼等无以应也。"赫胥黎亦曰："斯宾塞之徒，既倡个人主义，又倡社会主义（即人群主义）。然此两者势故不可以并存。甲立则乙破，乙立则甲破。故斯氏持论虽辩，用心虽苦，而其说卒相消而无所余。"此虽过激之言，亦实切当之论也。虽然，麦喀士、赫胥黎虽能难人，而不能解难于人。于是颉德乃百尺竿头，更进一步，于一千八百九十四年，初著一书，名曰《人群进化论》（*Social Evolution*），以此解此问题。①

那么，与此段相对应的基德原作的概论部分究竟是怎么说的呢？

基德先是回顾了 19 世纪末西方文明遭遇前所未有的问题，而"以科学和权威的名义对未来进步的方向所做的任何清晰指示几乎全部缺席"。

> 最近最倾向于以在我们复杂的社会现象中起支配作用的法则为基础，培养一个统一的概念和普遍原理的，并非来自正统的科学学派。毋宁说以卡尔·马克思作为最重要统帅的社会革命者的学派提出了（这样的普遍原理）。

之后，基德指出，斯宾塞的《综合哲学》乃是时代的不朽之作，它

---

① 中国之新民：《进化论革命者颉德之学说》，《新民丛报》第 18 号，1902 年 10 月 16 日，第 17~18 页。

不仅致力于实现知识的统一，而且力图以进化的科学来解释人类社会正在经历的发展。然而，斯宾塞"几乎没有成功地为时代之社会问题的本质投射什么实践的光亮"，他的调查和结论仅仅是说我们的社会慢慢被组织成了个人主义者和集体主义者两个极端对立的阵营。接下来，基德批评赫胥黎之近作虽极力抨击个人主义和社会主义这两个对立派别，却没有激发出当前境遇下我们的职责何所在的任何清晰理论。基德认为，对既有状态不满的赫胥黎是虚无主义者。①

基德原作中既没有马克思（麦喀士）、赫胥黎嘲讽斯宾塞的任何表述，也没有马克思批评"今世学者以科学破宗教，谓人类乃由下等动物变化而来"的表达。梁启超之所以有这个印象，其中介还在角田柳作此前对基德原作的扭曲。角田译作《社会之进化》在相关部分写道：

近來斯學の發達漸やく著るしくして複雑なる社會現象の裏自ら動かすべからざる不斷の法則あり變幻の事相も究竟一定の原義に歸趣するものなりと說くものあるに至りたれど這般の統一的觀念も亦決して舊科學派の首唱せしものにあらで、却てカアル・マルクス等を首宗とせる実際的政治的なる社會改革派の提嘶に出づ。カアル・マルクス等は科學を罵りて曰はく、十九世紀に於て偉大なる科學の進步は全く舊來の宗教的迷信を破却し人類は決して不可思議靈妙の生物にあらずして下等動物か一定の進化律によりて次第に進化し發達し來りたるものに外ならざるを明にしたり。（参考译文：近来斯学渐渐发达起来，已经开始出现有些人主张说：复杂的社会现象中也会有不由自己运转

---

① Kidd, *Social Evolution*, pp. 2-3.

而连绵不断的法则，变换的事相也归趋于究竟一定的原义。虽说如此，这般统一观念亦绝非由旧科学派首倡，反而是由首宗卡尔·马克思等人的实际的、政治的社会改革派所提出。卡尔·马克思等叱骂科学曰：19世纪伟大科学的进步破坏了旧有的宗教的迷信，证明人类绝非不可思议的灵妙的生物，而不外乎下等动物根据一定的进化律次第进化发达而来的东西。)①

马克思"叱骂科学"的内容，完全是角田柳作日译本添加的。② 但日译本并未把斯宾塞拎出来批判，而仍旧遵循原作顺序，先介绍马克思，然后介绍斯宾塞、赫胥黎。倒是梁启超在日译本添加的马克思叱骂科学、维护宗教之基础上，又加以乾坤大挪移，将原作介绍斯宾塞的部分往前提，并把斯宾塞说成马克思斥责的以科学破坏宗教的代表，说成赫胥黎攻击的目标。如果说日译本的扭曲是毫厘之差，那么梁启超日译中的再度夸大和改写就发展为判断上的千里之谬。跨语际传译中负负相加的效应，累积出章太炎以斯宾塞为尊崇科学、漠视宗教的印象。

1908年，章太炎在《四惑论》中解构"今人以为神圣不可干"的"惟物"之惑，目标对准"惟物"理念、"以物质文明求幸福"、"执鞭为隶于物"、③ 物欲横流的功利主义。文章提到斯宾塞的哲学，曰：

> 世人之矜言物质文明者，皆以科学揭橥，而妄托其名于惟物，何其远哉！斯宾塞尔著《综合哲学》，分可知、不可知为二篇。曰：时间、空间不可知，力不可知，物质不可知，流转不可

---

① 英國ベンチャミン・キッド著、日本角田柳作譯『社會の進化』開拓社、1899年、2頁。

② 角田柳作译作喜擅自发挥，并不可靠。基德《社会之进化》一书后有更准确的日译本，即ベンジャミン・キッド著、佐野學譯『社會進化論』而立社、1925年。

③ 太炎：《四惑论》，《民报》第22号，1908年7月10日，第1、17、18页。

知。而又崇重科学，以为最上。然力与物质且不可知，则科学之根已绝。虽有所建立发明，如海市寻香城耳。物质既不可知，则惟求之现象。而现象与现象之因果，于此心界虽可知，于彼物界诚有此因果否，亦不可知。则名言暂绝，无可为趣入之途矣。①

章太炎终于主动涉及他在译作《论进境之理》中删除或扭曲阐述的斯宾塞"不可知"的范畴。这一知识更新的渊源或受益于日译斯宾塞著作。上揭章太炎之论述，则直接取自藤井宇平所译之《综合哲学原理》（即《第一原理》），1898年由东京经济杂志社推出。由于之前无人揭破两者间的联系，这里略做论证和分析。自严复大力推崇斯宾塞后，中国趋新知识人就颇为关心日译斯宾塞著作的情况。邵力子（原名邵闻泰）1902年还就这一方面写信询问《新民丛报》，而该报给出的答复就提及了藤井宇平这一译作。② 章太炎应是通过《新民丛报》这一渠道了解了该书。其《四惑论》将《第一原理》称为《综合哲学》，这仅见于藤井宇平的翻译。严复拟将该书命名为《第一义海》③，《新民丛报》彗广的《大哲斯宾塞略传》提及该书时称

---

① 太炎：《四惑论》，《民报》第 22 号，1908 年 7 月 10 日，第 16 页。
② 《新民丛报》列出的日译斯宾塞著作 6 种，见下表。参阅《新民丛报》第 9 号，"问答"栏"上海南洋公学的邵闻泰提问"，1902 年 6 月 6 日，第 94 页。

原名	译名	译者
Social Statics	社会平权论	松岛刚
Principles of（Socilorogy）〔Sociology〕	社会学之原理	乘竹孝太郎
——	代议政体论	
Principles of（Morality）〔Ethics〕	伦理原论（未全）	田中登作
First Principles	综合哲学原理	藤井宇平
抽译《社会学原理》之第二章	政法哲学	滨野〔定〕四郎、渡边治

③ 严复：《穆勒名学》《与张元济函》，汪征鲁等主编《严复全集》卷五，第 58 页；卷八，第 131 页。

为《哲学原理》第一，① 后来中国学者翻译该书，或名为《第一义谛》，或名为《第一原理》，② 均未见"综合哲学"这一译名。最有意味的是，藤井宇平所译《综合哲学原理》在书的页眉处往往添加注语，对相应部分做简单归纳。在原书第一编"不可知编"（The Unknowable）第三章"最终的科学的观念"（Ultimate Scientific Ideas，日译"最終の科學的觀念"）的页眉中，就分别提挈有"空间、时间不可知""物质不可知""运动不可知""力不可知""力的运用不可知""心识的始终不可知""自己的存在不可知"几条。③ 章太炎在《四惑论》中说："斯宾塞尔著综合哲学，分可知、不可知为二篇。曰：时间、空间不可知，力不可知，物质不可知，流转不可知。而又崇重科学，以为最上。"这当来源于藤井宇平的提挈。

藤井宇平在页眉的概述不甚准确，如不加以限定和解释，单独拎出"时间、空间不可知""力不可知""物质不可知"数语，会造成对斯宾塞的巨大误解。斯宾塞立论的基础是强调认知的有限性，刘燕谷后来介绍《第一原理》时讲得较为清楚，"本书是从对人类知识的批判开始的"；"斯氏以为我们常常研讨作为事物的根柢的彼岸界不可知界的存在"，"使我们免除把相对的，可知的事物当作全体实在的错误"；"以前述的时间，空间为始，以及物资〔质〕、运动、力、

---

① 篲广：《大哲斯宾塞略传》，《新民丛报》第38、39号合本，第96页。有意思的是，这篇文章对斯宾塞学说的介绍其实采用了藤井宇平译《综合哲学原理》序言中对斯宾塞学说的介绍，而该序言又称《第一原理》为《哲学原理》。

② 即英国斯宾塞尔原著，桐城光钟石士译述《第一义谛》上编，《戊午杂志》第1卷第1、2期合刊，1918年；刘燕谷：《第一原理（First Principles，1862）》，H.斯宾塞尔著，《读书通讯》第142期，1947年，第16、18页。

③ スペンサー著、藤井宇平譯『綜合哲學原理』經濟雜誌社，1898年，73、85、90、91、94、99、103頁。这些地方的页眉分别是"空間、時間は知る可からざるを""物質は知る可からざるを""運動は知る可からざるを""力は知る可からざるを""力の運用は知る可からざるを""心識の始終は知る可からざるを""自己の存在は知る可からざるを"。

识源、感觉等等，如果详加研讨，便都成为不能说明其本质和来由的绝对的象征"。① 斯宾塞始终坚信科学有范域和限制，事物终极的原因和起源（Cause and Origin）是神秘不可思议的，时间、空间、力、物质等在这个层面上可以说不可知。然而，在相对的现象界，这些东西又都是可知的。所以，《第一原理》的第二编"可知编"（The Knowable）有专门章节讨论时间、空间、物质、运动和力。如果它们在任何层面上都不可知，"可知编"就没有必要设立相关讨论了。总之，那完全不是斯宾塞的本意。

章太炎在译作《论进境之理》时淡化了原作"不可知"观念所指涉的宗教视域，显示了对斯宾塞的错误印象。之后章太炎又对日译的斯宾塞作品断章取义。作为发挥自身理论的垫脚石，章太炎竭力将斯宾塞塑造成"崇重科学，以为最上"、漠视宗教的物质主义者。然而有趣的地方在于，通过扭曲斯宾塞关于科学和宗教共生的思想，批判自己想象出来的、只重视科学的"伪斯宾塞"，章太炎反而曲折地和珍视宗教价值的"真斯宾塞"实现了立场与观念上的某种一致性。

小结："进一步、退半步"的思想全球化

现将全节所论简单小结如下。

第一，章太炎对斯宾塞的译介，既指涉 1898 年他与曾广铨合译《斯宾塞尔文集》，又包括他在 20 世纪最初十年不断介绍和评骘斯氏学说。无论是直接翻译，还是间接援引，前后十余年间，他对斯氏的认知具有内在一致性，即将斯宾塞讨论进步问题的前提——科学与宗教的共生，扭曲为斯氏认为两者对立。然而 1902 年旅日前后，章太炎接触斯氏的渠道和自身的立足点又有所转变。在此之前，他通过英

---

① 刘燕谷：《第一原理（First Principles，1862）》，H. 斯宾塞尔著，《读书通讯》第 142 期，1947 年，第 16 页。

语直译，删除或扭曲阐述斯氏原著指向宗教终极意义的"不可知"，以抵制包括敬天论在内的神秘主义；在此之后，他主要经由东学过滤，站在以宗教发起信心的立场上，愤而抨击斯氏尊崇科学、漠视宗教。覆盖在认知统一性之下的知识通道的多歧和态度的分裂特别值得玩味。

第二，斯宾塞立足于宇宙自然的演变来考察进步，强调只有祛除以人为中心的目的论视域才能体察进步的本性。他并非不关注人类的幸福，而是持"前达尔文的宇宙观"[1]，相信宇宙自然本身是一个仁爱的设计，"民群任天演之自然，则必日进善，不日趋恶"[2]。在"自然，染红了牙齿和爪子"（nature, red in tooth and claw）[3] 的时代氛围中，斯宾塞遭遇了赫胥黎的挑战；而依据斯氏宇宙观所推行的自由放任的社会政策，在世纪之交也逐渐被相信人为干涉的社会理论所质疑。章太炎不仅在翻译斯宾塞时没有体会到他对目的论进步观的抨击，之后他在《俱分进化论》中还几乎重复赫胥黎"善固演也，恶亦未尝非演"[4] 的观点，批评达尔文、斯宾塞等认为"进化终极，必能达于尽善醇美之区"。[5] 章太炎鲜明的革命立场，也使他更易于被

---

[1] Taylor, *The Philosophy of Herbert Spencer*, p. 150.

[2] 此为严复为《天演论·演恶篇》所作按语对斯宾塞学说的归纳。汪征鲁等主编《严复全集》卷一，第 149 页。

[3] Alfred Tennyson, "In Memoriam A. H. H. ," in *The Complete Works of Alfred Tennyson*, p. 118.

[4] 此为严复对赫胥黎《天演论·演恶篇》原文的翻译。汪征鲁等主编《严复全集》卷一，第 149 页。《演恶篇》译自赫胥黎《进化论与伦理学》（1893）从"Modern thought is making a fresh start from the base whence"到"but all the understanding in the world will neither increase nor diminish the force of the intuition that this is beautiful and that is ugly"的段落。与"善固演也，恶亦未尝非演"对应的文句大致是"the immoral sentiments have no less been evolved"。Huxley, *Evolution & Ethics and Other Essays*, pp. 77-80.

[5] 太炎：《俱分进化论》，《民报》第 7 号，1906 年 9 月 5 日，第 2 页。章太炎主张"进化之所以为进化者，非由一方直进，而必由双方并进，……若以道德言，则善亦进化，恶亦进化"，与赫胥黎观点相似。

肯定人的主观能动性的社会理论所吸引。而严复与章太炎在宇宙观及政治主张上的差别，可视为斯宾塞及其面临的挑战在中国语境中某种程度的投影和再现。

第三，19世纪末，工业化已逐渐扩张为一种全球现象，相较而言，思想文化之全球发展的同步程度很滞后。一方面，发生在思想史上的重要转折，"和以往一样，在很大程度上仍然是由各国文化的特性所决定的"；[①] 另一方面，通过章太炎译介斯宾塞的案例表明，随着印刷工业及大众传媒的崛起，随着留学、政治流亡、外国人教师所带来的知识精英跨国流动的日趋频繁，中、英、日不同语言圈思想与知识的彼此粘连度已越来越深。但由于语言与观念的双重屏障，加上不同国别知识话语、同一语言圈不同代际及同时代人彼此间的竞争与排斥，思想流通中的遮蔽、过滤、改写仍旧属于常态，思想领域的全球化进程以"进一步、退半步"的节奏缓慢展开。

第二节　儒术新诠、牛顿定律与宇宙图景嬗变中的新旧西学更替

一　真儒术与科学革命的范式转换

思想史的探究往往会面临两种古今对话的境况：一种是发掘出过去曾经存在却未被认知的新奇观念图景，它截然不同于当下人们所认同的宇宙自然规律、人类社会伦理结构及运行方式；另一种则是发现前人某些重要观念现已是妇孺皆知的常识，或者早已为学界陈词。为切实走进历史观念生长、蔓延乃至发生撕裂的语义环境，进行前一种

---

① 于尔根·奥斯特哈默：《世界的演变：19世纪史》，强朝晖、刘风译，社会科学文献出版社，2016，第133页。

研究需要一个"去陌生化"的过程，从事后一种研究则需要一个"去熟悉化"的过程：对"陌生"的历史观念去陌生化，意味着于意料之外，探索符合历史真相在情理中的解释；对"熟悉"的历史观念去熟悉化，则必须体察貌似平平无奇的观念、宣言在登场之初惊涛骇浪、石破天惊的意义，把握它们与历史情境相拉扯所形成的巨大张力。只有这样，思想史才能从梳理"观念的历史"（The history of ideas）走向探讨"在历史中的观念"（Ideas in history）。① 而当把历史观念置诸横向层累的空间视域时，在异己事物的对照下，更有助于排除那些令人模糊的熟悉感。

所谓章太炎"儒术新诠"，意指 1899 年章太炎《儒术真论》一文将真儒术之本质严格定义为"以天为不明及无鬼神"。② 从思想学术史角度观照章太炎对儒术的这种新诠释，会面临第二种古今对话的境况。即在"上帝已死"、祛除巫魅的世界范围的启蒙思潮，以及占据近代中国思想主流的无神论谱系中，"以天为不明及无鬼神"这一观点本身并无特异之处。到 18 世纪中叶，在步入现代文明的地域，"万有引力确实是物质的内在性质的观点"已被普遍接受，"内在的吸引和排斥加上大小、形状、位置和运动，成为物理上不可还原的物质的第一性质"。③《儒术真论》的两篇解说性附文即《视天论》与《菌说》呈现了为章太炎儒术新诠提供支持的知识基础，它们推崇以牛顿力学原理为支柱的近代宇宙天体理念，以原子微粒的运动和相互作用来解释万物的产生。这意味着章太炎的儒术新诠又可被视为 16、

① "观念的历史"（The history of ideas）与"在历史中的观念"（Ideas in history），借用自 Leslie Butler，"From the History of Ideas to Ideas in History,"*Modern Intellectual History*，Vol. 9，No. 1（2012）：157-159。
② 章氏学：《儒术真论》，《清议报》第 23 册，1899 年 8 月 17 日，第 1507 页。
③ 托马斯·库恩：《科学革命的结构》，金吾伦、胡新和译，北京大学出版社，2012，第 90 页。英文原文参见 Thomas S. Kuhn，*The Structure of Scientific Revolutions*（Chicago and London：The University of Chicago Press, 1996），pp. 105-106。

17世纪科学革命所致学术"范式转换"的后续和不十分到位的常规普及性工作。

回到19、20世纪之交中国的历史场域,章太炎的儒术新诠却着实不同凡响。一方面,正如既有研究所揭示的那样,它既是章太炎跟康有为之孔教论进行艰苦思想鏖战的成果,又受到明治日本国体论这一跨文化因素的激发。[①] 它参与了彼时思想界最激烈焦灼的问题讨论,充满了历史对话的活跃因子。另一方面,也正是本节要着重考察的,分析架构章太炎该学说的逻辑构件,包括他将真儒术之本质界定为"以天为不明及无鬼神"的文献依据和理论基础,近代中国学术嬗变的动态图景可得到一定程度的呈现。此处所谓学术嬗变,除了包含托马斯·库恩(Thomas Kuhn)指出的科学革命所带来的"范式转换"这一普遍层面,还意味着学术风气转移、话题变换、方法改辙等学术史中的跳跃与撕裂,以及学者间的共识、争竞等一系列更加具体鲜活的层面。

章太炎在对儒、墨差异进行再讨论的过程中,将焦点放在墨家对儒者主张"以天为不明"及"无鬼神"的批评,将其落实为确认"真儒术"的文献依据。他一则继承旧学,欣赏孙诒让代表的"本说经家法,笺释诸子"[②] 的传统,再则又试图区隔治子与治经的径路,将治子界定为"寻求义理"的"主观之学",为"旁采远西"、涵纳新学提供管道。1840年代海通之后,以牛顿定律为支撑的近代宇宙天体的认知被全面译

---

① 姜义华的《章炳麟评传》着力于从章太炎对康有为建立孔教的驳议层面进入《儒术真论》(第315~332页)。彭春凌的《儒学转型与文化新命——以康有为、章太炎为中心(1898~1927)》探讨了《儒术真论》的出炉与章太炎台湾经历之间的关系(第83~118页)。从章太炎整体的儒学思想及其冲击儒学传统的角度进行考察的研究著作,可参阅王汎森《章太炎的思想(1868~1919)及其对儒学传统的冲击》;张昭军《儒学近代之境:章太炎儒学思想研究》;王玉华《多元视野与传统的合理化:章太炎思想的阐释》;等等。

② (清)孙诒让:《自序》,《墨子间诂》,孙启治点校,中华书局,2001,第3页。

介入中国，迅速更替了明末传入的旧西学。在它对中国学界产生的第一波大面积影响中，章太炎的儒术新诠处于较前锋的位置。植根于牛顿定律，章太炎的《菌说》论述了万物自己生成、自己进化的万物"自造"说，[①] 奠定了他"依自不依他"[②] 哲学和思想的基础。[③] 一如胡朴安所说，学术作为"有生之物"，其生长演变，"一产生于外部之结婚，一产生于内部之反动"。[④] 章太炎的儒术新诠无论是从科学革命"范式转换"的普遍视角来审视，还是察之以中国传统学术的自我调适及西学东渐的历史轨迹，都在一定程度上折射了近代中国学术嬗变的某些重要面相。

二　章太炎对儒墨差异的再认识及区隔治经、治子之法

章太炎的《儒术真论》诠释孔子代表的真儒术，认为其本质"以天为不明及无鬼神"。[⑤]《訄书》初刻本《独圣》下篇与之呼应，谓："有黄能无薏苡，有六天无感生，知感生帝之谩，而仲尼横于万纪矣。"[⑥]"以天为不明"及"无鬼神"二者均意味着并无超绝于人

---

① 章氏学：《菌说》，《儒术真论》附文，《清议报》第 28 册，1899 年 9 月 25 日，第 1838 页。

② 太炎：《答铁铮》，《民报》第 14 号，1907 年 6 月 8 日，第 117 页。

③ 坂元ひろ子「章炳麟の個の思想と唯識仏教——中国近代における万物一体論の行方」『連鎖する中国近代の「知」』研文出版、2009 年、73 頁。章太炎"依自不依他"的哲学，以往一般从他汲取佛教义理的角度予以解析。章太炎的学术经历了由儒入佛的过程，从早年"独于荀卿韩非所说，谓不可易"，到辛亥革命前十年"谓释迦玄言，出过晚周诸子，不可计数"。章太炎：《菿汉微言》，章太炎：《菿汉三言》，第 60 页。本书侧重讨论的《儒术真论》撰于 1899 年，属于章太炎早年的学术思路。对章太炎此一时期所奠定的"依自不依他"观念，本书更多地从儒学及西学方面进行考察。

④ 胡朴安：《〈札迻正误〉跋》，（清）孙诒让：《札迻》，梁运华点校，中华书局，1989，第 428 页。

⑤ 章氏学：《儒术真论》，《清议报》第 23 册，1899 年 8 月 17 日，第 1507 页。

⑥ 章太炎：《独圣》（下），《章太炎全集·〈訄书〉初刻本》，第 103 页。

间的神秘力量，这奠定了章太炎相当长时期认知儒术的基础。①

从《儒术真论》列出的文献依据来看，章太炎是利用《墨子》中墨家批评儒者"以天为不明"且主张"无鬼神"的记载，来界定儒术之内涵。《儒术真论》开篇即指出，孔子之后，儒分为八，"传者独有孟、荀"，汉代儒杂刀笔，儒杂墨术，日益"杂糅无师法"；"儒术之真"只有《墨子·公孟》篇公孟子、程子与墨子之"相问难"才"记其大略"，而"圣道之大，无能出其范"。具体地讲，章太炎认定"真儒术"的文献依据是《墨子·公孟》篇的两条记录。其一，"子墨子谓程子曰：'儒以天为不明（旧脱天字，毕本据下文增），以鬼为不神，天鬼不说，此足以丧天下。'"。其二，"公孟子曰：'无鬼神。'又曰：'君子必学祭祀。'子墨子曰：'执无鬼而学祭礼，是犹无客而学客礼也，是犹无鱼而为鱼罟也。'"② "以天为不明

---

① 至少从《儒术真论》（1899）到《诸子学略说》（1906）承认孔子"变禨祥神怪之说而务人事"（《国粹学报》第20期，《国粹学报》影印本第5册，第2167页），再到《驳建立孔教议》（1913）谓"宗教则为孔子所弃"（《雅言》第1期，1913年12月25日，"文录"栏，第5页），"以天为不明及无鬼神"一直是章太炎认知儒术、与康有为的孔教论相博弈的基础。然而，章太炎晚年（1935～1936）在苏州章氏国学讲习会讲演，其对儒墨关系的认知趋于平和，尤其是对孔子与"敬天明鬼"的关系论述更加通达。他主张《论语》及《三朝记》的记载乃是孔子之语。《三朝记·千乘篇》谓："立有神则国家敬，兼而爱之，则民无怨心，以为无命，则民不偷。"章太炎称，"立有神即墨子所谓明鬼也，以为无命则墨子所谓非命也"，"孔老之于鬼神，措辞含蓄，不绝对主张其有，亦不绝对主张其无"，"殆由孔老皆有用世之志，不肯完全摧破迷信，正所谓不信者吾亦信之也"。他甚至对墨子"明鬼"也表示某种理解，谓，"墨子明鬼亦有其不得已者在"，"用宗教迷信之言诱之，使人乐从，凡人能迷信，即处苦而甘"。《章氏国学讲习会讲演记录·诸子略说》，张昭军编《章太炎讲国学》，东方出版社，2007，第325～326页。这里集中论述《儒术真论》的观念及其学术史意义，对章太炎晚年思想的变化暂不做处理。

② 章氏学：《儒术真论》，《清议报》第23册，1899年8月17日，第1505～1507页。所引《墨子·公孟》原文，见孙诒让《墨子间诂》，第459、457页。按：墨子说的"鬼"往往包括神。故《墨子·明鬼下》批评主张无鬼者，云："今执无鬼者曰：'鬼神者，固无有。'旦暮以为教诲乎天下，疑天下之众，使天下之众皆疑惑乎鬼神有无之别，是以天下乱。"（同前书，第223页）其简括的说法为"鬼"，而正、反两面的具体申说则均落实为"鬼神"。

及无鬼神"之前半句出自墨子对儒者的批评,后半句出自《墨子》中塑造的儒者形象公孟。有意思的是,《墨子》不仅提供了章太炎界定儒术本质的文献依据,而且其"尊天""事鬼"观念正与"以天为不明及无鬼神"相对,因此《墨子》显然又是章太炎认定真儒术的对照物。

清儒曹耀湘曾撰《墨子笺》,依据跟儒术及世情的疏离与弥合,将墨子学说分为四类。第一类,"为儒家所排斥,世情所畏恶者",节葬、非乐、非儒;第二类,"为儒家所排斥,而世情不以为恶者",兼爱、非命;第三类,"为世情所畏恶,而儒家不以为非者",尚同、非攻、节用;第四类,"与儒术相合,而亦不违乎世情者",尚贤、天志、明鬼,及亲士、修身、贵义诸说。① 曹耀湘的分析大致符合两千年来中国学术史视野及一般社会心理层面上儒家与墨家的异同。从发展的角度来看,儒家对儒、墨根本分歧的认知有主次,也有变易。孟子对准"兼爱"开辟了批判墨子的主战场,两千年来正统儒者力压墨学之焦点在兹,而荀子批判墨子的焦点则在其"非乐",这几乎是后进学人共有的学术常识,章太炎后来撰著的《诸子学略说》亦有类似表述。②

① 曹耀湘:《墨子笺》,清光绪三十二年湖南官书局排印本,《墨子大全》第1编第19册,北京图书馆出版社,2002,第634页。

② 章太炎《诸子学略说》的原文是:"兼爱、尚同之说,为孟子所非;非乐、节葬之义,为荀卿所驳。其实墨之异儒者,并不止此。盖非命之说,为墨家所独胜。"《国粹学报》第21期,《国粹学报》影印本第5册,第2179页。与曹耀湘的判断略有不同的是,章太炎将"尚同"也视为孟墨区分之焦点,然其《诸子学略说》并未就此做详细阐述。章太炎后来逐渐以《齐物论释》(1910)等作品,建立自己以不齐为齐的"齐物平等"思想。他斥责"天志、尚同"是"以众暴寡",违背孔子的"忠恕"与庄子的"齐物"。参见《订孔(下)》(1915),《章太炎全集·检论》,第434页。章太炎认可墨家的"非命"说,亦源于他否决有超人间、主宰人间祸福的神秘力量。在《菌说》中,他详细解说了儒家的"命"说,认为大儒倡导的是"天无威庆而人有报施"。《清议报》第32册,1899年12月13日,第2103页。在《诸子学略说》中,他认为:"墨子之非命,亦仅持之有故,未能言之成理。"《国粹学报》影印本第5册,第2179页。

孔子之后，儒家枝繁叶茂，历代亦有奉行理性精神，在一定程度上否定神秘力量的儒者，如钱锺书谓："盖'唯心'之程、朱，辟鬼无异'唯物'之王充、范缜。"① 在《清议报》所载《儒术真论》的附录中，章太炎曾特意表彰范缜的《神灭论》。然而论儒之真义，不可回避先秦元典本身的记载。在公认的儒家文献中，《诗》《书》言天言帝之语甚多，毋庸举例。孔子尝谓"天生德于予"（《论语·述而》）；"君子有三畏：畏天命，……小人不知天命而不畏也"（《论语·季氏》）；"鬼神之为德，其盛矣乎"（《中庸》）。《论语·八佾》记："祭如在，祭神如神在。子曰：'吾不与祭，如不祭。'"② 凡此均可见孔子尊天事鬼神之本旨。中国民间社会更有求神畏鬼的积习。所以，曹耀湘谓天志、明鬼乃墨学"与儒术相合，而亦不违乎世情者"，可以说道出了文化大传统的实情。③ 章太炎为力证"以天为不明及无鬼神"乃真儒术，可谓两条腿走路。一方面，从孔子存史的角度解读他与六经的关系，谓"六经言天言帝，有周公以前之书，而仲尼删述，未或革更，若曰道曰自然而已矣"；又谓儒家"无鬼而祭"，"因是以致思慕"，④ 并非认可鬼神为实存。另一方面，则

---

① 钱锺书：《管锥编》第 5 册，中华书局，1986，第 110 页。
② （宋）朱熹：《四书章句集注》，中华书局，1983，第 98、172、25、64 页。
③ 儒墨两家在天志、明鬼上的相似性，可参见康有为《孔子改制考》、傅斯年《性命古训辨正》等著论。章太炎阅读过曹耀湘的《墨子笺》，还特别欣赏他对墨子短丧的解释。曹耀湘谓："墨子之为丧也，近以三日，久以三月，其为时也极少。而观其书中《节用》《非乐》诸篇所陈，则墨家者流，其平日所以自奉养其耳目口体者，盖无以甚殊于居丧之时。虽以三月为期，谓之终身之忧，可也。今日士大夫之为丧，则徒有其文，而无其实。"曹耀湘：《墨子笺》，《墨子大全》第 1 编第 19 册，第 511 页。章太炎引用曹氏此说，赞其"最为通达"。章太炎想说的是，墨子名义上的短丧实质上则是"终身之忧"，当今之世礼仪崩毁，不能用短丧为借口而摒弃丧礼，更重要的是强调丧礼背后切实的哀痛。章太炎：《原墨》，《章太炎全集·检论》，第 442 页。
④ 章氏学：《儒术真论》（1899），《清议报》第 23 册，第 1508 页；第 25 册，第 1641 页。类似的表述亦可见于《訄书》初刻本之《独圣》下篇。

直接从《墨子·公孟》篇中摭取其描述或转述儒者主张的"以天为不明"及"无鬼神"二语以为证明和概括之具。此时章太炎的立足点与墨家对儒学之暌违墨学的自我认知悬契。

　　章太炎从墨学入手定义真儒术，确也别有幽怀。一则，彼时康有为以基督教为参照，对儒教进行宗教改革，把具有"天志""明鬼"思想的墨子纳入传统儒家圣人谱系，谓："其觉识益大，其爱想之周者益远，尧、舜、禹、汤、孔、墨，是其人矣。"① 章太炎以对"敬天明鬼"的向背来区隔墨家与儒家，从而抵制康有为的孔教思想。再则，章太炎彼时主张学问要"摭拾诸子，旁采远西"，② 如此清晰地界定儒术，目的是为西方科学实验之学顺利被纳入中国主流文化提供跳板。如此一来，就出现了将主流传统观念中儒与墨颇相合的部分，诠释为儒、墨基本分歧的极端化倾向。这是章太炎对儒墨差异的再认识，它关联了章太炎的学术乃至整个思想史的复杂变迁。揆诸清代中叶以来墨学兴起的背景，特别是基于章太炎在创作《儒术真论》前后对孙诒让的《墨子间诂》的承继、应和及反思，观察章太炎对儒墨差异的认知如何从研讨孟墨争"兼爱"的合理性，转到认定荀墨之争以"非乐"为焦点，再转到刻意突出墨儒对"敬天明鬼"观念的向背，可在一定程度上把握清末学术从观念到方法"变中有变"的新探索。③

　　儒墨于战国时并称显学，汉以后儒术独尊，墨学遭埋没近两千

---

① 康有为：《觉识篇》，《清议报》第 18 册，1899 年 6 月 18 日，"支那哲学"栏，第 1164 页。

② 章氏学：《儒术真论》，《清议报》第 23 册，1899 年 8 月 17 日，第 1505 页。

③ 解启扬《章太炎的墨学研究述论》（《中国哲学史》2005 年第 1 期）用归纳的方法，综合考察、评价了章太炎毕生的墨学研究。而本书立足于《儒术真论》撰写前后章太炎对儒墨疆界认知的转变，来探讨章太炎与孙诒让的《墨子间诂》为代表的清学的关系，与解文的方法论和问题意识均有不小的差别。解文讨论章氏的墨学研究并未涉及《儒术真论》。

年。清中叶，乾嘉大儒汪中、卢文弨、孙星衍、毕沅、王念孙、王引之均治墨学。毕沅撰《墨子注》16 卷，完成了前无古人的全面注释《墨子》的工作，成就尤著。此后，俞樾、戴望等亦参与其中。清末孙诒让"集众说，下以己意"，撰成《墨子间诂》，"神旨迥明，文可讽诵"。① 该书有附录一卷，含《墨子篇目考》《墨子佚文》《墨子旧叙》，复有《墨子后语》上、下，含《墨子传略》《墨子年表》《墨学传授考》《墨子绪闻》《墨学通论》《墨家诸子钩沉》。② 附录与后语"考订流别，精密闳括，尤为向来读子书者所未有"，③ 组成了完整的墨学研究及批评史。它们与《墨子间诂》正文合订成册。全书写定于"壬辰、癸巳间"（1892~1893），甲午（1894）夏印成三百部木活字印本，④ 至宣统二年（1910）才刻成定本刊行。20 世纪上半叶墨学鼎盛，实以该书为依托。⑤ 梁启超和章太炎均予《墨子间诂》以一部学术著作所能得到的最高评价。梁启超赞孙诒让将考据学"诸法并用"，"识胆两皆绝伦，故能成此不朽之作"；又谓："盖自此书出，然后《墨子》人人可读。现代墨学复活，全由此书导之。古今注《墨子》者固莫能过此书，而仲容一生著述，亦此书为第一。"⑥ 章太炎赞孙氏学问"精嫥足以摩掫姬、汉，三百年绝等双"。⑦ 孙诒让解释《墨子间诂》之书名，谓："昔许叔重注淮南王

---

① 章太炎：《孙诒让传》，《章太炎全集·太炎文录初编》，第 219 页。
② 其中《墨子篇目考》与《墨子佚文》为毕沅述，孙诒让校补。
③ 梁启超：《中国近三百年学术史》，商务印书馆，2011，第 280 页。
④ 此为孙诒让《自序》的说法，见《墨子间诂》，第 4 页。
⑤ 关于近代墨学史，参阅罗检秋《近代墨学复兴及其原因》，《近代史研究》1990 年第 1 期；郑杰文《20 世纪墨学研究史》，清华大学出版社，2002。梁启超与近代墨学的关系，参阅罗检秋《梁启超与近代墨学》，《近代史研究》1992 年第 3 期；黄克武《梁启超的学术思想：以墨子学为中心之分析》，《中央研究院近代史研究所集刊》第 26 期，1996 年。
⑥ 梁启超：《中国近三百年学术史》，第 280 页。
⑦ 章太炎：《孙诒让传》，《章太炎全集·太炎文录初编》，第 220 页。

书，题曰《鸿烈间诂》。间者，发其疑忤；诂者，正其训释。今于字谊多遵许学，故遂用题署，亦以两汉经儒本说经家法，笺释诸子。"[1] 以治经法治诸子，正是《墨子间诂》采用的方法。

跟梁启超一样，章太炎在《墨子间诂》印行后很快就读到了该书。[2] 1890 年，章太炎入诂经精舍，从学于俞樾。俞樾与孙诒让之父孙衣言为好友，二人曾分主苏、杭两地紫阳书院，时称"东南两紫阳"。[3] 比俞樾年轻 20 多岁的孙诒让一直以"父执"视俞樾。[4] 1895 年，他将《札迻》《墨子间诂》两书赠予俞樾，俞欣然为之作序。而 1896 年，章太炎、宋恕于杭州成立经世实学社。孙诒让为表支持，寄《札迻》《墨子间诂》《古籀拾遗》《周书斠补》各两部及家刻本《永嘉丛书》（13 种）赠予经世实学社。[5] 据章氏写给谭献的书信，至 1897 年 4 月，他"已购一通"《墨子间诂》，并赞其"新义纷纶，仍能平实，实近世奇作"。[6] 同年，孙诒让、章太炎开始正式书信往来，两人终生未觌面，但一直情意笃厚。[7] 1896 年 9 月，章太

---

① 孙诒让：《自序》，《墨子间诂》，第 3 页。

② 梁启超回忆："（《墨子间诂》）初用活字版印成，承仲容先生寄我一部，我才二十三岁耳。我生平治墨学及读周秦子书之兴味，皆自此书导之。"梁启超：《中国近三百年学术史》，第 280 页。梁出生于 1873 年，亦即 1895 年获得该书。

③ 俞樾：《春在堂随笔》，辽宁教育出版社，2001，第 2 页。

④ 孙诒让：《答日人馆森袖海》（1907），孙延钊：《孙衣言孙诒让父子年谱》，第 350 页。

⑤ 孙延钊：《孙衣言孙诒让父子年谱》，第 276~277 页。

⑥ 章太炎：《与谭献》（1897 年 4 月 20 日），马勇编《章太炎书信集》，河北人民出版社，2003，第 3 页。章太炎在作于 1893 年的《膏兰室札记》卷三第四六九条"非而谒楹"中，用小字援引了孙诒让《墨子间诂》的训释，谓："《经下》曰：以楹（楹之误）为拼（孙氏诒让曰：拼即《备城门》篇之柴拼积拼，盖聚束柴木之名）。"《章太炎全集·膏兰室札记》，上海人民出版社，2014，第 260 页。根据《墨子间诂》成书的时间，以及章太炎接触《墨子间诂》的时间，这段文字应该是此后的补录，而非作于 1893 年。

⑦ 甚至到 1914 年，章太炎幽囚北京时还告诉家人，所藏《墨子间诂》及孙诒让另一部大著《周礼正义》完整无缺。参见章太炎《致龚未生书六》（1914 年 8 月 20 日），汤志钧编《章太炎年谱长编》，中华书局，1979，第 478 页。

炎在《实学报》上发表《儒墨》，谓墨子"鳌于圣哲者，非乐为大"。①此时他承继荀学立场斥责墨子"非乐"，并由此勘定儒、墨之疆界。《实学报》上的《儒墨》篇在略做修改后收入《訄书》初刻本。从《儒墨》来看，在发表《儒术真论》之前，章太炎紧随孙诒让的观念与方法，对儒墨畛域的认知和《墨子间诂》大端吻合。

这里的"大端吻合"可从两个层面来解析。

第一，孙诒让与章太炎在尊重原始文献的前提下，均试图瓦解儒墨在传统主流认知中的最大芥蒂，即对墨家"兼爱"说宽容有加，认为此说与儒之"孝慈"并不矛盾。这表明清代中期以降，学术及世风转移，儒家僵硬的纲常伦理秩序在思想界发生了一定程度的松动。

儒墨互斥，其隔阂一向邈若山河。汉之后治教一体，"学者咸宗孔孟，而墨氏大绌。……其于墨也，多望而非之，以迄于今。学者童卯治举业，至于皓首，习斥杨、墨为异端"。②如此对待墨家，凸显的是孟子导夫先路的大传统。大儒中，韩愈率先站出来替墨子说话，谓墨子被儒者所讥讽的"上同、兼爱、上贤、明鬼"诸项，在孔子那里其实都有体现，比如"孔子泛爱亲仁，以博施济众为圣"就是"兼爱"的表现；又谓："儒墨同是尧舜，同非桀纣，同修身正心以治天下国家，奚不相悦如是哉？余以为辩生于末学各务售其师之说，非二师之道本然也。孔子必用墨子，墨子必用孔子；不相用，不足为

---

① 章炳麟：《儒墨》，《实学报》第3册，1897年9月17日，文海出版社，1995，第151页。另参《訄书》初刻本；《訄书》重订本《儒墨》将"鳌于圣哲者"改为"庋于王度者"，见《章太炎全集·〈訄书〉初刻本、〈訄书〉重订本》，第7、134页。

② 孙诒让：《墨子通论》序，《墨子后语》，《墨子间诂》，第734页。

孔、墨。"① 韩愈此论颇受道学家非议。② 至清中叶，贯通儒墨才渐成势力。汪中谓儒墨"其意相反而相成"。③ 毕沅则称，《墨子》非儒，"则由墨氏弟子尊其师之过，其称孔子讳及诸毁词，是非翟之言也。……翟未尝非孔"；墨子"亦通达经权，不可訾议"。④ 海通以降，墨学成为西学的镜像及"西学中源"观的依托。援墨入儒之论大都为援西入中说之变体。甲午后，"风会大开，人人争言西学"。⑤ 趋新学者愈加正面认识兼爱说之价值。俞樾认为孟墨互用乃"安内而攘外"之道。⑥ 黎庶昌也主张"孔必用墨，墨必用孔"，泰西各国"本诸墨子"，推行尊天、明鬼、兼爱、尚同等术，立耶稣、天主教，

---

① 韩愈：《读墨子》，马其昶校注，马茂元整理《韩昌黎文集校注》，上海古籍出版社，1986，第39、40页。

② 韩愈的表态也酿就儒林一段公案。如程颐批评韩愈："……言孔子尚同兼爱，与墨子同，则甚不可也。"《河南程氏遗书》第18卷，（宋）程颐、程颢：《二程集》，中华书局，2004，第231~232页。严有翼指出，退之读《墨子》"以孔墨为必相用"，"其《与孟简书》则又取孟子距杨墨之说，……推尊孟子，以为其功不在禹下。……殊不知言之先后，自相矛盾"。（唐）韩愈撰，（宋）文谠注，王俦补《新刊经进详注昌黎先生文》卷十一，《续修四库全书》集部别集类第1309册，上海古籍出版社，1994，第568页上。

③ 汪中：《墨子序》，引文参见孙诒让《墨子附录》，《墨子间诂》，第670页。汪中之子汪喜孙在编辑《汪中文集》时对《墨子序》原文有改动，如将"墨子之诬孔子，犹孟子之诬墨子也"改为"墨子之诬孔子，犹老子之绌儒学也"。参见田汉云点校《新编汪中集》，广陵书社，2005，第410页。而孙诒让《墨子附录》所见乃汪中原文。汪中针对荀、孟两家对墨子的攻击，指出荀子的《礼论》《乐论》"为王者治定功成盛德之事"，而墨之节葬、非乐所以"救衰世之敝"；墨子的"兼爱"是从"国家慎其封守，而无虐其邻之人民畜产""以睦诸侯之邦交"角度而言的，并非"无父"，荀墨、孟墨均无矛盾。

④ 毕沅：《墨子注叙》，孙诒让：《墨子附录》，《墨子间诂》，第661、662页。毕沅谓墨子"亦通达经权，不可訾议"，针对的是《墨子·鲁问》："国家昏乱，则语之尚贤、尚同；国家贫，则语之节用、节葬；国家憙音湛湎，则语之非乐、非命；国家淫僻无礼，则语之尊天、事鬼；国家务夺侵凌，则语之兼爱、非攻。"孙诒让：《墨子间诂》，第475~476页。

⑤ 俞樾：《诂经精舍课艺（第八集）·序》（1896），转引自汤志钧编《章太炎年谱长编（增订本）》，第20页。

⑥ 俞樾：《序》（1895），孙诒让：《墨子间诂》，第2页。

"而立国且数千百年不败"。① 康有为在万木草堂授课时直言："墨子与孔子异者不在'兼爱'二字，孟子以'兼爱'攻墨子，尚未甚的。"②

孙诒让、章太炎处于推崇墨子"兼爱"学说的时代思潮中，但比上述学人显得更加理性和克制。孙诒让谓："墨氏兼爱，固谆谆以孝慈为本……班固论墨家亦云'以孝视天下，是以尚同'，而孟子斥之，至同之无父之科，则亦少过矣。"③ 孙氏更希望从学理上辨明"兼爱"并不意味着"无父"。章太炎同样从这一角度为"兼爱"说洗冤。1893 年他在诂经精舍求学时曾撰《孝经本夏法说》，考证《孝经》与墨子学说的关联。其文曰："欲明《孝经》首禹之义，必观《墨子》，墨子兼爱，孟轲以为无父，然非其本。"④ 1897 年，章太炎在《实学报》第 3 册上发表《儒墨》一文，批评诋毁墨子"兼爱"乃嚆言（即过甚之言）。他认为，墨子"兼爱"和张载"凡天下疲癃残疾茕独鳏寡，皆吾兄弟之颠连而无告者"，是"一理而殊分"的关系，并且"墨家宗祀严父，以孝视天下"，更不能说是"无父"。⑤章太炎撰《儒墨》不是自说自话，有其实际的批判对象。《实学报》第 3 册起首便登载吴县王仁俊《实学平议》卷一《民主驳义》，反对

---

① 黎庶昌：《读墨子》，遵义市地方志编纂委员会编《拙尊园丛稿》，中国文史出版社，2007，第 145 页。

② 张伯桢整理《南海师承记（1896~1897）》，姜义华、张荣华编校《康有为全集》第 2 集，第 233 页。

③ 孙诒让：《墨子通论》序，《墨子后语》，《墨子间诂》，第 733~734 页。

④ 章太炎：《孝经本夏法说》（1893），《章太炎全集·太炎文录初编》，第 6 页。《孝经本夏法说》如此评判，主要基于《淮南子·要略》篇所谓："墨子学儒者之业，受孔子之术，以为其礼烦扰而不说，厚葬靡财而贫民，服伤身而害事，故背周道而用夏政。"何宁：《淮南子集释》，中华书局，1998，第 1459 页。

⑤ 章炳麟：《儒墨》，《实学报》第 3 册，1897 年 9 月 17 日，第 151 页。此段文字略加修改后进入《訄书·儒墨》篇，批评更加明显，谓诋毁墨子"兼爱而谓之无父"者，乃"末流之嚆言，有以取讥于君子"。《章太炎全集·〈訄书〉初刻本》，第 7 页。

采用西方政制。王仁俊指出，"墨子尚同，是故选天下之贤者，立以为天子"，此为"泰西合众国立民主之滥觞"。又引孟子为权威，作为中国向来拒绝墨子学说的依据，谓："摩顶放踵，兼爱巨辜，独亚圣距。"他深感不满的是，"以二千余年前中国所放斥进逐之言，不意二千余年后竟支离蔓延，而乃流毒我四万万黄种"。① 章太炎将《儒墨》刊发于他主持的那册《实学报》，斥责诋毁墨子兼爱说为无父乃末流之噶言，针对王仁俊保守言论的意图十分明显。②

第二，孙诒让和章太炎均站在认同儒家的立场上，强调儒墨之间

---

① 吴县王仁俊：《民主驳义》，《实学平议》卷一，《实学报》第 3 册，1897 年 9 月 17 日，第 145 页。

② 章太炎支持兼爱说，却并不反对爱之等差，这里有必要做进一步澄清。《墨子·非儒》篇云："儒者曰：'亲亲有术（杀），尊贤有等。'言亲疏尊卑之异也。"《墨子间诂》，第 287 页。儒者坚持爱有等差，容易将爱局限于亲人的小范围，形成自私之爱。《孟子》批评墨子"兼爱"，认为墨子将爱父母等同于爱路人，忽视了亲亲为先，所以是"无父"。双方各自强调了爱的一个面相。近代趋新人士在为兼爱说辩护的过程中也表达了一些担忧，比如黄遵宪《日本国志》一方面赞赏泰西运用"源盖出于《墨子》"的理念和学说，诸如"人人有自主权利"（尚同）、"爱汝邻如己"（兼爱）、"独尊上帝、保汝灵魂"（尊天明鬼）、"机器之精，攻守之能"（《墨子》备攻备突，削鸢能飞之绪余）、"格致之学"（《墨子·经》上下篇），使社会获得长足的进步；另一方面则担忧，"其流弊不可胜言也，推尚同之说，则谓君民同权、父子同权矣；推兼爱之说，则谓父母兄弟，同于路人矣。天下之不能无尊卑、无亲疏、无上下，天理之当然，人情之极则也。圣人者知其然，而序以别之，所以已乱也。今必欲强不可同、不能兼者，兼而同之，是启争召乱之道耳"。他预言："浸假而物力稍绌，民气日嚣，彼以无统一、无等差之民，各出其争权贪利之心，佐以斗狠好武之习，纷然其竞起，……卒之尚同而不能强同，兼爱而无所用爱，必推而至于极分裂，极残暴而后已；执尚同、兼爱以责人，必有欲行均贫富、均贵贱、均劳逸之说者。吾观欧罗巴诸国，不百年必大乱。"黄遵宪：《日本国志·学术志一》，陈铮编《黄遵宪全集》（下），第 1399~1400 页。其实，无论是康有为，还是章太炎，为"兼爱"说话都是强调该学说没有忽略"孝亲"、并非"无父"，他们都未否认爱有等差。甚至对章太炎来说，承认血缘亲疏、阶层等级、性别等人类社会的差别性和"不齐"的现实，进而以法律制度、道德伦理来规范、协调和维持社会的运作和秩序，是其"合群明分""尊荀"政治哲学的基础。所以他此一时期创作《平等论》，认为"去君臣、绝父子、齐男女"无助于社会秩序稳定，"平等之说，非拨乱之要"。章炳麟：《平等论》，《经世报》第 2 册，丁酉七月中，1897 年，"本馆论说"栏，第 9、10 页。

仍旧有根本性的、难以调和的界限或鸿沟，即在礼乐问题上顽固对垒。

孙诒让谓，墨家"于礼则右夏左周，欲变文而反之质，乐则竟屏绝之，此其与儒家四术六艺必不合者耳"；而"墨儒异方，跬武千里，其相非宁足异乎"。[①] 彼时思想界在表彰"兼爱"、抬高墨学地位之余，确有一些矫枉过正、试图全面疏通乃至混同儒墨的倾向。孙诒让坚守儒墨之界限，故《墨子间诂》多次明文批评力图弥合墨儒二家的毕沅。事实上，孙诒让的态度和俞樾为《墨子间诂》写的序也有明显的违和感，孙氏诸多批评明指毕沅，移至俞樾身上也是合适的。

《墨子间诂》附录收入了毕沅《墨子注叙》。孙诒让在毕沅诸论后加按语逐条反驳。毕叙称："非儒，则由墨氏弟子尊其师之过，其称孔子讳及诸毁词，是非翟之言也。"孙诒让按，"此论不确，详《非儒》篇"，[②] 即据《非儒》墨翟叱孔的记载予以否认。毕沅注《非儒》篇时解释说，《孔丛·诘墨》篇多引《非儒》，《非儒》实为"墨氏之学者设师言以折儒也"。又说，《亲士》诸篇没有"子墨子言曰"一语乃"翟自著"，《非儒》篇没有"子墨子言曰"一语，乃"门人小子臆说之词"，"并不敢以诬翟也"；总之，《亲士》与《非儒》"例虽同而异事，后人以此病翟，非也"。[③] 孙诒让《墨子间诂》录毕注后，撰按语加以驳斥。他指出，《荀子·儒效》篇也记载过"逢衣浅带，解果其冠，略法先王而足乱世"的俗儒，说明"周季俗儒信有如此所非者"，墨翟是以

---

① 孙诒让：《自序》，《墨子间诂》，第1、2页。
② 毕沅《墨子注叙》及孙诒让按语，参见孙诒让《墨子附录》，《墨子间诂》，第661页。
③ 毕沅：《非儒》按语，载孙诒让《墨子间诂》，第286页。

他所见的俗儒言行为依据来"非孔子";墨子对孔子的斥责"大氐诋诎增加之辞"。孙诒让意识到,毕沅强词夺理是想泯灭儒墨疆界,故斩钉截铁地回应说:"儒墨不同术,亦不足异也,毕氏强为之辩,理不可通。"[1]

毕沅的《墨子注叙》为证明孔墨本无芥蒂,指出《墨子》在《非儒》篇外,"他篇亦称孔子,亦称仲尼,又以为孔子言亦当而不可易,是翟未尝非孔",并且"孔子之言多见《论语》、《家语》及他纬书传注,亦无斥墨词"。[2]孙诒让对此有点哭笑不得,谓:"墨子盖生于哀、悼间,较之七十子尚略后,孔子安得斥之?此论甚谬。"[3]墨翟生于鲁哀公、鲁悼公之间,值春秋战国之际,年代在孔子之后,孔子如何能斥责一个未来人呢?孙诒让之批评毕沅,始终基于文献事实,本于两汉经儒说经之家法,[4]其要即章太炎后来提到的经师六原则——"审名实、重左证、戒妄牵、守凡例、断情感、汰华辞"。[5]

俞樾为《墨子间诂》作序,基本上正面认同墨子,谓其"达于天人之理,熟于事物之情"。他还指出:"唐以来,韩昌黎外无一人能知墨子。"[6]他强调毕沅之前,韩愈早就主张儒墨互相攻击之词乃

---

① 孙诒让:《非儒》按语,《墨子间诂》,第 286 页。
② 毕沅:《墨子注叙》,载孙诒让《墨子附录》,《墨子间诂》,第 661~662 页。
③ 孙诒让:《毕沅〈墨子注叙〉》按语,《墨子附录》,《墨子间诂》,第 662 页。
④ 从解析《墨子·鲁问》如下一段话的不同视角,也能看出毕沅、孙诒让治学态度的差别。《鲁问》篇记墨子语魏越云:"国家昏乱,则语之尚贤、尚同;国家贫,则语之节用、节葬;国家憙音湛湎,则语之非乐、非命;国家淫僻无礼,则语之尊天、事鬼;国家务夺侵凌,则语之兼爱、非攻。"孙诒让据此指出,"《汉志》墨子书七十一篇,今存者五十三篇",从墨子对自己学问的自述来看,"自《尚贤》至《非命》三十篇,所论略备,足以尽其旨要矣";今存《墨子》虽然残缺,只剩 53 篇,但已基本上涵盖了墨子学说之大体。孙诒让:《自序》,《墨子间诂》,第 1 页。毕沅对此段文字做了义理方面的发挥,谓其言说明墨子学说"通达经权,不可訾议"。毕沅:《墨子注叙》,载孙诒让《墨子附录》,《墨子间诂》,第 661 页。
⑤ 太炎:《定经师》,《民报》第 10 号,1906 年 12 月 20 日,第 77 页。
⑥ 俞樾:《序》(1895),孙诒让:《墨子间诂》,第 1 页。

孔、墨后学刻意张扬师说，对对方加以诋毁，并非孔、墨本人的观点，儒学、墨学相互为用，并无不可逾越之界限鸿沟。俞樾认同韩愈，意味着他在很大程度上认同毕沅。对于熟知韩愈、毕沅观点的孙诒让来说，单是这个判断就足以让他和俞樾保持距离。

孙诒让以"父执"视俞樾，在学问上却保持自负与骄傲。他在去世前一年（1907）有答日人馆森鸿（号袖海）书，[①] 可谓着意经营的自序传。他在信中婉拒馆森鸿拜师之请，谓"凡治古学，师今人不若师古人"，自己出家塾后，"未尝师事人，而亦不敢抗颜为人师"。他之后举出的例子就涉及俞樾，"曩者曲园俞先生于旧学界负重望，贵国士大夫多着弟子籍，先生于某为父执，其拳拳垂爱，尤愈常人，然亦未尝奉手请业"。[②] 俞樾确实被近代日本人视为传统学问的最高权威。黎庶昌论俞樾有云："中土名人之著声日本者，于唐则数白乐天，近世则推先生。"[③] 孙诒让却偏偏向日本人表白，自己并未向俞樾"奉手请业"，即便深得俞氏垂爱，且谓"师今人不若师古人"，其未便言明之意即俞樾不若古人，自己也不必师之。[④] 在该信后文中，孙诒让大谈专家研究"贵有家法"，认为"以晚近习闻之义训读古经、子，则必迷谬龃龉，遗失古人之旨"，还表白自己"自志

①　馆森鸿是章太炎的朋友，两人结识于 1898 年底章太炎避戊戌党祸、旅居台湾期间。彼时馆森鸿是日本在台湾总督府的官吏，章太炎则任职于总督府的官办媒体《台湾日日新报》。馆森鸿曾师从日本大汉学家重野安绎，和章太炎有许多共同话题。1899 年，章太炎在馆森鸿的陪伴下前往日本本岛游览。孙诒让很可能是章太炎介绍给馆森鸿的。

②　孙诒让：《答日人馆森袖海》（1907），孙延钊：《孙衣言孙诒让父子年谱》，第 350 页。

③　黎庶昌：《序〈曲园自述诗〉》（井上陈政刻，1890），引自王宝平『清代中日学術交流史の研究』汲古書院、2005 年、79 頁。俞樾在日本的影响，参见该书第二章《俞曲园和日本》。

④　章太炎在《孙诒让传》中说："是时德清戴望、海宁唐仁寿、仪征刘寿曾，皆治朴学，诒让与游，学益进。"《章太炎全集·太炎文录初编》，第 219 页。从学问承继的角度，孙诒让当然有老师，只是在他心目中，这些老师的学问估计都不如古人。

学以来所最服膺者"为王念孙、王引之父子，以及段玉裁、钱大昕、梁玉绳。① 孙氏所喜所不喜，一目了然。

而章太炎《儒墨》一文指出："（墨子）苦身劳形以忧天下，以若自毃，终以自堕者，亦非乐为大。"② 此时他跟孙诒让一样，将儒墨在礼乐问题上的对垒作为区隔儒墨的疆界。这就意味着儒墨分歧的主战场从占据传统主流观念的孟墨之争转到了荀墨之争。章太炎抨击墨子"非乐不歌"违背人性，③ 符同清中叶以降反思理学、礼学复兴，以及近代人文主义召唤人性回归的思潮。④ 此外，他批评"非乐"说，还体现了清末的"尚武"风气。⑤ 他说："儒者之颂舞，熊经猿攫，以廉制其筋骨，使行不惢步，战不惢伐，惟以乐倡之，故人乐习也；无乐则无舞，无舞则萎弱多疾疫，不能处憔悴。将使苦身劳形以忧天下，是何以异于腾驾骞驴，而责其登大行之阪矣。"⑥ 没有音乐之"倡"，人们不跳舞不锻炼，导致体弱多病，想"苦身劳形以忧天下"都做不到。无论如何天马行空地阐发义理，章太炎立论的基础，即儒墨有根本分歧，且其根本分歧在对待乐的态度上，显然能够得到儒墨两家文献的强力支持。《墨子·非乐》篇明确主张，禁止那些口之所甘、目之所美、耳之所乐，却不中"圣王之事""万民之利"的欲求和行为，《非儒》则抨击儒者"繁饰礼乐以淫人，久丧伪

---

① 孙诒让：《答日人馆森袖海》（1907），孙延钊：《孙衣言孙诒让父子年谱》，第351页。

② 章炳麟：《儒墨》，《实学报》第3册，1897年9月17日，第151页。另见《章太炎全集·〈訄书〉初刻本》，第7页。

③ 康有为：《孔教会序（其二）》，《孔教会杂志》第1卷第2号，1913年3月，第6~7页。

④ 参见张寿安《以礼代理：凌廷堪与清中叶儒学思想之转变》，中研院近代史研究所，1994。

⑤ 如章太炎《訄书》初刻本有《儒侠》篇，梁启超撰有《新民说·论尚武》和《中国之武士道》诸篇，颇可见清末的尚武风气。

⑥ 章炳麟：《儒墨》，《实学报》第3册，1897年9月17日，第151页。另见《章太炎全集·〈訄书〉初刻本》，第7页。

哀以谤亲"。① 而儒家之荀学以化性起伪为宗旨，乐与礼并为其根本义。《荀子·乐论》指出："先王之道，礼乐正其盛者也。而墨子非之。故曰：墨子之于道也，犹瞽之于白黑也，犹聋之于清浊也，犹欲之楚而北求之也。"由此可见，孙诒让、章太炎对儒墨疆界的上述判断均持守了经师"重左证、戒妄牵"等信条。

在传统学术范围内，章太炎生平最佩服的清代学者就是孙诒让。其早年的《膏兰室札记》（1891～1893）有与俞樾商榷之处，对孙氏《札迻》却颇多称许。② 1906 年，章太炎撰《定经师》，将所见经师分为五等。第一等"研精故训而不支，博考事实而不乱，文理密察，发前人所未见，每下一义，泰山不移"，③ 代表学者为俞樾、黄以周及孙诒让。将差不多晚一代的孙诒让与已经名满天下的俞樾、黄以周并列，表现了章太炎对孙诒让的极度推崇。他并提三人乃有意安排，端的为揄扬名气弱于其他二人的孙诒让。章太炎的《瑞安孙先生伤辞》谓三人中，孙诒让"名最隐，言故训，审慎过二师"。④ 他分别为三人作传，对孙之评价远在俞、黄之上，称赞他"三百年绝等双"。章太炎还对比俞樾和孙诒让，扬孙而抑俞。其《孙诒让传》谓："（孙氏）书少于《诸子平议》，校雠之勤，倍《诸子平议》。"《诸子平议》乃俞樾代表作，身为弟子的章太炎深知乃师学问之病。且岂止是俞樾，在章太炎看来，"诒让学术，盖龙（笼）有金榜、钱大昕、段玉裁、王念孙四家，其明大义，钩深穷高过之"。⑤

---

① 参见《墨子·非乐（上）》《非儒（下）》，孙诒让：《墨子间诂》，第 250、291 页。

② 《膏兰室札记》与俞樾商榷处，见卷二第三一八条"好迩而训于礼"；认同《札迻》处，见卷三第四二五条"而求之乎浣准"。《章太炎全集·膏兰室札记》，第 152～153、223 页。

③ 太炎：《定经师》，《民报》第 10 号，1906 年 12 月 20 日，第 77 页。

④ 章太炎：《瑞安孙先生伤辞》（1910），《章太炎全集·太炎文录初编》，第 230 页。

⑤ 章太炎：《孙诒让传》，《章太炎全集·太炎文录初编》，第 219～220 页。

总之，撰著《儒术真论》之前的章太炎走在孙诒让"本说经家法，笺释诸子"的道路上，学术结论也和孙氏无差。但孙诒让已将清学发挥到极致，固守这一方法，章太炎大概只能居于孙氏之后。《儒术真论》中一些名目的考据仍受《墨子间诂》的启发，① 然而它将"以天为不明及无鬼神"作为确认真儒术的标准亦即儒区别于墨的

① 1899 年的《儒术真论》开篇做了一个烦琐考证，证明《孟子·万章》中的公明高即是《墨子·公孟》中的公孟。文章表面上是与惠栋对话，兼驳"近人孙诒让仲容"的考证。实际上，章太炎以"公明""公孟"同声相借为证，采用的是他深所不喜的宋翔凤的观点，文中不具其名罢了。《墨子间诂》事实上早就罗列了惠栋、宋翔凤的观点，章太炎应该是在阅读孙书后有所发挥。孙诒让在《公孟》第四十八的注释中列出了惠栋、宋翔凤及他本人对公孟子身份的理解。曰："惠栋云：'公孟子即公明子，孔子之徒。'宋翔凤云：'《孟子》公明仪、公明高，曾子弟子。公孟子与墨子问难，皆儒家之言。孟与明通，公孟子即公明子，其人非仪即高，正与墨翟同时。'诒让按：《潜夫论·志氏姓》篇'卫公族有公孟氏'，《左传·定十二年》孔《疏》谓公孟絷之后，以字为氏。《说苑·修文》篇有公孟子高见颛孙子莫及曾子，此公孟子疑即子高，盖七十子之弟子也。"孙诒让：《墨子间诂》，第 449 页。孙诒让不同意惠栋和宋翔凤以公孟子为《孟子》中公明子的说法，认为公孟氏渊源有自，非公明氏。他倾向于认为《墨子》中的公孟是《说苑》中的公孟子高，乃曾子弟子。章太炎却同意惠、宋二人的说法，认为"公孟子、公孟子高、公明高为一人"。他举出的文献上的理由，主要是公孟子高、公孟子和公明子在三个文本中所言思想相似。其一，《说苑·修文》谓颛孙子莫对公孟子高曰："去尔外厉，与尔内色胜，而心自取之，去三者而可矣。"而《墨子·公孟》篇："公孟子谓墨子曰：'君子共己以待，问焉则言，不问焉则止。'又曰：'实为善，人孰不知？今子遍从人而说之，何其劳也。'"章太炎认为两者意义相同，皆为"去外厉之意"，则"公孟子即公孟子高明甚"，"即此愈知公孟即公明"。其二，章太炎主张："《孟子·万章》篇有长息问公明高，即为公孟子高。且孟子言舜之怨慕，而举公明高之言以为证。又言：人少则慕父母，五十而慕者，独有大舜。"而《墨子》中，"公孟子则曰：'三年之丧，学吾之慕父母。'墨子驳之则曰：'夫婴儿子之知，独慕父母而已，父母不可得也。然号而不止，此其故何也？即愚之至也。然则儒者之知，岂有以贤于婴儿子哉！'"章太炎指出："是公孟子之言，与孟子所述慕父母义，若合镮印。"章太炎还提出公孟与公明文字相通的论证（与宋翔凤的角度相同），谓："公孟、公明虽异族，然同声相借，亦有施之姓氏者。今夫'司徒'、'申屠'、'胜屠'，本一语也。而因其字异，遂为三族。'荀'与'孙'、'虢'与'郭'，本异族也，而因其声同，遂相假借。今'公孟''公明'，亦犹'荀''孙'、'虢''郭'，虽种胄有殊，而文字相贸，亦无不可。"章氏学：《儒术真论》，《清议报》第 23 册，1899 年 8 月 17 日，第 1505~1506 页。

焦点，则显然是在孙诒让相关学术判断及章太炎"昨日之我"以外，旁开出另一种思维。

章太炎儒术新诠的目的不在复原儒术，而在借助儒的权威之名重塑"世情"。他非常清楚，在儒家典籍包括孔子本人言论中，难以找到支撑自己理论的证据，所以才转向墨家非儒的文献。然而，《儒术真论》开头明言，即便是《墨子》中道出了"真儒术"的公孟子，他的言论也还"醇疵互见"，必须"捃摭秘逸"才能"灼然如晦之见明"，找到"宣尼微旨"。[①] 也就是说，即便面对有大量言论传世的孔子，研究者也必须从真伪、瑕瑜掺杂的别家史料中搜罗那些隐秘、被遮蔽的东西，如此才能在暗夜中发现光明，找到孔子真正精深微妙的意旨。这是一种以研究者主体能动性为导向的方法论。践行它，意味着在一定程度上挣脱清代经学家拘泥于客观性的套路。[②]《儒术真论》已经显露了章太炎对研治诸子学的新的方法论思考。到 1906 年的《诸子学略说》，他从理论上更完整地表述了"说经与诸子之异"、治经与治子殊别。

刘师培一向被章太炎视为同道。《国粹学报》1905 年创刊第 1 期

---

① 章氏学：《儒术真论》，《清议报》第 23 册，1899 年 8 月 17 日，第 1506 页。

② 梁启超的《清代学术概论》（第 36 页）和吕思勉的《先秦学术概论》（东方出版社，2008，第 3 页）均谓清学匮乏理论思想建构，"于主义无所创辟"。章太炎本人在《訄书》重订本（1904）《中国通史略例》中强调用"新理"敕彻"典常"，"必以古经说为客体，新思想为主观"。此言虽是针对史学研究而言，但体现了章太炎此一时期对泰西、日本新的学理孜孜以求的态度。在国家图书馆北海分馆藏的《訄书》手改稿（1910～1913）中，"新理"改为"名理"，"必以古经说为客体，新思想为主观"二语改为"必以经说为材料，思慧为工宰"。《章太炎全集·〈訄书〉重订本》，第 335、338 页。1915 年出版的《检论》删去了《中国通史略例》。删除西学、新理及西人和日本人的痕迹，是国图藏本的《訄书》手改稿和《检论》比较普遍的做法，体现了辛亥前后章太炎的思想倾向。这并不足以否定重订《訄书》时期他对西学及日本学问的接纳。

刊发了《章太炎再与刘申叔书》，称："今者奉教君子，吾道因以不孤。"[1] 同期杂志上，刘师培发表了《周末学术史序》，其中《宗教学史序》则直接对《儒术真论》发难。[2] 其言谓："孔墨二家，敬天明鬼。孔子以敬天畏天为最要，又信天能保护己身。故其言曰'天生德于予，桓魋其如予何？'又以天为道德之主宰，曰'获罪于天，无所祷也。'又以天操人世赏罚，曰'故大德者必受命'。而《礼记》四十九篇，载孔子所论祭礼甚多。"刘师培以敬天明鬼为孔墨相合之处，征诸两家文献，实属一般性的正确结论。而他将矛头指向章太炎的意图十分明显。章太炎《儒术真论》称"仲尼所以凌驾千圣，迈尧舜，轹公旦者，独在以天为不明及无鬼神二事"；刘师培则说"孔子非不敬天明鬼也"。《儒术真论》以《墨子》中公孟子所言"无鬼神"作为真儒术的本质；刘师培批驳道："或据《墨子》儒家'无鬼神'一言，然此或儒家之一派耳。"[3] "或据"之"或"显然指向章太炎。刘师培在《国粹学报》上连载《国学发微》，重申了类似的质疑。[4]

而 1906 年，章太炎在东京国学讲习会讲演《论诸子学》，后以《诸子学略说》为名刊发于同年的《国粹学报》，与刘师培此前在该

---

[1] 《章太炎再与刘申叔书》，《国粹学报》第 1 期，1905 年 2 月 23 日，"撰录"，《国粹学报》影印本第 4 册，第 1315 页。

[2] 刘师培此一时期和章太炎进行了极丰富的学术对话，需另文分析。比如，《周末学术史序·宗教学史序》就明文提到章太炎的《訄书·争教》，称该文对阴阳术数派"言之最详"。《国粹学报》第 1 期，1905 年 2 月 23 日，"学篇"，《国粹学报》影印本第 4 册，第 632 页。

[3] 刘光汉：《周末学术史序·宗教学史序》，《国粹学报》第 1 期，1905 年 2 月 23 日，"学篇"，《国粹学报》影印本第 4 册，第 631 页。

[4] 刘师培在《国学发微》中说："孔子以敬天、畏天为最要，故言'祭神如神在'，又言'获罪于天，无所祷也'。而《礼记》四十九篇中，载孔子所论祭礼甚多，则孔子之信鬼神，咸由于尊崇祭礼之故矣。"《国粹学报》第 9 期，1905 年 10 月 18 日，"丛谈"，《国粹学报》影印本第 4 册，第 1260 页。

报上的质疑隐隐构成对话之势。文章开篇谓：

> 中国学说，其病多在汗漫。春秋以上，学说未兴，汉武以后，定一尊于孔子。虽欲放言高论，犹必以无碍孔氏为宗。强相援引，妄为皮傅，愈调和者，愈失其本真，愈附会者，愈违其解故。故中国之学，其失不在支离，而在汗漫。……惟周秦诸子，推迹古初，承受师法，各为独立，无援引攀附之事。虽同在一家者，犹且矜己自贵，不相通融。……《韩非子·显学》篇云："……孔墨之后，儒分为八，墨离为三，取舍相反不同，而皆自为真。孔墨不可复生，谁使定世之学乎？"此可见当时学者，惟以师说为宗，小有异同，便不相附，非如后人之忌狭隘，喜宽容，恶门户，矜旷观也。盖观调和、独立之殊，而知古今学者远不相及。[①]

周秦诸子对峙最甚者，莫过于儒墨。后儒调和、泯灭儒墨疆界，依章太炎之见当属"汗漫"之病。章太炎此处虽未点破，但韩愈、毕沅甚至其老师俞樾显然都在被批评范围内。这段文字表明，章太炎再次和孙诒让《墨子间诂》站在一起，坚持"儒墨不同术"，诸子各有持守。他指出，相较于调和、汗漫的学风，"古学之独立者，由其持论强盛，义证坚密，故不受外熏也"，[②] 认为如此才真正可贵。

接下来，明显不同于孙诒让《墨子间诂》标榜的"本说经家法，

---

① 章绛：《诸子学略说》，《国粹学报》第 20 期，1906 年 9 月 8 日，《国粹学报》影印本第 5 册，第 2159~2160 页。

② 章绛：《诸子学略说》，《国粹学报》第 20 期，1906 年 9 月 8 日，《国粹学报》影印本第 5 册，第 2160 页。

笺释诸子"，① 章太炎针锋相对地提出了"说经与诸子之异"。

> 说经之学，所谓疏证，惟是考其典章制度与其事迹而已，其是非且勿论也。欲考索者，则不得不博览传记。……其学惟为客观之学。……若诸子则不然。彼所学者，主观之学，要在寻求义理，不在考迹异同。既立一宗，则必自坚其说，一切载籍，可以供我之用。②

章太炎承认像孙诒让那样"为客观之学"的学术贡献，但同时认为，治诸子"主观之学"也可以开出一条新路，"寻求义理"而非"考迹异同"同样有不容诋毁的价值。

从《儒术真论》（1899）略显独断地申明"仲尼所以凌驾千圣，迈尧舜，轹公旦者，独在以天为不明及无鬼神二事"，到《诸子学略说》（1906）在抨击儒家"热中竞进"外仍承认孔子"变祯祥神怪之说而务人事，变畴人世官之学而及平民，此其功亦复绝千古"，③再到《驳建立孔教议》（1913）称孔子"为保民开化之宗，不为教主"，"所以为中国斗杓者，在制历史、布文籍、振学术、平阶级"，且解释儒家典籍"时称祭典"，实"以纂前志，虽审天鬼之巫（诬），以不欲高世骇俗，则不暇一切粪除"，"以德化则非孔子所专，以宗教则为孔子所弃"，④ 章太炎对孔子本人的态度随时势变迁而有所调整，但孔子"以天为不明及无鬼神"否决存在超人间的神力，构成

---

① 孙诒让：《自序》，《墨子间诂》，第 3 页。
② 章绛：《诸子学略说》，《国粹学报》第 20 期，1906 年 9 月 8 日，《国粹学报》影印本第 5 册，第 2160~2161 页。
③ 章绛：《诸子学略说》，《国粹学报》第 20 期，1906 年 9 月 8 日，《国粹学报》影印本第 5 册，第 2167 页。
④ 章太炎：《驳建立孔教议》，《雅言》第 1 期，1913 年 12 月 25 日，"文录"栏，第 3、5 页。

章太炎相当长时期"立一宗"、成系统的儒术义理之核心。而从《儒术真论》表白自己是"捃摭秘逸"于《墨子》数语,以拾"宣尼微旨",到《诸子学略说》明确治诸子乃"主观之学","既立一宗,则必自坚其说,一切载籍,可以供我之用",可以说将治经与治子的方法分殊开来,为章太炎儒术新诠提供了方法论的保证,他可以此回应类似刘师培《周末学术史序》的质疑。章太炎之儒术新诠由是成为从方法到理论自洽的体系。

1915 年,章太炎出版《检论》,内有《原墨》篇。该篇以《訄书》初刻本《儒墨》篇为原型,做了较大调整。在《儒墨》篇原有的抨击墨子"戾于王度者,非乐为大"之外,加了一句"墨子者,善法意,尊天敬鬼,失犹同汉儒"。[①] 这说明,一方面,章太炎保持自己早年与孙诒让一致的判断,认定荀子抨击墨家"非乐"是凸显儒墨本质分歧之焦点;另一方面,他又将自己从《儒术真论》开始增添的新元素——真儒术否定"尊天敬鬼""以天为不明及无鬼神",作为抨击墨子的核心依据。章太炎思想的发展呈现出清晰的历史层累。

面临远西传入的新思潮,新一代学人在敬畏、承续前辈之余,从思想到方法都勉力开出一番新天地。章太炎在 1920 年代甚至将诸子学径直等同于"西洋所谓哲学"。他剖析治诸子学之难,指出"深通小学"是治诸子学的基础,"近代王怀祖、戴子高、孙仲容诸公,皆勤求古训,卓然成就,而后敢治诸子","然犹通其文义,识其流变,才及泰半而止耳。其艰涩难晓之处,尚阙难以待后之人也。若夫内指心体,旁明物曲,外推成败利钝之故者,此又可以易言之耶?"[②] 这些表达都是志在超越前人、隐微的夫子自道。章太炎早年之于孙诒让

---

① 章太炎:《原墨》,《章太炎全集·检论》,第 440 页。
② 章太炎:《说新文化与旧文化》(载《太炎学说》,1921)、《时学箴言》(原刊《中华新报》,1922),转引自汤志钧编《章太炎年谱长编》,第 618、661 页。

在墨学上的渊源及其后来在方法论层面上的变异，凸显了传统学术以自我调适的方式而实现的嬗变和转型。[1]

三　牛顿定律介入章太炎真儒术认知的路径

"牛顿定律"这里指的是牛顿三大运动定律和万有引力定律。怀特海（Alfred North Whitehead）在其名著《科学与近代世界》中指出，牛顿定律在西方的发展经历了从伽利略、笛卡儿、惠更斯（Christiaan Huyghens）到牛顿的《自然哲学的数学原理》两个世纪的时间。上述四位学者通力"合作"所获得的成就，"毫不夸大地可以认为是人类知识的成就中最伟大的和无与伦比的成果"。[2] 牛顿力学体系提供了一个物质宇宙的景象，它"标志着从哥白尼开始的对亚里士多德的世界图像所作转变的最后阶段"，也是"近代科学开始形成的标志"。[3]

章太炎以"寻求义理"的治子方法，从墨家文献中发掘出证明真儒术的文献依据。这一打着"儒"招牌的新真理得以确立的深层次思想依据和逻辑构件，却是16、17世纪科学革命的伟大成果。也

---

[1] 胡适《中国古代哲学史》（原题为《中国哲学史大纲卷上》，1918 年写成付印，1919 年出第 1 版）捕捉到孙诒让、章太炎两代学人之间的学术嬗变，谓："清代的汉学家，最精校勘训诂，但多不肯做贯通的工夫……，到了孙诒让的《墨子间诂》，可谓最完备了……但终不肯贯通全书，述墨学的大旨；到章太炎方才于校勘训诂的诸子学之外，别出一种有条理系统的诸子学。"胡适指出，章太炎的《原道》《原名》《明见》《原墨》《订孔》《原法》《齐物论释》"都属于贯通的一类"。欧阳哲生编《胡适文集》（6），第 181~182 页。胡适特别强调佛教对章太炎的意义，举例的著述也均晚于 1899 年的《儒术真论》。事实上，《儒术真论》是章太炎落实诸子"主观之学"分水岭式的著作，而这一时期他对佛学尚未如 1903 年后那么热衷，其所采纳的主要还是泰西的科学。此外，章太炎 1920 年代与胡适关于经学、子学方法之争，请参阅陈平原《中国现代学术之建立——以章太炎、胡适之为中心》，北京大学出版社，1998，第 240~274 页。

[2] Alfred North Whitehead, *Science and the Modern World: Lowell lectures* (New York: New American Library, 1948, Originally published 1925), p. 47. 中文翻译参见怀特海《科学与近代世界》，何钦译，商务印书馆，2009，第 53 页。

[3] 艾萨克·牛顿：《自然哲学的数学原理》，曾琼瑶等译，江苏人民出版社，2011，"导读"，第 20 页。

就是说，在 19、20 世纪之交，章太炎的儒术新诠虽披着传统话语的外衣，表面上类似于中国固有的木质建筑，但在其木质纹理外表之下，形构和支撑它的却主要是西学东渐浇铸的钢筋混凝土。他的工作遥远、不十分到位地呼应了科学革命所建立的新范式。章太炎并非天文学家，也不擅长天文学的数理分析。在新的宇宙天体知识进入中国并逐步普及于知识阶层之际，他从宇宙天体的新知中攫获了对宇宙、世界支配及运行方式的新认识。他将力学的支配和运动原理贯穿到对万物的观照中，构筑了自身宇宙认知及哲学思维的立足点，进而重新诠释儒术的本质。

《清议报》上刊发的《儒术真论》有两篇不可或缺的解说性附文，即《视天论》与《菌说》。《视天论》根据牛顿定律所解释的天体运行中引力与离心力的关系得出结论：日月众星"于昊穹，则本未尝隶属"；[①] 星体皆是宇宙中相对独立的系统，它们的运行关系是由力的吸引与拒斥的相互作用建立起来的。《菌说》则以原子微粒的运动及力的相互作用来解释万物的生成，论证物乃"自造"，[②]与上帝等任何神秘力量无关。《儒术真论》《视天论》《菌说》三篇中，《视天论》最早成形。此文 1899 年 1 月登载于章太炎所任职的《台湾日日新报》，文字略加增删后在 1899 年横滨《清议报》上以《儒术真论》附文的形式刊发。从文献产生的先后顺序也可旁证牛顿定律在《视天论》与《菌说》之间的逻辑过渡。也就是说，《视天论》接受宇宙天体新知并从中理解牛顿定律，乃是《儒术真论》"以天为不明及无鬼神"判断的知识基础。这些定律使天的实态及

---

① 菿汉阁主稿《视天论》，《台湾日日新报》1899 年 1 月 8 日，汉文第 5 版。亦参见章氏学《视天论》，《儒术真论》附文，《清议报》第 25 册，1899 年 8 月 26 日，第 1643 页。

② 章氏学：《菌说》，《儒术真论》附文，《清议报》第 28 册，1899 年 9 月 25 日，第 1838 页。

天在万物生成中的作用得到较为清晰的阐释，最终瓦解了上帝鬼神之超越性存在。正是在清末西学东渐的大背景下，章太炎接受了牛顿力学的新知，并以这种新的知识为支撑，确立对儒术本质的新诠释。

首先需要考索《视天论》的西学知识来源，该文如何运用清末新传入的近代天文学知识和力学原理，来取代清代占统治地位的学说，批驳基督教神学宇宙观，且激活中国古代宇宙学说之一"宣夜"说。通过《视天论》，我们将获得一个绝佳个案，观察此波承载科学革命主要成果的西学在中国的受容情况：新的话语与范式直如大浪滔天，覆盖、更替了往旧传入的西学，又如细雨润物，令消隐乃至枯萎的传统重获生机。

已有研究者指出，《视天论》的科学依据乃英国天文学家侯失勒（又译为"赫歇尔"）原著、1851 年出版的《天文学纲要》（*Outlines of Astronomy*）。[①] 该书由伟烈亚力（Alexander Wylie）口译，经李善兰删述，命名为《谈天》，1859 年由上海墨海书馆（London Missionary Society Press）推出首版。然而，牛顿力学原理传入中国已有时日，章太炎在诂经精舍时期也援引过《谈天》，可为何直到 1899 年的《视天论》才将观照《谈天》的重点移至牛顿力学原理，并以万有引力生成摄力与离心力的关系来解释宇宙天体的存在状态呢？其中玄机，此前学界并未措意深究。而这必须从牛顿定律进入中国后，章太炎自身认知的发展变化讲起。

力学特别是牛顿定律之进入中国，有多重脉络可寻。"力学"

---

① 朱维铮、姜义华编注《章太炎选集》时，整理罗列了《视天论》涉及的天文学知识点在《谈天》中的对应情况。朱维铮、姜义华编注《章太炎选集（注释本）》，上海人民出版社，1981，第 44~48 页。

（Mechanics）于明清时也被译为"重学"。[①] 明末，传教士邓玉函（Jean Terrenz）口授、王徵译绘《远西奇器图说录最》（1627）介绍了近代欧洲机械工程学、物理学。之后专门介绍力学的书籍较为鲜见。逮至晚清，中国学界对深奥的力学仍较陌生。1858年上海墨海书馆出版了伟烈亚力、王韬合译的小册子《重学浅说》，该书概述了近代力学的分类及原理。1859年，以西洋言重学"最善"[②] 的英国物理学家胡威立（William Whewell）的《初等力学教程》（*An Elementary Treatise on Mechanics*）为底本，由李善兰与艾约瑟（Edkins Joseph）合译的《重学》出版，将牛顿三大运动定律第一次完整地介绍到中国。[③] 正如艾约瑟所言："言天学者，必自重学始。"[④] 晚清研讨天文学的书籍有不少曾述及牛顿力学原理，特别是万有引力定律。比如，同样是1859年出版的《谈天》，其卷八《动理》详细分析了支撑天体运行、解释"地何以绕日，月何以绕地，且俱终古不停"原理的万有引力定律，谓："奈端（按：牛顿）言天空诸有质物，各点俱互相摄引，其力与质之多少有正比例，而与相距之平方有反比例。"[⑤] 伟烈亚力、王韬合译的《西国天学源

---

① 关于中文早期用"重学"或"力学"来翻译"Mechanics"（力学）相关内涵的界定问题，请参阅阿梅龙《重与力：晚清中国对西方力学的接纳》，郎宓榭等：《新词语新概念：西学译介与晚清汉语词汇之变迁》，赵兴胜等译，山东画报出版社，2012，第202~239页。

② 李善兰：《序》（1866），艾约瑟口译，李善兰笔述《重学》，《丛书集成续编》第82册自然科学类，台北：新文丰出版公司，1989，第455页。

③ 《重学》一书并未提及牛顿的名字，但完整阐述了牛顿力学三大定律。其卷八谓，"动理第一例：凡动，无他力加之，则方向必直，迟速必平；无他力加之，则无变方向及变迟速之根源，故也"；"动理第二例：有力加于动物上，动物必生新方向及新速度，新方向即力方向，新速与力之大小率，比例恒同"；"动理第三例：凡抵力正加生动，动力与抵力比例恒同，此抵力对力相等之理也"。艾约瑟口译，李善兰笔述《重学》，《丛书集成续编》第82册自然科学类，第531~534页。

④ 艾约瑟语引自钱熙辅《识》（1859），艾约瑟口译，李善兰笔述《重学》，《丛书集成续编》第82册自然科学类，第456页。

⑤ 英国侯失勒原本，李善兰删述，伟烈亚力口译，徐建寅续述《谈天》十八卷附表三卷，卷八，第2~3页。

流》《重学浅说》也有对该原理的表述。① 总体而言，借由专业的力学与天文学书籍，晚清学者接触牛顿力学原理有不少可选择的管道。

事实上，远在《视天论》之前，章太炎早就知晓侯失勒，并且引用过《谈天》。海通之后，人人争言西学，《谈天》颇受新兴知识阶层欢迎。② "近引西书，旁傅诸子"，③ 乃章太炎早年于杭州诂经精舍学习时的主要取向。章太炎的《膏兰室札记》庞杂征引了当时流行的地理、天文、生物、化学等诸种西学。④ 该书卷三第四二九条《化物多者莫多于日月》，特别援引了侯失勒的《谈天》及赫士（W. M. Hayes）的《天文揭要》。其引用《谈天》，主要是解释太阳之光热对地球生命的意义。章太炎曰："地面诸物，无日之光与热，则不能生动，气非热则永静而不成风，雷电亦由热气所感动，噈铁力北晓皆由日气所发也。植物资水土，动物食植物，亦互相食，然无太阳之热则俱不生。草木成煤以资火化，海水化气，凝为雨露，为泉泽江河，

① 《西国天学源流》谓："奈端曾求其故，知天空诸体，其道不能不行椭圆，乃由万物摄力自然之理。"英国伟烈亚力口译，长洲王韬仲弢著《西国天学源流》，《西学辑存六种》，己丑秋淞隐庐遞叟校印，第29页。《重学浅说》谓，"考获抛物之径路，水液两质之流动，并物力互相摄引之理者，为英人奈端"；"重学力所包甚广，重由地心而发，凡体皆含摄力，体大而质密者，则摄力大而重，体下而质松者，则摄力小而轻。地球较地面各物，大而至无比，故地面所有之体，皆为地球所摄。虽地面诸物皆有轻重，而球攝各物之方向，恒向地心。故谓重由地心而发也。凡行星之绕日及自转，水与风之动法，皆合重学力之理，而人之造作亦归重学"。伟烈亚力原译，王韬笔著《重学浅说》，《西学辑存六种》，光绪庚寅仲春淞北逸民校刊，第1、18~19页。

② 哈巴安德（Andrew Patton Happer）的《天文问答》、合信（Benjamin Hobson）的《天文论略》其实是海通之后第一批介绍西方天文学的著作。晚清对西方天文学的翻译和介绍，参见熊月之《西学东渐与晚清社会》，第7、152~154页。关于《谈天》的影响，参见邹振环《〈谈天〉与近代科学方法论》，《影响中国近代社会的一百种译作（修订本）》，江苏教育出版社，2008，第51~53页。

③ 章太炎：《与谭献》（1896年8月18日），马勇编《章太炎书信集》，第2页。章太炎在《实学报叙》中说"以欧罗巴学上窥九流"（《实学报》第1册，1897年8月12日，第3页），在《儒术真论》中言"撽拾诸子，旁采远西"（《清议报》第23册，1899年8月6日，第1505页），体现的都是同样的学术取向。

④ 参见熊月之《早年的章太炎与西方"格致"之学》，《史林》1986年第2期。

皆热力也。因热力，诸原质之变化生焉。"① 彼时，章太炎对宇宙天体学说的兴趣主要在地圆说、太阳光与热的意义、地层结构等方面。虽然他也提到月球摄引之力对地球潮汐的作用，但并未自觉以宇宙天体新知中蕴含的牛顿运动定律来解释万物的运行，更未以此构筑其宇宙认知及哲学思维的出发点。

关键性的改变发生在 1897～1898 年。先是严复之译作《天演论悬疏》在《国闻汇编》上刊出，紧接着汪康年主持《昌言报》，组织曾广铨、章太炎合译了《斯宾塞尔文集》的《论进境之理》与《论礼仪》，两文出自斯宾塞《论文集：科学的、政治的和推断的》，原名为《论进步：其法则和原因》及《礼仪与风尚》。《天演论悬疏》与《论进步：其法则和原因》均涉及斯宾塞诠释的星云假说。在严复引介及章太炎亲自参与翻译双重作用下，章太炎依据星云假说，转过头来再领悟《谈天》所言的宇宙天体状态，进而才创作了《视天论》及《菌说》。换言之，作为不可忽视的中介与契机，斯宾塞进化学说对天体演变的论述促使章太炎较为主动地理解宇宙天体运转方式的力学原理。这从一个侧面反映了晚清西学凌杂涌入中国的历史图景。

严复《译〈天演论〉自序》清楚地概括了科学革命以来西学之大势，谓："西学之最为切实，而执其例可以御蕃变者，名、数、质、力四者之学是已。"质即物质，力即物质间的相互作用；而"大宇之内，质力相推，非质无以见力，非力无以呈质"。牛顿力学原理推动了新的宇宙认知。该序谓："奈端动之例三，其一曰：'静者不自动，动者不自止，动路必直，速率必均。'此所谓旷古之虑。

----

① 章太炎：《膏兰室札记》卷三第四二九条"化物多者莫多于日月"，《章太炎全集·膏兰室札记》，第226页。

自其例出，而后天学明，人事利者也。"又谓："后二百年，有斯宾塞尔者以天演自然言化，著书造论，贯天地人而一理之，此亦晚近之绝作也！其为天演界说曰：'翕以合质，辟以出力，始简易而终杂糅。'"① 斯宾塞进化学说将科学革命所揭示的物质构成及物质间的运动法则贯穿自然与社会的整体演变。在《天演论·悬疏二》的译文之后，严复加入按语，以星云假说来解说"翕以合质"，云："翕以聚质者，即如日局太始，乃为星气，名涅菩刺斯，布濩六合，其质点本热至大，抵力亦多，继乃由通吸力收摄成珠，太阳居中，八纬外绕，各各聚质，如今是也。"② "涅菩刺斯"是严复对"nebulous"（即星云）的音译。

康德 1755 年在《宇宙发展史概论》中提出了星云假说，主张太初，基本颗粒充斥了宇宙空间，在引力与斥力作用下逐渐形成了太阳系的星体和宇宙秩序。正如该书另一个标题所示，康德的目的是"根据牛顿定理试论整个宇宙的结构及其力学起源"。③ 康德的观点起初并不受重视，天文学家拉普拉斯（Pierre-Simon Laplace）后来提出了相似的理论。威廉·赫歇尔通过改进的器械观察到由气体和尘云构成的星云和模糊尘雾凝缩为一个中心恒星，证明了星云假说的合理性。斯宾塞正是在这样一种理论大环境中，运用星云假说

---

① 严复：《译〈天演论〉自序》，《国闻汇编》第 2 册，1897 年 12 月 18 日。原刊影印本参见孔祥吉、村田雄二郎整理《国闻报（外二种）》第 10 册，国家图书馆出版社，2013，第 78~79 页。

② 严复按语，见赫胥黎造论，侯官严复达旨《天演论悬疏》，《国闻汇编》第 4 册，1898 年 1 月 7 日，《国闻报（外二种）》第 10 册，第 213 页。

③ 伊曼努尔·康德：《宇宙发展史概论，或根据牛顿定理试论整个宇宙的结构及其力学起源》（1755），全增嘏译，上海译文出版社，2001。此书是据德文版译出。该书英文版为 Immanuel Kant, *Universal Natural History and Theory of the Heavens or An Essay on the Constitution and the Mechanical Origin of the Entire Structure of the Universe Based on Newtonian Principles*, Translated by Ian Johnston（Arlington Virginia: Richer Resources Publications），2008。

来解释太阳系的形成，并引申出进化的话题。①《论进步》一文用星云假说解释太阳系的形成，曰：

Let us again commence with the evolution of the Solar System out of a nebulous medium. From the mutual attraction of the atoms of a diffused mass whose form is unsymmetrical, there results not only condensation but rotation: gravitation simultaneously generates both the centripetal and the centrifugal forces. While the condensation and the rate of rotation are progressively increasing, the approach of the atoms necessarily generates a progressively increasing temperature. As this temperature rises, light begins to be evolved; and ultimately there results a revolving sphere of fluid matter radiating intense heat and light—a sun. There are good reasons for believing that, in consequence of the high tangential velocity, and consequent centrifugal force, acquired by the outer parts of the condensing nebulous mass, there must be a periodical detachments of rotating rings; and that, from the breaking up of these nebulous rings, there will arise masses which in the course of their condensation repeat the actions of the parent mass, and so produce planets and their satellites—an inference strongly supported by the still extant rings of Saturn.

（参考译文：让我们再次从太阳系由星云介质演化出来的星

---

① 威廉·赫歇尔即《谈天》原作者侯失勒的父亲。另外，星云假说与进化思想的关系，参阅 Bowler, *Evolution*, pp. 36-39。在斯宾塞同时期，星云假说其实是伦敦知识圈的老生常谈。相关分析参阅 Francis, *Herbert Spencer and the Invention of Modern Life*, pp. 154-155, 374。

云假说开始讨论。形状不对称的分散物质的原子彼此间相互吸引，不仅导致凝聚，也产生旋转：万有引力同时生成向心力和离心力。随着凝聚和转速的持续增多，原子的彼此接近必然产生逐渐增高的温度。随着温度的升高，光开始形成；最终一个拥有流体物质、放射出强烈热和光的旋转球体形成了——这就是太阳。有很好的理由相信，由于快速的切向速度以及随之而来的离心力，再加上被凝结的星云物质的外围部分所捕获，一定存在旋转环的周期性脱离。并且，从星云环脱离出来的物质中，将会出现一些物质重复它们母物质的凝聚过程，行星和它们的卫星因此产生——这个推论可以得到现存的土星环的有力支持。)[①]

章太炎《论进境之理》将此段翻译为："曩令执太阳行星之形，而问其产气所始，则必曰气化之矣。是何也？吸力所届，则气中之散点，萃而若粟之穗。故是时即生吸旋二力，吸以增重，旋以增速，然后生热度，而有上荨之光，其卒之则若水沫之转者，斯太阳矣。……积点转愈速，且以生离心力，盖起傅着不过如胶漆，胶漆尚有脱离，则积点可知。其耀魄旁散，斯成环绕之圈。故凡行星多有光带，与附从之月，如土星其最著也。"[②] 严复曾据《昌言报》第 1 期所载《斯宾塞尔文集》指责曾、章译文"满纸唵哎"[③]。就这一段文字来说，章氏译文对原文的诠释确实不到位，翻译的结果不尽如人意，但其过程足令章太炎多少了解斯宾塞的观点。章太炎译文虽未将"星云假说"

---

① Herbert Spencer, "Progress: Its Law and Cause" in Spencer, *Essays*, Vol. I (1868), p. 34. 译文参阅彭春凌《章太炎译〈斯宾塞尔文集〉研究、重译及校注》，第 286 页。

② 曾广铨采译，章炳麟笔述《斯宾塞尔文集·论进境之理》，《昌言报》第 3 册，光绪二十四年七月二十四日，第 139 页。

③ 严复：《论译才之难》（1898 年 9 月 1 日），汪征鲁等主编《严复全集》卷七，第 88 页。

作为一个专有名称予以提出，却勾勒了星云假说的大体样貌，所谓"吸力所届，则气中之散点，萃而若粟之穗"，简言之即物质微粒在引力作用下聚集起来。此外，章太炎还将下面一句，"It follows as a corollary from the Nebular Hypothesis, that the Earth must at first have been incandescent; whether the Nebular Hypothesis be true or not, this original incandescence of the Earth is now inductively established—or, if not established, at least rendered so highly probable that it is a generally admitted geological doctrine"，翻译为"由此以推，则地球之初，必有光辉，而不论散点积成之说，亦无由知之"。[①] 这就表明，与严复的音译不同，章太炎将"星云假说"意译为"散点积成之说"。从对牛顿力学原理的理解来看，斯宾塞原文明确提到"万有引力同时生成向心力和离心力"（gravitation simultaneously generates both the centripetal and the centrifugal forces）。章太炎并没有将其译出，译文中的"吸旋二力"并非对应原文的"向心力和离心力"。尽管如此，章太炎译文还是提出了"离心力"（centrifugal force），并对它的性质做了譬喻性的讨论，所谓："盖其傅着不过如胶漆，胶漆尚有脱离，则积点可知。"章太炎意识到，离心力、斥力制衡了物质间不断吸引的趋向，行星和卫星因此得以相对独立地存在与运行。

彼时章太炎周边的知识圈子以离心力与向心力来解说宇宙天体的存在状态已颇为时尚。如谭嗣同的《以太说》亦谓："一地球，何以能摄月球与动植物？一日球，何以能摄行星彗星流星？……在动重

---

① 此句可译为"从星云假说可以推论，地球最初一定是炽热的；而无论星云假说是否为真，地球最初的炽热是通过归纳可以确立的学说，或者说，即便并非确立，也有极高的可能性，以至于它是一个现在被普遍承认的地质学说。"原文参见 Herbert Spencer, "Progress: Its Law and Cause" in Spencer, *Essays*, Vol. I (1868), p. 35。译文参阅曾广铨采译，章炳麟笔述《斯宾塞尔文集·论进境之理》，《昌言报》第3册，第140页；彭春凌《章太炎译〈斯宾塞尔文集〉研究、重译及校注》，第290~291页。

家，必曰：离心力也，向心力也。"[1] 通过参与翻译斯宾塞的论说，加之严复刊行《天演论悬疏》及当时知识环境或多或少的刺激作用，星云假说潜移默化地影响了章太炎。也就是说，《视天论》虽"肇始于"《膏兰室札记》，[2] 但创作《视天论》时，章太炎实质上已从牛顿力学原理层面深化了对《谈天》等西学文献的理解。《膏兰室札记》的关注重点是地圆说、太阳光热的意义、地层结构等，而《视天论》将重心转移到牛顿力学原理，以万有引力生成摄力与离心力的关系解释宇宙天体的存在状态。其谓：

> 往者宗动天之说，以为诸层玻璃，互相包裹，列宿日地，皆如蚁行，而以天为旋磨，此其说近于浑。盖今者各体相摄之说，以为浮行太空，以己力绕本轴，以摄力绕重心，绕重心久，则亦生离心力，而将脱其缰锁，然于昊穹，则本未尝隶属也。此其说则近于宣夜。以新旧说相较，新说轨合，而旧说辄差。然则视天之说，不愈彰明较著乎？[3]

《谈天》卷八《动理》论离心力云，"以索之一端系石，手持一端而旋舞之，石必生离心力。拉索令紧，而索力必有限；旋太急，拉索力大过其限，则索绝而石飞；恰如限，则不绝。知索力之限，即能推当用若干速率"；并称，"设以索联地心，与地面之重物而旋之，令速率所离心力恰如索力，则物必绕地心行，而有摄力令物恒向地心，与索力等，用以代索，则物仍绕地心行不变。月之绕

---

① 谭嗣同：《以太说》（1898），蔡尚思、方行编《谭嗣同全集（增订本）》下册，第433页。
② 沈延国：《膏兰室札记校点后记》，《章太炎全集·膏兰室札记》，第270页。
③ 章氏学：《视天论》，《儒术真论》附文，《清议报》第25册，1899年8月26日，第1642~1643页。

地，亦此理也"。① 文章以手拉绳索、系石旋转之例，彰显天体运动中引力与离心力的关系。《视天论》所用譬喻性语言"脱其缰锁"即脱化于《谈天》，但《视天论》对离心力的解说更加简洁。章太炎概括牛顿定律支撑下的天体运行状态，有"今者各体相摄之说，……然于昊穹，则本未尝隶属也"云云，亦显得十分自如。

总之，牛顿定律介入章太炎对真儒术的认知，乃借由斯宾塞进化学说所介绍的星云假说曲折达成。这一路径的发现有利于体察清末西学传入时的复杂样态。

四　清末西学对明末西学的更替与宇宙图景嬗变的深层次知识基础

从《视天论》批评话语的矛头所向，我们还能看到外来文化传入与接受过程中的某种诡谲景况：一些由外传入并艰难获得认同、站稳脚跟甚至占据了统治地位的学说，时过境迁后很可能以被遗忘的方式迅速为新的外来学说取代。井然有序的批判、扬弃、"交接"，往往并非历史上思想变易的实态。

《视天论》批评："往者宗动天之说，以为诸层玻璃，互相包裹，列宿日地，皆如蚁行，而以天为旋磨。"② 此处所言最接近亚里士多德水晶球体系的宇宙模型。③ 该宇宙模型明末随耶稣会士的著作传入中国。④ 在利玛窦（Matteo Ricci）《乾坤体义》，傅汎际（Francisco Furtado）译

---

① 英国侯失勒原本《谈天》十八卷附表三卷，卷八，益智书会，1883，第1~2页。
② 章氏学：《视天论》，《儒术真论》附文，《清议报》第25册，1899年8月26日，第1642页。
③ 关于水晶球体系在西方天文学中的产生、演变及在中国的流传、影响诸问题，请参见江晓原《天文学史上的水晶球体系》，《天文西学东渐集》，上海书店出版社，2001。
④ 明清之际，西方古典天文学和一部分近代天文学学说随天主教传入中国。相关研究很多，可参阅江晓原《明清之际中国学者对西方宇宙模型之研究及态度》，《天文西学东渐集》；山田庆儿《近代科学的形成与东渐》，《古代东亚哲学与科技文化：山田庆儿论文集》，辽宁教育出版社，1996。

义、李之藻达辞的《寰有诠》及阳玛诺（Emmanuel Diaz）的《天问略》等书中均有推介。亚里士多德水晶球体系的宇宙模型将宇宙视作层层叠套的球层体系，层与层之间的关系及其整体形态是，"相包如葱头皮焉，皆硬坚，而日月星辰定在其体内，如木节在板，而只因本天而动，第天体明而无色，则能通透光，如琉璃水晶之类"；地球居中，静止不动，地球之外的球层依次是月球、水星、金星、太阳、火星、木星、土星、恒星8个球层，第九层则是"宗动天"。① 应该讲，章太炎对这一宇宙模型的细节并不熟悉，导致关键的地方论述有误。这个体系的中心——地球是静止不动的。可章太炎却写成"列宿日地，皆如蚁行"，② 似乎地球也居一层，随球层而动，这就不完全符合亚里士多德的模型了。

《谈天》对西方天文学史的介绍极为简略，仅提到"古有诸层玻璃天载星而转之说"，③ 没涉及哥白尼日心说与托勒密地心说的斗争，也没提到折中日心地动说和地心体系的第谷（Tycho Brahe）天文学说。④

---

① 利玛窦在《乾坤体义》中明确称"第九重谓宗动天"；《乾坤体义》中又绘有"乾坤体图"，以第九重为无星水晶天，第十重为无星宗动天，第十一重永静不动。利玛窦：《乾坤体义》，《景印文渊阁四库全书》子部第787册，台湾商务印书馆，1986，第759、760页。至于天体究竟有多少个球层构成，继承亚里士多德学说而来的各家见解并不相同。《寰有诠》有专节"论天有几重"。傅汎际称，在亚利（即亚里士多德）那里，天只有八重，亚里士多德误指"列宿天"为"宗动天"。傅汎际根据中古星家的观测，又将列宿天分为两层，以第八重天为众多极微之星，第九重天为列宿之天，第十重天才是宗动天。（明西洋）傅汎际译义，（明）李之藻达辞《寰有诠》，明崇祯元年灵竺玄栖刻本，《四库全书存目丛书》子部第94册，齐鲁书社，1995，第103、146页。阳玛诺则以第十一重为宗动天，最高的第十二重为天主上帝诸神居住的永静不动之天。阳玛诺：《天问略》，中华书局，1985，第1页。

② 章太炎《儒术真论》（手改抄清稿）的《视天论》中将"列宿日地，皆如蚁行"改为"列宿日月地，皆如蚁行"（国家图书馆北海分馆藏本，第6页），仍不符合亚里士多德体系中地静止不动的设计。

③ 英国侯失勒原本《谈天》十八卷附表三卷，卷二《命名》，第1页。

④ 王扬宗论《谈天》之特点云："尽管其中也对本轮均轮、水晶球模型等西方天文学史上较有影响的旧说略有批驳，但全书很少涉及西方天文学的发展历史，而直接从19世纪中叶西方天文学所达到的水平立论。"王扬宗：《〈六合丛谈〉所介绍的西方科学知识及其在清末的影响》，沈国威编著《六合丛谈（附解题·索引）》，上海辞书出版社，2006，第148页。

章太炎将类似亚里士多德宇宙学说者以"旧说"笼统概括,应该是受到《谈天》简介西方天文学发展史的部分影响。但是,将此"旧说"置于中国接受西方天文学说的历史中观照,章太炎模糊的时间表述"往者"颇值得推敲。

明末,徐光启、李天经先后主持,汤若望(J. Adam Shall von Bell)等4名耶稣会士参与编撰了《崇祯历书》137卷(1629~1634),全面介绍欧洲天文学。后汤若望将《崇祯历书》删改压缩成103卷,更名曰《西洋新法历书》,连同所编新历献给清廷,清廷尝将新历颁行天下。清朝官方钦定的宇宙模型事实上就是《崇祯历书》推崇的第谷模型。《崇祯历书》有"七政序次古图",显示的是与亚里士多德模型之地心系统颇为接近的托勒密模型,又有"七政序次新图"展现第谷模型。相关解说将两者进行了区分,且拒斥前者而赞同后者。第谷模型具双中心,一方面"地球居中,其心为日、月、恒星三天之心";另一方面水、金、火、木、土五大行星"又以日为心",绕之运转。这就打破了亚里士多德及托勒密仅以地球为中心的观念。与此同时,《崇祯历书》反对古说之称"各星自有本天,重重包裹,不能相通,而天体皆为实体"(此实指亚里士多德学说,托勒密学说虽也以地球为静止中心,但其中无实体天球,诸"本天"也只是天体运行轨迹的几何表示)。《崇祯历书》推崇的第谷模型认为,天并非实体,"诸圈能相入,即能相通,不得为实体"。① 总之,清朝占据主导地位的天体模型并非亚里士多德模型,而且"在明末及有清一代,迄今未发现任何坚持 Aristotle 宇宙

---

① 徐光启等修辑《崇祯历书》(影印本),《五纬历指》一卷,《故宫珍本丛刊》第382册,海南出版社,2000,第180、181页。汤若望删改本更名为《西洋新法历书》,《五纬历指》一卷的相关论述得到保留,参见《西洋新法历书》第3册,《故宫珍本丛刊》第385册,第96、97页。

模型之天文学家"。[1]

这就很有意思了，在清代占据主导地位的天体模型甚至都没有成为新学说的对手，就被章太炎搁置和遗忘了。章太炎选择的对手是在明清间并未构成主流的另一派学说，是中世纪后期亚里士多德宇宙模型与基督教神学全盘结合后对宇宙运行方式的阐发。在中国，这种观念的代表著述是明末傅汎际译义、李之藻达辞的《寰有诠》。当然，无论亚里士多德模型、托勒密模型，还是第谷模型，都和日心地动的哥白尼学说相背，从宣传哥白尼学说的角度反击它们任何一家都有道理。[2] 然而，章太炎《视天论》更感兴趣的是，通过牛顿定律来探讨宇宙的运行方式，引申出《菌说》所倡万物"自造"观念，从而证明他对真儒术本质的界定——"以天为不明及无鬼神"。从学理上说，将《寰有诠》代表的宇宙观作为对手无疑更具针对性。

《寰有诠》的底本是葡萄牙耶稣会立科因布拉大学（Coimbra）

---

① 江晓原：《明清之际中国学者对西方宇宙模型之研究及态度》，《天文西学东渐集》，第363页。第谷体系在中国的传播和影响，也可参见该书"第谷天文工作在中国的传播及影响""第谷天文学说的历史作用：西方与东方"等节。

② 1760年，耶稣会士蒋友仁向乾隆帝献《坤舆全图》，详细介绍了哥白尼学说。蒋友仁指出，哥白尼学说"置太阳于宇宙中心，太阳最近者水星，次金星，次地，次火星，次木星，次土星"，"以太阳静，地球动为主"，继承哥白尼学说者有刻白尔（Johannes Kepler，今译为"开普勒"）、奈端（今译为"牛顿"）等，而"今西士精求天文者，并以歌白尼所论序次，推算诸曜之运动"。蒋友仁译，钱大昕等修改《地球图说》，中华书局，1985，第7页。此书为《坤舆全图》的说明文字。此前，《崇祯历书》将哥白尼列为四大天文学家，多处介绍其学说内容，黄宗羲之子黄百家也完整介绍过哥白尼学说。然而，此说并未获得中国知识界的广泛认可。知识界领袖阮元在1799年编讫的《畴人传》中，批评"地球动而太阳静"的学说是"上下易位，动静倒置"，"离经畔道，不可为训，固未有若是甚焉者也"。阮元：《畴人传》卷四十六西洋四附传论（1799），（清）阮元等：《畴人传汇编》，广陵书社，2009，第550页。40多年后，在西学中源的想象推动下，阮元以张衡的地动仪为"地动天不动之仪"，不再坚持反对哥白尼的日心说，而谓："蒋友仁之谓地动，或本于此，或为暗合，未可知也。"阮元：《续畴人传序》（1840），《畴人传汇编》，第552页。

对亚里士多德《论天》（*De Coelo*）的注解本。《寰有诠》是中国第一部系统介绍亚里士多德及西方中世纪正统宇宙学说的译著。其卷一论"万物共一最初者义"，无论在亚里士多德著作，还是在科因布拉大学的注解本中都没有出现，完全是傅汎际的再创作。[①]而这一卷集中表达了天主作为第一原因创造世界的神学内容，同时将亚里士多德的《论天》置于基督教神学的框架中。

《寰有诠》卷一谓万作"必有为最初作之所以然，是谓天主"，它举出了五条论证。第一条论证云，"就作所以然而推，凡属可觉之物，必有作之所以然，夫万作所以然之中，固无一能自造自成者，有作之者在先，乃有其效在后，……凡万作之所以然，皆相关相接而生，推寻原本，不得谓之无穷递传，而无所止极也。必有最初之作者，以为万作者之所共属"，而"必有为最初作之所以然，是谓天主"。第四条论证谓："就物之动而推，凡属动者，依他而受动；盖受动者属能，而施动者属为。"又谓："此一物之一分，不得谓其亦施动，亦受动。而凡受动者，必他有所依而受之动也。夫凡施动者，既他有所依而受动，则必有他施动者。而其他者，亦依他而受动。其相推相动之伦，不得无穷无极，是谓无最初施动者，无最初施动者，则亦无次施动者。盖凡次施动者，受动于最初施动者而动，则必当追而至于一最初施动而不自动者，

---

① 《寰有诠》原文底本是 *Commentarii Collegii Conimbricensis Societatis Iesv. In Qvatvor Libros de Coelo Aristotelis Stagiritae*（耶稣会立科因布拉大学注解，斯达济亚人亚里士多德《论天》四卷）。该书完成于 1560 年，作者可能是 Marcos Sorge、Pedro de Fonseca、Pedro Cómez 三者之一。关于《寰有诠》的研究尤其是它与底本的关系，参见惠泽霖《论〈寰有诠〉译本》，方豪译，《我存杂志》第 5 卷第 3 期，1937 年，第 127~128 页；方豪《李之藻研究》，台湾商务印书馆，1966，第九章"李之藻之译介宇宙论——《寰有诠》"，第 103~115 页。较为详尽的研究参见石云里《〈寰有诠〉及其影响》，《中国天文学史文集》第 6 集，科学出版社，1994。也可参见冯锦荣《明末熊明遇〈格致草〉内容探析》（《自然科学史研究》1997 年第 4 期，第 311 页）的相关介绍。

是谓天主。"① 简言之，就是说有作之者在先，才有其效在后，世间万物都不可能是自造自成；凡万作皆相关相接而生，作与作之效向其初始推求并非无所止极，"最初作之所以然"即天主。而在运动上，有施动者才有受动者，动只能是"依他而受动"，世间万物不受外力作用时处于静止状态；施动与受动向其初始推求也并非无穷无极，溯层层传递的施动和受动关系而上，所得最初的施动者乃是天主。由此，最初之作者与最初施动而不自动者达到了必然的同一。

亚里士多德宇宙模型内的运动关系符合《寰有诠》卷十对作者与其效、施动者与受动者关系的阐述。这也是该宇宙模型被纳入基督教神学体系的原因之一。《寰有诠》载："今我明辩，天动恒均，所谓均者，专论上重，其下诸重，动固不一。"傅汎际特意加小字，将"上重"注为"宗动天"，解释道："亚利（按：亚里士多德）证天动均停，无迟疾之异，第论宗动天所以旋运而成昼夜者。"宗动天的运转是均匀的，因它的旋转形成了昼夜。并且，宗动天作为施动方，其运动又带动了下层天球的运动，所谓："缘受动诸天，层累承接，中间绝无一物为间，又缘每重以上层含抱下层，而总一枢极，故上天之运，能挈下天而运。"②

章太炎的《视天论》针对的"往者宗动天之说"及其所说"列宿日地，皆如蚁行，而以天为旋磨"的运行方式，正是《寰有诠》阐发的宇宙运行方式。其间，牛顿定律对章太炎思想的启发是根本性的。这非常类似于怀特海所言，牛顿运动定律否定了两千年来阻碍物

① （明西洋）傅汎际译义，（明）李之藻达辞《寰有诠》，《四库全书存目丛书》子部第94册，第7、8、9页。

② 参阅《论诸天同类否》《论宗动天以下从东从西之运》，（明西洋）傅汎际译义，（明）李之藻达辞《寰有诠》，《四库全书存目丛书》子部第94册，第109页、第117页上。

理学进步的信念，关键在于它处理了科学理论中必备的一个基本概念——"观念上的独立系统的概念"（the concept of an ideally isolated system）。

这个概念包括了事物的一种基本性质。没有这个概念的话，科学，甚至于人类有限智能中一切的知识都不可能存在。这个"独立"的系统倒不是一个唯我主义的系统，唯我主义的系统认为离开我就一切都不存在了。这种独立系统则是在宇宙范围之内独立存在。这就是说，有许多关于这系统的真理，只要通过统一的和系统的关系图式推演到其余的事物作为参照就行。因此，独立系统的概念并不是在本质上独立于其余事物之外的系统，而是和宇宙间其他各种事物细节没有因果上的依赖关系的系统。同时，所谓没有因果上的依赖关系也只是对这一独立系统的某些抽象特性而言的，并不是指这一系统的全部具体情况。①

章太炎强调，在摄力与离心力配合下的天体运行，"各体相摄之说"表明星体"于昊穹，则本未尝隶属也"。② 这里的"未尝隶属"，即可视为"观念上的独立系统的概念"的一种呈现。

章太炎指出，"地之必有倚赖于太阳者"，"以其辉润暄蒸，能生万物"。地球"并不是在本质上独立于其余事物之外的系统"，但其存在和运行与太阳"没有因果上的依赖关系"，"夫体成圆球者，未

---

① Whitehead, *Science and the Modern World*, p. 47. 中文翻译参见怀特海《科学与近代世界》，第 54 页。

② 菊汉阁主稿《视天论》，《台湾日日新报》1899 年 1 月 8 日，汉文第 5 版。亦参章氏学《视天论》，《儒术真论》附文，《清议报》第 25 册，1899 年 8 月 26 日，第 1643 页。

或不动，动则浑沦四转，无待于覆"，地球"非专恃"太阳之"覆庇"。章太炎对万有引力定律进行了举一反三的运用，强化了对近似于"观念上的独立系统"的理解。如谓："苟无太阳，则自荧惑而外，至于海王，斯五行星者，其体质轨道皆大于地，亦未尝不能摄地，使绕一重心也。"易言之，即便没有太阳，地球也会被其他质量大于自己的星体之引力所摄。由于"凡体大者必能摄小体"，太阳其实也被质量远大于它的星体所摄，"地既为日所摄矣，而持蛇夫第七十星光大日一倍，天狼星光大日四十二倍……皆是能摄日者也。人第见地球为日所摄，而不知日球亦因摄而动"。[①]

章太炎基于万有引力定律，对《寰有诠》阐述的"作"者与其效及施动与受动的单向、有限的关系进行了根本性解构。作与作之效、施动与受动之关系可以无所止极，同一物体能够既是施动者又是受动者，并无最初的施动者，亦即并无所谓最初之"作"者。而章太炎将《视天论》"观念上的独立系统的概念"运用于观照万物，就有了《菌说》自己生成、自己进化的万物"自造"说。该说彻底否定了《寰有诠》"夫万作所以然之中，固无一能自造自成者"的逻辑，也否定了万作之上有一最初之作者。《菌说》物乃"自造"的用语，亦似特别针对《寰有诠》万作所以然"固无一能自造自成"的表述。

虽然亚里士多德的水晶球宇宙模型在清代并未得到官方承认，但《寰有诠》所载"宗动天"之说作为对亚里士多德"上重"天的附会与解说，还是有一定影响的。《崇祯历书》对《寰有诠》的"宗动天"采

---

① 章氏学：《视天论》，《儒术真论》附文，《清议报》第 25 册，1899 年 8 月 26 日，第 1643~1644 页。

保留其说法又略有回避的态度。① 天文历算学家王锡阐《五星行度解》则认同宗动天运行之力施加于七政。② 《四库全书提要》批评《寰有诠》"议论夸诈迂怪，亦为异端之尤"，③ 故《四库全书》不收该书而仅存其目。这也导致乾隆之后该书流传甚尠，"不甚见称于世"。④

从现存史料还不能最终判定章太炎知晓宗动天、水晶球体系，究竟是直接读到了《寰有诠》相关论说或受它影响的学说，还是仅凭耳食。⑤ 然而在清末，章太炎重要的学术工作是批判基督教神学，批判"自景教之兴，则宠神上帝，以为造万物"。⑥ 彼时，传教士传播的西学中大量掺杂着万物俱由"上帝创造"的内容。如《膏兰室札

---

① 《崇祯历书》推崇第谷的宇宙模型，认为"三天之行（日、月、太白）皆由一能动之力，此能力，在太阳之体中耳"。但《崇祯历书》保留了《寰有诠》"宗动天"的说法，姿态上则是回避。如，有问"宗动天之行若何"，其正解曰"地体不动，宗动天为诸星为上大球，自有本极，自有本行，而向内诸天，其各两极皆函于宗动天中，不得不与偕行。如人行船中，蚁行磨上，自有本行，又不得不随船磨行也。求宗动天之厚薄，及其体其色等，及诸天之体色等，自为物理之学，不关历学。他书详之。（如《寰有诠》等）"。徐光启等修辑《崇祯历书》，《五纬历指》一卷，《故宫珍本丛刊》第 382 册，第 181、182 页。

② 王锡阐谓："历周最高卑之原，盖因宗动天总挈诸曜，为斡旋之主。其气与七政相摄，如磁之于针，某星至某处，则向之而升；离某处，则达之而降，升降之法，不为直动，而为环动。"王锡阐：《五星行度解》，中华书局，1985，第 8 页。

③ （清）永瑢等：《四库全书总目》卷一二五子部杂家类存目二，中华书局，1965，第 1081 页下。

④ 陈垣：《浙西李之藻传》（1919），黎难秋主编《中国科学翻译史料》，中国科学技术大学出版社，1996，第 592 页。

⑤ 1857~1858 年，《六合丛谈》曾载伟烈亚力、王韬合译的《西国天学源流》（第 1 卷第 10 号，1857 年 10 月 18 日），介绍托勒密（译为"多禄某"）学说时指出："又谓天有层数，每层有硬壳，质如水晶，能透光，每壳上一行星居之，诸行星天外有恒星天，亦如水晶透光，其外又有宗动天，磨动诸天，每日一周，其外有天堂焉，此皆其徒附会之说，非多禄氏本意耳。"英国伟烈亚力口译，长洲王韬仲弢著《西国天学源流》，《西学辑存六种》，第 8 页。这说明其时有人误认为水晶球体系是托勒密的观点。最有意思的是，伟烈亚力 1859 年在为《谈天》写序时说："昔多禄某谓地居中心，外包诸天，层层硬皮。"伟烈亚力：《序》（1859），英国侯失勒原本《谈天》十八卷附表三卷，第 1 页。颇有以讹传讹的味道。章太炎也可能因受这些论说的影响，以为西学的"旧说"可概括为宗动天、水晶球体系。

⑥ 章太炎：《天论》，《章太炎全集·〈訄书〉初刻本》，第 16 页。

记》屡次提及韦廉臣（Alexander Williamson）的《格物探原》，该书六分之五的篇幅都是宣传基督教教义。章太炎早就宣布："天且无物，何论上帝。"[1] 而基督教神学的宇宙观正是《寰有诠》的内核。这就决定了《儒术真论》即便不是直接针对《寰有诠》，也必然与它所代表的知识话语交锋。

明清之际第一次西学东渐的天文学成果中，占据主流的第谷模型被章太炎搁置或遗忘，不居主流、结合亚里士多德宇宙模型与基督教神学的《寰有诠》的相关论述却被放在了审判台上。这从一个侧面表现出，清末这次西学东渐，科学革命建立的新范式覆盖一切，不可阻挡，新西学迅速替代旧西学，实现了学术的嬗变。

这里有必要对章太炎《视天论》言及的传统天学资源进行一些探讨，它们强烈地提示着章太炎对新知的受容。

《视天论》开篇指出，中国古代言天体有三家之说——"周髀"说、"宣夜"说、"浑天"说。[2] 宣夜说主张天无形质，并非固态，日月星辰皆自然"无所根系"地悬浮于空中，彼此不相依附，星体之间充斥着"气"。章太炎认为宣夜说"合于分刌节度"，即最符合宇宙天体存在的实态。章氏此文几乎全文援引《晋书·天文志》对宣夜说的解释，并且给予了肯定性的评价。其言曰："昔余尝持视天之说，以为远望苍然者，皆内蒙于空气，外蒙于阿屯以太而成是形，非果有包于

---

[1] 章太炎：《膏兰室札记》卷三第四六二条"天"，《章太炎全集·膏兰室札记》，第256页。

[2] 《后汉书·天文志上》刘昭注引蔡邕《表志》之言曰："言天体者有三家：一曰《周髀》，二曰《宣夜》，三曰《浑天》。"《后汉书》，中华书局，1965，第3217页。《晋书·天文志》详细解说了三家论天的特征，其中浑天说主张"天地之体，状如鸟卵，天包地外，犹壳之裹黄也；周旋无端，其形浑浑然"；周髀说即是盖天说，"言天似盖笠，地法覆盘，天地各中高外下"。浑天说以天地皆为圆球，天包地如蛋壳包蛋黄；盖天说以天地皆为圆盖，天上而地下。（唐）房玄龄等：《晋书》卷十一《天文上》，中华书局，1974，第285、278页。

各耀而成太圜之体者也。既而读汉秘书郎郗萌所记宣夜之说云：天了无质，仰而瞻之，高远无极，眼眥精绝，故苍苍然也。譬之旁望远道黄山而皆青，俯察千仞之深而窈黑；夫青非真色，而黑非有体也。日月众星，自然浮生虚空之中，其行其止，皆须气焉。是以七耀或逝或住，或顺或逆，伏见无常，进退不同，由乎无所根系，故各异也（《晋书·天文志》）。呜呼！斯言也，可谓合于分刌节度者矣。"①

肯定近代天文学解释的宇宙模型近似于中国古代宣夜说，并非章太炎的独创。伟烈亚力 1867 年出版的《汉籍解题》（ *Notes on Chinese Literature*，又译为《中国文献记略》）就指出，虽然传统的宣夜说并没有流传下来，但中国人认为宣夜说与欧洲人传入的天体系统非常近似。② 李约瑟（Joseph Needham）后来在《中国科学技术史》中表彰宣夜说云："中国这种在无限的空间中飘浮着稀疏的天体的看法，要比欧洲的水晶球概念先进得多；虽然汉学家倾向于认为宣夜说不曾起作用，然而它对中国天文学思想所起的作用实在比表面上看来要大一些。"③ 实事求是地讲，宣夜说是中国古代流传的一种影响并不大的学说，它顶多让章太炎在面对水晶球模型时抱持审慎而不轻信的态度。牛顿定律提供了"无所根系""未尝隶属"的宇宙天体

---

① 章氏学：《视天论》，《儒术真论》附文，《清议报》第 25 册，1899 年 8 月 26 日，第 1641~1642 页。章太炎的引文和《晋书·天文志》的记载只是个别文字有出入。《晋书·天文志》原文为："宣夜之书亡，惟汉秘书郎郗萌记先师相传云：'天了无质，仰而瞻之，高远无极，眼眥精绝，故苍苍然也。譬之旁望远道之黄山而皆青，俯察千仞之深谷而窈黑，夫青非真色，而黑非有体也。日月众星，自然浮生虚空之中，其行其止皆须气焉。是以七曜或逝或住，或顺或逆，伏见无常，进退不同，由乎无所根系，故各异也。"（唐）房玄龄等：《晋书》卷十一《天文上》，第 279 页。

② Alexander Wylie, *Notes on Chinese Literature*: *with Introductory Remarks on the Progressive Advancement of the Art*; *and a List of Translations from the Chinese*, *into Various European Languages* (Shanghae: American Presbyterian Mission Press, 1867), p. 86.

③ 李约瑟：《中国科学技术史》第 4 卷第一、二分册，科学出版社，1975，第 115~116 页。

系统的确切证明，这才真正激活了宣夜说。这一点对理解章太炎重新界定真儒术的《视天论》具有十分特别的意义。这也体现了近代科学最显著的特征，即超越时间与空间，对各方面、所有个体都有普遍适用性和客观性。

《视天论》谓："盖众星附丽天河，成大椭球，太阳率八行星，成一世界，而各恒星亦皆有所属之地球，其上所生人物，与此不异，所谓三千大千世界者近之矣。"① 此处，章太炎将不可思议的天河恒星群视为太阳系的复制品。于是，天河之恒星群虽阔大辽远，人类无力登越，但它们又具有某种可知性，无限星空必有无数的"地球"、无尽的生命。此种想象在 19 世纪末风行全球。比如，伟烈亚力猜测天河约十亿的行星"必俱有动植诸物如我地球"；② 侯失勒谓："夫天空如是其大也，诸星如是其多也，安知非别有动植诸物，生于其中耶？"③ 可谓众口一词。《视天论》又称："若夫火星之民，能开二渠以转漕，与通达之国不异。"火星上有运河（canal），乃 1870 年代之后逐渐流行的学说。美国天文学家罗威尔（Percival Lawrence Lowell）是该学说的热烈支持者。他 1895 年出版了《火星》（Mars）一书，将火星上的沟槽描述成运河。章太炎这些表述均可见出清末思想界与全球流行思想紧密关联。

《视天论》否定天之神性与上帝造人，尝谓："知实而无乎处，知长而无本剽，则上帝灭矣，孰能言其造人与其主予多殃庆耶。"④ "知实而无乎处，知长而无本剽"，源自《庄子·庚桑楚》所谓"有实而

---

① 章氏学：《视天论》，《儒术真论》附文，《清议报》第 25 册，1899 年 8 月 26 日，第 1644 页。

② 伟烈亚力：《序》（1859），英国侯失勒原本《谈天》十八卷附表三卷，第 2 页。

③ 英国侯失勒原本《谈天》十八卷附表三卷，卷十六，第 1 页。

④ 章氏学：《视天论》，《儒术真论》附文，《清议报》第 25 册，1899 年 8 月 26 日，第 1644 页。

无乎处者，宇也；有长而无本剽者，宙也"。据郭象注，此语意为"四方上下未有穷处""古今之长无极"，① 即空间与时间无穷无极。显然，单知时空绵延无极并不必然导致"上帝"或天之神性的消失。《视天论》此语之上有一句："北极虽大，宁独无绕乎？"所有天体都遵循万有引力定律才是关键所在，并不存在一个超越性、终极性的原因即"上帝"或神性之天。牛顿力学的基本定律解释了天体存在和运行的状态，使得遥远无穷的未知都能以已知、可感的方式得到对象化的投射和预计。浩瀚星空不过是无穷的太阳系、无数的地球、无尽的生命、无量的欲界烦恼……章太炎意识到，这才是神秘终极力量消失的根源。②

总的来说，接纳以牛顿力学定律为核心的近代科学，才是章太炎重新将真儒术之本质界定为"以天为不明及无鬼神"的深层次知识基础。

小结：国学涵容近代科学

章太炎早年于《膏兰室札记》中，已根据王充《论衡·物势篇》"天地不故生人，人偶自生"的观念驳斥了上帝造人之说。③ 在《菌说》中，章太炎用原子运动"欲恶去就"（"欲就为爱力、吸力，恶去为离心力、驱力"）两种背反力量的不断作用来解释万物的生成

① （清）郭庆藩：《庄子集释》，第800、801页。

② 单单相信时空无穷极、天河内外由无数的太阳系组成、无数的"地球"上有无量的生命，并不必然消减对上帝的信仰。比如传教士伟烈亚力跟章太炎一样相信这些宇宙天体知识，但他因此而更加赞叹造物主的伟大，谓："伟哉造物！其力之神，能之巨，真不可思议矣。"伟烈亚力：《序》（1859），英国侯失勒原本《谈天》十八卷附表三卷，第2页。选择怎样的信仰，毕竟和个体主观上愿意相信什么有关。

③ 《论衡·物势篇》原文参见黄晖《论衡校释》，中华书局，1990，第144页。章太炎的运用，参见《膏兰室札记》卷三第四一一条"造人说"，《章太炎全集·膏兰室札记》，第209页。

与进化。① 在牛顿定律的支撑下，章太炎进一步将"人偶自生"说引申、落实为万物"自造"说。

章太炎 1900 年梓行的《訄书》初刻本有《公言》上、中、下三篇。上篇起始谓："大明若弹丸而力四币，胁驱其侍从八行星，以从于轨道，而形体亦宵之。是故道重学于日之侍从之地，以为圜倚转，转亦倚圜，则万物以为公言，倪也。"此数语明确提出，力学对太阳系形态及运转规律的揭示是千真万确的真理。章太炎在《公言》篇末留下一句意味深长的话："夫舍日，而重学不可以为公言，则无公言乃公言矣！今吾犹不能遁于照临之外，其焉能越是范乎?"② 离开太阳系，力学就不能成为公言了，甚至可以说就没有公言存在了。但是，人类如今仍不能遁逃于太阳系之外，那么依章太炎之见，牛顿定律就是君临、支配世界的真正规范与"公言"。正是牛顿力学原理对天体运行状态的解释，稳固了章太炎日月星辰"未尝隶属""无所根系"等观念上的独立系统。他并以"欲恶去就"来描述引力与离心力的关系，证成万物"自造"，从而建构"依自不依他"的哲学观念，确立了真儒术"以天为不明及无鬼神"。

近代科学的东渐深刻改变了中国社会与思想界的面貌，清末新传入

---

① 《菌说》原文为："盖凡物之初，只有阿屯，而其中万殊，各原质皆有欲恶去就，欲就为爱力、吸力，恶去为离心力、驱力，有此故诸原质不能不散为各体，而散后又不能相和合。夫然，则空气金铁虽顽，亦有极微之知。……彼其知则欲恶去就而已，不如是不能自成原质，亦不能相引而成草木。夫其桥起而相引也，则于是有雌雄片合，而种类成矣。有种类则又有其欲恶去就，而相易相生相摩，渐以化为异物。故既有草木，则草木亦如瞀之求明，如瘘之思起，久之而机械日生，刻意思之以趋于近似，而其形亦遂从之而变，则于是有蜃蛤水母。彼又求明，则递为甲节，为脊骨，复自鱼以至鸟兽而为蝯狙猩狒以至为人，此所谓随序之相理也。"章氏学：《菌说》，《儒术真论》附文，《清议报》第 28 册，第 1838 页；第 29 册，第 1901 页。

② 章太炎：《公言》（上），《章太炎全集·〈訄书〉初刻本》，第 12 页。相较于《视天论》，《公言》的立论还略有些后退。《视天论》倾向于天河内外的星群皆类似于太阳系；而《公言》则疑惑，天河的星群"其形若剪刀与并夹"，它们的转动难道也是椭圆形的轨道，"圜与转之相倚"吗？如此模式，"出乎日畿，其尚为公言乎?"

的西学也覆盖了明末传入的旧西学。鲁迅曾言："盖科学者，以其知识，历探自然见象之深微，久而得效，改革遂及于社会，继复流衍，来溅远东，浸及震旦，而洪流所向，则尚浩荡而未有止也。"[1] 致力于传统学术的学人同样被裹挟在这股浩荡洪流之中。清学巨擘孙诒让深明"五洲强国竞争方烈，救焚拯溺，贵于开悟国民，讲习科学"的道理，谓："不佞曩者所业，固愧刍狗已陈，屠龙无用，故平日在乡里未尝与少年学子论经、子古义，即儿辈入学校，亦惟督课以科学。"[2] "真新学者，未有不能与国学相契合者也"，[3] 乃清末研习国学者的一种重要姿态。章太炎"以欧罗巴学上窥九流"，将对儒术本质内涵的认知建构在科学尤其是力学基础之上，令其重放光彩。在这种诠释中，国学与自西传入的科学并未构成时间上的先后关系，也没有形成自我和他者的二元对立。章太炎对儒、墨差异进行再认识，试图从学术史层面将"以天为不明及无鬼神"确立为儒学区别于墨学的焦点；同时又从方法上倡言治子乃发扬研究者能动性，"寻求义理"的"主观之学"，为国学涵容西方近代科学打开空间。由是，章太炎对真儒术的诠释不仅是方法和理论上自洽的体系，而且拥有近代科学的支持。"公言"洪流浩荡，浸润、滋养了中国文化的土壤，构成了亦古亦今之儒术观念真正的思想基盘。

第三节　斯宾塞、拉马克主义与清末的种群竞争论述

一　种群进化论与 1850 年代以降中英间的知识流通

甲午战争后，朝野有识之士逐渐意识到必须直面黄白种争的世界

---

① 鲁迅：《科学史教篇》（1907），《鲁迅全集》（1），第 25 页。

② 孙诒让：《答日人馆森袖海》（1907），孙延钊：《孙衣言孙诒让父子年谱》，第351 页。

③ 国学讲习会发起人：《国学讲习会序》，《民报》第 7 号，1906 年 9 月 5 日，第129 页。

形势。李鸿章于马关谈判开始时即谓，中日应力争"我亚洲黄种之民，不为欧洲白种之民所侵蚀"。[1] 孙中山 1897 年称，革命党努力奋发，"欲以救支那四万万之苍生，雪亚东黄种之屈辱"。[2] 1898 年，保国会成立，其初衷正是中国大地上"神明之华胄"，不堪忍受"四万万同气同种之胄"为"奴隶牛马"。[3] 在那个危如累卵的时代，"保人民种类之自立"的"保种"[4] 遂与保国、保教一起成为强烈的民族心声。清末的种群竞争论述固然建基于鸦片战争后徐缓渗入的人种分类学说，[5] 但更值得关注的是，种争、保种论述的成型几乎同步于严复、章太炎正面译介达尔文、斯宾塞进化学说的历程。种争论述中退化、灭种、竞存、天择、淘汰等表述，亦显然渗透了种群进化学

① 马建忠等：《东行三录》，台北：广文书局，1967，第 228 页。

② 孙中山：《与宫崎寅藏平山周的谈话》（1897），《孙中山全集》第 1 卷，中华书局，1981，第 174 页。

③ 康有为：《保国会序》（1898），姜义华、张荣华编校《康有为全集》第 4 集，第 52~53 页。

④ 康有为：《保国会章程》（1898），姜义华、张荣华编校《康有为全集》第 4 集，第 54 页。

⑤ 关于近代中国的种族观念，参见 Frank Dikötter, *The Discourse of Race in Modern China* (Hong Kong: Hong Kong University Press, 1992)。该书中译本参见冯客《近代中国之种族观念》，杨立华译，江苏人民出版社，1999。近年来，学界对近代中国种族观念的研究颇集中在人种学说的传入及其影响上，如张寿祺《19 世纪末 20 世纪初"人类学"传入中国考》，《社会科学战线》1992 年第 3 期；坂元ひろ子『中国民族主義の神話 人種・身体・ジェンダー』岩波書店、2005 年；石川祯浩《辛亥革命时期的种族主义与中国人类学的兴起》，石川祯浩：《中国近代历史的表与里》，袁广泉译，北京大学出版社，2015 等。不同于以 1892 年《格致汇编》所载《人分五类说》作为人种分类学传入中国的明确起点，张晓川的《晚清西方人种分类说传入考辨》（《史林》2009 年第 1 期）梳理了此类知识在道光年间开始流传的脉络。孙江的《布鲁门巴哈在东亚——"人分五种说"在东亚的传布及文本比较》（孙江：《重审中国的"近代"：在思想和社会之间》，社会科学文献出版社，2018，第 153~201 页）、梁展的《文明、理性与种族改良：一个大同世界的构想》（刘禾主编《世界秩序与文明等级：全球史研究的新路径》，三联书店，2016）运用英、日、法、德等多种文献，辨析人种学说论述在不同文化间流传、变异的情况。奇迈克（Michael Keevak）的《成为黄种人：亚洲种族思维简史》（方笑天译，浙江人民出版社，2016）考察了黄种人这一观念在西方科学论说中逐渐成形的过程。

说的理论思维。种群进化的理论与种群竞争的论述呈现出高度一体化的状态。

严复 1895 年《原强》篇解说了达尔文《物种起源》中《生存斗争》（struggle for existence）和《自然选择》（natural selection）两章，俨然在讲述中国自身迫切的政治、社会问题。"争自存"（struggle for existence）者，"谓民物之于世也，樊然并生，同享天地自然之利；与接为构，民民物物，各争有以自存；其始也，种与种争，及其成群成国，则群与群争，国与国争；而弱者当为强肉，愚者当为智役焉；迨夫有以自存而克遗种也，必强忍魁桀，趫捷巧慧，与一时之天时地利洎一切事势之最相宜者也"。① 众所周知，与达尔文"自然选择"的原理不同，斯宾塞在生物进化上主要持拉马克主义用进废退理念。② 深有意味的是，如冯客《近代中国之种族观念》所指出的那样，"在中国，从 19 世纪末直到 20 世纪中期，占优势的进化理论其实是非达尔文主义的（non-Darwinian）"，"中国知识分子在一种迥异于西方的社会政治背景里接受了进化理论。他们在一个导致他们强化进化论之不同方面的符号世界里运作……对自然选择的主导性解释是种族竞争和保种，灵感的主要外来资源是斯宾塞的综合哲学和拉马克的线性模式"。③ 然而迄今为止，尚缺乏关于斯宾塞种群进化理论

---

① 严复：《原强》（1895），汪征鲁等主编《严复全集》卷七，第 15 页。

② 达尔文与斯宾塞在进化观念差异上的比较，可以参阅 Bowler, *Evolution*；Francis, *Herbert Spencer and the Invention of Modern Life*。

③ Dikötter, *The Discourse of Race in Modern China*, p. 101. 译文参考中译本冯客《近代中国之种族观念》，第 94 页。该书将 "non-Darwinian" 译为 "反达尔文主义"，这里修正为 "非达尔文主义"。冯客 2015 年出版了修订过的《近代中国之种族观念》，将这段引文前面关于"社会达尔文主义"的讨论全部删去，但基本保留了上述所引文句。参见 Frank Dikötter, *The Discourse of Race in Modern China*, Fully Revised and Expanded Second Edition（New York: Oxford University Press, 2015），p. 68。浦嘉珉也有类似的认识，称："中国人那种根深蒂固的（即使是未被承认的）唯意志论的信念……使中国人更加难以理解达尔文本人到底说了些什么。" 浦嘉珉：《中国与达尔文》，第 92 页。

在中国如何落地，经过怎样的转化而产生影响的切实研究。① 以至于就进化论影响中国至深的领域——近代种群竞争论述，对其核心理论问题和历史脉络的认识其实还相当模糊。

事实上，综合来看，清末知识界译介斯宾塞著述潜伏着一条较全面勾勒斯氏生物、种群进化学说的线索。1898 年《昌言报》发表了章太炎与曾广铨合译的《斯宾塞尔文集》，其中第一篇《论进境之理》，即是斯宾塞刊发于 1857 年、集中体现其"进化论的宇宙哲学要点"② 之《论进步》。该文通过讨论宇宙天体、地球地质、生物种群、人类社会及诸文明表象的演进，归纳"进化"普遍的法则和原因，最能见出种群进化在斯宾塞对进化整体构想中的位置。1896 年，严复着手翻译赫胥黎的《进化论与伦理学》。1898 年 6 月，《天演论》第一个通行译本"慎始基斋本"发行，严复在导言十五《最旨》篇后撰有长篇按语。按语的大段文字翻译自斯宾塞 1867 年出版的《生物学原理》（*The Principles of Biology*）第二卷第十三章（即最终章）《未来的人类种群》（Human Population in the Future），严复称为

---

① 关于此前中国学界的斯宾塞研究史，本章第一节已进行了归纳和总结，这里不再赘述。社会进化论对中国的影响主要表现在三个层面：一是冲破传统的天道观念和纲常教条；二是作为新引入的社会学这门学科的理论基础影响了人们的历史观念；三是成为在中国传播的马克思主义哲学之理论先声。参阅谢文新《生物进化论在近代中国的"社会进化论"转身》，《广东外语外贸大学学报》2018 年第 4 期。其中，关于社会学这门学科的传入及其影响，参阅姚纯安《社会学在近代中国的进程（1895~1919）》。关于社会进化论与马克思主义哲学的关系，参阅单继刚《社会进化论：马克思主义哲学在中国的第一个理论形态》，《哲学研究》2008 年第 8 期；谢辉元《社会进化论与马克思主义历史哲学观念的递嬗》，《人文杂志》2018 年第 5 期。关于进化论应用于社会科学的一些负面效应，参阅彭新武《进化论在社会科学中的应用及其问题》，《中国人民大学学报》2004 年第 3 期。

② 西奥多·M. 波特、多萝西·罗斯主编《剑桥科学史》第 7 卷，大象出版社，2008，第 43 页。

"《生学天演》第十三篇《论人类究竟》"。① 这段体现《生物学原理》核心要义的文字，表现了斯宾塞将进化观念渗透至对生物学的认知。1903 年，严复翻译出版了《群学肄言》，原书即是斯宾塞的《社会学研究》。该书的第十四章《生物学上的准备》（严复译为《宪生》）主要涉及研究社会学时所必要的生物学知识，同《智力训练》（即《缮性》）、《心理学上的准备》（即《述神》）两章一起，被严复视为"真西学正法眼藏"。② 《论进步》《生物学原理》《社会学研究》在处理"进化"与种群竞争的关系时，逻辑上各有侧重。它们被译介为汉语、同中国的思想界发生勾连的过程，留下了斯宾塞种群进化理论在中国落地转化的脚印。

调律，如今也叫"调音"，指拧紧或放松钢琴的琴弦，使之达到一定音高。《文心雕龙·乐府》就有"杜夔调律，音奏舒雅"③ 之说。"律"和"历"相称，自古以来就指向对自然规律的辨察、描摹。如《大戴礼记·曾子天圆》曰："圣人慎守日月之数，以察星辰之行，以序四时之顺逆，谓之历；截十二管，以宗八音之上下清浊，谓之律也。律居阴而治阳，历居阳而治阴，律历迭相治也。"④ 章太炎在《膏兰室札记》中就曾引用《汉书·律历志》"夫推历生律制器，规圜矩方，权重衡平，准绳嘉量，探赜索隐，钩深致远，莫不用焉"一语，来说明"制器度数，皆本于律"。⑤ "进化"范畴恰与"律"相当，本就着意于天地万物演变的大经大法。用"调律"来形

---

① 严复按语，见严复译《天演论》（慎始基斋本），汪征鲁等主编《严复全集》卷一，第 109 页。
② 严复：《〈群学肄言〉译余赘语》，汪征鲁等主编《严复全集》卷三，第 10 页。
③ （南朝梁）刘勰：《〈文心雕龙〉译注》，周振甫译注，江苏教育出版社，2005，第 133 页。
④ （清）王聘珍：《大戴礼记解诂》，王文锦点校，中华书局，1983，第 100~101 页。
⑤ 章太炎：《章太炎全集·膏兰室札记》，第 229 页。

容斯宾塞种群进化理论在中国转化的过程，意味着中国知识界调节了斯氏种群进化论述的音奏，使之谐和于中国种群竞争论述的需求。具体地讲，中国的译者将黄白人种同样置于"贵种"的层级，从而调整了斯宾塞置欧洲人为最上级的种群进化位次，同时又催化"灭种""退化"的焦虑意识。以此为基础，描述生物特征变异、强调缓慢渐变的拉马克主义，诸如"用进废退"、适者生存等原理，才能被转用于国际政治一般层面的富国强民、优胜劣败。以至于在中国，一种探究变化原理的理论无形中充当了一个呼吁变革的时代之定盘星和加速器。

斯宾塞种群进化理论的产生，其在中国发生的转化及影响清末种群竞争论述的过程，其实还潜藏着一张从 1850 年代到 20 世纪初英语与中文两个世界知识大流通的网络。19 世纪以来，生物学特别是脑科学的发展，使人们逐渐认识到"人类的本性由大脑的结构所决定，由遗传下来的智力或行为模式的局限性所决定，由进化进程的性质所决定"。[①] 17 世纪笛卡儿著名的"身心二元论"所划定的精神（mind）与物质（matter）之间的断裂线，所支持的灵魂高于身体机器、灵魂在心理事件中拥有最终权威的立场再难立足。[②] 斯宾塞 1851 年在生理学家威廉·卡彭特的著述中阅读到胚胎学者冯·拜尔关于胚胎成长过程的论述，即"通过逐渐的变化，一种异质的或特殊的结构从一种较同质的或一般的结构中产生"。[③] 各种胚芽在

---

① Peter J. Bowler, "Biology and Human Nature," in *The Cambridge History of Science*, *Volume* 6, *The Modern Biological and Earth Sciences*, eds. by Peter J. Bowler, John V. Pickstone (New York: Cambridge University Press, 2009), p. 564.

② Anne Harrington, "The Brain and the Behavioral Sciences," in *The Cambridge History of Science*, *Volume* 6, *The Modern Biological and Earth Sciences*, pp. 506-507.

③ William. B. Carpenter, *Principles of General and Comparative Physiology* (London: John Churchill, 1839), p. 170. 斯宾塞在卡彭特著作中了解到冯·拜尔学说，参阅 Spencer, *An Autobiography*, Vol. I, pp. 384-385。

组织和化学成分上最初都是均质的物质，在经过无止境的分化后，它们成长为拥有复杂组织和器官的动物与植物，建构了我们这个森罗万象的有机世界。这给予斯宾塞极大的启发。他将有机体的进步所包含的"从同质性向异质性的变化"，推而广之界定为一切自然与社会现象的进步法则。① 创作于 1857 年的《论进步》主题即在此。斯宾塞指出，大脑的发育程度正是区分种群间进化程度的标志。虽然说"生物学"（biology）这个词在 18 世纪后期已经被使用，其含义指向针对从自然史区分出来的生命而展开的新研究，也可以追溯到 1802 年拉马克（Jean-Baptiste Lamarck）的著作，但是斯宾塞撰于 1864 年的《生物学原理》第 1 卷属于第一批甚或是第一本关于生物学的系统著述。它以其方向性和系统性，"在进化的光亮中给予了生物学一个新的开端"。② 换言之，19 世纪持续发展的生命科学（特别是人体生理学）与进化论在斯宾塞这里实现了重要的绾合。

事实上，在中国，随着英国医生合信第一次系统介绍近代西方解剖生理学的《全体新论》1851 年在广州出版，以及此后德贞的《全体通考》、柯为良的《全体阐微》等著述的持续推介，"脑为全体之主"③ 的观念已逐渐在趋新人士那里产生影响。④ 而《全体新论》相

① Herbert Spencer, "Progress: Its Law and Cause," in Spencer, *Essays*, Vol. I (1868), p. 2.
② Chris Renwick, "Herbert Spencer, Biology, and the Social Sciences in Britain," in *Herbert Spencer: Legacies*, eds. by Mark Francis, Michael W. Taylor (London & New York: Routledge, 2015), pp. 115–116.
③ 合信:《全体新论》，海山仙馆丛书，1851，卷三第八"脑为全体之主论"，第 1 页。
④ 关于晚清时期西方生理学知识在华的传播，参阅吴义雄《晚清时期西方人体生理知识在华传播与本土化》，《中山大学学报》2009 年第 3 期。

当部分就翻译自威廉·卡彭特的《动物生理学》。[1] 另外，以玛高温（Daniel Jerome Macgowan）与华蘅芳翻译的英国雷侠儿《地学浅释》在1870年代的梓行为标志，生物进化学家拉马克（译为"勒马克"）、达尔文（译为"兑尔平"）之名已进入中文世界。该著对拉马克和达尔文的学说均持模棱态度，谓前说"人未信之"，后说"亦未定"；其对达尔文学说的判断几乎是完全错误的。可以说，《地学浅释》最大的贡献并非对进化理论进行阐述归纳，而是通过分析地层的建构，将生物进化的诸种表象，如乳哺类后于禽鸟类，禽鸟类后于蛙蛇类，蛙蛇类后于鱼类等，非常形象直观地传达给了读者。中国读者也由此可建立"从古至今，各生物之形，皆由渐而变"的印象，并明了可以石刀期、铜刀期、铁刀期来划分史前时代。[2] 该著在清末影响甚广，梁启超即呼吁"不可不急读"。[3] 雷侠儿即查尔斯·赖尔，他的《地质学原理》也是斯宾塞《论进步》指明的参考书。[4]《地学浅释》就译自从《地质学原理》衍生出来的《地质学纲要》。[5] 在《地学浅释》之后，如《格致汇编》所载《混沌说》《地球稽古论》等文也对生物进化的现象有零星介绍。然而，还是要到戊戌时期严复、章太炎等正面译介赫胥黎、斯宾塞著

---

① 参阅松本秀士·坂井建雄「『全体新論』に掲載される解剖図の出典について」『日本醫史學雜誌』第55卷第4号、2009年、463-497頁；陈万成《〈全体新论〉插图来源的再考察——兼说晚清医疗教育的一段中印因缘》，《自然科学史研究》2011年第3期。

② 英国雷侠儿撰，美国玛高温口译，金匮华蘅芳笔述《地学浅释》卷十三，富强斋丛书，光绪丙申小仓山房校印，第1、4页。

③ 梁启超：《读西学书法》（1896），夏晓虹辑《〈饮冰室合集〉集外文》，北京大学出版社，2005，第1161页。

④ Herbert Spencer, "Progress: Its Law and Cause," *The Westminster Review*, Vol. XI, January and April 1857: 445.

⑤ 参阅聂馥玲、郭世荣《〈地质学原理〉的演变与〈地学浅释〉》，《内蒙古师范大学学报》2012年第3期。

作，趋新学界才逐渐接受由具有哲学性质的进化论所缀合的一整套对人体生理及生物历史的新认知。

这就意味着，1850年代斯宾塞已通过进化哲学来整合人体生理学和生物繁衍史，从而建构出一套种群进化和竞争论述。虽然说他用作材料的相关知识从1850年代开始就以片段化的方式渐次在中国流行，并且在相当程度上营造了人们接受其进化学说的知识氛围，然而直到1890年代后半期，因与那个时代的"保种"吁求紧密结合在一起，包含斯宾塞种群进化、竞争论述的进化学说才在中国整体登场，并被调律改造以适于国族生存求变的逻辑。这条跨度数十年的中英间知识流通脉络正是本节的问题主线。在问题主线之外，时代落差和地域文化的迥异还引发两个值得关注的次生问题。

一方面，种群进化论说震荡中西某些传统思维的幅度是相当的。比如，近代进化理论的基础是种群思维（population thinking）、逐渐接受渐变及人与自然的连续性，这就意味着带有本质主义的类型思维（typological thinking）势必遭到挑战。[1] 对西方而言，生物进化瓦解了存在之巨链的生命等级观；[2] 对中国而言，它质疑的则是从明末王夫之到清末谭嗣同等曾持有的"物有物之道，人有人之道"，[3] 以华夏、夷狄、禽兽之国划分"地之三区"的类型固化观念。[4] 又如脑才是思维的器官，由于脑的发育具有某种先天性，个体乃至种群的优劣就并非后天能动或主观意志所能左右。与打击笛卡儿"身心二元论"相似，这在

---

① Ernst Mayr, *What Evolution Is* (London: Phoenix, 2002), p. 78.

② 马丁·布林克沃思、弗里德尔·韦纳特主编《进化2.0：达尔文主义在哲学、社会科学和自然科学中的意义》，赵斌译，科学出版社，2018，第2页。

③ （明）王夫之：《张子正蒙注》，《船山全书》第12册，岳麓书社，2011，第32~33页。

④ 谭嗣同：《治言》，《谭嗣同集》整理组整理《谭嗣同集》，浙江古籍出版社，2018，第509页。

中国也撼动了"言心主思"① 的传统主流观念。然而在佛风大盛的清末，思想家在某种程度上习惯性地将脑的先天差异性存而不论，仍试图发掘心的统摄作用，从而无形中与19世纪末西学对欲望、意志等主观性的强调产生了默契。而新观念的传播和接受在社会层面上呈现非均质化的样态，再加上理论表述往往受到政治主张中区分自我与他者的制约，这就导致了同一时代甚至同一个体那里都经常出现新旧论述杂陈的复调性。

另一方面，种群竞争论述说到底还是一种话语实践。这就意味着它离不开思想与其能指符码——语言的关系。涉及讨论自然条件制约人类生存时，汉语中的"天时""地利"很容易就滑向主张人能够主动去适应自然的"顺天时，就地利"。拉马克主义用进废退、获得性状遗传的观念也就特别符合近代中国强大的唯意志论潮流。② 强调偶然性、对于命运无可奈何的达尔文主义"自然选择"（natural selection）理念，却难以具备如此广泛的接受条件。从《时务报》"东文报译"栏到《清议报》，日译新词源源不断进入中国。生存竞争、优胜劣败等一系列来自日语的汉字词，正是依托用进废退的理念，参与了中国的种群竞争论述。由此而言，在不同话语掺杂的表象中，思想结构作为基底，仍旧对它所"偏好"的词汇有特定的选择性。

二 卡彭特与斯宾塞种群进化论的生成及在中国的落地

《论进步》1857年4月初次刊发于《威斯敏斯特评论》。同年10月，斯宾塞在《国家评论》（*National Review*）上发表《生理学的终极法则》（The Ultimate Laws of Physiology）。此文改名为《超验生理

① 谭嗣同：《论全体学》（1898），《谭嗣同集》，第435页。
② 在近代中国，确实出现了一股强大的唯意志论思潮。高瑞泉通过分析龚自珍、谭嗣同、王国维、章太炎、梁启超的思想研讨了近代的这一思潮，指出"唯意志论同进化论有复杂的正负关连"。高瑞泉：《天命的没落——中国近代唯意志论思潮研究》，上海人民出版社，1991，第206页。

学》（Transcendental Physiology），同《论进步》一起收入了斯氏1858年第一次结集的《论文集：科学的、政治的和推断的》。《论进步》与《超验生理学》构成了事实上的互文关系。斯宾塞有感于从同质性到异质性转换的进化（进步）法则在生理学方面还需做进一步分析，所以创作了《超验生理学》。而且《论进步》总结进步的原因，即每一个作用力产生不止一个变化，从同质性向异质性的转化永不停歇时，还特别加上注释进行补充说明，"同质性的状态是一个不稳定的均衡状态"，就此，"《超验生理学》会有进一步阐述"。①《超验生理学》指出，《论进步》将同样的法则和原因贯穿于宇宙、地质、人种、社会等多种进步形式中，而作为其立论基础的、有机体进化的原因是由于效应的增加，事实上缺乏直接的证据，它恰恰属于超验生理学，意即"演绎生理学的一个例子"（an example of deductive physiology）。②

严复《天演论》的《最旨》篇按语翻译了斯宾塞1867年出版的《生物学原理》第2卷最终章《未来的人类种群》第373段和第374段的前半部分。在第373段的末尾，斯宾塞有一个很长的注释，称："这一章的大部分内容保留了它们原初的样子，上述段落逐字重印自1852年4月的《威斯敏斯特评论》，在那篇文章中，前述百页的内容第一次被概述出来。"③《生物学原理》末章逐字重复的文章，乃是《一种人口理论：演绎自动物生育力的一般法则》（*A Theory of Population*, *Deduced from the General Law of Animal Fertility*，下文简称

---

① Herbert Spencer, "Progress: Its Law and Cause," in Spencerr, *Essays: Scientific, Political, and Speculative* (London: Longman, Brown, Green, Longmans, and Roberts, 1858), p. 30. 这条注释同时出现在斯宾塞《论文集：科学的、政治的和推断的》1868年版 [Spencer, *Essays*, Vol. I (1868), pp. 33-34] 中，而这个版本正是曾广铨、章太炎译《斯宾塞尔文集》所采用的版本。

② Herbert Spencer, "Transcendental Physiology," in Spencer, *Essays* (1858), pp. 279-280.

③ Herbert Spencer, *The Principles of Biology*, Vol. II (New York: D. Appleton and Company, 1867), p. 500.

《一种人口理论》）。从篇名即可看出，斯宾塞思考未来人类种群的发展建基于解答马尔萨斯（Thomas Robert Malthus）《人口论》（*An Essay on the Principle of Population*）所提出的问题。18世纪末，马尔萨斯指出，在没有妨碍的情况下，人口是以几何级数增长，而生活资料只以算术级数增长，为缓解人口增长速度超过粮食增长速度的生存压力，必须将人口抑制在适当限度。英国学者汤姆斯·道布尔戴（Thomas Doubleday）1840年代出版的《体现在与人类食物相关的人口的真正规律》攻击马尔萨斯的观点，提出"过剩状态总是抑制人口增长，而耗损的状态总是增加人口数量"（the plethoric state invariably checks it, and the deplethoric state invariably developes it），[1] 意即丰富的食物反而会导致出生率下降。斯宾塞同意道布尔戴的整体判断，他也将该著列为《一种人口理论》的参考书。然而斯宾塞认为，由于缺少对有机现象特别是不同种族生育力变化机制的深入研究，在食物过剩抑制人口增长及食物匮乏刺激人口增长之间，道布尔戴的理论"没有揭示自我调整的过程"，也就难以单独构成人口规律。[2]

斯宾塞借鉴了以卡彭特为代表的一系列比较生理学著作提供的数据。《一种人口理论》指出，从植物世界真菌一夜产生的孢子数量超过橡树一年的结实量，到动物世界中鳕鱼一次能产下100多万粒鱼卵，哺乳动物有的一年产几窝幼崽，再到最不高产的大象和人，"随着维持个体生命能力的提高，繁殖能力在降低"，这就意味着"个体化和生殖是对立的"（Individuation and Reproduction are antagonistic）。[3] 对于有机生命来说，只有对吸收、血液、排泄和肌肉系统产生协调作用的神

---

① Thomas Doubleday, *The True Law of Population Shewn to be Connected with the Food of the People*, second edition (London: Effingham Wilson, 1843), p. 20.

② Herbert Spencer, *A Theory of Population*, *Deduced from the General Law of Animal Fertility* (London: John Chapman, 1852), p. 4.

③ Spencer, *A Theory of Population*, pp. 11–13.

经系统才彰显着个体性的建立。在复杂的器官运作中，生殖系统消耗的能量越多，神经系统占用的能量就越少；反之，神经系统使用的能量越多，生殖系统所能消耗的能量就越少。个体性发达的高等动物相较于低等动物来说生殖力普遍更低，这是根本原因。斯宾塞将从观察动物生殖现象得出的推论，导向解释人类各种群的竞争和人类的未来走向。《一种人口理论》这部分的内容几乎原封不动地进入了《生物学原理》第 2 卷末章，也构成了《天演论》的《最旨》篇的按语。

在中文里，"人口"和"种群"是两个意涵差距较大的词。然而在英文里，"population"除了指"人口"，从生物学角度也指"种群"，表示特定时空中能自由交配和繁殖的同种生物所有个体之集群。①种群思维（population thinking）构成近代进化理论的基础。斯宾塞在《一种人口理论》正文中其实更多使用的是"race"这个词，而一般在讨论人口数量的压力时才用"population"。"一种人口理论"对他而言，毋宁说是一种种群理论。并且，斯宾塞那里的"种群"不仅指人类整体，还指向体质或文化有差异的各种人类的亚分类，和清末"保种""合群"观念中的"种群"在内涵上有相通性。斯宾塞指出，人口增长的压力是进步非常切近的原因。它迫使种族逐渐扩散，占据地球表面适宜生存的地区，促进农耕和人群的日益社会化。生存的压力刺激人们改善机械技能，发展心智，增强自我约束的道德力量。除了促进儿童教育，"它诱导母亲的远见、节约和熟练的家务能力；它诱导父亲更艰辛的工作和恒常的自我牺牲"。对心智、技能和道德的持续规训，必然导致该种群的神经中枢进一步扩大，同时生育力进一步下降。另外，那些过度生育陷入谋生困难的家族或种群，如不能通过提高心智活动来增加生产，就

---

① 参阅恩斯特·迈尔《生物学思想发展的历史》，涂长晟等译，四川教育出版社，2010，第 166 页。

必然走向灭绝，并最终被因压力而激励的家族或种族所取代。换言之，人口的压力促进了人类心智的提升和进步，因神经中枢的增长消耗了过剩的生育力，人口压力也最终走向缓解和终结。①

从《论进步》与《超验生理学》，以及《一种人口理论》和《生物学原理》的互文关系中，可知戊戌时期中国所译介的斯宾塞种群进化与竞争论述事实上成型于 1850 年代。无论推导进步的法则，还是始于思索马尔萨斯人口论，终于解释人类种群竞争、兴衰和进化，彼时的动物和人体生理学都成为斯宾塞理论建构的关键塔基。彼特·鲍勒指出，在 1850 年代，达尔文的学说被人们熟悉之前，斯宾塞已经接受了人类社会进步和生物进化思想。"利用生物进化论来解释人类种族的排列"，勾勒种族和社会的等级，"这种观点最早的先驱是赫伯特·斯宾塞"，19 世纪后期则风行于世。② 卡彭特的生理学与斯宾塞"超验生理学"及种群进化论之间的间距，能具体体现出"进化"观念对生物学的渗透。而这一间距投射到清末中国的思想历程中，又恰恰是戊戌时期种群进化论的译介，是 1850 年代逐渐引入西方人体生理学之后的一次观念升级。

卡彭特因其一系列通俗生理学著述的巨大成功，加上曾任伦敦大学教务主任及《大不列颠和外国医学评论》编辑等重要职务，他在 19 世纪四五十年代英国医学生的课程和教育上产生了比其他任何人

---

① 相同的内容请参阅 Spencer, *A Theory of Population*, pp. 32 – 34; Spencer, *The Principles of Biology*, Vol. Ⅱ, pp. 499–500。在斯宾塞生活的时代，就美国的情况来看，随着家庭经济功能的变化，出生率开始明显下降。据统计，1800 年，每位美国女性在育龄期平均要生育 7 个孩子。到了 1860 年，每位女性平均只生育 5 个孩子。并且在城市及中产阶级女性当中出生率下降最为明显。斯宾塞的思考正是基于自身的时代现象。参阅艾伦·布林克利《美国史》，陈志杰等译，北京大学出版社，2019，第 424 页。

② Bowler, *Evolution*, p. 104. 译文参阅皮特·J. 鲍勒《进化思想史》，田洺译，江西教育出版社，1999，第 128 页。

都更大的影响力。① 斯宾塞的《论进步》《一种人口理论》等著述均将卡彭特的作品列在篇前,② 其文章采用的生理学例证不少亦出自卡彭特作品。然而在斯宾塞看来,"目前构成生理学科学的概括,包括一般的和特殊的,都是基于观察或经验来推导起因(à posteriori)的",他倡导进行"先验推理"(à priori)的超验生理学。③ 经验的,抑或先验的,的确是卡彭特与斯宾塞处理生理学时方法论的差异。下面就从《论进步》论述人的进步,即人类自诞生以来人体组织变得越来越多样异质的段落展开讨论。

斯宾塞指出: in the relative development of the limbs, the civilized man departs more widely from the general type of the placental mammalia than do the lower human races. While often possessing well-developed body and arms, the Papuan has extremely small legs: thus reminding us of the quadrumane, in which there is no great contrast in size between the hind and fore limbs. But in the European, the greater length and massiveness of the legs has become very marked—the fore and hind limbs are relatively more heterogeneous. Again, the greater ratio which the cranial bones bear to the facial bones illustrates the same truth. Among the vertebrata in general, progress is marked by an increasing heterogeneity in the

---

① 关于卡彭特的生平和研究,参阅 John Lidwell-Durnin, "William Benjamin Carpenter and the Emerging Science of Heredity," *Journal of the History of Biology* 53 (2020): 81–103。

② 《论进步》1857 年登载于《威斯敏斯特评论》时,将威廉·卡彭特的《比较生理学原理》(*Principles of Comparative Physiology*) 列为参考书。*The Westminster Review*, Vol. XI, January and April 1857, p. 445. 而《一种人口理论》则将卡彭特的《一般和比较的生理学原理》(*Principles of Physiology, General and Comparative*) 列为参考书。Spencer, *A Theory of Population*, p. 1.

③ Herbert Spencer, "Transcendental Physiology," in Spencer, *Essays* (1858), p. 276.

vertebral column, and more especially in the vertebrae constituting the skull: the higher forms being distinguished by the relatively larger size of the bones which cover the brain, and the relatively smaller size of those which form the jaws, &c. Now this characteristic, which is stronger in Man than in any other creature, is stronger in the European than in the savage. Moreover, judging from the greater extent and variety of faculty he exhibits, we may infer that the civilized man has also a more complex or heterogeneous nervous system than the uncivilized man: and, indeed, the fact is in part visible in the increased ratio which his cerebrum bears to the subjacent ganglia. If further elucidation be needed, we may find it in every nursery. The infant European has sundry marked points of resemblance to the lower human races; as in the flatness of the alae of the nose, the depression of its bridge, the divergence and forward opening of the nostrils, the form of the lips, the absence of a frontal sinus, the width between the eyes, the smallness of the legs. Now, as the developmental process by which these traits are turned into those of the adult European, is a continuation of that change from the homogeneous to the heterogeneous displayed during the previous evolution of the embryo, which every physiologist will admit; it follows that the parallel developmental process by which the like traits of the barbarous races have been turned into those of the civilized races, has also been a continuation of the change from the homogeneous to the heterogeneous.[1]（参考译文：在四肢的相对发育中，相比于低级人种，文明人和有胎盘哺乳动物

[1] Herbert Spencer, "Progress: Its Law and Cause," in Spencer, *Essays*, Vol. I (1868), pp. 10-11.

一般类型的区别要大得多。而巴布亚人虽然拥有发达的身躯和手臂，但是腿部非常的短。这让我们联想到灵长类动物，它们的后肢和前肢的大小就没有太大的反差。但是欧洲人拥有更长更厚实大腿的特征是明显的，前肢与后肢相对而言差异性也更大。此外，（文明人）脑颅骨相比面颅骨占有更大的比例，也揭示了同样的事实。通常在脊椎动物中，脊柱越发增加的异质性，特别是组成颅骨的脊椎异质性的增加是进步的特征。更高层级的形式以相对更大型的骨头覆盖大脑及相对更小型的骨头组成颌骨为特征。而这些特征，人比其他动物强大，欧洲人比野蛮人强大。并且从所表现出的更大范围和更多种类的能力判断，我们可以推定文明人比未开化人有更复杂更异质的神经系统。其实，这一事实通过大脑相比于下级神经中枢所占比例的增加可以得到部分的显现。如果需要做进一步的阐明，我们可以在每个婴儿室中找到证据。欧洲的幼儿在各种各样的特征上都和低级的人种相似，比如鼻翼平坦、鼻梁塌陷，大大地向上方开孔的鼻孔，双唇的形状，额窦的缺乏，双眼间的宽度，双腿短小。这些特征朝向成年欧洲人的特征变化发展的过程，是呈现在胚胎先前进化过程中从同质性向异质性变化过程的一个延续，这是每一位生理学家都承认的。因此，野蛮种群的类似特征转变成文明种群的特征所经历的相似的发展过程，也是从同质性向异质性变化的一种延续。）

斯宾塞划分了从哺乳动物进化到人的等级序列，有胎盘哺乳动物最低，其次是低级人种（the lower human races）或曰野蛮人（the savage）、未开化人（the uncivilized man），最高是文明人（the civilized man）或者说欧洲人（the European）。除了身形，进化程度高的人直立行走的特征更明显，比如"拥有更长更厚实的大腿"，前肢与后肢差异性更大，进步最显著的特征还是大脑的发育程度。大脑发育程度高，意味着拥有更复杂更异质的神经系统。在1840年代前后，斯宾塞沉迷于颅相学（phrenology），认为可以通过颅骨的外形来观察大脑的结构，而独特的心智功能居于大脑的特别位置。后来受彼时体质人类学和各种生理学著述影响，他抛弃了被认为是伪科学的颅相学。这里提到以脑颅骨相比面颅骨的比例来判断大脑的发育程度，正是荷兰解剖学家坎珀（Petrus Camper）提倡的面角（facial angles）测量法所要达到的目的。卡彭特在《动物生理学》中介绍说："脑的大小，特别是其垂体前叶的大小（这一部分和较高的推理能力有特殊关联），相比于面部的大小，可以相当准确地通过面角的测量得以估计；就如同荷兰著名的博物学家坎珀所推荐的那样……"[1] 相关段落1851年被合信翻译到《全体新论》中，称："西国书有量脑之法，以九十度为率，其法用一机矩，将一端自耳孔横量至鼻孔，又将一端由颔骨上量至额，然后视两端相去几何……大抵度愈多则人愈智，度愈少而人愈愚。因度多者则头骨阔，而脑必大。"[2]

　　至于欧洲幼儿的特征与低级人种相似，野蛮种群向文明种群进化

---

[1] William Benjamin Carpenter, *Animal Physiology* (London: Wm. S. Orr and Co., 1843), p. 540. 卡彭特对当时流行的诸种测量颅骨的方式都很熟悉。他曾撰写《人的种类》，对 Camper、Blumenbach、Owen、Dr. Pritchard、Prof. Retzius 的测量法都进行了介绍。William Carpenter, "Varieties of Mankind," in Robert B. Todd, ed., *The Cyclopaedia of Anatomy and Physiology*, Vol. IV - part II (London: Longman, Brown, Green, Longmans, & Roberts, 1849–1852), p. 1320.

[2] 合信：《全体新论》卷三第八"脑为全体之主论"，第2页。合信所译原文同样来自 Carpenter, *Animal Physiology*, pp. 540–541. 卡彭特原文还有更详细的解说："其操作方法是，在耳孔和鼻孔的下沿之间画一条水平线，和它相交的另一条线则通过最突出的前额部分及上颌的前方。很明显，随着面部愈加发展，前额愈加后退，成比例的，后一条线就会愈加向前一条线倾斜，以至于形成一个更锐利的角度；同时，假如前额突出，而口鼻几乎不向外突出，那么这个角度将会更加接近直角。因此，这样的面角具有相当的正确性来发现脑相对于面部的比例，即是智力的器具相对于感觉器官的容器的比例。"

的过程从外貌特征上类似于欧洲人从幼儿到成人的生长过程，则正是《超验生理学》格外强调的内容。《超验生理学》指出，"所有有机体的进化都结合着分化与整合而进行下去"，这是生理学家没有意识到的普遍事实。在论证过程中，斯宾塞先引用卡彭特《比较生理学原理》，举例说明有袋类动物有双子宫现象，许多啮齿类动物子宫仍然完全分为两个侧半，而在另一些啮齿类动物中，它们在较低的部位结合，形成人体子宫的雏形。① 斯宾塞在这里做了一个重要推论，即认为将拥有相似职能的部分统一起来是有机体器官进化的普遍趋势。"人类的胎儿，如同低等脊椎动物，双眼分别被置于头部的一侧。在进化的过程中，它们变得相对接近，出生的时候是在头部的前面。欧洲人的婴儿就如同成年的野蛮人一样，尽管双眼相较于它们之后变成的样子而言仍旧成比例地分得更开"；而人的嗅觉表面器官也有中线合并的趋势，"通过比较文明人与野蛮人、成年人和婴儿，我们发现，在最完美的物种上，鼻孔接近的程度是最高的"。由于双眼轨道接近会挤压嗅觉腔室的规模，而鼻隔膜既是泪腺分泌物的发散表层又是嗅觉附随神经的分支表层，这都使得人类的双眼不可能合并为一个，两个鼻孔也不能。② 《超验生理学》中这些对欧洲人婴儿和成年野蛮人在双眼距离和鼻孔相似性上的分析，正是《论进步》上引段落判断之所本。

事实上，《超验生理学》和《论进步》将野蛮种族到文明种群的进化比拟为欧洲人从幼儿到成人的生长，支持了"重演"

---

① 根据斯宾塞自述，这段文字参考了卡彭特《比较生理学原理》伦敦版第 617 页。笔者未见该版，在该书修订自伦敦版第 4 版的美国版中找到了这段文字。William B. Carpenter, *Principles of Comparative Physiology*, a new American, from the fourth and revised London edition (Philadelphia: Blanchard and Lea, 1854), p. 607.

② Herbert Spencer, "Transcendental Physiology," in Spencer, *Essays* (1858), pp. 269-271.

（recapitulation）理论，即认为物种进化的历史被个体有机体的发展所重演。① 1866 年，海克尔创造了"个体发生重演了种系发生"（ontogeny recapitulates phylogeny）这个短语来描述这个理论。斯宾塞将欧洲人暂时取得的物质文明优势看作欧洲人种处于人类进化最高位阶的结果，是由大脑发育程度这种本质条件所决定的。并且，由于他将野蛮的未开化人视同欧洲人的幼儿，而幼儿和成人在同一个空间中有不可逾越的岁月落差，他也就在所谓野蛮的未开化人与文明欧洲人之间设置了结构性的、不可逾越的时间等级。这体现了他的欧洲中心主义和种族主义思维。斯宾塞引为自豪的"超验"本质上是人为的推论，也是将某些偏见和臆断合理化的方式。

在写作《论进步》的 1850 年代，斯宾塞坚信欧洲人是人类进化的高级阶段，在体质、思维、情感能力上均优越于其他人种。如谓"最低级的野蛮人甚至没有正义或仁慈的观念"，由于缺乏同情心，"野蛮人更乐于给予痛苦，而非快乐"。② 研究者已注意到，随着斯宾塞反省欧洲的殖民主义，他对欧洲人道德胜过土著人越来越没有信心，两者道德上趋于平等使其进步哲学有脱轨的危险。在《社会学原理》中，他用"前社会"（pre-social）取代有偏见的"粗鲁民族"（rude peoples）、"原始人"（primitives）、"野蛮人"（savages）等词。③ 在《伦理学原理》中，他批评"野蛮人"（savages）这个词是

---

① 迈克·霍金斯认为斯宾塞的重演理论采用了德国自然哲学的视角，他还分析了斯宾塞诸如《教育论：智育、德育和体育》《心理学原理》对重演理论的论述。Mike Hawkins, *Social Darwinism in European and American Thought, 1860–1945: Nature as Model and Nature as Threat* (Cambridge: Cambridge University Press, 1997), p. 91.

② Herbert Spencer, "Bain on the Emotions and the Will," in Spencer, *Essays*, Vol. I (1868), pp. 312–313.

③ 相关讨论，参见 Francis, *Herbert Spencer and the Invention of Modern Life*, pp. 192–193, 279, 286–288。

误导，欧洲人在国内迫害异端的残忍手段，在海外对当地民族的侵略伤害比所谓的"野蛮人"更加粗野。[①] 1891 年，斯宾塞对《论文集：科学的、政治的和推断的》做了大幅度修订。然而，《论进步》上述涉及野蛮人与欧洲人差异的文字并未修改。这至少说明，在人种体质的进化上，晚年斯宾塞并未改变立场。或许他也清楚，没有超验生理学的支撑，他的"进化"哲学将整体坍塌。

卡彭特与斯宾塞不同。

一方面，作为上帝一位论派（Unitarian）牧师家庭的孩子，上帝一位论派的信仰让卡彭特坚信人类有统一的起源。尽管他仍有偏见地以为非欧洲种族智力低下，但认为那并非天赋使然，在欧洲基督教文明的影响下，他们的心智能力将获得同等提升。比如《动物生理学》尽管也说"在更具智慧的四足脊椎动物中，很容易发现与幼儿早期类似的及可延续的推理能力；仅仅是随着年纪的增长和力量的增强，人类的优越性会表现得更明显"，但是卡彭特比较的是人与四足脊椎动物，而非所谓的文明人与野蛮人。他还批评那些旅行者对当地人的思维习惯和礼仪习俗认知有限，却试图证明某些特定民族的人在性情或心智观念上有缺失。卡彭特指出，从在异教徒中传播基督教的传教士报告来看，当地人不缺乏能力和意愿来接受神的观念，"天赋机能是明显存在的，尽管需要开动使其运转起来"。[②]

另一方面，作为一名依据经验和证据说话的生理学家，层出不穷的事实发现和事理分析让卡彭特很难在人类种群之间划定不可逾越的分界线，遑论置诸进化的时间序列。卡彭特在 1849～1852 年撰写了《人的种类》一文，载于罗伯特·托德（Robert Todd）编的《解剖学

---

① Herbert Spencer, *The Principles of Ethics*, Vol. I（New York：D. Appleton and Company, 1892）, pp. 394-396.

② Carpenter, *Animal Physiology*, p. 542.

与生理学百科全书》。该书也是斯宾塞《生理学的终极法则》列出的第一本参考书。① 卡彭特比较欣赏詹姆斯·普理查德（James Pritchard）的分类法，认为依据颅骨，人至少可分为3类，一是以几内亚湾黑人为代表的"下巴突出型"，二是以中亚蒙古人和通古斯语族为代表的面平额窄的"金字塔型"，三是以西欧和南欧本地人代表的"椭圆型"。但他又迅急强调，人种间颅骨尺寸没有持续的、固定界限，如在中国人和其他东南亚的文明族之中也能找到非常接近椭圆形（欧洲人）的头骨。该文列有一个显示颅骨大小的表格。虽然平均来看现代高加索人颅骨最大，接着是古高加索人、蒙古人、马来人、美洲人、黑人，但作者指出，"需要注意的是，测量的颅骨的数据还是太少"，并且平均颅骨较小的种群中颅骨的最大值超过平均颅骨较大的种群中颅骨的最小值。比如，本土出生的非洲人头盖骨最大达99立方英寸，而德国人的头盖骨最小是70立方英寸，英国人最小是91立方英寸，"因此，很明显，在这个基础上，不可能在各种各样的人类种群之间划出一条固定的、不可逾越的界限"。颅骨的构造不是3种或5种，而是20种或30种，一旦对知之甚少的部族的生理特征有更多了解，其数量还会上升。所有的类型，"总是被一种中间形式或过渡形式的渐变连接起来，以至于无法用丝毫的理由来画出表明物种限度所必需的明确的边界线"。作者指出，人类各种族在生理和心理特征上的差异更多是各自为适应外在生存条件而发生的改变，是程度上的不同，并非本性上的差别。他预测，美洲和大洋洲的种族由于与欧洲人接触，他们作为纯粹的种族似乎注定要灭绝，但蒙古人或非洲人的后裔会以非凡的韧性坚守自己的据点，"在基督教文明的

---

① Herbert Spencer, "The Ultimate Laws of Physiology," *National Review*, Vol. V, July and October 1857: 332.

影响下，他们注定要在未来的人类历史中占据重要位置"。[1]

上面比较卡彭特的生理学和种群论述与斯宾塞的"超验生理学"和种群进化论之间的理论差异，是想指出，其核心部分其实构成了戊戌时期译介斯氏进化学说前后，在中国所流行的外来人类种群论述之间的大体区隔。当把在中国呈现为历史阶段性的演变差异返回到斯宾塞相关思想诞生时的英国现场时，种群进化、竞争论述从思想原料加工制作为成品的理论过程也才会得到清晰的透现。

此前的研究对海通以来中文所译介的西方人种分类学、人体生理学知识的相关文本及其修改外文原作的情况已经有了相当详备的梳理，这里不再赘述。几个关键时间节点上重要作品的记录，就足以说明它们和卡彭特生理学、种群论述之间的相似性。尽管仍有程度不同的欧洲中心主义、歧视非欧洲人种的倾向，这些作品描述的种群差异原因往往是后天文教的有无、多少，而并非在脑的发育上有不可逾越的、结构性的、进化的时间鸿沟。

出生在澳门的葡萄牙人玛吉士（José Martinho Marques）所撰的《新释地理备考》最早刊行于道光二十五年（1845），是海通之后由外人撰写的第一部西方地理学著作，后来成为《海国图志》和《瀛寰志略》的重要参考资料。[2] 该作依据肤色将人种分为五类，把包括中国人在内的东亚人和欧洲人都视为"颜色纯白，面貌卵形而俊秀"的白种人。[3] 然而，

---

① William Carpenter, "Varieties of Mankind," in *The Cyclopaedia of Anatomy and Physiology*, ed. by Robert B. Todd, Vol. IV-part II, pp. 1320–1365.

② 参阅赵利峰、吴震《澳门土生葡人汉学家玛吉士与〈新释地理备考〉》，《暨南学报》2006 年第 2 期。

③ 梁展的《文明、理性与种族改良：一个大同世界的构想》考察了《新释地理备考》中这些涉及人种问题的文字，全文抄录自 1830 年代法国朗格鲁瓦出版机构编辑出版的《现代地理学词典》。但玛吉士将原著的"亚洲西部"改为了亚细亚"东西二方"。换言之，将包括中国人在内的东亚人种都纳入白种人的范畴，这逆反了当时的西方常识。参阅刘禾主编《世界秩序与文明等级：全球史研究的新路径》，第 139 页。

该作将天下万国之人划分为上、中、下三个等级，其标准则是能否识字诵书、建立法制和国家秩序。其中，上等者"攻习学问……操练六艺……修道立德，义理以成经典，法度靡不以序，河清海晏之时，则交接邦国，礼义相待，军兴旁午之际，则捍御仇敌，保护身家"。①人分三等，倡导讲信修睦，以礼仪教化之有无作为区分文野的依据，均俨然符合儒家的政治理想，易被中国士人接受。清末，这些标准则主要由康有为代表的经今文学派继承。

英国医生合信1851年出版的《全体新论》和斯宾塞所利用的生理学文献最为相似。②《全体新论》中《脑为全体之主论》一篇，文字解说面角测量"大抵度愈多则人愈智，度愈少而人愈愚"。该篇附图中有白人和黑人前半多少不同的头壳，暗示了对黑人的歧视。但文字接着说，人的智愚主要是脑的轻重决定的，并举出西国上智之士、痴蠢之士脑重量的差异，这说明同一人种中有智愚区分。该书末篇《造化论》称："今世人面各有不同，人骨固无不同也；天下分为四洲，人分五等。"这里的"等"更多指向"区别"，因为后面只是纯粹描述诸种人的外貌特征。作者说："人之外貌如此不同，致若脏腑功用，众血运行，无少差异。吁！伊谁之力欤？奈何受造蒙恩者而竟未知思也。"③ 造化造人，仅有外貌的差异，人骨、脏腑功用都无不同，这正是与卡彭特相似的立场。

---

① 大西洋玛吉士：《新释地理备考全书》，《丛书集成新编》第97册，台北：新文丰出版公司，1985，第730页。

② 上面正文已经论析了斯宾塞、合信对卡彭特相关著作和论述的援引。除此之外，斯宾塞和合信还都采用过琼斯·奎恩的《解剖学原理》。陈万成的《〈全体新论〉插图来源的再考察——兼说晚清医疗教育的一段中印因缘》（《自然科学史研究》2011年第3期）指出合信描绘诸种动物和欧洲成年人的面角及论愚蠢之人脑的重量出自Jones Quain, *Elements of Anatomy*, Fifth edition, eds. by Richard Quain and William Sharpey（London: Taylor, Walton, and Maberly, 1848）。事实上，斯宾塞的《一种人口理论》在讨论诸种动物的脑容量时，也注明材料出自该书。Spencer, *A Theory of Population*, p. 28.

③ 合信：《全体新论》卷三第八《脑为全体之主论》，第2~3页；卷十第三十九《造化论》，第15页。

《格致汇编》是晚清中国第一种科学杂志，流传广、影响大。它在1876年冬和1892年秋分别刊载过《格致略论·论人类性情与源流》和《人分五类说》两篇文章。前文有对黑人和美洲土人"见识甚浅""俗无文教"的歧视，但认为人种并非创造文明的关键。如高加索一类人，最初"考究文字、格致、工艺、国政"的埃及和亚剌伯等国，如今各事"已失传，与无文教之国略同"。① 十余年后的《人分五类说》仍有侮辱黑人之言，但并未歧视黄种人。② 文中说，"人之本源，同出一脉"；"人之为人，总属一类，不能截分，蒙古人未尝无圆额广颡、聪明绝世者，高加索人亦非尽貌扬相美、颖悟超群者；人肯上进，何类非人；人甘暴弃，人亦非人"等语，③ 和卡彭特的理念竟似如出一辙。

在斯宾塞关于种群进化、竞争的著述译介到中国之前或同时，人体生理学，人种学，天体、地质进化学说，马尔萨斯的人口论，甚至优生学等这些构成斯氏种群进化学说的"前因"乃至"后果"的诸种学说其实已经在中国有广泛或零星的传播。④ 尽管如此，正是斯宾塞以"进化"的哲学思维将这些不同领域的学说组合起来，提炼出

---

① 《格致略论·论人类性情与源流》，《格致汇编》第1卷第12期，1877年，第1~2页。

② 孙江指出，《格致略论·论人类性情与源流》译自 *Chambers's Educational Course* 一书的 "Introduction to the Sciences" 一篇，与《人分五类说》作者很可能为同一人，即慕维廉。此前的研究者将《人分五类说》当作人种歧视的范文，孙江指出，该文黄白两种的差异更多是文化上的，而非自然体质上的，也并未歧视黄种人。孙江：《重审中国的"近代"：在思想和社会之间》，第167~169页。

③ 《人分五类说》，《格致汇编》1892年秋季，第10页。

④ 海通以来，人体生理学、人种学、地质进化学说在中国的传播前文已有归纳。至于天体的进化学说，则以1859年墨海书馆推出的《谈天》为代表。马尔萨斯人口论在中国也有零星传播，比如《格致汇编》第七册夏季1892年第2卷《地球人数渐多应设法以添食粮论》一文，谓"考各国人数增多之比例，依算学推之，应为几何比例。……然人数如此增多，而食粮不能照此几何比例增之，所增者惟算学比例耳。……较之加倍比例，希音天渊。奈之何民不穷且病耶。久而久之，地球将无立足之处，人民将有饿殍之苦"云云。傅兰雅主编《格致汇编：李俨藏本》第7册，凤凰出版社，2016，第2942页。这其实就是在解读马尔萨斯人口论。而《国闻报》第3册（1897年12月28日）刊载陈锦涛译自美国医学报的《婚姻强种议》也介绍了马尔萨斯的人口论及优生学的内容。

一套人口压力促进心智进化,物种进化的历史被个体有机体的发展所"重演"的完整理论叙事。这套理论叙事极大地刺激了一个求变时代焦渴的求变欲望。戊戌时期的趋新知识人接受它,却又欲拒还迎。拒的是欧洲人歧视东亚黄种之心,所以章太炎以种分贵贱、黄白同为贵种来调整《论进步》的种群位阶表述;迎的则是进化的等级划分所带来的种群退化的焦虑感,所以严复翻译《生物学原理》的片段反而强化了种群贵贱的论述。至于斯宾塞所采用的拉马克主义用进废退理论,则成为趋新知识人鼓励同胞积极行动起来改变种群命运的强有力抓手。

三 调律种群进化论(上):调整进化位阶

章太炎1898年与曾广铨合译的《论进境之理》,以种分贵贱的表述置换了原文(参看上节)文明人或曰欧洲人与低级人种(野蛮人、未开化人)的对峙,包含了将黄白二种同置于"贵种"的意图。其译文曰:

> 其望而可知足以分别种族者,独在四肢。贱种如生番,上体颇称,而股足顿弛,仅若高等之兽。盖其蜕兽骨以成圆首方趾之形者,他皆易故形矣,惟股足未尽易尔。贵种者,其股足肥硕,与兽绝异。此其大眇也。囱骨之形,贱种则虞而小,其脑少精,故其知识微。贵种阆而巨,其脑多精,其神经特足,故其知识盛,足以明微妙之理,足以就已知之理而推未知之理。此又其大眇也。虽然,凡人始堕地也,贵贱种皆婴娩而已,不见其异。及其长也,而日见其不同。股之巨,鼻柱之峻,目之睥,唇之平,颌骨之宽而不削,惟贵种擅之。彼曷为有此变化哉?试求之堕地之初,则知其变化必始于一原矣。[1]

---

[1] 曾广铨采译,章炳麟笔述《斯宾塞尔文集·论进境之理》,《昌言报》第1册,第6页。

斯宾塞原文列出了欧洲幼儿与低级人种的若干相似点，包括"鼻翼平坦、鼻梁塌陷，大大地向上方开孔的鼻孔，双唇的形状，额窦的缺乏，双眼间的宽度，双腿短小"。章太炎翻译的方式是反过来指明成人后贵种相较于贱种的外观优势。其中，"鼻柱之峻，目之晔，唇之平"大体可以从斯氏原文中推演出来，但是"颔骨之宽而不削"这一"惟贵种擅之"的特征无法在斯氏原文中寻到痕迹。

"颔"意为下巴，白居易《东南行》即曰："相逢应不识，满颔白髭须。"① 颔骨宽而不削，大致是下巴宽而不尖、丰腴而不瘦削的面貌，古文更常见的表述是"颐丰"。颐丰乃是佛教造像融汇汉族特征后的样貌。北宋释道诚《释氏要览》卷中《造像》载："宣律师云：造像梵相，宋齐间皆唇厚、鼻隆、目长、颐丰，挺然丈夫之相。自唐来，笔工皆端严柔弱似妓女之貌，故今人夸宫娃如菩萨也。"② 不仅菩萨像，中华古代美女也往往下巴丰腴。清人钮琇的笔记《觚賸》形容："有名妓陈圆圆者，容辞闲雅，额秀颐丰，有林下风致。"③ 并且如卡彭特《人的种类》所归纳的，黑人下巴突出，欧洲人脸型椭圆，肯定都不属于颐丰；蒙古人上窄下宽的金字塔型最接近颔骨宽而不削。换言之，无论是出自古中国的某种记忆，还是欧洲人的刻板印象，颔骨宽而不削都不是欧洲人的特征。此处的表述寄予了章太炎将包括中国人在内的黄种视作贵种的意思。译文如此随性的一笔，就好像种分贵贱的表述一样，都是译者某种内心潜意识的自然流露。

《昌言报》的前身《时务报》充斥着黄白种争的言论。章太炎

---

① （唐）白居易：《白居易集》，顾学颉点校，中华书局，1999，第325页。
② （宋）释道诚：《释氏要览校注》，富世平校注，中华书局，2014，第354页。
③ （清）钮琇：《觚賸》，上海古籍出版社，1986，第69页。

1897 年在《时务报》发表的第一篇文章《论亚洲宜自为唇齿》起笔即是种群论述："天地以五大洲别生分类……自唐尧以来，以里海乌拉岭为戎索，以绝亚、欧，以区黄人、白人。"[①] 接下来的《论学会有大益于黄人亟宜保护》称，"血轮大小，独巨于禽兽，头颅角度，独高于生番野人，此文明之国种族所同也"；"吾神皋沃壤，五德眅备，则教莫正焉，种莫贵焉"，[②] 而与吾族同贵的，则是俄罗斯、英吉利、美利坚等在勇力、筹划、营商方面强于吾族的种群。梁启超的《论中国之将强》把话挑得明白："凡黑色、红色、棕色之种人，其血管中之微生物，与其脑之角度，皆视白人相去悬绝，惟黄之与白，殆不甚远。"[③] 章太炎 1900 年出版的《訄书》初刻本《原人》篇表述也相当清晰，"欧美者，则越海而皆为中国，其与吾华夏，黄白之异，而皆为有德慧术知之氓"，"其贵同，其部族不同"。[④] 这显示，种分贵贱、黄白同为贵种，章太炎译《斯宾塞尔文集》这一看似不经意的表述，乃是戊戌时期以《时务报》为中心，辐射《知新报》《湘学新报》《湘报》《昌言报》等趋新舆论界的流行话语，也是斯宾塞种群进化、竞争学说在中国发生的重大变形。不可小觑此一变形的价值。它提供了一个窗口来审视趋新知识人的某种集体心态、知识视野，以及默契背后所隐藏的差异。

　　传统的华夷观和贵种后裔论，加上民族危机所增长的自我保护意识，产生了以贵贱来区分自我与他者的表达。明遗民王夫之就曾格外

---

① 章炳麟：《论亚洲宜自为唇齿》，《时务报》第 18 册，1897 年 2 月 22 日，《强学报·时务报》第 2 册，第 1177~1178 页。

② 章炳麟：《论学会有大益于黄人亟宜保护》，《时务报》第 19 册，1897 年 3 月 3 日，《强学报·时务报》第 2 册，第 1252 页。

③ 梁启超：《论中国之将强》，《时务报》第 31 册，1897 年 6 月 30 日，《强学报·时务报》第 3 册，第 2075 页。

④ 章太炎：《原人》，《章太炎全集·〈訄书〉初刻本》，第 20、23 页。

强调："中国之与夷狄，所生异地，其地异，其气异矣；气异而习异，习异而所知所行蔑不异焉，乃于其中亦自有其贵贱焉。"[1] 清末驻外使节薛福成也表示："中国之民，大抵皆神明之胄，最为贵种。"[2] 戊戌时期知识人的诉说则更能搅动情感的波澜。麦孟华感叹："中国沃壤二万余里，物产二十六万，地界温带，人尤灵慧。黄人之种，二千年神明之胄，宁瞑瞑以沦胥者哉?"[3] 梁启超将"中国之大，种类之美，教俗之善"作为"中国之将强"的重要依据。[4] 唐才常动情宣告："吾神明之族、衣冠之胄，其智学开明、根柢盘魄，实有以绵亘于天地间者也。"[5]

佐藤慎一曾分析，相比于中国从 1870 年代派遣的常驻西洋外交官郭嵩焘、薛福成等文明观的逐渐转化，戊戌时期的梁启超、章太炎、唐才常等新一代知识人实现了文明观的二次转换。郭嵩焘当年一句"西洋立国二千年，政教修明，具有本末"，[6] 就"把满朝士大夫的公愤都激动起来了"。[7] 佐藤说，驻外使节"文明观的特征在于对西方认识的转换"，即强调"西方各国与中国一样是文明国"；而梁启超及变法派的文明观"是以中国认识的转换为特征"，"也承

---

[1] （明）王夫之：《读通鉴论》，《船山全书》第 10 册，第 502 页。
[2] 蔡少卿整理《薛福成日记》，1892 年 2 月 7 日，第 686 页。此言后被唐才常《各国种类考》所附《通种说》引用。（清）唐才常：《唐才常集》，王佩良校点，岳麓书社，2011，第 206 页。
[3] 麦孟华：《民义自序》，《时务报》第 26 册，1897 年 5 月 12 日，《强学报·时务报》第 2 册，第 1732 页。
[4] 梁启超：《论中国之将强》，《时务报》第 31 册，1897 年 6 月 30 日，《强学报·时务报》第 3 册，第 2076 页。
[5] 唐才常：《各国种类考》，《唐才常集》，第 161 页。
[6] 郭嵩焘：《日记》（光绪二年十一月十八日），梁小进主编《郭嵩焘全集》第 10 册，第 116 页。
[7] 梁启超：《五十年中国进化概论》（1922），《饮冰室合集·文集之三十九》，第 43 页。

认西方各国是文明国，他强调的却是西方各国远远比中国文明"。①
戊戌一代如此夸耀中国种族贵美，也恰因在心理上处于低位，遂更
强调相比于欧美白人，中国人种并不落后。梁启超露骨地说："以
今日之中国视泰西，中国固为野蛮矣；以今日之中国视苗黎猺獞及
非洲之黑奴，墨洲之红人，巫来由之棕色人，则中国固文明也。"②
他内心恐惧的是，"求免于《春秋》所谓彝狄者之不暇，而安能彝
人？而安能攘人哉？"③ 章太炎最忧虑中国人种退化，称："吾不敢道
其日益，而道其日损。"④ 与此同时，梁启超《论中国之将强》早就
识破帝国主义将污蔑对方人种、文明低劣作为侵略他国的借口。
"其将灭人种也，则必上之于议院，下之于报章，日日言其种族之
犷悍，教化之废坠，风俗之糜烂"，目的却是"因众人之所欲，一
举再举而墟其国，奴其种，而瞒〔瞒〕然犹以仁义之师自居"。⑤ 为
了拆穿和反抗侵略者的阴谋，中国知识人理所当然会宣布自身种族
高贵。

---

① 佐藤慎一：《近代中国的知识分子与文明》，刘岳兵译，江苏人民出版社，2011，
第 79 页。至于郭嵩焘、曾纪泽、薛福成是否"虽然承认西方各国为文明国，但
是他强调的是西方各国与中国一样是文明国"？笔者认为，他们见诸文字的判断
未必表现他们内心的真实感受，特别是郭嵩焘对西洋文明的赞赏，在某些方面
甚至认为西洋胜过中国，掀起轩然大波后，驻外使节在预计会被公开发表的日
记中可能会掩盖自己的真实想法。黄濬曾分析曾纪泽心理，就留意到对郭嵩焘
的谤言很可能影响曾纪泽的言行，"曾劼刚辈行后于郭筠仙，而奉使欧洲，实与
筠仙同时；筠仙以通晓洋务自负，亦负天下重谤，劼刚则赖有其老世丈先任其
谤，得以差全其名"。黄濬：《曾劼刚〈中国先睡后醒论〉》，《花随人圣庵摭
忆》，中华书局，2008，第 277 页。薛福成的日记主要由幕僚撰写，写作时也会
考虑读者群的反响。
② 梁启超：《论中国宜讲求法律之学》，《湘报》第 5 号，1898 年 3 月 11 日，中华书
局 2006 年影印本，第 33 页。
③ 梁启超：《春秋中国彝狄辨序》，《时务报》第 36 册，1897 年 8 月 18 日，《强学
报·时务报》第 3 册，第 2420 页。
④ 章太炎：《原变》，《章太炎全集·〈訄书〉初刻本》，第 27 页。
⑤ 梁启超：《论中国之将强》，《时务报》第 31 册，1897 年 6 月 30 日，《强学报·时
务报》第 3 册，第 2073 页。

除了中国素来的种群观及民族自尊心的激荡，日本崛起后，从东瀛传入的黄种自信也促成了彼时黄白同贵的舆论导向。《时务报》刊登的译稿帮助知识人开拓了世界知识的空间，日本人古城贞吉提供的"东文报译"便成为彼时中国"和制"词汇最大的引进平台。[①] 如福泽谕吉的《文明论概略》所示，开国后的日本弥漫着文明开化意识，黄白种争事实上也蕴含其中。东文报译类似"星罗万国，不问文野，五洲国民，不论黄白"[②] 的表达，却正说明社会上普遍存在文野、黄白观念。甲午战争后，日本自诩已入文明国，谓："至是天下始知日本之进步，非昔日可比，且许其与诸强国为平等。"[③] 他们乐于分享各国人士（特别是白人）对日本人种的赞美，如法国名士说，"贵国之民，与英人种，两美并立，颇为不易。唯拉丁人种（即谓法人种），性情爽快敏慧，恰似日本人种"；[④] 俄国人感叹，"余初谓日本之文明，只摸欧美之皮肤，其骨髓则犹未也，及亲到日本，观其实情，始知日本文明之盛，出乎意外"。[⑤] 这样的话日本人爱听，当时的中国人也从中获得自信——如梁启超所言，"观日本之浡兴，而知

---

① 关于《时务报》译稿的研究，参阅潘光哲《〈时务报〉和它的读者》（《历史研究》2005 年第 5 期）、开创"世界知识"的公共空间：〈时务报〉译稿研究》（《史林》2006 年第 5 期）。关于古城贞吉的"东文报译"栏与和制新词的研究，参阅沈国威《古城贞吉与〈时务报〉的东文报译》，《近代中日词汇交流研究：汉字新词的创制、容受与共享》，中华书局，2010，第 363~402 页；陈一容《古城贞吉与〈时务报〉"东文报译"论略》，《历史研究》2010 年第 1 期。

② 《列国去年情形》（译日本新报，西正月初一日），"东文报译"栏，《时务报》第 19 册，1897 年 3 月 3 日，《强学报·时务报》第 2 册，第 1289 页。

③ 《太平洋电线论》（译东京经济杂志，西八月十五日），"东文报译"栏，《时务报》第 7 册，1896 年 10 月 7 日，《强学报·时务报》第 1 册，第 459 页。

④ 《法名士上日本某将军书》（译《国民新报》西六月十五日），"东文报译"栏，《时务报》第 32 册，1897 年 7 月 10 日，《强学报·时务报》第 3 册，第 2186 页。

⑤ 《俄论日本》（译《读卖报》西九月十三日），"东文报译"栏，《时务报》第 42 册，1897 年 10 月 16 日，《强学报·时务报》第 4 册，第 2878 页。

黄种之可用"，①"故白人所能为之事，黄人无不能者，日本之规肖西法，其明效也"。② 基于"同种"的依偎感，彼时的兴亚论也很有市场。章太炎就倡导中日"无相负弃，庶黄人有援，而亚洲可以无踬"。③

此外，章太炎、梁启超都提到头颅角度与人种贵贱的关系，可见人体生理学对他们都有影响。《时务报》有选择地摘引日本西文报纸《医生论脑》的论述，来说明人的体型与脑量的反比例关系。所谓"凡人筋骨肥大，其脑必小"，"当今人最保养头脑，数代之后，身尤矮小；人身极高，而脑极灵者甚罕见"，"古时英人数皆精神颇佳，但手足俱小，身材鲜有甚长者"云云。④ 中、日两国人一般被认为身材较西人娇小。转载这样的报道事实上蕴含了两国自视脑容量不仅不输，甚至略佳的心情。章太炎的《原人》篇引杜甫诗："人说南州路，山猿树树悬。举家闻若骇，为寄小如拳。"⑤ 既然小的猿仅如拳头大，而大的则像狒狒，而"人为猿化"，那么人的身形（含头颅）

---

① 梁启超：《续译列国岁计政要叙》，《时务报》第 33 册，1897 年 7 月 20 日，《强学报·时务报》第 3 册，第 2215 页。《时务报》的中国编译者也并非不知日本舆论自我标榜的心态。如《时务报》的"英文报译"就曾刊载将"东文报译"相对化的观点。曾广铨译《论日本夺外国生意利权》（译《伦敦中国报》西十月初一日）时以译者的身份说，"西人惧日本夺其商务利权久矣。近有印度人，将此中利害，阐微发伏，著为论说，颇见周详。兹译其末节之言于左"，译文明确提到"日本之教化大开矣，志气大伸矣；然而其进锐者，其退速；察日本目下情形，其已当将退时耶"。《时务报》第 46 册，1897 年 11 月 24 日，《强学报·时务报》第 4 册，第 3150 页。而这是曾广铨首次从事《时务报》的英文报译工作。

② 梁启超：《论中国之将强》，《时务报》第 31 册，1897 年 6 月 30 日，《强学报·时务报》第 3 册，第 2075 页。

③ 章炳麟：《论亚洲宜自为唇齿》，《时务报》第 18 册，1897 年 2 月 22 日，《强学报·时务报》第 2 册，第 1179 页。

④ 《医生论脑》（译日本西字捷报，西八月十三日），"英文报译"栏，《时务报》第 4 册，1896 年 9 月 7 日，《强学报·时务报》第 1 册，第 238 页。

⑤ 杜甫：《从人觅小胡孙许寄》，《全唐诗（增订本）》第 4 册，中华书局，2013，第 2428 页。

也是大小不均的。① 章太炎其实暗示了身形大小和种类高贵与否并无关系，其中逻辑和《医生论脑》有些异曲同工。

关于种分贵贱、黄白同为贵种，彼时章太炎和梁启超吸取的西学资源及对待种群进化的态度最为接近。一方面，章太炎接受了斯宾塞种群进化、竞争的逻辑，认为脑的发育程度的确能够用来识别种群的贵贱；种群贵贱也并非一成不变，在漫长的时间中，身体的各种器官会随着使用程度的多少在后代那里逐渐进化或退化，亦即用进废退。另一方面，他后来从反满革命立场来言说"一切以种类为断"，称"民兽"类型的区隔亘古不易，"种性非文，九趋不曰人"，"种性文，虽百挫亦人"。他咒骂戎狄是"肖人形""能人言"的禽兽，"异种者，虽传铜珥至于万亿世，而不得抚有其民"，② 哪怕穿着人的衣冠也不过如虫兽坐在帝王御座上。这些话既非中国传统的华夷观，③ 又和斯宾塞用进废退的进化理念没有半点关系，实乃泄愤之语。这样的言论频繁出现在章太炎的政论中，却和种群进化论处于不同的频道，因此有分殊一下的必要。

言说颇有些暧昧的是严复，作为留英人士，他深知"与华人言西治，常苦于难言其真"。④ 严复指出，不同于历史上汉人与满、蒙、匈奴的"异族"之争，今日黄白"异种"之争，西洋"其民长大鸷悍既胜我矣，而德慧术知较而论之，又为吾民所必不及"。⑤ 如今西

---

① 章太炎：《原人》，《章太炎全集·〈訄书〉初刻本》，第23页。

② 章太炎：《原人》，《章太炎全集·〈訄书〉初刻本》，第21~23页。

③ 如《礼记·王制》篇谓，"中国、夷、蛮、戎、狄，皆有安居，和味，宜服，利用，备器"，皆属"五方之民"。儒家经典的华夷观并未否定四夷在自然属性上都属于人，认为中国与夷狄只是"言语不通，嗜欲不同"，有政教礼俗的差别。十三经注疏整理委员会整理《礼记正义》，北京大学出版社，2000，第467页。

④ 严复：《论世变之亟》（1895），汪征鲁等主编《严复全集》卷七，第12页。

⑤ 严复：《原强》（1895），汪征鲁等主编《严复全集》卷七，第18~22页。

洋白种从体质、智慧到法律、自由平等观念皆占优势。① 黄种未亡，并非智力能与白人抗衡，"徒以地大人多，灭之不易"。② 当然，严复没有明讲白黄两种已有贵贱之分。但他暗示，一旦被西洋束缚奴役，"民固有其生也不如其死，其存也不如其亡，贵贱苦乐之间异耳"；③白贵黄贱即便不是已然的状态，也会成为未来的趋向。从真正的宇宙法则出发，严复当然清楚，"天之生物，本无贵贱轩轾之心，故以人意轩轾贵贱之者，其去道固已远矣"。④ 然而在《天演论》的《最旨》篇按语中，严复仍旧采用了"种分贵贱"的理路框架来翻译斯宾塞《生物学原理》的末章，并且还强化了贵贱种之间在时间层面的等级关系。这样的处理其实也体现了彼时知识人传播种群进化、竞争论述的某种共同心态，即试图用类似"进化""退化"等带有自然法则压迫感的言说，来营造一种章太炎所称的"未始不急"⑤、严复所谓的"逼拶"⑥ 之变革氛围。

四 调律种群进化论（下）：营造"退化""灭种"焦虑意识

在《生物学原理》第 2 卷终章《未来的人类种群》第 374 段开

① 严复亲身的体验对他刺激很大。郭嵩焘日记曾载严复在英国格林尼治的皇家海军学院（The Royal Naval College, Greenwich）学习期间的感受，称："西洋筋骨皆强，华人不能。一日，其教习令在学数十人同习筑垒，皆短衣以从。至则锄锹数十具并列，人执一锄，排列以进，掘土尺许，堆积土面又尺许。先为之程，限一点钟筑成一堞，约通下坎凡三尺，可以屏身自蔽。至一点钟而教师之垒先成，余皆及半，惟中国学生工程最少，而精力已衰竭极矣。此由西洋操练筋骨，自少已习成故也。"郭嵩焘：《日记》（光绪四年正月初一），梁小进主编《郭嵩焘全集》第 10 册，第 388 页。
② 严复：《保种余义》（1898），汪征鲁等主编《严复全集》卷七，第 84 页。
③ 严复：《原强》（1895），汪征鲁等主编《严复全集》卷七，第 20 页。
④ 严复按语，严复译《天演论》（慎始基斋本），汪征鲁等主编《严复全集》卷一，第 118 页。
⑤ 章炳麟：《答梁卓如书》，《台湾日日新报》1899 年 2 月 5 日，汉文第 5 版。
⑥ 严复按语，严复译《天演论》（慎始基斋本），汪征鲁等主编《严复全集》卷一，第 113 页。

端，斯宾塞对此前的内容进行了总结。

The proposition at which we have thus arrived, is, then, that excess of fertility, through the changes it is ever working in Man's environment, is itself the cause of Man's further evolution; and the obvious corollary here to be drawn, is, that Man's further evolution so brought about, itself necessitates a decline in his fertility. That future progress of civilization which the never-ceasing pressure of population must produce, will be accompanied by an enhanced cost of Individuation, both in structure and function; and more especially in nervous structure and function. The peaceful struggle for existence in societies ever growing more crowded and more complicated, must have for its concomitant an increase of the great nervous centres in mass, in complexity, in activity. The larger body of emotion needed as a fountain of energy for men who have to hold their places and rear their families under the intensifying competition of social life, is, other things equal, the correlative of larger brain. Those higher feelings presupposed by the better self-regulation which, in a better society, can alone enable the individual to leave a persistent posterity, are, other things equal, the correlatives of a more complex brain; as are also those more numerous, more varied, more general, and more abstract ideas, which must also become increasingly requisite for successful life as society advances.[1]

参考译文：我们现在抵达的命题是生育力的过剩，通过它一直作用于人类环境上的变化，而使其自身成为人类进一步进化的

---

[1]　Spencer, *The Principles of Biology*, Vol. Ⅱ, pp. 501–502.

原因；并且可以得出的明显推论是，人类由此导致的进一步进化，其自身必然造成生育力的下降。文明的未来进步一定是由持续不断的人口压力所产生的，将伴随在结构和功能上，特别是在神经的结构和功能上提升的个性化的成本。在愈加拥挤和复杂的社会中平和的生存竞争，一定伴随在质量、复杂性和活动性上了不起的中枢神经。在社会生活越发增强的竞争中要保留位置和抚养家庭的人，作为其精神源泉所需的更大的情感载体，在其他条件不变的情况下，一定关联着更大的大脑。在一个更好的社会，能使个体留下持续后代的、以更好的自律性为前提的那些高级情感，在其他条件不变的情况下，关联着一个更复杂的大脑。随着社会的发展，成功生活越来越必需的更众多、更多样、更普遍和更抽象的观念同样如此（关联着更复杂的大脑）。

《天演论》的《最旨》篇按语将此段译为：

> 吾是书前篇，于生理进则<u>种贵</u>，而孳乳用稀之理，已反复辨证之矣。盖<u>种贵</u>则其取精也，所以为当躬之用者日奢，以为嗣育之用者日啬。一人之身，其情感论思，皆脑所主，群治进，民脑形愈大，襞积愈繁，通感愈速。故其自存<u>保种</u>之能力，与脑形之大小有比例。而察物穷理，自治治人，与夫保种（詥）〔诒〕谋之事，则与脑中襞积繁简为比例。[①]

严复译文分别两次出现牵涉戊戌时期种群竞争论述的关键词"种贵"和"保种"。后文中，严复又将原文中"文明人"（the

---

① 严复按语，严复译《天演论》（慎始基斋本），汪征鲁等主编《严复全集》卷一，第110页。下划线为笔者所加。

civilized man）的大脑比野蛮人大 30%，① 径行置换为"欧民之脑，方之野蛮，已此十而彼七"。并且，严复自己还有感慨："夫种下者多子而子夭，种贵者少子而子寿，此天演公例。"② 在文章连贯性的语脉中，译文两次出现的"种贵"自然成为和"种下"相对的概念，并且隐约具体指向"欧民"。然而揆诸斯宾塞原文，译文第一次"种贵"对应的是"man's further evolution"（人类的进一步进化），第二次"种贵"对应的则是"that future progress of civilization"（文明的未来进步）。也就是说，斯氏原文中一般性描述人类进化过程动态的话语，在严复这里变为指涉人类某一特定种群的属性。至于两次"保种"，如核对原文，第一次"自存保种"的"保种"尚可视为对译"抚养家庭"（rear their families），以与"自存"——在竞争中"保留位置"（hold their places）并列。而第二次"保种诒谋"的"保种"，则不能完全视作对"使个体留下持续后代"（enable the individual to leave a persistent posterity）的翻译，因为"诒谋"才更吻合这一含义。诒谋，即"诒燕"，典出《诗·大雅·文王有声》"诒厥孙谋，以燕翼子"，郑《笺》曰："传其所以顺天下之谋，以安其敬事之子孙。"③ 诒谋、诒燕，后指为子孙妥善筹谋使其安乐。这意味着，"诒谋"之前的"保种"事实上指向家庭之外更大范围的种群区隔。放到时代语境中，这两次"保种"和严复《天演论》《保种余义》等同时期文章中反复言说的"保种"意义相当，投射的是他在黄白异种之争下的国族诉求。

偏向于民族国家视野，本是严复翻译和解析斯宾塞学说的突出特征。④ 严复的译文在斯宾塞种群进化的逻辑中，明确将自存保种与脑

---

① Spencer, *The Principles of Biology*, Vol. Ⅱ, p. 502.

② 严复按语，严复译《天演论》（慎始基斋本），汪征鲁等主编《严复全集》卷一，第 110~111 页。

③ 十三经注疏整理委员会整理《毛诗正义》，北京大学出版社，2000，第 1237 页。

④ 本杰明·史华兹：《寻求富强：严复与西方》，第 67 页。

形之大小、脑中襞积繁简，即脑神经结构和功能的复杂性挂钩。他警告，如耽于生育而不是在人口与资源的生存竞争中提升心智和自律，从而促进脑的发育，整个种族将面临退化乃至灭亡的危机。灭种是时代危机中潜伏的最深层次的恐惧。严复在翻译斯宾塞种群进化、竞争论述过程中，强化了关于灭种的危机感和恐惧感。

《最旨》篇按语翻译斯宾塞《生物学原理》终章《未来的人类种群》描述人类生存或灭亡大势的段落，称："天惟赋物以孳乳而贪生，则其种自以日上。万物莫不如是，人其一耳。进者存而传焉，不进者病而亡焉，此九地之下，古兽残骨之所以多也。一家一国之中，食指徒繁，而智力如故者，则其去无噍类不远矣。"[1] 描述灭种者"不进者病而亡焉"后，严复添加了一句原作中不存在而完全出自自己内心的感慨："此九地之下，古兽残骨之所以多也。"在千百尺的地层下，每一层累中发现不同的古动物遗迹，说明了有哪些动物曾经生存在这个地球上，但因不能进化而灭绝。严复的这句话恰恰说明，在那个时代，所谓的进化、退化、灭种，其最具实感的体验是由地质

---

[1] 严复按语，严复译《天演论》（慎始基斋本），汪征鲁等主编《严复全集》卷一，第110页。此句对应的斯宾塞原文是 "In this case, as in many others, Nature secures each step in advance by a succession of trials; which are perpetually repeated, and cannot fail to be repeated, until success is achieved. All mankind in turn subject themselves more or less to the discipline described; they either may or may not advance under it; but, in the nature of things, only those who do advance under it eventually survive. For, necessarily, families and races whom this increasing difficulty of getting a living which excess of fertility entails, does not stimulate to improvements in production—that is, to greater mental activity—are on the high road to extinction; and must ultimately be supplanted by those whom the pressure does so stimulate." 参考译文：在这种情况下和在其他情况下一样，自然确保每一步的前进都伴随一系列的努力，这将永远重复着，直到成功为止。所有的人类多多少少会受到上面描述的规范的支配；在此之下，他们或者前进，或者不前进。但是，就事物的本性而言，只有那些在此之下前进的才能最终生存。没有被过剩的生育力所导致的谋生难度的增加所激励，通过更多的心智活动来提高生产的家庭和种族就更加可能灭绝，并且最终被压力所激励的家庭或种族取代。Spencer, *The Principles of Biology*, Vol. II, pp. 499–500.

学带来的。斯宾塞在天体、地质的演变中谈人类种群的进化变迁，贴合清末理解进化论的这一趋势，也因此能格外使中国知识人产生共鸣。

《地学浅释》早就告诉人们，用化石鉴别年代最为方便，"盖石之有叠层者最易辨别，因其中之各种生物形迹各有盛衰生灭之期"。化石空间层级的差别意味着历史时代的差别，"上层为最新，下层为最古；因其沉积之次第，譬如一部史；其史之每页各纪其年代时日，及其事迹积累成帙，阅之可知其时之事也"；"从古至今，时时有新生之物，亦时时有绝灭之物，每一种生物，其种类之绵延其期，各有长短，惟从未遇有已绝灭之种类而更生于他层者"。① 换言之，地层纵深表现的是进化层级的不可逆，而生物的灭绝是一个绝对不可逆的事件。地质学揭示的骇人事实建构了清末知识人对种类"贵贱"不同命运走向的想象图景。1891 年的《格致汇编》有《地学稽古篇》讨论地球的由来、地质的构成，并通过分析岩石层中的动植物化石来表明生物的演进次序，谓："新迹中之物类多与今时之物相同，亦先贱后贵，由少渐多，至人生出乃为至贵。"② 薛福成 1892 年读该文，不仅领悟到天地万物生成的次序，还明白地壳土石"皆有层累，最古者在底，渐近则渐上；在底层所留之物迹，……品亦极贱；渐上，则动物之迹，肢体渐分，植物之迹，枝干渐备，而品亦渐贵。……最后始生人，为万物之灵"。③ 梁启超亦坦言由地质学而了悟进化次序的不可更革，"地学家言，土中层累，皆有一定；不闻花岗石之下有

---

① 英国雷侠儿撰，美国玛高温口译，金匮华蘅芳笔述《地学浅释》卷八，第 1 页；卷九，第 1 页。
② 《地学稽古篇》，《格致汇编》第六年冬季号，傅兰雅主编《格致汇编：李俨藏本》，第 2749 页。
③ 蔡少卿整理《薛福成日记》1892 年 8 月 23、24 日，第 739 页。

物迹层，不闻飞鼍大鸟世界以前复有人类"。[1]

凭借地质学，特别是其充分具象化的化石层累图示，人们来认知种之贵贱，感受进化或灭绝。严复的翻译正是借助这样一种观念氛围来加强人们的紧迫感——不在生存竞争中奋力提高智德力，病而亡的灭种似乎即在眼前，就好像九地之下的那些古兽残骨，没有重生的可能。

斯宾塞进化学说带有高度的哲理意味，他试图揭示宇宙、物种漫长演变的自然历史与人类社会万千年变迁脉络的一般性法则。在描绘人类种群的进化变迁时，尽管熏染了浓厚的欧洲中心主义色彩，但其所勾勒的演变图景仍指涉了超长时段的人类文明进程。戊戌时期对斯宾塞种群进化学说的译介，无论是灌注种分贵贱、黄白同为贵种的意识，还是加剧保种或者灭亡的焦虑感，这些调整都是为了因应并且进一步激发中国社会迫切的变革诉求。最为吊诡的是，作为引介斯宾塞学说的诸位译者其实内心十分清楚斯氏进化学说的"本相"与他们传达出来的样貌之间的差异。他们甚至还屡屡做自我剖析，为何要如此肆意而为。

王韬1889年在批阅格致书院关于达尔文、斯宾塞的课艺时，就援用理雅各（James Legge）的观点，谓："达、施二家皆讲民物生化之理，理雅各以为与中国老氏之明自然，不期而合，殊为确论不刊。"[2] 以老子来比拟"达、施二家"，说明知识人最初对进化学说所涉玄远的哲理范畴是清醒的。而章太炎在《斯宾塞尔文集》的翻译工作结束后致信梁启超，吐露内心感受，谓："鄙意哲学家言，高语进步退化之义者，虽清眇阔疏，如谈坚白，然能使圆颅方趾，知吾身

---

[1] 梁启超：《与严幼陵先生书》（1897），《饮冰室合集·文集之一》，第109页。
[2] 王韬眉批（1889），王韬编《格致书院课艺》第2册，"分类西学课艺·格致"，第8页。该课艺以"施本思"译"斯宾塞"，"达文"译"达尔文"。

之所以贵，盖亦未始不急也。"①《论进步》广涉天体、地质、生物、人类文明演变，从普遍意义上谈所有的进化、进步。②章太炎从中体会到"清眇阔疏"，如公孙龙论"坚白"般浓厚的玄谈意味，是入情合理的。后来在《四惑论》（1908）中，他也表达了同样的判断："进化者，本严饰地球之事，于人道初无与尔。"③章太炎分析说，儒家的主流文化不讲鬼神和灵魂，"夫肢体一蹶，亘万世而不昭，则孰肯致死，民气之懦，诚无足怪"。贪生怕死之情令激发社会民气的手段有限。然而，儒家"胤嗣之念""福利后裔"的意识又明显强于他种文明，"今知不致死以御侮，则后世将返为蛮獠猩狒，其足以倡勇敢也明矣"。通过经营"退化""灭种"的焦虑意识，可以达到"作民气"的目的。④

赫胥黎在《进化论与伦理学》中明确表示，英国"民族的固有特质——体质、智力以及道德方面的，在过去的四五个世纪中在实质上没有起变化"。⑤严复于《天演论》的《进微》篇后添加按语，称："天演之学，肇端于地学之僵石古兽，故其计数，动逾亿年，区区数千年数百年之间，固不足以见其用事也。"他很清楚，生物的进

---

① 章炳麟：《答梁卓如书》，《台湾日日新报》1899年2月5日，汉文第5版。

② 《论进步》一篇出现"progress"（进步，含 progressively）一词共58次，"evolution"（进化）则有30次。在斯宾塞此时期的思想中，"进化"往往具备"进步"的性质，基本上是同义的。

③ 太炎：《四惑论》，《民报》第22号，1908年7月10日，第21页。

④ 章炳麟：《答梁卓如书》，《台湾日日新报》1899年2月5日，汉文第5版。

⑤ 赫胥黎原文为"In my belief the innate qualities, physical, intellectual, and moral, of our nation have remained substantially the same for the last four or five centuries." Thomas Huxley, "Evolution and Ethics. Prolegomena (1894)," *Evolution and Ethics and Other Essays* (New York: D. Appleton and Company, 1897), p. 40. 译文参阅赫胥黎《进化论与伦理学》，翻译组译，科学出版社，1971，第28页。严复《天演论》（慎始基斋本）对应的译文是："今者即英伦一国而言之，挽近二百年（商务本作'三百年'）治功所进，几于绝景而驰，至其民之气质性情，尚无可指之进步。"汪征鲁等主编《严复全集》卷一，第112页。严复的翻译不完全对应，但在按语中表达的意思和赫胥黎的本义还是吻合的。

化动辄经历逾亿年的时间，人类也已经有数十万年的历史，以数千年数百年为区间，体质进化的痕迹微茫到几乎看不见。比如，法国的生理学家查验埃及数千年古董"觉古今人物，无异可指，造化模范物形，极渐至微"。[1]

这样的认识，一方面让脑容量或神经中枢差异与人种贵贱的关系骤然间失去了现实意义。因为，无论究竟有没有优劣之分，"众生根器""樊然不齐"[2] 都是既存的事实，而且在可见的现在和不可见的遥远的未来也是无法改变的事实，人力所不能及、无可为。欧洲政教、学术、农工、商战，"合前数千年之变，殆不如挽近之数百年，至最后数十年，其变弥厉"；人力真正能有所为的，只是"政教、学术、农工、商战"等文明的外形。正因如此，戊戌时期认知到头颅角度含义的章太炎、严复等后续其实很少讨论脑结构方面的问题，而是回到提倡"心力"，发挥主动性来改造世界这等人力所能及的层面。另一方面，总的来说，"物形之变，要皆与外境为对待……惟外境既迁，形处其中，受其逼挤，乃不能不去故以即新。故变之疾徐，常视逼挤者之缓急"。[3] 在环境发生改变的情况下，一切物种都需要进行调整和适应，并且通常来说，变化发生的快慢和"逼挤"的急缓成正比。正因如此，散播退化灭种的压迫感和焦虑感，就成为热烈盼望中国发生速变的知识人的某种本能反应。他们一半被时代风潮裹挟着往前走，一半又推动着时代往前走。而正是在强调快速适应转变的环境，使自身发生积极改变的层面上，斯宾塞所继承的拉马克主义用进废退的理念受到他们最为热切的接纳。

---

① 严复按语，见严复译《天演论》（慎始基斋本），汪征鲁等主编《严复全集》卷一，第112~113页。

② 唐才常：《各国种类考·强种说（附）》，《唐才常集》，第211页。

③ 严复按语，见严复译《天演论》（慎始基斋本），汪征鲁等主编《严复全集》卷一，第113页。

五 用进废退与种群竞争论述（上）：分殊斯宾塞、达尔文学说

对斯宾塞来说，虽然宇宙进化、生物进化和社会进化在整体上有一致的法则——从同质性走向异质性，但是每个领域的进化，其具体的发生机制仍旧需要运用不同的理论学说来予以解析。拉马克主义中的用进废退原理就成为斯宾塞解释生物进化主要机制的核心理念。斯宾塞是不是拉马克主义者或许有争议，但他将拉马克主义中用进废退的原理认定为生物进化的主要机制则是没有疑义的。①

所谓用进废退，包含一系列的理论要点，即环境的改变产生了动物的需要，动物的需要决定了它如何使用身体，经常使用的器官和机能会变得发达，不经常使用的则会出现退化。这种生物后天获得的性状可以遗传给后代，此即"获得性状的遗传"（inheritance of acquired characteristics）。② 总的来说，该理论主张适应环境乃是生物进化的主要进程。用进废退蕴含着人类有能力进行某种自我改善的意味；这和自然选择理论颠覆世界的目的性因素，"唤起了一个建立在机遇和死亡基础上的世界形象"，③ 有着不同的情感感召力。斯宾塞在《社会学研究》中将用进废退视为"生物学真理"（biological truths）。他指出，人们应该承认，"各种才能和力量都是用进废退的；天性的改变

---

① 斯宾塞及进化学说重要的研究者彼特·鲍勒（Peter Bowler）和马克·弗朗西斯就斯宾塞是不是拉马克主义者有争论。鲍勒认为，斯宾塞是拉马克主义者，并以此为基础来建构其社会和生物进化学说。Bowler, *Evolution: The History of an Idea*, p. 104; Peter J. Bowler, "Biology and Human Nature," in *The Cambridge History of Science*, Volume 6, *The Modern Biological and Earth Sciences*, eds. by Peter J. Bowler, John V. Pickstone, p. 572. 弗朗西斯则认为斯宾塞不是拉马克主义者。因为斯宾塞不是在生物学的意义上来讲社会进化，并且斯宾塞所讲的社会进步同其他进步一样，是非线性的、多歧的。Mark Francis, "Introduction," *Herbert Spencer*, eds. by Mark Francis, Michael W. Taylor, pp. 10-14.

② 参阅恩斯特·迈尔《生物学思想发展的历史》，第233~235页。

③ 彼特·J. 鲍勒：《达尔文说》，张波译，商务印书馆，2013，第116页。

会遗传给后代"。①

历史的复杂性表现在，清末的种群竞争论述所采用的词汇是从多重翻译渠道汇聚而来的。斯宾塞著述的两位关键译者严复、章太炎西学修养深浅有别，他们在表述用进废退理念的关键环节——生物体主动适应环境时，或创制新的用词，或直接采用中文传统词汇。戊戌之后，日译汉字新词大量涌入中国，其中就包括描述种群进化、竞争的用语，章太炎本人就是积极采用这些日译汉字词的代表。并且，这些描述种群进化、竞争的日译汉字词不少来自日本学者对达尔文学说的翻译。译者（严复或章太炎）、翻译媒介（英译中或日译中）、翻译来源（斯宾塞或达尔文）上的多重渠道，使得舆论场中的种群竞争话语显得凌乱而驳杂。

"夫言语者，代表国民之思想者也；思想之精粗广狭，视言语之精粗广狭以为准"，近代新思想的输入是和新言语的创建与输入表里一体的。"在自然之世界中，名生于实；而在吾人概念之世界中，实反依名而存故。"② 清末知识人究竟创造了哪些新词来描述用进废退理论的关键环节，又如何在传统词汇和外来译词中领会其意义，其实是关涉斯宾塞的核心理念怎样进入中国思想世界的大问题。研讨用进废退原理在中国落地的过程，意味着可以在整全性的视野中明晰化中国知识界最初如何认知斯宾塞与达尔文的差异。并且，通过审视用进废退理念在严复、章太炎思想建构过程中发挥的某种贯穿性作用，有

---

① 斯宾塞的原文是"That faculties and powers of all orders, while they grow by exercise, dwindle when not used; and that alterations of nature descend to posterity." Spencer, *The Study of Sociology*, p. 337. 译文参阅斯宾塞《社会学研究》，张红晖、胡江波译，华夏出版社，2001，第 301 页。严复《群学肄言》将此句译为："不观夫身之肢体乎？所常用者日长，所久废者日消也。不观之育子乎？凡其身之所薰修，则以传之于来叶。"汪征鲁等主编《严复全集》卷三，第 206 页。

② 王国维：《论新学语之输入》，《教育世界》第 96 号，1905 年 4 月，第 1~2 页。

助于穿透斑驳的词汇，来把握斯宾塞对清末种群竞争论述的影响。[①]

严复将用进废退的理论要点——生物体主动适应环境翻译为"体合"。他十分清楚该理论之于斯氏学说的重要性。

在 1895 年的《原强》和 1901 年的《原强（修订稿）》中，严复均提到达尔文《物种起源》（先是译为《物类宗衍》，后译为《物种探原》），并将《物种起源》所论"生存竞争"（struggle for existence）先译为"争自存"，后译为"物竞"；"自然选择"（natural selection）则先译为"遗宜种"，后译为"天择"。[②] 在《天演论》之《演恶》篇的按语中，严复指出："（斯宾塞）用生学之理以谈群学，造端比事，粲若列眉矣，然于物竞、天择二义之外，最重体合；体合者，物自致

---

① 本节论述的核心是斯宾塞的用进废退理念。斯宾塞并没有一个固定的词组来表达"用进废退"，在不同的场合他会用不同的方式来表述该理念。比如在《社会学研究》中，他将之描述为"That faculties and powers of all orders, while they grow by exercise, dwindle when not used." Spencer, *The Study of Sociology*, p. 337. 此处可直译为"各种才能和力量，都是越锻炼越生长，越不使用越消退"。在 1867 年版《生物学原理》第 2 卷及 1891 年版的《论进步》中他将之简单表述为"use and disuse"（用与不用）。Spencer, *The Principles of Biology*, Vol. Ⅱ, p. 501; Herbert Spencer, "Progress: Its Law and Cause," in Spencer, *Essays*, Vol. Ⅰ (1891), p. 53. 严复和章太炎在翻译斯宾塞著作时，也没有为这一理念设计专用的词汇。严复译《群学肄言》是顺着斯宾塞《社会学研究》上述原文进行了直译，称："不观夫身之肢体乎？所常用者日长，所久废者日消也。"汪征鲁等主编《严复全集》卷三，第 206 页。章太炎在自己的作品中也多次用举例描述的方式展现用进废退理念，如《訄书》初刻本《原变》篇说："故知人之怠息用其智力者，萎废而为虪蜼。"《章太炎全集·〈訄书〉初刻本》，第 27 页。严复事实上更着意于为用进废退理念的关键环节——生物体主动适应环境，创造一个新的词汇，即"体合"。检索近代文献的全文数据库（爱如生数据库、《申报》数据库）可知，影响力较大的中文报刊或专业性学术杂志，事实上在 1920 年之后才较明确以"用进废退"4 个字来形容斯宾塞或拉马克主义的这一理念。比如，《改造》第 3 卷第 4 号（1920年 12 月）载丁文江《哲嗣学与谱牒》，称"斯宾塞的用进废退论"（第 40 页）。《申报》1921 年 5 月 12 日第 16 版郑维均译《述选爱生语（一）》中出现"其中含有'用进废退'的意思"。因此，本章的着眼点并非概念史研究通常采用的方法，即以"用进废退"在中文中的出现为标志来研讨斯宾塞思想的影响，而是从思想史角度、从思想的实质出发来看斯宾塞用进废退理念在清末的影响。

② 严复：《原强》（1895）、《原强（修订稿）》（1901），汪征鲁等主编《严复全集》卷七，第 15、23 页。

于宜也。"① 由此可知,严复不仅十分清楚达尔文学说和斯宾塞学说的差异,并且意识到,体合——生物体自身主动去达到适宜于环境的状态,是相较于达尔文的物竞天择理论,斯宾塞在生物进化学说上最明显的特异性。

深有意味的是,严复《天演论》之《最旨》篇按语翻译斯宾塞《生物学原理》末章,凡5次提及"体合"。而这5次"体合"事实上在斯宾塞原段落的正文中都找不到对应的文字,是严复结合上下文、注释及斯宾塞的整体思想,一再提示和主动使用斯氏核心理念的结果。这也恰好说明严复对斯宾塞的理解是融会贯通的,他对用进废退思想体会得很扎实。

斯宾塞讲述人类文明诞生以来人类处理生存危机的方式,通过人口数量的增长祛除了猛兽毒虫之患,"合种成国"又减轻了部落间彼此攻伐的死亡恐惧,但人口增加造成的食物匮乏仍旧威胁着人们的生存。如果人性不改变,死亡数一定会随着人类数量成比例上升。但实际情况是,因食物供应增加,死亡数没有成比例上升。"这意味着,由于生存危机的压力,人类的习惯发生了一些变化"——严译为"而食之所以裕者,又必其相为生养之事进而后能"。② 这时候,严复添加了原文

---

① 严复按语,严复译《天演论》(慎始基斋本),汪征鲁等主编《严复全集》卷一,第149页。

② 斯宾塞原段落是 "Civilization, everywhere having for its antecedent the increase of population, and everywhere having for one of its consequences a decrease of certain race-destroying forces, has for a further consequence an increase of certain other race-destroying forces. Danger of death from predatory animals lessens as men grow more numerous. Though, as they spread over the Earth and divide into tribes, men become wild beasts to one another, yet the danger of death from this cause also diminishes as tribes coalesce into nations. But the danger of death which does not diminish, is that produced by augmentation of numbers itself—the danger from deficiency of food. Supposing human nature to remain unchanged, the mortality hence resulting would, on the average, rise as human beings multiplied. If mortality, under such conditions, does not rise, it must be

没有的一句话，以解释这一现象，该句中"体合"出现了3次。

　　于此见天演之所以陶钧民生，与民生之自为体合。（物自变其形能，以合所遇之境，天演家谓之体合。）体合者，进化之秘机也。①

　　严复在这里完整定义了"体合"，"物自变其形能，以合所遇之境"。该句亦是严复结合上下文，特别是《生物学原理》末尾带有总结性的话而成。斯宾塞说，"有机体的进化是朝向完全适应环境行为的动态平衡的进步"（organic evolution is a progress towards a moving equilibrium completely adjusted to environing actions）。② 作为进化"秘机"的体合，体既指身体，又指主体；合则既有符合、适合之意，又意味着和谐、和睦。体合，从意义和语感上的确能适洽地表示人主动

----

because the supply of food also augments; and this implies some change in human habits wrought by the stress of human needs."参考译文：文明在任何地方都有它的前因即人口的增长，并且在任何地方都有它的一种后果即某种毁灭种族的力量的减小，它进一步的后果则是另一种毁灭种族的力量的增加。随着人类数量的增加，猛禽带来的死亡危险也在减少。虽然当人类散布到地球的各个角落并分裂成不同的部落时，人类彼此互为野兽，但当部落合并成国家时，这一原因造成的死亡危险也减少了。但是，由于人口增长造成的食物匮乏的威胁所产生的死亡威胁并不会减小。假设人性不变，由此产生的死亡数，一般来说会随着人类数量的增加而上升。如果在这种情况下死亡数没有上升，那一定是因为食物的供应也增加了。这意味着，由于人类需求的压力，人类的习惯发生了一些变化。Spencer, *The Principles of Biology*, Vol. Ⅱ, p. 498. 严复的译文是："今若据前事以推将来，则知一群治化将开，其民必庶。始也以猛兽毒虫为患，庶则此患先祛。然而种分壤殖，民之相残，不啻毒虫猛兽也。至合种成国，则此患又减，而转患孳乳之浸多。群而不足，大争起矣。使当此之时，民之性情知能，一如其朔，则其死率，当与民数作正比例；其不为正比例者，必其食裕也；而食之所以裕者，又必其相为生养之事进而后能。"严复按语，《天演论》（慎始基斋本），汪征鲁等主编《严复全集》卷一，第 109 页。

① 严复按语，《天演论》（慎始基斋本），汪征鲁等主编《严复全集》卷一，第 109 页。
② Spencer, *The Principles of Biology*, Vol. Ⅱ, p. 507.

与环境相适应，最终实现人的发展与环境动态平衡的和谐状态。

《天演论》之《最旨》篇按语第四次出现"体合"，则用于解释为何人口压力导致的谋生竞争会刺激社会所有成员提升自己的技能和自律性，所谓："盖恶劳好逸，民之所同，使非争存，则耳目心思之力皆不用，不用则体合无由，而人之能事不进。是故天演之秘，可一言而尽也。"①

最有意思的是按语中第五次出现的"体合"。《生物学原理》提出，主动适应生存竞争能力的高低，导致各种群大脑发育的程度不同。文明人的大脑比野蛮人大了30%。严复的译文插入了一句话：

此其消长盈虚之故，其以物竞天择之用而脑大者存乎？抑体合之为，必得脑之益繁且灵者，以与蕃变广玄之事理相副乎？此吾所不知也。②

这句话在原文正文中虽然找不到对应，但其实大有玄机。前面提

① 严复按语，《天演论》（慎始基斋本），汪征鲁等主编《严复全集》卷一，第110页。此句译文和斯宾塞的原文并没有完全的对应关系，更多的是对原文提到的现象进行解释和分析。斯宾塞的原文为"Were it not for the competition this entails, more thought and energy would not daily be spent on the business of life; and growth of mental power would not take place. Difficulty in getting a living is alike the incentive to a higher education of children, and to a more intense and long-continued application in adults. In the mother it induces foresight, economy, and skilful house-keeping; in the father, laborious days and constant self-denial. Nothing but necessity could make men submit to this discipline; and nothing but this discipline could produce a continued progression."参考译文：假如没有这些导致的竞争，更多的思考和精力也不会被日常地使用于求生之事；心智能力的成长将不可能发生。谋生的困难同样是使孩子拥有更高教育的刺激因素，也是成人更强烈更持久进行适应的刺激因素。它诱导母亲的远见、节约和熟练的家务能力；它诱导父亲更艰辛地工作和恒常的自我牺牲。只有必要性能使人们服从于规训，而只有规训能创造出持续的发展。Spencer, *The Principles of Biology*, Vol. II, p. 499.

② 严复按语，《天演论》（慎始基斋本），汪征鲁等主编《严复全集》卷一，第110页。

到，严复《天演论》的《最旨》篇按语翻译自斯宾塞《生物学原理》第 2 卷的最终章第 373 段和第 374 段的前半部分。该书出版于 1867 年，而该章的大部分内容其实出自斯宾塞 1852 年发表在《威斯敏斯特评论》上的《一种人口理论》。1859 年达尔文《物种起源》出版，达尔文主张生物进化的原因在于自然选择，给予了斯宾塞极大的冲击。因为自然选择意味着，无论生物体如何努力适应环境来调整器官或机能的用与不用，都不能改变自然条件在当时对适宜性的要求，只得面临或生存或灭亡的结果。虽然斯宾塞正文仍旧持 1852 年论文的观点，但在第 373 段的最后他加了一个很长的注释，来试图弥合达尔文自然选择的原理与用进废退的关系。斯宾塞承认正文只是自己关于选择过程"过去的认知"（a passing recognition），缺少对其效应范围和依据条件的怀疑。他反省自己的盲区在于："变异至关重要的因素——'自发的'，或换一种说法'偶然性'被完全忽略了。尽管我认为，用与不用，相比于达尔文先生的猜想，是有机体的改变中更为有力的原因，——尽管通过追寻更详细的细节，我更相信直接的平衡甚至发挥了比我之前所设想的更积极的作用；然而，我还是认为达尔文先生显示出无可争辩性，在于很大一部分事实——也许是绝大部分事实，只有从以间接原因的方式偏离其祖先类型的生存个体那里得到解释。"①

_____

① 斯宾塞原文为 "the all-important factor of variation—'spontaneous', or incidental as we may otherwise call it—is wholly ignored. Though use and disuse are, I think, much more potent causes of organic modification than Mr. Darwin supposes—though, while pursuing the inquiry in detail, I have been led to believe that direct equilibration has played a more active part even than I had myself at one time thought; yet I hold Mr. Darwin to have shown beyond question, that a great part of the facts—perhaps the greater part—are explicable only as resulting from the survival of individuals which have deviated in some indirectly-caused way from the ancestral type." Spencer, *The Principles of Biology*, Vol. II, p. 501.

这段迂回曲折的暧昧文字耐人咀摸。一方面，斯宾塞承认达尔文的观念无可争辩，自然选择，意即所谓的间接平衡，能够解释绝大部分生物变异的事实；另一方面，斯宾塞坚信用与不用（用进废退），所谓的直接平衡，比达尔文的猜想能更有力地解释有机体的改变。难怪评论者说，斯宾塞阅读达尔文的书后深为折服，并根据自然选择理念创造了"适者生存"（survival of the fittest）这个后来影响力极大的感性术语，但"他从未放弃对拉马克主义作为生物进化主要机制的支持"。[1]

斯宾塞这段暧昧的注释，事实上正是《最旨》篇按语第 5 次提及"体合"那段文字的由来。严复问，脑形消长盈虚的原因究竟是物竞天择的作用下"脑大者存"，还是在体合的机制下，为了与"蓄变广玄之事理"相适应，大脑变得越加"繁且灵"呢？严复表示："此吾所不知也。"严复在达尔文的自然选择与斯宾塞的用进废退之间表现出的难以抉择，其暧昧性与斯宾塞相同。这其实恰好从侧面说明，严复对达尔文、斯宾塞两家学说的差异理解是十分到位的。

与此同时，严复同斯宾塞一样，是有自己的偏好的。特别是在社会进化领域，他更相信用进废退的原理。他 1897 年开始翻译亚当·斯密的《国富论》。在译作《原富》的按语中，严复批评宋人教人以无用之学："嗟夫！持十年以前之中国，以与今日者较，将见往者虽不足云强，而但安静为治，犹可以自存，无论改弦更张者矣！至于今，未然之事不可知，就令幡然改之，欲为斯宾塞尔之所谓体合者，

---

[1] Peter J. Bowler, "Biology and Human Nature," in *The Cambridge History of Science*, *Volume* 6, *The Modern Biological and Earth Sciences*, eds. by Peter J. Bowler, John V. Pickstone, p. 572.

岂有及耶？学术之非，至于灭种，此吾所以不能不太息痛恨于宋人也。"①

严复既是大翻译家，也是大思想家。他为《天演论》《原富》等所撰按语，为的就是进行自我的思想表达。严复早年作品《原强》主张，在黄白种争的时代，中国要通过提升民智、民力、民德来"争自存而欲遗种"。②《天演论》《原富》之按语所表达的思想与《原强》一脉相承，即主张体合——与急遽变化中的环境相适应，通过有用之学提高民族的智德力，从而在竞争中避免灭种的命运。

严复在中英两种语言与文化之间游刃有余，他创造了"体合"这样的新名词，来描述用进废退理论中关键性的生物体主动适应环境。章太炎比之有些相形见绌。他不懂英文，需要依靠曾广铨的采绎，来整合出一套大体符合中文固有认知脉络的文字以笔述斯宾塞的《论进步》。并且，章太炎所译《斯宾塞尔文集》底本是 1868 年的美国铅印版，从内容上该版几乎完全继承了 1858 年的伦敦版。换言之，曾广铨和章太炎的翻译也不用面对达尔文《物种起源》出版后，斯宾塞针对自然选择的原理所做的一系列解释。③ 他只需要纯然地沉浸，并用中文来转化斯宾塞对生物进化原因

---

① 严复按语，《原富》，汪征鲁等主编《严复全集》卷二，第 525~526 页。

② 严复：《原强》（1895），汪征鲁等主编《严复全集》卷七，第 22 页。

③ 事实上，斯宾塞在 1891 年版《论文集：科学的、政治的和推断的》所载《论进步》也新插入了一个脚注来回应达尔文自然选择的原理，他说 "The sole cause recognized is that of direct adaptation of constitution to conditions consequent on inheritance of the modifications of structure resulting from use and disuse. There is no recognition of that further cause disclosed in Mr. Darwin's work, published two and a half years later—the indirect adaptation resulting from the natural selection of favourable variations." Herbert Spencer, "Progress: Its Law and Cause," in Spencer, *Essays*, Vol. I (1891), p. 53. 其解释的腔调与 1867 年版《生物学原理》添加的脚注有些相似。由于没有采用这个版本，所以这并不是曾广铨、章太炎翻译时需要处理的问题。

在用进废退方面的描摹。

斯宾塞的《论进步》为说明一种原因会导致诸多效应，假设了因地震而导致海洋地表隆起的后续演变。这段文字涉及地理和气候条件的改变对动植物的影响，那些只能生活在海岸的植物会灭绝，其他原本生活在沼泽地带的植物如能生存下来，也将经历外观的变化，依靠它们为食的动物也将经历自我调整。"在下一次地表隆起之前，许多的世代兴起又消逝，每一物种产生的可感、不可感的变化都会变得井然有序——它们将或多或少完全适应新的环境。"① 章太炎将这整段描述用进废退的典型文字译为："今之地员，非昔之地员也，土宜既改，则草木之异质者，必荡析放流于异域，而同质者趋之以长孙子矣。然则昆虫之所食，亦易其故，则必求相类者而食之，久之则跋〔跂〕行喙息之体，亦易其故。故此类之昆虫草木既绝，而彼类之昆虫草木又起。其起也，必顺天时，就地利，然后可以存活。"②"完全适应新的环境"被很自然地处理为"顺天时，就地利"。

如对照严复的《原强》对达尔文"自然选择"的阐述，就会发现些很有意思的现象。严复将"自然选择"先是译为"遗宜种"（即"天择"），具体的解释是："迨夫有以自存而克遗种也，必强忍魁桀，趫捷巧慧，与一时之天时地利洎一切事势之最相宜者也。……习于安者，使之处劳，狃于山者，使之居泽，不再传而其种尽矣。"③这里严复用"天时地利"来强调外在自然条件决定性的规范作用。

---

① Herbert Spencer, "Progress: Its Law and Cause," in Spencer, *Essays*, Vol. I (1868), p. 47. 所引文字原文为"In the lapse of the many generations arising before the next upheaval, the sensible or insensible alterations thus produced in each species would become organized—there would be a more or less complete adaptation to the new conditions."

② 曾广铨采译，章炳麟笔述《斯宾塞尔文集·论进境之理》，《昌言报》第 4 册，第 204 页。

③ 严复：《原强》（1895），汪征鲁等主编《严复全集》卷七，第 15 页。

在自然条件改变的情况下，适宜该条件的就生存、不适宜的就灭亡，没有转圜的余地；习惯于山地生存者，一旦挪到水边就会灭种。应该说，如此描述"自然选择"是符合达尔文本意的。

然而就好像翻手与覆手的正反面关系，在汉语中，"天时"和"地利"有它们固定的搭配动词——"顺"与"就"。当"天时"加上动词"顺"时，重点就落到了人一方，意义就转移到强调发挥人的能动作用去适应外在条件的改变。这体现了儒道互补的大文化、天人关系中包含着某种开启意志论的密码，即提倡尽人事后再听天命。于是就产生了一个有意思的现象，章太炎只需在严复用以解释"自然选择"的"天时地利"基础上增添两字，变为"顺天时、就地利"，就成为对用进废退原理的阐述。严复分析达尔文的思想，"狃于山者，使之居泽，不再传而其种尽矣"。到了章太炎译斯宾塞的《论进步》时，也被利用转化为"泽居之族，与山居之族，初变通，其踵变不必同"；[①]生物因偶然事变移居到水泽或高山，需面临不同的踵变和适应。达尔文与斯宾塞在英语中壁垒分明的两种理念，从"天时、地利"与"顺天时、就地利"的关系来看，在中文里变得界限模糊起来，彼此之间的跨越似乎是轻而易举的。

从语言背后的文化想象可以看到，用进废退理念虽然并不是说动物单凭意志就可以发展出新器官，但它带有某种肯定能动性的趋向，契合了戊戌时期求变的社会心理。变法改革自然需要坚定人的意志、鼓动人的激情，如章太炎在《变法箴言》中所论："人固有一死，死或重或轻，视其所趣，故摩顶放踵以拯生民之陆沉，前者踣，后者

---

① 曾广铨采译，章炳麟笔述《斯宾塞尔文集·论进境之理》，《昌言报》第 4 册，第 204 页。此处对应的斯宾塞原文是 "Those spreading towards the new shores would undergo changes unlike the changes undergone by those spreading into the mountains." Herbert Spencer, "Progress: Its Law and Cause," in Spencer, *Essays*, Vol. I (1868), p. 47.

继，百挫而无反顾，终以集事，斯其死重于泰山者。"① 相较于达尔文的自然选择学说，斯宾塞种群进化、竞争论述在中国更具亲和力的主要原因，即是蕴含着主动改变似乎就有希望的意味。

　　总体而言，斯宾塞从马尔萨斯人口论出发，借鉴人体生理学的知识，以用进废退主导的种群进化、竞争来论述，构成了章太炎、严复理解种群竞争的一套基本逻辑框架。无论此后他们又接纳了哪些新的语言文化因子，这个逻辑框架并未动摇，并且它还有显著的吸附效应。

六　用进废退与种群竞争论述（下）：从章太炎看日译新词

　　明治时代的日本，达尔文、斯宾塞、海克尔等人各式的进化学说都颇为流行。② 1882 年加藤弘之撰《人权新说》，以进化主义驳击天赋人权主义，掀起了日本思想界大论战。③ 该书相当笼统简洁、通俗易懂地概括了进化主义——"盖研究动植物通过生存竞争和自然淘汰的作用，随着逐渐进化而渐渐生长出高等种类之理者"。《人权新说》的开篇就是加藤弘之气势磅礴的汉文草书"优胜劣败是天理矣"。加藤弘之在若干关键术语上标注了片假名，说明它们来源于翻译。并且，这些日译汉字词后来也成为该术语相对固定的日文翻译。比如，"生存竞争"标注的假名为"ストラックル""フォール""エキシスタンス"，意即对应"struggle for existence"；"自然淘汰"标注为"ナチュラル""セレクション"，对应"natural selection"；"人为

---

① 章太炎：《变法箴言》，《经世报》第 1 册，光绪二十三年七月，"本馆论说"栏，第 4 页。

② 关于日本引入进化论的研究，斯宾塞一线参阅山下重一『スペンサーと日本近代』；达尔文一线参阅松永俊男『近代進化論の成り立ち—ダーウィンから現代まで』創元社、1988 年。

③ 围绕《人权新说》的论战，参阅《近代日本思想史》第 1 卷，第 109~118 页。

淘汰"标注为"アルチヒシエルセンクション",对应"artificial selection"。①"优胜劣败"出现时并没有标注对应的假名,它应该是加藤弘之试图用汉文来描述进化论所展示的宇宙万物自然法之定则。1884年井上哲次郎和有贺长雄改订增补1881年出版的《哲学字汇》时,在"survival of the fittest"原本的释义"适种生存"后又增加了"优胜劣败"一义,说明"优胜劣败"在日文中已经逐渐与"survival of the fittest"(适者生存)相对译。至于"struggle for existence"则一仍其旧,译为"生存竞争"。②

事实上,"struggle for existence""natural selection""artificial selection"都出自达尔文的《物种起源》,而"survival of the fittest"则是斯宾塞为描述达尔文自然选择的原理而创造的词组。"survival of the fittest"所指涉的"适者生存",并非意指个体有能力主动适应环境以逐渐发生改变,而是表明环境变迁所带来的决定作用是刚性的,那些遗传特征中的偶然性变异使其能适应环境的物种才能生存下来。换言之,生存竞争、自然淘汰、人为淘汰、优胜劣败这些关于进化论的日译新词是来自达尔文一系的生物进化学说,其内涵并非"用进废退"。而加藤弘之一开始就将它们挪移至社会发育、国族竞争领域,从而主张实力权利。

戊戌时期,《时务报》"东文报译"栏输入的大量日译新词中,就包括这些关涉种群进化、竞争论述的术语。比如,1897年《时务报》第36~37册连载了译自《东京日日新报》的《论扩充海陆军备关系财政》。这篇文章本来是日本银行营业局局长鹤源定吉解释当时

---

① 加藤弘之『人權新説』谷山樓、1882年、13、22頁。
② 井上哲次郎、有賀長雄『改訂增補哲學字彙』附「梵漢對譯佛法語籔」「清國音符」東洋館、1884年、120、122頁;井上哲次郎、和田垣謙三、國府寺新作、有賀長雄等『哲學字彙』附「清國音符」東京大學三學部、1881年、87、88頁。

经济情况的谈话速记。其中提到甲午战争后各种货殖之业兴盛，但真实的产业情况要两三年后才能明晰，"余故曰后二三年，盖是去假存真之时矣，即所谓优者生存，劣者灭亡，必在后二三年之间也"。[①]此处的"优者生存，劣者灭亡"完全取自日文原文。[②] 但这并不足以说明，彼时中文中的类似说法一定来自日文的中文译词。比如，1898年严复《保种余义》中就说："英达尔温氏曰：生物之初，官器至简，然既托物以为养，则不能不争；既争，则优者胜而劣者败，劣者之种遂灭，而优者之种以传。"[③] "优劣"与"胜败"相组合来描述种群竞争的结果，汉语出现类似表达是相对自然的，未必要经历日文汉字词的转换。

然而从章太炎个人的经历来看，他确实受到日本流行的种群进化、竞争表述的影响。1898 年底，为避戊戌党祸，章太炎匆匆前往已被日本占据的台湾，担任《台湾日日新报》的编辑。《斯宾塞尔文集》的译介工作被迫戛然而止。他在 1899 年 6~8 月游览日本本岛后回国。在台湾和旅日期间，黄白种争、种群进化退化仍是他最关注的问题之一。1899 年 2 月，他致信梁启超谈及进化观念，流露他的担忧："使支那之氏，一旦替为台隶，浸寻被逼，遁逃入山，食异而血气改，衣异而形仪殊，文字不行，闻见无征，未有不化为生蕃者。"人与蚕豕等动物为适应变迁的环境，而用或不用某些器官与机能，逐渐造成器官的器质性改变，这些变化的特征会遗传给后代。这就是典

---

① 《论扩充海陆军备关系财政》（续第 36 册，译《东京日日报》西七月廿五日），《时务报》第 37 册，1897 年 8 月 28 日，《强学报·时务报》第 3 册，第 2533 页。

② 日文原文为"即ち今後二三年間は實業界に自然の淘汰が行はれて優者生存劣者滅亡の時期と謂ふべき場合である。"「鶴源定吉氏談話」『東京日日新聞』、1897 年 7 月 28 日、5 版。

③ 严复：《保种余义》（原载 1898 年 6 月 11、12 日《国闻报》），汪征鲁等主编《严复全集》卷七，第 83 页。

型的用进废退理念。在章太炎眼中，此乃"种类蕃变之旨"。① 这一段略调整后收入《儒术真论》的附文《菌说》，可见其重要性。② 黄白种争亦始终萦绕在章太炎心中。1899 年 4 月，他在《台湾日日新报》上发表文章《究移植论》，就种群战争白种胜过黄种后，黄种人要"遁逃伏窜"到哪里进行设计。该文同年 10 月改名为《论黄种之将来》发表于《五洲时事汇报》。改名后的文章新添了一段论述种群竞争原理的话。"国之所以存者，以其相竞也，竞之所以起者，以其相羡也"，正因北方"苦寒洊饥"，而艳羡南方的富庶，不断被激发竞争之心，这是"北人所以常制震旦，与南人所以常为震旦所制"的原因。③ 由生存压力论及竞争与求变，背后有斯宾塞的逻辑。

在日本游览期间，章太炎与当地文人学士畅所欲言，黄白种争还是热衷的话题。听说汉学家冈鹿门之子冈百世在研修社会学，章太炎打开了话匣子："须边撒、达尔文辈以生存竞争之学提倡全欧，闻欧室欲淘汰黄种以至于尽，今东亚之人，实二公笔墨所杀也。"他贯彻黄白同贵的思维，强调我东亚人并非"劣种"。至于"生存竞争"这个"struggle for existence"的日译汉字术语，已是念兹在兹。章太炎表扬华严《原人论》一派懂生物学，"固知上帝造人之为妄，而知生物皆以竞争而渐化"，并且"社会之学，必原于生存竞争，……生存竞争之既极劣者亡，优者存"。④ 用的是日译汉文表述进化论的通俗术语，思想则仍是戊戌时期中国知识界所译介的斯宾塞种群进化学

① 章炳麟：《答梁卓如书》，《台湾日日新报》1899 年 2 月 5 日，汉文第 5 版。

② 章太炎：《菌说》(1899)，《章太炎全集·医论集》，上海人民出版社，2014，第12 页。

③ 章炳麟：《论黄种之将来》，《五洲时事汇报》第 3 册，1899 年 10 月 14 日，"论说"栏，第 1~2 页。

④ 袖海生：《似而非笔》(十五)，《台湾日日新报》1899 年 11 月 5 日，日文第 1 版，"落叶笼"栏。

说。他在东京结识了审定、编著《哲学字汇》的井上哲次郎。章太炎还和同行的馆森鸿大谈阅读日本进化论者石川千代松著作的感受；馆森鸿此行购买了动物、植物、政治、法律及《社会进化论》《族制进化论》《地球发育史》等书五六十部。此间通过日本再次阅读、吸收种群进化学说，其影响可见于章太炎后来手改的《儒术真论》。①然而最显耀的成果还是章太炎回国后编写，并于 1900 年出版的《訄书》初刻本。

章太炎和梁启超在此一时期接触域外思想学术的轨迹极为相似。他们曾同在时务报馆工作，都十分关注进化学说。章太炎多篇文章在《清议报》上刊发，他还曾住在梁启超东京的寓所。梁启超自称《说群》："内演师说，外依两书。"②"师说"自然是康有为的学说，"两书"则指严复《治功天演论》和谭嗣同《仁学》。章太炎不仅自己翻译了《斯宾塞尔文集》，他和梁启超一样，对严复所译《天演论》也是熟悉的。《訄书》初刻本出版后，他在上海亲自将该书送给严复，希望对方能有所纠正，并形容两人的相遇"庶几嵇康之遇孙登也"。③彼时《清议报》大量引入日译新词。据统计，该报 19 处"优胜劣败"的用法一半出自日文的译文。④章太炎在台湾、日本接受关于进化学说的日译语汇和《清议报》的进程是同步的。总之，这些杂糅

---

① 国家图书馆北海分馆所藏章太炎《儒术真论》手改抄清稿有若干章太炎手写添加的段落，其中就提到"达尔文创自然淘汰立说以驳之为人种一原论，自此数原论遂废"，以及石川千代松的老师德国人魏斯曼（A. Weismann）的学说（第 12、13页）等。蒋功成根据《儒术真论》和《訄书》对魏斯曼遗传学说和高尔顿祖先遗传律的介绍，将章太炎视为近代中国传播西方遗传学较早的人物。事实上，这些成果主要是 1899 年章太炎旅日期间阅读日本相关著述的收获。蒋功成：《章炳麟与西方遗传学说在近代中国的传播》，《自然辩证法研究》2009 年第 8 期。
② 梁启超：《说群自序》，《时务报》第 26 册，1897 年 5 月 12 日，《强学报·时务报》第 2 册，第 1729 页。
③ 章太炎：《与夏曾佑》（1900 年 4 月 14 日），《章太炎全集·书信集》，第 70 页。
④ 参阅陈力卫《严复的译词与日本译词》，黄自进、潘光哲编《近代中日关系史新论》，新北：稻乡出版社，2017，第 483~484 页。

了英语、中文、日语各种语言经验的种群进化、竞争论述，最终集中体现在章太炎《訄书》初刻本《原人》《民数》《原变》《族制》诸篇。

深有意味的是，各篇分别侧重讲述了：第一，人由动物进化而来；第二，人口数量不断增长造成了生活资源的紧张和生存竞争；第三，通过决心和意志适应环境是万物变化的主要原因，当前人类种族间竞争的核心在智力的较量，而生物的官能都是用进废退的；第四，介入遗传学和优生学的视野，阐明中夏子民都是上古取得生存竞争胜利的贵种后裔。这几篇文章几乎把斯宾塞关于种群进化、竞争逻辑的各个环节进行了分解论述，贯穿其中的是生物进化的原因在适应环境的用进废退。而选择的语言，则既有与《论进境之理》译文重合之处，又明显受到日译汉字词的影响。

《原人》篇起首即描述从地球演变出现生物，到猿进化为人的历史。"赭石赤铜箸乎山，菩藻浮乎江湖，鱼浮乎薮泽，果然玃狙攀援乎大陵之麓，求明昭苏，而渐为生人。"章太炎主张欧美与华夏虽有黄白之异，但同为贵种。针对有人或质疑这样的观点是投降主义，"使欧美之人，入而握吾之玺，则震旦将降心厌志以事之乎？"章太炎答道，"其贵同，其部族不同"，从王夫之的《黄书》可知，"吾民之皆出于轩辕"，轩辕传说中为少典之子，因此"海隅苍生，皆少典之胄；广轮万里，皆少典之宅"，不可能让不同部族的异姓入主。①《论进境之理》在描述地表隆起，食草动物会遭遇新的捕食者，捕食者和被捕者都要调整攻击或防御模式时，感叹："向使一族之所宅，其地广轮，至于奥草百里，则安得是相逼相变哉。"②"广轮"指土地

① 章太炎：《原人》，《章太炎全集·〈訄书〉初刻本》，第19、23页。
② 曾广铨采译，章炳麟笔述《斯宾塞尔文集·论进境之理》，《昌言报》第4册，第205页。

的广袤面积，典出《周礼·地官·大司徒》"以天下土地之图，周知九州之地域广轮之数"。①它和九州相连，是带有中华民族生息繁衍符号的指称。当初《论进境之理》译文用这个"广轮"，章太炎其实就是在相逼相变的境遇中寄予国族命运之思。而《原人》的"广轮"反而提示出，该文基本的构思来自《论进境之理》所描述的宇宙种群进化变迁历程。

《民数》原名《论民数骤增》，原载于1897年12月《译书公会报》第8册，其核心命题是担忧"近世以人满为虑，常惧疆宇狭小，其物产不足以龚衣食"。富庶的东南人口激增，但已经没有可供开垦的荒地，"使辟地于巨岛灌莽间，则邻国先之；使从事于河雒，昔之膏腴，今乃为沙砾"，"弱者道殣，强者略夺，终则略夺不可得，而人且略夺之"。②中国面临典型的马尔萨斯人口论问题，种群间的生存竞争愈加残酷。

《原变》开篇言及能在极端环境下改变习性而生存的动植物——耐极寒的紫脱、耐热之鼠，在海中能呼吸的海马、海象，由此可见"物苟有志，强力以与天地竞，此古今万物之所以变"。这里的"与天地竞"其实就是译《论进步》时所言的"顺天时、就地利"，只有坚定决心适应环境，并且经历器官的用进废退，万物才能生存下来。章太炎指出，人类种群的生存竞争和变迁，古代因兽患和鬼神信仰尚需依赖于器具和礼仪。上古时，人多毛发的外形有助于抵御寒冷，马蹄有四趾利于它在泥泞沼泽中通行。但伴随适应"寒暑燥湿"的进化，人已不再多毛，马蹄也只有一趾。现在要在"万族之相轧"中求存，关键在智力。"浸益其智，其变也伳长硕岸而神明；浸损其

---

① 十三经注疏整理委员会整理《周礼注疏》，北京大学出版社，2000，第284页。
② 章太炎：《民数》，《章太炎全集·〈訄书〉初刻本》，第25页。

智，其变也若跛鳖而愚。"① 善于运用智力的种群，神经系统会逐渐扩大进化，越发睿智从而取得种群竞争的优位，这是斯宾塞《生物学原理》的要义。而章太炎译《论进步》，将原文的"文明的欧洲人和脊椎动物原型之间的距离，相比于野蛮人和脊椎动物原型之间的距离，是要大很多的"（The civilized European departs more widely from the vertebrate archetype than does the savage）②，译为"吾欧洲文明之族侗长佼好，与野人绝异"③。虽然说此句译文并未完全捕捉到原文"重演"的理论架构，但至少说明，用"侗长"来形容文明之族在章太炎那里是一脉相承的。《原变》仍属于翻译《斯宾塞尔文集》的后续学术生产。章太炎之后着重讲述了用进废退中"废退"的原理："下观于深隧，鱼虾皆瞽，非素无目也，至此无所用其目焉；鲸有足而不以趵，羖有角而不以触，马爵有翼而不以飞，三体勿能用，久之则将失其三体；故知人之怠用其智力者，萎废而为虪蜼。"④ 人如怠于用智，脑功能将退化似猿猴，这是章太炎的警世之言。

《族制》是最能体现章太炎受到日译新词影响的作品。篇名"族制"，即是"kinship"的日译汉字词，意为亲属关系、血缘关系。井上哲次郎、有贺长雄 1884 年改订的《哲学字汇》即做如此对译。⑤ 而章太炎明显受到有贺长雄《族制进化论》一书的影响。1904 年出

---

① 章太炎：《原变》，《章太炎全集·〈訄书〉初刻本》，第 25~26 页。

② Herbert Spencer, "Progress: Its Law and Cause," in Spencer, *Essays*, Vol. I (1868), p. 50.

③ 曾广铨采译，章炳麟笔述《斯宾塞尔文集·论进境之理》，《昌言报》第 4 册，第 206 页。

④ 章太炎：《原变》，《章太炎全集·〈訄书〉初刻本》，第 27 页。

⑤ 井上哲次郎、有賀長雄『改訂增補哲學字彙』附「梵漢對譯佛法語籔」「清國音符」、65 頁。在近代其他的英汉词典中，较少将"kinship"释义为"族制"。1911 年卫礼贤的《德英华文科学字典》将"kinship"释为"血族、亲族、族制"也很可能是受到日译汉字词的影响。Richard Wilhelm, *Deutsch-English-Chinesisches Fachwörterbuch* (Tsingtau: Deutsch-Chinesischen Hochschule, 1911), p. 541.

版的《訄书》重订本《族制》篇还特别增加了一段引自《族制进化论》的内容。文章大谈了一通遗传学的知识，诸如不宜近亲结婚、隔代遗传现象等，但指出遗传不能成为世袭的借口，后天的学与不学仍旧重要。章太炎主张，现在的中夏氏族已经是历史上生存竞争、优胜劣败的胜利者，早就属于贵种。"彼共和而往，其任国子者，非以贵贵，惟竞存其族故。不然，今吾中夏之氏族，礧落彰较，皆出于五帝。五帝之民，何为而皆绝其祀也？是无他，夫自然之淘汰与人为之淘汰，优者必胜，而劣者必败。"[1] 这里出现的"自然之淘汰""人为之淘汰""优胜劣败"明显来自日译汉字词。至于该文屡次言及的"竞存"，乃是章太炎在日本频频言说的"生存竞争"之缩写。有意思的是，1901 年严复在《原强》修订稿中也出现了"竞存"，谓"达尔文曰：物各竞存，最宜者立"，[2] 这是相比于 1895 年《原强》不同的表述。严复受到日译新词影响，或属于阅读《訄书》有得，亦未可知。事实上，章太炎应该不太能分辨"自然淘汰""人为淘汰""优胜劣败"几个词具体对应的英文词及其意思的差异。在他的心目中，由于都在描述生存竞争的原理，这些词是一体的，甚至是可以互换的。1902 年，他翻译岸本能武太的《社会学》，将原文"されば、此の優勝劣敗の原理より原人の狀態に推及して、原人の軀幹を矮小なりしとするは、決して不都合にはあらざるべしと思はる"，[3] 译为"此自然淘汰与人为淘汰之原理，以是推之，则谓原人短小者，必非凭臆妄造之说审矣"。[4] "自然淘汰""人为淘汰"这里直接置换了原文的"优胜劣败"；如同《族制》篇中的情况，章太炎相信它们

① 章太炎：《族制》，《章太炎全集·〈訄书〉初刻本》，第 40 页。
② 严复：《原强（修订稿）》（1901），汪征鲁等主编《严复全集》卷七，第 32 页。
③ 岸本能武太讲述『社會學』、1896 年、101 页。
④ 此为章太炎译文。岸本能武太：《社会学》，章炳麟译，《章太炎全集·译文集》，第 85 页。

是互相解释的关系。

虽然说严复、章太炎同斯宾塞一样，都相信自己的论述是建立在权威的生物学基础之上，"生物家言""生物学家谓"屡屡成为章太炎引证时冒头的说法，但应该看到，按照生物进化原理所导引出的优生学必然面临人伦道德的持续拷问。斯宾塞虽然认为"多数情况下优者给劣者的同情和关怀所引起的反响"有益于道德，但又主张，"那些大规模地培育无用之人的机构还是带来了毋庸置疑的伤害：阻止了社会通过自然地排除低劣者来不断净化自身的进程"。①从严复的译文来看，他是赞同这样的观点的："必克贤以相不肖，使贤之生机日削，不肖之种类益繁，斯必为其群之大害。何则？以物竞天择之行，造物方汰其不能，而责人人以自立，其群乃昌，而昧者乃以煦煦之仁，毁天之功，使不得有进群之效故也。"②章太炎的处理方式更是无情，"若夫童昏、嚚瘖、焦侥、官师之所不材也，以实裔土；夫屏之裔土者，惧其传疾以败吾华夏之种，故蠥蠥焉洮汰之也"。至于遗传学知识，章太炎广听博览，但有些根本就是陈旧的伪说，如他混淆可以遗传的先天缺陷与不会遗传的后天肢体缺损，竟称"狸犬或失其尾，则所产者亦无尾；人或堕指，其子亦无指"。③

《原人》《民数》《原变》《族制》四篇后又被纳入 1904 年《訄书》重订本。并且除了《族制》，其他三篇均进入 1915 年修订完成

① 斯宾塞：《社会学研究》，第 308、309 页。原文参阅 Spencer, *The Study of Sociology*, pp. 345-346。

② 严复译：《群学肄言》，汪征鲁等主编《严复全集》卷三，第 211 页。

③ 章太炎：《族制》，《章太炎全集·〈訄书〉初刻本》，第 40 页。有意思的是，卡彭特在 1839 年版的《一般和比较的生物学原理》就相信失去尾巴的猫会生出没有尾巴的小猫，而早在 1813 年普理查德就根据经验否定了外伤或残肢具遗传性。John Lidwell-Durnin, "William Benjamin Carpenter and the Emerging Science of Heredity," *Journal of the History of Biology* 53（2020）：82.

的《检论》。《原人》《原变》加上《訄书》重订本增补的《序种姓》上、下两篇，更架构了《检论》卷一提纲挈领的格局。章太炎在无声地提醒，这几篇文章是了解中国人文学术的基础。《序种姓》从人种分类为黄、白、黑、赤、流黄五种出发，考察我方夏种族的由来和流变，和《原人》《原变》表述种群进化、竞争原理的主旨是契合的。这说明斯宾塞用进废退理论主导下的种群竞争论述，事实上构成了戊戌以降章太炎种群竞争论述整体的理论中核。

小结：喧哗舆论的表层和内里

随着庚子后民族危机的加剧，黄白种争的论述在舆论界进一步深入，描述种群竞争、进化的相关术语已逐渐成为人们口头禅式的习惯用语。如章太炎好友邹容的《革命军》（1903）专辟一章"革命必剖清人种"，其中曰："地球之有黄白二种，乃天予之以聪明才武，两不相下之本质，使之发扬蹈厉，交战于天演界中，为亘古角力较智之大市场，即为终古物竞进化之大舞台。"[1] 而留日学生刊物《湖北学生界》则有文章通过哭诉灭种的悲情来进行革命的动员，所谓"爱国少年痛国势之日危，种族之将灭，四百兆黄帝之子孙将为奴隶、为牛马，供卷发晳颜高颧隆准碧眼黄髯儿之蹂躏蹴踏……旦旦而哭之，夕夕而呼之"。[2] 1906 年，《云南》杂志的发刊词哀叹，"呜呼！莽莽大地，已化红羊劫灰；哀哀同胞，行作白人奴隶"，如此担忧的原因是"物竞天择，优胜劣败，适者为优，不适为劣，天演之公例也……中西人种之性质之行为，判然若云泥，彼以适于今日而占优

---

① 邹容：《革命军》（1903），严昌洪、何广编《中国近代思想家文库·杨毓麟　陈天华　邹容卷》，中国人民大学出版社，2013，第 338 页。

② 李书城：《学生之竞争》，《湖北学生界》第 2 期，1903 年 2 月 27 日，"论说"栏，第 1 页。

胜，我以不适于今日而归劣败故耳"。① 清末民初，在新教育体制下，在塑造国民精神生活中发挥关键作用的学制和教科书同样引入了黄白种争的论述。如1904年的《奏定高等小学堂章程》对地理课的规定就包括，知晓"大洋五洲五带之区别，人种竞争与国家形势利害之要端"。② 而中华书局1913年刊行的《新制中华地理教科书》介绍了人分五种，称："五种中，欧罗巴种最强，差足颉颃者，惟我亚细亚种，余非奄无生气，即行将澌灭。物竞天择，优胜劣败，天演之公例也。"③

在这样的时代舆论氛围中，胡适旅美后的1915年谈及对中国接受种群进化学说的如下观感，可以说十分自然："达尔文《物种由来》之出世也，西方之守旧者争驳击之，历半世纪而未衰；及其东来，乃风靡吾国，无有拒力，廿年来，'天择''竞存'诸名词乃成口头禅语"，"今之昌言'物竞天择'者，有几人能真知进化论之科学的根据耶"。④ 这一印象也成为他《四十自述》中那段著名感慨的先声。所谓庚子辛丑大耻辱之后的大多数中国人，"能了解的只是那'优胜劣败'的公式在国际政治上的意义"，延烧少年人心和血的是《天演论》"物竞""淘汰"等义。⑤ 物竞、天择、竞存、优胜劣败、淘汰等词泛滥于舆论界，构成普通国人对进化论浅尝辄止乃至庸俗化的认知。这确实是清末喧嚷的舆论表层之显在现象。本书通过研讨斯宾塞种群进化、竞争论述在中国译介、落地、转化的过程，发现以斯

① 《云南杂志发刊词》，《云南》第1号，1906年10月15日，第3~4页。
② 璩鑫圭、唐良炎编《中国近代教育史资料汇编·学制演变》，上海教育出版社，1991，第310页。
③ 史礼绶编《新制中华高等小学地理教科书》（7），上海中华书局，1913，第4~5页。
④ 胡适：《东西人士迎拒新思想之不同》（1915年5月8日），曹伯言整理《胡适日记全编》（2），第128页。
⑤ 胡适：《四十自述》，欧阳哲生编《胡适文集》（1），第70页。

宾塞为主的种群进化论影响中国，远不止从表层看到的这一面。1850年代后，人体生理学、地质学这些涉及生物历史的新认知已经逐渐被引入中国。其中所包含的生理学家卡彭特及地质学家赖尔的作品，也构成了斯宾塞种群进化理论的知识原料。斯宾塞以超验生理学所代表的哲学的进化观念来缀合此前流行的生物学知识；而严复、章太炎戊戌时期译介了斯宾塞主要成型于1850年代的种群进化、竞争论述，事实上意味着在中国发生了相似的缀合过程。为了抵制欧洲人歧视东亚黄种之心，章太炎、严复以时人习惯的思考方式因应国族诉求，将斯宾塞描述生物漫长变迁过程的种群进化论述调整为种分贵贱、黄白同为贵种。他们通过强调进化的贵贱等级来增加种群退化乃至灭绝的焦虑感和压迫感，从而为政治变革营造社会气氛。

本章还集中关注了在中国最初表述用进废退原理的那些语汇，通过由英文到中文创制的新名词、引介到中文的日译汉字词，或者转换使用的中文旧语汇，来观察中国思想界早期对斯宾塞和达尔文生物进化学说及种群竞争论述的理解。严复创制"体合"一词来解析用进废退原理的关键环节——生物体主动适应环境，以区别于表现达尔文自然选择理论的"物竞"与"天择"。严复再三运用、提示该词，显示了他较透彻地理解了斯宾塞学说之特异性。不通英文的章太炎则在笔述《斯宾塞尔文集》的过程中，用"顺天时、就地利"来对译物种完全适应新环境。这一不经意间的用词透露出，"顺""就"等人的主动行为与"天时、地利"的客观条件构成了语言上自然的主谓匹配关系，章太炎顺畅地将斯宾塞用进废退理念与他对主观意志的重视结合在一起。达尔文式单独强调自然条件决定性作用的理论则难有伸展空间。"体合"与"顺天时、就地利"搭建了时人最初衔接两个观念世界的思维桥梁，也体现了概念世界"实"依"名"而存，"名"所生长植根的文化环境反过来会影响对"实"的认知。

"物竞""天择"是严复对达尔文《物种起源》"生存竞争"（struggle for existence）与"自然选择"（natural selection）的翻译；竞存、淘汰、优胜劣败则多少受到进化论日译新词的影响。并且，它们作为翻译或诠释达尔文生物进化学说的论述，都被转用到社会发育、国族竞争的领域。从章太炎的旅日经历及《訄书》初刻本的编撰情况来看，他的确受到日译进化新词的影响。然而，其思想的基础仍旧是戊戌时期所译介的斯宾塞种群进化、竞争论述。因为用进废退的理念最为契合清末知识人的求变吁求，即华夏民族快速适应转变中的环境而在生存竞争中存活下来；如竞存、天择、淘汰等词大都被吸附在这一理念上而为思想界所接受。换言之，用进废退理念如水渠，在某种程度上规制、牵引着这些舆论场中通俗化语汇的方向。这一现象不仅体现"实"对于"名"的磁吸作用，也有助于我们拨开纷繁的话语迷雾，直探清末种群竞争论述诉求的本底。

　　此外，生物进化学说有两个关键的理论要点。一是种群思维（population thinking）取代了类型思维（typological thinking），根本颠覆了世界的持续不变性。人类与自然之间是连续的，人类各种群之间也没有本质上的、不会更革的区隔。二是脑作为思维的器官，在某种程度上决定了人的本质。这两个要点在清末事实上都被承认了。然而，由于清末十年恰逢一个对内推翻清朝统治、对外抵制帝国主义侵略的民族革命时代，革命行为本身又极为强调人的欲望和意志等主体行为，以至于流行于政治、学术话语中的某些表述竟看似和这两个理论关节点颇有疏离之处，所以这里还需要再做一些简要的辨析。

　　严复在《天演论》导言第一篇《察变》按语中说："而壮事日辟，掘地开山，多得古禽兽遗蜕，其种已灭，为今所无；于是虫鱼禽互兽人之间，衔接迤演之物，日以渐密，而达氏之言乃愈有征。"①
如前文所述，地质学所掘发的古生物化石的时代层累性，是严复对生物进化学说及人与自然的连续性充满信心的重要原因。章太炎在1899年访日期间与冈百世谈及生存竞争时说："夫自脊骨之鱼以至于人，其相化相搏相噬不知其更几何世矣；岂化至于人，遂截然止乎？他日人又必化一高等之物，而此圆顶方趾者，又将为其牺牲。"② 人类这个物种同此前的虫鱼鸟兽一样，都处于进化的自然进程之中，持续变化才是世界的真相。一旦教科书里面也出现这样的判断，则说明种群进化的意识已经逐渐变成一般性的常识。1923年商务印书馆出版了王钟麒的《新学制地理教科书》，书中说："世界的人类，体格有强弱，肤色有黑白，毛发有刚柔，文化有优劣。骤然看来，好像人种的不同，自有人类以来就这样分别清楚了。其实人类本同出一源，后来有因生计的不同或外界的影响，才显出种族的差异来，在进化论者的眼光里，本来是不成立的。"由此，作者得出结论，无论从体格、语言还是地域来区别人类，"不过为容易识别起见，不能不假定一个标的，取便称引罢了"。③ 从这里可以明显看到，在进化论的影响下，种群思维对于类型思维的取代。然而，章太炎作为民族革命者，还时不时要拿传统的华夷观来凝聚人心。到晚年他还在讲："《春秋》三传虽异，而内诸夏外夷狄则一；自有《春秋》，吾国民族之精神乃固，虽亡国有屡，而终能光复旧物，还我河山。"④ 分殊类似的民族主义观念和进化论对人类由来演变认知的差异，是很有必

---

① 严复按语，《天演论》（慎始基斋本），汪征鲁等主编《严复全集》卷一，第84页。
② 袖海生：《似而非笔》（十五），《台湾日日新报》1899年11月5日，日文第1版，"落叶笼"栏。
③ 王钟麒：《新学制地理教科书》下册，初级中学用，商务印书馆，1923，第30页。
④ 章太炎：《论读经有利无弊》（1935），《章太炎全集·演讲集》，第567页。

要的。

　　至于脑的发育和动物进化程度的关系，如上文所言，是得到清末趋新知识人认可的。只是脑的进化程度缓慢，并且人力不能及、无可为，也使得对它的讨论失去了现实的意义。在后续的知识涉猎中，章太炎还遇到过强调面角与脑容量的论述。如他 1902 年翻译岸本能武太的《社会学》，书中分析原始人的身体时就说："古人之颚，其比例较头为大。今世野蛮人丰于颚，而文明人丰于头。故以日本人比欧美人，其面角之角度，彼常赢余，我常不足。"[①] 岸本提到面角时特意在旁边注上假名"フェーシャル　アングル"以对应"facial angle"。岸本能武太真诚地相信，日本人相比于欧美人在人种上有劣势。他晚年练习冈田式静坐法，还笃信通过长期静坐能改变日本人的面角。[②]章太炎对此不置可否，他的心思已经转移到"心力"上了，因为这似乎是人主观上能调节、控制的领域。一方面，在以叔本华意志哲学为代表的德国形而上学及沃德、吉丁斯等社会学心理学派的影响下，井上哲次郎领衔的日本思想界经历了较大的转型；另一方面，革命对于个体参与性的需求，也使激发调动革命献身精神成为章太炎 1900年后的主要理论工作。所以，类似"我所靠的佛祖仍是靠的自心，比那基督教人依傍上帝，扶墙摸壁、靠山靠水的气象，岂不强得多吗"，[③] 以及"自贵其心，不依他力"[④] 等，才构成了人们后来对章

---

① 此为章太炎的译文。岸本能武太：《社会学》，《章太炎全集·译文集》，第 82 页。原文为"古代の人類程顙は割合に頭よりも最大なるが如し。又た今日地球上に生存する諸種の人類を比較するも、一般の規則は、野蠻人程顙は長大にして、開化人程頭は廣大なるは、一の著るしき事實にして又た容易に證明し得べき所たり。例へば日本人と歐米人を比較するも、面角の角度は彼に利ありて我に損あるが如し。"岸本能武太講述『社會學』、1896 年、90-91 頁。
② 岸本能武太『岡田式静坐三年』大日本圖書株式會社、1915 年、436-439 頁。
③ 太炎：《演说录》，《民报》第 6 号，1906 年 7 月 25 日，第 7 页。
④ 太炎：《答铁铮》，《民报》第 14 号，1907 年 6 月 8 日，第 114 页。

太炎思想的主要印象。并且，按照今天对大脑功能的理解，中国文化中的"心"及"用心"并不是指向生理层面的心脏，而是指"以大脑右半球和边缘系统为主导的思维形态，具有知情意相贯通、真善美相结合、知行合一的特征，在整体性、直觉性、体验性的认知活动中有明显优势"。① 在这个层面上讲，章太炎的"心力"要发挥的，其实是超出左脑逻辑、数学、语言能力等智力范围的脑功能。

最后值得一提的是，戊戌时期严复、章太炎在引介斯宾塞种群进化、竞争学说的取向上呈现出有差异的默契。他们后来政治立场逐渐分化。然而，无论趋向于渐进改良还是走向激进革命，他们仍在斯宾塞那里借鉴到适用的理论资源。这一情形和明治时代日本接受斯宾塞学说的样貌有些相似。即斯宾塞思想本来就包含激进与保守两个侧面，而这两面的思想分别为对立的两个政治阵营所汲取。②

1903 年，严复翻译的《群学肄言》出版。他翻译出版斯宾塞该作的目的是，以"饬戒学者以诚意正心之不易""知格物致知之不容已"。这自然是反思和抵御国内的激进革命思潮："乃窃念近者吾国，以世变之殷，凡吾民前者所造因，皆将于此食其报。而浅谞剽疾之士，不悟其所从来如是之大且久也，辄攘臂疾走，谓以旦暮之更张，将可以起衰，而以与胜我抗也。不能得，又搪撞号呼，欲率一世之人，与盲进以为破坏之事。顾破坏宜矣，而所建设者，又未必其果有合也。"③ 在《宪生》篇中，严复用译文阐述了激进革命不可行的原因，在于种群适应环境的过程相当缓慢，"顾体合之事，可驯至而不可骤几，渐而不顿者也"，"是故善调群者，其设境也必以渐，先为

① 王前：《全球化背景下的涉"心"认知——形态演变和重要价值》，《哲学分析》2020 年第 4 期，第 154 页。
② 山下重一「明治初期におけるスペンサーの受容」日本政治学会編『日本における西欧政治思想』岩波書店、1976 年。
③ 严复：《译〈群学肄言〉序》，汪征鲁等主编《严复全集》卷三，第 7 页。

之中途，而后更其极则所蜕者，与所渐加之外力相副，此和理之所以日济也。身形如此，心德亦然。今夫文明之国，其民之思理感情，皆不可以猝跻也，取僿野狂榛之众，徒恃有法令焉，遂可使自由而不相侵欺，吾见体合之不能，徒拂其天而以底于乱"。① 这些描述都属于巧妙转化斯宾塞的意思，借彼之酒杯，浇胸中块垒。

章太炎1902年则通过翻译岸本能武太的《社会学》曲折地获悉斯宾塞社会有机体说的本旨，即"以社会拟有机，而曰非一切如有机，知人类乐群，亦言有非社会性，相与偕动"。② 斯宾塞偏向个人主义的自由主义思想，襄助革命中的章太炎确立了个体相对于群体的优先性。戊戌时期黄白同为贵种的种群竞争论述，其中的重要观念构成了章太炎此后哲学思考的基本立足点。梁启超在《论中国之将强》中一针见血地指出，帝国主义污蔑其他种群"种族之犷悍，教化之废坠，风俗之糜烂"，是为了"以仁义之师自居"，从而"墟其国，奴其种"，甚至灭其人种。③ 也就是说，帝国主义打着文明、仁义的旗号在施行见不得人的血腥利益勾当。章太炎1911年在《论佛法与

① 严复译《群学肄言》，汪征鲁等主编《严复全集》卷三，第214页。从"是故善调群者"到"徒拂其天而以底于乱"，斯宾塞的原文是"Such changes can be brought about only by slow spreadings of the race through intermediate regions having intermediate climates, to which successive generations are accustomed little by little. And doubtless the like holds mentally. The intellectual and emotional natures required for high civilization, are not to be obtained by thrusting on the completely-uncivilized, the needful activities and restraints in unqualified forms: gradual decay and death, rather than adaptation, would result." Spencer, *The Study of Sociology*, p. 337. 张红晖、胡江波译《社会学研究》译作"此种变化只有在如下情况下才能发生：通过缓慢地把种族从一个有着过渡性气候的中间地区分布至气候不同的地区，接下来的后代们才能一点一点地适应它。毫无疑问，心智也是如此。高一级文明所需的那种智力和情感天性，不是通过在完全未开化的人身上强加必须的活动和绝对的限制就可以达到的：这只会导致逐渐的衰退和死亡，而不是适应"（第312页）。

② 章太炎：《〈社会学〉自序》，《章太炎全集·译文集》，第45页。

③ 梁启超：《论中国之将强》，《时务报》第31册，1897年6月30日，《强学报·时务报》第3册，第2073页。

宗教、哲学以及现实之关系》中，批评东西洋帝国主义"有意要并吞弱国，不说贪他的土地，利他的物产，反说那国本来野蛮，我今灭了那国，正是使那国的人民获享文明幸福"，① 和梁启超当年的观察何其相似。《齐物论释》所倡导的"不齐而齐"，事实上也正萌生于这样的历史和理论环境。

---

① 章炳麟：《论佛法与宗教、哲学以及现实之关系》（1911 年 10 月），《中国哲学》第 6 辑，三联书店，1981，第 309 页。

第二章

人的再定位：跨洋流变的"社会学"之思

1902 年，日本学者岸本能武太著、章炳麟译《社会学》由广智书局刊行。这是目前所见章太炎独立翻译完成的唯一完整的外文专著,[1] 也是我国翻译出版的"第一本完整的社会学著作"。[2] 在日本现代学术界和思想界，"成为关心的中核者，实乃社会学"。[3] 明治十五年（1882）后，以乘竹孝太郎、有贺长雄为代表的日本第一阶段的社会学展开，主要是译介和模仿斯宾塞的著述。[4] 岸本能武太《社会学》的出版标志着日本以强调心理主义与解析有机体为特征的社会学第二阶段的开端。章太炎 1902 年第二次东渡，在彼时颇为

---

[1] 潘承弼、沈延国等《太炎先生著述目录后编初稿》提到章太炎未刊的、译自日文的《希腊罗马文学史》，该书迄今未见。《制言》第 34 期，1937 年，第 1 页。

[2] 1897~1898 年，严复在《国闻汇编》第 1、3、4 册上刊发了《斯宾塞尔劝学篇》，实译自斯宾塞《社会学研究》的第一章。但该书译著定名为《群学肆言》，完整出版要到 1903 年。关于章译《社会学》的学科价值，参阅孙本文《五十年来的社会学》（1945），《孙本文文集》第 9 卷，社会科学文献出版社，2012，第 263 页；姚纯安《社会学在近代中国的进程（1895~1919）》，第 53~58 页。邹振环将此书列入"影响中国近代社会的一百种译作"。邹振环：《影响中国近代社会的一百种译作（修订本）》，第 154 页。

[3] 引文出自尾佐竹猛「序」下出隼吉『明治社會思想研究』淺野書店、1932 年、1 頁。关于日本近代的社会学史，还可参阅 Howard Becker, "Sociology in Japan," *American Sociological Review*, Vol. 1, No. 3（Jun., 1936）：455~471；松本潤一郎『日本社會學』時潮社、1937 年；福武直主编《世界各国社会学概况》，北京大学出版社，1982。

[4] 斯宾塞对日本影响的情况，参见山下重一「明治初期におけるスペンサーの受容」『日本における西欧政治思想』；山下重一『スペンサーと日本近代』。

"夥多"的社会学论著中，最青睐岸本《社会学》之"简要精博，引人入胜"。① 《新民丛报》推荐该书时，感叹新兴之"社会学"，"有掩袭百流一炉同冶之势"。② 章太炎译毕该书，即"复为删革"③《訄书》，后来更将社会学视为"哲学""史之精华"。④ 岸本的《社会学》实为章太炎接受明治思潮的重要一脉。然而即便是日本研究界，也缺乏对岸本《社会学》文献来源、思想取向的辨析。⑤ 而无论在中国还是在日本，从岸本的《社会学》出发，通过"社会学"的思想来展开章太炎与全球思想史关系严肃深入的专论迄今阙如。⑥

---

① 此为《新民丛报》第 14、15、16、17、18 号目录后推荐"余杭章炳麟译《群学》，原名《社会学》，日本岸本能武太原著"的广告词；第 14、15、16 号广告语末句是"现已付印，不日出书"；第 17、18 号广告语末句则是"现已出书全二册定价六角正"，说明此时书已出版。《新民丛报》第 22 号"绍介新著"栏的广告语又不相同。

② 《新民丛报》第 22 号"绍介新著"栏广告，"《社会学》日本岸本能武太著、余杭章炳麟译；上海广智书局印，二册定价六角"（1902 年 12 月 14 日，第 67 页）。

③ 章太炎：《自定年谱》，1902 年条，汤志钧编《章太炎年谱长编》，第 128 页。

④ 诸祖耿：《记本师章公自述治学之功夫及志向》（1936），陈平原、杜玲玲编《追忆章太炎（修订本）》，三联书店，2009，第 69 页。

⑤ 海外对岸本能武太的研究颇集中在他对日本宗教学的贡献，比如 Norihisa Suzuki, "Nobuta Kishimoto and the Beginnings of the Scientific Study of Religion in Modern Japan," *Contemporary Religions in Japan*, Vol. 11, No. 3/4（Sept.–Dec., 1970）: 155–180。而 Michel Mohr, *Buddhism, Unitarianism, and the Meiji Competition for Universality*（Cambridge, MA: Harvard University Asia Center, 2014）专辟第五章谈岸本能武太与日本上帝一位论派的关系。

⑥ 涉及章太炎与明治思潮研究的著论，如小林武『章炳麟と明治思潮：もう一つの近代』未处理过该议题。黄克武强调《社会学》一书的翻译，乃是心理学派社会学理论首次较完整地被译介到中国。黄克武：《晚清社会学的翻译——以严复与章炳麟的译作为例》，孙江主编《亚洲概念史研究》第 1 卷，商务印书馆，2018。韩承桦注意到章太炎译本所据的原作是岸本在东京专门学校的讲义本，而非此前一般认为的 1900 年修改本。至于两个版本的差别，章太炎译作对原作的变形、修改，以及岸本著作与章太炎思想的关系，韩承桦未讨论。韩承桦：《从翻译到编写教科书——近代中国心理倾向社会学知识的引介与生产（1902～1935）》，张仲民、章可编《近代中国的知识生产与文化政治——以教科书为中心》，复旦大学出版社，2014。岸本能武太的《社会学》共有两个版本：一是 1896 年东京专门学校的讲义，即岸本能武太讲述『社會學』東京專門學校藏版（封面标"東京專門學校文學科三年級講義錄"，刊年不明）；二是明治三十三年（1900）由

传统儒家社会观建立的基础是以人为"万物之灵"。① 由于从未说明人种起源，又不遑处理社会之由来演变，儒家将人天然定义在君臣、父子、兄弟（长幼）、夫妇、朋友五伦的社会关系之中。② 而19世纪理智结构变革的特征，乃是"生物学思想取得了高于数学思想的地位"。生物进化论及由它导引的社会进化论夯筑了"人的哲学"的基础。③ 近代解析的"人"是"从动物进化的人类"，包含"从动物"进化的、从动物"进化"的两个层面，引号的不同位置提示人既有动物性又超越动物性，具有灵肉二重、兽神两性。④ 岸本的《社会学》与章太炎思想的关系主要体现在两点。第一，章太炎赞岸本的《社会学》"以社会拟有机，而曰非一切如有机，知人类乐群，亦言有非社会性，相与偕动"。⑤ 社会有机体、人的"非社会性"属性

东京大日本图书株式会社推出的修订版，即岸本能武太『社會學』大日本圖書株式會社、1900年。根据1900年版绪言自述，讲义版乃是作者于明治二十九年，即1896年在东京专门学校的讲义（第3页）。本书用"1896年讲义版"与"1900年版"予以区分。章太炎译作所据底本乃1896年东京专门学校的讲义。章太炎译作《社会学》绪论与本论第一章目录，与岸本《社会学》1896讲义版完全对应，而与1900年的修订版相比有不少差别。"本论"第一章，章氏译著及1896年版均是8个小节，1900年版只有5个小节。内容亦复如是，1896年版中原有，而1900年版删掉的内容，在章太炎译著中仍有保留。后文会有相关讨论。坂元弘子在讨论章太炎社会主义思想时，也涉及岸本能武太的《社会学》。坂元弘子：《略探章太炎思想里的社会主义因素以及其与日本人的交往》，周东华、张君国编《章太炎和他的时代》。

① 《尚书·泰誓》，十三经注疏整理委员会整理《尚书正义》，北京大学出版社，2000，第321页上。此篇今文无，古文有。支持这种观点的经典表述甚多，如《孝经·圣治章》记孔子曰："天地之性（生）人为贵。"十三经注疏整理委员会整理《孝经注疏》，北京大学出版社，2000，第33页。

② 建部遯吾『社會學』（東京專門學校史學科一回一學年講義錄）、早稻田大學出版部藏版、1901年、65—66頁。

③ Ernst Cassirer, *An Essay on Man: An Introduction to a Philosophy of Human Culture* (New York: Doubleday & Company, 1944), p.35. 译文参见恩斯特·卡西尔《人论》，甘阳译，上海译文出版社，1985，第24页。

④ 周作人：《人的文学》（1918），《新青年》第5卷第6号，1918年12月15日，东京汲古书院1970年影印本，第634页。

⑤ 章太炎：《〈社会学〉自序》，《章太炎全集·译文集》，第45页。

以及相关理论话语参与了章太炎革命时期的政治论述，亦埋下了他尝试从独在的个体出发，思索现代社会秩序的伏笔。第二，岸本将有无"过去、未来之思想"① 作为区别人与非人动物（原人）的依据。章太炎对此深为服膺，后将其复述为"人类所以异鸟兽者，正以其有过去、未来之念耳"。② 岸本《社会学》与章太炎思想的关系展现了在生物、社会进化学说冲击下，儒家人与社会观念在某些层面做出的因应和调整。

虽然章太炎并不精熟日文，但仍运用和文汉读法，在完整呈现原作章节的基础上，以大体贴近原作的方式完成了翻译工作。当然，翻译的语言转换必然将译作置入新的文化语境；加之在某些具体问题上，章太炎理解的不到位或主观上的不认同，也令译作局部有增删改写或意义转换的现象。③ 通过对岸本著作的介绍和微调，章太炎投射了清末政治社会革命的愿景，并扩充了自己思索现代社会秩序的理论武库。本章从两个层面，一是人的非社会属性与社会属性的关系，亦即个体与群体、自由与秩序的关系；二是人与动物的分别，或称人兽之辨，来讨论跨洋流变的社会学对人的再定义。

第一节　自由与秩序之思的跨洋交流：
从岸本能武太到章太炎

19 世纪中叶，工业化和城市化的迅速发展使欧美社会发生了深

---

① 此为章太炎译文，岸本能武太《社会学》，《章太炎全集·译文集》，第76页。为查阅方便，与1902年广智书局版无误处，本书皆采用该版本的译文，特此说明。

② 太炎：《驳中国用万国新语说》，《民报》第21号，1908年6月10日，第70页。章太炎1907~1908年发表的《国家论》《印度人之论国粹》对此也有阐发。

③ 需要指出的是，相较于章太炎此前完全不懂英语而与曾广铨合译斯宾塞的《论进步》出现了主旨的变焦（参阅本书第一章第一节），或者严复翻译《社会通诠》改造原作的时空系统（参阅王宪明《语言、翻译与政治——严复译〈社会通诠〉研究》，北京大学出版社，2005），章太炎译岸本的《社会学》所致原作与译作的差异，性质或程度都不能相提并论。

刻变化。因此，"什么才是能够使自由最大化的最佳秩序"，是孔德、斯宾塞以降近代社会学关心的基本问题。[1] 英国哲学家斯宾塞的社会学思想，在充分吸纳当时天文学、地质学、生物学、考古学、人类学等成果基础上，以社会进化观念讲述人类社会从诞生到法律、宗教、风俗等各项文明逐步演进的普遍历史，分析社会的结构和功能，可谓"用科学之律令，察民群之变端，以明既往，测方来也"。[2] 因其宏大的文明视野和理论构架，斯宾塞社会学在19世纪七八十年代的美国、日本引起强烈反响。斯宾塞运用生物进化论夯筑新的"人的哲学"，结合社会有机体说，宣传偏向个人主义的自由理念。随着社会学的流行，这些理念也参与了世界各国的政治、社会变革。

章太炎翻译岸本的《社会学》并与它发生思想关系，从更宽阔的视域来看，蕴含着自由与秩序之思，在成为跨大西洋（由英至美）的共享知识话语后，又经历了跨太平洋（从美到日再到中）的思想流通，逐次变形调整。环环相扣，层累增进。岸本的《社会学》除借鉴斯宾塞社会学说外，还本自美国第一部社会学专著——莱斯特·沃德的《动态社会学》。沃德反思斯宾塞自由放任理念，以便重新建构美国内战之后的自由主义。岸本既皈依基督教，又深谙儒家社会的运转法则。他再编"社会有机体"说，分析人的"非社会性"要素，一方面有对斯宾塞理念的继承与调整，另一方面也有对明治三十年代日本社会思潮的接纳与抵制。而章太炎与岸本的同与异彰显了清末政治社会革命的愿景，也展示了章太炎独特的思想气质。

---

① 彼特·沃森：《思想史：从火到弗洛伊德》，胡翠娥译，译林出版社，2018，第920页。关于社会学学科史的简要归纳，参阅罗伯特·C. 班尼斯坦《社会学》，西奥多·M. 波特、多萝西·罗斯主编《剑桥科学史》第7卷，第285~309页。

② 严复：《译〈群学肄言〉序》，汪征鲁等主编《严复全集》卷三，第7页。

"世上没有绝对的写实主义，只有理想主义之种种变相。"① 在各自社会饱含冲突、危机的时刻，英、美、日、中不同国别具有一定开创意义和连锁影响的"社会学"，都反映了著译者通过解析"人"来再造秩序的憧憬。它们亦折射了上述各国异地而略有时间差与温度差的喧哗与骚动。

一 岸本能武太《社会学》的英美资源

岸本能武太的生平经历有三个特点——强烈的宗教信仰、自由主义的理念和社会主义的实践。而它们也构成了其所撰《社会学》之特色。

岸本能武太 1880 年进入同志社英学校普通科学习英学，1890～1894 年在美国哈佛大学神学院学习比较宗教学，并皈依了上帝一位论派。当时哈佛大学神学院由查尔斯·埃弗雷特（Charles Everett，日语译为"チャールズ·エヴェレット"）担任院长。岸本学习过埃弗雷特编纂的一系列讲义，包括"比较宗教""组织神学一 宗教信仰的心理学基础""组织神学二 基督教信仰的实情"等。岸本 1893 年参加在芝加哥举行的"万国宗教者会议"，发表了演说《日本将来之宗教》。② 归国后，岸本跟同志社时期的同学安部矶雄、村井知至在日本的上帝一位论派协会中活动积极。1896 年，他与姊崎正治组织比较宗教学会，并担任新开设的东京专门学校（早稻田大学的前身）英语学部实用英语科主任，3 年后任东京高等师范学校（现筑波

---

① Havelock Ellis, "Zola," in *Affirmations* (London: Walter Scott, 1898), p. 132. 译文参阅周作人译《论左拉》,《艺术与生活》, 河北教育出版社, 2002, 第 150 页。
② 岸本能武太皈依基督教的历程, 参阅古贺元章「1865-93 年における岸本能武太のキリスト教とのかかわり——ユニテリアンへの歩み」『比较文化研究』(83)、弘前日本比较文化学会、2008 年、163-176 頁。岸本留学哈佛大学时期的情况, 参阅星野靖二「ハーバード大学时代の岸本能武太と小崎成章について」『宗教研究』88 卷别册、2015 年、213-214 頁。

大学）英语部主任。后来他回到早稻田大学，在早大及东京高师等校执教 30 余年。他在 1911 年后长期练习由冈田虎二郎倡导的"静坐法"。在日本明治、大正时期，岸本以宗教学家、英语学者闻名。他撰有《社会学》（1896、1900）、《宗教研究》（1899）、《伦理宗教时论》（1900）、《冈田式静坐三年》（1915）、《英语讲义》（1901）、《英语发音的原理》（1910）、《日本人的五特质》（1902）等著作。

1881 年，日本发生政变，大隈重信开设国会的激进主张遭遇挫败。他 1882 年成立了立宪改进党，宗旨包括"以改良内治为主，兼及国权扩张"。同年，他帮助小野梓成立了东京专门学校。由于大隈、小野都讴歌英国立宪政治，所以该校也倾向于英国流的政治学。① 从岸本能武太开始，出身于同志社、曾留学美国的浮田和民、安部矶雄相继进入东京专门学校。他们都是有自由主义倾向的社会思想家，为该校孕育了新的社会科学动向，并塑造了早稻田大学明治中后期的学风。面对都市发展、贫富悬殊带来的社会问题，他们都相信社会进步不能任由自然的进化，而必须以改革的手段和学术的方法来达到。安部矶雄 1898 年 10 月结成"社会主义研究会"，岸本能武太也参与其中。② 作为岸本 1896 年在该校的讲义，《社会学》也体现了他的社会改良立场。《社会学》对社会有机体说进行了颇有组织的论述，表明日本社会学走出草创期，进入了体系化著述的第二个阶段。这一阶段的社会学家还有建部遯吾、远藤隆吉、浮田和民等人。③

日本开始将"sociology"译为"世态学""交际学"，自 1882 年

---

① 参阅島善高『早稲田大学小史』早稲田大学出版部、2003 年、28-36 頁。
② 参阅早稲田大学社会学研究室『早稲田百年と社会学』早稲田大学出版部、1983 年、11-14 頁。
③ 松本潤一郎『日本社會學』時潮社、1937 年、7-8 頁。

乘竹孝太郎翻译斯宾塞的《社会学之原理》，译名才固定为"社会学"。1895 年严复《原强》将斯宾塞社会学译为"群学"，定其义为"宗其理而大阐人伦之事"。① 《新民丛报》最初广告推荐章太炎译《社会学》时颇依违其间，称其为"《群学》，原名《社会学》"。章太炎的翻译方式是大量直接引入日语汉字词。并且，他认为社会学不能仅阐发人伦，还必须推动社会进步，由此他坚定采用了"社会学"的译名。② 岸本对社会学的定义是，"社会（学）者，先研究现在过去之社会，而发见其要素、性质、起原、发达与其目的；次论组织社会之个人，将来以何方法促进社会之进化，贯彻人类生存之目的"。③ 岸本的《社会学》旨在"为容易的文章以解难解的思想"，④ "荟萃西哲最新之学说"，⑤ 以述为作是该书一大特色。

岸本企图调和静止、转动两派社会学，"斯宾塞尔之社会学重在静止，故密于分析历史之研究，而疏于哲学结局之研究。如利他哀夫欧尔德之社会学重在转动，故始终所向，皆在哲学结局之研究，而切论促进程度贯彻目的之道。呜呼！欧尔德者，可谓有意于助长社会者矣"。⑥ 前章已提到，章太炎译"利他哀夫欧尔德"，岸本原文假名作"レスター・エフ・ウォルド"，即美国社会学家莱斯特・F. 沃德。从文本呈现的共时层面来看，岸本《社会学》中涉及人的进化和社会起源中"静态"的部分，比如原人的身体特征、情感心理状态，

① 严复：《原强》，汪征鲁等主编《严复全集》卷七，第 16 页。
② 关于"群学"和"社会学"的名称在中国的演变，参阅张超《从"群学"到"社会学"：近代中国社会学学科的形成与演变》，《中山大学研究生学刊》2012 年第 1 期。
③ 章太炎：《章太炎全集·译文集》，第 62~63 页。原文见岸本能武太讲述『社会学』、1896、33 页。
④ 岸本能武太「绪言」『社会学』、1900 年、2-3 页。
⑤ 《新民丛报》第 22 号，1902 年 12 月 14 日，"绍介新著"栏广告，第 67 页。
⑥ 此为岸本《社会学》的章太炎译文，《章太炎全集·译文集》，第 60 页。原文参阅岸本能武太讲述『社会学』、1896 年、26-27 页。

社会进化中督制、供给、分配诸系统的分化和发达等，取自斯宾塞的《社会学原理》。而涉及社会有目的，即认为"社会究极之目的，在为个人幸福谋其圆满具足者"，以及主张以教育为核心手段促进社会的进步等，属于社会"动力"学的部分借鉴了沃德的《动态社会学》。此外，岸本还参考了英国哲学家约翰·麦肯齐①（John Mackenzie）的《社会哲学绪论》（*An Introduction to Social Philosophy*）。从斯宾塞社会学跨洋传播的历史脉络来看，岸本的《社会学》其实位于英、美、日之间密切而即时的知识传播链条之中。

一战爆发前，斯宾塞对美国思想界特别是社会学界的影响至为深远。哈佛大学毕业生芬诺洛萨 1878 年被聘为成立不久的东京大学的外国人教师，是斯宾塞社会学传入日本的重要标志。芬诺洛萨的同事外山正一从 1881 年开始即在东大宣讲斯宾塞的社会学说，而威廉·萨姆纳在耶鲁大学开设社会学课程也仅仅是在 1879 年。英国的大学直到斯宾塞去世后的 1904 年才开设社会学课程，明显落后于美国和日本。② 1883 年，沃德出版《动态社会学》，这是两卷晦涩而厚重的作品。1890 年代中期以后，此书日益流行。到了 19、20 世纪之交，沃德稳坐美国社会学第一把交椅。而日本在 1888 年就出现了《动态社会学》的译本。③ 1894 年，岸本能武太从哈佛大学毕业，1896 年便在东京专门学校讲授沃德的学说，可见日本社会学界一直

---

① 岸本日文译为"マッゲンシー"，章太炎译为"陌京齐"。岸本能武太講述『社會学』、1896 年、282 页；《章太炎全集·译文集》，第 134 页。

② 一般来讲，1834 年统计学会（The Statistical Society）在伦敦的成立被认为是不列颠社会学的开端，然而 1904 年英国的大学伦敦经济学校（London School of Economics）才开始讲授社会学课程。Philip Abrams, *The Origins of British Sociology, 1834-1914* (Chicago: University of Chicago Press), 1968.

③ 此即レスタルー・エフ・ワールド著、三宅雄二郎講述、伊達周碩筆記『社會学』文海堂、1888 年。根据该书的凡例，三宅雪岭（雄二郎）计划将《动态社会学》翻译为 4 卷出版，笔者只见到第 1 卷，其他各卷是否出版不详。而第 1 卷的内容只到原书的第二章，即介绍孔德和斯宾塞的社会学。

紧跟美国的最新学术动向。从内容上看，岸本的《社会学》继承斯宾塞"静态"社会学的地方与沃德相同，亦呼应了日本沿袭斯氏学说的有贺长雄；岸本反思斯氏之处则主要取自沃德。简单地说，岸本的《社会学》固然博涉众家，其主要参照对象是沃德的《动态社会学》。

面临内战后果和镀金时代史无前例的工业发展，沃德希望为美国公众建立一种新的政治，即通过理性、有目的的计划来遏制自由放任资本主义造成的急遽的贫富和阶级分化。《动态社会学》的两个主要特点均被岸本的《社会学》继承。

第一，斯宾塞将社会学定义为"一门关于社会的整体的、自然的、进化的科学"（a holistic, naturalistic, and evolutionary science of society），即将社会视为自然发生、与自然秩序相持续，并服从进化的宇宙法则的统一整体。沃德虽严厉批评斯宾塞的自由放任立场，却"全然被斯宾塞社会学的世界所规范和限制"。[1] 沃德声称，《动态社会学》立足点"是严格的一元论、生成性的"，"从中可知，自然与它的现象是一个整体，被绝对不能打碎的链条捆绑在一起"。[2] 从该书章节安排亦能见出此种观念，其前两章简要归纳孔德、斯宾塞的社会学观念，第三章至第七章依次讨论物质、有机物、心智、人、社会的起源。岸本能武太同样从宇宙自然演进的立场来理解社会的进化，称社会有目的的前提乃是"万物为进化之万物"，"发达者，宇宙之原则；进化者，万物之大法"。[3] 发达、进化不只是针对社会而言，而是万物自身的一种倾向。岸本的《社会学》从太阳系、地球、生

---

[1] Daniel Breslau, "The American Spencerians: Theorizing a New Science," *Sociology in America: A History*, ed. by Craig Calhoun, pp. 40, 49-50.

[2] Lester F. Ward, *Dynamic Sociology, or Applied Social Science as based upon Statical Sociology and the less Complex Sciences*, Vol. I（New York: D. Appleton and Company, 1883）, p. 65.

[3] 此为岸本《社会学》的章太炎译文，《章太炎全集·译文集》，第 147 页。

物之进化讨论到人类及真善美之发达。

第二，沃德将人类进步或者说动态社会学的整个哲学概括为，"幸福的欲望是在所有社会运动之下的根本动力"（The desire to be happy is the fundamental stimulus which underlies all social movements）。[1] 其视欲望为产生"社会力量"（social force）的人的基本驱动力，奠定了心理社会学的基础。在斯宾塞看来，"进步并非一种偶然，也并不受人的控制，而是一种有益的必然"，[2] 因此，"文明并不是人为的，而是天性的一部分"[3]。沃德则针锋相对地指出，人是有目的预见性的（by teleological foresight），动态社会学要指出的进步就是"人为的进步"（an artificial progress），并且"所有的文明都是人为"。[4] 在这一观念指导下，《动态社会学》第九章至第十四章逐级解析下面的 6 个问题：幸福（happiness）是终极的目的，进步（progress）是到达幸福的直接方式，动态的行为（action）是到达进步的直接方式，动态观念（opinion，即关于人与宇宙的正确认知）是到达动态行为的直接方式，与环境相适应的知识（knowledge）是到达动态观念的直接方式，对现存知识进行普遍分配的教育（education）是到达知识的直接方式。岸本能武太的《社会学》一再强调，欲望乃是社会"发达之原动力"。社会学除了发现社会之"要素、性质、起原、发达与其目的"，还要探讨"组织社会之个人将来以何方法促进社会之进化"。社会究极之目的在"为个人幸福谋其圆满具足者"，而人生究极目的在"任受完具之幸福"。达成人生究极目的的途径有三

---

[1]　Ward, *Dynamic Sociology*, Vol. I, p. 25.

[2]　Herbert Spencer, "Progress: Its Law and Cause," in Spencer, *Essays*, Vol. I (1868), p. 58.

[3]　赫伯特·斯宾塞：《社会静力学（节略修订本）》，张雄武译，商务印书馆，1996，第 27~28 页。

[4]　Ward, *Dynamic Sociology*, Vol. I, pp. 35, 71; Vol. II, p. 538.

条，即天然征服、社会改良、个人教育。① 简言之，岸本通过概述沃德理论辨析了人的欲望与建构社会秩序的关系，澄清了社会学的"动态"特征，认定了社会目的及其实现方式。

至于岸本能武太判断人与非人动物的区别在有无"过去、未来之思想"，则是从沃德的命题——欲望乃产生社会力量之基本驱动力衍生而来的。章太炎又凭借岸本的判断，进一步思考宗教与历史在社会改造中各自的价值。这一问题在下节将集中处理，这里先按下不表。

二　岸本能武太对斯宾塞社会有机体说的再编及其个人主义诉求

章太炎夸赞岸本的《社会学》"以社会拟有机，而曰非一切如有机，知人类乐群，亦言有非社会性，相与偕动"。② 无论"非社会性"，还是"以社会拟有机，而曰非一切如有机"，都是岸本能武太对斯宾塞以社会有机体说为核心的社会学理念的再编。"在介绍外国学说的同时，立足于社会有机体说的颇有组织的论述"，③ 是表明岸本的《社会学》比日本以往社会学作品更进一步的显著特点。19世纪末的日本，国家主义情绪高涨，在斯宾塞式个人主义退潮的背景下，岸本能武太的诉求并非主流。

岸本的《社会学》根据社会进化学说来演绎人类文明之进程。社会的出现是原人进化至稍高阶段的产物，因此，社会的兴起不仅"不与生民同时"，并且必定晚于生民的出现，而尚未形成社会的最初人类"皆独立生存"。换言之，好离散的独居之性亦即"非社会性"，在人性中先在于"恶独居而好群居"的"社会性"。社会形成

---

① 此为岸本《社会学》的章太炎译文，《章太炎全集·译文集》，第 144~145、62~63、149~157 页。
② 章太炎：《〈社会学〉自序》，《章太炎全集·译文集》，第 45 页。
③ 松本潤一郎『日本社會學』、7-8 頁。

之后，人的"非社会性"并未消失，而是一直与"社会性"共存。在岸本看来，"非社会性"的根本性不仅关涉社会进化论的存亡，而且确保了个人对社会具有优先性。也就是说，"社会待个人而形造，而个人不必赖社会以生存。凡人必有社会性，亦必有非社会性，二者互诋，天赋然也。故终日群居而受舆人之束缚者，必思独行屏处，以求愉快，斯尽人然矣"。①

岸本的分析可从沃德的《动态社会学》中找到来源。沃德认为，在社会发展的最初阶段，人类在很大程度上是独居或小团体生存。②他拒绝接受人为"天然的群居动物"（naturally a gregarious animal）这一从亚里士多德开始，并被孔德的《实证哲学讲义》强烈捍卫的理念。在他看来，达尔文的《人类的由来》以人为"天然之社会人"（naturally a social being）也缺乏客观性。文明人身上的社会人品格乃是漫长的制度塑造的结果。沃德指出："在自然状态下，人类全然并非社会性存在物，除非人为的政府系统能够保护他的生命、自由和财产。"③而斯宾塞的《第一原理》《心理学原理》及赖尔的《地质学原理》早就认知到人的各种"反社会趋向"（anti-social tendencies）。

斯宾塞的《第一原理》强调"政府机构（行为）"（governmental institutions）与"人民欲求"（desires of the people）之间的动态平衡。

---

① 此为岸本《社会学》的章太炎译文，《章太炎全集·译文集》，第79页。原文为"それ社會は個人ありて後に始じめて形造られ得へきものなれども、個人あれば必ず社會無かる可からずとの必然的理由あらざれはなり。人には一方に社會性あると共に、他の一方には非社會性なるものありて、人々をして群居して爲めに束縛の不便を受くるよりも、獨居して放縱の愉快を求めしむる自然の傾向あり。"岸本能武太講述『社會學』、1896年、82頁。

② Ward, *Dynamic Sociology*, Vol. I, p. 464.

③ Ward, *Dynamic Sociology*, Vol. II, pp. 221–222.

因为，人身上的攻击性冲动继承自前社会的状态，"这类寻求自我满足而不顾及伤害他者的趋向，是捕食者的生活所必需的；它们构成了反社会性的力量（an anti-social force），永远趋向于引起冲突，并导致公民间的分离"。可人还具有"其目的的实现必须依赖联合体的欲求，通过与同胞交流才能满足的情感，以及那些产生我们称为忠诚的东西"。此类社会性品格推动社会的凝聚与团结。每个社会都是在以下两种力量的动态平衡中前行的：一是人的攻击性冲动引发的"斥力"，"每一个公民都在多少抵制其他公民施加给他的行动的限制；这样的抵制趋向于持续地拓宽每个个体行动的范围，相互地又限制其他个体活动的范围"；二是人的社会性品格带来的"引力"，意味着"人与人之间普遍的同情，以及同种的人群间更加特别的同情，加上各种社会状态所满足的联合的感情"。① 无论斯宾塞还是沃德，人的"反社会性"都是他们偏向个人主义的自由主义理念的基础。众所周知，斯宾塞倾向自由放任（laissez faire）理念，对政府的调节作用持消极立场，只认可政府在电报、铁路、公共博物馆等特定领域发挥作用。沃德虽然承认社会现象应有理智来进行计划，承认政府在人类文明中发挥作用，但他认为，相较于科学研究所带来的科学发现，政府仍不构成进步的中介。

值得玩味的是，岸本能武太偷换了关键译词。在斯宾塞、沃德的著作中，与人的"社会性"（social）构成对峙均势关系的是"反社会性"（anti-social）。岸本很清楚这一点。岸本的《社会学》反驳社会性乃社会起源的肇因，提到"纵令原人有社会性，同时亦有非社会性"。② 这里译出的"非社会性"对应的原句汉字词组是"非社會

① Spencer, *First Principles*, p. 469.
② 此为岸本《社会学》的章太炎译文，《章太炎全集·译文集》，第 112 页。

的性情"，岸本在旁边特别加上了片假名"アンチ""ソーシヤル"
"フィーリングズ"，① 其表记的英文正是"anti-social feelings"。井上
哲次郎 1883 年增订的《英华字典》明白解释说，"anti"这个前缀意
为"against"，可译为"敌、反、背、违"。但岸本偏就将它译为
"非"。 "非社会性"对应的更恰当的英文原词是"unsocial"。
"unsocial"之意思则是"唔好相与、不与人交通、不喜交接、落落托
托"。② 换言之，岸本用表示以消极不合作方式达成"反社会性"的
"非社会性"一词，替代了意指积极主动、争取个人利益和权利的
"反社会性"。而这个译词又随着章太炎对原作汉字用词的挪用直接
进入了中文译本。岸本能武太认为，日本"原来是不重视个人主义
的国家"，邦人"或是作为子为了亲而生存，或是作为妻为了夫而生
存，作为臣为了君而生存"，③ 极少有人考虑为了自己的幸福而生存。
用"非社会性"替代"反社会性"虽只是一字之差，可无疑更有利
于让个人主义传统不发达，特别珍视社会秩序的东亚儒家社会逐渐接
纳斯宾塞的思想。

岸本以麦肯齐的《社会哲学绪论》为依据，归纳既有的 5 种社
会性质学说。他首先批判了将社会分别比拟为沙滩、金字塔、钟表、
水的社会多元说、一元说、器械说及化学说，④ 而赞同类比社会与生
物的"社会有机体"（social organism）说。在西方，把社会比作有机

---

① 岸本能武太講述『社會學』、1896 年、192 頁。有意思的是，原书在之前出现
   "非社会性"汉字词时作者未加假名标注，此即"人には一方に社會性あると共
   に、他の一方には非社會性なるものありて"（第 82 頁）。
② 羅布存德原著・井上哲次郎訂增『訂增英華字典』藤本氏、1883 年、42、
   1139 頁。
③ 岸本能武太『倫理宗教時論』警醒社、1900 年、14 頁。
④ 这 4 种比喻，章太炎译文并未都译出。岸本能武太講述『社會學』、1896 年、
   303 頁。

体有着漫长的知识史。① 章太炎赞赏岸本一方面"以社会拟有机",即承认社会与有机体之间的诸般相似性；另一方面又倡言"非一切如有机",即强调社会与有机体特征的根本区别。岸本虽略有发挥，但几乎亦步亦趋搬用了斯宾塞的社会有机体学说。

岸本的《社会学》所论社会与有机体的几个相似点，绝大部分脱胎于斯宾塞的《社会有机体》与《社会学原理》的结论。②

第一，岸本所论两者皆"自同化而成长，自分化而发达",③ 越发达越复杂，其实概括了斯宾塞所言社会与有机体若干相似点：（1）都表现出明显的质量增加即成长的过程；（2）与规模增长相伴的是结构的发展，表现在各自组成部分的增加和分化；（3）结构的进步分化又伴随功能的进步分化，以及不同器官（organs）拥有不同职能的多元化取向。④

第二，岸本所论"全体之生命作用，为部分所不与知"，以及"一部分之变化，其影响及他部分，遂致全体之变化",⑤ 具体化了斯

---

① 沃德在《社会学纲要》中指出，在斯宾塞之前，从柏拉图、修昔底德到霍布斯、黑格尔、孔德，诸家都有类似的比拟。Lester F. Ward, *Outlines of Sociology*（New York: The Macmillan Company, 1898), p. 49. 唐纳德·N. 莱文（Donald N. Levine）以赫尔德、孔德、斯宾塞、涂尔干等为对象，分析了社会学中的"有机体"比喻，特别是诸家观念的差别。Donald N. Levine, "The Organism Metaphor in Sociology," *Social Research*, Vol. 62, No. 2（Summer 1995): 239 – 265.

② 斯宾塞的《社会有机体》一文原作于 1860 年，收入 1891 年版《论文集》时有所修改。该文总结了社会与有机体的 4 个相似点。Herbert Spencer, "The Social Organism," in Spencer, *Essays*, Vol. I（1891). 在初版于 1876 年的《社会学原理》中，斯宾塞丰富了此前的论述，并加入了功能分化一项。合并两文，共有 5 个相似点。具体的排序参阅迈克尔·W. 泰勒的总结。Taylor, *The Philosophy of Herbert Spencer*, pp. 96–97.

③ 此为章太炎译文，《章太炎全集·译文集》，第 141 页。原文为"同化によりて成長し又分化によりて發達する。"岸本能武太讲述『社會學』、1896 年、307 頁。

④ Taylor, *The Philosophy of Herbert Spencer*, pp. 96–97.

⑤ 此为岸本《社会学》的章太炎译文，《章太炎全集·译文集》，第 140 页。各句原文分别是"全躰が諸部分の知らざる一種の團躰的生命と作用とを有する"；"一部分の變化は其影響凡て他の部分に波及して遂に全躰の變化を來す"。岸本能武太讲述『社會學』、1896 年、303、305 頁。

宾塞所说的有机体各器官的差异性功能、社会的劳动分工维系了整体的运作，而部分之间彼此联系、相互依赖。在斯宾塞看来，这是有机体与社会相似点的"基本特征"。而岸本指出，躯体的头疼、肺炎导致全体为病体，商业崛起有利于全社会，"社会的诸部分如同有机体的诸部分，随着分化程度的增进，相互依赖的程度也随着增加"。① 这些事例和总结均能在斯宾塞的《社会学原理》中找到对应。

第三，岸本所论"部分之寿在一时，全体之寿在永久"，承袭了斯宾塞所论集合体的生命要远远超过组成它的个体；个人会有生长、繁殖与死亡，社会有机体则长存。

但是，岸本所论"存在目的在本体之内部"，认为有机体的目的在维系自身的生长与种族的保存；与此相类，社会之目的"专为本体之内部，而非为社会以外"。② 这一项却不见于斯宾塞的论述，而是岸本为分析社会与有机体的相异点时挟带些许"私货"所做的铺垫。

岸本的《社会学》指出，社会与有机体有两个相异点。

第一，"组成社会的众人是各有自主自由意识、有理性的动物，此点上社会与有机体不同"。③ 此项准确归纳了斯宾塞的观点。斯宾

---

① 岸本原文的概括为"ソハ社会の諸部分は有機軆の諸部分の如く、分化が増進する程、相互依頼も亦増加するものなれはなり。"岸本能武太講述『社会学』、1896 年、306 頁。章太炎译文没有翻译。相关语段对照斯宾塞原文，参阅 Herbert Spencer, *The Principles of Sociology*, Vol. I（London: Williams and Norgate, 1876），p. 471。

② 此为章太炎译文，参阅《章太炎全集·译文集》，第 140、141 页。上述两段引文各句原文分别是"部分の壽命は一時なるも全軆の壽命は永續する"；"存在の目的が己れ自身の内部に在り"；"社會其の者自身の内部に存在する目的なれば、之を以て決して社會以外のものゝ爲めの目的なりとは云ふ（こと）能はざるべし"。原文（こと）用的是其合略假名，特此说明。岸本能武太講述『社會學』、1896 年、306、309、311 頁。

③ 岸本原文为"社會の部分たる衆個人が各々自主自由にして意識を有し理性を有する動物なる點に於て社會と有機軆とは相同じからず。"岸本能武太講述『社會學』、1896 年、311-312 頁。章太炎此处的译文是："社会部分皆有意识之动物，此社会与有机体相异者。"《章太炎全集·译文集》，第 141 页。不如原文准确精微。

塞认为，生物有机体的意识较集中在集合体的一小部分，而社会集合体是分散的，它的所有个体都有意识，都"拥有欢乐和悲伤的能力"。高等动物有感觉中枢，社会却"没有社会感觉中枢"（no social sensorium）；"社会为了成员的利益而存在，并非成员为了社会的利益而存在"。① 斯宾塞从社会有机体并无感觉中枢出发，否定将个人福祉从属于集体利益的观念，从而"保持了他的对个人主义与放任主义"在方法上和政治上的承诺。② "sensorium"乃是斯宾塞的重要理论话语，乘竹孝太郎翻译《社会学原理》时将它译为"感受官"③。岸本能武太并没有正面翻译"no social sensorium"，而是从侧面论述生物有机体（主要指人的身体）拥有感觉中枢（脑髓脊髓）来反衬社会的情况，即与人的身体相反，社会没有感觉中枢，"社会之部分，非如身体之部分，固着不动且无意识也；今夫百体之感觉，皆自神经脊髓发之，非能自有所觉，手足之动，非其自动，离于全体，则与瓦石等耳"。④ 易言之，与身体各官能受到中枢神经系统控制不同，组成社会的个体有各自的生命、意识、理性与自由。

岸本所论第二个相异点不是斯宾塞所提，而是他自己的引申阐发。前文说道，岸本论列社会与有机体相似点之一，是两者的存在目的皆在本体之内部。他埋下这一伏笔，是要在相异点中点明，社会"无本体以外之存在目的"，但人的躯体除了维系躯体存在的目的，

---

① Spencer, *The Principles of Sociology*, Vol. I, pp. 479–480.

② 罗伯特·C. 班尼斯坦：《社会学》，西奥多·M. 波特、多萝西·罗斯主编《剑桥科学史》第 7 卷，第 288 页。

③ 英國ヘルベルト・スベンセル原著、日本乘竹孝太郎譯述『社會學之原理』第 6 冊、經濟雜誌社、1884 年、第 1 卷第二編第 35 頁。

④ 此为岸本《社会学》的章太炎译文，参阅《章太炎全集·译文集》，第 142 页。译文"百体之感觉，皆自神经脊髓发之"，对应的原文是"身躰の感覺は凡て腦髓若しく脊髓に注集せられつゝあるなる"。岸本能武太講述『社會學』、1896 年、313 頁。

还有"自己以外"的存在目的。他指出，身体是"灵魂的住所"（"靈魂の住處"）①，身体在满足自身的物质需求外，还需要满足灵魂的精神需求。斯宾塞仅从生理学神经系统的层面考虑有机体，岸本却把问题延伸到人对精神生活的追求。这正凸显了他作为宗教家的本色。所谓"苟有灵魂存在之处，无论来世还是今世，宗教就必得存在"。② 章太炎的译文将原作中的"灵魂"处理为佛教用语"中阴"，谓"躯体为中阴而存在，则言为本体以外亦可也"。③ 中阴乃是轮回中死后生前的过渡状态。章太炎在《狱中闻沈禹希见杀》中尝谓："中阴当待我，南北几新坟。"④ 章太炎以"中阴"翻译"灵魂"，颇能与岸本的宗教情怀契合。

事实上，19 世纪末，无论在英美，还是在日本，斯宾塞植根于个人主义、推崇自由放任的社会有机体学说已受到广泛批判和质疑。赫胥黎 1871 年发表了《行政的虚无主义》，认为斯宾塞以有机体来比拟社会，不仅不能支持他的自由放任理念，还适得其反，"彻底反对了关于国家功能的负面观点"，陷入自相矛盾。因为，对身体而言，神经系统才是控制中枢。难以想象在没有神经系统干涉的情况下，肌肉自由收缩、腺体自由分泌对生理的伤害。以生物体与政治体做比较，跟有机体的神经系统对应的只能是社会集合体中的政府。社会有机体意味着应有"比现存的更大规模的政府干涉"。⑤ 斯宾塞随

① 岸本能武太讲述『社會學』、1896 年、314 頁。
② 岸本能武太『倫理宗教時論』、34 頁。
③ 此为章太炎译文，参阅《章太炎全集·译文集》，第 142 页。原文为"身躰は同時に他の方面より見れば、己れ以外のもの、即ち靈魂の爲めに存在すと云ひ得らるゝなり。"岸本能武太讲述『社會學』、1896 年、315 頁。
④ 章太炎：《狱中闻沈禹希见杀》（1903），《章太炎全集·太炎文录补编》，上海人民出版社，2017，第 243 页。
⑤ Thomas Huxley, "Administrative Nihilism," *Fortnightly Review*, New Series, Vol. X, November 1, 1871: 534–535.

即发表《专门化的行政》予以回应。他指出，内脏各功能通过神经节彼此联系、合作，从而保证了它们相对独立的运作，即便损害或缺失了高等神经中枢的智力障碍者，其消化和循环系统也可正常运作。[①] 有研究者已经指出，斯宾塞与赫胥黎在社会有机体认知上的差别，源自不同的生物学视野和政治目标。简言之，受颅相学、环节动物、海洋无脊椎动物等知识的启发，斯宾塞拿来跟社会相比拟的有机体，是诸如蜈蚣、蚂蟥、水螅、管水母等低等动物，各个分段的神经节具有相对独立性，以复合个体形式存在。而赫胥黎反对"复合个体性"的说法，他认为"一个有性生殖的受精卵的完整产品"才能被称为个体。他将社会比拟的有机体是高等脊椎动物，比如人。[②]

就英国的文化氛围而言，大约在 1875 年之后，英国科学界的话语朝向民族主义、军事战备、爱国主义、政治精英主义等集体主义的价值转移。[③] 赫胥黎式的关于社会有机体的认知愈加盛行，费边主义者和新自由主义者甚至将该概念作为扩大政府职能的依据。[④] 而在美国，沃德所在的首都知识圈普遍意识到，为适应高速工业化及无组织社会的现状，需要建立一种扩大政府功能、不同于自由放任假设的新的社会治理哲学。"在华盛顿猛击斯宾塞"（Spencer-Smashing at Washington）成为世纪末的风尚。[⑤] 在对社会有机体的认识上，沃德

---

① Herbert Spencer, "Specialized Administration," *Fortnightly Review*, New Series, Vol. X, December 1, 1871: 640.

② 详细讨论参阅 James Elwick, "Herbert Spencer and the Disunity of the Social Organism," *History of Science*, March 2003: 35－72。

③ Frank M. Turner, *Contesting Cultural Authority: Essays in Victorian Intellectual Life* (Cambridge: Cambridge University Press, 1993), p. 205.

④ Taylor, *The Philosophy of Herbert Spencer*, p. 98.

⑤ Lester F. Ward, "Spencer-Smashing at Washington," *The Popular Science Monthly* (April 1894): 856－857. 对华盛顿知识圈的观察，参阅 Edward C. Rafferty, *Apostle of Human Progress: Lester Frank Ward and American Political Thought, 1841－1913* (Lanham: Rowman & Littlefield Publishers, 2003), p. 203。

坚定站在赫胥黎一边，认为神经系统才是社会与有机体相比较时"第一且唯一合适的"项目。如缺乏神经系统的控制，有机体将整个停摆。沃德呼吁，当前的社会应努力达到哪怕如低等动物所表现出的低阶段的整合能力。[1]

岸本能武太此时举起斯宾塞社会有机体学说的大旗，为个人主义辩护，置之于滋养他的、同时代英美思潮的脉络看，不免有反潮流之势，放在日本当时的社会环境观察，更显得不合时宜。

1882 年加藤弘之发表《人权新说》，批评天赋人权，倡导实力权利论和国家有机体学说，引发"明治思想史上最重要、最激烈的一场论战"。[2] 1890 年，《教育敕语》颁布，天皇制绝对主义在制度和思想上获得了压倒性胜利。在当时的日本，"个人主义的自由民权思想被国权主义的社会有机体学说所克服"。[3] 斯宾塞向个人主义敞开的社会有机体学说之本旨渐趋湮没。外山正一曾留学英美，1881 年开始在东大讲授斯宾塞学说，一度号称"斯宾塞轮流朗读会的看门人"。[4] 到了岸本在东京专门学校讲授《社会学》的 1896 年，外山正一已改弦更张。他发表了《关于人生目的的我信界》的讲演，主张"个人存在的目的并非在个人自身，而是在个人所附属的团体"。"目的"一词还特意使用德语"Zweck"，显示了德国思想学术的影响力。外山呼吁学习忠臣、孝子、义士、烈女，"尽彼之天职为国献身"。[5]

---

[1] Ward, *Outlines of Sociology*, pp. 60-62.

[2] 《近代日本思想史》第 1 卷，第 109 页。

[3] 引文参阅清水幾太郎『日本文化形態論』サイレン社、1936 年、96 頁。清水幾太郎认为这是斯宾塞内在不相容的"两个魂"之间的争斗，斯氏思想中自然法的一面被有机体说的一面克服。换言之，清水认为，斯宾塞的社会有机体说是天然偏向集体趋向的。这当然不符合斯氏学说的本旨，但这一说法在日本影响很大。可参阅山下重一对清水的批评。山下重一『スペンサーと日本近代』、8-9 頁。

[4] 「外山正一先生小傳」『ゝ山存稿』丸善株式會社、1909 年、33 頁。

[5] 外山正一「人生の目的に關する我信界」(1896)、『ゝ山存稿・前編・研究及批評』、617、641 頁。

岸本的《社会学》将社会究极之目的定义成"为个人幸福谋其圆满具足者",将人生究极之目的定义为"任受完具之幸福",明显是对抗与外山正一类似的思想。1900 年,岸本撰述《伦理宗教时论》,仍将外山的《关于人生目的的我信界》作为批判的靶子,谓"博士议论的短处和缺点,实在是有埋没个人的倾向"。斯宾塞的《社会学原理》曾宣称,动物从下等到上等的进化意味着更加追求个体幸福,较少执着于保存种族。岸本以此为理据来抨击外山正一。岸本呼吁,日本"今日的最大急务,一在宣扬个人主义,一在发挥世界主义"。岸本所倡导的个人主义,乃是"与社会的生活没有直接关系的",属于"个人生活范围"的所谓"人生的个人的余裕",指向灵魂得以圆满的宗教生活。[①]"人生的个人的余裕"一直都是岸本个人主义论说的关键用语。《社会学》批驳以全体为目的、忽视个体的社会一元论(Monism),同样使用了这个用语来描绘社会公共生活之外的人的生活。章太炎译文将该语处理为"个人各有其余裕"。[②]

作为基督徒,岸本在日本社会生活中总是体验着难言的、被排斥的压力。从这个角度出发,他以反抗的姿态批评排他主义、孤立主义、锁国攘夷。然而,岸本执着于与社会生活的公共领域相割裂的私人的宗教体验,他还必须在明治国体的框架中展开论述,称"离开了健全的个人主义就没有安定的国家主义"。[③] 这些都和他将"反社会性"处理为"非社会性"一样,表明其个人主义消极抵抗的特征。

---

① 岸本能武太『倫理宗教時論』、28—29、14 頁。
② 原文见岸本能武太讲述『社會學』、1896 年、289 頁。章太炎译文见《章太炎全集·译文集》,第 136 页。
③ 岸本能武太『倫理宗教時論』、18 頁。

章太炎翻译《社会学》时所能接触到的由日本人自著的"社会学"作品，以个人主义为诉求者可谓凤毛麟角。如浮田和民的《社会学讲义》（1901）对斯宾塞社会有机体学说的本旨体察深刻，谓"斯宾塞的社会学以个人主义为目的"。然而他指出，今日的社会学在脱离生物学的同时，又在脱离个人主义，社会学宜取沃德的立场，"立脚点应该在社会"。① 1902 年 1 月，浮田和民正式推出了自己"伦理的帝国主义"的观点，主张"对内实行立宪主义，对外实行帝国主义"。浮田 1909~1917 年任《太阳》杂志主编，他的思想在日本知识人中相当有代表性。② 外山正一的两名学生——远藤隆吉与建部遯吾是当时重要的社会学家。远藤隆吉的《现今之社会学》（1901）认同赫胥黎对社会有机体的判断，即"个人是社会的一个机关，是全体的机关的一部分。如无全体，则个人不能存立，纵然存立，亦大异其趣"。他从人类不得已之手段、必然之命运角度确认"社会是个人的目的"。③ 建部遯吾 1901 年刚从欧洲留学归来，作为外山正一的接班人，担任东京帝国大学社会学教授。此后 20 年，日本进入"建部社会学的支配时代"。④ 建部遯吾 1901 年出版了讲义录《社会学》，该书显现了他此后声名卓著的《普通社会学》的雏形。建部明确站在国家社会一方，反对个人主义，将其视为草昧时代的形态，批评将个人主义作为理想，"乃是事理的转倒"。⑤ 章太炎自述称"日读各种社会学书"。他承认阅读过浮田和民的《史学原

---

① 浮田和民『社會學講義』帝國教育會編、開發社、1901 年、69-70 頁。
② 参阅钱昕怡《简论浮田和民的"伦理的帝国主义"》，《日本研究》2012 年第 2 期。
③ 遠藤隆吉『現今之社會學』金昌堂、1901 年、59-60 頁。
④ 松本潤一郎『日本社會學』、8 頁。
⑤ 建部遯吾『社會學』、338-339 頁。

论》、远藤隆吉的《支那哲学史》及其所译吉丁斯的《社会学》。①
建部的《社会学》与岸本的《社会学》同为东京专门学校的讲义，
其百科全书式的知识容量更足使读者侧目。章太炎几乎不可能没有涉
猎浮田、远藤、建部各自撰述的"社会学"。然而岸本的《社会学》
逆潮流而动的斯宾塞式个人主义倾向打动了章太炎，这才是他格外钟
情并翻译这本"另类"《社会学》的根本原因。

三　章太炎翻译《社会学》之前从"乐群"到"隐"的思想动向

　　章太炎撰序言表彰岸本的《社会学》"知人类乐群，亦言有非社
会性，相与偕动"。从字面上看，这当然是强调不应偏于一隅，乐群
的社会性与喜独的非社会性两方面在人性中共存并在。如果将这一观
点置于章太炎自身思想演变的历程中就会发现，"乐群""合群明分"
作为荀子学的中心思想，是包括《訄书》初刻本在内章太炎早年著
述的核心要义。序言中的这句话恰恰彰明"非社会性"在其思想中
的地位获得了上升，甚至达到了可与人之"乐群"属性分庭抗礼的
程度。理解章太炎思想的这一新趋向需做一番回顾。即在接触岸本的
《社会学》之前，章太炎解析群独关系，从1894年的《独居记》，到
以该篇为原型、收入《訄书》初刻本（1900）的《明独》，要点均
在"大独必群，不群非独"②。所谓"独"并非指涉人的"非社会
性"，因为它内在于"群"及"乐群"，章太炎讨论的乃是交织于社

---

① 章太炎 1902 年致信梁启超，评价东人的"《史学原论》，即亚细亚、印度等史"，
　"或反于修史有益"。《章太炎来简》，《新民丛报》第 13 号，1902 年 8 月 4 日，第
　58 页。《訄书》重订本《序种姓》篇有自注"葛通古斯《社会学》"，即是远藤
　隆吉所译的吉丁斯《社会学》。《订孔》篇还援引了远藤隆吉《支那哲学史》的内
　容。《章太炎全集·〈訄书〉重订本》，第 170、132 页。
② 章太炎：《独居记》（1894），《章太炎全集·太炎文录补编》，第 1 页；章太炎：
　《明独》，《章太炎全集·〈訄书〉初刻本》，第 53 页。

会性关系中的个体该如何发挥积极作用。《訄书》初刻本并置《明群》和《明独》，并不隐含"群"与"独"的对峙。

《明群》篇认为社会成立的原因，在于"一人不兼官，而离居不相待则穷"，个人难以兼任不同的生产劳作而获得足够丰富的生活资料。君者"群也"，设立君是处理人与人相争问题的社会和政治方式。《荀子·富国》云："人之生不能无群，群而无分则争，争则乱，乱则穷矣。故无分者，人之大害也；有分者，天下之大利也；而人君者，所以管分之枢要也。"[1] 章太炎认为，开设议院或将面临政出多头、噂沓纷纭、各种利益团体干扰执政等问题，因此并非变法之急务。变法初期君主应依靠谋士来推行集权，所谓"初定法也，一致而已矣"，"不决于墨食，不谋于外朝，盱衡厉色而定其事"。该篇末尾暗讽慈禧幽禁光绪帝造成国家实际君主与形式君主双君（两群）并存的困局，谓"一国有两群，则不可以出政令"[2]。可以说，《明群》体现了章太炎戊戌、己亥之间"与尊清者游"[3] 的变法思想。随着日后他的政治立场转向革命，1904 年出版的《訄书》重订本便删掉了《明群》篇。

《明群》篇的要义固然在释"君"道，原型为《独居记》的《明独》篇，重点却并非表彰脱离社会的个体。《明独》首先批评鸷夫、啬夫、旷夫三种"不群"之"独"。如果说好勇斗狠、"虩然与俗争"的"鸷夫"之"独"乃是"反社会性"人格的呈现，那么，"非己也，莫肯废半菽"，拔一毛利天下而不为的"啬夫"之"独"，与幽居山林，蔺华不蔺人、觞鸟不觞宾，旷达闲适的"旷夫"之"独"，则更多地呈现了消极的"非社会性"人格。在章太炎看来，无论"反社会性"还是"非

---

① （清）王先谦：《荀子集解》，沈啸寰、王星贤点校，中华书局，1988，第 176、179 页。《荀子·富国篇》原文作"人不能兼官，离居不相待则穷"。
② 章太炎：《明群》，《章太炎全集·〈訄书〉初刻本》，第 51~52 页。
③ 章太炎：《客帝匡谬》，《章太炎全集·〈訄书〉重订本》，第 120 页。

社会性"之"独","惟不能群，故靳与之独也"，即由于不具备"乐群"的社会性特点，是不能荣享"独"之名的。① 这意味着必须基于"群"言"独"。章太炎欣赏两种所谓的"独"。一是"独而为群王"的英雄领袖人物，包括"四海讙应"的人君，"士卒无敢不用命"的大帅，"其立言，诵千人，和万人"的儒者墨者，"百姓悦从如蒲苇"的卿大夫，以及"以一身教乡井"的父师。二是"其性廉制，与流俗不合"的狷介士夫，比如有"独头"绰号、曾任湖北咸丰知县的钱塘汪曾唯。汪翁做官一心为公，归乡替寡弱者主持正义，"悖礼必抨弹，繇礼必善"，"性恫天下，博爱尚同，靷录以任之，虽贾怨不悔"。这两种所谓"独"，都代表人类推动群体良性发展的社会性品格。②

章太炎对群独关系的辩证思考在儒家知识人中并不鲜见。比如，明代儒者耿定向的《出世经世译》主张"未有不出世而能经世"，结构上就颇类于章太炎的"大独必群"。耿定向的"出世"意指摆脱名位利禄的羁绊，不将此身"汩溺在世界欲境"，而唯有"觑破世俗垢氛，超然蝉蜕于埃涬外"，才能"办得一时匡济事功"，达经世之旨。③ 一般来讲，儒家将社会属性作为包裹着人的前提性存在。不同儒者容或在体悟和实现自身社会属性的方式上有所差异，如耿定向与李贽之争，④ 但都不背离在五伦社会性关系中定义人的宗旨。正是基于这一立场，章太炎不满"啬夫""旷夫"的"非社会性"，不认同

---

① 章太炎：《明独》，《章太炎全集·〈訄书〉初刻本》，第 53 页。
② 章太炎：《明独》，《章太炎全集·〈訄书〉初刻本》，第 53~54 页。
③ 耿定向：《出世经世译》，《耿天台先生文集》，参阅北京大学《儒藏》编纂与研究中心编《儒藏》精华编 262，北京大学出版社，2010，第 897 页。
④ 在李贽看来，人处于社会性的活动之中，意味着没有任何程式化的社会关系可作为预制好的前提条件。社会性关系随个体及其时空、境遇的差异性而流动、变形，由此而千变万化、千人千面。他据此批判耿定向，"给活着的人套上预制好的、既成的社会应尽义务的框架"。但是李贽同样认为，"对于人来说，社会是与生俱来的前提性存在"。参阅沟口雄三的精彩分析。沟口雄三：《中国前近代思想的屈折与展开》，龚颖译，三联书店，2011，第 173~174 页。

他们以自我为本位而不关注群体事务。

1898 年，章太炎和曾广铨合译了《斯宾塞尔文集》。其中《论礼仪》一篇的原作《礼仪与风尚》集中展现了斯宾塞以个体为本位的自由主义思想。从章太炎译文对相关段落的处理，也能够窥见他彼时的思想取向。一方面，译文有几处比较准确地呈现了原作对自由的诠释，表明至少从字面上，章太炎对斯氏学说的相关意涵有所了解。比如，斯宾塞指出，人有热爱自由、挣脱限制的天性，章太炎译相关语句为："人情好自由，不甘钳制，故有畔犯之举，而败已行之风。"①斯宾塞处理社会关系的"第一原理"，是"每个人都有做一切他愿做的事的自由，只要他不侵犯他人的同等自由"。②《礼仪与风尚》也有类似语段，章太炎的译文是："凡事必协于理，而平其等。必使人各自由，各求其所好，各不侵占权利，彼此无犯。"③ 另一方面，斯宾塞鼓励人打破维系既有社会秩序的规则，章太炎对此心存疑虑，从下面译文与原文的差异就可见一斑。

《礼仪与风尚》原文：Look at them fundamentally, and all

---

① 曾广铨采译，章炳麟笔述《斯宾塞尔文集·论礼仪》，《昌言报》第 8 册，光绪二十四年九月十六日（1898 年 10 月 30 日），第 450 页。此处对应的斯作原文是 "〔they have in two sentiments of human nature a common preserver and a common destroyer. Awe of power originates and cherishes them all;〕love of freedom undermines and periodically weakens them all." Herbert Spencer, "Manners and Fashion," in Spencer, *Essays*, Vol. I (1868), p. 93.

② Herbert Spencer, *Social Statics*, abridged and revised (New York and London: D. Appleton and Company, 1892), p. 55. 译文参阅赫伯特·斯宾塞《社会静力学（节略修订本）》，第 52 页。

③ 曾广铨采译，章炳麟笔述《斯宾塞尔文集·论礼仪》，《昌言报》第 8 册，第 451 页。此处对应的斯作原文是 "Conceding to each man liberty to pursue his own ends and satisfy his own tastes, he demands for himself like liberty; and consents to no restrictions on this, save those which other men's equal claims involve." Herbert Spencer, "Manners and Fashion," in Spencer, *Essays*, Vol. I (1868), p. 93.

enactments, alike of the legislature, the consistory, and the saloon—all regulations, formal or virtual, have a common character: they are all limitations of men's freedom. "Do this—Refrain from that," are the blank formulas into which they may all be written.① （参考译文：从根本上看，所有的法令，无论是立法部门制定的、宗教法院制定的，还是公共场所规定的，——所有的规则，正式的或事实上的，有同样的特征：它们都是人的自由的限制。"做这些，禁止做那些"，是它们成文的空白公式。）

《论礼仪》译文：而朝廷之制，庙堂之典，会同之仪，其龌龊苛礼，无义之可求，曰是可为是不可为而已。夫义无所取，而以此操下，如（东）〔束〕湿薪，则皆谓之限制人人自主之权可也。②

斯宾塞认为，法律、宗教和礼仪作为治理社会的人为设施，有共同的历史起源。最初的社会集合体由集神祇、部落首领及导师角色为一身的强人进行统治。随着社会的发展，政治、宗教和礼仪习俗几种统治手段逐渐分开。法律和宗教从根本上、礼仪则从细节上管理人的行为，它们都是对人的自由的限制。人类摆脱奴役状态、走向现代文明的过程意味着抵抗专制权力，开创民众政治，否定教会权威，建立个人判断的正当性。斯宾塞满怀信心地表示："所有类型的治理方式都是为不适应社会生活的原始人设置的，而治理的强制性与他们不适应性的降低成比例地降低；当人类对新的条件获得完全的适应性时，它

---

① Herbert Spencer, "Manners and Fashion," in Spencer, *Essays*, Vol. I (1868), p. 64.
② 曾广铨采译，章炳麟笔述《斯宾塞尔文集·论礼仪》，《昌言报》第 5 册，光绪二十四年八月十六日（1898 年 10 月 1 日），第 266 页。

们一定会全都走向终结。"① 斯宾塞以个人自由为本位，将所有社会规则相对化和外在化。

章太炎译作比原作多出了一个"义"的范畴；"则皆谓之……可也"又是一个表示存有一定异议的句式。"义"意味着符合正义或道德规范，如孔子谓"不义而富且贵，于我如浮云"（《论语·述而》）。在章太炎看来，朝廷之制、庙堂之典、会同之仪只有在不符合正义和道德规范的情况下才是"龌龊苛礼"。用"义无所取"的规则进行治理，才算"限制人人自主之权"。换言之，规则只要符合正义或道德规范，就是正当性的存在。这种观念和斯宾塞将所有正式的或事实上的规则都视为对人自由的限制是不同的。导致其间差异的根本原因在于，章太炎所继承的荀学原本立足于群体的和谐来理解个体的价值，"合群明分"，个体是作为群体之一分子的个体。而人性本质的粗恶需要外在的礼仪规范、法律制度来进行矫治。因为人性本恶的普遍事实永难改变，礼仪规范永远具有存在的理由，其宗旨在于生命个体之化性起伪、实现道德善。这又跟斯氏认定经过漫长的进化人性终极能够达于至善相冲突。

易言之，无论是自撰《明群》《明独》，还是翻译《论礼仪》，"乐群"的社会性是早年章太炎思考人的出发点。尽管如此，通过这

---

① 此处原文是"Consequent as all kinds of government are upon the unfitness of the aboriginal man for social life; and diminishing in coerciveness as they all do in proportion as this unfitness diminishes; they must one and all come to an end as humanity acquires complete adaptation to its new conditions." Herbert Spencer, "Manners and Fashion," in Spencer, *Essays*, Vol. Ⅰ (1868), p. 92. 章太炎《论礼仪》将此段翻译为："各种政治，均为初一辈人设，积久则人类日繁，民智日出，治法不须若此之严，故渐减等，人之知识愈开，则旧律自废。"曾广铨采译，章炳麟笔述《斯宾塞尔文集·论礼仪》，《昌言报》第 8 册，第 450 页。译文并没有原文"它们一定会全都走向终结"那么乐观。事实上，斯宾塞本人 1891 年修订《礼仪与风尚》篇时删掉了这段文字。Herbert Spencer, "Manners and Fashion," in Spencer, *Essays*, Vol. Ⅲ (1891), p. 30. 这反映了他晚年的悲观心态。

次翻译，他对斯宾塞的学说已有所了解。在另一位译者曾广铨的帮助下，他将"freedom""liberty"灵活地对应于"自由"或"自主"，①且把"自主"和"自由"当作褒义的同义词。虽然来华的新教传教士早就在中国境内将英语的"liberty"译作"自由"或"自主"，②但从中国知识精英的范围来看，章太炎几乎与严复、何启、胡礼垣等较早接触英语圈文化的启蒙先驱同时，甚或略早地在肯定意义上实现了"liberty""freedom"与"自由""自主"的对译。③这些都为他在翻译《社会学》时理解受斯宾塞影响的岸本能武太做了理论的铺垫和准备。

据朱维铮先生考证，1900年2月中下旬《訄书》初刻本付梓，1900年夏秋之间《訄书》初刻本推出了再版本亦即补佚本。补佚本多出了《辨氏》与《学隐》两篇，一瞥内容，便可发现"不再是

---

① 上述引文中，章太炎分别将"freedom""liberty"译为"自由"，将"freedom"译为"自主"。《论礼仪》还将"liberty"译为"自主"。如斯氏原文为"He answers that this position, if logically developed, would deprive men of all liberty whatever."Herbert Spencer, "Manners and Fashion," in Spencer, *Essays*, Vol. Ⅰ (1868), p. 94. 章太炎译文作："则变法者曰，如此则天下之人，将豪无自主之日矣。"《昌言报》第8册，第451页。

② 冯天瑜先生指出，来华新教传教士，如马礼逊编《华英字典》中的《五车韵府》（1822）将"liberty"译作"自主之理"；麦都思的《英华字典》（1847）则译作"自主，自主之权，任意擅专，自由得意"；罗存德《英华字典》（1866）译作"自主，自由，治己之权，自操之权，自主之理"。这一英语词语的内涵指公民在法律范围内，自己的意志活动不受限制。此后，中国人将"liberty"译作"自主、自专、自得、自若、自主宰、任意"等。参阅冯天瑜《新语探源——中西日文化互动与近代汉字术语生成》，中华书局，2004，第555页。

③ 严复在《群己权界论》的译凡例中认为，以往将"liberty"翻译为"公道"是错误的，"liberty"与"freedom"同义，应该翻译为"自繇"。汪征鲁等主编《严复全集》卷三，第254页。严复此文写成是在1903年，但据他在文中说，《群己权界论》早在1900年前已"脱稿而未删润"。何启、胡礼垣在《〈新政真诠〉总后序》（1900）中说："今者外国之里勃勒特，即日本所云自由之滋味者，即中国所云天命之谓性者，……所谓人人有自主之权也。"何启、胡礼垣：《新政真诠（一）书总税务司赫德筹款节略后》，广西师范大学出版社，2015，第98～99页。

'与尊清者游'的口吻"，"作者对清朝的态度已有变化"。①

道咸以降，经世思想渐成主潮，学界持续反思乾嘉时期惠栋、戴震、段玉裁、王念孙等代表的文字训诂之学的流弊。从魏源的《武进李申耆先生传》抨击他们"争治诂训音声，瓜剖釽析"，"锢天下聪明知慧使尽出于无用之一途"，②到康有为的《长兴学记》斥责他们"标树'汉学'，耸动后生，沉溺天下，相率于无用"，③都可见出"无用"乃晚清士人眼中乾嘉汉学的最大耻辱。

《学隐》开篇以魏源《李申耆传》的论述为标靶，其实则是要与彼时士林的类似认知开战。章太炎提示，要依据政治历史环境亦即"世"之是否"有望""可为"来判断"用"的真伪。"处无望之世"，"炫其术略"、襄助体制之"用"，"出则足以佐寇"。在"罗网周密，虞候迦互"的高压统治下，试图打碎体制的"用"，"欲与寇竞"，又没有可能性。在"进退跋疐"、具有道德正义性的"用"没有施展空间的情况下，施于训诂、穷老笺注的"无用"就是合理选择。④《学隐》接下来循两个方向展开论说：一是批判李光地、汤斌、张廷玉等为清廷所用者，未若荀彧阻止曹操僭越汉室一般，发挥"始救生人，终明风概"⑤的立功、立德之"大用"；庄子所讥"儒以诗礼发冢"，"大儒胪传"，小儒"压顐"，⑥倒可妥帖形容他们对功名利禄的追逐。比度于所谓的"无用"者，这样的"有用"反而

① 朱维铮：《本卷前言》，《章太炎全集·〈訄书〉初刻本》，第 10 页。
② 魏源：《武进李申耆先生传》，《魏源全集》第 12 册，岳麓书社，2004，第 283 页。
③ 康有为：《长兴学记》（1891），姜义华、张荣华编校《康有为全集》第 1 集，第 349 页。
④ 章太炎：《学隐》，《訄书》初刻本（补佚本）、《訄书》重订本、《检论》均有该篇。参阅《章太炎全集·〈訄书〉初刻本、〈訄书〉重订本、〈检论〉》，第 111、161、490 页。后来的版本此处个别文字有调整。
⑤ （东晋）袁宏：《三国名臣序赞》，（梁）萧统编，（唐）李善注《文选》卷第四十七，上海古籍出版社，1986，第 2128 页。
⑥ 典出《庄子·外物》，（清）郭庆藩：《庄子集释》，第 927~928 页。

是"不肖"。二是为戴震所代表的汉学诸公辩白："知中夏黠黮不可为，为之无鱼子虮虱之势足以藉手；士皆思偷愒禄仕久矣，则惧夫谐媚为疏附，窃仁义于侯之门者。故教之汉学，绝其诙谲异谋。"章太炎还在儒家范畴内为戴震的行为找到了道德依据，那就是"废则中权，出则朝隐"。①

"废则中权"典出《论语·微子》。对于行止异于己的逸民，诸如伯夷、叔齐、虞仲、夷逸、朱张、柳下惠、少连，孔子给予正面的道德评价，认为饿死不食周黍的伯夷、叔齐"不降其志，不辱其身"。鲁国臧文仲执政时期，坚持以直道事人的柳下惠（和少连）虽然"降志辱身"，但"言中伦，行中虑"。事迹已无可考的虞仲、夷逸，则"隐居放言，身中清，废中权"。汉儒马融释"废中权"为"遭世乱，自废弃以免患，合于权也"。② 换言之，在乱世之中为免患而自我废弃，作为权宜变通之法，反经而合道。"隐"虽与儒家的伦理观并不完全契合，却也是儒家所认可的行为方式。宋儒谢良佐谓："虞仲、夷逸隐居放言，则言不合先王之法者多矣；然清而不污也，权而适宜也，与方外之士害义伤教而乱大伦者殊科。"朱熹感叹逸民亦为"一世之高士"，"若使得闻圣人之道，以裁其所过而勉其所不及，则其所立，岂止于此而已哉"。③ 可见理学的价值系统同样有保留地肯定"隐"。"朝隐"语见于杨雄（又作"扬雄"）《法言·渊骞》，中有东方朔之问"柳下惠非朝隐者与"，这也是对《论语·微子》篇的演绎。杨雄承认"隐道多端"，"圣言圣行，不逢其时，圣人隐也；贤言贤行，

---

① 章太炎：《学隐》，《訄书》初刻本（补佚本）、《訄书》重订本、《检论》均有该段。《检论·学隐》中"汉学"改为"古学"。参阅《章太炎全集·〈訄书〉初刻本、〈訄书〉重订本、〈检论〉》，第112、161、490页。

② 马融之言参阅何晏《论语集解》所引。程树德：《论语集释》，中华书局，1990，第1285页。

③ 参阅（宋）朱熹《四书章句集注》，第186、187页。

不逢其时，贤者隐也；谈言谈行，而不逢其时，谈者隐也"。① 章太炎"学隐"之概括，或受杨雄"圣人隐""贤者隐""谈者隐"的启发。

《学隐》的撰写表明，在接触岸本的《社会学》之前，章太炎已不再固守"乐群"的一元价值，而尝试从儒家内部寻找理论话语，如"废"与"隐"，来肯定以远离政治的不合作方式所进行的抵抗。这是他关注进而翻译岸本的《社会学》的重要契机。

四　章太炎对个人自由观念消极与积极两个方向的发展

1902 年通过翻译《社会学》，章太炎收获了诸如"非社会性""消极"等带有个人主义理论色彩的新词。在斯宾塞式社会有机体学说支持下，正统儒学观念中并不光彩的"废""隐"之"逃群"（离于社会）② 进一步获得了正当性。然而，革命毕竟要求个体积极行动以打破现有秩序，再加上章太炎此前已了解并认同斯宾塞的自由理念。在《社会学》译本中，章太炎表达了对岸本原作刻意压抑自由之积极面相的不满。此外，岸本详细介绍但持反对立场的、以独在之个体为本位的社会"单子说"（Monadism，岸本和章太炎都将之译为"多元说"），与章太炎此后"个体为真，团体为幻"③ 的表述极为相似。可见翻译《社会学》后，该论述即在章太炎思想中潜伏下来。

章太炎 1898 年与曾广铨合译《斯宾塞尔文集》时，对"社会有机体"（social organism）并无自觉的概念意识，以至于原作共 4 次提到这一概念，译作《论进境之理》和《论礼仪》均未做翻

---

① 汪荣宝：《法言义疏》，陈仲夫点校，中华书局，1987，第 483、484 页。
② 如《论语·微子》载孔子之言："鸟兽不可与同群，吾非斯人之徒与而谁与？"（宋）朱熹：《四书章句集注》，第 184 页。
③ 太炎：《国家论》，《民报》第 17 号，1907 年 10 月 25 日，第 2 页。

译。① 尽管章太炎并不清楚岸本的"社会有机体"说实际上源出斯宾塞，但借助岸本的《社会学》，章太炎曲折获悉斯氏"社会有机体"说的本旨。特别是个人主义的理论基础，诸如"社会"与"有机体"有不相似之处，"非一切如有机"，组成社会的个体拥有独立的意志和自由等说法，令章太炎印象深刻。因为在章太炎当时所接触的中文舆论中，无论将"群"还是将"国家"比作"有机体"，大都把"有机体"指向高等脊椎动物亦即人，并且大都强调群或国家与有机

---

① 《论进境之理》原作有 3 次、《论礼仪》原作有 1 次提到"social organism"这一概念。见于《论进步》的 3 次包括：①首段谈到社会进步取决于社会有机体结构的变化，称"social progress consists in those changes of structure in the social organism which have entailed these consequences"（参考译文：社会进步在于导致这些结果的社会有机体结构的变化）。Herbert Spencer, "Progress: Its Law and Cause," in Spencer, *Essays*, Vol. I (1868), p. 1. 章太炎译作《论进境之理》没有对应的文字。②从社会有机体的进步转入对语言进步的讨论，称"Not only is the law thus clearly exemplified in the evolution of the social organism, but it is exemplified with equal clearness in the evolution of all products of human thought and action; whether concrete or abstract, real or ideal. Let us take Language as our first illustration"（p. 16, 参考译文：进化法则不仅清晰呈现在社会有机体中，同样清晰地体现在人类思想和行动所生成的不论具体还是抽象，现实还是理想的所有产品中。让我们首先用语言来证明）。译作《论进境之理》对应的只有"又征诸言"一句。《昌言报》第 2 册，第 67 页。③谈蒸汽机车的发明对社会的影响，原文为"And all the innumerable changes here briefly indicated are consequent on the invention of the locomotive engine. The social organism has been rendered more heterogeneous in virtue of the many new occupations introduced, and the many old ones further specialized"（pp. 53-54, 参考译文：以上简单指出的所有这些无穷的变化都是蒸汽机车发明所导致的结果。社会有机体由于许多新的职业被引进，许多旧的职业被进一步专业化，而带来了更强的异质分化性）。译作《论进境之理》对应的文字是，"夫此文明世者，则孰为致之者也？一汽车焉尔。日讨旧艺，日增新艺"。《昌言报》第 4 册，第 207~208 页。见于《论礼仪》的一次是在讲述社会组织的分化时提及"社会有机体"。原文为"In conformity with the law of evolution of all organized bodies, that general functions are gradually separated into the special functions constituting them, there have grown up in the social organism for the better performance of the governmental office."Herbert Spencer, "Manners and Fashion," in Spencer, *Essays*, Vol. I (1868), pp. 83-84.（参考译文：和所有有组织的团体的进化法则一致，一般性的功能逐渐分离为构成它们的特殊功能，并在社会有机体中生长出具执行力的治理部门。）章太炎译作《论礼仪》此处对应的是："斯犹网罟也，始挈其纲，而终乃整齐其方罫。"《昌言报》第 6 册，第 329~330 页。

体的相似之处——都具备控制性的"感觉中枢"。比如，严复用"官品"来翻译"organism"。① 在《原强》修订稿中，他说，"盖群者人之积也，而人者官品之魁也。……且一群之成，其体用功能，无异生物之一体，小大虽异，官治相准，知吾身之所生，则知群之所以立矣"；"夫一国犹之一身也，脉络贯通，官体相救，故击其头则四肢皆应，刺其腹则举体知亡"。② 《新民丛报》第11号转载了《译书汇编》所刊《国家为有机体说》，该文事实上摘录自东京帝国大学法科大学教授一木喜德郎的《国法学》讲义稿。③ 一木演绎伯伦知理（J. C. Bluntschli）的国家学说，认定国家作为有机体，其组成部分乃是立法、行政等各种机关，而非个人；"国家与国家之机关不能分离，以国家之人格为机关之人格故也。夫机关为国家之部分。独立之意思，唯全体有之。部分者，特本全体之意思而行之耳"。④ 因此从另一个角度来看，在与严复、梁启超的长期对话中，岸本的社会有机体说在某种程度上让章太炎拥有了质疑他们的理论资本。⑤ 这也是他在该译作序言中特意予以表彰的部分用意。

得到斯宾塞式社会有机体学说的框架支持，人在"乐群"取向之

---

① 在严复早年的《保种余议》《天演论》等作中都能看到"官品"。他曾自述用"官品"译"organism"的缘由，可参见严复《政治讲义》（1906），汪征鲁等主编《严复全集》卷六，第19页。

② 严复：《原强（修订稿）》（1901），汪征鲁等主编《严复全集》卷七，第25、26页。此前的诸多研究已揭示，严复的社会有机体说本来也来自斯宾塞，但他总是扭曲斯宾塞的个人本位，而发抒自己的民族国家思想。参阅本杰明·史华兹《寻求富强：严复与西方》，第67页；周红兵《严复与斯宾塞的"社会有机体论"》，《东南学术》2015年第2期。

③ 法学博士一木喜德郎講述『国法學』（明治三十二年度講義）、日本国立国会图书馆藏誊写稿。《国家为有机体说》摘录了《国法学》第三节"国家是人的集合体"和第四节"国家是具备机关的人的集合体"的部分内容，参阅原书第6~8页。

④ 《国家为有机体说》（一木喜德郎），《译书汇编》第2卷第1期，1902年4月3日，第142~143页。亦见《新民丛报》第11号，1902年7月5日，第63~64页。

⑤ 章太炎与严复、梁启超在学术及政治各方面的对话由于研究较多，此不赘述。

外拥有承袭自原人阶段更本初的"非社会性"天性就变得顺理成章。章太炎意识到，岸本的《社会学》为《学隐》所陈士人"废（自我废弃）""隐"等行止赋予了共有的政治属性的名称——"非社会性"或曰"逃群"，而最能反映"非社会性"政治姿态的是"消极"。

"消极""积极"乃日本兰学时代创造的和制汉语，原本指电气的阴阳两极。明治初期，在强调悲观、厌世的西洋哲学影响下，"积极"逐渐开始指涉肯定的、正面的心理状态及进取的行为方向；而"消极"则倾向于指涉否定、负面的心理状态及退守的行为方向。①从19世纪末开始，"积极""消极"作为新语传入中国。特别是癸卯甲辰之际，"海上译籍初行，社会口语骤变，报纸鼓吹文明，法学哲理名辞稠叠盈幅；然行之内地，则'积极''消极''内籀''外籀'，皆不知为何语。由是缙绅先生摒绝勿观，率以新学相诟病"。②章太炎1902年移译岸本的《社会学》，事实上参与了"积极""消极"这一波新语的引介和推广。除《社会学》外，在章太炎同时期译介的姉崎正治《宗教学概论》及其与友人吴君遂的书信中均可见"消极"一词。③章太炎译《社会学》勾连"消极"与个人主义指向的"逃群"（离于社会）、"非社会性"，赋予了该词以不行动为行动的政治内涵。

---

① 参阅王麗娟「専門語から一般語へと——積極・消極を中心に」『或問』No. 32、2017 年、35–43 頁。

② 《编纂此书之缘起》，《辞源》，商务印书馆 1999 年影印 1915 年第 1 版，第 4 页。

③ 比如①章太炎《訄书》重订本的《原教》（上）几乎全文译自姉崎正治的《宗教学概论》。《原教》（上）文曰："彼野人未受教者，故不识造物何义，则以以消极之辞雠对。"《章太炎全集·〈訄书〉重订本》，第 287 页。此处对应的姉崎原文是"未開無教育の人民が其意義を解せずして消極の答辨をなす事多く。"姉崎正治「宗教學概論」『姉崎正治著作集』第 6 卷、559 頁。②章太炎在《与吴君遂书》（1903 年 5 月 18 日）中说："以此律己，则默坐澄心，差足为消极主义。"《章太炎全集·书信集》，第 121 页。③章太炎的《四惑论》引用德人菴卢知"故托义于无，以示消极，无非断空，独与幻有相对而谓之无"。《民报》第 22 号，1908 年 7 月 10 日，第 8 页。

岸本指出，厌世论者"对于社会，怀消极绝望之念"，其所执持的人生观、社会观体现为"生存者，楚痛之连锁；社会者，烦恼之渊薮；必灭性逃群，然后可以幸免"。[1] 章太炎此处译文照搬了日文原文的"消极"和"绝望"，并将原文的"人生を絶つ"（弃绝人生）处理为"灭性"，将"社會を離るゝ"（离于社会）处理为"逃群"。[2] 此外，岸本认为，社会改革者愤时嫉俗的厌世，事实上是将希望寄托在将来理想社会的乐天主义。章太炎把岸本的解释意译为："彼虽谓黄金时代不可再见于今，其心犹有所豫期焉。豫期者，固非消极绝望，则凡所以灭性逃群者，特对于客观之今日，而非发于主观之吾心，其心固犹是乐天也。"[3] 值得注意的是，此处的"消极""灭性逃群"都非原文所有，乃章太炎主动建立"消极"与"逃群""非社会性"等概念之关联性的结果。

1902 年夏，章太炎从日本回国，之后开始增改《訄书》，于1904 年出版《訄书》重订本。转向革命的章太炎必须面对国内的新政局。《辛丑条约》后，列强借"保全主义"之名，行攘夺利权之实。1901 年清政府启动新政改革，意图之一为对抗革命，而练兵是新政的重大举措。该年 9 月朝廷宣布要建立军警系统，"一律操习新式枪炮"，"分为常备、续备、巡警等军"。[4] 1902 年，袁世凯在直隶

①　此为岸本《社会学》的章太炎译文，参阅《章太炎全集·译文集》，第 145 页。
②　岸本能武太講述『社會學』、1896 年、327-328 頁。
③　此为岸本《社会学》的章太炎译文，参阅《章太炎全集·译文集》，第 146 页。原文为"故に彼等の厭世的社會の裏面には理想的社會あるなり。少くとも現今の社會程惡しからざる社會あるなり。此の理想ありて之と比較するが故に、彼等は現今の社會に對して愈々不平不足を感ずるなり。されは改革者又慷慨家の出現は、決して社會改良の絶望的なる（こと）を證明するものにはあらずして、反って其の有望的なる（こと）を證明するものなり。"原文（こと）用的是其合略假名，特此说明。岸本能武太講述『社會學』、1896 年、334-335 頁。
④　《光绪二十七年七月三十日上谕》，中国第一历史档案馆编《光绪朝上谕档》第 27册，广西师范大学出版社，1996，第 173 页。

272

试办警察，并初见成效。《訄书》重订本在保留补佚本《学隐》篇的同时，又创作了《消极》篇，将《学隐》中学者的"隐""废"举动所指向的政治"消极"行为推而广之，以及于全社会。章太炎寄望社会各界通过"退而守旧"，令政"日损"，达成"不足以立事而事立矣"的政治抵抗目标。① 《消极》中"清作伪政""新军陵轹主人""今警察又建矣"等语皆指涉新政。章太炎指出，在外国殖民者控制中国政治经济命脉、官商勾结的情况下，愈外交、愈通商，所失权益就愈多。② 章太炎这些说法呼应了彼时的舆论。比如论者或谓，列强变"明瓜分"为"暗瓜分"，"视中国为彼私家之物，中国政府为彼掌产业之家奴"，③ 通过保全、操控清政府来盗取中国利益等。章太炎将清政府比作"酢母"，在其政权不存在合法性、根本为恶的情况下，"伪作新法"只是在巩固自身统治，而危害民众，所谓"利政入之，从化而害"。帮助新政的施行如同为虎作伥。由此，他倡导广大社会中人实施不作为的消极抵抗，外交"不如绝交"，通商"不如闭关"，军事"不如偃兵"，在清政府倒台后，"积极之政，于是俶载，以辅后王"。④

岸本能武太创造性地将斯宾塞、沃德作品中原人的"反社会性"（anti-social）译为指向离群索居的"非社会性"。针对明治三十年代

---

① 章太炎：《消极》，《章太炎全集·〈訄书〉重订本》，第314页。为抹除日文汉字词的痕迹，国家图书馆北海分馆所藏修订的《訄书》重订本将《消极》篇更名为《消道》（第316页）。《检论》（1915）最终将之更名为《无言》。正文中的"消极"则改为"消道"。《章太炎全集·〈检论〉》，第590页。

② 章太炎：《消极》，《章太炎全集·〈訄书〉重订本》，第314、315页。

③ 《论外国待中国之现情》（旧金山文兴日报），《新民丛报》第20号，1902年11月14日，第109页。杨度《在欢送湖南赴日留学生宴会上的演说》（1903年2月21日）中也有类似的话，如谓："保全为无形之瓜分乎？……譬之奴隶，其豢养之而保全之者，主人也；其足以制其死命者，亦主人也。"《杨度集》，湖南人民出版社，2008，第91页。

④ 章太炎：《消极》，《章太炎全集·〈訄书〉重订本》，第314~316页。

以降的厌世思潮，他认为，不少离于社会（逃群）、消极绝望者，其实憧憬黄金时代于未来，在宗教生活中维系个人主义的空间。其《社会学》为正在掘发"废""隐"价值的章太炎提供了社会与有机体不相似，"非社会性""消极"等一套理论话语。在清末新政的变局中，章太炎进一步将"废""隐"扩充为以不作为为作为的"消极"抵抗政治。个人主义在跨洋传播过程中，与不同社会、政治环境产生了各各殊色的化学反应。《訄书》重订本付印后，章太炎持续思索《学隐》倡言的"废则中权，出则朝隐"观念。他在后续的修改中，将《论语·微子》的逸民与《论语·述而》"叶公问孔子于子路"篇对接，在"废""隐"讨论中寄寓夫子使僭越之徒"绝望于觊觎"的政治情怀，① 从中同样能看到这一波思想振荡的波纹。

岸本能武太个人主义的消极抵抗特征，还表现在他审慎使用"自由"一词，并批评社会"单子说"（Monadism）。章太炎对这两项内容的特殊处理则意味着，岸本用语言遮阳板挡住的斯宾塞、沃德原作积极主动的个人自由又被章太炎稍显恣意的翻译实践掀了出来。

---

① 在国家图书馆北海分馆藏章太炎手改的《訄书》重订本中，《学隐》篇增加了两段夹注，其中一段就在"使废则中权，出则朝隐，如是足也"之后。这些夹注之后保留在《检论》（1915）之《学隐》中。内容是引用晋人李充《论语李氏集注》、江熙《论语集解》对《论语·述而》如下文字的述评："叶公问孔子于子路，子路不对。子曰：'女奚不曰，其为人也，发愤忘食，乐以忘忧，不知老之将至云尔。'"作者目的在发抒议论。李充、江熙的述评俱可见于皇侃的《论语义疏》。皇侃解释叶公之身份云，"叶公，楚臣也，食采于叶。楚僭称王，故臣称公，自比诸侯也"，又谓叶公"所问之事，当乖孔子之德，故子路不对之也"。李充认为："疑叶公问之，必将欲致之为政，子路知夫子之不可屈，故未许其说耳。"总之，他们都认为叶公在政教伦理方面违背孔子的意愿。至于孔子的回答，李充解释道："夫子乃抗论儒业，大明其志，使如此之徒，绝望于觊觎，不亦弘而广乎。"江熙称："叶公唯知执政之贵，不识天下复有胜远，故欲令子路抗明素业，无嫌于时，得以清波濯彼秽心也。"（梁）皇侃：《论语义疏》，中华书局，2013，第168~169页。章太炎将这两条解释收入夹注，并加以阐发云："余念惠、戴诸公，意亦准是，非特自督同志，且令王贼绝望。"《章太炎全集·〈检论〉》，第490页。进一步点明了"隐"的"非社会性"行为背后的政治抵抗意图。

换言之，正在进行革命的章太炎比岸本的自由主张更加积极。

在岸本眼中，"自由独立"乃智慧的文明人积极主动创造新生活、新风尚的优秀品格，因循姑息、为所欲为、处于进化初级阶段的原人并不具备这种品格。[①] 其《社会学》以在马来半岛、巴西、印度等地所做的人类学调查，来说明放纵致使原人彼此分离散处。[②] 原文未出现"自由"，章太炎译文却两次使用了"自由"。

原文：第一元来彼等は我儘勝手を好みて束縛に堪へざる（こと）。彼等は情慾の動物にして兎も角も速に己れの情慾を満足せしめんと欲せしが故に、彼等は他人の利害を顧るの遑なく。却って他人と相争ひ相鬩ぐ（こと）のみなりしならん。斯かれば彼等は自ら相分裂せざるを得ず、孤獨の生涯を送らざるを得ず。[③]（参考译文：第一，他们本来就不堪被束缚而喜欢任意的为所欲为。由于他们作为情欲的动物只想尽快地满足情欲，不遑顾及他人的利害。反过来，他们不只和他人相争相斗，如此一来还不得不将自己与他人相分裂，不得不度过孤独的生涯。）

章太炎译文：一以为我能<u>自由</u>而不受他人之约束者也。盖其人既为肉欲之动物，务于得欲，则不暇念他人，而争阅常因以

---

① 岸本能武太讲述『社會學』、1896 年、123 頁。
② 《社会学》译文称，马来半岛之门陀拉人"谓一己以外，更无他人"，"偶有小衅，即彼此分离"，包尔奈获中部之土人"子女成立，能自谋生，则与父母离析，至相见不能道姓名"，柏拉齐尔国有因㧪安人者"幼时循谨，长即披猖自肆"，还有印度的山族，他们"有不受束缚孤立子居者，有稍能群居者"，"然大抵以放纵不羁为常轨"。门陀拉人原文为"マントラ人"；包尔奈获原文为"ボルテヲ"，疑为"婆罗洲"；柏拉齐尔国有因㧪安人者原文为"ブラジル國のインヂアン人"，应是巴西的印第安人。原文见岸本能武太讲述『社會學』、1896 年、116 頁。译文参阅《章太炎全集·译文集》，第 89 页。
③ 岸本能武太讲述『社會學』、1896 年、116 頁。原文（こと）用的是其合略假名，特此说明。

起。争阅者，未必其果胜，不果胜则或为他人所判，而无以成<u>自</u><u>由</u>独立之荣名，故非散处则必有自疚者矣。①

　　章太炎译文第一次使用的"自由"，对应原文的"我儘胜手"（任意的为所欲为）。日文"我儘"（读作わがまま）意为"任性、肆意"，"勝手"（读作かって）意为"任意、为所欲为"，两个词都有以自我为中心的意思。章太炎译文第二次出现"自由"的句子——"争阅者，未必其果胜，不果胜则或为他人所判，而无以成自由独立之荣名，故非散处则必有自疚者矣"，在原作中并无对应。这是章太炎解释他认为原文扞格难通之处，即为什么说相争相斗的结果是将自己与他人分裂，而度过孤独的生涯。② 由此可见，岸本眼中不能称为"自由"的任性为所欲为，在章太炎看来同样适宜享受"自由独立"之荣名。章太炎的自信建立在他之前通过翻译《斯宾塞尔文集》，习得了较宽泛的、往往为褒义的"自由"概念。另外，章太炎的表现也印证了严复的判断。严复指出，中文里当时流行的"自繇"常含"放诞、恣睢、无忌惮诸劣义"，这些其实是"后起附属之诂"，理解"自繇"应该回到"不为外物拘牵"这一最初的含义上来。③ 章太炎正是以"不为外物拘牵"这一最初含义来理解"自

---

① 此为章太炎的译文，参阅岸本能武太《社会学》，章炳麟译，《章太炎全集·译文集》，第89页。
② 有意思的是，莱斯特·沃德的《动态社会学》谈及原人"反社会的影响"（anti-social influence）时，详细解释了为何在智力素质发展到足够理解关于政治的体制前，人趋向成为一个孤独的存在。沃德认为，有两种方式：一是通过个体间追求相冲突时的彼此毁灭；二是由于害怕受到伤害而相互间的撤退。意思即大量的毁灭和自发的分开两个进程都趋向于彼此的隔离。Ward, *Dynamic Sociology*, Vol. I, pp. 463-464. 岸本没有给出具体的解释。章太炎添加的解释是"不果胜则或为他人所判"，反而符合沃德"由于害怕受到伤害而相互间的撤退"这一条理由。这样的契合或许是因为章太炎所信奉的荀学"性恶"论与沃德所言之人的"反社会"属性，本就有内在的相通性。
③ 严复：《群己权界论·译凡例》，汪征鲁等主编《严复全集》卷三，第254页。

由"。同时期章太炎译《社会学》、严复译《群己权界论》、梁启超撰《新民说·论自由》，都在某种程度上试图淡化中文舆论界"自由"所含"放手放脚、掉臂游行、无拘无管、任情肆意、不怕天不怕地"[①] 之负面色彩。

岸本能武太根据《社会哲学绪论》来分类诸社会性质说。他首先批判了枉顾个体间联系和依赖、极端个人主义的"社会多元说"（The monadistic explanation of society）。"Monadism" 本于 "Monad"，即单子。单子是一种反映世界秩序的独特元素符号，在西方有漫长的知识史。1714 年，莱布尼茨《单子论》的出版普及了这一概念。在莱布尼茨的形而上学体系中，单子是构成宇宙的基本物质。"每个单子是个独特的、不灭的、运动的、灵魂似的实体，其属性具有感知和欲望的功能。……物质世界的客体只是单子集合体的表面迹象。"[②] "Monadism" 一词今天通常译为"单子论"或"单元论"。约翰·麦肯齐指出："单子论是一种认为集合是由相互独立的部分所组成的世界观念，组成集合的每一部分都有它独自的本性。"[③] 岸本能武太用汉字"多元说"来翻译"Monadism"（元來多元說即ち Monadism と云ふは），将由它导引的社会性质学说翻译为"社会多元说"，意即社会由众多各自独立的元子构成。[④] 对同一个对象的不同称名凸显了不

---

① 康有为：《物质救国论》（1904），姜义华、张荣华编校《康有为全集》第 8 集，第 68 页。

② 参阅《不列颠百科全书》第 11 卷关于 "Monad"（单子）的介绍。《不列颠百科全书》，中国大百科全书出版社，2002，第 303 页。关于莱布尼茨的单子论，参阅 Daniel Garber, *Leibniz: Body, Substance, Monad* (New York: Oxford University Press, 2009)。

③ John S. Mackenzie, *An Introduction to Social Philosophy* (New York: Macmillan and Co., 1890), p. 128.

④ 岸本能武太讲述『社會學』、1896 年、283、284 頁。岸本能武太用"多元说"来翻译"Monadism"。其考虑应该主要是与极端相反的、只认社会为实在而不认个体为实在的"Monism"（岸本翻译为"一元说"），在名称上产生对照关系。

同的关注，称之为"多元说"乃立足于由单子构成的集合体，称之为"单子论"则是立足于构成集合体的独立元子。而章太炎将"多元说"及"社会多元说"这些岸本的日译汉词直接引入了中文。另外，1902 年广智书局出版了章太炎译的《社会学》，还将岸本原文的英文说明词"Monadism"错排为"Monadin"。① 这些都阻碍了中文世界对"社会单子说"这一概念的理解。②

岸本不同意单子论学说指向的极端个人主义，谓，"是说于社会性质，其不合无待深论"，③ 然而他对"Monadism"有颇详尽的描摹，无形中助长了该学说的理论魅力。这就好像杨雄评价司马相如"劝百风一"，说他为了劝诫靡丽而作赋，但其赋本身的奢靡言辞反而助长了人们追求靡丽的心愿。④ 岸本论述社会单子说对章太炎思想的影响未尝没有"劝百风一"的效果。将岸本的《社会学》对该学说的描述，与章太炎的《四惑论》《国家论》等文的表述进行比较，就可以窥见一斑。

岸本的《社会学》称，"Monadism"主张"社会非有全体在，特有无数个人在耳。而个人亦各独立，无所依赖，本无相助，亦无求于相助，……人类以社会而被钳束，致毁损自然之权利者多矣。故个人宜脱社会之裁判，以复归其自由"。此中逻辑可见于章太炎的《四惑论》，所谓人"非为世界而生，非为社会而生，非为国家而生，非互

---

① 岸本能武太撰，章炳麟译《社会学》卷下，广智书局，1902，第 20 页。

② 2015 年，上海人民出版社排印出版的《章太炎全集·译文集》就将广智书局版有讹误的"Monadin"错改为"Pluralism"，称"多元说即 Pluralism"。《章太炎全集·译文集》，第 134 页。经笔者提醒，该社 2018 年版的《章太炎全集》（19）修改回正确的"Monadism"（第 134 页）。

③ 岸本能武太：《社会学》，章炳麟译，《章太炎全集·译文集》，第 135 页。原文为"されども社會の性質の說明として、此說の不都合なる（こと）は、別に議論を要せずして明白ならん。"原文（こと）用的是其合略假名，特此说明。岸本能武太講述『社會學』、1896 年、285 頁。

④ （汉）司马迁：《史记》卷一百一十七，中华书局，2013，第 3698 页。

为他人而生。故人之对于世界、社会、国家，与其对于他人，本无责任"。① 岸本又说，"Monadism"还主张"独存为自然，团结为偶然，部分为实事，全体为妄言。无数个人，比于海滨之沙粒，沙粒皆自存，而其同在海滨者，亦出于偶然耳"。② 章太炎《国家论》中的"个体为真，团体为幻"③ 俨然同此声口。当然，《国家论》《四惑论》是章太炎 1906 年主编《民报》后发表的文章。他此时期的个人主义思想还受到佛教法相唯识学说、施蒂纳（Max Stirner）唯我论学说的多重影响。④ 但章太炎译介岸本《社会学》的事实提醒我们，以英国哲学家约翰·麦肯齐著述的日语翻译为中介，章太炎个人主义思想有一条受到莱布尼茨以降西方"单子论"学说曲折触动的脉络。

章太炎 1908 年发表《无政府主义序》，从中仍能看到岸本的《社会学》从人类和社会进化角度来解析人的属性，以及"乐群"与

① 太炎：《四惑论》，《民报》第 22 号，1908 年 7 月 10 日，第 2 页。
② 此为章太炎的译文，岸本能武太：《社会学》，章炳麟译，《章太炎全集·译文集》，第 135 页。原文为"獨存は自然にして團結は偶然なり。部分のみ事實にして全躰は迷霧なり。假へば衆個人は恰も海濱の砂の如し。多きも少きも，此處に在るも彼處に在るも，此等は凡て偶然の（こと）なれば，毫も影響を及ぼすことなし。必要なるは單に砂粒が各自砂粒として存在する一事にして，之さへあれば夫れにて事足るなり。"原文（こと）用的是其合略假名，特此说明。岸本能武太講述『社會學』、1896 年、284 頁。
③ 太炎：《国家论》，《民报》第 17 号，1907 年 10 月 25 日，第 2 页。
④ 关于章太炎《民报》时期的个人主义思想及其资源，这里简单做一些梳理。章太炎特别欣赏法相唯识学说，因其"自贵其心，不依他力"，特别适于培养革命者冲决罗网的行为主体性。参阅《答铁铮》，《民报》第 14 号，1907 年 6 月 8 日，第 114 页。章太炎 1906 年后旅居东京期间，有充分的知识环境接触施蒂纳的学说。如鲁迅在 1907 年作于东京的《文化偏至论》中就提到施蒂纳，称："德人斯契纳尔（M.Stirner）乃先以极端之个人主义现于世。"《鲁迅全集》（1），第 52 页。而当时章太炎主编的《民报》及他有所接触的《天义》报也在传播施蒂纳的学说。比如，《民报》第 8 号载渊实《无政府主义之二派》，《天义》第 6 卷载刘师培《欧洲社会主义与无政府主义异同考》，《天义》第 8、9、10 卷合册载自由《斯撒纳尔无政府主义述略》等。

"非社会性"相偕动的命题。其文曰："人之形躯，不异鸟兽，而好尚所至，是有两端。州居萃处，人之情也；及其独居深念，……此亦根性然也。故有乐群就众，亦有介特寡交。"① 这里的"萃处"正是章太炎译文针对原文"群集を好む"（喜好群集）所用的译词。②

一方面，章太炎对人的个体性这里指非社会性的"独居深念""介特寡交"已有根本的承认。也就是说，他认同人有自主决定自己生命及生存方式的权利，对他者并没有天然的道德义务。彼时知识界有人斥言不与社会相扶助者、隐遁者、自裁者违背公理。章太炎则抨击这种观点乃束缚他人自主权的私见。③ 在《明独》篇中，章太炎曾对嗇夫、旷夫颇多微词。而至此时，章太炎认为，只要不干涉他人，就"无宜强相陵逼"。章太炎思想的进境植根于清末革命的动态历史，这一现实促使他从秩序边缘者、抵抗者的角度来换位感受并重新思考人间的制度和秩序。而从斯宾塞到岸本能武太不同时期层累叠加的外来个人主义理念，则使章太炎的感性冲动不断得到理性上的清晰化确认，激发他赋予该理念以再理论化的表达和述行。因此，人与秩序之思的跨洋环流是他思想进境不可忽视的推手。

另一方面，章太炎深知，一旦人"乐群就众"生成"屯聚"，就必须建立"友纪条贯"的秩序规则。④ 换句话说，社会化的过程意味着人要适度收敛自我的天性，以适应群体的目标。沃德认为"所有的文明都是人为"。而荀学的核心是"其善者伪也"，儒教各理路皆持守人膨胀的欲望需要礼仪和规则来制约的常识。章太炎指出："人类所公认者，不可以个人故，陵轹社会；不可以社会故，陵轹个

---

① 太炎：《无政府主义序》，《民报》第 20 号，1908 年 4 月 25 日，第 129 页。
② 岸本能武太讲述『社會學』、1896 年、283 页；《章太炎全集·译文集》，第 112 页。
③ 太炎：《四惑论》，《民报》第 22 号，1908 年 7 月 10 日，第 2~9 页。
④ 太炎：《无政府主义序》，《民报》第 20 号，1908 年 4 月 25 日，第 130 页。

人。"他并不倡导离群索居，但却认为应给予这种思想、言行与众不同者以生存的空间，原则是"人伦相处，以无害为其限界"。① 这就又回到了斯宾塞处理社会关系的"第一原理"。其实，岸本曾批评无政府主义学说，认为"无论如何发达，人作为有限之物（的特点）无疑会持续下去"，而群居生活中，人与人会产生繁多的关系，"势必有设立某种政府的必要"。② "政府安能遽废"，③ 正是受儒教文明熏染的中日两国知识人的思想默契。章太炎始终拒绝将无政府作为政治革命的目标，早在翻译《社会学》时就现出了芽蘖。

小结：自由与秩序之思的跨洋流变及其影响

19世纪的生物和社会进化学说，伴随形成连锁影响关系的"社会学"这个载体，在英、美、日、中等国递进传播。不同国家知识分子各有侧重地再生产"社会学"所关涉的人与秩序之思，其结构颇可与古史辨派"层累说"相比拟，思想学说的滋生由此呈现为一个基于内在关联不断叠加增殖的系谱。造成此类观念的"层累"，指向的却主要是横向的空间维度。岸本能武太较准确地把握了斯宾塞社会有机体学说的本旨，其逆潮流而动的个人主义魅力吸引了章太炎。对斯宾塞、沃德来说，人类承袭自原人阶段、寻求扩张个人行动范围的"反社会"（anti-social）的趋向支持了他们的自由理念。岸本能武

---

① 太炎：《四惑论》，《民报》第22号，1908年7月10日，第8、2页。
② 岸本原文为"如何に發達するも、人は有限なるものとして永續するに相違なし。又た人々が一處に群居して、互に或種の關係を有するに至れば、又た此の關係が繁多なるに至れば、勢ひ或種の政府を設くるの必要あるは、避くべからざる事なるべし。"岸本能武太講述『社會學』，1896年、376–377頁。原文（こと）用的是其合略假名，特此说明。
③ 此为章太炎的译文，参阅岸本能武太《社会学》，章炳麟译，《章太炎全集·译文集》，第155页。对应的原文是"勢ひ或種の政府を設くるの必要あるは、避くべからざる事なるべし。"岸本能武太講述『社會學』、1896年、377頁。

太巧妙地用汉字"非社会性"对译"anti-social",通过强调不喜交流、离群索居的取向,来松弛个人主义带给东亚儒家社会的紧张感。而章太炎领悟到,岸本提供的"非社会性""消极"等论说,进一步使儒学观念中不甚光彩的"废""隐"等逃群举动获得了价值正当性。章太炎更从中升华出以不作为为作为的抵抗政治,向社会大众进行呼吁。然而,投身清末的革命实践,使他对岸本略微压抑"自由"打破秩序的积极一面颇不以为然。

值得注意的是,不同于时间演进的不可逆,共时层面上空间边界的不稳定性和相互之间的可流动性,使历史观念横向层累的前缘构成往往较为繁复。恰如张东荪咏怀特海(A. N. Whitehead)哲学所言:"万缘周遍如波起。"① 在印刷工业兴起、跨国思想流动和交汇极为频密的情况下,更难以存在个体与个体间思想单向度的封闭传递。比如,岸本接受或反驳斯宾塞学说的知识渠道,既包括"间接阅读"沃德作品,又包括直接浏览斯宾塞原著。同时,他还接触了英语圈各种关于斯宾塞的论说,接触了日语世界有贺长雄、乘竹孝太郎等译介的斯氏作品,以及外山正一涉及斯宾塞的言论。而章太炎在翻译《社会学》之前已译介过《斯宾塞尔文集》,了解严复所译《斯宾塞尔劝学篇》② 及其《天演论》中关于斯氏的评论。章太炎还有意无意间涉猎了以有贺长雄为代表的日本诸多学者有关斯氏学理的著述。③ 在斯宾塞—沃德—岸本—章太炎的思想连锁"事变"(event)中,包括上文提及的周边所有"事变",又都在不同程度上影响此

---

① 张汝伦编著《诗的哲学史——张东荪咏西哲诗本事注》,广西师范大学出版社,2002,第192页。

② 大致为《群学肄言》第一篇《砭愚》,发表于1897~1898年的《国闻汇编》,章太炎在译介《斯宾塞尔文集》时已能看到严复的译作。

③ 章太炎《訄书》重订本的《序种姓》(上)、《族制》、《原教》(下)有内容涉及有贺长雄借鉴斯宾塞著述而译撰的《宗教进化论》和《族制进化论》。

"事变"中的各个环节，"正如把几块石子一齐投到水里去，波纹互相涵融渗透"。① 尽管如此，不同国别的知识人，其各自的核心关切还是相对明晰的。社会学家沃德思索的是通过人为的干预亦即扩大政府职能，来纠正美国自由放任资本主义的弊端。上帝一位论派的信徒岸本能武太希望凭借个人主义抵制日本膨胀的国家主义对精神生活的干涉。革命者章太炎则倾心于为清末的政治抵抗行动寻求心理和伦理的依据。他们将随波振荡、涵融渗透的社会学思想，特别是生物、社会进化学说所支持的人的本初属性作为权威的科学原理，有序地整合进自身对秩序的意欲诉求。而这种意欲诉求所反映的各国社会政治症候，正是建构历史观念横向上每一个层累的关键质素。

　　章太炎译岸本的《社会学》对近代中国学术和社会思潮产生了深远影响。一方面是启发学术思想。章译《社会学》是我国翻译出版的第一本完整的社会学著作，向国人呈现了最系统、清晰的社会学定义。因此，时人推举"章氏炳麟之群学为巨擘"②。章译《社会学》出版次年（1903），严复译自斯宾塞《社会学研究》的《群学肄言》出版。严复坚持以"群学"对译"sociology"，认为"群"与"社会"内涵不同，"群有数等，社会者，有法之群也"。③ 然而在日译新词铺天盖地进入中国的大势之下，最终章太炎使用的"社会学"一词在竞争中获胜，成为固定译名。翻译岸本的《社会学》延续了章太炎自翻译斯宾塞开始浓厚的社会学趣味。社会学给予他思考人类文明史的理论框架。他的代表作《訄书》重订本、《检论》讨论中华

---

① 这是贺麟评述怀特海哲学的话，参阅贺麟《现代西方哲学讲演集》，上海人民出版社，2012，第 127 页。怀特海用相关性的原理来认知"事变"（event），参阅 A. N. Whitehead, *The Principle of Relativity with Applications to Physical Science* (Cambridge: the University Press, 1922), p. 21。

② 《浙江潮》第 7 期，1903 年 9 月 11 日，"绍介新著栏"，第 176 页。

③ 严复：《〈群学肄言〉译余赘语》，汪征鲁等主编《严复全集》卷三，第 9 页。

民族的起源和形成，分析中国人口、语言、宗教、风俗等问题，处处可见社会进化学说的影响。孙宝瑄、陈黻宸、汤尔和、刘师培彼时留下了阅读章译《社会学》的笔记。从他们的反馈来看，不仅该著所论社会学之范畴任务、"社会有机体"的理论获得关注；而且其所描摹的生物、社会进化各阶段的状态拓宽了他们的历史时空眼界；其所分析的制约文明发展之地理因素、文明演进的关键物质驱力等也推动他们思考当时中国变革之急务。[①] 1911 年，欧阳钧编译的《社会学》由商务印书馆出版。该书虽主要依据远藤隆吉的讲述，但有抄自章译《社会学》的内容，受章译《社会学》启发。[②] 欧阳钧该作颇为流行，1923 年时已出到第 9 版。这从侧面说明章译《社会学》在清末民初的 20 多年中发挥了持续而广泛的影响。

另一方面是激荡个性解放思潮。甲午战争后，中国的民族危机日益深重。诸多仁人志士挺身而出，拯救危亡。岸本能武太承续沃德以人力来推动社会变革的理想，称："向也以个人浮于社会之潮流而随之进退，今也以个人波引社会之潮流而使其驶行。"[③] 个人倾力推动社会进步的思想，与革命者章太炎产生强烈精神共鸣。岸本协调人类非社会性与乐群的两种属性，使得个人自由具备消极和积极两个阐发方向，这一点尤让章太炎倾心。岸本解析人的"非社会性"，意味着确认个人优先于社会而存在。此理论有利于人们摆脱僵硬的纲常伦理的拘囿，构成近代个性解放思潮的重要元素。章太炎比岸本更充分肯

<hr />

① 参阅孙宝瑄《忘山庐日记》，光绪二十八年十二月十八日，上海古籍出版社，1983，第 619 页；陈黻宸《辟天荒》，《新世界学报》壬寅第 9 期，1902 年 12 月 30 日，第 2 页；汤调鼎《论中国当兴地理教育》，《新世界学报》癸卯第 6 期，1903 年 4 月 27 日，第 20 页；刘师培《周末学术史序·文字学史序》，《国粹学报》第 1 年第 4 号，1905 年 5 月 23 日，《国粹学报》影印本第 4 册，第 677 页。
② 相关讨论，参阅姚纯安《社会学在近代中国的进程（1895~1919）》，第 262 页。
③ 章太炎：《章太炎全集·译文集》，第 59 页。原文参阅岸本能武太讲述『社會學』、1896 年、25 頁。

定积极的个人自由、不怕牺牲、矢志革命，恰恰体现了"大独"合群的精神。鲁迅评价章太炎的业绩"留在革命史上的，实在比在学术史上还要大"，"七被追捕，三入牢狱，而革命之志，终不屈挠者，并世亦无第二人：这才是先哲的精神，后生的楷范"。[①] 这种勇于担当的精神，对当时青年投身民族革命与社会改造运动起到了巨大的鼓舞作用。

此外，岸本能武太的《社会学》与章太炎思想的关系显示，在维多利亚时代具有代表性的斯宾塞式个人主义理念曾假道明治日本曲折登陆中国。而在这条驿路上，日本的中介者并非仅有岸本能武太，中国受影响者也不止章太炎。比如，1902 年，日本国民作家夏目漱石正在英国留学。据《我的个人主义》回忆，此间，"自己本位"四个字让漱石在茫然四顾中看到了方向。漱石所主张的个人主义，乃是"发展自己个性的同时尊重他人的个性"，"使用自己的权利必须明白伴随的义务"，"展示自己金钱势力必须重视相应的责任"。他还呼吁，在国家平稳的时候，应该把道义心更高的个人主义置于重要位置。[②] 以此为指导，在关乎国家民族、社会人生的"触着的"（触れる）文学之外，他格外提倡"不触着的"（触れない）、"余裕"（餘裕）的文学，"此广阔世界之中，起居之法，种种不同，随缘临机"，乐此种种起居，或观察之，或玩味之，皆为"余裕"也。[③] 从岸本能武太到夏目漱石，日语中有以"余裕"（餘裕）来描述个人主义经验

---

① 鲁迅：《关于太炎先生二三事》，《鲁迅全集》（6），第 565、567 页。

② 夏目漱石「私の個人主義」(1914)、『漱石全集』第 9 卷、漱石全集刊行会、1918年、1014、1021−1022、1033 頁。

③ 夏目漱石「高濱虚子著『鷄頭』序」(1907)、『漱石全集』第 9 卷、1098 頁。译文参考周作人《日本近三十年小说之发达》（1918 年 4 月 19 日在北京大学文科研究所小说研究会的讲演稿，1918 年 5 月 20 日起刊《北京大学日刊》第 141～152号），钟叔河编订《周作人散文全集》（2），广西师范大学出版社，2009，第 51 页。

的趋向。鲁迅、周作人兄弟深受章太炎及夏目漱石的影响。在新文化运动中，周作人所主张的"人的文学"乃是基于"个人主义的人间本位主义"。[1] 在他看来，永井荷风自然派"触着"人生的文学与夏目漱石非自然派"不触着"人生、"有余裕"的文学，两派之撑拒融合，勾勒出"人的文学"之具体轮廓。[2] 鲁迅则判断："文学总是一种余裕的产物，可以表示一民族的文化。"[3] 现代中国延续着"乐群"与"非社会性"相偕动的命题，而"隐""消极""余裕""不触着"这组意义上具有家族相似性的词，从不同侧面展开了"非社会性"所关涉的政治与美学内涵。

1930 年，章太炎读白井新太郎的《社会极致论》。[4] 针对书中斥责隐居者，并认为"人不肯入社会，与禽兽无异"，[5] 章太炎提出了商榷。他认为，在"上嫚其政，使贪残之吏、狙诈之民横于朝野"的历史环境中，隐逸是有合理性的，"且夫荷蓧躬耕，陈仲织屦，此虽隐逸，盖亦自食其力者，外于朝廷则有矣，谓其外于社会，则未也"。[6] 章太炎越发明确地指出，隐逸指向的"非社会性"并非"外

---

① 周作人：《人的文学》，《新青年》第 5 卷第 6 号，1918 年 12 月 15 日，第 636 页。

② 周作人：《日本近三十年小说之发达》（1918），钟叔河编订《周作人散文全集》（2），第 51~52 页。

③ 鲁迅：《革命时代的文学》（1927），《鲁迅全集》（3），第 442 页。

④ 白井新太郎（1862~1932）是日本的实业家、政治家，1896 年开始在台湾总督府任职，1906 年返回日本。章太炎旅居台湾期间（1898 年 12 月至 1899 年 9 月），白井任台湾总督府民政部县治课嘱托，两人可能在此间结识。《社会极致论》出版于 1921 年，由大隈重信、后藤新平作序。据作者自述，该书完成于其在台期间（1902），全书分为上、中、下三卷。上卷有四编：社会组织的发端、社会组织的内容、社会组织的目的、社会组织的基础。中卷有四编：社会组织的秩序、社会组织的经济、社会组织的风俗、社会组织的机关。下卷有三编：宇宙活动的定则、道理德法的区别、世界统一的经营。白井新太郎『社會極致論』博文館、1921。

⑤ 白井在书中的相关段落指出，进入山林、住于岩穴，以高士或隐者相称者，弃绝社会交际，不加入社会组织，就失去了成为人类的资格。白井新太郎『社會極致論』、7 页。

⑥ 章太炎：《白井新太郎〈社会极致论〉书后》（1930），《章太炎全集·太炎文录补编》，第 828~829 页。

于社会"，而是拒绝被暴政收编、"外于朝廷"的政治行动。此论也正是他译介《社会学》的余响。

第二节　人兽之辨的越洋递演：从沃德、岸本能武太到章太炎

一　章太炎人兽之辨认知的越洋递演脉络

章太炎1908年撰《驳中国用万国新语说》，指出："人类所以异鸟兽者，正以其有过去、未来之念耳。"[1] 他同年撰写的《印度人之论国粹》也有类似判断："人类所以殊于鸟兽者，惟其能识往事，有过去之念耳。"[2] 达尔文的进化论将人类也整合进自然秩序。"赭石赤铜箸乎山，菁藻浮乎江湖，鱼浮乎薮泽，果然玃狙攀援乎大陵之麓，求明昭苏，而渐为生人。"[3] 清末趋新知识界逐渐认同生命从这个物质宇宙中诞生，人由动物进化而来。[4] 章太炎辨别人兽界域，标尺划定在是否具备过去、未来之念，文献上初见于他1902年梓行的译作《社会学》。《社会学》的原作者岸本能武太以有无"过去、未来之思想"，作为区别人与非人动物（原人）的重要依据。他的逻辑是，"一切非人动物，有肉欲而无欲望"。人与非人动物皆拥有肉欲（食欲、睡欲、牝牡欲）；欲望则为人独特的禀赋，乃是人高于非人动物

---

① 太炎：《驳中国用万国新语说》，《民报》第21号，1908年6月10日，第70页。该文又刊于《国粹学报》第4年第5号，1908年6月18日。

② 太炎：《印度人之论国粹》，《民报》第20号，1908年4月25日，第36页。

③ 章太炎：《原人》（1900），《章太炎全集·〈訄书〉初刻本》，第19页。

④ 关于中国近代接受进化论思想的整体研究，可参见浦嘉珉《中国与达尔文》；王中江《进化主义在中国的兴起：一个新的全能式世界观（增补版）》；吴丕《进化论与中国激进主义（1859~1924）》，北京大学出版社，2005。关于早期西学译著对自然进化论的引介，参阅熊月之、邹振环的相关研究。关于达尔文学说进入中国的情况，参阅汪子春《达尔文学说在中国初期的传播与影响》，《中国哲学》第9辑，三联书店，1983。

的根本；而欲望"由肉欲与将来之观念综合而生"。[1]"非人动物，其情特为现在，而人则有思考将来之智，故非独直接以谋现在，亦将间接以谋将来，由是所谓肉欲者，始变化而为欲望。"[2] 沿波以讨源，岸本能武太一再强调欲望为社会发达之"原动力"[3]，乃是因为《社会学》继承了美国社会学之父莱斯特·沃德《动态社会学》的哲学基础，"幸福的欲望是在所有社会运动之下的根本动力"。[4]

本节要爬梳分析的，正是章太炎人兽之辨的认知，从学理上由沃德、岸本能武太越洋递进、演变而来，又一波三折的这条脉络。沃德基本上重复了达尔文的《人类的由来》对人如何诞生的判断；岸本能武太却在沃德动态社会学的根本处借题发挥，营构出人与非人动物的分殊在有无"过去、未来之思想"，对达尔文、沃德的人兽界域进行了第二次划线。岸本的结论投契了革命时期章太炎的心境，并参与其用"宗教发起信心"、以"国粹激动种性"[5] 的理论建构。在章太炎思想"转俗成真"的过程中，他结合在日本传播的德国形而上学资源及佛教唯识学说继续推进岸本的命题，并丰富了岸本稍显单薄的理论表达。与宗教家岸本能武太执着于阐述"未来"的价值不同，民族革命者章太炎把更多的精力挹注于"过去"之于人的意义。进化论使人们意识到，人类在宇宙中的位置仅"略高于灵长类动物"。[6] 在人兽之辨的越洋递演中，英语、日语、中文不同语言圈的知识人都致力于重新阐述生而为人的尊严何在。然而，怀着不同的问题关切，

---

① 此为岸本《社会学》的章太炎译文，《章太炎全集·译文集》，第76页。
② 此为岸本《社会学》的章太炎译文，《章太炎全集·译文集》，第143~144页。
③ 此为岸本《社会学》的章太炎译文，《章太炎全集·译文集》，第145页。
④ Ward, *Dynamic Sociology*, Vol. I, p. 25.
⑤ 太炎：《演说录》，《民报》第6号，1906年7月25日，第4页。
⑥ Frank M. Turner, *European Intellectual History from Rousseau to Nietzsche*, ed. by Richard A. Lofthouse（New Haven and London：Yale University Press, 2014），p. 101.

他们与各自特殊时空中的观念对手进行缠斗，给出了侧重点不尽相同的答案。这却又提供了一个综合性视角，即人兽之辨的论述普遍受到对现代社会世俗化或宗教性、乐观或悲观不同预期的牵掣。

二 岸本能武太对沃德人兽界域的第二次划线

莱斯特·沃德曾被视为美国的亚里士多德，他的一生更被誉为一部"美国的史诗"。他 1841 年出生于伊利诺伊州的乔利埃特（Joliet），成长在西进运动边疆拓荒的生存环境。他通过自修完成学业，在南北战争期间加入联邦军，捍卫自由劳动和独立。战争结束后他长期在华盛顿政府部门从事地质、植物学等方面的工作。1906 年，他担任布朗大学社会学教授、美国社会学学会首任会长，著作包括《动态社会学》（1883）、《理论社会学》（*Pure Sociology*，1903）、《应用社会学》（*Applied Sociology*，1906）。沃德的立场通常被归纳为"以民主为基础的非马克思主义的社会主义"。[①] 内战后，美国迎来了工业资本主义大发展的"镀金时代"，并出现急遽的阶级分化。沃德希望通过政府理性有目的的计划，来遏制自由放任资本主义的弊端。与父母辈经历过 19 世纪初席卷全国的宗教复兴浪潮，并接受了基督教信仰不同，沃德从未皈依宗教。他的社会学著作将宗教视域排除于公共生活之外，具有强烈的世俗化特征。在代表作《动态社会学》中，沃德一方面"被斯宾塞的社会学规范和限制"[②]，将社会统一进自然秩序；另一方面他反驳斯宾塞听任宇宙自然演化的自由放任理念，强调"盲目的自然力量对社会的控制应该让位给人类的深谋远

① 关于沃德的生平及思想研究，参阅专著 Rafferty, *Apostle of Human Progress*。引文见该书第 2、4 页。

② Daniel Breslau, "The American Spencerians: Theorizing a New Science," in *Sociology in America: A History*, ed. by Craig Calhoun, p. 49.

虑"（the control of blind natural forces in society must give way to that of human foresight），① 因为"欲望是所有行为的根本基础，也是这个感性世界的真正力量"（desire is the essential basis of all action, and hence the true force in the sentient world）。②

宗教与精神生活则是理解岸本能武太生平和思想的关键。岸本的《社会学》颇借鉴斯宾塞的《社会学原理》来分析构成社会的各种要素、制度、系统，以及从进化立场描述人类社会变迁。与此同时，该书相当多的篇幅承继自沃德的《动态社会学》，讨论社会的目的，欲望作为根本社会动力，以及用人为手段促进社会的进步。岸本能武太自称"生来就是上帝一位论主义者"。③ 上帝一位论派较能与实证哲学相协调。岸本以社会究极之目的在"为个人幸福谋其圆满具足者"，④ 固然蕴含着肯定世俗生活的意味。然而在他看来，"高尚之精神幸福"是圆满幸福的重心，倘若缺失，则"不可云已达生存之目的"。⑤

沃德《动态社会学》"人的起源"一章指出，大脑整个质量的增长，是从猿过渡到真正的人，从最高级的动物过渡到最低级的人的必要步骤。而伴随大脑发育出现的跖行直立及清晰语言交流能力，就意味着人的"诞生"。⑥ 沃德论述大脑重量增加，脖子和脊柱需要更好的支撑大脑，直立行走成为最好选择。犬、猴也有发达喉部，也能发出声音，但与人的语言不同。只有人类能随心所欲地运用符号来体现观念，并且能够统一许多这样的观念以形成连贯的语言表达。诸般逻

---

① Ward, *Dynamic Sociology*, Vol. I, p. 706.
② Ward, *Dynamic Sociology*, Vol. I, p. 468.
③ 岸本能武太「まだユニテリアンをやめぬか」『六合雑誌』第 400 号、1914 年 5 月、154 頁。
④ 此为岸本《社会学》的章太炎译文，《章太炎全集·译文集》，第 149 页。
⑤ 此为岸本《社会学》的章太炎译文，《章太炎全集·译文集》，第 65 页。
⑥ Ward, *Dynamic Sociology*, Vol. I, pp. 429, 447.

辑和理据明显借鉴了达尔文的《人类的由来》。① 然而，岸本能武太对沃德的判断是不满足的。岸本综合《动态社会学》"人的起源"与"社会的起源"两章的部分内容，撰写了《社会学》第一章"原人状态"的第六节"自太古至有史时代各种长物之发见"。该节讲述了自太古到有史时代漫长的数十万年，原人通过十种长物的发见，逐渐实现了从非人动物到人的进化。岸本着意描述"将来"观念的萌芽与逐渐抽象化在人类进化中的意义。《新民丛报》1903 年全力推荐章太炎所译岸本的《社会学》，就把该节更名为《论初民发达之状态》，并单独登载出来。记者在按语中意味深长地说："其所论深足浚人智慧，故录之。"② 这显示，恰是岸本在承继沃德之余，别有发挥的、对人与非人动物差别的理解特别触动人心。

岸本论十种发见。最初两种"直立之发见"和"言语之发见"虽然是重复沃德的判断，不少语句也有翻译沃德原文的痕迹，③ 然而

① Ward, *Dynamic Sociology*, Vol. I, pp. 430-447. 沃德作品相关内容大致对应达尔文的《人类的由来》第二章和第四章的内容。Charles Darwin, *The Descent of Man and Selection in Relation to Sex* (London: John Murray, 1871), pp. 34-69, 107-157. 在 1887 年推出的修订版中，达尔文将原第四章调整为第二章，原第二章调整为第三章。

② 记者：《论初民发达之状态》，《新民丛报》第 24 号，1903 年 1 月 13 日，第 23 页。

③ 如"言语之发见"谓："苟称曰人，虽甚劣等，未有不能言者。苟称曰'非人动物'，虽甚高等，未有能言者。"此为章太炎译文，《章太炎全集·译文集》，第 74 页。岸本的原文是"苟くも人と名の附くものは如何なる劣等人種と雖も、悉く言語を有するものなり。されとも所謂下等動物に至つては如何なる高尚なるものと雖も、言語を有する（こと）無し。"岸本能武太講述『社會學』、1896 年、66 頁。此句可以说再现了沃德书中如下文字："although it must be confessed that no more important faculty exists than that of speech, and that while this is common in some form to all known human races, and, so far as known, is absent from all other animals, so as to be properly regarded as one of the leading distinctions which separate man from all other forms of life." Ward, *Dynamic Sociology*, Vol. I, p. 434. 至于岸本讨论犬、猿与人类语言的差别，强调声音是观念的符号，但只有"互相连续"的声音组成"有义之文句"才能称得上言语等，也可见沃德的逻辑。

岸本更着力于探究"高尚思想"产生的源头。如同样论述直立行走、解放双手的意义，沃德现实地分析自由灵巧的双手有利于人类依靠策略工艺和计谋来保护生命、维持生存。[1] 岸本则颇具想象力，谓直立行走之前，"四肢皆附于地，则目常下视，而心之所念，常不出此咫尺，无以发高尚思想"。[2] 直立使手足功能分途，足"专司进退"，手"以采作为事"，人亦能仰望苍穹、环顾四周，引发高尚观念。之后的火、器具、欲望、自己、畜牧、农耕、社会与道德8种发见，也都围绕高尚观念，特别是愈加抽象的对将来之预期而展开。火带来的御寒、照明、熟食三种利益进一步促进原人大脑发育。发见"自己"之后，人为了将来而谋算，越发产生将来之观念和所有之观念。岸本对"畜牧之发见"与"农耕之发见"的解释很有意味。原人先是狩猎，因担忧明日有饿殍之患开始拳养子兽，以之而有畜牧。农耕较畜牧更加进步，原因之一乃是农耕所体现的将来之观念更加抽象，人们对将来的到来和希望的实现有"天然信任"："夫牲畜常睹于目前，无论何时，皆可给用，若农夫之播种，则未得所获，而种子已失矣。自播种以至收获，常更数月，其间或遇旱潦，又不可知。且蒙昧之民，所虑不止此也。种子既下，方以腐败为忧，故非冀将来之利益，而不惜现在之投资者，不能为农耕。非人人有此经验期望，亦不能成农耕时代。"[3]

将来之观念最重要的突破，发生在"欲望之发见"阶段。这也是章太炎最留意的部分。岸本说，原人的状态，"如庶物，如小儿，偷乐一时，而无过去、未来之思想，故仅为肉欲之动物，未得云欲望

---

① Ward, *Dynamic Sociology*, Vol. I, p. 431.
② 此为岸本《社会学》的章太炎译文，《章太炎全集·译文集》，第 74 页。
③ 此为岸本《社会学》的章太炎译文，《章太炎全集·译文集》，第 74~78 页。

之动物也"。这表现在原人"饥则思食，渴则思饮，疲则思卧，当肉欲起时，与一切动物无异。已往之经验，不记也；将来之备豫，不虑也"。欲望与肉欲的差异，也就是人与非人动物的区分："夫欲望者由肉欲与将来之观念综合而生，故一切非人动物，有肉欲而无欲望。人类始生，与彼不异，其后渐进。而将来之观念渐萌，于是始为欲望之动物。"①

岸本认为，最初的人类也和下等动物一样，是仅有肉欲的动物，所谓"人类始生，与彼不异"；伴随将来之观念萌芽，人类才转变为欲望的动物。换言之，"人"不是一次性"诞生"的。哪怕具备了生理和外形（跖行直立及清晰语言交流能力）上一切"人"的属性，只要还限于肉欲，就不能真正被称作人。人在生物属性之外，还有更深层次的本旨。在这里，岸本能武太对沃德的人兽界域进行了第二次划线。对沃德来说，"人之起源"主要是生物学的判断。欲望作为社会的原动力，是理解人产生之后的社会构成与进步的关键，而并不直接关涉人与非人动物之间的殊别。岸本的《社会学》"自太古至有史时代各种长物之发见"一节必须综合《动态社会学》"人的起源"与"社会的起源"两章，也正是要借助"社会的起源"一章中"社会力量"（social force）一节对欲望作为社会根本驱力的论述，② 从而将作为精神属性的将来之观念植入人的本质，甚至重要到足以分殊人与禽兽。非常罕见的是，《社会学》第五章"社会之性质"的最后一节"社会发达之原动力"和第一章"原人状态"中"欲望之发见"，两部分主体内容几乎一致。这说明岸本其实清楚沃德原书的安排，但执意要我行我素。"非人动物，其情特为现在，而人则有思考将来之智，故非独直接以谋现在，亦将间

---

① 此为岸本《社会学》的章太炎译文，《章太炎全集·译文集》，第76页。

② Ward, *Dynamic Sociology*, Vol. I, pp. 468-480.

接以谋将来，由是所谓肉欲者，始变化而为欲望。"① 章太炎的翻译也能够体察岸本的用意。他将原文的"下等动物"都译为"非人动物"，更明晰化其中人与非人（禽兽）的界限。② 汉语中批评人乃禽兽，本就并非着意于人的生物学层面。岸本和章太炎的人兽之辨，事实上结合了近代的进化科学与传统对人道德情操性灵的要求这两个方面的内容。

沃德和岸本能武太对"欲望"不同的分类和解析，彰显着他们偏于世俗化或宗教性的不同取向。沃德将欲望，也就是社会力量分为"基本力量"（Essential Forces）与"非基本力量"（Non-essential Forces）两类。基本力量包括保存自己的力量（Preservative Forces）和保存种族的力量（Reproductive Forces）。非基本力量则包括美感力量（Aesthetic Forces）、情感（或道德）力量〔Emotional（moral）Forces〕、智慧力量（Intellectual Forces）三类。"基本"（essential）这一用词，就已经表明沃德对生存欲及繁殖欲的肯定性价值判断。因为"人全然依赖这些纯粹的自然力量来维持生存，即便他拥有科学的理性能力，假如这些力量撤退，他也很快就会灭亡。在他身上，这些种类的欲望是如此强大，并且构成直接或间接的他大部分活动的动机"，所以"它们是伟大的原初的、根本的社会力量"。③ 人类在这些

---

① 此为岸本《社会学》的章太炎译文，《章太炎全集·译文集》，第143~144页。原文参岸本能武太讲述『社會學』、1896年、320页。

② 岸本能武太原文表述为"下等動物"，参阅岸本能武太讲述『社會學』、1896年、72页。章太炎对应译文处理为"非人动物"，参阅《章太炎全集·译文集》，第76页。

③ Ward, *Dynamic Sociology*, Vol. I, p. 470. 原文为"Even man is wholly dependent upon these purely natural forces to preserve his existence, and, notwithstanding his rational powers, combined with all his science, he would quickly succumb if they were withdrawn. In him both these classes of desires are strong, and constitute the motive, either direct or indirect, to the greater part of all his acts. They are the great original and essential forces of society."

基本力量的驱动下，构建了生产、消费、交通、金融各个社会部门，逐渐形成阶级和治理体系，拥有了爱情，建立了婚姻制度。沃德确认生存与繁殖属于有机世界共有的本性，笔下充满了释放感。在沃德看来，人们应当理直气壮地追求这些欲望，不需要高于肉欲的"将来之观念"。沃德认为，在基本力量的运用上，"劳动"（Labor）就已经体现了人相比于其他动物的根本优势，即能够宰制自然。① 沃德的兄弟齐尔纳斯·沃德（Cyrenus Ward）1870 年代转向了马克思主义，"劳动"正是他们共享的概念。②

沃德笔下伟大的"基本力量"，其实就是岸本能武太的《社会学》中处于下位的食、睡、牝牡之"肉欲"。对岸本来说，肉欲只有与将来之观念相结合才产生欲望，人才拥有了质地。将来观念引发"贮蓄观念"，进而产生"所有观念"。此后"欲望之数量与其性质，积世递增"，依次产生权力欲望、名誉欲望、社交欲望、智识欲望、道德欲望、美术欲望、宗教欲望，宗教欲望是人类欲望进化的顶点。③ 岸本以人生究极之目的在"任受完具之幸福"。他容纳身体欲求的同时，将宗教所带来的高尚精神置于更高位置。完具的幸福囊括从形体趋向于精神的 7 种类别，最低是"在躯体者"的衣食居睡、牝牡、长寿诸欲，最高是"在宗教者"的崇拜欲与依赖欲。④ 理想状态当然是"各种愉乐，纷然杂沓以趣之"，"使时久长，使志完满"，"量剂最大"。但在有限人生中，

① Ward, *Dynamic Sociology*, Vol. I, p. 475.

② Rafferty, *Apostle of Human Progress*, p. 133.

③ 此为岸本《社会学》的章太炎译文，《章太炎全集·译文集》，第 144 页。

④ 中间的五种依次为"在社会者"的名誉欲、贮产欲、权利欲、社交欲；"在家族者"的孝慈欲、静好欲、友悌欲；"在学术者"的数学欲、哲学欲、生物学欲、机械学欲；"在壮美者"的自然壮美欲、人为美术欲；"在道德者"的慕义欲、忠爱欲、杀身成仁欲。此为岸本《社会学》的章太炎译文，《章太炎全集·译文集》，第 151 页。

各种欲求难免产生冲突。岸本倡导遵循三条法则。一是品味识别律，"形体之乐，卑于精神"；二是下位自由律，"当贵贱两种愉乐不相冲突时，则得充分任受"，他亦据此驳斥佛教、耆那教、基督旧教"以情欲为罪戾"的禁欲主张；三是上位制限律，"贵贱两种愉乐相冲突时，则下位当服从上位"。如此一来，"本之以识别，弛之以自由，张之以制限，三律既定，则种类不患其多，量剂不患其大，虽方圆异度，舒肃殊用，要之，所以自娱者，无越范围，则不失其完具之幸福也"。① 岸本一贯认为，"给予人生究极的目的者乃是宗教"。② 这也使他更倾向于以体现宗教性特征的"将来"之观念作为区分人与非人动物的尺度。从这个意义来说，《社会学》同《宗教研究》《伦理宗教时论》一样，都包含了岸本能武太为宗教信仰进行辩护的因素。③

沃德的《动态社会学》其实也处理了"将来之观念"，内中可见他对宗教的批判态度。沃德的分析恰似植入岸本的《社会学》理论城堡的"特洛伊木马"。

沃德指出，"非基本力量"中的道德力量分成两类，爱的力量（love-forces）与恐惧的力量（fear-forces）。它们又各以自身对立面为基础。爱的对立面是恨，恐惧的对立面是希望。所有的感情，包括爱（恨）与恐惧（希望）都跟欢乐（a pleasure）或痛苦（a pain）相连，但相连时的时间感受不同。就目标而言，爱与恨的感情是"直接而即时的"，恐惧和希望的感情则"间接而遥远"——"恐惧和希望从它们的本性出发，是与将来相关的。有所恐惧的痛苦与有所希望

---

① 此为岸本《社会学》的章太炎译文，《章太炎全集·译文集》，第 151~152 页。

② 岸本能武太『倫理宗教時論』、184 頁。

③ Norihisa Suzuki, "Nobuta Kishimoto and the Beginnings of the Scientific Study of Religion in Modern Japan," *Contemporary Religions in Japan*, Vol. 11, No. 3/4（Sept. – Dec.，1970）：175.

的欢乐都是未来的事物。然而就在这一预期中，能感到实在的痛苦和欢乐，有时甚至比真正所承担的更加强烈"。① 如果欲望是避苦趋乐的代名词，那么人类所有的行动都由恐惧和希望的情感所驱动。恐惧的力量又分为两类。一是身体的（physical）恐惧力量，它们从来都是现世而世俗的（temporal and secular），可切近可遥远，可真实可虚构。比如，对匮乏的恐惧是人类大多数社会和经济活动要应对的问题；对来自人、动物或自然暴力之恐惧，对疾病的恐惧等都属于身体的恐惧力量。二是形成宗教基础的、精神的（psychical）恐惧力量，人们将所经历的这些恐惧和希望、有害或有益的经验，都指向他们认为的非物质的部分——灵魂。而越具有精神性的、越抽象辽远的"将来"观念，越构成"宗教感觉的经纬"（the warp and woof of the religious sentiment）②。在所有宗教中，拥有不朽的教义（the doctrine of immortality），"将中心的信念体现为未来的回报和惩罚的宗教"③有更大的影响力。

换言之，岸本能武太的《社会学》"欲望由肉欲与将来之观念综合而生"的命题，返回到沃德的《动态社会学》，其实是讨论恐惧与希望的情感如何驱动人类行为。恐惧和希望确实都更和"将来"相

---

① 原文为 "The true basis of fear and hope is always, in its last analysis, pain and pleasure. It differs from the love sentiments in this respect only in time. Fear and hope, from their very nature, have reference to the future. The pain feared and the pleasure hoped for are things to come. And yet in this very anticipation there is a real pain and a real pleasure, sometimes even more intense than the actual participation." Ward, *Dynamic Sociology*, Vol. I, pp. 675-676. 小说家博尔赫斯（Jorge Luis Borges）以感性的语言很好地注解过恐惧的力量。沙漠中好几天没找到水，毒辣的太阳下，"干渴和对干渴的恐惧，使日子长得难以忍受"。"干渴的恐惧"与"干渴"本身所带来的痛苦同样强烈。《永生》，豪尔赫·路易斯·博尔赫斯：《阿莱夫》，王永年译，上海译文出版社，2015，第5页。

② Ward, *Dynamic Sociology*, Vol. I, p. 682.

③ Ward, *Dynamic Sociology*, Vol. I, pp. 694-695.

关。沃德通过批判精神类未知的恐惧或希望来抨击宗教。① 在他看来，宗教的不朽教义"轻视现在，蔑视真实和物质，为心灵喂食一些含混的想象"，"对思想、知识和物质文明的进步施加了极其恶劣的影响"，② 以致"所有的宗教都是非进步的"（all religions are non-progressive）。③ 因为进步的定义"不是拥抱从希望衍生出的假设的欢乐"，而是实际享受的增加。根据《圣经》箴言"希望延迟而使心灵受伤"（hope deferred maketh the heart sick），"那些仅仅包含希望和期待的欢乐事实上并无享受。他们把痛苦错当成了欢乐"。④ 沃德的分析提供了一面透视镜：原来岸本能武太有意模糊"将来之观念"背后，涉及身体（世俗、现世）与精神（宗教）两种恐惧或希望力量的差别，企图将宗教的价值包蕴在世俗化社会对"欲望"的一般性肯定中。在岸本看来，"宣传未来的存在、死后的赏罚、神佛的喜怒"的宗教固然有害无益，但他更认同基督教的新潮流，"科学的而非神秘的，历史的而非臆断的，社会的而非来世的"。⑤ 尽管切实感受到了明治社会上升期的生存痛楚与烦恼，岸本始终坚信，"黄金时代，不在既往，而必在将来"。⑥ 黄金时代，在沃德看来是"从希望

---

① 关于精神类未知力量对人的伤害，沃德很可能受到约翰·卢伯克的《史前时代》（*Prehistoric Times*）一段文字的启发。沃德熟悉的达尔文《人类的由来》就引用了这段文字。卢伯克说："在野蛮人的生命之上，一直像一片浓密的乌云似的笼罩着所谓'殃祸之变未知所移'的那一种恐怖心情，使每一分有生之乐都带上了苦味。"译文来自达尔文《人类的由来》，潘光旦、胡寿文译，商务印书馆，1983，第141页。沃德的《应用社会学》也引用过这段文字。Lester F. Ward, *Applied Sociology* (Boston: Ginn and Company, 1906), p. 34.

② Ward, *Dynamic Sociology*, Vol. I, p. 694.

③ Ward, *Dynamic Sociology*, Vol. II, p. 168.

④ Ward, *Dynamic Sociology*, Vol. II, p. 284. 关于"希望延迟而使心灵受伤"这一点，鲁迅也有很好的诠释。《娜拉走后怎样》提醒，"万不可做将来的梦"，因为为了"将来的希望"，"要使人练敏了感觉来更深切地感到自己的苦痛，叫起灵魂来目睹他自己的腐烂的尸骸"。鲁迅：《坟》，《鲁迅全集》（1），第167页。

⑤ 岸本能武太『倫理宗教時論』、32、257页。

⑥ 此为岸本《社会学》的章太炎译文，《章太炎全集·译文集》，第146页。

衍生出来的假设的快乐",是"把痛苦错当成了欢乐"。在岸本那里，它却使灵魂获得圆满，形造了人生究极的目的。

岸本能武太与沃德围绕"将来之观念"的"交锋"，在某种程度上再现了美国保守宗教界与继承斯宾塞学说的社会学界之间的冲突。斯宾塞原本通过"不可知"来调和科学精神与宗教信仰，却不能被美国宗教界接受。《纽约时报》就称斯宾塞是"不可知论的白色沙皇"（the White Czar of Agnosticism）。[①] 《动态社会学》甫一出版，《天主教世界》即刊文抨击它宣传"物质主义和不可知论建构了这块土地上的法则"；"生命之河仅知其当下转瞬即逝之流，其所流自的源泉，它将填充以及被吸纳的海洋都像是不可知似的"；沃德心目中"没有上帝，没有未来的生活"。[②] 岸本能武太 1893 年在芝加哥万国宗教者会议上讲演《日本将来之宗教》，批评由于受到"斯宾塞的不可知论，孔德的唯物主义，叔本华、哈特曼的悲观主义"的影响，日本受教育阶级冷漠宗教，"在他们之中既无上帝的形象，在他们之前亦无光明的未来"。岸本相信，人"不能被任何缺少无限性的东西所满足"，所以无论在日本还是在其他地方，宗教最终将战胜非宗教。[③] 简言之，岸本《社会学》对沃德《动态社会学》的承续与反驳，体现了美国镀金时代世俗化与宗教性持续拉锯的思想脉动，在太平洋西侧的日本亦掀起波涛。这是理解章太炎以人兽之别在"有过去、未来之念"时，所必要的来自观念隧道那一头的背景。

[①] *The New York Times*, April 5, 1880, p. 1. 美国社会对斯宾塞"不可知论"的攻击，可参阅 Richard Hofstadter, *Social Darwinism in American Thought*（Boston: Beacon Press, 1955）。

[②] Walter Elliott, "Dynamic Sociology," *The Catholic World*, December 1883: 383–389.

[③] Nobuta Kishimoto, "Future of Religion in Japan," in *The World's Parliament of Religions, An Illustrated and Popular Story of the World's First Parliament of Religions, Held in Chicago in Connection with the Columbian Exposition of 1893*, Vol. 2, ed. by John H. Barrows（Chicago: The Parliament Publishing Company, 1893）, pp. 1279–1280.

三　章太炎接受人兽之别在"有过去、未来之念"

在 1902 年阅读、译介岸本《社会学》的时空环境中，理解章太炎如何接受人兽之别在"有过去、未来之念"，大概有两个层次。

第一，既有的荀学背景使章太炎特别能认同岸本将糅合肉欲与将来之观念的"欲望"作为社会发展的原动力，并且这样的"欲望"主要指向沃德强调的身体性、世俗化的恐惧或希望的情感。

岸本指出，社会起源于原人因欲望而争斗，生存竞争"使原人去离散孑立之域，而入协力团结之域"①。章太炎早年"独于荀卿、韩非所说，谓不可易"，② 岸本的描述特别吻合他以荀学为基础的政治哲学观念。《訄书》初刻本《独圣》上篇就说："金木、毒药、械用、接构，皆生于恶，恶生于爱。昫愯愀悲亦生于爱。爱为百性俶。"③ 欲求（爱）是人性的开始，也是恶的发端，致使人类彼此用毒药、水火、械用互相亏害。《社会学》分析械用在人与人、人与兽争斗中的价值，章太炎翻译得津津有味："人与人相搏斗也，初以手足齿牙而已，其后或挝以杖，或掷以砾；人与兽相战争也，初以股肱膂力而已，其后或用弓矢，或设陷阱，御伏以斗。而人始不徒以力争，设械以猎，而兽始不得以猛胜，此所以用力寡而获效多也。"④《訄书》初刻本的《明群》篇将"群"解释为处理民之争斗问题的社会和政治方式，曰："群者，争道也。古之始群其民者，日中为市，交易而退，其义则取诸《噬嗑》，而明罚饬法自此始。吾是以知先有市井，而后有街弹之室；其卒则立之天王、大司马，以界域相部

---

① 此为岸本《社会学》的章太炎译文，《章太炎全集·译文集》，第 116 页。
② 章太炎：《菿汉微言》，章太炎：《菿汉三言》，第 60 页。
③ 章太炎：《独圣》（上），《章太炎全集·〈訄书〉初刻本》，第 102 页。
④ 此为岸本《社会学》的章太炎译文，《章太炎全集·译文集》，第 75 页。

署，明其分际，使处群者不乱。"在这个层面上，可以说"君者，群也"。① 在荀学脉络下，解决争讼、建立法制是"群"最基本的职能。

从译作对原作一段内容的调整，能看到章太炎对既有观念的执着。岸本分析农耕产生于畜牧之后的原因，一是农耕表明了"将来之观念"的推进，二是农耕需要有复杂的器具和耕作方法。

原文为：此等の器具は石を以て之れを造くるにせよ、木を以てするにせよ、或は金屬を以てするにせよ人智は此等の器具を製造するに耐ふる迄に發達し居らざるべからず。又た農業には種々の器具を要すると共に、植え附け、耘り、刈り入れ等の方法及び時季に關し、種々複雜なる智識を要するものなれば、農耕の發達は餘程進みたる社會にあらざれば、遂に之れを見る（こと）能はざるべし。牧畜は水草を逐ふて移住する時代に於ても能く行はれ得べきも農耕は一所に定居したる社會にあらされば、到底行はれ得べきものにあらざるなり。是れ予が農耕時代を以て牧畜時代以後にあらざれば、出現し得るものにあらずと云ふ第二の理由なり。②

章太炎译文：其器或石或金或木，非有技术，亦不能制造；制器而后，其施于植附耘刈，又自有其法度。其视畜牧，孰难孰易，断可识矣。且畜牧逐水草而移居而农耕必有其定所向，<u>令耕者越畔以侵他人之陇亩，则争讼繁兴，而何暇尽力于农事？</u>故观农耕时代之所以成，则知其社会之已具也，此农耕所以后于畜牧者二矣。③

① 章太炎：《明群》，《章太炎全集·〈訄书〉初刻本》，第51页。
② 岸本能武太講述『社會學』、1896年、81頁。原文（こと）用的是其合略假名，特此说明。
③ 此为岸本《社会学》的章太炎译文，《章太炎全集·译文集》，第79页。

原作说，牧畜可行于逐水草而居的时代，农耕则非定居社会不可。原因是农耕需要制造复杂器具，并掌握关于耕种的种种技能和知识，这都是定居社会才能实现的。译作添加了原文没有的一句话："令耕者越畔以侵他人之陇亩，则争讼繁兴，而何暇尽力于农事？"这已非岸本原意，而是章太炎根据社会"明罚饬法"的法制功能，阐发对于农耕而言定居社会的必要性。他因之总结道："观农耕时代之所以成，则知其社会之已具也。"由此可见，欲望—争斗—建立社会的逻辑有助于章太炎接受人兽之别在有"将来"之观念。然而，章太炎对欲望的理解类似于霍布斯所阐发的，人远远不像动物那样，"只顾眼前的饥饿，他也展望未来的饥饿，所以他是最掠夺成性、最狡诈、最凶猛、最危险的动物"。[1] 这也是沃德所分析的身体性、世俗化的恐惧或希望之情感。

第二，岸本不仅在过去、现在、未来的时间观念中讨论欲望，并且将人类社会置诸过去、现在、未来的阔大宇宙图景和历史意识之中。章太炎因之叹服该书，"不凝滞于物质，穷极往逝，而将有所见于方来"。[2] 既有的佛教知识，现实中的儒教改革论者，以及结合斯宾塞社会进化观念与基督教宗教感觉的日本社会学家，各方表述杂错交叠。历史与现实多重文化现象的推动令章太炎体认到，辽远而抽象的"将来之观念"指涉的是宗教感觉，亦是世间林林总总的宗教取向得以存在的依据。在宗教心理学的学理和革命欲求的双重作用下，他承认，岸本以未来为"黄金时代"的主张在改造社会中拥

---

[1] 列奥·施特劳斯：《霍布斯的政治哲学》，申彤译，译林出版社，2001，第10页。岸本能武太的《社会学》也提到了霍布斯，原文用的假名是"ホッブス"（1896年、197页），章太炎译为"赫柏斯"。《章太炎全集·译文集》，第113页。但岸本只笼统提及霍布斯倡导民约说，对他的学说并无深入分析。同时期浮田和民对霍布斯学说有较准确归纳，章太炎很可能阅读过该书。浮田和民『社會學講義』帝國教育會編、開發社、1901年、193-194页。

[2] 章太炎：《〈社会学〉自序》，《章太炎全集·译文集》，第45页。

有价值。

原作一段文字涉及社会学之于社会改革的意义，章太炎译作进行了调整。下面就从这里展开讨论。

> 原文为：たとへば将来の政治的改革者たらんものは決して一時の利益に眩惑して、百年千年の大計を過つが如き改革を爲すべからず。又之が爲めに教育宗教其他の事業が永久に損害を蒙むるが如き恐れあらば、如何に政治の爲めには便益なるにもせよ、此種の改革は断然之を放擲するの覺悟なかるべからず。而して此の見識と勇氣とは何處に於て之を求め得べきや。社會全躰の現象を総合的に研究し、又過去現在将來を一貫する社會の趨勢を研究する社會學は、正さに此の場合に於て全局の智識と将來の豫算とに關し必要なる扶助を與ふるものにして、是れ改革事業に對する社會學の利益に外ならざるなり。①

> 章太炎译文：凡改革政治者，毋眩于一时之近效，而当思千百年之长计也。其有贻害于教育、宗教及其他事业者，虽于政治有利，毋见小而轻动也。夫欲具此识力，当以何道求之？非研究社会全体之现象，与三世（谓过去现在未来）社会之趋势者，孰能以通识长算辅助此乎？此研究社会学之有益于改革事业者，又较然可知也。②

译文意义传达基本到位，只是将原作"研究过去现在将来一贯的社会趋势的社会学"（過去現在将來を一貫する社會の趨勢を研究す

---

① 岸本能武太講述『社會學』、1896 年、49 頁。
② 此为岸本《社会学》的章太炎译文，《章太炎全集·译文集》，第 68 页。原文"谓过去现在未来"用的是小字，而非括号。

る社會學），修改为研究"三世（谓过去现在未来）社会之趋势者"。原作的"过去现在未来"反而成为译作所添加的"三世"之说明语。

将"三世"解释为过去、现在、未来，本是佛教的常识。《魏书·释老志》即曰："浮屠正号曰佛陀，……凡其经旨，大抵言生生之类，皆因行业而起。有过去、当今、未来，历三世。"① 马礼逊1822年出版的《英华字典》称"过去现在未来谓之三世"，② 也都是遵循佛教的一般习惯。章太炎此前已涉猎众多佛经，③ 他在这里当然是直接援用佛教知识。然而，章太炎译文特为列出"三世"，内心的对话对象其实是正大力宣传《春秋》公羊学据乱世（拨乱世）、升平世、太平世"三世"之说的康有为、梁启超师徒。④ 康有为戊戌时期的《孔子改制考》就以孔子"为大地教主"，"据乱而立三世之法"。⑤ 章太炎彼时对康党的孔教主张颇不以为然，谓其为"病狂语"⑥，坦言与康有为有"左氏、公羊门户师法之间"⑦ 不可弥合的学术分歧。章太炎1902年旅日，寓居新民丛报馆，与梁启超一起涉猎明治西学。《新民丛报》刊登梁启超的《新史学·史学之界说》，称："《春秋》家言，有三统，有三世，……三世者，进化之象也；

① 《魏书》，中华书局，1974，第3026页。
② 马礼逊原文为"Past, present, and to come, called three ages, 过去现在未来谓之三世。"Robert Morrison, *A Dictionary of the Chinese Language*, part Ⅲ（Macao: The Honorable East India Company's Press, 1822），p. 313.
③ 参阅陈继东《从〈訄书〉初刻本（一九〇〇）看章炳麟的早期佛教认识》，《言语·文化·社会》第7号，2009年3月。
④ 对康有为、梁启超"三世"说的整理，参阅茅海建《论戊戌变法期间康有为梁启超的政治思想与政策设计》，《中国文化》2017年第1、2期。
⑤ 康有为：《孔子改制考》，姜义华、张荣华编校《康有为全集》第3集，第3页。
⑥ 章太炎：《与谭献》（1897年4月20日），《章太炎全集·书信集》，第14页。
⑦ 章太炎：《〈康氏复书〉识语》，《台湾日日新报》1899年1月13日，汉文第3版。

所谓据乱、升平、太平，与世渐进是也。"① 康有为的《孟子微》谓：
"孔子立三世，有拨乱、有升平、有太平。"② 章太炎翻译岸本的《社
会学》时，日常所要面对的，正是儒教改革论者康、梁的三世说。

章太炎以"过去、现在、未来"释"三世"，意在戏谑康梁"据
乱、升平、太平"的三世说既不得佛典原义，又不明社会进化本旨。
这层意思，章太炎从日本归国后撰写的《尊史》有明白阐发："世儒
或憙言三世，以明进化。察《公羊》所说，则据乱、升平、大平，
于一代而已矣。礼俗革变，械器迁讹，诚弗能一代尽之。《公羊》三
统指三代，三世指一代。三统文质迭变，如连环也。三世自乱进平，
如发镞也。二者本异，妄人多捃为一。"③ 章太炎指出，《春秋公羊
传》据乱、升平、太平指涉的是一代之内的事情，④ 而"进化"所涉

---

① 中国之新民：《新史学·史学之界说》，《新民丛报》第 3 号，1902 年 3 月 10 日，
  第 59 页。
② 明夷：《孟子微》，《新民丛报》第 10 号，1902 年 6 月 20 日，第 37 页。
③ 章太炎：《尊史》，《章太炎全集·〈訄书〉重订本》，第 324 页。
④ 按：《春秋公羊传》中还没有据乱（衰乱）、升平、太平的三世说。《春秋·成公
  十五年》的经文有："叔孙侨如会晋士燮、齐高无咎、宋华元、卫孙林父、郑公
  子鰌、邾娄人，会吴于锺离。"《公羊传》对此经文进行解释，称："曷为殊会吴？
  外吴也。曷为外也？《春秋》内其国而外诸夏，内诸夏而外夷狄。王者欲一乎天
  下，曷为以外内之辞言之？言自近者始也。"十三经注疏整理委员会整理《春秋
  公羊传注疏》，北京大学出版社，2000，第 462~463 页。"内其国而外诸夏，内诸
  夏而外夷狄"，就是内外异辞说。汉代何休将《公羊传》上述的内外异辞说发展
  为从衰乱、升平到太平的三世说。何休就《春秋·隐公元年》之《公羊传》，作
  《解诂》曰："于所传闻之世，见治起于衰乱之中，用心尚麤粗，故内其国而外诸
  夏，先详内而后治外，录大略小，内小恶书，外小恶不书，大国有大夫，小国略
  称人，内离会书、外离会不书是也。于所闻之世，见治升平，内诸夏而外夷狄，
  书外离会，小国有大夫，宣十一年'秋，晋侯会狄于攒函'，襄二十三年'邾娄
  鼻我来奔'是也。至所见之世，著治太平，夷狄进至于爵，天下远近大小若一。"
  《春秋公羊传注疏》，第 31~32 页。章太炎的意思应该是，如果把何休衰乱、升
  平、太平的三世，返回到《公羊传》"内其国而外诸夏，内诸夏而外夷狄"的
  本文，那么只是共时状态下"一代"之内的事情。至于"三统"说，章太炎在
  《春秋左传读》（1891~1896）中就引用刘歆的说法，称"（夏、商、周）三代各
  据一统，明三统常合而迭为首"。《章太炎全集·春秋左传读》，上海人民出版社，
  2014，第 48 页。

及的"礼俗革变,械器迁讹"仅一代的时间是完不成的。"妄人"(康梁)混淆了指"三代"的"三统"与指"一代"的"三世",以附会进化学说,从而为具有宗教倾向的儒教改革理论搭建指向辽远未来的"太平世"憧憬。

岸本能武太追随斯宾塞、沃德,以进化为万物之大法。"過去現在將來を一貫する社會の趨勢を研究する社會學"一句,就全书氛围而言,"过去现在将来"当然指向他要解析的"进化"。岸本在1900年修订《社会学》时,将此句修改为"又過去現在將來を一貫する社會進化の原則を究究する社會學は"①(参考译文:研究过去、现在、将来一贯的社会进化原则的社会学)。他更加挑明,所谓的"过去、现在、将来一贯的社会趋势"就是"社会进化的原则"。事实上,从同质性(homogeneous)向异质性(heterogeneous)的转化才是斯宾塞对"进化"法则的明确界说。②对于社会来说,进化意味着社会职能的不断分化。将社会进化的大法简单处理成"过去、现在、未来的一贯趋势",这并非斯宾塞本义,而是彼时具有基督教背景的日本社会学家的操作。岸本能武太的"共谋"者包括浮田和民。

浮田和民早年就读于熊本洋学校,并受洗成为基督教新教信徒。他与岸本有太多交集——毕业于同志社英学校(1879),美国留学(1892~1894年在耶鲁大学学习历史学与政治学),(1897年开始)任东京专门学校、早稻田大学教师。他们是校友兼同事,彼此熟识,知识与信仰背景高度相似。梁启超新史学颇参据浮田和民在东京专门

---

① 岸本能武太『社會學』、1900年、45頁。

② Herbert Spencer, "Progress: Its Law and Cause," in Spencer, *Essays*, Vol. I (1868), p. 22.

学校的讲义《史学原论》《西洋上古史》。① 章太炎致信梁启超，评价东人的"《史学原论》，及亚细亚、印度等史，或反于修史有益"，② 说明他关注浮田和民的著述。事实上，1901 年浮田和民还出版了《社会学讲义》。浮田和民的《社会学讲义》涉及斯宾塞、沃德等诸家学说，其分析社会学与社会相关诸学的关系，以社会学为终极的科学等，都可与岸本能武太的《社会学》互证。有差别的是，岸本几乎不涉及历史学的任何问题，他所列与社会学相关的社会诸科学是道德学、政治学、经济学。浮田和民则颇为关心历史学，他讨论的与社会学相关的社会诸科学包括政治学、经济学、法律学、历史学、教育学。1902 年，章太炎"酷暑无事，日读各种社会学书"，③ 最后虽选择翻译岸本的《社会学》，但浮田的《社会学讲义》亦在他的涉猎范围。

浮田和民通俗化演绎了斯宾塞的观点，解析了社会学与历史学的关系。斯宾塞认为，社会学的对象乃是"社会所经历的结构和功能变化的秩序"（an order among those structural and functional changes which societies pass through），④ 而"只有可以叫做描述的社会学的那种历史"，才是唯一有实际价值的历史；历史学家能完成的最高任务，在于"叙述一些国家的生活来供给比较社会学的资料"，以助

---

① 关于浮田和民的《史学原论》（《史学通论》）与梁启超新史学的关系，参阅蒋俊《梁启超早期史学思想与浮田和民的〈史学通论〉》（《文史哲》1993 年第 5 期）、尚小明《论浮田和民〈史学通论〉与梁启超新史学思想的关系》（《史学月刊》2003 年第 5 期）、邬国义《梁启超新史学思想探源》（浮田和民讲述《史学通论四种合刊》，李浩生等译，华东师范大学出版社，2006）。另外，石川祯浩的《梁启超与文明的视点》（收入狭间直树编《梁启超·明治日本·西方：日本京都大学人文科学研究所共同研究报告》，社会科学文献出版社，2001）也涉及浮田和民与梁启超的思想关联。
② 《章太炎来简》，《新民丛报》第 13 号，1902 年 8 月 4 日，第 58 页。
③ 《章太炎来简》，《新民丛报》第 13 号，1902 年 8 月 4 日，第 57 页。
④ Spencer, *The Study of Sociology*, p. 71.

于"找出社会现象所遵守的根本规律"。① 浮田和民据此指出，社会学成立之后的历史学是一门隶属于社会学的学问，其目的是"研究社会进化的顺序及法则"；② 有价值的历史事实乃是"能生长、能发达、能进化之事实"，"能联络过去、现在、将来之事实"。③ 斯宾塞试图从所有特殊的历史中概括出一般性的社会法则，体现某种"反历史的偏见"。④ 这种思路影响了浮田和民，又通过浮田影响了中国的新史学。⑤ 然而，斯宾塞原著中并未出现"联络过去、现在、将来之事实"的表述。"将来"没有发生，何来事实？浮田和民的说法难免令人产生疑惑。梁启超正是有这样的疑惑，才将浮田和民的话改造为"历史者，以过去之进化，导未来之进化"。历史最多是根据过去之进化总结公理公例，"将以施诸实用"，"将以贻诸来者"。⑥

对岸本能武太、浮田和民来说，与其说"将来"已是事实，不

---

① Herbert Spencer, "What Knowledge is of Most Worth?" in *Essays on Education and Kindred Subjects*, Introduction by Charles W. Eliot (London: Dent, 1911), p. 29. 中文翻译参阅赫·斯宾塞《斯宾塞教育论著选》，胡毅、王承绪译，人民教育出版社，2005，第 31~32 页。

② 浮田和民『社會學講義』、33 頁。

③ 浮田和民『史學原論』東京專門學校藏版、1900 年、23 頁。原文为"特に歷史の事實の特色は生長、發達、進化する所の事實なるに在り。過去、現在、將來を連結する所の事實なるに在り。"译文参考了浮田和民讲述《史学通论》，李浩生译，浮田和民讲述《史学通论四种合刊》，第 61 页。

④ J. D. Y. Peel, *Herbert Spencer, The Evolution of a Sociologist* (Aldershot: Gregg Revivals, 1971, 1992), p. 158.

⑤ 梁启超新史学对浮田和民的借鉴，如前所述已有不少研究成果。然而，浮田和民的史学观念（如《史学原论》）根本于他的社会学观念（如《社会学讲义》），而他的社会学观念又有对斯宾塞社会学说的继承和调整。怎样从社会学出发来认识浮田对梁启超新史学的影响，是可以继续展开的问题，此其一。其二，章太炎的史学观念也受到浮田和民《史学原论》的影响，从而间接受到斯宾塞社会学说的影响。他不同时期对"邻家生猫"学说的反应就是典型的例子，这个问题未来也可以展开讨论。

⑥ 中国之新民：《新史学·史学之界说》，《新民丛报》第 3 号，1902 年 3 月 10 日，第 63 页。

如说他们相信"将来"所指向的"未来之幸福""黄金时代"必会成为事实。这就体现了他们身上的宗教品格。并且，他们将宗教信仰与社会进化学说相捆绑。岸本的《社会学》谓："以今视昔，则今优于昔；以后视今，则后必优于今；是故黄金时代，吾不为盲昧者之求于既往，而有所望于将来。"① 浮田的《社会学讲义》说："宗教的结果是追求未来之救。"② 明治三十年代后，日本逐渐进入了精神烦闷期。岸本和浮田都倡导发挥宗教的功能，将适度的改革而非破坏性的革命作为应对社会危机的方式。针对"死为极乐，生为至悲"的厌世论调，岸本指出，"忿嫉时俗，痛思社会改革者"的厌世其实可谓"乐天"，"彼虽谓黄金时代不可再见于今，其心犹有所豫期焉"。③ 浮田明言，宗教的社会作用表现在"相信未来之幸福，可以防止革命的激发"，"改善社会"不可缺"现世的宗教"。④

除了浮田和民，从日本摄取的其他知识也帮助章太炎理解岸本寄予在"未来"之中的宗教倾向。其一是岸本好友、宗教学家姉崎正治的《宗教学概论》《上世印度宗教史》等著述，章太炎将其中大量文段摘引到《訄书》重订本《原教》（上）、《通谶》诸篇。通过姉崎正治的著述，章太炎认识到，宗教的本质是人意志的自我扩张，由于人类拥有于有限中追求无限的天性，"宗教者人类特性之一端"。⑤《宗教学概论》分析宗教心理学，指出"热情憧憬，动生人最大之欲求"；不少文明都有遥指未来幸福的"宗教观念之豫言"，作为一种理想驱动人类的活动，从而掀动现实。⑥ 章太炎很快将知识融通，建

---

① 此为岸本《社会学》的章太炎译文，《章太炎全集·译文集》，第146页。
② 浮田和民『社會學講義』、72页。
③ 此为岸本《社会学》的章太炎译文，《章太炎全集·译文集》，第145、146页。
④ 浮田和民『社會學講義』、71、72页。
⑤ 章太炎：《原教》（上），《章太炎全集·〈訄书〉重订本》，第286页。
⑥ 原文出自姉崎正治『宗教學概論』『姉崎正治著作集』第6卷、65-66页。译文出自章太炎《通谶》，《章太炎全集·〈訄书〉重订本》，第164页。

立类比关系，认为中国文化中的"谶纬"和岸本能武太预期中的"黄金时代"都是宗教观念之预言。《易·系辞上》曰："神以知来，知以藏往。"① 《訄书》重订本《通谶》篇将此言衍生为"史者为藏往，谶者为知来"，并称纬书"豫言来事，征验实众"。② 章太炎的《〈社会学〉自序》批评过往的社会学"藏往则优，而匮于知来"，岸本著作的优点恰是"穷极往逝，而将有所见于方来"。③ 彼时，包括章太炎在内的革命家，蔡元培、陶成章等人都颇为关注宗教在革命过程中凝聚人心、动员群众的价值，并将联络多少具有宗教性质的会党作为革命的策略。其二，章太炎和梁启超几乎同时阅读了角田柳作翻译的英国社会学家本杰明·基德的《社会之进化》。基德重视宗教在社会进化中的作用。梁启超阅读后更得出结论："进化之义，在造出未来，其过去及现在，不过一过渡之方便法门。"④

　　然而，不同于岸本能武太炽热信仰宗教，章太炎始终用功利眼光来认识现实中宗教的功用，并且以警戒、观望的心态来看待教会。两者的差异也体现在章太炎对岸本《社会学》教会改造部分的翻译。

　　《社会学》原文为：さらば將來の教會は如何なる性質のものにして、如何なる任務を社會に對して盡くすべきや。教會は單に禮拜祈禱の場處たるべき乎。將た又た人民の精神的修養の場處たるべき乎。啻に社會改良の動機を形造るのみならず、道德涵養の源泉を形造るのみならず、博愛慈善の中心を形造るの

---

① 十三经注疏整理委员会整理《周易正义》，北京大学出版社，2000，第338页。
② 章太炎：《通谶》，《章太炎全集·〈訄书〉重订本》，第163页。
③ 章太炎：《〈社会学〉自序》，《章太炎全集·译文集》，第45页。
④ 中国之新民：《进化论革命者颉德之学说》，《新民丛报》第18号，1902年10月16日，第26页。

みならず進んで凡ての人々をして天命を知りて生死に安心を得
せしめ、且つ真善美の理想に向って愈々接近發達せしむるもの
となるべし。①

　　章太炎译文：若其对于社会之任务，则不当以诵赞祈祷而
止，必为人修养道义，形造善心，然后足以自植。不然，有识者
将鄙之矣。②

　　岸本逐层递进，分析将来教会之性质及其在社会中所承担的任
务。即其不单是礼拜祈祷、人民精神修养的场所，还是形造社会改良
的动机、道德涵养的源泉、博爱慈善的中心。它还应使人人知天命、
安生死，并且越发接近真善美的理想（進んで凡ての人々をして天
命を知りて生死に安心を得せしめ、且つ真善美の理想に向って愈々
接近發達せしむるものとなるべし）。章太炎的翻译到第二个层次
"不仅……"就戛然而止了。岸本对教会使人人知天命的最高期许这
句话（画波浪线处），章太炎没有翻译。并且，译文还退一步说，如
果教会做不到"为人修养道义，形造善心"，它就不足以自植，也将
被有识者鄙薄。岸本的原文中并没有"然后足以自植。不然，有识
者将鄙之矣"，也没有类似的意思。章太炎添加这句话，体现的是他
本人对教会的警戒立场。

四　章太炎理解岸本能武太命题的增益与转调

　　从1902年阅读、译介岸本的《社会学》，接受人兽之别在"有
过去、未来之念"，到1908年发表在《民报》上的《驳中国用万国
新语说》等作品再次陈述这一命题，时间跨度达6年。章太炎1903~

---

① 　岸本能武太講述『社會學』、1896年、375—376頁。
② 　此为岸本《社会学》的章太炎译文，《章太炎全集·译文集》，第155页。

1906 年入狱期间更是经历了学术生涯"转俗成真"——从笃信荀学到"达大乘深趣"①，由儒入佛的关键转型。除了唯识佛学，在日本传播的、以叔本华为代表的德国形而上学亦构成了其思想转型的催化剂。知识语境的整个更新，意味着章太炎的人兽之辨并非单纯重复岸本能武太的判断，而是赋予了这个命题别样的理解框架，增益了其内涵。与此同时，"过去"和"未来"之念，在章太炎那里有此长彼消、一起一伏的趋势。一方面，他揭露寄寓未来的黄金世界以求幸福与愉乐，属于更加偏执的虚妄；另一方面，"过去"所指向的历史记忆"激动感情，不入空漠"，② 有利于建立民族的自觉心，乃是革命时期的章太炎着意经营的领域。在与岸本能武太对话的同时，章太炎实现了对人兽之辨命题的转调。

章太炎的主观唯心论受到了唯识佛学与西洋哲学的交互熏染。他借鉴姊崎正治的《上世印度宗教史》，以"原型观念"来诠释阿赖耶识就是两种知识交汇的明显表征。③ 姊崎正治说："根本的阿黎耶识作为一切法之所依，乃含蓄一切现象的种子即原型观念的执持（Adâna）。即此等原型种子依意识（Manas）而呈现分别认识，其妄念熏习能开发差别影像，现五感之境与智。其中又观因缘所生的依他起性，或又生遍计倒见之执着，兹成生死之界。"④《建立宗教论》承接此一论述，谓"此概念法尘，非由彼外故生，由此阿赖耶识原型

① 章太炎:《菿汉微言》，章太炎:《菿汉三言》，第 60、61 页。
② 《本社特别广告（二）》，《民报》第 19 号，1908 年 2 月 25 日。
③ 小林武首先发现章太炎文章中屡次出现的"原型观念"来自姊崎正治的《上世印度宗教史》。小林武『章炳麟と明治思潮：もう一つの近代』、175 页。
④ 原文为"即根本なる阿黎耶識は一切法の所依にして、一切現象の種子即原型觀念を含蓄せる執持（Adâna）なり。即此等原型種子は意識（Manas）に依りて分別認識を呈し、其妄念薰習は能く差別影像を開發して五感の境と智とを現じ。其中には又因緣所生なる依他起性を觀じ、或は又偏計倒見の執着を生じ、兹に生死の界を成す。"姊崎正治『上世印度宗教史』博文館、1900 年、261 頁。

观念而生"；①《四惑论》《齐物论释》亦均有所发挥。② 正如宋教仁1906 年观察到的那样，章太炎出狱后，"甚主张精神万能之说"，"以为万事万物皆本无者，自我心之一念以为有之，始乃有之矣。所谓物质的，亦不过此之一念中以为有此物质，始乃有之耳"。③《民报》所刊其《建立宗教论》《五无论》《四惑论》等文反复论述，"世界本无"④"宇宙本非实有"⑤，森罗万象的物质世界只是"阿赖耶识"这一本体幻出的世界，是心中之幻象。据此，章太炎根本否定了进化论的宇宙观，否定了其所解析的宇宙与人的由来，意即原子微粒的运动积为地球和恒星世界，"自毛奈伦极微之物，更互相生，以至人类"。⑥ 章太炎说："所谓进者，本由根识迷妄所成，而非实有此进。……有机物界，世见其进化之幻象也。而无机物界，并此幻象亦不可睹。"⑦ 既然物质宇宙乃心之幻象，那么由人自动物进化而来所衍生出来的人兽之辨命题就必须拥有一个新的讨论前提。对章太炎而言，该命题只能在"依他幻有""随顺进化"的层面上进行讨论。

"随顺进化"是理解革命时期的章太炎在认识与实践，在唯识佛学幽邃的玄理与革命行动即刻的要求之间，反复措意又进退有据的关键概念。在这一概念的内外两侧，章太炎安顿了圆成实自的真如与依

① 太炎：《建立宗教论》，《民报》第 9 号，1906 年 11 月 15 日，第 11 页。
② 《四惑论》中有"此理者，非有自性，非宇宙间独存之物，待人之原型观念应于事物而成"。《民报》第 22 号，1908 年 7 月 10 日，第 1 页。《齐物论释》中有"天籁喻藏识中种子，晚世或名原型观念，非独笼罩名言，亦是相之本质，故曰吹万不同。使其自己者，谓依止藏识，乃有意根，自执藏识而我之也"。《章太炎全集·齐物论释》，第 9 页。
③ 宋教仁：《我之历史》，陈旭麓主编《宋教仁集》，中华书局，1981，第 696 页。
④ 太炎：《五无论》，《民报》第 16 号，1907 年 9 月 25 日，第 9 页。
⑤ 太炎：《建立宗教论》，《民报》第 9 号，1906 年 11 月 15 日，第 16 页。
⑥ 太炎：《五无论》，《民报》第 16 号，1907 年 9 月 25 日，第 8 页。
⑦ 太炎：《四惑论》，《民报》第 22 号，1908 年 7 月 10 日，第 10 页。

他起自的幻象两个世界。就对宇宙的认知而言，一是"若外形气以为言，宇宙尚无，何有目的"；二是"若局形气以为言，清净染污，从吾志耳"，亦不必效忠于宇宙目的。所谓"局形气"，即在人智无涯之余，又真切体验到"为空间、时间所限"的肉身之存在感。它在有形气的世界中依然要服从进化的自然法则，对现实生活的安排便只能"以随顺有边为初阶"。① 面对意欲盲动之下善与恶、苦与乐纠葛无垠的世界，章太炎指出，有两派厌世观念："其一，决然引去，惟以出此世界为利，亦无余念及于众生，此佛家所谓钝性声闻，无有菩提种子者也。其一，以世界为沉浊，而欲求一清净殊胜之区，引彼众生，爰得其所，则不惮以身入此世界，以为接引众生之用，此其志在厌世，而其作用则不必纯为厌世。""早弃斯世"固然有大勇猛心，但章太炎的现实取向是第二派，即"随顺进化"，"于进化诸事类中，亦惟择其最合者而倡行之"，② 是"知一切法本来涅槃"，但"毕竟不入涅槃"。③ 章太炎自述，他区分两种厌世观乃是与哈特曼（Eduard Von Hartmann，章太炎译为"赫尔图门"）的《宗教哲学》对话的结果。其实，章太炎的选择颇受哈特曼所倡"具存一体教"（精神教）的影响，④ 因为他仍深爱着由"圆颅方趾之人群"所组成的"有情世间"。他强调有"度脱众生之念""不执一己为我，而以众生为我"的"我执"，是不容厌弃、不能断灭的。这就要求"以随顺法性，人人自证有我，不得举依他幻有之性，而一时顿空之也"。⑤ 普通人生命进程中感受到的"我"，"自婴儿堕地，已有顺违哀乐之情，乃至一期命尽，无一刹那而不执有我见"。在"随顺世俗以为言

---

① 太炎：《五无论》，《民报》第 16 号，1907 年 9 月 25 日，第 17、22 页。
② 太炎：《俱分进化论》，《民报》第 7 号，1906 年 9 月 5 日，第 12、13 页。
③ 章太炎：《章太炎全集·齐物论释》，第 67 页。
④ 相关问题，本书第三章将进行较详细讨论。
⑤ 太炎：《建立宗教论》，《民报》第 9 号，1906 年 11 月 15 日，第 19~21 页。

说之方便"的情况下，"我"是成立的。① 而以"随顺进化"为前提，人兽之辨的命题也就重新变得有意义了。

在翻译了岸本能武太的《社会学》之后，到《民报》诸文重述人兽之辨判断之前，目前所见章太炎所阅读的文献中明确提到将有无过去、未来观念作为区分人兽依据的，是森内政昌的《认识与实践、实在观念与理想观念》。《认识与实践、实在观念与理想观念》发表于东京帝国大学文科大学长井上哲次郎编辑的《哲学丛书》第 1 卷第 3 集（1900）。森内政昌彼时就读于东京大学。在这篇文章中，他综合了井上哲次郎在内诸多师长的观点。《国粹学报》1905 年刊载了章太炎的《读佛典杂记》，文中两次提到森内政昌的名字，并引用了《认识与实践、实在观念与理想观念》中的段落。在章太炎被囚禁于上海、思想上"转俗成真"的关键阶段，《读佛典杂记》是少有的能窥见他思想动态的作品。因此，森内政昌的文章对章太炎来说就显得尤为重要。②

森内政昌指出，从进化的历史来看，野蛮时代的原人"在知性上还未有区分过去与将来，而是跟从瞬时的情力活动来展开行动，可以说是'瞬时主义的时代'（Souveränität des Augenblickes），与下等兽类相距不远矣。然而，渐渐的，开始知晓过去与未来的关系，目前的快乐可能导致将来的苦恼，或今日的苦痛反过来输入将来的快乐。于是努力在自己的一生中完全情的活动，享有比

① 太炎：《人无我论》，《民报》第 11 号，1907 年 1 月 25 日，第 1 页。
② 小林武已经明确了章太炎的《读佛典杂记》所引森内原文的出处，但并未分析两位思想人物在人兽之辨观念上的交涉。小林武『章炳麟と明治思潮：もう一つの近代』、201 页。章太炎的《读佛典杂记》及他"转俗成真"时期与森内政昌以及井上哲次郎主编的《哲学丛书》的思想关系，本书第三章将进行详细讨论。这里集中谈森内文章与章太炎人兽之辨命题的关联。

较完全的快乐。这就可以称为'个人主义的时代'（Souveränität des Individuums）"。① 与此同时，森内还用"自觉（Selbstbewusstsein）的发现"来为过去、未来观念之所以能成为区分人兽的标尺进行了理论诠释。他指出，从生物学来看，下等动物的活动，劣等者是直接回应外来刺激，即所谓的"反射运动（Reflex Bewegungen）"，比如打喷嚏；渐渐发展到高等的鸟类、兽类，虽然拥有了比反射运动更进一步的"天性的活动（Instinktäusserungen）"，比如食欲及两性间的爱情，但也并没有自觉的活动；只有人类才具备左右自己行动的"自觉（Selbstbewusstsein）的发现"。人类不再盲从自然，而是如密尔（John Stuart Mill）所言，展开"自主、智性、冷静之功利主义（voluntary，knowingly and calmly Utilitarianism）"为特征的自由活动。② 换言之，具备过去、未来之念是人获得自觉、拥有自我意识的表征。章太炎的《驳中国用万国新语说》在论述人类与鸟兽之异时

① 原文为"野蠻時代の當初にありては知性は過去將來を區別するに至らず、瞬時々々の情力活動に從ふて行働し居たるものにして、之を'瞬時主義の時代'（Souveränität des Augenblickes）ともいふべく、下等獸類と相距る未だ遠からさるもの也、然るに漸く過去未來に於ける關係を知るに至りては、目前の快樂は將來の苦腦を來し、今日の苦痛は反へりて將來の快樂を輸たすを知るに及んでは自己の一生に於てその情的活動を完全にし、比較的完全なる快樂を享有せんことを求む、之を'個人主義の時代'（Souveränität des Individuums）といふ。"森内政昌「認識と實踐、實在觀念と理想觀念」『哲學叢書』第 1 卷第 3 集、集文閣、1901 年、838 頁。本节正文对原文德语引文的翻译，基本是把森内的日文汉字译词直接转换成汉语，原因是章太炎不懂德文，他是通过森内的汉字译词来进行理解的。下文也都如此处理。按照现代汉语，"Souveränität des Augenblickes" 可翻译为"瞬时主义的权威性"，"Souveränität des Individuums" 可翻译为"个人主义的权威性"。

② 原文分别为，"反射運動（Reflex Bewegungen）"，"天性的活動（Instinktäusserungen）"，"自覺（Selbstbewusstsein）の發現"，"ミルのいひけん如く、'有意的に、知的に且靜平'（voluntary，knowingly and calmly Utilitarianism）なるもの也故に之を自由的活動といふ"。森内政昌「認識と實踐、實在觀念と理想觀念」『哲學叢書』第 1 卷第 3 集、853-854 頁。根据现代汉语，"Instinktäusserungen" 可译为"天性的表现"，"Selbstbewusstsein" 可译为"自我意识"。

特别提到"瞬间",并将之对峙"过去、未来"。此即"若谓过去之念,当令扫除,是则未来之念,亦可遏绝,人生亦知此瞬间已耳,何为怀千岁之忧,而当营营于改良社会哉"。[1] "瞬间"在岸本原先的表述中未曾出现,但却体现在森内的论述中("瞬时")。并且,《印度人之论国粹》在论述"过去未来之念"以外,同时用"自觉心"来区分人兽,谓:"国所以立,在民族之自觉心,有是心,所以异于动物。"[2]《驳神我宪政说》甚至称,禽兽之所以劣于人类,要点还不在"未来之欲,过去之念",而是更本质的"少自觉心"。[3] 如此这般,均可见森内的论述对章太炎的启发。

森内的影响还不仅于此。《读佛典杂记》援引了《认识与实践、实在观念与理想观念》的段落。从中可以发现,森内政昌通过引介德国哲学解释了欲望的本质在"情力的活动",[4] 人生之目的并非满足欲望以获得愉乐与幸福等一系列问题。它们使岸本能武太的论断——欲望乃社会发展之原动力、人与非人动物之分殊,内涵愈加丰富。同时,此处埋伏下章太炎否定岸本能武太展望中的未来黄金时代、完具幸福的线索,开启了章太炎对人兽之辨命题转调的先声。

革命时期的章太炎思想"转俗成真",他衔接佛学与叔本华哲学。《俱分进化论》谓,索宾霍尔(叔本华)"以世界之成立,由于意欲盲动,而知识为之仆隶。盲动者,不识道途,惟以求乐为目的,追求无已。如捷足者之逐日月,乐不可得,而苦反因以愈多。然后此智识者,又为意欲之净臣,止其昌狂妄行,与之息影于荫下也。则厌

---

① 太炎:《驳中国用万国新语说》,《民报》第 21 号,1908 年 6 月 10 日,第 70 页。

② 太炎:《印度人之论国粹》,《民报》第 20 号,1908 年 4 月 25 日,第 35 页。

③ 太炎:《驳神我宪政说》,《民报》第 21 号,1908 年 6 月 10 日,第 41~42 页。

④ 森内政昌「認識と實踐、實在觀念と理想觀念」『哲學叢書』第 1 卷第 3 集、829-830 頁。

世观始起，而稍稍得望涅槃之门矣"；①《四惑论》称："若夫有机、无机二界，皆意志之表彰，而自迷其本体，则一切烦恼自此生。是故求清凉者，必在灭绝意志，而其道始于隐遁。"② 意志或曰欲望的盲动令世间成为苦海，也使一切寄予未来的黄金时代、完具幸福落空。

人兽之别固然在有无过去、未来之念。章太炎想说的是，在愈加抽象的未来之念中寄予愉乐与幸福只能招致更深的痛苦。欲壑与苦海的关系本是佛教一再申说的话题。苦，包括四苦、八苦、三苦诸种分类。即除生、老、病、死四苦外，还有爱别离苦、怨憎会苦、求不得苦、五盛阴苦，共计八苦；三苦指"依内苦、依外苦、依天苦"。苦觉的产生肇端于色声香味触所引发的人贪欲之心，"人具足受五欲时，蚊蚋所侵，则生苦觉；又如存百子乐，不如丧一子苦；夫尽世间上之妙乐具，无益于我秋毫，而只足以填苦壑，则人生之为苦聚可知"。③ 章太炎的创新在于，他以生物进化学说为背景，来解说人间的苦感与未来观念的关系。由此，他就实现了和岸本能武太《社会学》的对话。

章太炎的《俱分进化论》指出，进化的进程使得高等级的生物能体验的苦乐愈加增多。

第一是感觉器官的进化。"最初生物，若阿米巴，若毛奈伦，期于得食而止耳。视觉、听觉、嗅觉皆未形成，则所以取乐者少"，鱼类和鸟类亦不识人间的美色与乐音。乳哺动物越发进化后，随着五官的逐渐完具，蝯、狙或许能感受"幼眇之音，姝丽之色，芳泽之气"，但苦乐之量相比于人都略小。④ 人类感官的敏锐令其对苦乐的

---

① 太炎：《俱分进化论》，《民报》第 7 号，1906 年 9 月 5 日，第 1 页。
② 太炎：《四惑论》，《民报》第 22 号，1908 年 7 月 10 日，第 5~6 页。章太炎在这段文字后还引用了两段叔本华的话来说明灭绝意志与涅槃的关系。
③ 太炎：《五无论》，《民报》第 16 号，1907 年 9 月 25 日，第 16 页。
④ 太炎：《俱分进化论》，《民报》第 7 号，1906 年 9 月 5 日，第 3~4 页。

体验都更深切。章太炎认为，正因如此，人间妇女的娩乳之苦大于犬羊。

第二是人类形成了独有的摄受观念。"摄受"乃是佛学用语，意指"摄取"，大体可与岸本《社会学》的"所有观念"相对应。在岸本看来，正是将来观念引发了贮蓄观念，从而产生了所有观念。章太炎用自己的话描述了同一个进程，称："人则非独有五官之乐也，其乐固可以恒久；自五官而外，其乐又有可以恒久者，于是摄受之念始成。"① 将乐恒久固定下来的意识，就是将来观念引发贮蓄及所有观念的原因。从此也可看出，虽然使用了不同的话语，岸本《社会学》中的关键问题始终萦绕于章太炎的脑海。章太炎同样根据由具体到抽象的趋势为欲望划分等级。最初是满足人"饱暖妃匹"之欲，"以形质现前为乐"的"衽席之情，床笫之乐，刍豢之味，裘帛之温"。其后有"出于形质以外"的思土地、思钱帛、思高官厚禄。土地钱帛、高官厚禄与快乐的关系是"间接"的，原本是人们为了"求乐之方便"，"有此而后饱暖妃匹之欲，可以无往不遂"。但是，人们逐渐把这些"间接"的东西当成了快乐本身，甚至为了它们而牺牲"饱暖妃匹之欲"。再后就是更加抽象的"名誉"之乐，为了名誉，人们甚至可以牺牲土地钱帛、高官厚禄。章太炎承认，这些逐步升级、越发出于形质的快乐是动物所不具备的。但是为了追求它们，人类的痛苦也渐次升级，从"奔走喘息、面目黎黑"的追求五官之欲，发展到"含垢忍辱""为外物所陵藉"去追逐土地钱帛、高官厚禄及世俗之名誉。最艰苦者，乃是追求最高的名誉——"道德、功业、学问之名誉"，以至于"杀身灭种，所不恤矣"的程度。②

在岸本能武太那里，"所有观念"产生之后，名誉、智识、道

① 太炎：《俱分进化论》，《民报》第 7 号，1906 年 9 月 5 日，第 4 页。
② 太炎：《俱分进化论》，《民报》第 7 号，1906 年 9 月 5 日，第 4~5 页。

德欲望的递增意味着人们将享受更大剂量的愉乐和幸福。章太炎完全推翻了这一设计，并且指出，人类痛苦的根源之一其实就在愈加抽象的未来之观念："思想愈精，利害较著，其思未来之乐愈审，其虑未来之苦亦愈审；例如火将焚栋，燕雀处堂，颜色不变；若在小儿，亦鲜危怖；其在成人，则望气而蹙然也。"[①] 前文提到，沃德的《动态社会学》揭示，辽远的"将来之观念"意味着恐惧（希望）的力量在驱动人的行为，而寄望于"黄金时代"事实上是错把痛苦当成了快乐。"将来之观念"恰似沃德植入岸本《社会学》理论城堡的"特洛伊木马"。有意思的是，章太炎在与岸本能武太对话的过程中，用佛教的话语剥掉了"特洛伊木马"的伪装，用"将来之观念"攻城拔寨，撕解岸本《社会学》"黄金时代""完具幸福"的虚妄。

事实上，章太炎不仅不满意具有强烈宗教指向的岸本《社会学》所勾勒的"黄金时代"和"完具幸福"，他也不认同如沃德世俗化取向的"社会学"那样，诉诸"劳动"（labor）以宰制自然、收获现世的幸福。《四惑论》批评以"劳动"为人之天性，"循其天性而谋进化"的观点，称："动者人之天性，劳者非人之天性。惟好动也，故其心掉举不安，乍动于此，辄弃而转动于彼，必无坚忍以就一事者。"[②] 总的来说，无论是世俗化如沃德，还是宗教性如岸本，受进化学说指导的"社会学"都将愉乐和幸福置诸或切近或辽远的未来。章太炎要排斥的，正是受进化学说所指导的"社会学"这种看似不容置疑的方向感。《俱分进化论》拎出了吉丁斯的《社会学》来进行批判。其文曰：

---

① 太炎：《俱分进化论》，《民报》第 7 号，1906 年 9 月 5 日，第 11 页。
② 太炎：《四惑论》，《民报》第 22 号，1908 年 7 月 10 日，第 12 页。

抑吾又读羯通哥斯之《社会学》矣，其说曰："凡彼乐受，先由轧轹。第一轧轹，惟是苦观，第二轧轹，始有乐观。"此谓苦不可厌，于苦受后，得有乐受继之而起也。不悟人之追求，固无极穷，方其乐时，虽知有乐，久之而其乐亦可厌矣，则必求一新乐以代其已谢者。于是第一轧轹之新苦，又必先于新乐而生，求乐无已，其得苦亦无已，后得之乐，果足与先受之苦相庚偿乎？况其所谓乐者，同时必有苦受与之方轧丽骖而进，是先受之苦为纯苦，而后得之乐，惟是苦乐相参也。然则进化之乐，又曷足欣美也哉？①

"羯通哥斯"指美国社会学家吉丁斯，章太炎之前译作"葛通哥斯"或"葛通古斯"。吉丁斯和沃德一样，是美国早期社会学的奠基人。他们均受到斯宾塞社会进化学说笼罩性的影响，但都试图反思斯宾塞的自由放任理念，并共同致力于"心理的进化主义"。② 吉丁斯在明治三十年代很有影响。章太炎 1902 年翻译岸本《社会学》的同时，也阅读了远藤隆吉所译吉丁斯的《社会学》[原作名为《社会学原理》（*The Principles of Sociology*）]，③ 并多次提及或援引该书。④

---

① 太炎：《俱分进化论》，《民报》第 7 号，1906 年 9 月 5 日，第 12~13 页。

② 关于吉丁斯、沃德及美国早期社会学整体的情况，请参阅 Mitchell, *A Hundred Years of Sociology*, p. 58；Daniel Breslau, "The American Spencerians: Theorizing a New Science," in *Sociology in America: A History*, p. 49。

③ 米國ギッヂングス著、文學博士元良勇次郎閲、文學士遠藤隆吉譯『社會學』東京專門學校出版部、1900 年。

④ 提及或援引的情况包括《〈社会学〉自序》（1902）提及"美人葛通哥斯之言"。《章太炎全集·译文集》，第 45 页。另外，《訄书》（重订本）《序种姓》上篇（1904）两次援引远藤隆吉所译吉丁斯的《社会学》，并译吉丁斯为"葛通古斯"。《章太炎全集·〈訄书〉重订本》，第 170、178 页。

《俱分进化论》引用的这段文字就出自远藤隆吉所译吉丁斯的《社会学》。① 吉丁斯的《社会学》第二编"社会的要素及构造"讨论了社会人口联合（association）过程中，"冲突"（conflict，远藤日译本作"轧轹"）发挥的作用。吉丁斯指出，冲突分为两种样式。"最初的冲突是征服。其势猛烈，至少会倾覆一方的独立运动，并扑灭其凝聚力。第二阶段的冲突是争斗。它相对比较温和。冲突者仅仅变动自己的运动及形态。进化开始于第一次的冲突，其结果是结合；进化完成于第二次的冲突，其结果是分化。"② 从无机物、宇宙星体到有机物的进化皆遵循二次冲突以实现结合与分化的规律。吉丁斯显然受到了斯宾塞进化观念的影响。③

吉丁斯所描绘的，也正是新大陆上崛起的移民国家美国，其社会人口联合从猛烈征服到温和争斗，从大结合到内部再分化的过程。吉丁斯颇显主观意愿地强调，美国由各具差别的社群逐渐走向了同一性的语言、思维方式和生活标准，④ 从第一阶段冲突的"苦"演变到第二阶段冲突的"乐"。这些诞生于美国的社群融合经验（或者愿景），对中国知识人章太炎来说很难不产生隔膜感。因为他既对明清易代时期的血腥暴力记忆深刻，又正经历着近代帝国主义扩张背景下弱小民

---

① 《俱分进化论》所引原文为"凡彼乐受，先由轧轹。第一轧轹，惟是苦观，第二轧轹，始有乐观。"对应的相关原文为"而して意識を生じ苦樂を感ず。苦は一次的軋轢に於ける損害に伴ひ又兩種の軋轢に於て皷奮の過ぎたるに伴ふ。樂は二次的軋轢の温和なる皷奮若くは之れより生ずる適應に伴ふ感覺なり。"米國ギッヂングス『社會學』、124 頁。

② Giddings, *The Principles of Sociology*, p. 101.

③ 此处斯宾塞对吉丁斯的影响主要表现在：第一，将宇宙自然的演进与社会的进化视为一体的过程；第二，斯宾塞描述进化（进步）的法则是"从同质性走向异质性"（the transformation of the homogeneous into the heterogeneous），吉丁斯将"进化"描述为从结合（integration）到分化（differentiation），即本于此。Herbert Spencer, "Progress: Its Law and Cause," in Spencer, *Essays*, Vol. I (1868), p. 3.

④ Giddings, *The Principles of Sociology*, p. 111.

族的屈辱。受斯宾塞影响的"社会学"对"未来"寄予了关于"乐"的承诺，在章太炎看来只能是遍计所执的虚妄。苦乐相参，甚至世间万苦才是他真实的体验。

《俱分进化论》是章太炎出狱后，初抵东京，除《演说录》（刊《民报》第6号）外，在《民报》上正式发表的第一篇论文。这说明，通过整合唯识佛学和叔本华哲学，他在理念上已经大体完成了对岸本能武太人兽之辨命题的增益与转调。《民报》上后此诸文，更多是在与思想对手论辩过程中，针对某些具体层面和特殊问题做进一步的论述和阐发。1907年6月，革命党内部的无政府主义派别在法国巴黎创刊《新世纪》。《新世纪》主张"革命所欲达之目的"，就是"行社会进化自然之公理"。[①] 他们也深信自己所追逐的无政府、无种界、无国界，"众生一切平等"的未来是一个至乐的世界。"含哺而嬉，鼓腹而游，无争无尤，无怨无竞，怡怡然四海皆春，熙熙然大同境象。"[②] 《新世纪》发表了署名"民"的文章《金钱》。作者读罢《俱分进化论》后，追问章太炎："世界社会，果终于双方并进，永无众生平等、世界极乐之日乎？若是，则世界社会之扰扰攘攘，日言进化何为哉？不如单简度日，善不进，恶不满，福不增，祸不盈，崇尚无为，优游山中而死可耳。何必竭体力，穷智识，废时日，绞脑髓，名为增幸造福，而实不啻助罪长恶哉。"[③] 这些质疑直戳本质。如果丧失了对美好未来的期待，如果未来和现在一样甚至远不如现在欢乐幸福，那么人活下去的动力是什么？如果人类的历史只是一代又一代周而复始地重蹈痛苦与罪恶的覆辙，那么人类这个物种存在的意义又何在？希望是光，光一旦消失，人将堕入虚无与颓废的深渊——

① 《新世纪之革命》，《新世纪》第1号，1907年6月22日，第1版。
② 《与友人书论新世纪》，《新世纪》第3号，1907年7月6日，第1版。
③ 民：《金钱》，《新世纪》第3号，1907年7月6日，第3版。

与其有为，不如无为；与其奔放，不如收摄。道德、秩序、美这些搭建在憧憬之上的筑物也将随之崩塌，人类文明将暗无天日。

《新世纪》所代表的无政府主义派别，是章太炎在革命派内部最大的思想对手。章太炎于《五无论》中提醒无政府主义者，由于人类种群居住在地球上冷暖、腴瘠、广狭不同的地带，这就决定了处于寒冷、贫瘠、狭小地域的人群，有掠夺温暖、丰腴与广袤土地上人群的取向。这种趋势与是否存在政府、国界并无直接关联。在帝国主义全球殖民扩张的时代，弱小民族国家的人民不仅触不到无政府、无种界的极乐未来，眼下还面临着吉丁斯所谓的人群联合中第一次"轧轹"，即征服所带来的深重苦难。比如欧洲诸国侵略印度以南，"一二农商规利远涉，召集亡命挟捕兽之器，以杀人而其地遂为所据有"；法国殖民统治越南，亦是课税杀伐并举。除了人身财产，征服对弱小民族造成的痛苦遍及社会文化的广大领域。现在畅想极乐未来的远景预期，侵略者一方这样讲固然是骗局。比如言无政府主义的俄人、法人正在侵蚀中国的北方和南方，"始创自由平等于己国之人，即实施最不自由平等于他国之人"。① 而受倾轧一方如此倡言，则属不顾同胞当下苦痛的帮凶。比如吴稚晖因主张万国新语，而要摧烧"汉土之文"。② 章太炎讥讽他："曷不曰今日欧洲之楼台苑囿，丽廔而精妍者，一切当摧烧使无余烬，以待美富种性之后人，建筑其黄金世界乎？"③ 根本上讲，章太炎对人性持悲观立场，因人性中"执我而起""纯是恶性"的好胜心④使恶永难消失，恶造成的人间苦难也不会灭亡，不会出现至乐纯善的未来。他反对一切悬置未来黄金时代

---

① 太炎：《五无论》，《民报》第16号，1907年9月25日，第5~7页。
② 燃料（吴稚晖）：《书驳中国用万国新语说后》，《新世纪》第57号，1908年7月25日，第15页。
③ 太炎：《规新世纪》，《民报》第24号，1908年10月10日，第62页。
④ 太炎：《俱分进化论》，《民报》第7号，1906年9月5日，第7页。

的宗教和政治意识形态。他的对手，除了吴稚晖代表的革命党内部无政府主义派别，还包括以太平大同世作为号召的以康有为代表的立宪改良派。章太炎总结康有为学派的"流毒"，乃是将三世说、谶纬之言、进化学说捆绑在一起，谓："康有为败，其学亦绝，然轻婿者多摭三统三世为名高，往往喜谶纬，诬典籍成事，外与进化之说相应。"① 《排满平议》批评："言幸福者，复与黄金时代之说同其迷罔。"② "同其迷罔"之"同"，勾连起岸本能武太、吉丁斯、吴稚晖、康有为等中外持不同政治、宗教立场的思想者。他们的"同"体现在充分利用人区分于非人动物的"未来之念"，通过创设极乐的幸福愿景，来进行现实政治或宗教行动的动员工作。

尽管如此，《新世纪》上《金钱》一文质疑《俱分进化论》，即章太炎消解对美好未来的期待，实际上也在轰毁人类行动意志和道德秩序的基石，是他必须直面的理论问题。从唯识佛学和叔本华哲学的立场来说，物质世界都是"阿赖耶识"这一本体幻出的世界，灭却意志、决然引去的确是返归真如，消除意欲盲动下苦乐纠葛的途径。然而从退一步"随顺进化"、对现实有所行动的层面上讲，在这个由人心幻化出的世界里，不冀望于未来，人们如何获得行为的驱动力及道德感的依据，这是章太炎需要解决的问题。章太炎认识到，人与非人动物的差别确在"有过去、未来之念"。然而，他特别警惕过度撩拨"未来之念"会扰乱、蛊惑人心。章太炎革命时期工作的重点，是岸本的《社会学》有提及却未尝展开的"过去之念"。在未来和过去之间，《印度人之论国粹》（1908）干脆只讲"过去之念"，称"人类所以殊于鸟兽者，惟其能识往事，有过去之念耳，国粹尽亡，

---

① 章太炎：《瑞安孙先生伤辞》（1910），《章太炎全集·太炎文录初编》，第231页。
② 太炎：《排满平议》，《民报》第21号，1908年6月10日，第1页。

不知百年以前事，人与犬马当何异哉?"①《驳中国用万国新语说》（1908）虽然两者并提，"人类所以异鸟兽者，正以其有过去、未来之念耳"，但也仅实际讨论了"过去之念"——"若谓过去之念，当令扫除，是则未来之念，亦可遏绝，人生亦知此瞬间已耳，何为怀千岁之忧，而当营营于改良社会哉?"②

　　章太炎将重心转移到"过去之念"。他首先分析了在激动人心、动员革命方面，"过去之念"可以发挥与"未来之念"相当的作用。《国家论》指出："人心所爱者，大半非实有。"人会喜爱幻象，如画中的白兔、青雀、林木、牛驹，甚或超过本物。画中风景毕竟"有接触于眼根者"，还拥有一定的现实对应。人具备知性的极致表现在于，相比于现实当下可触感者，人对几乎没有可触感性的纯粹的"虚空无有"拥有更多的爱恋——有"无现量，惟属过去未来，而人反乐念之者"。若妃匹、裘马、宫室、道具之好，"当其现受时，则亦寻常之愉快"，而"当其未得也，希望过甚，或舍生以求之；及其已丧也，恋着过甚，有忘形以殉之"。章太炎解释人为何对现在正有之境爱得微茫，却对已灭之过去、未生之未来的虚无空有之境爱得笃厚："人心本念念生灭，如长渠水，相续流注，能忆念其已谢灭，而渴望其未萌芽者，以心为量，令百事皆入矩矱之中，故所爱者亦非既在之正有，而在过去、未来之无有。"③《民报》时期的章太炎呼吁"用国粹激动种性，增进爱国的热肠"。④ 国粹就是关于"过去"的经验，并非如《新世纪》持无政府主义立场的革命党人所言："史传者，蒿里死人之遗事；文辞者，无益民用之浮

---

　　① 太炎：《印度人之论国粹》，《民报》第20号，1908年4月25日，第36页。
　　② 太炎：《驳中国用万国新语说》，《民报》第21号，1908年6月10日，第70页。
　　③ 太炎：《国家论》，《民报》第17号，1907年10月25日，第9~11页。
　　④ 太炎：《演说录》，《民报》第6号，1906年7月25日，第4页。

言。虽悉弃捐可也。"① 章太炎指出，对过去的眷恋和热爱所产生的驱使人们行动的能力，丝毫不亚于对未来的希望和憧憬。"史籍所载人物制度、地理风俗之类"，使人体会民族之可爱，进而产生守护家园的热情。用它们来灌溉，民族主义才会"蔚然以兴"。② "过去之念"所蕴含的热爱的情愫，同样可以构成人们"营营于改良社会"的动力。在这里，章太炎实则越过岸本能武太，遥相呼应了沃德的理念，即"总是具有客观目标的"（always objective）的"爱的情感"是一种重要的"社会力量"。③

和不少宗教宣传赏善罚恶、地狱天堂，诉诸人们对未来惩罚的恐惧来维系现世之道德不同，章太炎表示，"过去之念"亦能推动建立价值标准和道德轨范。在《印度人之论国粹》中，他以问答体的方式展开讨论。"有难者曰：国粹非一切可以为法，残贼作奸，具在史书国典，志之无益，徒蹂践人道耳。"换言之，历史上罪恶滔天、作奸犯科之事层出不穷，这些难道也是值得保存的国粹吗？章太炎的回答是："义有是非，取是舍非者，主观之分；事有细大，举大而不遗细者，客观之分。国粹诚未必皆是，抑其记载故言，情状具在，舍是非而征事迹，此于人道损益何与。"④

这里涉及逝去的事实与价值（义）之间的关联。怀特海对此问

---

① 这是章太炎在《驳中国用万国新语说》中对《新世纪》言论的总结。《民报》第21号，1908年6月10日，第70页。《新世纪》上确实有很多以国粹为"过去之陈迹"，"种种当在淘汰之列"的言论。反：《国粹之处分》，《新世纪》第44号，1908年4月25日，第1版。他们攻击好古崇旧的思想称："于科学大昌明时代，而好古者之保存国粹，为当今之急务，以狗屁不值之四书五经，而必编为教科书，吠影吠声之帝皇家谱历史，而必插入于课程中，吾诚不解其好古之成见何其深，而崇仰旧说若是之甚也。"民：《续好古之成见》，《新世纪》第28号，1908年1月4日，第3版。

② 太炎：《答铁铮》，《民报》第14号，1907年6月8日，第116页。

③ Ward, *Dynamic Sociology*, Vol. I, p. 676.

④ 太炎：《印度人之论国粹》，《民报》第20号，1908年4月25日，第35~36页。

题的研讨颇有助于理解章太炎的思路。怀特海指出，价值虽然有超越时空的特征，但是英雄的行为和可耻的行为，就其"英雄"感或"令人厌恶"感之由来而言，"都不取决于它发生的那一刹那（the exact second of time at which it occurs），除非时间的变化把它置身于一个不同的价值序列（a different sequence of values）中"。历史提供的是逝去的持续的时间中一个变化的世界，它包含了各种各样在"价值等级"（grades of value）不同位置上的事物，此之谓"国粹诚未必皆是，抑其记载故言，情状具在"。当一种高等级的价值被低等级的价值挫败时，恶就出现了。"过去之念"——记忆，使人类脱离了纯粹的物质性，因为"纯粹的物质世界没有向我们表明善或恶的概念"，"我们在其中不能觉察到价值等级的系统"。① 一个逝去的持续的时间中变化的世界（历史）则提供了这样的价值等级系统，供人们去鉴别和选择，所以章太炎说："主观、客观，部伍有异，故并行而不相灭也。"章太炎清醒地意识到，人类各种群的价值等级系统对品德的基本要求大致是相当的，此即"纯德琦行之士，无国无之"。然而，各民族在历史发展中也形成了自己在某些层面上特殊的价值序列和行为取向。如中国之所长，在"苦行艰贞，隐沦独善"，"若夫施之政治，行之社会，重农轻商之说，怀远御寇之方，多主均平，不使过直"；印度人则"于大地最为（谅）〔恺〕悌子谅，至今食不过炙卵，而肉羹则绝焉"。② 无论是建设普遍性的道德秩序，还是辨识具有民族特色的行为轨范，"过去之念"都发挥着不可替代的作用。

---

① Alfred North Whitehead, "Immortality" (1941), in *Essays in Science and Philosophy* (London: Rider and Company, 1948), pp. 62, 68. 中文译文参阅怀特海《科学与哲学论文集》，王启超、徐治立等译，首都师范大学出版社，2017，第72、80页。

② 太炎：《印度人之论国粹》，《民报》第20号，1908年4月25日，第36～37页。括号内文字据《章太炎全集·太炎文录初编》（第384页）改。

章太炎如此倾心于召唤"过去"，而非撩动"未来"，亦可以从他的学术立场来理解。作为"谨守朴学"①的清学传人，章太炎强调治学"重左证""戒妄牵"。②过去与未来虽然都是虚无空有之境，但从历史意识发挥的民族主义能够"激动感情，不入空漠"。佛法有遍计所执性、依他起性、圆成实性三性。在章太炎看来，依托于"未来之念"的宗教是一无凭依从空华中造出的幻象，属于妄有的遍计所执性。而建筑在"过去之念"上的历史可以归入依他起性，仍旧"唯物"。③所谓依他起性，"虽是幻有，要必依于真相；譬如长虹，虽非实物，亦必依于日光水气而后现形；此日光水气是真，此虹是幻"。④从口传的逸事、掌故，到载于竹帛的杂史、遗集、诗歌、小说，再到仍有痕迹的建筑、陵寝，这些现实可闻、可触、可观、可感的实体如同"日光水气"。过去的历史能够依托于它们而后"现形"，也就拥有了较为坚实的基础。

聚集于《国粹学报》《民报》的清末国粹派革命党人，致力于有选择地搜集、整理历史遗迹，来夯筑民族主义的基石。《民报》登载广告，要征集"明末佚事及清代掌故"，"宋季明季杂史遗集，下及诗歌小说之属"。⑤顾炎武"甄明音韵、纤悉寻求，而金石遗文、帝王陵寝亦靡不殚精考索，惟惧不究"，以"存诚之学"来"兴起幽情、感怀前德"，⑥其正是章太炎的榜样。然而，岸本能武太的《社会学》首先从生物进化的角度，将拥有过去与未来之念作为人区别于非人动物

① 章太炎：《菿汉微言》，章太炎：《菿汉三言》，第 60 页。
② 太炎：《定经师》，《民报》第 10 号，1906 年 12 月 20 日，第 77 页。
③ 章太炎在《国故论衡·辨性下》中说："计唯物者，虽不知圆成实性，犹据依他起性。"庞俊、郭诚永疏证《国故论衡疏证》，董婧宸校订，中华书局，2008，第 598 页。
④ 太炎：《人无我论》，《民报》第 11 号，1907 年 1 月 25 日，第 9 页。
⑤ 《本社特别广告（二）》，《民报》第 19 号，1908 年 2 月 25 日。
⑥ 太炎：《答梦庵》，《民报》第 21 号，1908 年 6 月 10 日，第 131 页。

的属性介绍给章太炎。之后，章太炎通过整合井上哲次郎一系所传播的德国形而上学与唯识佛学，实现了对岸本命题的升华。可以说，近代民族主义史学在追溯、建构自身历史谱系的同时，也通过融汇中、西、日多渠道的近代性思想来丰富它的理论内涵。一旦将《新世纪》撩动"未来"的实践也综合进来考察，图景会更加立体——革命思想家自觉认知并有意识地经营以生物、社会进化学说为依据的、对人兽之辨的理解，推动了清末的革命动员工作。《新世纪》《民报》分别代表革命派内部无政府主义和民族主义两种立场，共同撑开了这一认知的实践空间。

小结：解析人的本质以召唤生活的目的

从沃德的《动态社会学》到岸本能武太的《社会学》，再到章太炎译介岸本的《社会学》，章太炎接受人兽之辨在有无过去、未来之念，其实经历了一个越洋递演的过程。这一命题的越洋递演又伴随其内涵持续增殖，以及每一回合的授受两方在观念上的不懈博弈。

美国社会学家沃德基本上遵循了达尔文生物进化学说的本旨，把大脑发育所引动的跰行直立及清晰语言交流能力当作人与非人动物的分界点。沃德站在世俗化的进步立场，坚信人类通过"劳动"奋斗足以改造自然、满足欲求以收获现世的幸福。他批判宗教家展望黄金时代，错把痛苦当成了欢乐。沃德以"欲望为社会运动之下的根本动力"，通过强调个人激情在进步中的价值来拒绝斯宾塞的自由放任理念。日本上帝一位派的信徒岸本能武太接过沃德的核心理念，却将重点调整到分析"欲望由肉欲与将来之观念综合而成"。通过"将来之观念"，岸本改造了沃德对欲望的世俗化指涉，从而把沃德所放逐的宗教重新引入对人本质的理解。他以有无过去、未来观念作为标尺，事实上在生物进化学说的掩护下对沃德的人兽界域进行了第二次划线。岸本和具有基督教背景的日本社会学家浮田和民一起，将宗教信仰与社会进化学说相捆绑，把社会进化的大法简单处理成"过去、现在、未来的一贯趋势"。他们呼吁人们相信未来之幸福，以改良的方式来避免过激的革命。通过翻译岸本的《社会学》，章太炎接受了岸本对人兽之辨的判断，并且意识到投射美好憧憬的"将来之观念"是世间林林总总的宗教取向得以存在的依据。革命时期倾向于主观唯心论的章太炎，在"随顺进化"的立场上虽再次确认了岸本的命题，论述上却明显受到森内政昌的影响。章太炎结合唯识佛学和叔本华哲学来讨论欲望的盲动，解析人间的苦感与未来观念的关系，也解构了受进化学说指导的"社会学"朝向幸福的方向感。他逐渐将重心调整到经营"国粹"，对岸本仅有提到而未尝展开的"过去之念"及其驱动人类行为及建立价值秩序的方式进行了理论阐发和历史实践。

通过这三位思想家，我们仿佛看到了三个空间中各自的某些时代面影。沃德诠释了流行于 19 世纪中期美国的谚语"Root, hog, or die"（直译"刨食，野猪，否则死"，可意译为"自力更生"），以劳动改造自然的西部拓荒精神与世俗价值。岸本对信仰的坚守，对时代矛盾的隐忍折射出明治日本上升时期社会的空前压力。章太炎想要灭却意志以彻底脱离人间的苦海，但却必须有所行动来拯救有情世间的妇孺同胞，而这正是在悲凉中抗争的中国身影。

人兽之辨，亘古以来聚讼不决。即便本书主要涉及的思想家，言谈中也会夹杂传统道德情操层面或一般意义上多维度的人兽差别。[①]然而本书所讨论的是思想家借助诠释生物进化学说来界定究竟哪一步的实现，可以视作从动物演化而来的人"诞生"之标志。19 世纪中期以降，宇宙与生命皆是进化而来的观念日益深入人心。与进化论相

---

① 比如，章太炎在《五无论》中就从一般意义上说："人之异于禽兽者，在其体力有差。"《民报》第 16 号，1907 年 9 月 25 日，第 13 页。

关的认识论与伦理学问题纷至沓来。无论是本章论述主轴上的沃德、岸本能武太、章太炎，还是从观念上或支撑或辅翼或对话或质疑他们的吉丁斯、浮田和民、哈特曼、井上哲次郎、森内政昌、康有为、梁启超、吴稚晖等，这些活跃在世纪之交的思想家都在面对人乃是镶嵌在物质宇宙中的一部分这个事实。生命既然如同宇宙中的微粒，"人者生物之一宗，……与动植诸品无或殊焉"，[①] 那么通过讨论人兽之界限挖掘原初意义上人的本质，实则在变相解析生活的目的。[②] 召唤出生活的目的，就意味着为处理各自现实的政治和社会问题奠定了根基。沃德强调激情在社会进步中的作用，已经在反思纯任自然的进化立场。来自基督教、佛教不同宗教背景的学者介入讨论，为这一问题添加了人类不同文明的斑斓色彩。相较而言，为抵御进化的物质宇宙观之侵蚀，章太炎构筑了更为牢靠的两道防波堤：第一道是根本否定物质世界的实存性，森罗万象都是人心的幻象；第二道乃是在"随顺进化"的立场上，和岸本能武太、森内政昌一样，确认"过去、未来之念"之于人的根本意义。这样的认识在 20 世纪中叶仍有回应。怀特海说，"宇宙是物质的这一命题，受到记忆和预期同比例的限制"，经验的基本要素表明"生命从这个无生命的、物质的星球中出现——即通过记忆和预期的逐渐出现——的可能性"。[③]

---

① 此处引文出自严复《天演论》导言十《择难》的正文部分，并非严复的按语。但考察赫胥黎的《进化论与伦理学》相对应的章节，原文中并没有出现这句话，而是严复归纳进化论学说后自己的总结。参阅汪征鲁等主编《严复全集》卷一，第100 页；Huxley, *Evolution & Ethics and Other Essays*, pp. 22–23。

② 比如，哈特曼的《宗教哲学》要解决从渐次进化的宇宙中如何解脱的问题。姉崎正治「翻譯序言」ハルトマン著、姉崎正治譯『宗教哲學』、26 頁。井上哲次郎批评进化论者没有说明人之所以成为人的原因，即是人类和其他动物相异的特色何在。井上哲次郎『明治哲學界の回顧』岩波書店、1933 年、77 頁。

③ 原文为 "Thus the universe is material in proportion to the restriction of memory and anticipation"；"the possibility of the emergence of Life from the lifeless material of this planet—namely, by the gradual emergence of memory and anticipation." Alfred North Whitehead, "Immortality" (1941), in *Essays in Science and Philosophy*, p. 70.

第三章

反思进化的物质宇宙观：章太炎
与以井上哲次郎为中心的东京哲学圈

　　哲学家井上哲次郎是近代日本思想史上的巨人。他是日本人中第一位哲学教授，自 1890 年留德归国到 1923 年一直担任（东京）帝国大学文科大学哲学教授，并于 1897~1904 年任帝国大学文科大学长。凡此间东大哲学、伦理学、心理学、美学、宗教学、教育学、社会学、国文学、中国及印度哲学、英文学、德文学各科的学生均受过他的影响；哲学家井上圆了、西田几多郎、桑木严翼等均是他的学生。作为日本近代学院哲学、伦理学的开拓者，他融合东西洋哲学，建构了"现象即实在论"的哲学观。[①] 在日本近代儒学史上，他亦"位居其首"，[②] 不仅开始以哲学立场研究日本儒学思想史，并且参与明治二十年代（1887~1897）重兴儒学的运动，力挽之前西化浪潮冲击之下的儒学颓势。其标志即是他 1891 年推出的《敕语衍义》。该书后经日本文部省审定，作为师范学校和中学教学用书进行推广，一向被认为是《教育敕语》具有半官方性质的解说书。他以儒学忠孝伦理

[①] 关于井上哲次郎的生平与思想，他本人有大量的自述可供参考，重要的几种包括井上哲次郎『明治哲學界の回顧』岩波書店、1933 年；井上哲次郎『懷旧錄』春秋社松柏館、1943 年；井上哲次郎『井上哲次郎自伝』富山房、1973 年。

[②] 引语参见卞崇道《论井上哲次郎儒学观》，《东疆学刊》2004 年第 3 期，第 8 页。中国学界早就有分析总结井上哲次郎哲学观的作品，比如方昌杰、朴昌昱《日本观念论哲学的形成与井上哲次郎》，《东方哲学研究》1979 年增刊第 1 期。

为核心建构国民道德论，辅翼天皇万世一系的日本国体。①

　　谈及井上哲次郎与近代中国思想的关系，此前往往循以下几条路径展开。一是关注他编著的多种修身教科书在中国的译介和运用情况，辨析其中新旧伦理的融汇与异同问题。如樊炳清1903年即翻译了井上的《新编伦理教科书》（1897），定名为《伦理教科书》出版；蔡元培的《中学修身教科书》（1907）及其修订版《（订正）中学修身教科书》（1912）则借鉴井上哲次郎参与编著的《新编伦理教科书》《中学修身教科书》（1902）两种德育教材；等等。② 二是在梁启超受明治日本影响的脉络中，爬梳井上哲次郎一系观念的冲击。如梁启超的《德育鉴》《节本明儒学案》《新民说·论私德》都留下了参考或阅读井上哲次郎《日本阳明学派之哲学》（1900）的痕迹；③ 梁启超《子墨子学说》的论述框架则取自高濑武次郎的《墨子哲学》。高濑是井上哲次郎的学生，包含《墨子哲学》的《杨墨哲学》（1902）一书几乎是高濑在为井上学说做代言。④

① 关于井上哲次郎的《敕语衍义》与明治儒学的意识形态特征，参阅刘岳兵主编《明治儒学与近代日本》（上海古籍出版社，2005）第二章"明治儒学的意识形态特征：以井上哲次郎为例"（作者为陈玮芬、严绍璗、卞崇道）。

② 参阅龚颖《蔡元培与井上哲次郎"本务论"思想比较研究——兼论中国近代义务论形成初期的相关问题》，《中国哲学史》2015年第1期；周晓霞《一种"思想资源"——井上哲次郎修身教科书在近代中国的受容》，刘岳兵主编《南开日本研究》，天津人民出版社，2017。

③ 参阅荻生茂博《幕末与明治时期的阳明学与明清思想史》，严绍璗、源了圆主编《中日文化交流史大系·思想卷》，浙江人民出版社，1996，第268~298页；狭间直树《关于梁启超称颂"王学"问题》，《历史研究》1998年第5期；李亚「梁啟超による『幕末の陽明学』の発見に関する一考察」『日本学研究』、2014年。

④ 参阅末冈宏《梁启超与日本的中国哲学研究》，狭间直树编《梁启超·明治日本·西方：日本京都大学人文科学研究所共同研究报告》。末冈宏在文中还提到，梁启超《子墨子学说》的附言涉及武士道精神的部分，是读了井上哲次郎发表在《太阳》杂志第10卷第14号的《时局杂感》后写的。《新民丛报》1904年第9号。此外，末冈宏指出，梁启超在《论中国学术思想变迁之大势》与《清代学术概论》中把清朝的考证学看成文艺复兴这个观点是从井上哲次郎的《日本古学派之哲学》（1902）得到的启示。末岡宏「梁啓超にとってのルネッサンス」『中国思想史研究』19号、1996年12月、265-287頁。

三是从"中国哲学"概念的诞生及接受近代"哲学"相关概念群的角度考察井上哲次郎的影响。井上哲次郎 1882 年底在东京大学讲授《东洋哲学史》以"中国哲学"为名来梳理中国传统思想，他泛哲学化的立场影响到陈黻宸、谢无量早期对"中国哲学史"的建构。而以《哲学字汇》在 1881 年的出版为标志，井上哲次郎翻译的诸如伦理学、美学、语言学等学科概念，以及世界观、人生观、大我、小我、绝对、人格等哲学术语在中国也产生了深远影响。[①] 然而就章太炎与明治思潮的关联，井上哲次郎甚至都还没有作为一个思考方向被纳入视野。[②] 这也导致对章太炎与明治思潮关联的理解存在某种结构性的缺憾，难以窥见许多案例背后的内在联动机制。

广泛意义上的西学东渐，特别是 19 世纪中期以降建立在科学革命和生物进化学说基础上的宇宙及人观念的传播，乃是撬动东亚思想版图的关键驱力。这一点在井上哲次郎和章太炎各自的思想发展历程上都能得到印证。然而，他们从主要接受以斯宾塞为代表的社会进化学说，过渡到糅合德国形而上学和东洋思想来重建观念体系和伦理依据，呈现出轨迹乃至细节上高度的相似性。特别是在章太炎"转俗成真"的思想转变过程中，深入阅读、援引过姊崎正治、井上圆了、森内政昌等井上哲次郎学生的作品。而研究者很少注意到，日本汉学家馆森鸿的札记《似而非笔》留下了井上哲次郎和章太炎在 1899 年彼此结识并有多次交流的记录。这就意味着，章太炎与井上哲次郎并不是两颗运行轨道相似的"孤星"，章太炎思想历程中很多看似偶然的遇合，大概率属于有意

---

① 参阅林美茂、常潇琳《井上哲次郎〈东洋哲学史〉与"中国哲学"的诞生》，《中国哲学史》2021 年第 3 期；林美茂《"哲学"的接受与"中国哲学"的诞生》，《哲学研究》2021 年第 4 期。

② 迄今无论是汤志钧的《乘桴新获：从戊戌到辛亥》、小林武的『章炳麟と明治思潮：もう一つの近代』、坂元弘子的《中国近代思想的"连锁"——以章太炎为中心》，还是近年来关于章太炎研究的各篇论文，都几乎没有处理章太炎与井上哲次郎思想的历史关系。

识的主动行为。他们所涉及的中文、日语、英语、德语几个语言圈人际交往、观念迎拒的复杂线索，更辐射出一幅繁星满天的思想地图。

进化学说揭示的宇宙本性（cosmic nature）与伦理本性（ethical nature）之间的冲突，① 在环球的同一个时空中呈现出普遍性；而各个文明的思想家所做解答又显露出差异性。章太炎与井上哲次郎不仅是思想史的历史主体（the historical subject），并且还是近代观念传播与生产的历史中介（the historical agency）。章太炎1898年之后思想的发展过程，受到以井上哲次郎为中心的东京哲学圈的强烈冲击和影响。对进化的物质宇宙观之反思，是这个跨越中日的知识群体的共同思想特征。与此同时，他们的思考又都紧紧吸附在各自国家建构与发展的关键时代问题上。他们面对欧化的巨大势能，在亚细亚主义"兴亚"的脉息中对东西洋文明的差异性和共同性进行重新定位。他们拾起新的"比较科学"的精神，反抗宗教领域的文明进化图示，发出东亚知识人的革命心声；他们思考个体参与革命或在强势国家权力中求生存时宗教的不同功用。他们的哲学都是应对民族精神危机和矛盾的实际力量。近代中日两国分别走向革命建国和建构天皇制绝对主义国家的不同道路。围绕"现象即实在论"，他们在认识论、伦理观和政治哲学上表现出的紧张与对峙，在某种意义上象征着两个民族的心智角力和道路对决。

第一节　章太炎与井上哲次郎的交往及跨越
欧亚的思想地图

一　并非两颗运行轨道相似的"孤星"

在外来学说的冲击下调整自身思想，井上哲次郎和章太炎的经验

---

① 这里用的是赫胥黎《进化论与伦理学》中的说法，参阅 Huxley, *Evolution & Ethics and Other Essays*, p. viii。

轨迹呈现高度的相似性。即他们都先是深受以达尔文、斯宾塞为主，由英语世界传入的生物和社会进化学说影响，随后又融合佛教和德国哲学来解决深层次的形而上学问题。只是从时间上讲，井上哲次郎远早于章太炎。

井上哲次郎曾对吴汝纶如是讲述自己精神上学问大起的过程："明治十五六年之顷，进化论始入我邦，而精神上之问题始起，同时基督教传来，博爱平等之说亦行，因讲究哲学。虽此后尚有世运之变，本于精神上之议论者为多。"[1] 井上哲次郎出生于福冈，他自小跟从汉学者修习《诗经》《尚书》《左传》等经典，从事经史研究、作汉诗，13 岁前后学习英文。明治四年（1871），他 17 岁时去长崎，在广运馆学习，并由英美人以英语教科书授课。明治八年进入东京开成学校预科，明治十年在刚刚成立的东京大学文学部学习，主修哲学。1877 年，美国人莫斯（Edward S. Morse）即在东京大学理学部讲授达尔文的进化论。而 1878 年，从美国哈佛大学毕业的芬诺洛萨被聘任为东京大学的外国人教师，并成为井上哲次郎的老师。在芬诺洛萨和外山正一的推动下，东京大学成为日本传播斯宾塞进化学说的基地。井上哲次郎后回忆芬诺洛萨时说道：

> 进化论在当时俄然流行起来，差不多在我国学界呈风靡之势，我们学生也以非常的兴趣对之进行研究。然而同时，我们学生也读施韦格勒的哲学史和乌伯维格的哲学史。不只是接近德国的哲学思想，同时听原坦山氏《大乘起信论》的讲义。通过《大乘起信论》的讲义，不仅知晓了"真如实相"，并且思考德国哲学中也有和其相似的思想。通过达尔文主义的进化论、斯宾

---

① 《井上哲次郎笔谈》（1902），（清）吴汝纶：《东游丛录》，岳麓书社，2016，第 89 页。

塞所言的进化主义的哲学等，无法解决哲学的困惑；寻求另一种比它更深的形而上学的哲学之念头便旺盛起来。①

施韦格勒，井上原文作"シュエグレル"，指的是德国哲学家和新教神学家阿尔伯特·施韦格勒（Albert Schwegler）。乌伯维格，井上原文作"ユーベルウェッヒ"，指的是德国哲学家和哲学史家弗里德里希·乌伯维格（Friedrich Ueberweg）。井上哲次郎当时主要通过英译本来了解德国的哲学思想。原坦山（Hara Tanzan），曹洞宗僧侣，1879年任东大印度哲学科最初的讲师。井上哲次郎对佛教和德国哲学的关心是联系在一起的，1883年正式出版的《伦理新说》就是他早期诞生的成果。该年亦正好印证他和吴汝纶谈话中提及的"明治十五六年之顷"。井上哲次郎后来回忆说，在东京大学学习期间，"对于所谓进化论者，总觉得虽然能确认其为正确的科学上的一新说，但归根结底仅仅是关于现象的理论"。不能用进化论来解释世界，"因为世界不仅有现象，还有现象以外的实在，实在并不跟从进化的法则"。由此，他反对"以进化论来包含哲学的全体"，此即出版《伦理新说》的缘起。而他此后"关于哲学、伦理、宗教等的主张，和当时《伦理新说》所述的内容也是一贯的"。②《伦理新说》的主旨乃"本于化醇主义，遵循化醇的纪律，以达于完全之域作为道德的基址"。③"化醇"正是井上哲次郎早期为进化（evolution）拟定的汉字译词。④

---

① 井上哲次郎「フェノロサと哲學、美術及び佛教」『懷旧録』、202 頁。
② 井上哲次郎「德育の變遷に就ての所感」『巽軒講話集第二編』博文館、1903 年、241–242 頁。
③ 井上哲次郎『倫理新説』酒井清造、1883 年、「緒言」、5 頁。
④ 井上哲次郎等编的《哲学字汇》将"evolution"翻译为"化醇、进化、开进"，在"化醇"一条后说明道："按：《易·系辞》天地絪缊、万物化醇。《疏》万物变化而精醇也。又'醇化'之字出于《史·五帝本纪》。"井上哲次郎、有賀長雄『改訂増補哲學字彙』附「梵漢對譯佛法語籔」「清國音符」、42 頁。

进化的宇宙观带来的伦理冲击成为井上哲次郎哲学问题的出发点，他始终相信自己站在理想主义的一侧，与部分进化论者的唯物主义、功利主义、机械主义进行战斗。①

井上哲次郎的自述符合后来思想史家对他的判断。即从 1880 年代中期开始，井上哲次郎就展现出"将西洋思想和传统思想包括进同一次元，并从此出发来构筑统一的思想体系"。"现象即实在论"洗练地表达了井上哲次郎一贯的思想体系，也是他作为日本型观念论确立者的标志。"现象即实在论"的名称虽然最早见于 1894 年的《我世界观之一尘》，但其基本构想在 1883 年的《伦理新说》中已经差不多表现出来。历经 1897 年的《现象即实在论的要领》（刊于《哲学杂志》），1900 年的《认识和实在的关系》（刊于《哲学丛书》），该理论最终完成。② 换言之，在 1884 年官派留学德国之前，井上哲次郎已经开始了结合德国哲学与佛学来建构新的实在论，以抵制进化主义对儒教既有伦理秩序的挑战。这也就是他自己标榜的从《伦理新说》开始，思想"一以贯之"，后此数十年只是把疑问"次第通过经验与学问得以确定"，③ 而并非有所更革。也有论者因此而讥讽他，在 70 余年的思想活动中，体现出"看不到一点动的发展之停滞性"，即便留德 6 年也是"不毛"，"也仅仅是摆弄式的为了装饰'实在'而获取名辞，结局是什么也没学到"。④

章太炎在《菿汉微言》中自述："平生学术，始则转俗成真，终乃回真向俗。"所谓"转俗成真"，指的是从早年专注于儒学的荀学一派，"囚系上海"的 1903~1906 年转向接受佛教，特别是其中的法

---

① 井上哲次郎『明治哲學界の回顧』、73 頁。
② 参阅渡辺和靖『明治思想史：儒教的伝統と近代認識論』（増補版）、ぺりかん社、1985 年、99、109 頁。
③ 井上哲次郎「德育の變遷に就ての所感」『巽軒講話集第二編』、242 頁。
④ 渡辺和靖『明治思想史：儒教的伝統と近代認識論』（増補版）、115-116 頁。

相唯识学。他出狱后即"东走日本，尽瘁光复之业；鞅掌余间，旁览彼土所译希腊、德意志哲人之书"，融合"华梵圣哲之义谛，东西学人之所说"。① 章太炎的《自述学术次第》则有对出狱后思想活动更详细的描绘："东游日本，提倡改革，人事繁多，而暇辄读《藏经》；又取魏译《楞伽》及《密严》诵之，参以近代康德、萧宾诃尔（按：叔本华）之书，益信玄理无过《楞伽》《瑜伽》者。"② 可以说，章太炎"转俗成真"之后的主观唯心论，即主要得益于唯识佛学与以德国哲学为主的西洋哲学之交互熏染。③

　　章太炎自称"转俗成真"之前，"历览前史，独于荀卿韩非所说，谓不可易"，④ 也仅仅能概括他早期思想取自中国既有传统的这个侧面。事实上，虽然不能直接阅读英文书籍，章太炎早年和井上哲次郎一样，大量摄取由西洋传入的近代知识。他在诂经精舍时期即"近引西书，旁傅诸子"；⑤ 1897 年就宣称志愿是"以欧罗巴学上窥九流"。⑥ 而最终，是斯宾塞囊括从宇宙天体演变到人类社会形成、文明变迁而无所不包的进化学说，给予他一个强有力的解释框架，来阐述宇宙、生物、人类文明（包括古代神权与王权、语言和文字、法律与宗教、各种礼仪风俗等诸种表征）的由来和演变。如本书第一章所述，1898 年，章太炎与曾广铨合译了《斯宾塞尔文集》。此即斯宾塞《论文集：科学的，政治的和推断的》中的《论进步》与《礼仪与风尚》。他随后的著作《儒术真论》（1899）、《訄书》初刻本（1900）就多方面展示了斯宾塞学说的影响。

---

① 章太炎：《菿汉微言》，章太炎：《菿汉三言》，第 60、61 页。
② 太炎：《自述学术次第》，《制言》第 25 期，1936 年，第 1~2 页。
③ 这一点，小林武已有所分析和揭露。小林武『章炳麟と明治思潮：もう一つの近代』、175 頁。
④ 章太炎：《菿汉微言》，章太炎：《菿汉三言》，第 60 页。
⑤ 章太炎：《与谭献》（1896 年 8 月 18 日），《章太炎全集·书信集》，第 12 页。
⑥ 章太炎：《〈实学报〉叙》（1897），《章太炎全集·太炎文录补编》，第 27 页。

值得一提的是，章太炎彼时相信，进化学说所揭示的宇宙天体运转、演变的规律，至少在太阳系的范围内是至确的"公言"。如谓："若夫宗教之士，戮其一陬，以杜塞人智虑，使不获知公言之至，则进化之机自此阻。"[1]《冥契》描述早期人类社会所有文明的统治者都集世俗与宗教权威于一身，谓："彼神灵其国主，翕然以为出于朱鸟权衡之宿。其于中夏，壹何其矩范之合也？自东自西，自南自北，凡长人者，必雄桀足以欺其下，以此羑民。是故拱揖指麾，而百姓趋令若牛马。章炳麟曰：大哉黄中通理。"[2]"黄中通理"典出《易·坤》，"君子黄中通理，正位居体，美在其中，而畅于四支，发于事业，美之至也"。孔颖达疏曰："黄中通理者，以黄居中，兼四方之色，奉承臣职，是通晓物理也。"[3]《冥契》一篇3次使用了该词，这里表达的正是他对斯宾塞社会进化学说解释力的信服。

可以说，章太炎学问"转俗成真"的过程也是他融汇佛学和德国形而上学，对宇宙、生物、社会之进化学说所带来的认识论和伦理学问题进行深刻反省的过程。1906年的《俱分进化论》，称索宾霍尔（叔本华）"稍稍得望涅槃之门"，"索氏之所谓追求者，亦未尝不可称为进化"，并对"进化终极，必能达于尽美醇善之区"的观点予以反唇相讥。[4]《四惑论》批判"以进化为主义者"的"进化教"，[5] 即可见一斑。

章太炎与井上哲次郎的思想关系，不仅仅表现在他们有相似的发展轨道。耐人寻味的是，在章太炎发生思想变化的过程中，他汲

---

① 章太炎：《公言》（中），《章太炎全集·〈訄书〉初刻本》，第14页。
② 章太炎：《冥契》，《章太炎全集·〈訄书〉初刻本》，第29页。
③ 《周易正义》，第38页。
④ 太炎：《俱分进化论》，《民报》第7号，1906年9月5日，第1~2页。
⑤ 太炎：《四惑论》，《民报》第22号，1908年7月10日，第13~14页。

取了不少日本论著的营养，其中关键的几种就出自井上哲次郎的学生。从章太炎自著的文献及时人的回忆中，我们能看到以下几个名字：姊崎正治、井上圆了与森内政昌。章太炎 1902 年 2 月第二次东渡日本，1904 年出版的《訄书》重订本多篇文章援引姊崎正治的宗教学著作。根据蒋维乔的回忆，章太炎 1902 年夏在上海翻译井上圆了的《妖怪学讲义》。[①] 章太炎 1905 年在因于上海监狱期间写成《读佛典杂记》，书内明确提到"日本森内政昌"。[②] 森内政昌是井上哲次郎的学生，他的《认识与实践、实在观念与理想观念》刊载于 1900 年井上哲次郎所编《哲学丛书》第 1 卷第 3 集。该文正是章太炎《读佛典杂记》主要评论的对象。《读佛典杂记》也留下了章太炎衔接佛学与叔本华哲学的痕迹。章太炎与姊崎正治、井上圆了、森内政昌的思想关系下面两节会有详论，这里先按下不表。

总的来说，无论思想的大致轨道还是具体痕迹，章太炎与井上哲次郎联系紧密，他们之间的某种交往关系可以说呼之欲出。然而，迄今无论是《章太炎全集》、年谱还是各类传记、选集，[③] 都难以觅到他们交往的记录。诡异的是，章太炎生平的不同阶段共有 3 次集中回忆他和日本学者的交往，加上文章中直接的援引，对象遍及井上哲次郎在东京帝国大学各个年龄段的前后辈同事、学生，唯独没有井上哲次郎。一是 1899 年章太炎《致俞樾》函中，谈到他对若干日本学者的印象。除彼时已经过世的冈本保孝、安井息轩、照井一宅等汉学家

---

① 蒋维乔：《章太炎先生轶事》（原载《制言》第 25 期，1936 年 9 月），参阅陈平原、杜玲玲编《追忆章太炎（增订本）》，第 401 页。

② 章太炎：《读佛典杂记》，《国粹学报》第 1 年第 3 号，《国粹学报》影印本第 4 册，第 1338~1339 页。

③ 比如最新的《章太炎全集》（上海人民出版社 2014~2017 版，2018 年 20 卷本）。汤志钧编《章太炎年谱长编（增订本）》。

外，他还特别提到时任东京帝国大学教授的重野安绎和根本通明。这两位是井上哲次郎的前辈，彼时都年逾七十，章太炎评价重野安绎"宗祢方、姚，不越其则"；根本通明则是"独精《易》说，宗仰定宇，亮为奥博"。[1] 二是1911年的《与农科大学教习罗振玉书》，章太炎猛烈抨击明治汉学。除了老一代的重野安绎、星野恒等人，他特别针对彼时东大汉学的中坚力量，比井上哲次郎年轻十岁左右的服部宇之吉和白鸟库吉。[2] 三是1931年，章太炎与桥川时雄谈话，提及帝国大学的汉学家，重点依旧是根本通明、服部宇之吉和白鸟库吉。[3]

从引用来看，除了上文提到的姊崎正治、井上圆了与森内政昌，章太炎亦偶有援引井上哲次郎学术圈周边其他人的成果。比如1902年的《文学说例》一段引文出自《加藤弘之讲论集》。[4] 加藤弘之是东京大学早期的综理、总长（相当于校长），长期与井上哲次郎共事。井上批判进化论者的功利主义伦理观多半指向加藤弘之。加藤弘之和重野安绎一样，都是井上哲次郎《怀旧录》中予以专章纪念的人物。章太炎1904年《訄书》重订本《订孔》篇征引了桑木严翼的《荀子的论理学》。[5] 桑木严翼是深受康德和新康德主义影响的哲学家。他先是井上哲次郎的学生，1896年毕业于帝国大学文科哲学科，1914年又返回东京帝大任教，成为井上哲次

---

① 章太炎：《致俞樾》（1899），《章太炎全集·书信集》，第8~9页。
② 章绛：《与农科大学教习罗振玉书》（1911），《学林》第1册，"学林"一，"杂文录"，第85~87页。
③ 桥川时雄：《章太炎先生谒见纪语》（1931年8月3日），《制言》第34期，1937年。
④ 此即章太炎《文学说例》自注出处曰："案蒲斯门人种，以同部女子为男子所公有，故无夫妇妃耦之言，妇人处子，语亦无所区别，见《加藤弘之讲论集》。"章太炎：《文学说例》，《新民丛报》第15号，1902年9月2日，第52页。经查，这段文字本于「男尊女卑の是非得失」加藤照麿編『加藤弘之講論集』第壹、金港堂、1891年、62页。
⑤ 章太炎：《订孔》，《章太炎全集·〈訄书〉重订本》，第133页。

郎的同事。① 章太炎 1906 年的《诸子学略说》谈到村上专精"以为因明法式长于欧洲"。② 村上专精是明治时代著名的佛学者、佛教史家。他虽然迟至 1917 年才到东京帝大担任印度哲学讲座，但井上哲次郎对他的情况非常熟悉，还高度评价《因明学全书》在整理印度系统论理学上的贡献。③

也就是说，东京帝国大学由井上哲次郎辐射出一个人际和思想的圈子，章太炎几乎和这个圈子的重要人物都有某种点对点的关系。但由于一直未发现井上哲次郎和章太炎的直接联系，致使章太炎和这个圈子中心机轴部分的关系色调灰暗。哪怕周围有星星点点的光亮，只要机轴没有点亮运转，就始终难以参透章太炎思想与明治思潮，乃至与 19 世纪末欧亚思想之间的内在联动机制。笔者翻检 1899 年章太炎第一次旅日期间日本方面的记述，找到了他和井上哲次郎交往并多次交谈的确凿证据，从此出发再重新梳理章太炎与这个圈子的思想关系，直有"以无厚入有间"之感。

二 章太炎与井上哲次郎原是旧相识

1899 年 6 月 10 日，章太炎在好友日本汉学家馆森鸿（字子渐）的陪伴下搭乘横滨丸从基隆出发，于 14 日抵达神户，开启了他的第一次日本之行。他 8 月 16 日搭乘神户丸从横滨启航，经神户返回上海。章太炎一共在日本待了两个月，游览了京都、东京等地，拜会了数十名日本学者。馆森鸿将二人的游踪及章太炎此间所作诗歌和笔谈

---

① 参阅笠松和也「戦前の東大哲学科と『哲学雑誌』」東京大學哲學研究室『哲学雑誌』のアーカイヴ化を基礎とした近代日本哲学の成立と展開に関する分析的研究［基盤研究（B）、18H00603］。

② 章绛:《诸子学略说》，《国粹学报》第 2 年第 9 号，1906 年 10 月 7 日，《国粹学报》影印本第 5 册，第 2193 页。

③ 井上哲次郎『井上哲次郎自伝』、51 頁。

写成札记《似而非笔》，以"袖海生"为笔名，登载于同年 10 月 1 日至 11 月 10 日《台湾日日新报》"落叶笼"栏目。①

《似而非笔》馆森鸿记述的部分用日语书写，摘引章太炎笔谈的部分则直接采用章太炎本人的中文书写。其中，日文的记述部分有两处，中文的笔谈部分有一处，一共三处提及井上哲次郎。

第一处是日文叙述："枚叔在井上哲次郎处一见健斋的《读易私记》，评论道……"（原文为"枚叔は井上哲次郎の處に於て健齋が讀易私記を一見し評して曰く……"）②

第二处也是日文叙述，"闻知井上哲次郎住在近邻，时常和枚叔谈话"（原文为"聞く井上哲次郎が近鄰に住し時々枚叔と談せりと"）。③

第三处则是馆森鸿与章太炎交谈，馆森鸿引李白《嘲鲁叟》"鲁叟读五经，白发死章句。问以经济策，芒若坠烟雾"，来感慨迂阔儒生以精力注于著作，以待千载知己的虚妄之感。下面录有章太炎的笔谈答语："枚叔曰：子云没身之后，人尚知重其书，若处今日则生时书或可传，十年后则渐微矣。百年则如水之涸矣，千年则

---

① 林俊宏、大山昌道率先根据《似而非笔》大致还原了此次章太炎访问日本，参观游览各地，拜访数十位日本汉学家的经历。文章最可贵的地方在于结合日本外务省档案，几乎考察了章太炎每一天的居住地、行程。文章提及章太炎会面的日本汉学家中有井上哲次郎，并且在论述"章太炎与根本通明"时，谈到章太炎与井上哲次郎见面时读到根本通明的《读易私记》。虽然该文仅止于此，未对章太炎与井上哲次郎的交往和思想关系做任何分析梳理，但本人从这两处简单的描述中得到启发，进而深入阅读《似而非笔》，发现章太炎与井上哲次郎交往的其他细节，进而重构他们的思想关系。此外，关于章太炎与明治汉学的关系，本书第四章有详细讨论，这里不再赘述。林俊宏、大山昌道：《十九世纪末中日学术交流的一幕——以馆森鸿〈似而非笔〉为中心》，《鹅湖月刊》总第 426 期，2010 年 12 月。
② 袖海生：《似而非笔》（三），《台湾日日新报》1899 年 10 月 4 日，日文第 1 版，"落叶笼"栏。
③ 袖海生：《似而非笔》（六），《台湾日日新报》1899 年 10 月 7 日，日文第 1 版，"落叶笼"栏。

如火之熄矣。若欲待之，如入深谷，步步愈近暗处，此所以可慨也。然而亦有以文学自命，不营仕官者，则非如井上哲次郎之学不可也。"①

　　章太炎6月14日抵达神户后，先游览了京都，经大津、名古屋，18日抵达东京。在东京期间，6月21日他就迁往小石川梁启超的寓所居住。此后梁启超带领他去横滨拜访孙中山，到镰仓参观游览江之岛等，梁启超小石川的寓所是章太炎在东京的固定居住地，直到8月15日他离开东京从横滨归国。小石川位于东京大学本乡校区附近。据井上哲次郎的儿子井上正胜记述："父井上哲次郎明治二十三年从德国留学归朝后虽然短期内住居未定，但从明治二十五年以来一直住在小石川表町一〇九番地（现在东京都文京区小石川三丁目二〇番一一）。"② 井上哲次郎1892年开始就一直住在小石川。这也从侧面证明，馆森鸿所言井上哲次郎和章太炎住在"近邻"是确凿的记录。

　　梁启超戊戌政变后流亡日本，和东京哲学圈多有接触。1899年5月13日在麴町富士见轩举行了日本哲学会春季大会，参与者包括加藤弘之、重野安绎、井上圆了、元良勇次郎、中岛力造等20余名日本学者。在姊崎正治的介绍下，梁启超发表了《论支那宗教改革》的讲演。③ 梁启超因和东京哲学圈有联系，或许充当了章太炎与井上哲次郎的引介人。值得关注的还有，梁启超彼时在日本主编《清议报》。《清议报》第17、18册"来稿杂文"栏分别刊载了井上哲次郎

　　① 袖海生：《似而非笔》（十一），《台湾日日新报》1899年10月13日，日文第1版，"落叶笼"栏。
　　② 井上正勝记「井上哲次郎自伝·付錄」『井上哲次郎自伝』，88页。
　　③ 「哲學會」『哲學雜誌』第14卷第148号、1899年6月、「雜報」、487-488页。另外，梁启超的《论支那宗教改革》刊于《清议报》第19册（1899年6月28日）。在序言中，梁启超也提到了哲学会邀请他讲演的情况。参阅《清议报》第19册，第1231页。

的汉文文章《读韩氏〈原道〉》和《〈心理新说〉序》。这两篇文章是井上哲次郎在有影响力的中文媒体上较早的学术亮相。《清议报》第17、18册发行时间分别是1899年6月8日和6月18日。登载这两篇文章应该是梁启超参加日本哲学会春季大会、和东京哲学圈加强联系的后续动作。

章太炎戊戌政变后流亡台湾，在《台湾日日新报》任职。1898年底他与康有为、梁启超通信，修复了和康梁的关系。[①] 章太炎人还在台湾时，就屡屡寄文章给《清议报》刊载，比如《祭维新六贤文》《泰风一首寄赠卓如》《答学究》《客帝论》诸文就分别发表在《清议报》第7、8、14、15册上。并且，1899年8月15日章太炎离开东京归国后，《清议报》第23、24、25、28、30、31、32、34册（1899年8月17日至1900年2月10日）的"支那哲学"栏还连载了他的《儒术真论》，第28册又发表了他的诗作《杂感》《西归留别中东诸君子》。换言之，章太炎属于《清议报》较为稳定的撰稿人。1899年6月18日，章太炎抵达东京，之后住在梁启超的寓所，《清议报》第17、18册刚刚出版。章太炎应该在第一时间就读到了这两册上井上哲次郎的这两篇文章。这两篇文章的内容理所当然会影响章太炎对井上哲次郎的最初印象。

住得邻近，又有近两个月的时间，这使得章太炎和井上哲次郎有机会时常交谈。馆森鸿只记录了其中一次相见的情况，即章太炎在井上哲次郎那里读到了根本通明（健斋）的《读易私记》，并发表评论。由笔谈来看，章太炎和馆森鸿都对当时情势下读书人乃至知识的命运深表忧虑，都感到如像以往儒生一样追求著述以待千载是十分虚妄的。章太炎甚至说，读书人在世时书或可传，时间越往后推移，影

---

① 参阅彭春凌《儒学转型与文化新命——以康有为、章太炎为中心（1898~1927）》，附录一"戊戌政变后章太炎致康有为佚信考释"，第434~446页。

响越步入暗处；十年微，百年如水涸，千年如火熄。但也有例外——
"亦有以文学自命，不营仕官者，则非如井上哲次郎之学不可也"。
换言之，不依靠官场权力而想著述流传千古，除非有井上哲次郎那样
的学问才可以。这是章太炎对日本学者做出的最高评价。在传统知识
普遍式微的情况下，章太炎认为，井上哲次郎代表了读书人未来的方
向。此次日本之行，章太炎对日本学者有褒有贬，他完全没有必要出
于客套来说这番话。这个评价是他阅读井上哲次郎的作品、多次和井
上哲次郎交流后的由衷感言。

那么，井上哲次郎作品中究竟写了什么，他和章太炎多次交谈中
聊了哪些内容，让章太炎发出这样的感慨？馆森鸿的札记并没有明确
记录井上哲次郎和章太炎交谈的内容。即便如此，通过井上哲次郎这
个阶段的思想状态，他和中国知识人交流时一般会涉及的话题，以及
比照章太炎旅日期间的其他言论和他此前此后的思想，仍旧可以大致
框定井上哲次郎和章太炎交谈的内容。

中国知识界对井上哲次郎有所了解，是始于他留德期间。1887
年，德国政府基于俾斯麦的东方政策，创办了柏林大学附属的东方学
校。井上哲次郎因官派留学期限已到，为了能继续留在德国学习，遂
在该校担任日本语教师。在这里，他认识了担任中国语教师、教授北
京话的满人桂林（字竹君）和教授广东话的番禺人潘飞声（号兰
史），三人经常作诗酬唱。通过他们，井上哲次郎又结识了柏林中国
公使馆的姚文栋、陶榘林等人。《申报》1889 年就对井上哲次郎的事
迹有零星记载，既有他为潘飞声《万里乘槎图》题诗，[①] 又有关于他

---

① 《题潘兰史先生万里乘槎图》，《申报》1889 年 3 月 30 日，第 9 版。全诗如下：
"五羊才子乘槎客，得意长风送远游。剑气拂来重海日，诗声吟过万山秋。定知草
稿经济关，（时君方草柏林游记详论德意志用兵之法）翻喜萍纵共唱酬。何日招
邀泛牛斗，樱花红处是瀛洲。（君约异日游日本）日本井上哲君迪稿。"

的流言，如他用德语讲演，批评"日本风俗惟妇人最坏，动辄离婚他适，又每日必向浴堂洗澡"云云，引起日人公愤。① 而向国人介绍井上哲次郎事迹最多的，是潘飞声。井上哲次郎 1889 年为潘飞声《西海纪行卷》作序。1890 年 7 月，他们又一起乘船从欧洲出发东归，经意大利、红海、锡兰、新加坡抵达香港。潘飞声将这一路的见闻包括和井上哲次郎的酬唱之作编成《天外归槎录》刊行。1905～1906 年，潘飞声担任《香港华字日报》主笔，其间所作诗话后辑入《在山泉诗话》，这也是香港的第一部诗话。诗话有《井上哲》一篇，其文曰：

> 在柏林时，日本文士多往来游宴，有哲学博士井上哲最称莫逆。井上字君迪，挟书百篑，著作千编，能以英、德、法语演说。年仅三十，而劬学博涉无出其右，德人皆称之曰井上先生。与余同为东校长，邻居三年，归又同舟，海外文字缘，证以佛氏，必非无因者。生平最深哲学，所论见吴挚甫京卿《东游丛录》。复有《巽轩诗文》二卷，诗皆少作，盖井上不欲以诗名也。兹录其数首，亦清新可诵。②

《东游丛录》是吴汝纶 1902 年赴日本考察教育的记录，内有井上哲次郎的长篇笔谈。潘飞声认为《东游丛录》所载井上哲次郎之论说，和自己十多年前与其交往的印象相当。这恰好又证明了井上哲次郎从《伦理新说》（1883）开始，思想一以贯之。而潘飞声对井上哲次郎"劬学博涉无出其右"的评价和章太炎"非如井上哲次郎之

---

① 《以矛攻盾》，《申报》1889 年 5 月 7 日，第 2 版。
② 潘飞声：《在山泉诗话校笺》，谢永芳、林传滨校笺，人民文学出版社，2016，第 30 页。

学不可"的震惊感极为相似。1899 年井上哲次郎与章太炎交谈的内容，除了会涉及《清议报》所载井上的文章，大体也不会越出1887~1890 年潘飞声对井上哲次郎的记录，以及 1902 年《东游丛录》井上笔谈的范畴。

潘飞声及《东游丛录》展示的井上哲次郎，思想主要呈现两个方面的特点，而它们都能在章太炎 1899 年前后的言论中找到共鸣或某种回应。

第一，井上哲次郎既博通西学，又有强烈的东洋思想学术自觉，乃至亚洲连带感。

对明治初期激进西化浪潮的反省，是井上哲次郎大学时期学问的出发点。他认为东洋有西洋未尝研究过的固有哲学，主张将东西洋思想纳进同一次元。他的哲学方法论强调西方对东洋哲学的重视和东洋哲学的视野。[①] 1890 年，井上哲次郎一行人抵达锡兰，时正值月夜，潘飞声赋诗一首："飞轮不碍重溟阔，日月星辰近可呼。山蠱波涛随处有，诗开榛莽古来无。客心渐放倾洋酒，舟夜多闲译地图。幸与故人相慰藉，防身一剑未嫌孤。"[②] "日月星辰近可呼"不仅是海上观天的特殊效果，亦是洋酒微醺之后心象的放大，颇有诗仙太白"欲上青天揽明月"的浪漫感。难怪井上哲次郎多年后追忆起来都难忘潘飞声的"诗才"。[③] 写同题之诗，井上哲次郎则更显哲人的理趣："西溟月即东溟月，来照归舟意倍亲。旧梦关山经七载，此时尊酒更三人。"[④] 西溟月和东溟月又有什么分别呢？明明空中只有一个月亮，所谓东西不过是站位差别所致。东西精华融于

①　井上哲次郎『明治哲學界の回顧』、85~86 頁。
②　潘飞声：《将抵锡兰岛月夜得句同竹君君迪作》，潘飞声：《天外归槎录》，岳麓书社，2016，第 142 页。
③　井上哲次郎「八十八年を顧みて」『懷旧錄』、327 頁。
④　井上哲：《同作》，潘飞声：《天外归槎录》，第 143 页。

一冶，对应井上哲次郎"现象即实在论"所追求的那个实在。他后来向吴汝纶介绍日本教育时也说，"敝邦教育，以融合调和东西洋之思想为目的。自然科学，莫如西洋，然唯取自然科学，而无精神以率之，则将不堪其弊。故以我精神运用之，此我教育所由而立也"，总而言之，"今日之伦理，非打东西之粹而为一冶不可，我邦学者所努力在此"。①

《清议报》第17、18册所载井上哲次郎的《读韩氏〈原道〉》《〈心理新说〉序》两文，其实是井上哲次郎留学德国之前的作品。它们最早刊发在1882年的《东洋学艺杂志》上。《东洋学艺杂志》1881年10月由东洋学艺社创办刊行，乃是明治维新后日本较早的学术综合类杂志。它模仿英国的科学杂志《自然》（*Nature*），又融自然科学与文艺作品于一体，对明治时代的启蒙运动做出了重要贡献。1882年的井上哲次郎虽还未出洋留学，但其文章中体现的兼通中西的学问气象是足以慑人的。

《读韩氏〈原道〉》逐条批驳道学者心目中的旷世大文章——韩愈《原道》篇，可谓振聋发聩。《心理新说》则是井上哲次郎摘译自苏格兰哲学家亚历山大·贝恩（Alexander Bain）的《心理科学》，于1882年出版。该书也是继西周翻译海文（Joseph Haven）的《心理学》之后日本推出的第二本心理学书籍。井上哲次郎在为该书所拟的简短序文中，大体勾勒了西洋和中国哲学发展的脉络。

井上哲次郎指出，令人炫惑的现代器物电线、火船、自鸣钟实乃科学的产物，而科学原出于哲学，心理学又是哲学的根基。西方哲学盛于希腊，"琐克剌底、布拉多、亚里私特德等前后辈出，哲学大兴，于是乎科学始胚胎焉"；而罗马帝国衰亡，"夷狄猖獗，哲学几

---

① 《井上哲次郎笔谈》（1902），（清）吴汝纶：《东游丛录》，第86~87页。

绝"。中世纪末期，哲学复兴，衍生出英国和欧洲大陆两种哲学倾向："倍根出于英，垤加尔多出于佛。倍根尚实验，垤加尔多尚论法。东西对立，振撼一世。欧洲之哲学由此分为二派。盖韩图及费希的、设林、歇杰尔，其他独逸之诸先辈，传垤加尔多之学而大成之。即由论法而究真理。洛克及牛董、弥尔、达尔尹、苏边萨，其他英之诸先辈，皆出于倍根之后，而传其学风，即由实验而究真理。""佛"指法国，"独逸"则是德国，"垤加尔多"即笛卡儿，"韩图"即康德，"牛董"即牛顿，"达尔尹、苏边萨"就是达尔文、斯宾塞。井上哲次郎指出，从论法和实验两条途径来探求真理，意味着"究真理之法尽矣，而人智开发，科学始穷其精。电线悬焉，火船走焉，自鸣钟鸣焉，可知科学原出于哲学也"。

在梳理一番西洋哲学发展脉络后，井上哲次郎笔锋一转，以中国为例说明东洋"虽不乏哲学，而论法未穷其精，实验未得其法，而继起无其人，此其所以少创起欤"。其谓："当周之末，哲学将大兴，孔子唱爱他说，而孟子和之。杨子唱自爱说，而墨子唱兼爱说。任他说始于老庄，干涉说出于申韩，功利说起于管商。儒者为天命说之祖，墨者为非命说之祖，论法本于公孙子，物理论胚胎于亢仓、关尹二氏。呜呼不亦盛乎！然而汉魏六朝以降，词章之学盛，而讲真理之学几乎息，降至赵宋，周、邵、张、陆、程、朱等陆续辈出，绍往圣、启学哲，于是哲学复将兴，而复遂废。朱明之世，唯有王新建一人而已矣。如薛敬轩、陈白沙、胡敬斋、杨升庵之徒，岂足数哉。由此观之，支那亦不乏哲学，而继起无其人。故遂不大兴。迨至近世，究真理者，落落晨星，百不一二见，是以人智有退而无进。"[①] 虽不无炫耀才华之意，但短短两百余字，既描述又评价了中国哲学的发

---

① 井上哲次郎稿《〈心理新说〉序》，《清议报》第18册，1899年6月18日，"来稿杂文"栏，第1125~1126页。

展，确可见出青年井上哲次郎的过人之处。难怪《东洋学艺杂志》刊载此文时，汉学权威重野安绎在文后撰写按语，夸赞井上哲次郎曰，"科学原心理，心理为哲学根基，推本之论，实理实学"，论中国诸家处，"简而核，大见其识力笔力"。① 章太炎阅读此文，想必也会留下类似的印象。

如前文所述，"近引西书，旁傅诸子"，"以欧罗巴学上窥九流"是章太炎戊戌时期主要的学问追求。这些话也有融东西洋为一冶的意思。访日期间，他也屡有类似表述。比如，他翻阅重野安绎门生所撰有关子学的论文二三十册，表示"弟实觉其可喜，以子家合西学，是弟素志也"。② 馆森鸿谈及西人大量翻译日本和中国典籍时，章太炎评论说："大抵天资高者，必能知西学经学之互相为用。若天资中等者，宁使讲西学而为有用，勿使讲经学而为无用也。若天资最下者，讲西学则炫耀新奇而不知实体，讲经学则株守陈腐而不能旁通，是无一而可也。"③ 井上哲次郎受过传统经学训练，能写漂亮的汉文汉诗。更难能可贵的是，他不仅英、德、法三门语言十分流利，可进行讲演，并且还学过意大利语、梵语、希腊语及拉丁语，以用于研究。就连西班牙语、荷兰语、丹麦语的书籍，他也可以借助辞书进行阅读。④ 他本身的能力和他融东西洋于一冶的主张是完全匹配的；观其人、听其言、读其文，自然会得出其人"知西学经学之互相为用"、天资极高的印象。相较而言，章太炎虽然也主张以子家合西

① 重野成斋「按語」井上哲次郎「『心理新說』序」『東洋學藝雜誌』第 12 号、1882 年 9 月 25 日出版、1885 年 9 月再版本、290 頁。
② 袖海生：《似而非笔》（二），《台湾日日新报》1899 年 10 月 3 日，日文第 1 版，"落叶笼"栏。
③ 袖海生：《似而非笔》（十二），《台湾日日新报》1899 年 10 月 14 日，日文第 1 版，"落叶笼"栏。
④ 井上哲次郎的语言能力参见他的自述。井上哲次郎「八十八年を顧みて」『懷旧錄』、334 頁。

学，但毋庸讳言，不通西文多少令他难以施展抱负。章太炎自知其短，这也是他由衷感慨著述如要传世，"非如井上哲次郎之学不可"的重要原因。

井上哲次郎虽然强调伦理上也要融合东西，需弥补古来所缺乏的"崇人格之观念""重个人之权利""自由平等之精神"。[①] 然而他始终对基督教博爱、平等之说保持警惕，认为其极大挑战忠孝观念，就如同墨学异端挑战孔孟正统。[②] 博爱、平等也不符合《教育敕语》忠孝一体之精神。先不论双方对儒学忠孝伦理的定义有差别，至少从大面上讲，章太炎此一阶段和井上哲次郎一样抵制基督教，主要在其宣传"宠神上帝，以为造万物"[③]，并引发众多教案。基于荀学的立场，章太炎驳斥"欲去君臣，绝父子，齐男女"[④] 的平等说。在伦理观上，他和井上哲次郎还是有不少共鸣的。

1889 年 9 月，由井上哲次郎召集，日本人日高真实、千贺鹤太郎，暹罗人袁森，印度人杜鲁瓦、那萨尔，中国人陶棨林、姚子樑、桂竹君、潘飞声与张德彝参与，组织了"东亚洲会"，也称"兴亚会"。随洪钧出使德国的张德彝在《五述奇》中记录了相关情况。潘飞声所著叙文，阐述西力东侵，"萌芽于明季，纵肆于今日，以致藐视南洋，蚕食印度，全洲披靡，罔不郁其怒而不敢鸣"，亚洲各国必须联络以自强。"无问中与日、印度、暹罗各国也；同洲之国，当以同国视之；如兄弟，如手足，勠力同心，共修国政，以御外侮。"井上哲次郎与杜鲁瓦的发言，则强调东方文明自身的本位意识，"谓西国之物大半创自东方，今西人讲求精益求精，吾

---

① 《井上哲次郎笔谈》（1902），（清）吴汝纶：《东游丛录》，第 87 页。
② 井上哲次郎「楊墨哲學序」高瀨武次郎『楊墨哲學』金港堂、1902 年、3 頁。
③ 章太炎：《天论》，《章太炎全集·〈訄书〉初刻本》，第 16 页。
④ 章太炎：《平等论》（1897），《章太炎全集·太炎文录补编》，第 24 页。

人游历非为尽学其所能，无非择其所长以补我所短而已"。① 日本的亚细亚主义形成于 1870 年代末 1880 年代初，成立了诸如"兴亚会"（1880）在内的组织。② 井上哲次郎在柏林召集兴亚会，从思想到组织形式都是日本国内亚细亚主义的延长。将亚洲视作一个命运共同体，特别能拉近中日知识人的情感距离。比如井上哲次郎夸赞潘飞声"足称我亚洲筹海者轨范"③；潘飞声与井上哲次郎道别时赋诗曰："竹君与我若兄弟，君迪交谊笃同洲。……濒行强慰以壮语，筹画兴亚思神州。"④

章太炎在戊戌前就对日本的亚细亚主义有所了解。《论亚洲宜自为唇齿》称："昔兴亚之会，创自日本，此非虚言也。"在他看来，亚洲诸国中，中国和日本的合作最关利害，"以赤县之地，近在肘腋，可以相倚依者，阖亚洲维日本"。⑤ 他戊戌政变后流亡台湾、旅迹日本，也和日本的亚细亚主义者有关。上海的日本人团体乙未会是 1898 年成立的东亚同文会的基础组织。乙未会 1898 年 6 月创办了《亚东时报》，由山根虎臣（号立庵）担任主编。章太炎正是在山根虎臣、安藤阳洲的帮助下得以赴台，在《台湾日日新报》任职。章太炎停留日本期间，还在《亚东时报》上发表诗歌《赠袖海先生并简阳洲立庵二君》，将馆森鸿、山根虎臣、安藤阳洲视作"东国忧难之交"。⑥ 章太炎描述此次日本之行的《游西京记》后来

① 张德彝：《五述奇》，岳麓书社，2016，第 339~341 页。
② 参阅王屏《近代日本的亚细亚主义》，商务印书馆，2004。
③ 井上哲次郎：《序》（1889），潘飞声：《西海纪行卷》，岳麓书社，2016，第 89 页。
④ 潘飞声：《既送竹君君迪归舟别情未尽再赋长句分寄》，潘飞声：《天外归槎录》，第 150~151 页。
⑤ 章太炎：《论亚洲宜自为唇齿》（1897），《章太炎全集·太炎文录补编》，第 5、4 页。
⑥ 穷荒孤客（章太炎）：《赠袖海先生并简阳洲立庵二君》，《亚东时报》第 10 号，1899 年 7 月 2 日，第 24 页。

也登载于《亚东时报》。① 在兴亚的话题上，章太炎自然能与井上哲次郎产生共感。

第二，作为德国观念论哲学在日本的代言人，井上哲次郎对哲学特别是德国哲学念兹在兹。章太炎关于"哲学"，尤其是"德国哲学"的意识萌生于此一时期。他和井上哲次郎也交流了"哲学"问题。

中国虽然早在明末就有对"philosophy"的介绍，如艾儒略的《西学凡》（1623）将之音译为"斐禄所费亚"，意译为"理学"。清末亦有"智学""格致学"等不同译名。② 但在整个汉字圈，将"philosophy"译为"哲学"是由西周在1870年代提出。1881年井上哲次郎与人合著、1884年又推出增补版的《哲学字汇》吸纳了西周所译众多哲学名词。③ "哲学"遂逐渐被普遍采用，取代了此前较常用的"理学"。虽然从名词上，井上哲次郎继承了西周"哲学"的说法，但在内涵上，以井上哲次郎及东京大学为代表的"学院哲学"主要取径德国唯心论，主张"纯正哲学"之形而上学。他们恰恰是要克服留学荷兰的西周及津田真道所代表的"启蒙哲学"，尤其是其侧重密尔、孔德实证主义的内容。④ 中国近代对日本"哲学"语汇的输入，较早见于黄遵宪《日本国志》（1895）介绍东京大学哲学科。⑤ 1898年，康有为的《日本书目志》在"理学门"之下列有22种哲学书，其中就包括井上哲次郎、有贺长雄等合著的《（改订增补）哲

---

① 菊汉阁主：《游西京记》，《亚东时报》第17号，1899年11月20日，第16页。
② 参阅陈启伟《"哲学"译名考》，《哲学译丛》2001年第3期。
③ 《哲学字汇》将"philosophy"对译为"哲学"，参阅井上哲次郎、和田垣谦三等编『哲學字彙』附「清國音符」、東京大學三學部印行、1881年、66頁；井上哲次郎、有賀長雄『改訂增補哲學字彙』附「梵漢對譯佛法語籔」「清國音符」、91頁。
④ 近代日本学院哲学的兴起，参阅《近代日本思想史》第1卷，第146~165页。
⑤ 黄遵宪：《日本国志》，陈铮编《黄遵宪全集》，第1412页。

学字汇》，以及井上圆了的《哲学要领》《哲学一夕话》《妖怪玄谈》，"心理学"部分则列入井上哲次郎所译的《心理新说》。[①]

戊戌政变旅迹台湾，章太炎的文献已经集中出现了"哲学"一词。如评价送他东渡的殷守黑"参贯天人，于哲学、经世学，皆能道其究意"。[②] 他在写给梁启超的信中说："鄙意哲学家言，高语进步退化之义者，虽清妙阔疏，如谈坚白，然能使圆颅方趾，知吾身之所以贵，盖亦未始不急也。"[③] 他评价道："穷万物之性质，辨人天之境界，与哲学相出入者，盖莫尚于佛经。"[④] 这意味着，章太炎其实早于 1903 年撰《哲学辨惑》的王国维，早于 1905 年感慨"举世人人谈哲学，愧我迂疏未研榷；谁知我即哲学家，东人有言我始觉"的俞樾，[⑤] 已经对日本"哲学"有所了解和评述。

章太炎劝诫馆森鸿道：

> 学问一事，必认定一路，乃可收效。如西学，兄虽涉猎及之，然观兄所好，终在彼不在此。近闻德人讲哲学者，颇寻求

---

① 康有为：《日本书目志》（1898），姜义华、张荣华编校《康有为全集》第 3 集，第 291、293 页。据张晓编著的《近代汉译西学书目提要（明末至 1919 年）》（北京大学出版社，2012，第 248、391 页），1899 年时，还有两种与井上哲次郎相关的著作被介绍到中国，一是罗布存德著，井上哲次郎增订《英华字典》，藤本书店，1899；二是井上哲次郎著，毕祖成译述《东乡平八郎评传》，上海昌明公司，1899。关于日本的"哲学"用语和观念对"中国哲学"的影响，参阅景海峰《"哲学"东来与"中国哲学"建构》，《中国哲学史》2004 年第 3 期；桑兵《近代"中国哲学"发源》，《学术研究》2010 年第 11 期。这些作品都没有讨论 1899 年章太炎对日本"哲学"用语和观念的接受。

② 章炳麟：《殷守黑〈摸鱼儿用稼轩先生晚春原韵送枚叔东渡〉后记》，《台湾日日新报》1899 年 1 月 14 日，日文第 1 版。

③ 章炳麟：《答梁卓如书》，《台湾日日新报》1899 年 2 月 5 日，汉文第 5 版。

④ 章炳麟：《摘〈楞严经〉不合物理学两条》，《台湾日日新报》1899 年 2 月 19 日，汉文第 5 版。

⑤ 参阅王宝平『清代中日学术交流の研究』汲古书院、2005 年、80 頁。

《周易》，则旧学之在他日，安知不更为新学乎。①

《清议报》上所刊井上哲次郎的《读韩氏〈原道〉》大展作者哲学思辨的才华。《〈心理新说〉序》则谈科学、哲学与心理学的关系，清理西方、中国哲学的源流。井上哲次郎"哲学家"的形象是鲜明的。章太炎尝在井上哲次郎处见到根本通明的《读易私记》，并发表评论称："根本《读易私记》，大破革命之说，于共和民主无论矣。此公盖经之夷、齐也。"② 而他此行和馆森鸿拜会的日本学者多是汉学家。在这些汉学家中，能跟他随口谈及德国人如何讲述哲学的无疑是井上哲次郎。"近闻德人讲哲学者"这段对话，乃是由他和井上哲次郎讨论《易经》生发而来。章太炎还阅读了东京专门学校有关哲学的书籍。他和馆森鸿讨论经学，在论及公羊学时，就借点名批评康有为，谈到了他所理解的"哲学"。

> 康以惠、戴诸公专讲考订为大诟。其说流传于贵国。前在专门学校见一册书，专论哲学，并列东西诸人皆言经学无用，诚然，然今新学岂必皆有用。如哲学即最无用者，天文动植诸学虽有小用，深求之亦无用也。而西人孜孜于此，彼亦岂人人求有用乎？大抵世治则才智之士得有余闲，必将冥心孤索于此，今贵国亦略近升平矣，治（经）何不可。弟则处于乱国，不能不旁求新学耳……③

---

① 袖海生：《似而非笔》（十二），《台湾日日新报》1899 年 10 月 14 日，日文第 1 版，"落叶笼"栏。
② 袖海生：《似而非笔》（三），《台湾日日新报》1899 年 10 月 4 日，日文第 1 版，"落叶笼"栏。
③ 袖海生：《似而非笔》（十二），《台湾日日新报》1899 年 10 月 14 日，日文第 1 版，"落叶笼"栏。因报纸文字溃漫，括号内的字为笔者的猜测。

章太炎彼时理解的"哲学"是"最无用者"。换言之，它并非指向日本启蒙哲学所强调的实证主义，而是学院哲学如井上哲次郎倡导的纯正哲学之形而上学。虽还不清楚章太炎具体说的是哪一本书，但彼时东京市面颇多类似作品，比如井上圆了在哲学馆所讲的《纯正哲学讲义》（1894）、《纯正哲学总论》（1899），松本文三郎的《哲学概论》（1899）等。这段谈话表明，如哲学这样"无用"的新学，在章太炎看来，并非处于乱国的中国学人所急需。他最青睐的还是斯宾塞一系、有用的社会学。此时章太炎虽然已经了解到哲学，但他真正对哲学产生浓厚兴趣，实现如井上哲次郎1880年代似的转向，要等到1903年后在上海的囚禁时期。这个时间差并非单纯表明两人获取知识的早晚有别，而是暗示着在对社会学和哲学的相关事实认知逐渐趋同的情况下，章太炎和井上哲次郎存在价值判断和伦理取向上的殊别。

三　从按图索骥到得鱼忘筌

章太炎1899年夏在东京初识井上哲次郎，多次交谈之后，惊叹井上学问之广博，感慨未来著述要传世，"则非如井上哲次郎之学不可也"。他也对井上哲次郎推介的德国唯心论的形而上学，井上哲次郎周边东京哲学圈的人事有所了解。比如，一个名叫久保的学者谈及西历五百年一商人来华，带走了蚕种回到罗马，基督教早进入中国。"枚叔曰：此真妖僧矣，非井上圆了之比也。"[1] 这说明章太炎已经知道了井上圆了的名著《妖怪学讲义》；并且此书非如书名所示的那般通俗猎奇，而是严肃的哲学著述，所以他才说井上圆了非"真妖僧"。这就为他1903年参与翻译该作埋下了

---

① 袖海生：《似而非笔》（六），《台湾日日新报》1899年10月7日，日文第1版，"落叶笼"栏。

伏笔。

　　然而章太炎并未立即对"哲学"投入太多心力，他感兴趣的依旧是社会学。馆森鸿较详细地记录了章太炎和汉学家冈鹿门（名千仞）26岁儿子冈百世的谈话。听说冈百世在大学专修哲学，并且也讲究社会学，"枚叔大悦，为种种问难"。章太炎脱口而出的"社会之理"，是斯宾塞、达尔文的进化学说在黄白种争中的效应："须边撒、达尔文辈以生存竞争之学提倡全欧，闻欧（室）欲淘汰黄种以至于尽。今东亚之人，实二公笔墨所杀也。"[①] 章太炎体认到，生物进化学说将人纳入自然秩序。人并非凌驾于万物之上，而同样是处于进化环节中的一个物类。人这一物类中，不同的种群又通过生存竞争分出强弱，优存劣亡。1898年和曾广铨合译《斯宾塞尔文集》时，章太炎就将斯宾塞原文中讲述动物因环境需要而改变习性的段落，扭曲为丛林之中弱肉强食的叙述，凸显了"相逼相变"中处于食物链下方的民族之焦虑感。[②] 冈百世问章太炎，东亚人是否属于劣种。章太炎举印度的例子，十分忧虑地指出，人种的优劣是可以变化的。古代的印度有许多博学之士，"不可谓非最优之种也"，但由于受到白人的殖民统治，"势力屈尔，一屈之后，白人以愚黔首之法愚印度，则自是为劣种矣"。[③]

　　本书第一章已讨论到，担心民族会退化为劣种，甚至人类在进化过程中或沦为低等物种，是进化学说带给章太炎的主要精神困扰。他此前在给梁启超的信中就说，"使支那之氏，一旦替为台隶，浸寻被

---

① 袖海生：《似而非笔》（十五），《台湾日日新报》1899年11月5日，日文第1版，"落叶笼"栏。

② 斯宾塞原文，参阅 Herbert Spencer, "Progress: Its Law and Cause," in Spencer, *Essays*, Vol. I（1868），p. 48。译文参阅曾广铨采译，章炳麟笔述《斯宾塞尔文集·论进境之理》，《昌言报》第4册，第204~205页。

③ 袖海生：《似而非笔》（十五），《台湾日日新报》1899年11月5日，日文第1版，"落叶笼"栏。

逼，遁逃入山，食异而血气改，衣异而形仪殊，文字不行，闻见无征，未有不化为生蕃者"，甚至"后世将返为蛮獠猩狒"。其理据就在于，人作为万物中的一个物类，同样遵循自然进化的规律，"异物化人，未有底止，人之转化，亦无既极"。① 他也将类似的意思告诉冈百世："夫自脊骨之鱼以至于人，其相化相搏相噬不知其更几何世矣；岂化至于人，遂截然止乎？他日人又必化一高等之物，而此圆顶方趾者，又将为其牺牲。"②

进化学说将人类整体抛入了一个不由自己掌控命运的自然秩序，由此所带来的不确定性，构成 19 世纪末 20 世纪初不同文明的思想家需要面对的问题。虽然说章太炎一面继承了儒家人定胜天的唯意志论；一面又通过斯宾塞接受了宣扬"用进废退"的拉马克主义，始终相信人面对自然进化是有所作为的。如谓："空理征之于天，实事为之在人，故必排上帝而后可办事。庄周有言，人之君子，天之小人，天之君子，人之小人。盖今日则宁为天之小人，必不（愿）天之君子也。"③ 然而斯宾塞坚持"前达尔文的宇宙观"，④ 相信宇宙自然本身是在向善演化。与斯宾塞不同，章太炎的观点更接近达尔文、赫胥黎，宇宙本性是"自行其是"（self-assertion）⑤ 的，无所谓善和恶。如果一定要用人间善恶的标准来判断，那就是既可善亦可恶。用《俱分进化论》的话说，"进化之所以为进化者，非由一方直进，而必由双方并进，……若以道德言，则善亦进化，恶亦进化"。⑥ 章太

① 章炳麟：《答梁卓如书》，《台湾日日新报》，1899 年 2 月 5 日，汉文第 5 版。
② 袖海生：《似而非笔》（十五），《台湾日日新报》1899 年 11 月 5 日，日文第 1 版，"落叶笼"栏。
③ 袖海生：《似而非笔》（十五），《台湾日日新报》1899 年 11 月 5 日，日文第 1 版，"落叶笼"栏。
④ Taylor, *The Philosophy of Herbert Spencer*, p. 150.
⑤ Huxley, *Evolution & Ethics and Other Essays*, p. ix.
⑥ 太炎：《俱分进化论》，《民报》第 7 号，1906 年 9 月 5 日，第 2 页。

炎与井上哲次郎相遇时，乃至此后相当长一段时间，都与进化论所带来的全新宇宙观挣扎共处。并且，基于民族、人类命运之不确定性所带来的惴惴不安，他艰难地重新思考人的本性及伦理。他找寻的资源在很长时间内是社会学。① 在他看来，"如德国哲学，已多凭理想，而少实验矣，恐穷极必归于佛耳，讲各种哲学而遗社会者，其国必弱"。②

井上哲次郎早在大学时代就化解了进化论的宇宙观所带来的危机。或许他并没有真正在精神上经历这段危机，就迅速将人类在进化的自然秩序中命运的不确定性，当作名为物质主义、功利主义需要去克服和战胜的敌人。他的解决之道，观念汇总为包容主观与客观的"一如的实在"。所谓"一如的实在"，乃是"终局的实在，世界的本体，理想的极处"。在井上哲次郎看来，哲学的终局目的就在"明晰此实在观念"。③ 从《伦理新说》开始，他就将古今东西哲人解释宇宙的关键概念——孔子之徒的太极、老聃的无名、庄周的无无、释迦的如来藏、康德的实体、斯宾诺莎的万有本体、斯宾塞的不可知等，④ 都纳入他后来所采用的"实在"这一概念所指涉的范围。有研究指出，"实在"概念极富"柔软性"。井上哲次郎思想的本质是"折衷主义"，这一体系"在被称为'实在'的暗闇里来溶解异质性而得以成立"。井上的"实在""并不

① 据馆森鸿《似而非笔》的记载，1899 年章太炎在日本期间，馆森购买了诸如有贺长雄的《社会进化论》《族制进化论》等著（《台湾日日新报》1899 年 11 月 8 日，日文第 1 版）。章太炎的《訄书》初刻本《榦蛊》篇就引用了有贺长雄的《宗教进化论》。1902 年旅日期间，章太炎更是翻译了岸本能武太的《社会学》。章太炎与社会学的相关问题，本书第二章已有讨论，不再赘述。
② 袖海生：《似而非笔》（十五），《台湾日日新报》1899 年 11 月 5 日，日文第 1 版，"落叶笼"栏。
③ 井上哲次郎「認識と實在との關係」『巽軒論文二集』富山房、1901 年、201－202、232 頁。
④ 井上哲次郎『倫理新說』、40-41 頁。

是通过和新的思想接触来养育自己的有机的存在，乃是如同吞下对象的所有一切的万籁俱静的无底之沼"。而其精神的内奥是作为"略微的怀旧"残留的东西，是隐秘存在的传统价值观。从他体认"实在"的方式，即"通过'穷理'与'居敬'两种方法来体得宇宙遍在之理"，能反映出他受到朱子学的影响。①

事实上，为抵抗进化所带来的人类命运及伦理的不确定感，井上哲次郎嫁接综合了斯宾塞继承自18世纪自然神学的"前达尔文的宇宙观"与日本的神道教，在伦理观上打开了"实在"通向"皇道"的路径。

斯宾塞哲学的基础是区分"可知"（the knowable）与"不可知"（the unknowable）。他认为："人类理智的力量可以处理所有那些在经验范围内的事物；它无力处理所有那些超越经验的事物。"所谓"超越经验"，即超出认识范畴的事物，就是"不可知"。这也意味着"绝对知识是不可能的"，"所有的事物之下存在着看不透的神秘"。②在科学急速发展的维多利亚时代，斯宾塞试图用基于自然神学的"不可知"来缓解人们所面临的信仰危机。井上哲次郎在《认识和实在的关系》中承认，斯宾塞辨明了"实在"的不可知，不将"实在"作为认识的对象，和自己的见解"可谓同出一辙"。③尽管他批评进化论者的唯物主义，但他总是格外为斯宾塞辩白，指出因为斯宾塞主张"不可知"，所以不是彻底的物质主义者。④在井上哲次郎的学生时代，斯宾塞曾经是影响他最大的思想家。欧洲求学期间，他于1888年的暑假还专程从德国去英国，并拜访了斯宾塞。他在英国的

① 渡辺和靖『明治思想史：儒教的伝統と近代認識論（増補版）』、114-118頁。
② Herbert Spencer, "Progress: Its Law and Cause," in Spencer, *Essays*, Vol. I (1868), pp. 59-60.
③ 井上哲次郎「認識と實在との關係」『巽軒論文二集』、157-158頁。
④ 井上哲次郎『明治哲學界の回顧』、73頁。

乡间寻访斯宾塞的部分，是整个《怀旧录》描写欧洲经历最生动的
篇章。① 尽管他后来奚落斯宾塞驱驰哲学的本领不足，不能进入纯正

---

①　井上哲次郎「八十八年を顧みて」『懐旧録』、331-333 頁。井上哲次郎是 1888 年
暑期到英国访问了剑桥、牛津两所大学，拜访了梵语学家麦克斯·缪勒。他表示：
"但在英国，我老早就想拜访哲学家斯宾塞，即便在日本我也读了很多斯宾塞的
书，所以拜访斯宾塞乃是一大乐趣。但是斯宾塞当时不在伦敦。听说好像斯宾塞
不能忍受伦敦街道上的喧闹，便住在了乡下。在乡下也不待在一个地方，不断地
到处改变住所。但即便如此，我也想拜访他，便慢慢打听，据说斯宾塞当时在多
尔金村子里。于是，一天我到多尔金去拜访他。"这样的描述说明井上哲次郎极为
了解"维多利亚怪人"斯宾塞稍有神经敏感症和社交恐惧症的性格特点。为打听
斯宾塞的住处，井上哲次郎费了很多工夫，"即便如此，我也想拜访他"。斯宾塞
是他真正崇拜过的、迫切想拜访的人物。接下来，他描述拜访斯宾塞当天的见闻，
写景如诗，访问经历则如同一出戏剧："多尔金在伦敦向南一个半小时路程的地
方，东北依山，西南与荒野相对，荒野的尽头又有山，其间看不到水流，但绿树
参差不齐，野花弥补其缺，夕阳西斜时，除了炊烟以外，还露出塔尖，是一个风
景非常幽美的地方。我进入村内，到处搜索斯宾塞的住所时，忽然后面有两人驱
赶马车而来。两人都回头凝视着我。尤其其中一个是魁伟男子，两颊留着很长的
胡须，头上戴着如簸箕大的奇帽，其相绝不寻常。他与以前在照片上看到的斯
宾塞非常相似，所以我推测那个魁伟男子定是斯宾塞，而且另一个人可能是书记。
然而我紧跟在马车后，心想他家可能就在这附近，便打听他的房屋，说是斯宾塞
现在与书记一起外出兜风了，半个小时左右可能就回来了。于是我拿出名片，过
半小时再来拜访时，斯宾塞氏已经回家了。这家的主人是格兰特·艾伦（Grant
Allen）。然后我进入斯宾塞氏的房间，与他谈话。他的房间很大，几乎不放书籍。
而且他依靠在长椅子上。艾伦说斯宾塞已经有衰老症，没有力气，受不了议论，
所以避开了一切哲学上的争论，但那次谈论非常有益。""谈话期间斯宾塞氏非常
快活，丝毫没有表现出疲劳的神色。而且待我起身离开时，他亲自来到屋外，说
今天非常愉快，取下我的帽子和伞给我。斯宾塞一生单身，没有一个亲戚。确实
是天地间一个人。因此在旁人看来，他的生活状态相当寂寞。当时斯宾塞暂且寄
居在友人艾伦氏的家中，停止一切读书，只不过是为了著述《自传》，偶尔向书
记口授，让他记下来。"中文译文参阅了井上哲次郎《儒教中国与日本》，刘岳兵
编，付慧琴、唐小立等译，中国社会科学出版社，2021，第 456~457 页。这里非
常精彩地描绘了斯宾塞的形貌、气质。"魁伟男子"日文原文是"伟丈夫"，"确
实是天地间一个人"则再次表达了井上哲次郎心底对斯宾塞的景仰。别忘记这是
88 岁的井上哲次郎在回忆自己 33 岁时的经历，还如此的清晰、如此的有新鲜感，
充分说明斯宾塞之于他的终生影响。《八十八年的回顾》唯一可以和回忆斯宾塞
段落相媲美的，是回忆哈特曼的段落。这从侧面也显示了这两人对日本明治哲学
界的巨大影响。诚如井上哲次郎 1903 年为小柳司气太的《宋学概论》作序时所
言："西洋哲学，虽则英之苏边萨、独之哈特曼，无人不耳之。"井上哲次郎：
《〈宋学概论〉序》，井上哲次郎：《儒教中国与日本》，第 397 页。

哲学的深远境界，但是井上哲次郎的"实在"与斯宾塞"不可知"有共同的自然神学特征。用哲学史家大岛正德评价斯宾塞的话，即一个"明白的形而上学的实在论者和绝对主义者"，① 来评价井上哲次郎也是适用的。

井上哲次郎认为，现象和实在的关系是"差别与平等的关系"，"由于世界之差别的方面称为现象，世界之平等的方面称为实在。所谓的差别即实在，即是现象即实在的思想"。② 解释世界的终局最大主义"即是平等无差别的实在"。③ 他解说国体论，"皇道是宗教以上的宗教，从佛教、基督教开始，儒教也好，哲学也好，全是皇道的范围"；"皇道是道德以上的道德，使所有的人类获得满足的生活者，无论如何的宗教，皆在皇道的范围之内"。④ 如此包摄所有、溶解一切异质性的皇道，正是"平等无差别的实在"于伦理上的对应物。

章太炎 1902 年第二次东渡日本后修订《訄书》，援引姉崎正治著论，开始逐步接触井上哲次郎周边人物的书籍。一方面，井上哲次郎关联了一张有分量的思想人物图谱，通过按图索骥，章太炎得以框定井上周边的重要阅读对象，他们大都融汇了佛教与叔本华一脉的德国形而上学。章太炎从这些对象那里采择支撑或组建自身思想的元素。但是另一方面，井上哲次郎之于章太炎，如同一个捕鱼的篓筌，得鱼而忘筌，在"转俗成真"后，章太炎的认识论和伦理观与井上哲次郎竟大相径庭。

章太炎援引了姉崎正治的《宗教学概论》《上世印度宗教史》，

① 大島正德『近世英國哲學史』208、209 頁。
② 原文为"處が現象と實在との關係は云ひ換へれば、差別と平等との關係である。世界の差別的方面を現象と稱し、世界の平等的方面を實在と稱するので、差別即實在といふのがこの現象即實在の考へである。"井上哲次郎「結論──自分の立場」『明治哲學界の回顧』、74 頁。
③ 井上哲次郎「認識と實在との關係」『巽軒論文二集』、167 頁。
④ 井上哲次郎『井上哲次郎自伝』、41 頁。

参与翻译井上圆了的《妖怪学讲义》。借助这些著作，他除了运用西方哲学、宗教学、心理学、生物学的理性话语来重新解析传统中国相关学术概念，更重要的是深化了对宗教与革命关系的理解。一方面，姊崎正治研讨宗教"齐物论而贵贱泯"，① 解释了宗教观念的预言激发人热情憧憬的机制，增强了章太炎对外抵制基督教宗教侵略、对内动员革命群众的理论信心。另一方面，井上圆了高度认同佛教能使人"转舍生死之迷而开现涅槃之悟"，达至"无限绝对之心体"，意即"真如"。② 这给予章太炎"继起之宗教，必释教无疑"③ 以理论支持。1905 年，章太炎在狱中阅读井上哲次郎所编《哲学丛书》，内收有井上哲次郎的《认识和实在的关系》《利己主义的道德之价值》、森内政昌的《认识与实践、实在观念与理想观念》等多篇文章。《读佛典杂记》显示，森内政昌文章所介绍的叔本华哲学解释欲望（意志）的本质及其运行机制，章太炎最为动容。虽然说章太炎欣赏井上哲次郎、森内政昌所介绍的德国直觉派的观点，即以"情力的活动"作为人行动的目的，④ 但是在伦理观上，章太炎和井上哲次郎、森内政昌出现了明显的分歧。双方分歧的焦点在于，是否认同叔本华将"活动的抑压"（Verneinung des Willens）⑤ 或曰"意志的灭却"

① 章太炎：《原教》（上），《章太炎全集·〈訄书〉重订本》，第 286 页。
② 井上圆了：《妖怪学讲义录（总论）》，蔡元培译，高平叔编《蔡元培全集》第 1 卷，第 362 页。
③ 太炎：《建立宗教论》，《民报》第 9 号，1906 年 11 月 15 日，第 26 页。
④ 井上哲次郎的《认识和实在的关系》在论证主观的实在性时说，世界万物共通之处都是指向"活动"；"活动"虽然不能说是世界的实在，但是最接近世界的实在，即是从现象渡入实在者。物质不灭，比如原子；精神也不灭，因为虽然作为个体的状态会变异，但活动的状态是永远存续的。井上哲次郎『異軒論文二集』、190-199 页。森内政昌的《认识与实践、实在观念与理想观念》继承了这一观点，而通过森内，章太炎也表现出对该观点的部分承认。详细的论证，参阅本章第三节。
⑤ 森内政昌「認識と實踐、實在觀念と理想觀念」『哲學叢書』第 1 卷第 3 集、830 页。

作为人生的解脱之道。

在"决然引去"之外，章太炎更欣赏的厌世观是"以世界为沈浊……不惮以身入此世界，以为接引众生之用，此其志在厌世，而其作用则不必纯为厌世"。[①] 这里就涉及了章太炎与撰述过《无意识的哲学》的德国哲学家哈特曼之间的思想关联。井上哲次郎推崇哈特曼，在德国期间还多次拜访。后来，哈特曼推荐科培尔（Raphael von Koeber）去东大担任哲学教授，科培尔遂成为叔本华、哈特曼一系哲学传入东亚的重要桥梁。

章太炎在《俱分进化论》中提到哈特曼的《宗教哲学》，其文曰："吾尝读赫尔图门之《宗教哲学》矣，其说曰：'有恶根在，必有善根，若恬憺无为者，其善根亦必断绝。'此谓恶尚可为，而厌世观念，则必不可生也，不悟厌世观念，亦有二派。"[②] 章太炎所引语句，乃是对姉崎正治所译《宗教哲学》相关文字的缩写。[③] 章太炎批评哈特曼对厌世观念理解不准确。事实上，据姉崎正治的概括，哈特曼不满基督教依靠他人，将基督作为神和人之间的媒介；他提倡的是依靠自力的"具存一体教"，又叫精神教。精神教以宇宙的大悲壮为

---

① 太炎：《俱分进化论》，《民报》第 7 号，1906 年 9 月 5 日，第 12 页。

② 太炎：《俱分进化论》，《民报》第 7 号，1906 年 9 月 5 日，第 12 页。

③ 原文为"惡衝動、根本惡の我意も始には潛勢力たると同じく、道德的意志も亦惡の顯動する迄は潛伏せるなり。惡の顯動前には、一個人にも人類にも善惡の芽のみにて未だ之を開發せざる未發の恬澹狀態あり。人は顯動の惡なきの故を以て、此狀態を無罪過と稱するなり、然れども無罪過の狀態にては顯動の惡なきと共に善も顯動せざるなり、人が無罪過にして道德的意識を開發せざる間は、道德的意志も開發せず、其道德の世界秩序に適合するは偶合のみ。"参考译文：恶冲动、根本恶的我意开始同样是潜势力，道德的意志也即恶的显动那时之前还依然处于潜伏状态。恶显动之前，一个人也好，人类也好，都仅有善恶之芽。这样的人处于其善恶之芽还未得到开发的恬澹状态。人们往往以无显动的恶之故，称此状态为无罪过。然而，无罪过状态在无显动的恶的同时无善的显动。人无罪过即是未开发道德意识的状态，道德的意志未开发，其适合于道德的世界秩序仅仅是偶合。ハルトマン著・姉崎正治譯『宗教哲學』博文館、1898年、221 页。

目的，即充分知觉精神自身犯罪，又以自身偿罪。空无现象界的差别，皈依于本体界，全然生成渐次进化的大宇宙的解脱。甘于悲壮，在此世界中觉悟自己成为其他的牺牲，以慈悲和献身作为道德的基础。[①] 章太炎所选择的"不惮以身入此世界，以为接引众生之用"的厌世立场，其实和哈特曼的精神教是非常近似的。哈特曼虽是井上哲次郎思想圈辐射到的人物，井上哲次郎却并不认同哈特曼的伦理立场。章太炎通过阅读井上一系所译的哈特曼著作获得了思想的养料。这同样属于得鱼忘筌。

小结：面对进化之宇宙观所带来的不确定性

关于章太炎与井上哲次郎的关联，如章太炎从井上哲次郎那里习得了哪些来自德语世界的重要哲学话语，两人认识论、伦理观的异同，两人儒教、佛教认知的差别以及相对于各自传统的变异等，有不少问题后文还将进行研讨。本节论述的重心，乃是通过确证1899 年章太炎在东京与井上哲次郎交往的事实及其后续效应，发掘章太炎与明治思想界乃至与 19 世纪末欧亚思想之间的内在联动机制。从受到英语世界传入的生物和社会进化学说影响，到融合佛教和德国哲学来解决深层次的形而上学问题，章太炎与井上哲次郎的思想轨迹高度相似，转折的发生却存在有意味的时间差。章太炎几乎和井上哲次郎辐射出的人际和思想圈重要人物都有某种点对点的关系。通过馆森鸿《似而非笔》透露的关键事实和蛛丝马迹、《清议报》当时所载井上哲次郎所撰文章的内容，结合潘飞声记载的旅德经历，以及吴汝纶东游的笔谈，可以框定章太炎和井上哲次郎多次交谈的大致范围，包括东西洋思想的融通、亚洲的连带及德

---

① ハルトマン『宗教哲學』、26 頁。

国哲学。章太炎此后围绕井上哲次郎周边人物姊崎正治、井上圆了，以及《哲学丛书》等著作进行阅读并非偶然遇合，而属于某种有意识的寻访。

海轮、铁道辅翼了跨国人际交往，如井上哲次郎之拜会斯宾塞、哈特曼，章太炎之结识井上哲次郎。大学、印刷媒体在东亚的推广，造就了获取成体系的近代知识之途径。这些都是从人物关系出发观察近代思想地图可以看到的"显像"。在"显像"的背后，其实还有近代思想地图的"实像"。即是进化学说将人类卷入不由自身掌握命运的巨大不确定性，各国的知识精英都勉力从心智上应对此一问题。

井上哲次郎"没有深深用心捕捉"[1]近代认识论所造成的主客观的分裂。他迅速整合各种前达尔文的宇宙观，不论是斯宾塞继承自18世纪自然神论的"不可知"，还是儒教的"天理"，形成融合主观客观的"一如的实在"，溶解了各种异质和分裂。在伦理观上，他也打开了"实在"通向"皇道"的路径，实现了对忠孝一体的拟血缘制国家的国民道德论述。

进化论的不确定所带来的危机感则几乎重塑了章太炎的经验世界，他沉浸于悲观之深渊，思想"转俗成真"。章太炎接引法相唯识学，主张"万物皆无自性"，因为"自性者，不可变坏之谓；情界之物无不可坏，器界之物无不可变"。万物皆处于变坏的进程之中，致使物质世界所带来的确定性、稳固感都烟消云散。与此同时，他将森罗万象的世界都视为心中幻象——"黄垆、大海、燔火、飘风，则心之萌影也"。[2]对宇宙实存性的彻底否认，当然是对进化之宇宙观的根本反动。对章太炎来说，"进化"的问题只

---

① 渡辺和靖『明治思想史：儒教の伝統と近代認識論(増補版)』、119 頁。

② 章太炎：《辨性上》，《国故论衡》（校定本），《章太炎全集·〈国故论衡〉校定本》，上海人民出版社，2017，第 316 页。

能在"依他幻有"的世界中以"随顺"的方式进行讨论。"宇宙本
非实有",① 固然让他拥有一定的安稳感,但是幻象中的宇宙,善
恶、苦乐永远共存,仍使他将叔本华"意志的灭却"作为根本的
解脱之道。加上对个体本位的确认,伦理上他再难返归以礼仪法
度化性起伪的荀子,"回真向俗"之后,遂逐渐走上"以庄证
孔"② 的路。

第二节　从姉崎正治到井上圆了:清末革命
思潮中的日本宗教学

一　由章太炎参与翻译《妖怪学讲义》引出的问题

　　商务印书馆 1906 年出版的汉译井上圆了的《妖怪学讲义录(总
论)》被誉为影响近代中国社会的 100 种译书之一。③ 张东荪甚至认
为该书乃是"中国之有西洋哲学"第一个时代的代表,"代表那个时
候中国人对于哲学的态度"。④ 该书的译者乃是后来担任北京大学校
长的蔡元培先生,此点向无疑义。并且,彼时负责商务印书馆编译工
作的杜亚泉 1905 年还在《初印总论序》中明确说:"全书共八大卷,
非一人所易为力,曾于前数年,由蔡先生子民,译其十之六七,今先
将总论付印,即蔡先生所手译者。"⑤《蔡元培日记》更提供了 1901
年从 4 月 11 日购买该书,到 9 月 30 日"亚泉属译《妖怪学讲
义》",10 月 5 日"亚泉函订译《妖怪学讲义》"的完整证据链条。

①　太炎:《建立宗教论》,《民报》第 9 号,1906 年 11 月 15 日,第 16 页。
②　章太炎:《菿汉微言》,章太炎:《菿汉三言》,第 61 页。
③　邹振环:《影响中国近代社会的一百种译作(修订本)》,第 204 页。
④　张东荪:《〈文哲月刊〉发刊词》(1935),左玉河编《中国近代思想家文库·张东
　　荪卷》,中国人民大学出版社,2015,第 389 页。
⑤　杜亚泉:《初印总论序》,《妖怪学讲义录(总论)》,高平叔编《蔡元培全集》
　　第 1 卷,第 246 页。

在 9 月 30 日的日记后，蔡元培还有补记，"《妖怪学讲义》六册，为日本井上圆了所撰，我已译出，由亚泉购印。仅印一册，而书肆火，余五册均毁。"[1] 这些材料都进一步坐实了《妖怪学讲义》的译者乃是蔡元培。

然而，蒋维乔两则关于"中国教育会"的回忆录却提供了章太炎翻译《妖怪学讲义》的信息。由此，同期翻译《妖怪学讲义》的革命者恐怕就不只蔡元培了。

中国教育会 1902 年在上海成立，蔡元培任会长，蒋维乔随江阴南菁高等学堂的理化教员钟宪鬯一起入会。1902 年夏，中国教育会接受南洋公学退学的 500 余名学生的请求创办爱国学社，蔡元培为总理。蒋维乔担任爱国学社一、二年级国文教员，章太炎担任三、四年级国文教员。蒋称，"余与太炎两人，合居后楼上小披屋，仅堪容膝，其下即为厨房，一日三餐时，烟焰迷目，故常携笔砚稿件，至会客室中写之"；"太炎与余，皆卖文以自给"，章太炎"为普通学书室译《妖怪学讲义》"，蒋维乔则"为苏报馆翻译东文"。[2] 蒋维乔与蔡元培、章太炎二人皆熟识，与章太炎同住，亲眼见过他翻译《妖怪学讲义》。而其回忆中提到的"普通学书室"，是由杜亚泉 1901 年开设的。1904 年，杜亚泉又应商务印书馆创始人夏粹芳、张元济邀请，赴商务印书馆编译所任理化部主任，编撰大量理科教科书和自然科学书籍。1906 年的《妖怪学讲义录（总论）》正是经他之手而出版。换言之，杜亚泉不仅函订蔡元培，还曾邀约章太炎翻译《妖怪学讲义》。他所说的"全书共八大卷，非

---

① 王世儒编《蔡元培日记》，北京大学出版社，2010，第 170、186、187 页。

② 引文参见蒋维乔《章太炎先生轶事》（原载《制言》第 25 期，1936 年 9 月），蒋维乔另一篇《中国教育会之回忆》，（原载《东方杂志》第 33 卷第 1 号，1936 年 1 月）也表达了类似的意思。参阅陈平原、杜玲玲编《追忆章太炎（增订本）》，第 401、154 页。

一人所易为力"也大有深意,即"总论"部分由蔡元培翻译,而其他卷次或还有另外的译者。章太炎很可能就是译者之一。如本章上一节所述,章太炎在1899年第一次旅日期间就已经知晓井上圆了的《妖怪学讲义》,和一个叫久保的学者评论西历五百年前基督教已入华的传说,称:"此真妖僧矣,非井上圆了之比也"。[①] 在整体了解井上哲次郎周边的哲学环境和人物之后,他主动参与翻译《妖怪学讲义》可以说是非常自然的事。至于《妖怪学讲义》章太炎翻译的部分何在,虽然至今茫昧无可考,但他阅读、翻译过该书是不争的事实。

井上圆了是近代日本著名的佛教哲学思想家、教育家。其一生撰述宏丰,据统计,其生涯著书多达127册,论文等更有638篇,[②] 代表作包括《哲学一夕话》(1886)、《真理金针》(1886)、《佛教活论序论》(1887)、《欧美各国政教日记》(1889)、《星界想游记》(1890)、《妖怪学讲义》(1893~1894)等。圆了乃是新潟县真宗大谷派慈光寺的长子,自幼受到佛教修炼,9岁起在石黑中悫的私塾学习汉学,15岁开始习英文和洋学。东京大学1877年成立,次年圆了便进入东大预科。1881~1885年,他在东京大学文学部哲学科学习东亚、西方及印度哲学。1884年与友人成立"哲学会"。1887年,以普及哲学为目的,他创办了私立学校哲学馆(即日本东洋大学的前身)。圆了拥护1890年颁布的以"忠君爱国"为核心的《教育敕语》,主张以"爱国"与"护理"相统一来复兴佛教,教育上又以自由开发主义为方针,以凝聚私立学校的个性特征。他被认为是"明

---

① 袖海生:《似而非笔》(六),《台湾日日新报》1899年10月7日,日文第1版,"落叶笼"栏。

② 三浦節夫「井上円了と著述」『井上円了選集』第25卷、日本東洋大學井上円了記念學術センター、2004年、761頁。

治青年第二世代"的代表。①

1889 年，林廷玉译《欧美各国政教日记》出版，之后井上圆了的《哲学要领》《印度哲学纲要》《妖怪百谈》《星界游行记》等作陆续被译介到中国。② 其中影响最大的，自然是蔡元培所译《妖怪学讲义录（总论）》，研究者也颇为关注井上圆了与蔡元培的关系。③ 此外，井上圆了与康有为、梁启超均有交往。1902 年，康有为流亡印度大吉岭期间，井上圆了前去拜访，康有为作诗酬答。有研究甚至还揭示康氏《大同书》与圆了《星界想游记》的联系。④ 日本学者佐藤丰曾讨论章太炎《四惑论》批评的"唯物"观念，与井上圆了《破唯物论》抨击的"唯物"观念的相通性。⑤ 本节的问题是由章太炎翻译《妖怪学讲义》的事实引发的，但论述的目的不单是发掘章太炎与井上圆了的思想关联。通过章太炎来认知井上圆了与近代中国的思想纠葛，其实为更深入地理解清末革命思潮与日本宗教学的关系提供一个窗口。

因为以往关于日本宗教学说对清末革命思潮的濡染和触动，呈现

---

① 井上圆了的生平及著述，参阅三浦節夫『井上円了——日本近代の先駆者の生涯と思想』教育評論社、2016 年。中文研究参考卞崇道《井上圆了的教育思想述评》，《浙江树人大学学报》2007 年第 11 期；卞崇道《井上圆了宗教学思想述评》，《日本研究》2009 年第 1 期。

② 关于井上圆了著述中文翻译出版的情况，请参阅谭汝谦《中国译日本书综合目录》，香港中文大学出版社，1980；李立业「井上円了著作の中国語訳及び近代中国の思想啓蒙に対する影響」「国際井上円了学会第 6 回学術大会」報告、2017 年。

③ 关于蔡元培与井上圆了，参阅王青《井上圆了与蔡元培宗教思想的比较研究》，林美茂、郭连友主编《日本哲学与思想研究》，中央编译出版社，2015；廖钦彬《井上圆了与蔡元培的妖怪学——近代中日的启蒙与反启蒙》，《中山大学学报》2017 年第 2 期。

④ 参阅坂出祥伸「井上圆了『星界想遊記』と康有為」『（改訂増補）中国近代の思想と科学』朋友書店、2001 年、616-636 頁。

⑤ 参阅佐藤豊「明治思想に関連して見た所の章炳麟の『唯物』概念について」『愛知教育大学研究報告』、第 49 輯、2000 年、73-80 頁。

出来的多是一些碎片化图景。比如1904年成立的革命团体光复会的三位领袖蔡元培、章太炎、陶成章，分别译介过井上圆了的《妖怪学讲义》、姉崎正治的《宗教学概论》《催眠学讲义》，① 就蔡元培与井上圆了、章太炎与姉崎正治的关系进行针对性研究似乎是题中应有之义。② 然而，章太炎翻译过井上圆了《妖怪学讲义》的事实则提醒我们，从中国方面来看，彼时对日本宗教学说的接受其实是一个整体，拥有同样的政治革命与社会再造的背景，也在传统中国学术近代转化这一共同的知识脉络上，完全可以进行一体的考察；而从日本方面来看，井上圆了与姉崎正治虽然都是日本近代引入西方宗教学的先驱，但他们关于"宗教"的概念认知确有差异，各自的偏好也并不一致。他们学说上的差异如何介入清末的革命思潮，其实有助于理解以章太炎为代表的中国知识人彼时接受日本宗教学的曲折心路。

二 姉崎正治的比较宗教学与清末革命的展开

姉崎正治比井上圆了小15岁，几乎是晚一代的日本宗教学家。东京大学1886年改组为帝国大学时，井上圆了业已毕业。而1893年，姉崎正治才进入帝国大学文科大学哲学科学习直至1896年毕业。他之后陆续出版了《印度宗教史》（1897）、《印度宗教史考》（1898），

---

① 关于陶成章《催眠学讲义》与日本宗教学的关系，他自己在弁言中说："壬寅夏季，东渡日本，旅居东京，偶于书肆中见其所谓《催眠术自在》者，奇其名称，购归读之。读竟，益奇其说。复多购他种，自习研究，稍有领悟。去岁复因事游东京，与彼国精斯道者日夕讨论，且从之学，观其实验，益有心得。"汤志钧编《陶成章集》，中华书局，1986，第316页。《催眠学讲义》乃是作者回沪后讲授该学时所编。查日本较早出版的，名为"催眠术自在"的书有竹内楠三『學理應用催眠術自在』東京大學館、1903。因与陶成章所言1902年（壬寅）有差，未详是否就是该书。

② 关于章太炎与姉崎正治，参阅小林武「章炳麟と姉崎正治──『訄書』より『齊物論釋』にいたる思想の關係」『東方學』第百七輯、2004年；彭春凌《章太炎对姉崎正治宗教学思想的扬弃》，《历史研究》2012年第4期。

翻译了德国哲学家哈特曼的《宗教哲学》（1898），著有《比较宗教学》（1898）、《上世印度宗教考》（1900）、《宗教学概论》（1900）等。姉崎正治 1900～1903 年赴德国留学。1910～1911 年，他翻译出版了叔本华的《作为意志和表象的世界》①。姉崎正治从 1904 年开始，在长达 30 年的时间里担任东京帝国大学文科大学教授。其《宗教学概论》发凡起例，堪称近代日本宗教学的滥觞。姉崎本人更领有日本近代宗教学第一人的位置。②

姉崎正治与井上圆了多有交集，如 1896～1897 年在哲学馆讲授"比较宗教学""言语学的宗教学"等课程，1898 年多次在哲学馆宗教会讲演，主题诸如"佛教的直观主义""宗教病理学"。③ 他们几乎同时与中国知识人康有为、梁启超交往。1899 年 5 月 13 日，姉崎介绍梁启超参加了日本哲学会春季大会，④ 梁氏发表了《论支那宗教改革》，并"与东洋文明国诸贤哲相见"。⑤ 相见的"贤哲"之一，就有井上圆了。井上圆了还邀请梁氏参观了哲学馆。井上圆了 1902 年 12 月到印度大吉岭拜访康有为后，姉崎正治 1903 年 3 月也到大吉岭访问了康有为。

然而姉崎正治这样讲述他与井上圆了宗教学的差异，称："本来，宗教学的名称在此之前，在井上圆了于哲学馆的讲义中已使用了叫作理论的以及实际的宗教学的讲义，但其内容和我们所说的所谓宗

---

① 『意志と現識としての世界』博文館、1910-1911 年。
② 参阅磯前順一、深澤英隆編『近代日本における知識人と宗教——姉崎正治の軌跡——』東京堂、2002 年。
③ 磯前順一、高橋原、深澤英隆「姉崎正治年譜」『近代日本における知識人と宗教——姉崎正治の軌跡——』、246-248 頁。
④ 磯前順一、高橋原、深澤英隆「姉崎正治年譜」『近代日本における知識人と宗教——姉崎正治の軌跡——』、249 頁。
⑤ 梁启超：《论支那宗教改革》，《清议报》第 19 册，1899 年 6 月 28 日，第 1231 页。

教学全然不同。"① 所谓"全然不同"的背后，恰恰体现了 1880 年代到 1900 年代日本学术思潮的变化，特别是汲取域外西学的差异。

井上圆了在东京大学学习期间，日本经历着传播斯宾塞学说的热潮。1881 年开始，外山正一以斯宾塞的学说为依据，在东大讲授相关社会学知识；有贺长雄以斯宾塞的《社会学原理》和《社会学材料集》为基础，1883～1884 年通过东洋馆书店翻译出版了三卷本《社会学》。井上圆了的宗教观是建立在对斯宾塞学说中的"不可知"（the unknowable）和"不可思议"（inscrutable）的理解之上。② 而姉崎正治在东京帝国大学学习期间，外山正一的社会学讲义已经开始脱离斯宾塞的社会学体系，而转向了本杰明·基德的社会进化论。据姉崎回忆，基德"论述人类非理性所产生的光彩是转动社会的伟大的力"，③ 让他特别感动，并刺激他开始修行宗教。井上哲次郎 1890 年留德归国后，为日本确立了输入德国哲学的方向。姉崎正治师从井上哲次郎，其嗣后的宗教观更受到叔本华、哈特曼一系德国形而上学的影响。学生时代的姉崎阅读了大量德语系的宗教学书籍。他承认，出生于德国波恩的宗教神学家威廉·本德（Wilhelm Bender，日译名为"ベンデル"）的观点——宗教乃是欲望的表现，对他影响极深。此外，《宗教学概论》还受到德国自由主义神学家奥托·普列德勒（Otto Pfleiderer，日译名为"プライデーデル"）宗教哲学的启发。④

可以说，从井上圆了到姉崎正治宗教观念的转变，体现着近代日本宗教学的历史演进过程和次序。然而，章太炎是先阅读姉崎正

---

① 姉崎正治著·姉崎正治先生生誕百年記念会編『新版わが生涯』大空社、1993年、6頁。
② 井上圆了在《教育宗教关系论》中承认了斯宾塞区分"可知""不可知"对自己的影响。井上圆了『教育宗教關係論』哲學書院、1893年、46頁。
③ 姉崎正治著·姉崎正治先生生誕百年記念会編『新版わが生涯』、6頁。
④ 姉崎正治著·姉崎正治先生生誕百年記念会編『新版わが生涯』、7-8頁。

治的《宗教学概论》等著，后翻译井上圆了的《妖怪学讲义》，不同时间点接触姊崎、圆了的学说，之后受影响创作的有关宗教学的作品也呈现出不同的趋向。姊崎正治的思想后发而先至，井上圆了的学说却先发而后至。从姊崎正治到井上圆了，包含着章太炎对宗教与革命认知深入的过程。此方向似乎是逆着日本宗教学发展的逻辑，然而体现了清末革命展开的内在理路和历史进程。梁启超在《东籍月旦》中评价井上圆了的《伦理通论》时说："此书以明治二十年出版，距今十有五年，就日本人读之，觉其已成刍狗，然适合于我国今日之用。"[1] 在彼文化中"已成刍狗"的过往，如何与此文化的当下产生化学效应，正是学术思想跨域传播过程中颇显吊诡而深具意味之处。

1902 年 2 月，章太炎第二次东渡日本，在梁启超的推荐下阅读了姊崎正治的著作。同年他回国后修订《訄书》，大量征引日本学者的著作，从中了解西洋近代思想，助成自己的学说。[2] 其中，《原学》、《清儒》、《通谶》、《订文》所附《正名杂义》、《原教》（上）等多篇文章，皆有部分段落译自姊崎正治的《宗教学概论》及《上世印度宗教史》；《原教》（上）则几乎全部译自姊崎《宗教学概论》之附录——《宗教概念的说明契机》（参阅本书附录二）。虽然说庚子后中国文化界对姊崎正治已有所了解，如文廷式的《知过轩随笔》就记录了阅读《上世印度宗教史》的笔记，[3] 但是章太炎才是这一时期最关注姊崎的中国思想家。不仅如此，在《訄书》重订本援引、吸收的所有日本学术著论中，姊崎的作品居于核心位置。

---

① 梁启超：《东籍月旦》，《新民丛报》第 9 号，1902 年 6 月 6 日，第 116 页。
② 参见小林武「章炳麟『訄書』と明治思潮——西洋近代思想との關連で」『日本中國學會報』第 55 集、2003 年、196–210 頁。
③ 参阅汪叔子编《文廷式集》（下），中华书局，1993，第 900 页。

全部译自姊崎正治《宗教学概论》的《原教》（上），①是《訄书》重订本相比于 1900 年初刻本新增的篇目，它给章太炎带来了关于宗教观念的"地震"。

《宗教学概论》的出版是日本近代宗教学诞生的一项标志。这里有必要简单交代一下 1890 年代后半期日本宗教学发展的情况。自 1893 年芝加哥万国宗教者会议后，宗教间的比较和协调在英语圈成为一个大的趋势。而随着明治宪法的颁布，在日本的各宗教迎来了有限定的自由时代。基督教解禁后得到了相应的发展，自由基督教系的诸杂志相继出版，《新佛教》得以结集，各宗教开始探索和谐共存的方案。② 19、20 世纪之交，日本出版了三种宗教学概论性质的书籍。它们是岸本能武太的《宗教研究》（警醒社，1899）、加藤玄智的《新宗教论》（博文馆，1900）及姊崎正治的《宗教学概论》（东京专门学校出版部，1900）。加藤玄智 1896 年进入东京帝国大学文科大学哲学科学习，他和姊崎正治一样，都是井上哲次郎的学生。岸本能武太 1890~1894 年在美国哈佛大学神学院学习比较宗教学，他论述宗教学可以说是本色当行。他的《宗教研究》是编纂其多年来在《六合杂志》《宗教》等杂志上所刊著论而成，介绍并评价了泰西宗教学者当时最新的关于宗教之分类、起源、进化、基础等问题的研究

---

① 《訄书》重订本《原教》（上）第四十七，从"观诸宣教师所疏录，多言某种族无宗教者"到"无宗教意识者，非人也。高下之殊，盖足量乎哉"。《章太炎全集·〈訄书〉重订本》，第 286~289 页。近三页的篇幅，全文大致翻译自姊崎《宗教概念的说明契机》［「宗教なる概念の説明契機」姊崎正治『宗教学概論』『姊崎正治著作集』第六卷］，第 558 页第 4 行至第 564 页第 2 行。当然，章太炎有适量改写和一定程度的误译。

② 关于近代日本宗教学展开的背景及其与姊崎正治《宗教学概论》的关系，参阅深澤英隆「姊崎正治と近代の「宗教問題」——姊崎の宗教理論とそのコンテクスト——」磯前順一、深澤英隆『近代日本における知識人と宗教——姊崎正治の軌跡——』。

和结论。① 姊崎正治从 1896 年开始就在哲学馆、净土宗高等学院、先进学院、东京专门学校、东京帝国大学讲授宗教史、比较宗教学、宗教学等课程。《宗教学概论》是根据这些课程讲义凝练而成。姊崎正治和岸本能武太一起，于 1896 年创立比较宗教学会。

无论姊崎正治还是岸本能武太，诞生期的近代日本宗教学根本上都趋向于比较宗教学。

姊崎正治在东京专门学校开设课程时，"宗教学概论"的另一个名称其实就是"比较宗教学"。姊崎 1895 年时就撰写文章《比较的研究的精神》，专门阐述比较研究之于精神科学，特别是宗教、风俗、语言诸领域研究的重要意义。他说："自牛顿、达尔文出，自然科学生成革新之一转机，其进步诚足令人惊叹。而今日的精神科学也能看到朝向革命之机运逐渐成熟。盖世界交通之自由，不仅为研究自然，亦为精神界之深入研讨提供丰富的材料，依之比照较量，能破除偏见独断之蒙蔽。现时学术研究的旗锦实际上是比较的研究。材料愈弘、稽查益细，而待统合陶冶其结果的大伟才出世，新学术的旭光就足以了没旧时代的光辉。"在工业文明的全球化时代开启之际，所有的大陆和人类的所有文明都暴露在异文明的他者视野中，并势必在互相碰撞的动力中发生或深或浅的改变。比较研究也因此成为"究明真理的科学方法"，因为科学的职务"乃是从因果（关系）认识现象界森罗万象万化，发现概括其真实必然的关联，捕捉现象的俱存（Nebeneinander）与继续（Nacheinander）其中必然的系统，明了其必然的因果（Auseinander）"。姊崎正治呼吁，日本学界的当务之急是收拾东西文明于自家囊中，搜集古今之材料、握比较研究之利器，对美术、宗教、文学诗歌、言语习俗所有学科进行比较研究，从而立

① 岸本能武太「緒言」『宗教研究』警醒社、1899 年、3 頁。

于世界学界的潮头。① 岸本能武太 1895 年在东京专门学校开设宗教比较研究的课程。他指出，比较宗教学的目的是研究 5 个问题，包括诸宗教的异同、诸宗教的交涉、诸宗教的普通的分子、宗教发达的法则、诸宗教的优劣。②

姉崎正治坦诚，他的《宗教学概论》和岸本能武太的《宗教研究》的宗教学是非常相似的；岸本从哈佛大学归来之后，他俩彼此帮助、相互刺激，对《宗教学概论》的诞生发挥了十分重要的作用。③ 姉崎正治的《宗教学概论》和岸本能武太的《宗教研究》，可以说体现了近代日本宗教学在世纪之交发轫期的一些共同特征。而姉崎和岸本宗教学的共同特征构成了章太炎《訄书》重订本《原教》篇接受姉崎宗教学的核心动力。

姉崎和岸本都将宗教视作人类欲望的表现，认为"宗教的意识是从人类生存中产生的自然的结果"。④ 岸本能武太的《宗教研究》指出，"生存的欲望是宗教的基础"，"宗教的欲望总是在于人想要实现幸福的欲望"。⑤ 姉崎正治的《宗教学概论》用"表象主义"来解释宗教。所谓"表象主义"即是"symbolism"（今译为"象征主义"），指人类用直观、感性的形式来表示抽象的概念，表达内心的欲求。表象主义定义下的"宗教"，其本质是意志的自我扩张，它以感性的现象、可见的形式为表象（亦即象征和表现的中介）来理解超验的神的存在，⑥ 反映了人类企图在有限中追求无限的天性。

---

① 姉崎正治「比較的研究の精神」『哲學雜誌』106 号、1895 年 12 月 10 日、986-988 頁。
② 岸本能武太『宗教の比較的研究』（東京專門学校邦語文学科第 1 回 2 年級講義録）、1895 年、22 頁。
③ 姉崎正治著・姉崎正治先生生誕百年記念会編『新版わが生涯』、7-8 頁。
④ 姉崎正治『宗教学概論』、11 頁。
⑤ 岸本能武太『宗教研究』、220、224 頁。
⑥ 姉崎正治『宗教学概論』、60-62 頁。

岸本能武太和姊崎正治对宗教本质的理解大体相似，但各自观念的知识来源有区别。

岸本能武太留学美国，深受美国社会学的影响。正如本书第二章所揭示的那样，岸本将宗教的本质定义为人类欲望的表现，是因为他接受了莱斯特·沃德心理社会学的基础，即"幸福的欲望是在所有社会运动之下的根本动力"。[1] 在岸本看来，人类的欲望也是有层级的。在形造社会方面，权力欲望、名誉欲望、社交欲望、智识欲望、道德欲望、美术欲望、宗教欲望是依次累进的关系，"人智愈进，而欲望亦因之愈进"。并且，人生究极之目的在任受完具之幸福，宗教的崇拜欲和依赖欲所带来的愉乐是人生高品位的幸福。[2] 基督教上帝一位论派的信徒岸本能武太依据自己的宗教经验指出，人心对天地万有的大源因、大本体、大立法者的调和、依赖、归顺、尊敬和崇拜，在这一过程中享受到最大的快乐和幸福。[3]

姊崎正治本身就趋向于信仰佛教。前文提到，还在学生时代，他的宗教学思想除了受到英国社会学家本杰明·基德影响，就主要接受了德国叔本华、哈特曼一系的哲学及德国神学家威廉·本德、奥托·普列德勒等人的论著的启发。在他看来，宗教成立的根本固然在意志和欲望，但这并不单纯意味着追求快乐，而恰恰是人类扩张的意志在遭遇挫折后假设有更高的存在，并在这一宗教关系中展开自我。可以说，姊崎正治宗教观的根柢处有叔本华对表象世界的悲观感受和佛教对人生的苦觉体悟。

章太炎 1902 年翻译岸本能武太的《社会学》，同时在阅读姊崎

---

① Ward, *Dynamic Sociology*, Vol. I, p. 25.
② 此为章太炎译文，岸本能武太：《社会学》，《章太炎全集·译文集》，第 144、151 页。
③ 岸本能武太『宗教研究』、221-225 頁。

正治的《宗教学概论》。岸本能武太将欲望视作社会运转的根本动力，并在人类欲望的普遍意义上来阐述宗教。应该讲，岸本的《社会学》对章太炎接受姊崎正治的宗教观念进行了理论铺垫。但是，岸本能武太视宗教欲望为人生最大快乐和幸福的来源，章太炎对此显然并不太以为然。章太炎更能接受姊崎正治情感上以悲苦做底子、逻辑上对意志的发动机制进行了清晰阐述的宗教观念。正是由于宗教是人类欲望的表现，姊崎正治的《宗教概念的说明契机》指出："冞法鬼神之容式，芴漠不思之观念，一切皆为宗教。"[1] 这可以说是一个含义最为广泛的"宗教"观，举凡巫觋下咒驱鬼降妖、世人崇事鬼神，乃至种种无边无际不可思议的观念，均包括在"宗教"的范畴之内。章太炎对姊崎的宗教观念深为认同，他说，"宗教者，人类特性之一端也"，并借译文称颂道："天下凡从生而不毛者，其所趋向无问为贞信荧惑，其事无问为冞法鬼神不也。人心不能无嗜欲祈冀，思之至于热中，饮冰不寒，颖然征侊，若有物焉，灵运而能直接于形躯者，则爱之任之惮之敬之，犹其在人格则有社会交际也。有求而遇人，则凄怆也，悲泣也，欣凯也，鞠腾也，踉拜也，此亦情之至也。凡有血气心知者，孰不具斯机能矣！"[2] 天底下所有人内心都有"嗜欲祈冀"，由此而产生人性的各种外在形态，甚而产生神鬼诸信仰对象。

佛教信仰和德国新的思想学术滋养了姊崎的新宗教学。借助欧洲的思想资源，姊崎正治更为彻底地批判了将基督教置于最高位阶的宗教进化图示。他的思想对于章太炎而言当然更加具有吸引力。《訄书》重订本《原教》（上）就从姊崎正治《宗教概念的说明契机》批评传教士记录的地方开始翻译。

---

[1] 章太炎：《原教》（上），《章太炎全集·〈訄书〉重订本》，第289页。
[2] 章太炎：《原教》（上），《章太炎全集·〈訄书〉重订本》，第286、288页。

姉崎原文为“從來宣教師の報告等にて某々の種族は宗教なしとの報告に接したる事少なからず。亞弗利加內地の黑人、テラデルフェゴ土人、新ギニアの土人、モト（Motu）の如き此中に數へられ、ラボックの如きは此等の報告に依りて、靈魂崇拜の前に無宗教の時代を建てぬ。然れども人類學の大家は大抵之に反對し、ワィツは宗教を以て人類特性の一に數へ、ティロルは無宗教人民に關する妄を明にして、宗教の解釋の偏僻なるに歸し（原始人文一卷四八一以下）、ラッツェルも、人種學は未だ宗教なき人民を發見せずとまで斷言し（民族學一卷序論三一）、シナィデルも亦特にラボック、スタンレー等の無宗教の人民ありとの說を駁しぬ（アフリカ天然民族の宗教三一八頁）。”①

章太炎《原教》（上）对应的译文为：“观诸宣教师所疏录，多言某种族无宗教者，若非洲内地黑人，脱拉突非古野人，新基尼亚野人。亦名穆托。著于拉备科所上文牍，辄言建国时未有宗教，而后稍事幽灵崇拜。然人类学诸大师，往往与是说觝拒，咸知以宗教者人类特性之一端也。梯落路曰：言民有无教者，由其说解宗教过狭小矣。（《原始人文》第一卷）。而载路亦言：格以人种学说，必无无教之民。（《民教学序论》）。西尼突尔亦云。然则虽在犷顽至愚之伦，而其征佁于神也，如璋圭坝篾取携矣。”②

姉崎正治抨击英国学者约翰·卢伯克（日语译为“ラボック”，章太炎译为“拉备科”）根据传教士对非洲内地黑人、南美洲火

---

① 姉崎正治「宗教なる概念の說明契機」『宗教学概論』、558 頁。
② 章太炎：《原教》（上），《章太炎全集·〈訄书〉重订本》，第 286 页。

地岛（Tierra del Fuego，日语译为"テラデルフェゴ"，章太炎译作"脱拉突非古"）土著人、新几内亚的莫图人（Motu，日语译为"モト"）无宗教的记载，就认为在建立灵魂崇拜之前的时代是无宗教的时代。姊崎列举了几位人类学大家对卢伯克学说的批评，其中提到爱德华·泰勒（Edward Tylor，日语译为"タィロル"，章太炎译作"梯落路"）的《原始文化》（*Primitive Culture*，姊崎译为《原始人文》）对"无宗教"之说的抨击，认为类似卢伯克的观念是宗教概念过于偏狭的表现。除了泰勒，姊崎提及的其他几位人类学大家都来自德国。他们分别是心理学家、人类学家西奥多·魏茨（Theodor Waitz，日语译为"ワィツ"，章太炎在这里译作"威知"，后文又译为"瓦伊知"），人文地理学家、人类学家弗里德里希·拉采尔（Friedrich Ratzel，日语译为"ラッツェル"，章太炎译作"载路"），以及来自帕德博恩（Paderborn）的主教威廉·施耐德（Wilhelm Schneider，日语译为"シナィデル"，章太炎译作"西尼突尔"）。

西奥多·魏茨 6 卷本的《原始民族人类学》（*Anthropologie der Naturvölker*，1859-1872，姊崎译为《天然民族之人类学》）是德语世界关于人类学的名著。魏茨相信人类的精神统一性，并认为文化的变化建立在这样一个共同精神基础之上。这是比较典型的德国近代浪漫主义的哲学思想，即认为人类文明有共同的精神基础，但人类各民族、各时代的文化又自有其独特的个性。姊崎用达尔文对火地岛土著信仰状况的描述和魏茨《原始民族人类学》提到的西非土著的例子，来反击传教士或西方传教士由于自身观察的疏忽，而将原本有宗教或有较高级的唯一神教倾向的种群视为无宗教或只有低级宗教的种群。

在姊崎正治的《宗教概念的说明契机》原文中，提到威廉·施耐德《非洲原始民族的宗教》（*Die Religion der afrikanischen Naturvölker*，1891，姊崎译为『アフリカ天然民族の宗教』）一书反驳类似卢伯克"无宗教之人民"的说法。章太炎《原教》（上）的译文只用"西尼突尔亦云"一语简单带过，之后自己又添加了一句描述的文字，称："然则虽在犷顽至愚之伦，而其征俗于神也，如璋圭埙篪取携矣。""如璋圭埙篪取携"典出《诗经·大雅·板》"天之牖民，如埙如篪，如璋如圭，如取如携"，[1] 意思是上天导育百姓，如同乐器中的埙篪、玉石中的璋圭般相合无间，如同取与携般从顺。这里用于形容人世间无论智愚，惊悚于神的体验具有普遍性，宗教体验是一种天赋的自然。

章太炎的《原教》（上）篇大费周章地把姊崎正治比较宗教学旁征博引的知识来源都予以翻译介绍，恰是因为他意识到，日本、中国受殖民主义者"文明""野蛮"知识话语压迫的经验在全球是普遍存在的。姊崎正治很愿意承认这些思想资源来自德国，叔本华、哈特曼、西奥多·魏茨、弗里德里希·拉采尔、威廉·施耐德等，当章太炎把这些他并不熟悉的、遥远的思想家的名字和论说都译进自己的作品时，他也一定感到了吾道不孤的强烈的支撑感。

回到清末中国的语境，章太炎这般称道姊崎的宗教观，乃是因为它吻合了彼时章太炎所代表的中国精英知识人对外、对内两种革命诉求。第一，近代基督教强力侵华，致使教案频发，而传教士冠冕堂皇宣传基督教的理由，包括以基督教为代表的一神教是最高等的宗教，乃"文明"的表征；中国则属于"无教"之野蛮国。[2] 基督教的传

---

① 《毛诗正义》，第 1351 页。

② 比如，康有为就有类似的愤慨，他震怒于西人以为中国"无教"，怒斥道："岂有数千年文明之中国而可无教？又可无主持教化之人乎？"康有为：《英国监布烈住大学华文总教习斋路士会见记》（1904），姜义华、张荣华编校《康有为全集》第 8 集，第 33、34 页。

入乃是文明对野蛮的征服。姊崎正治最广义的宗教观将宗教视为人类的特性，指其存在于人类一切文明形态中。他批评基督教自以为"文明"，蔑视"野人"之宗教，认为组织宗教与民间宗教其实并无贵贱、高下之分。所谓"夫组织宗教与民间宗教，非宣教师所谓贞信荧惑者邪？观其气类濡染，亦可见其相因互通也"。① 事实上，这就破除了基督教传教士的文野、贵贱观念，发出了东亚知识人共同的"革命"心声。这是姊崎正治学说最吸引章太炎的地方。译作《原教》（上）选译姊崎正治《宗教概念的说明契机》的主要内容，也是姊崎正治反击基督教传教士偏狭宗教观念的部分。章太炎夸赞道："学术申，宗教诎，至于今世，或言中国无教。教者，人目能视火而具，拊遍庶虞。无教非诉，有教非宠也。余闻姊崎生言教，齐物论而贵贱泯，信善哉。"②

第二，1900 年庚子事变后，章太炎誓言革命。而推翻现政权的底层革命，困难的地方乃是凝聚人心，做好革命力量的动员和组织工作。在中国以往的革命中，不乏利用谶语成功动员群众的例子。如光武帝刘秀响应"刘秀发兵捕不道，卯金修德为天子"③ 的谶语，起兵光复。虽说此类谶语只是"假设其事"，但由于"谶记既布，人心所归在是，而帝者亦就其名以结人望"，最终使谶语实现。章太炎发现，《宗教学概论》中的《宗教心理学》很好地解释了宗教观念的预言（"谶"）如何激发人的热情、憧憬，并鼓动人实现胸中理念，从而改变历史的机制。《宗教学概论》由《宗教心理学》《宗教伦理

① 章太炎：《原教》（上），《章太炎全集·〈訄书〉重订本》，第 288 页。姊崎原文为"組織宗教と民間宗教、即宣教師等の所謂正信と迷信が、一聯一貫の脈胳によりて相通ずるを示すに足れり。"姊崎正治「宗教なる概念の說明契機」『宗教学概論』、563 页。
② 章太炎：《原教》（上），《章太炎全集·〈訄书〉重订本》，第 286 页。
③ 《后汉书·光武纪》，中华书局，1965，第 22 页。

学》《宗教社会学》《宗教病理学》四部分构成，其中《宗教心理学》位居起首。姊崎正治说："宗教之根柢在心理的事实，故而宗教学研究的第一步是研究作为心的事实的宗教的意识。"[1] 姊崎对宗教心理学的研讨可谓深湛。章太炎将其中的段落翻译出来，并编入《訄书》重订本的《通谶》篇。其文称："《宗教学概论》曰：热情憧憬，动生人最大之欲求。是欲求者，或因意识，或因半意识，而以支配写象，印度人所谓佗拍斯者也。以此，则其写象界中所总计之宗教世界观，适应人人程度，各从其理想所至，以构造世界。内由理想，外依神力，期于实见圆满。……世界观之本于欲求者，无往而或异。……世之实验论者，谓此欲求世界观与设定世界观，梦厌妄想，比于空华。然不悟理想虽空，其实力所掀动者，终至实见其事状，而获遂其欲求，如犹太之弥塞亚，毕竟出世。由此而动人信仰者，固不少矣。"[2]

三　井上圆了与章太炎的《建立宗教论》

1902 年章太炎在日本待了三个月后返回故乡，1903 年因蔡元培相召主讲于爱国学社，其间翻译了《妖怪学讲义》。1903 年，苏报案发，章太炎被捕入狱三年。1906 年，他再次东渡日本，主编革命团体同盟会的会刊《民报》。他在民报社的讲演中主张，"近日办事的方法，全在宗教、国粹两项"，即是"用宗教发起信心，增进国民的道德"，"用国粹激动种性，增进爱国的热肠"。用以发起信心的宗教则是佛教，因为"提倡佛教为社会道德上起见，固是最要；为我们革命军的道德上起见，亦是最要；总望诸君同发大愿，勇猛无畏，我

---

[1]　姊崎正治「宗教心理學」『宗教学概論』、32 頁。
[2]　章太炎：《通谶》，《章太炎全集·〈訄书〉重订本》，第 164 页。该段译自姊崎《宗教学概论》日文版第 65 页第 6 行至第 66 页第 10 行。

们所热心的事就可以干得起来了"。① 同年，他又创作了《建立宗教论》，倡导以法相唯识宗"建立宗教"，"欲建立宗教者，不得于万有之中，而横计其一为神；亦不得于万有之上，而虚拟其一为神"；"今之立教，惟以自识为宗。识者云何？真如即是。惟识实性，所谓圆成实也。而此圆成实者，太冲无象，欲求趋入，不得不赖依他。逮其证得圆成，则依他亦自除遣。故今所归敬者，在圆成实自性，非依他起自性。若其随顺而得入也，则惟以依他为方便。一切众生，同此真如，同此阿赖耶识"。②

虽然说章太炎早就阅读过佛典，所谓"阅佛藏，涉猎《华严》《法华》《涅槃》诸经，义解渐深，卒未窥其究竟"，但他 1903～1906 年"囚系上海"期间，"专修慈氏世亲之书"，才开始"达大乘深趣"，③ 实现了自身学术"转俗成真"的转向。应该说，在入狱之前，翻译井上圆了的《妖怪学讲义》是隐而不彰的触因，促使他进一步阅读佛教典籍，深化对宗教的认知，并最终倡导以佛教为中心来建立宗教。

如前所述，井上圆了对"宗教"的界定和姉崎正治并不相同。他继承的是斯宾塞"综合哲学体系"以《第一原理》为代表，划分"可知"与"不可知"的哲学本体论。《妖怪学讲义》中就有这样的表述，"世界有可知的界，不可知的界"，可知的界，"人智所得而知"，乃"有限相对之境遇"；而不可知的界则"人智所必不能知"，"所谓不可思议者属之"，乃"无限绝对之世界也"。井上圆了心目中的"宗教"属于"真怪"，"所谓无限绝对不可思议之体，而与假怪反对者也"。④ 假怪属于可知者的范畴，"基于寻常之规则道理可知"；

---

① 太炎：《演说录》，《民报》第 6 号，1906 年 7 月 25 日，第 7、14、4、9 页。

② 太炎：《建立宗教论》，《民报》第 9 号，1906 年 11 月 15 日，第 11、19 页。

③ 章太炎：《菿汉微言》，章太炎：《菿汉三言》，第 60 页。

④ 井上圆了：《妖怪学讲义录（总论）》，蔡元培译，高平叔编《蔡元培全集》第 1 卷，第 260、333、332 页。

而真怪即"真正之妖怪","指先所谓绝对无限之体而名也","虽如何而人智进步,终不可知,是超理的妖怪也,此所谓真怪之本体,到处遍在,不问物之上或心之上,渐研究之而达其本原实体,皆为真怪,终于不可知的,不可思议"。[①]

井上圆了所论的"妖怪学",是涉及现代学科中理学(物理学、化学、生物学、地球科学、天文学、数学的总称)、医学、纯正哲学、心理学、宗教学、教育学几乎无所不包的内容;"主要问题,实在天地之起源,万有之本体,灵魂之性质,生死之道理,鬼神冥界之有无,吉凶祸福之原理,荣枯盛衰之规则,天灾地变之理由,迷心妄想之说明,贤愚资性之解说"。[②] "妖怪"包括"绝对世界之妖怪"真怪,"相对世界之妖怪"假怪,与"人间世界之妖怪"伪怪三大类。

井上圆了推崇的"宗教",仅是"就其关系于真怪而开示其理于人,又能讲体达之之道者"。[③] 在井上圆了看来,所谓宗教,"把功能确定在思想的反面的绝对不可知之门,人超入直达此境界,以使其安住妙乐之心地"。[④]

姊崎正治所论的"宗教"则包含一切"羾法鬼神之容式,苡漠不思之观念"。在井上圆了的观念体系中,姊崎正治所论的"宗教"很多是"伪怪"或"假怪",还够不上"宗教"。它们或是"世人因

---

① 井上圆了:《妖怪学讲义录(总论)》,蔡元培译,高平叔编《蔡元培全集》第1卷,第388页。

② 井上圆了:《妖怪学讲义录(总论)》,蔡元培译,高平叔编《蔡元培全集》第1卷,第260页。

③ 井上圆了:《妖怪学讲义录(总论)》,蔡元培译,高平叔编《蔡元培全集》第1卷,第388页。

④ 原文为"思想の反面たる絕對不可知の門内に本領を定め、人をして此境界に超入直達し、以て妙樂の心地に安住せしむるもの。"井上圓了「余か所謂宗教」『哲學雜誌』第百七十三号、1901 年、538 頁。

对目前之世界，而不知天变地异之本于何理，而起种种之妄想"，所产生的"万有上之迷误"；或是"不知吉凶祸福之本于何理，谓不可以人为左右之，而信卜筮、人相、九星、方位等之妄谈"，所产生的"人生上一种之迷误"。这两种迷误"大妨文明之进步，且害事业之发达"，需要扫除，而妖怪学的目的正是"本道理而除迷信、妄信之弊害"，"去伪怪、拂假怪、而开真怪"。①

井上圆了将陷入"万有上之迷误"与"人生上之迷误"的迷信、妄信，有时也被称为成立于有限相对上的"今日一般之宗教"，而将有如此信仰的人群则称为"今日之信宗教者"。章太炎的《建立宗教论》，一方面仍承认之前研习到的姊崎正治宗教学理念，称崇拜马神、诸星宿及山川土谷的民间宗教与尊祀诸天的一神、泛神诸教"其所崇拜之物不同，其能崇拜之心不异"，并无贵贱之别。另一方面，它也认同井上圆了对今日一般之宗教现状的判断，即或为"烦恼障实驱使之"的宗教，大致相当于井上圆了所言堕入"人生上之迷误"，因"饥寒疾苦，辐凑交迫，死亡无日，乐欲不恒，则以为我身而外，必有一物以牵逼我者，于是崇拜以祈获福"；或为"所知障实驱使之"的宗教，大致相当于井上圆了所言陷入"万有上之迷误"，因"仰视星辰，外睹河海，而爽然自哀其形之小"，"且以万有杂糅，棼不可理，而循行规则，未尝愆于其度，必有一物以钤辖而支配之，于是崇拜以明信仰"。在章太炎看来，此类宗教都是执"幻者以为本体"的"倒见"而已。②

章太炎的《建立宗教论》所要建立的"宗教"，绝不是姊崎正治定义的"宗教"，而是井上圆了倡导的"宗教"。井上圆了认为宗教

---

① 井上圆了：《妖怪学讲义录（总论）》，蔡元培译，高平叔编《蔡元培全集》第1卷，第268、389页。

② 太炎：《建立宗教论》，《民报》第9号，1906年11月15日，第6~7页。

的目的是"脱此有限性而体达无限性",[①] 佛教的天台、禅宗和净土门分别在智力、意志和情感上体达无限性。[②] 井上圆了指出，佛教"转迷开悟"，"转舍生死之迷而开现涅槃之悟"；所谓"涅槃"，"即无限绝对之心体，谓之真如可也，谓之理想亦可也"。[③] 章太炎的《建立宗教论》同样说："继起之宗教，必释教无疑也。"[④] "不得于万有之中，而横计其一为神；亦不得于万有之上，而虚拟其一为神"，此即体达"无限绝对之心体"。

与井上圆了不同，在佛教的宗派中，章太炎不取"近于祈祷，猥自卑屈，与勇猛无畏之心相左"的净土、秘密二宗。禅宗末流"徒事机锋"，高者"止于坚定无所依傍，顾于惟心胜义，或不了解，得其事而遗其理"，也有缺憾。他最推崇的是法相宗，"自贵其心，不依他力，其术可用于艰难危急之时"。[⑤]

井上圆了与章太炎对待佛教自力、他力二道的态度也有差别。章太炎格外推崇"自力"，尝谓："佛教里面，虽有许多他力互摄护的话，但就华严法相讲来，心佛众生，三无差别，我所靠的佛祖仍是靠的自心，比那基督教人依傍上帝、扶墙摸壁、靠山靠水的气象，岂不强得多吗？"[⑥] 井上圆了则颇注意平衡自力与他力二者的关系。在分析究竟是吾人的自力得开示真怪，还是吾人之力本不能达，而由真怪之本境启示于吾人之上的问题时，井上圆了说，"吾人之感应悟道，

---

① 姉崎正治认为，不拘于何种形式和信念，所有的宗教都是在有限性中体验无限性，这和井上圆了倡导佛教是脱却有限性而体达无限性是很不相同的。

② 井上圆了：《妖怪学讲义录（总论）》，蔡元培译，高平叔编《蔡元培全集》第1卷，第385页。

③ 井上圆了：《妖怪学讲义录（总论）》，蔡元培译，高平叔编《蔡元培全集》第1卷，第362页。

④ 太炎：《建立宗教论》，《民报》第9号，1906年11月15日，第26页。

⑤ 太炎：《答铁铮》，《民报》第14号，1907年6月8日，第114页。

⑥ 太炎：《演说录》，《民报》第6号，1906年7月25日，第7页。

在开现本来我心象中所包有之心体"，所以，"溯二说之本源而推穷之，其理一而无二致"。①

尽管还有不少的差异，但1906年后，章太炎的宗教观念与井上圆了越发趋近。这与革命展开过程中他对革命更深入的体验和思考有关。即革命最为重要的工作其实是革命主体，人自身的道德修养和行为逻辑。用井上圆了的话语方式来说是要体达"真怪"，"理想为其帝王，降物、心二大臣于此世界，支配千万无量之诸象"。② 在章太炎看来，只有佛教能激励革命军勇猛无畏的精神，看轻生死，"不顾利害，蹈死如饴"。③ "非说无生，则不能去畏死心；非破我所，则不能去拜金心；非谈平等，则不能去奴隶心；非示众生皆佛，则不能去退屈心；非举三轮清净，则不能去德色心。"④ 章太炎在革命党的机关报《民报》上宣扬佛教，引来了质疑的声音。日本僧人武田范之署名"梦庵"，在《东亚月报》上发表文章，抨击"民报之作佛报"，认为佛教不能解决《民报》倡导的六条主义。⑤ 章太炎回应梦庵的批评，指出任何主义都要"待人而行"，提倡佛教并非要人人"归兰若"，而是"使好之者轻去就而齐死生"；"以勇猛无畏治怯懦心，以头陀净行治浮华心，以惟我独尊治猥贱心，以力戒诳语治诈伪心"。⑥

---

① 井上圆了：《妖怪学讲义录（总论）》，蔡元培译，高平叔编《蔡元培全集》第1卷，第384页。

② 井上圆了：《妖怪学讲义录（总论）》，蔡元培译，高平叔编《蔡元培全集》第1卷，第273页。

③ 太炎：《答铁铮》，《民报》第14号，1907年6月8日，第113页。

④ 太炎：《建立宗教论》，《民报》第9号，1906年11月15日，第25页。

⑤ 《民报》的六条主义指颠覆现今之恶劣政府，建设共和政体，维持世界真正之平和，土地国有，主张中国日本两国之国民的联合，要求世界列国赞成中国之革新事业。参阅《民报》封底的"本社简章"。武田范之的批评，参见梦庵《瘗语》，《东亚月报》第2号，1908年5月10日，内田良平文书研究会『日本国家主義運動資料集成第1期・黑龍會関係資料集』柏書房株式会社、1992年、143頁。

⑥ 太炎：《答梦庵》，《民报》第21号，1908年6月10日，第127页。

章太炎宗教观念从姉崎正治向井上圆了的转移，事实上反映了革命人从思考如何对外抵制宗教侵略和对内动员群众，过渡到聚焦革命主体如何建立自身的道德修养和行为逻辑，清末的革命者对革命的认知愈加深化。

四　同旨中的异趣

清末的革命是由蔡元培、章太炎那样的儒家精英知识人领导和参与的。儒家理性主义的大传统本能地拒绝怪力乱神。要让他们承认一切"殉法鬼神之容式，芴漠不思之观念"的价值，考究假怪——重视"物心万有之机密"，考究真怪——知悉"人物幽灵之机密"，[①] 并非简单之事。杜亚泉在《妖怪学讲义录（总论）》的《初印总论序》中坦诚其初知学问，略涉理科后，"常以天下事物，有果者必有因，有象者必有体，无不可以常理推之，无所谓妖怪也"。[②] 章太炎早年对佛教也曾有歧见，谓："佛必以空华相喻……斯其实之不如儒者。"[③] 支撑姉崎正治、井上圆了宗教学著述的，是西方哲学、心理学、生物学等条分缕析的理性话语和科学实验。这些分析性的话语和科学的实验，与清代朴学的科学传统特别吻合，也让中国的精英知识人能够较为顺畅地接受它们所传达的宗教学理念。

杜亚泉在阅读《妖怪学讲义》后感慨，"余之心中，前则有理而无怪，今则有怪而无理矣"，井上圆了关于生物、进化、精神、物理诸种论述，"常使余心幽焉渺焉，与此真怪相接触，日夕萦念，觉心

---

① 井上圆了：《妖怪学讲义录（总论）》，蔡元培译，高平叔编《蔡元培全集》第 1 卷，第 389 页。

② 杜亚泉：《初印总论序》，《妖怪学讲义录（总论）》，高平叔编《蔡元培全集》第 1 卷，第 245 页。

③ 章氏学：《儒术真论》，《清议报》第 29 册，1899 年 10 月 5 日，第 1903 页。

第三章　反思进化的物质宇宙观：章太炎与以井上哲次郎为中心的东京哲学圈　*393*

境之圆妙活泼，触处自然，不复作人世役役之想"。① 章太炎倡导建立宗教信心，明显有向陆王心学转移的倾向。然而，他对王学的心性之论是不满意的，认为其"立义至单"，"性情之极，意识之微，虽空虚若不可以卷握，其鳃理纷纭，人髦鱼网，犹将不足方物"。性情、意识这些空无虚渺的观念，本就难以用论理的方式予以条分缕析地解说和记录。中国古代尚有以法度作为分别，以名号作为表率，以所操文书作为征验，以稽考所操来决事的科学传统（按：此即《庄子·天下篇》所言"以法为分，以名为表，以参为验，以稽为决，其数一二三四是也"）；但周朝之后，这样的科学传统废绝，"中夏之科学衰"。那些言性命之学的学者又抱残守缺，往往坚守单一的概念，但言说含糊笼统，不能运用科学逻辑的分析方式清楚阐释人类心理运转的原理。尤其是对照"浮屠诸论、泰西惟心合理之学说，各为条牒，参伍以变者"，更能见出中国学术的弊端。中学与佛学、西学比较，就好像"蛰之与昭、跛之与完也"② ——沉睡与苏醒、跛足与完好之间的区别。接触日本的宗教学，特别是通过近代学术与佛教义理之间的互相阐发，章太炎意识到，关于"心"的学说建立在坚实的科学基础之上了。他喜好法相唯识论，也是因为"近代学术，渐趋实事求是之途，自汉学诸公分条析理，远非明儒所能企及。逮科学萌芽，而用心益复缜密矣。是故法相之学，于明代则不宜，于近代则甚适，由学术所趋然也"。③

无论是接受姊崎正治，还是井上圆了，清末革命思想家都显示出对科学理性分析性话语的推崇。章太炎运用中国传统的语言文字学来

---

① 杜亚泉：《初印总论序》，《妖怪学讲义录（总论）》，高平叔编《蔡元培全集》第 1 卷，第 246 页。
② 章太炎：《王学》，《章太炎全集·〈訄书〉重订本》，第 146 页。
③ 太炎：《答铁铮》，《民报》第 14 号，1907 年 6 月 8 日，第 114 页。

转换姊崎正治的"表象主义"观念。① 而井上圆了的《妖怪学讲义》更多借助西方心理学著述，精微剖析人的心理运行机制，这受到清末革命思想家的青睐。比如，英国生理学家威廉·卡彭特（《妖怪学讲义》的日文翻译成"カーペンター"，② 蔡元培则翻译成"克明太氏"③ ）的《精神生理学原理》（*Principles of Mental Physiology，With their Applications to the Training and Discipline of the Mind，and the Study of Its Morbid Conditions*，1874），就多次被圆了征引，其观点后又进入蔡元培、章太炎的著述。而正如本书第一章所论，威廉·卡彭特的著述构成了斯宾塞生物学和人体生理学知识的重要来源，威廉·卡彭特的著述片段从 1850 年代开始就在中国被翻译和传播。这里也可看出，在 19 世纪后半叶的思想空间中，英语、日语、中文三个语言圈其实享有太多共同的知识资源。

井上圆了指出，"身心内外所生种种变态异常之现象"，谓之"妖怪的现象"，而"讲究其理者，谓之变式的心理学"。实想的"想象"与虚想的"思想"是变式的心理学"最要至重之部分，而《妖怪学讲义》之骨子也"。④ 变式的心理学中就包括智、情、意的"专制"。所谓"专制"，即"思想之集于一点，而他部分皆受其支配之谓"。身心内外的种种事情都是"专制"产生的原因，当"会注心力于内界之一点，自然起思想之专制，反复于此而生习惯，以致专制思

---

① 参阅彭春凌《章太炎对姊崎正治宗教学思想的扬弃》，《历史研究》2012 年第4 期。

② 井上圆了『妖怪學講義』卷之一總論、哲學館、1894 年、226 页。

③ 井上圆了：《妖怪学讲义录（总论）》，蔡元培译，高平叔编《蔡元培全集》第 1卷，第 356 页。

④ 井上圆了：《妖怪学讲义录（总论）》，蔡元培译，高平叔编《蔡元培全集》第 1卷，第 346、353 页。

想固着而不动"。① "思想的专制"或"专制思想"是直接从井上圆了所使用的日文汉字词挪用过来的。② 返回到卡彭特的《精神生理学原理》，可以对应的英文是"Dominant Ideas"（占支配地位的思想）或者用"the mind is 'possessed' by a succession of Ideas"（精神被持续的观念所宰制）来描述这个状态。卡彭特在该书第六章"思维能力与观念运动行为"（of ideation and ideo-motor action）中详细讨论了"思想之专制"的发生过程。③ 井上圆了使用"预期意向"与"无识筋动"这两个概念，将"思想之专制"对人所造成的精神到肉体的影响给予了较集中与准确的描述，并列举了几个日常生活中常见的例子予以证明。其文曰：

> 而关系于此专制者，又有预期意向、无识筋动之二种：预期意向者，于吾心所预期以意迎之之谓。凡有此者，耳目之感觉，多少从之，而意向渐进其度，以来思想之专制。至于感觉全受思想之支配，则现种种之幻象、妄觉，而其力且自然及于远心性神经之上，以至于筋肉上现动作而不自觉，谓之无识筋动，或不觉筋动。而其无识之度，一以预期之强弱为比例。至预期之力，全起专制思想，则筋动上益生不觉。例如出果子于小儿之目前，由取之一念支配，有不觉出两手者。又无论何人，感非常之快乐而欢喜不措，有不知手舞足蹈者。又如闻他人吟诗歌而深感之，则自然动唇吻而和之。又如在军中而被敌追击，见制于畏惧之念，

---

① 井上圆了：《妖怪学讲义录（总论）》，蔡元培译，高平叔编《蔡元培全集》第 1 卷，第 355~356 页。

② 井上圆了『妖怪學講義』卷之一總論、224-225 頁。

③ William B. Carpenter, *Principles of Mental Physiology*, *With Their Applications to the Training and Discipline of the Mind*, *and the Study of Its Morbid Conditions* (New York: D. Appleton & Company, 1874), pp. 280-282.

不识不知而逃走，皆是也。要之，精神之集合，即思想之会注一方者，于求心性神经之上，起豫期意向，而变动感觉。同时，他方于远心性神经之上，起不觉筋动，而专制运动。故是皆专制思想所系之事情。①

"预期意向"在卡彭特《精神生理学原理》中对应的原文是"Expectant Attention"，这个概念同样是卡彭特着意阐述的。至于"无识筋动"，在卡彭特那里大体可用"Involuntary muscular movements"来对应。② 但卡彭特其实是将身体的关联反应作为阐述"预期意向"的必要性步骤来处理的，没有像井上圆了那样给予其如此重要的概念性位置。

井上圆了进而引用威廉·卡彭特书中的例子来说明专制思想、精神集合如何影响感觉，从而逐步推论到宗教的心理机制。井上圆了用思想的"专制"来解释"妄想"，称"思想之专制者"，"支配全思想于一种之构想，于是无识筋动、无识情动、无识意动等起，而以心内之想象现示于外界，故现示幻境"，"构想之现妄象、幻境者，谓之妄想"。宗教的狂热信徒"往往观见天堂、地狱之冥界"，精神病者都是思想"专制"的例证。③

蔡元培就自觉运用井上圆了《妖怪学讲义》中思想的专制如何建构妄想的理论来分析人的精神世界。而他分析的对象，正是章太炎。

① 井上圆了：《妖怪学讲义录（总论）》，蔡元培译，高平叔编《蔡元培全集》第 1 卷，第 355~356 页。原文参阅井上圆了『妖怪學講義』卷之一總論、225-226 頁。

② Carpenter, *Principles of Mental Physiology*, pp. 282-291.

③ 井上圆了：《妖怪学讲义录（总论）》，蔡元培译，高平叔编《蔡元培全集》第 1 卷，第 377 页。

1903 年，苏报案发，章太炎因在《驳康有为论革命书》中辱骂清帝光绪，而和《革命军》的作者邹容一起被捕入狱。邹容病死狱中。章太炎 1906 年出狱后撰写了《邹容传》，揭露曾同在爱国学社任教的吴稚晖有告密行径。事实上，章太炎在听闻英租界巡捕逮人的警告后，抱着流血的决心，"坐待捕耳"①；邹容也是他写信召去自首的。吴稚晖告密一说并不成立。②《邹容传》发表后，对吴氏的声誉冲击甚大。吴稚晖担忧自己因此遗臭万年，③ 遂百般辩诬。他多次写信求助蔡元培，希望蔡站出来主持公道。

　　蔡元培"深为吴君不平"，作《读章氏所作〈邹容传〉》，分析章太炎那些斥责吴稚晖的"不情之言"，乃"章君之神经作用也"。因为"凡人之神经，皆有想象作用，苟举一想象而屡屡缧返之，则积久而神经中认为实事；又或他人有一想象而屡屡传述于吾，吾屡屡闻之，则积久而亦认为实事；常人于鬼怪无稽之事，往往自以为目睹耳闻，确实无疑者，率由于此"。蔡元培的理论话语，正是沿袭自《妖怪学讲义》对想象"专制"的分析。在爱国学社共事时，吴稚晖就多次以教员兼斋监的身份，向章太炎传达社员对他提倡国学的不满。从那时起，章太炎的心中就种下了吴稚晖总是针对自己的想象，"常言吴太揽权，至戏拟以《红楼梦》中之王熙凤，又常斥为钱洵、康有为之流"。后来爱国学社社员与中国教育会冲突，这一想象的种子进一步生长，"章君尤疑为吴君主谋，至与邹君面诋之"。至"苏报案"，"章君又以往日疑吴君之习惯，疑为吴君所陷；既有此疑，

---

①　章太炎：《邹容传》（1907），汤志钧编《章太炎政论选集》（上），中华书局，1977，第 354 页。

②　关于"苏报案"，参阅唐振常《苏报案中一公案——吴稚晖献策辩》，《当代学者自选文库：唐振常卷》，安徽教育出版社，1998。

③　吴稚晖后来针对与章太炎之间关于"苏报案"的恩怨说："我这种人，那里敢望千秋，亦却不愿万年。"吴稚晖：《回忆蒋竹庄先生之回忆》（1936），陈平原、杜玲玲编《追忆章太炎（修订本）》，第 199 页。

则不免时时想象其相陷之状，且不免时时与邹君互相拟议，而诉詈之；大约二年之中，神经口耳间缫返此想象，已不知若干次，故不知不觉而认为实事也"。① 章太炎的思想受到自身想象的支配，他不断强化这样的想象，最终出现"妄想"，认为吴稚晖对自己的构陷乃是事实。蔡元培进一步安慰吴稚晖，称吴稚晖要求章太炎承认自己是"想当然"，是非常正当的，"虽以神经病自负之章枚叔，恐亦不能不感服也"。②

章太炎的确承认自己有"神经病"。冲破重重障碍，试图推翻既有体制"逐满独立"的革命，在世人眼中是"疯癫"，是"叛逆"，是"自取杀身之祸"。真正的"革命者"，或许在世人眼中都有某种偏执型的人格，因为"大凡非常可怪的议论，不是神经病人，断不能想，就能想也不敢说；说了以后，遇着艰难困苦的时候，不是神经病人，断不能百折不回，孤行己意"。③

蔡元培从章太炎"死咬"吴稚晖中看到了这种思想的"专制"，变式的心理可能带来的负面效果。章太炎在民报社的演说中回顾自己平生的历史，则道出了其正面的价值。正是有对革命信念的执着、偏执，乃至"疯癫"，革命者才抵得住富贵利禄的侵蚀，艰难困苦的盘涡。章太炎自述曾七次被查拿，"在这艰难困苦的盘涡里头，并没有一丝一毫的懊悔，凭你甚么毒剂，这神经病总治不好，或者诸君推重，也未必不由于此"。他将井上圆了对思想的"专制"进行了更形象化的处理，谓："兄弟所说的神经病，并不是粗豪卤莽，乱打乱跳，要把那细针密缕的思想，装载在神经病里。譬如思想是个货物，

① 蔡元培：《读章氏所作〈邹容传〉》（1907），高平叔编《蔡元培全集》第 1 卷，第 400~401 页。

② 蔡元培：《复吴敬恒函》（1907），高平叔编《蔡元培全集》第 1 卷，第 401 页。

③ 太炎：《演说录》，《民报》第 6 号，1906 年 7 月 25 日，第 1、2 页。

神经病是个汽船，没有思想，空空洞洞的神经病，必无实济；没有神经病，这思想可能自动的么？"① 章太炎口中的"神经病"，承载着"思想"，赋予思想以强大的凝聚力和方向感，使它可以宰制人的意志和行为，大致相当于井上圆了所言的"专制"。对研习它的清末革命者，宗教心理学往往有了自我指涉的功能。

井上圆了在谈到宗教的目的和功能时，提到其给予人精神上的快乐与帮助人抵御肉身的痛苦一体两面的性质。意即一方面是精神的极乐，"与无量之快乐于精神上者也，此快乐者，在有限相对之世界，决不可望，惟由想定无限绝对之世界，接触而起耳"，"于方寸界中现立极乐净土"；另一方面是对肉身痛苦的抵御，"此专制不觉作用，以宗教信者为最多，其最热心者，一朝处火刑，自不觉苦痛。西洋昔日自耶稣基督始，宗教信者之处死刑，不知几人。又如勃卢那氏之处火刑者亦不少。其他不论何国宗教家，犯千死百难更不意之者，征东西之历史，其例不遑枚举；是实因信仰之力，凝集精神于一点，自不觉身体之苦痛"。②

19、20世纪之交，中日两国的知识界均掀起了宗教思潮，却各自呈现出宗教的不同面相。对于日本来说，明治维新后，天皇制国家日益强固。《教育敕语》所规定的"忠君爱国"充塞在时代的空气之中。恰如夏目漱石感到的那样，"受到比个人意志更大意志的支配"，③ 个人如何与强大的国家和规范相适应是摆在日本宗教人面前的任务。从井上圆了到姊崎正治，他们或积极调整融入这样一个

---

① 太炎：《演说录》，《民报》第6号，1906年7月25日，第3~4页。
② 井上圆了：《妖怪学讲义录（总论）》，蔡元培译，高平叔编《蔡元培全集》第1卷，第268、337、359页。"勃卢那氏"，日文为"ブルーノー氏"，即意大利文艺复兴时期为真理而献身的科学家乔尔丹诺·布鲁诺（Giordano Bruno）。井上圆了『妖怪學講義』卷之一總論、235页。
③ 夏目漱石：《文学论》，王向远译，上海译文出版社，2016，第8页。

体制，或逃避在"与公共国家社会领域相割裂的私人、个体的世界"，① 都在试图解决个体精神世界如何快乐的问题。相反，推翻、解体一个现政权却是清末革命者矢志不渝的目标。从蔡元培研制炸药，到章太炎七次被官府查拿、入狱三年，他们都青睐宗教能以信仰之力抵御肉身的苦痛，由此来应对革命所必然伴随的流血与死亡。这又是两国知识人提倡宗教时同旨而又异趣的地方。

第三节　章太炎与井上哲次郎哲学的再会及暌离

一　从《哲学丛书》到《原道》：章太炎再会井上哲次郎哲学及其思想史意义

对近代中日思想文化交流史来说，章太炎与井上哲次郎的交往和思想碰撞乃是星球撞击般的非凡事件。因为在各自国家近代化的历程中，他们都一肩而两挑，承担了创造最深邃的哲学理论与建构民族命运走向主要意识形态的双重使命。在日本，从西周、井上哲次郎到西田几多郎，构成了整部明治哲学史发展的大脉络，也形成了三座高峰，位居中枢的井上哲次郎更是明治哲学不可忽视的"性格决定者"。纯从哲学上说，他的"现象即实在论"从西周的实证主义中孕育而来，又为西田几多郎的纯粹经验论做了准备；就政治性而言，作为《教育敕语》的御用阐述人，他从《敕语衍义》（1891）到《国民道德概论》（1912）体现的"护教主义"和国权主义，构成明治哲学史的基本问题。② 在中国，章太炎的哲学思想"反映 19 世纪末叶

① 松本三之介『明治思想史：近代国家の創設から個の覚醒まで』新曜社、1996年、195 頁。
② 舩山信一『明治哲学史研究』『舩山信一著作集』第 6 巻、こぶし書房、1999 年、75-76 頁。

社会全貌"，实属少有的"人格性的创造"；① 特别是《国故论衡》如《明见》一篇"最富哲学识度"，《原道》三篇则"最能道出道家的长处"。作为同盟会机关报《民报》的主编，章太炎是"当时革命党主要的哲学代言人"；他所诠释的革命意识则激荡出近代中国政治演变的主调。由此可见，在19世纪末20世纪初的中日两国，哲学的知识和思想都不是"空疏虚幻的玄想"，而是一种实际的力量，"应付并调整个人以及民族生活上、文化上、精神上的危机和矛盾的利器"。② 章太炎与井上哲次郎的思想碰撞，在某种意义上象征着两个民族的心智角力和道路对决。

　　1899年，章太炎在东京结识井上哲次郎。两人有多次晤谈，章太炎佩服井上哲次郎学识渊博。虽然对井上哲次郎所传播的德国哲学已有所了解，然而当时的章太炎还沉迷在社会学的诱惑里，认为哲学"最无用"，③ "讲各种哲学而遗社会者，其国必弱"，德国哲学更是"多凭理想，而少实验矣，恐穷极必归于佛"。④ 章太炎的"心不在焉"使他和井上哲次郎哲学的"初会"并没有碰撞出太多的思想火花。随着1900年投身革命后思考革命的动力问题，章太炎开始从井上哲次郎所在的东京哲学圈姊崎正治、井上圆了宗教学著述中汲取营养。章太炎再次阅读井上哲次郎的哲学著述，并对其哲学真正表现出浓厚兴趣是在1903~1906年因"苏报案"在上海入狱期间。其表征就是他在1905年《国粹学报》第1年第3号上刊发了《读佛典杂记》。该文两次出现日本学者"森内政昌"

---

① 侯外庐：《中国近代启蒙思想史》，黄宣民校订，人民出版社，1993，第214、218页。
② 贺麟：《五十年来的中国哲学》，商务印书馆，2002，第5、1~2页。
③ 袖海生：《似而非笔》（十二），《台湾日日新报》1899年10月14日，日文第1版，"落叶笼"栏。
④ 袖海生：《似而非笔》（十五），《台湾日日新报》1899年11月5日，日文第1版，"落叶笼"栏。

的名字。①《读佛典杂记》是基于《哲学丛书》第 1 卷第 3 集所收森内政昌的《认识与实践、实在观念与理想观念》一文展开论述的。②《哲学丛书》乃是 1900 年东京集文阁发行的一种哲学类杂志。编辑者就是东京帝国大学文科大学长、文学博士井上哲次郎。虽然该杂志只在 1900 年 10~12 月出版了三集，但第 2 集所刊《认识和实在的关系》一文，实则是井上哲次郎彻底申论"现象即实在论"，并意味着该理论最终完成的重要论文。《哲学丛书》第 3 集所刊《利己主义的道德之价值》则作为长论文《论利己主义与功利主义》的"本论上"，③ 与《认识和实在的关系》一起，收入 1901 年出版的井上哲次郎《巽轩论文二集》。《哲学丛书》可谓集中体现了井上哲次郎"现象即实在论"的认识论和伦理观。

再往后观察，章太炎《民报》时期的哲学作品《俱分进化论》（1906）、《人无我论》（1907）、《四惑论》（1908）运用德国进化主义者海克尔的论说，并且从"我"（das Ich）的观念出发来辨析认识和伦理问题，都是和井上哲次郎的知识视域及哲学根基紧密纠缠的。而在章太炎成熟期的学术作品、集中阐发其齐物哲学、1910 年出版的《国故论衡》之《原道》上、中、下三篇，能发现和青年井上哲次郎 1882 年发表的少作《读韩氏〈原道〉》一些相似的逻辑痕迹。井上哲次郎的这篇文章 1899 年在《清议报》上登载，章太炎曾有寓目。而《原道》下篇在阐释"道者，万物之所然，万理之所稽也"

---

① 章太炎：《读佛典杂记》，《国粹学报》第 1 年第 3 号，1905 年 4 月 24 日，《国粹学报》影印本第 4 册，第 1338 页。

② 小林武『章炳麟と明治思潮：もう一つの近代』、82、201 页。小林先生的记录略有差缪，将森内政昌「認識と実践、実在観念と理想観念」误录为「認識と実践、実践観念と理想観念」。

③ 井上哲次郎《论利己主义与功利主义》（「利己主義と功利主義とを論ず」）一文的"本论下"则是《功利主义的道德之价值》（「功利主義の道徳の價值」）。

时，使用了"现象即实在论"的核心理论术语"有差别"与"无差别"，谓"有差别此谓理，无差别此谓道"。① 可以说，从1905年研读《哲学丛书》到1910年出版《国故论衡》，这个阶段都是章太炎与井上哲次郎哲学的再会期。对于真正刺激过自己的思想家，在智识生命的关键时期，总是要一次又一次与他"再会"。章太炎之于井上哲次郎，情形亦复如是。

章太炎从《读佛典杂记》到《原道》等文章中透露出来的井上哲次郎学说的蛛丝马迹，宛如冰山一角。只有从这一角拖拽出井上哲次郎"现象即实在论"的哲学观念，才算捕捉到一角下的大冰山，也就是章太炎所再会的井上哲次郎哲学之真正主体。对于理解"转俗成真"后章太炎的思想以及在历史动态过程中演进的中日哲学思想和意识形态的对话，这座"大冰山"的发现意义重大。因为长期以来，研讨这一时期章太炎的思想，或者直接从高远处原理性质的唯识佛学、康德、叔本华德国哲学介入，或者径行落实到切近处章太炎所针对的《新民丛报》立宪改良主张、《新世纪》无政府主义思潮等，而往往忽视位居中间层、以井上哲次郎"现象即实在论"所代表的明治哲学及其政治实践。

毕竟，章太炎所接受的德国哲学来自井上哲次郎及其周边的明治学人有选择的翻译介绍，明治学人融合德国哲学和儒释诸学形成的一套精密理论自然是章太炎首先要面对的。所谓"现象即实在论"，"乃调和唯物唯心二论而位于其上者"。它试图解决主观与客观、物质与精神的二元割裂问题，融合主客观、内外界而生成绝对的、一如的实在。当时有日本学者甚至把它提到民族自尊心角度来理解，谓，现象即实在论"融合康德的先天唯心论和哈特曼的先天实在论而立

---

① 章太炎：《原道》（下），《国故论衡》，第114页。

于其上"，对世界的解释毫无障碍，"又称为圆融实在论"。德国哲学在世界哲学界中是最进步的，井上哲次郎让人明白日本的哲学界是"不易侮的"。①

　　章太炎所阅读、对话的井上哲次郎之著述思想，贯穿了井上哲次郎整个青壮年时期的思考。作为天皇制国家主义道德意识形态和理论化的代表，井上哲次郎历经明治宪法确定立宪制国家基础，甲午战争和日俄战争时期日本融入全球化，资本主义迅速发展、国家主义思潮膨胀，社会主义、个人主义涌动，国民思想呈现多元化状态的全过程，他一路都在应对并再建构自身的理论。《哲学丛书》中的《认识和实在的关系》《利己主义的道德之价值》也是 1899 年开始的明治日本第二次"教育与宗教"冲突论争的理论成果。明治时期"现象即实在论"的另一位代表——佛教哲学家井上圆了②在该论争中与井上哲次郎决绝对峙。井上圆了也是对章太炎产生影响的思想家。这说明，以井上哲次郎为中心的东京哲学圈虽然是人际和知识的共同体，但如同包在一个豆荚里的豆也是各自独立的。在共同体内部，不同个体不但在趣味与奋斗轨迹上存在较大差异，他们对社会政治命题的态度更不尽相同。明治后期这些繁复的政治社会演变、知识界的摩擦分歧，在章太炎的思想表达中也都留下了印记。总的来说，章太炎齐物哲学的诞生过程闪耀着井上哲次郎思想的某些片段光彩；而他们认识论、伦理观和政治哲学的发展方向却是暌离乖违的。章太炎与井上哲次郎各自哲学思想的足迹，走出的正是近代中日两国国民精神始相投契，继互为镜像，终而异路的两条轨痕。

---

① 「日本現時の哲學界」『哲學雜誌』第 14 卷第 149 号、1899 年、590 頁。
② 根据舡山信一的分析，明治时期"现象即实在论"的代表性哲学家包括井上圆了、井上哲次郎、三宅雄二郎、清泽满之。舡山信一『明治哲学史研究』『舡山信一著作集』第 6 卷、107 頁。

二 章太炎《读佛典杂记》与森内政昌《认识与实践、实在观念与理想观念》的交叠

　　井上哲次郎在《哲学杂志》发刊绪言中交代了刊物之旨趣。在他看来，哲学不仅仅是关于世界和人生的"知的学科"，还需要在伦理、宗教等关系世道人心的学科上探幽阐微，以利于社会精神界的革新。在日本哲学界享有盛名的《哲学杂志》"其册子薄小，不便登载大论文"，发行《哲学丛书》正是便于"收载包括纯正哲学在内，亦关于伦理、宗教的大论文"，以冀"开示在关于伦理、宗教等重大问题上指导世人的主义方针"。在栏目设计上，又开辟出"哲学评论"一栏，专载就其时的哲学及与哲学关系问题进行评论的短文，与长篇论文相辅相成，所谓"长枪短刀、大炮小铳，各适其所"。① 封底广告对该刊的介绍和井上哲次郎的绪言相得益彰："本书收载从本邦博士、学士诸大家的论说到文科大学毕业论文中关于纯正哲学、伦理、宗教、教育等问题的著述。每集之末附有文学博士井上哲次郎的哲学评论等。……本书之特色是阐明道德之渊源，解说宗教之根柢，确定人类行为的基础。"② 这就进一步说明，《哲学丛书》其实就是发布井上哲次郎哲学、伦理、宗教观念，由他本人及其学生的论著组成的"自己的园地"。《哲学丛书》只出版了三集，从内容来看，所刊载的长篇论文包括第1集吉田熊次的《伦理法的必然的基础》、纪平正美的《实行伦

---

① 井上哲次郎「緒言」『哲學叢書』第1卷第1集、集文閣、1900年、1-5頁。
② 原文为"本書は純正哲學、倫理、宗教、教育等に關する本邦博士學士諸大家の論說より文科大學卒業論文に至る迄收載せるものにして每集の末には文學博士井上哲次郎先生の哲學評論等を附載せり……本書の特色は道德の淵源を闡明し宗教の根柢を解說し人間行為の基礎を確定するにあり。"《哲学丛书》封底广告。井上哲次郎編『哲學叢書』第1卷第3集。

理和宗教》，第 2 集井上哲次郎的《认识和实在的关系》、西晋一郎的《洛采①的哲学》，第 3 集虎石惠实的《哲学的科学及对宗教的关系》、森内政昌的《认识与实践、实在观念与理想观念》、宇野哲人的《二程子之哲学》。除了井上哲次郎本人，上述作者几乎都是他在东京帝国大学的学生，有的后来成长为日本哲学、伦理学等领域的重量级学者。

章太炎再会井上哲次郎哲学之因缘，即是他阅读《哲学丛书》并进行了自我的思想表达。章太炎思想表达的痕迹部分保留在 1905 年《国粹学报》所刊《读佛典杂记》之中。1903～1906 年三年的囚禁时光，正是章太炎思想发展"转俗成真"、由儒入佛的关键期。在这三年中，他阅读佛经，"达大乘深趣"。1906 年再度旅日后，他将"魏译《楞伽》及《密严》"与"近代康德、萧宾诃尔之书"两相参法，② 融合"华梵圣哲之义谛，东西学人之所说"。③ 思想的天空，色彩异常瑰丽。然而，章太炎创作于这三年转变期的作品寥寥无几，除了时常为论者提及的《与黄宗仰书》（1905 年 10 月 26 日），能一窥其思想渊海的几乎就只有这篇《读佛典杂记》。④ 《读佛典杂记》三段略显破碎的内容，就像阳光透过树林后留在地上的斑驳影子。结合《哲学丛书》的相关内容，考察章太炎此前此后的著论，从斑驳

① 洛采指德国哲学家鲁道夫·赫尔曼·洛采（Rudolf Herman Lotze，日文译名为"ロッチエ"）。
② 章太炎：《自述学术次第》，章太炎：《菿汉三言》，第 165 页。
③ 章太炎：《菿汉微言》，章太炎：《菿汉三言》，第 61 页。
④ 《国粹学报》第 1 年第 2 号（1905 年 3 月 25 日）另载有章太炎的《释真》。《释真》不足百字。《太炎集》系为癸卯文（1903）。汤志钧编《章太炎年谱长编（增订本）》，第 110 页。另在《章太炎全集·太炎文录补编》中（第 249 页），此文署 1903 年。《释真》指出，"真"字的古文有从"双耳相背"的多细胞生物合而为单细胞的印记。根据"多细胞生物必有死，而单细胞生物万古不死"的逻辑，章太炎认为，"真人不死，必化单细胞物"，古文"真"的意义当如此诠释。从内容上看，此文和 1899 年《菌说》相似，都有他早年摄取生物学知识的痕迹。

的影子来反观阳光与树林，我们才能逐渐进入章太炎再会井上哲次郎哲学的渊深领域。而明确《读佛典杂记》与森内政昌《认识与实践、实在观念与理想观念》的关系，是起首的一步。

森内政昌从东大毕业后曾经在金泽第四高等学校担任德语和哲学的教授，1905年后离开。根据井上哲次郎《巽轩日记》1907年12月27日的记载，"森内政昌遗族吊慰料"，[1] 可知森内逝世于该年，并且和井上哲次郎有不错的私交。森内在《认识与实践、实在观念与理想观念》的自序中说，他这篇文章引用的文句和论证的思想，或出自井上博士的纯正哲学讲义，或从元良勇次郎、中岛力造的讲说中得来，而亦有参考散见的小册子中诸先辈的思想，"要之，是在这两三年的苦学中进入耳目的东西，不过聊附以系统者"。[2] 该文旁征博引欧美各国的经典思想文献，综合了日本近代哲学、心理学、伦理学各位奠基者的思想，其中又特别推崇井上哲次郎的伦理立场。

章太炎《读佛典杂记》第一段文字本于森内政昌的《认识与实践、实在观念与理想观念》。全段文字如下：

> 亚历斯陀德曰：何故快乐不得连续。答曰："人之能力不能连续行动，而快乐者即行动之结果。行动不能连续，故快乐不能连续也。人之爱快乐，即爱生活。故生活者，行动之一种。"日本森内政昌因之谓人爱活动，非爱快乐。虽然，活动之中兼有苦乐，活动而苦，亦爱之乎？森内未能自明。吾为答曰："凡一切苦，皆因阻碍活动而起。譬如妇人分娩，其苦特甚，而外貌似活动。然

---

① 村上こずえ、谷本宗生「井上哲次郎『巽軒日記：明治二六～二九、四〇、四一年』」『東京大学史紀要』(31)、2013年3月、110頁。

② 原文为"要とする所は兩三年の苦學中に耳目に入りし所のものに、聊か之が系統を附せしものなりといふに過ぎず。"森内政昌「認識と實踐、實在觀念と理想觀念」『哲學叢書』第1卷第3集、731頁。

儿体扰动即碍己血气之输转，是因阻碍活动以生苦痛，故不爱耳。若自由活动不被阻遏，断无苦感，故爱活动者必不爱苦。"①

要厘清这段文字与章太炎思想的关系，首先需要追问的是，章太炎对森内政昌"人爱活动，非爱快乐"的判断为何特别感兴趣？这是因为，森内通过运用德国心理学家威廉·冯特（Wilhelm Maximilian Wundt）、约翰·赫尔巴特（Johann Friedrich Herbart）的学说，很好地诠释了"欲望"及其运行机制这一章太炎最关心，同时又颇有困惑的问题，令他有醍醐灌顶之感。

章太炎早年以荀子"性本恶，其善者伪"的理念构建自己的政治哲学。他相信，欲望（爱）是人性的开始，也是恶的发端；欲望致使人类彼此以毒药、水火、械用互相亏害。所以，《訄书》初刻本《独圣》上篇说："金木、毒药、械用、接构，皆生于恶，恶生于爱。晌慄愀悲亦生于爱。爱为百姓俶。"② 前章提到，1902 年，章太炎翻译了日本学者岸本能武太的《社会学》，该书的一个核心论点是，欲望乃是人类社会发展的原动力；"欲望如蒸汽，智识如铁道，人类如车，欲望驱之于后，智识导之于前，而后方向无误。……是故，使社会发达者，智也；欲使社会发达者，欲望也，所以为原动力也"。③

章太炎深为认同欲望乃社会发展的原动力。那么接下来有两个连贯的问题：欲望的本质又是什么？更进一步，人生的目的是为满足欲望，从而得到愉乐和幸福吗？前一个问题，岸本能武太是做了明确解答的。他通过与"肉欲"相比较来界定"欲望"。肉欲指向的是食欲、

① 章太炎：《读佛典杂记》，《国粹学报》第 1 年第 3 号，《国粹学报》影印本第 4 册，第 1338~1339 页。
② 章太炎：《独圣》（上），《章太炎全集·〈訄书〉初刻本》，第 102 页。
③ 此为岸本《社会学》的章太炎译文，《章太炎全集·译文集》，第 144~145 页。

睡欲、牝牡欲，拥有它们，是人和非人动物共通的属性。而欲望"由肉欲与将来之观念综合而生"，[①] 拥有了"欲望"才意味着动物真正进化为人。后一个问题，岸本则给出了肯定性的答案，认为社会究极之目的在"为个人幸福谋其圆满具足者"。[②] 而人生究极之目的在任受"完具之幸福"。所谓"完具之幸福"，指尽可能地、最大剂量地满足从肉体到精神的各类欲望，令"各种愉乐，纷然杂沓以趣之"。[③]

岸本对前一个问题的解答，章太炎虽有所接受，并把人兽之辨的重心调整到人不仅拥有"将来"之念，还怀抱"过去"之念；但是，岸本对欲望（意志）之发生机制的分析仍旧是相当有限的，他的解析不能餍足章太炎的心智。而岸本对后一个问题的解答，则和章太炎对人生、社会的悲苦体验有不小的间距，是他所不能接受的。相较而言，森内政昌提供了新的心理学和伦理学的分析话语，打开了更深入认知这两个问题的空间。

对于前一个问题，森内政昌从宇宙存在的状态切入进行阐释。他说："宇宙为一大活动。……宇宙间不存在实际不活动之物。……今日的科学者合动学及静学综合于力学之下。在无机界，如风雨雷霆，如寒暖明暗，皆无非一种活动。在有机界，若生长生殖、从血液流动、肺心鼓动到吾人的思考欲望等，皆无非活动也。"[④] 森内从力学原理，即物质是由原子的运动所形成的出发，将欲望的根本归结于

---

① 此为岸本《社会学》的章太炎译文，《章太炎全集·译文集》，第 76 页。
② 此为岸本《社会学》的章太炎译文，《章太炎全集·译文集》，第 149 页。
③ 此为岸本《社会学》的章太炎译文，《章太炎全集·译文集》，第 151 页。
④ 原文为"宇宙は一大活動なり……實際不活動なるものは宇宙間に於て一物たも存せず……今日の科學者が動學及靜學を合せて共に力學の下に綜合する所以なりとす、無機界にありては風雨雷霆の如き寒暖明暗の如き皆一種の活動に非るはなく、有機界にありては生長生殖若くは血液の流通、肺心の皷動より、吾人の思考欲望等に至るまで、共に活動に非るなき也。"森内政昌「認識と實踐、實在觀念と理想觀念」『哲學叢書』第 1 巻第 3 集、792 頁。

"活动"。章太炎早年汲取牛顿定律，在力学的支配和运动原理中观照万物。正因为契合了他早就了解的、宇宙构成的基本力学原理，章太炎才对森内"人的行动的目的，与宇宙一切现象相同，不外是活动"① 特别有共鸣。这是《读佛典杂记》第一段讨论活动能否带来快乐，"人爱活动，非爱快乐"的前提和基础。

森内指出，世界上所有的活动可以分为三类：一是作为因果的交互作用之形式活动的自然活动；二是有无意识之目的的生活活动；三是有意识之目的的精神活动。根据约翰·赫尔巴特的学说，"精神活动是从生活活动派生出来的东西，它们根本上乃是无差别的同一体"。② 而威廉·冯特对精神活动又有更详细的分析："一切精神活动，都可归之于感觉、感情及意志三者。因感情又不妨与意志合一，故可归之于感觉和意志二者。此二者的区别亦属心理的抽象的结果，二者元来无别。吾人一切精神活动的真实要素，不可不归于合感情与意志为一的始原之物。这种始原的心的活动，即动向也。"森内译语"动向"对应冯特所用德文"Trieb"（今天一般译为"本能冲动"）。③ 森内进一步分析，在人的精神活动中，情性与知性是同体而不相离的。在森内那里，"欲望"是"意志"的另一种说法。"这一情的活动，即被情力的知性的形式所陶冶，是在其中自觉到一定目

① 原文为"吾人は人的行働の目的は宇宙一切の現象と同しく活動に外ならすして。"森内政昌「認識と實踐、實在觀念と理想觀念」『哲學叢書』第 1 卷第 3 集、821 頁。
② 原文为"精神活動は生活活動より派生せしものにしてその根本は無差別同一體のものなりとなすや明也。"森内政昌「認識と實踐、實在觀念と理想觀念」『哲學叢書』第 1 卷第 3 集、808 頁。
③ 原文为"一切の精神活動は之を感覺感情及意志の三に歸着するを得べく、その感情は又意志と合一するも妨なきが故に感覺と意志の二に歸着す可し、然とも此二者の區別も亦心理的抽象の結果にして、元來二者の別あるに非ず、吾人は一切の精神活動の真實なる要素は、感情と意志と合一せる始原的のものに歸せさる可からず、この始原的心の活動……即動向也。"森内政昌「認識と實踐、實在觀念と理想觀念」『哲學叢書』第 1 卷第 3 集、806–807 頁。

的的活动，到这个程度，我们或以'意志'称之，或以'欲望'称之。"① 森内一路逻辑推演丝丝入扣，从世界的活动论及人类的精神活动，而人精神活动的要素又是感情与意志合一的心的活动。"意志"事实上就是"欲望"，属于"情的活动"，指向"被情力的知性的形式所陶冶，并有一定目的的自觉活动"。森内用近代心理学层层剖析欲望（意志）的发生机制，对章太炎很有触动。《读佛典杂记》第一段表明，章太炎承认以心的活动作为解析欲望（意志）的基础，从而在岸本能武太的基础上对欲望的理解又向前推进了一步。

那么接下来的问题是，人行动的目的是满足欲望，以得到愉乐和幸福吗？关于人行动的目的是什么，森内勾勒了两条思想史的脉络。一是从古代的伊壁鸠鲁派到晚近的边沁、密尔等，倡导以快乐为目的的"经验派"或曰"快乐派"（Empiricismus，Hedonismus）；二是从斯多葛学派到康德、费希特等以活动为目的学派，被称为"直觉派"（Intuitionismus）。森内赞同直觉派，认为必须由欲望的运行机制来界定人行动的目的。他相信，"宇宙的一切现象皆着力于经营活动，人类亦不离此理，同样是以活动的经营为目的"，既然"情力的活动"才是人行动的目的，那么"快乐是遂行情力的活动时可感到的主观状态，但却非行动的目的"。② 此后，森内从人类的心理和关于快乐的理论两个角度来说明这个问题，并且再次引经据典辅证自己的

① 原文为"その情の活動即情力の知性の形式に陶冶せられ、一定の目的を自覺して活動するに於ては、吾人はその程度に從ひて或は之を意志といひ、或は之を欲望と稱するを得るものにして。"森内政昌「認識と實踐、實在觀念と理想觀念」『哲學叢書』第 1 卷第 3 集、822 頁。

② 原文为"宇宙一切の現象は皆活動を營為せんことを力めつつあるものにして、人間といへとも此理に渡るへきの理なく、同しく活動の營為をその目的となすものに外ならず"；"吾人は情力の活動を以て人的行働の目的なりといふべきなり"；"所謂快樂は主觀のその目的即情力の活動を遂行しつつある間に感せらる可き主觀的狀態にして目的そのものに非ず。"森内政昌「認識と實踐、實在觀念と理想觀念」『哲學叢書』第 1 卷第 3 集、823 頁。

观点。

　　森内引用斯宾塞的《伦理学资料》（*Data of Ethics*）称："产生
快乐的行动是保持生活的行动。"① 同时，他还引用了亚里士多德
《尼各马可伦理学》中的一段话。这段话被章太炎全部翻译转引。此
即《读佛典杂记》第一段的前半部分："亚历斯陀德曰：何故快乐不
得连续。答曰：'人之能力不能连续行动，而快乐者即行动之结果。
行动不能连续，固快乐不能连续也。人之爱快乐，即爱生活。故生活
者，行动之一种。'"② 至于《读佛典杂记》第一段的后半部分，章
太炎批评森内"活动之中兼有苦乐，活动而苦，亦爱之乎"的问题
是一个"未能自明"的追问，则属于章太炎对森内论述的有意扭曲
和遮蔽。

　　在证明人行为之目的是情力的活动而非快乐时，针对疑问——如
人有不快之感在先，活动是否为了摆脱不快之感，森内举了如下一些
例子。

　　傷きて醫師に走り病で藥を呼ふか如きは不快の感を脱し快
　　樂を得んとするの主觀的念慮存せずといふ可からず然れともそ

---

① 原文为"快樂を生すへき行動は生活を保持すへき行動なり（pleasure-giving acts
　are life-sustaining acts）。"森内政昌「認識と實踐、實在觀念と理想觀念」『哲學
　叢書』第 1 卷第 3 集、832 頁。
② 森内原文为"古哲アリストテレイス既に此理を明かに言ひ表はして曰く、「何故
　に快樂は連續せさる乎、他なし人的能力は連續的行働をなし克はされはなり、
　今快樂はただ行働の結果に外ならさるが故にその連續するを得さるや明也、人
　の快樂を愛するは即生活を愛するか故也、何んとなれは生活は行働の一種なれ
　はなり」。"（Why is not pleasure continual? Because none of the human faculties are
　capable of continuous action. Now pleasure has not this power any more than the others,
　for it is only the consequence of action-It is probable that, if all men love pleasure it is
　because all love life also; for life is a sort of act. *Ethica Nicomachea*, I, X, Chap. IV）。
　森内政昌「認識と實踐、實在觀念と理想觀念」『哲學叢書』第 1 卷第 3 集、
　835 頁。

の目的は人生の大々的活動なる生活の恢復に非すして何そや……、詩人の詩文を弄して江湖に呻吟し、小兒の遊戯に日の移るを知らさるは、苦痛を脱せんとして然るものなりといふ可からず、禽獸の森林に囀り山野に馳驅し、アミーハの擬足の運動をなすは不快の感を脱せんとして然るものなりといふ可からず、共にその目的は唯一活動にありて存在すれはなり。① （参考译文：伤病者寻医问药，不可说不存在摆脱不快之感、获得快乐的主观的念虑。然而，如此行为的目的难道不是为了人生大活动之生活的恢复吗？……诗人吟诗弄文于江湖，小儿在游戏中不知时日之转移，不可说是为了摆脱某种痛苦。禽兽在森林中啭喉驰驱，阿米巴虫的伪足运动，不能说是为了摆脱某种不快之感。它们共同的目的仅仅是活动。）

森内诚然没有明确解答，如果活动导致痛苦，还爱不爱活动的问题。但是，他这里阐述的正是活动的目的，时常是为清除阻碍活动之力。伤病者求医问药，无论做手术还是吃药，也许会面临暂时的或更大的痛苦，但承受这些痛苦恰恰是为了摆脱伤病所带来的阻碍生命活动之力。这就再次证明了活动才是行为的目的。章太炎自己的解答也显然受到森内上述文段的启发。所谓，"吾为答曰：凡一切苦，皆因阻碍活动而起。譬如妇人分娩，其苦特甚，而外貌似活动。然儿体扰动即碍己血气之输转，是因阻碍活动以生苦痛，故不爱耳。若自由活动不被阻遏，断无苦感，故爱活动者必不爱苦"。② 他将森内笔下的"伤病"具体化为妇人分娩，这个更极端也更有说服力的例子来说明哪

---

① 森内政昌「認識と實踐、實在觀念と理想觀念」『哲學叢書』第 1 卷第 3 集、827 頁。
② 章太炎：《读佛典杂记》，《国粹学报》第 1 年第 3 号，《国粹学报》影印本第 4 册，第 1338～1339 页。

怕承受痛苦，人们的行动也是要摆脱阻碍活动之力，"故爱活动者必不爱苦"。

森内政昌采纳康德、费希特以降"直觉派"的立场，以"情力的活动"作为人行动的目的，可以视作章太炎此一阶段衔接佛学与叔本华哲学的又一中介。[①] 森内指出，人类行动的目的和终局共同存在于情力；康德、叔本华之所以推崇"意志"，也是因为情力（活动）拥有绝对的价值。情力的活动是"所谓超越善恶的存在，饥可食，渴可饮，有爱之情可爱，有恶之情可恶。情力以绝对言之，绝非以善恶可规定者"。[②] 从 1906 年章太炎的论著中摘取涉及叔本华学说及佛学的两段文字，就可见他对拥有绝对价值的"情力之活动"的认同。《俱分进化论》谓，索宾霍尔（叔本华）"以世界之成立，由于意欲盲动，而知识为之仆隶。……其说略取佛家，亦与僧伽论师相近"。[③]《四惑论》批评以"劳动"为人之天性，应"循其天性而谋进化"的观点，称："动者人之天性，劳者非人之天性。惟好动也，故其心掉举不安，乍动于此，辄弃而转动于彼，必无坚忍以就一事者。"[④] "掉举"即是形容心念摇动、不堪摄伏的佛教术语。

写到这里，章太炎《读佛典杂记》第一段整个脱化于森内政昌《认识与实践、实在观念与理想观念》的关系已经豁然开朗。《读佛

---

① 章太炎此时期接受叔本华哲学渠道很多，他阅读、援引过姊崎正治的《宗教学概论》《上世印度宗教史》等著，还阅读过姊崎正治翻译的哈特曼的《宗教哲学》。章太炎还阅读、援引过中江兆民译的《道德学大原论》（出自叔本华《伦理学的两个基本问题》），等等。详细的研究参阅小林武『章炳麟と明治思潮：もう一つの近代』。

② 原文为"所謂善惡を超越せるものなり、飢ゆれは食ふ可なり、渇すれは飲む可なり、愛するの情あり愛して可なり、惡むの情あり惡んて可なり、情力は絶對に之をいへば決して善惡を以て規定す可きものに非るなり。"森内政昌「認識と實踐、實在觀念と理想觀念」『哲學叢書』第 1 卷第 3 集、829~830 頁。

③ 太炎：《俱分进化论》，《民报》第 7 号，1906 年 9 月 5 日，第 1~2 页。

④ 太炎：《四惑论》，《民报》第 22 号，1908 年 7 月 10 日，第 12 页。

典杂记》就好像一页残缺的影像胶片，只有把《认识与实践、实在观念与理想观念》和它交叠在一起，《读佛典杂记》话头之由来、内容之所本才能得到完整的影像还原。章太炎接受了森内对欲望及其运行机制的论述，否决了类似岸本能武太那样，将快乐和幸福作为人生究极目的的观念。然而，森内政昌的《认识与实践、实在观念与理想观念》其实是在演绎井上哲次郎的哲学。只有落实了森内政昌文章与井上哲次郎哲学的内在勾连，章太炎与森内政昌的思想关系才能延展为章太炎与井上哲次郎哲学的关系。章太炎在思想转型过程中，井上哲次郎本人的哲学究竟发挥了怎样的实际功效，这个问题才能得到真正的解决。

三　为什么是"活动"：从章太炎、森内政昌到 井上哲次郎的逻辑溯源

森内政昌的长文《认识与实践、实在观念与理想观念》包括五章的内容：一、哲学的位置和目的；二、哲学的目的；三、实在的认识（实在观念）；四、实在的假定（实在观念）；五、人生的目的（理想观念）。森内说，"哲学需要调和认识论与伦理学、实践观念与理想观念以建立人生观和世界观"；"哲学以认识论发端，终极则是确定伦理的根本主义"。① 森内这篇文章其实也是由认识论与伦理学两部分组成的。从标题即可见，"认识"与"实在观念"着眼处在认识论，"实践"与"理想观念"落脚点则在伦理学。

井上哲次郎在《哲学丛书》第 1 卷第 2 集上发表了阐述自身认识论的重要长论文《认识和实在的关系》，而在第 1 卷第 3 集（即登载森内文章的同集）"哲学评论"栏又发表了谈伦理观的文章——

---

① 森内政昌「認識と實踐、實在觀念と理想觀念」『哲學叢書』第 1 卷第 3 集、745–746 頁。

《利己主义的道德之价值》。从内容上看，森内文章谈认识论的部分总结自《认识和实在的关系》，而谈伦理学的部分则与《利己主义的道德之价值》一脉相承。最关键的是，井上哲次郎这两篇文章同样在《哲学丛书》上刊载，也都在章太炎的阅读范围内。虽然说《读佛典杂记》首段与森内政昌的文章形成了直接的对应，但正因拥有井上哲次郎的作品作为思想的底板，章太炎无疑才能加深对德国哲学的理解。在这里，我们就找到了井上哲次郎哲学在章太炎思想转型过程中长久发挥作用的依据。下面即来一一说明其中的勾连。

章太炎最感兴趣的关于"活动"的问题，在森内政昌的《认识与实践、实在观念与理想观念》一文中是从第四章"实在的假定（实在观念）"开始讨论的。而这一章的内容几乎是对井上哲次郎的《认识和实在的关系》一文第二章"认识的事实应该如何说明"的概括和归纳。[①] 但两者的逻辑顺序是恰相反逆的。森内从总的"宇宙为一大活动"进入，逐层分解剖析物理学的原子运动、有机界的生活生理活动，再到人精神活动的真实要素，即"始原的心的活动"——"动向（Trieb）"。而井上哲次郎则是从以"自然的动向（Trieb）"为基础的人之认识的最初阶段"感觉"出发，再逐级上升到无数天体和原子普遍存在的"活动"。井上哲次郎由精微至宏大逐级推演"活动"之普遍性，从这一过程能透彻理解其"现象即实在论"的根本逻辑所在，从而打通森内一些言之不详的逻辑关节。

井上哲次郎从认识是如何生成的来展开讨论。认识的准备阶段即是单纯的感觉，感觉产生于人在行动时身体和围绕物相接触而接受

---

① 井上哲次郎的《认识和实在的关系》包括七章，从章的排布可以略窥他的理路。七章分别是：一、认识的对象；二、认识的事实应该如何说明；三、认识的限界在哪里；四、客观的实在应如何证明；五、再论关于客观的实在；六、主观的实在真的应该是定吗；七、一如的实在的观念。

"感性的印象"（Sinneseindruck），此后从感觉而生知觉，从知觉对合外界的现象而生"写象"（按：当即 Vorstellung，今译为"表象"或者"观念"）。到了产生"写象"，应该说就形成了认识的事实。至于最初阶段的感觉是怎么得到的呢？井上哲次郎说："盖吾人得到感觉，乃是自发的活动的结果，即以自然的动向（Trieb）为基础。"[1]为了证明"先有自发的活动，之后一切心的官能得以发达"，井上哲次郎主张从进化论特别是生物起源学（genetisch）方面予以考察。他推介的理论来自德国生物学家、著名的达尔文主义者海克尔（日译名为"ヘッケル"）。

在初版于 1868 年的《自然创造史》（*Natürliche Schöpfungsgeschichte*）中，海克尔提到最劣等的动物甚至都称不上动物的单纯有机体"阿米巴"（Amoaba，井上哲次郎日译名为"アモェーバ"），以及在原生生物界（protistenreich）处于最下级位置更单纯的有机体"毛奈伦"（Moneren，井上哲次郎日译为"モネーレン"）。它们"相比于有机体，毋宁说接近于无机体，构成有机、无机两界的过渡点。如此单纯的有机体，不能说有感性的知觉，然而自发的活动却是这样单纯的有机体都具备的"，由此可见"自发的活动先于感觉"。[2] 海克尔把心理学看作生物学的一个分支。对于人的个体而言，其心意从开始恰如他的身体一步一步变得越来越发达；新生儿是没有高等的心的作用的，发出啼哭、活动四肢、吸吮乳房都是自发活动的结果；先有自发的活动，像"认识"那样高等的心的作用才渐次发达起来。"无论就人类一般而言，还是就个人而言，其发达的成迹是全然相同的，即种系发生上（Phylogenic）和个体发生上（Ontogenic）并无二致"。这里，井上哲次郎借助海克尔的"重演"理论来说明个体精神从婴儿

---

① 井上哲次郎「認識と實在との關係」『哲學叢書』第 1 卷第 2 集、327 頁。
② 井上哲次郎「認識と實在との關係」『哲學叢書』第 1 卷第 2 集、328-330 頁。

到成人的发展过程，事实上就是人类进化历程中精神发展的过程。①

接下来，井上哲次郎引介了哲学和心理学者对于上述观点的见解。一是德国心理学家威廉·冯特（日译名为"ヴント"）。冯特认为："一切精神的官能的真元素乃是感觉和意思尚未分离时的初发的活动力，即是动向。动向作为心的现象的根本，一切精神的发达渊源于此，这是被一般的及个人的发达史所证明的情况。"② 井上哲次郎继而分析说："冯特氏以感觉、感情、意思三者来把握终局的心的作用。其中，感情是以意思为基础的，如此一来，就可归结为感觉和意思两者。然而使两者从开始即组成不能分别的合一的活动者，即是动向。所以动向相比于它分别出来的叫作'感觉'者、'意思'者，是先于它们的根本的存在者。"③ 森内政昌的《认识与实践、实在观念与理想观念》在介绍冯特对"动向"的分析时，有一段几乎与此完全相同的文字。前文援引过，这里不再复述。只是井上哲次郎所说的"意思"，森内政昌用的是"意志"来表达。总之，动向乃是先于感觉和意志，并使二者合一而不能分别的根本的存在。

二是井上哲次郎援引了德国哲学家约翰尼斯·雷姆克（Johannes Rehmke，日译名为"レムケ"）《普通心理学教科书》的内容，进

① 井上哲次郎「認識と實在との關係」『哲學叢書』第1卷第2集、330–332頁。

② 此段原文为"（ヴント）氏思へらく、一切精神的官能の真元素は感覺と意思の未だ分離せざる初發の活動力即ち動向なり、動向が心的現象の根本にして、一切精神的の發達は此れに淵源すること、一般的及び個人的發達史の證明する所なり（*Physiologische Psychologie*, Bd. II, S. 545）。"井上哲次郎「認識と實在との關係」『哲學叢書』第1卷第2集、332頁。

③ 此段原文为"氏は感覺、感情、意思の三者を以て終局の心的作用とすれども、其中感情は意思に本づくものなるが如きを以て畢竟唯感覺と意思の兩者に歸するなり、然るに兩者は始めより分別せられ得べきものにあらずして合一して活動を成せり、即ち動向は是れなり、是故に動向は彼の分別して感覺と云ひ、意思と云ふものよりは根本的にして之れに先ちて存するものなり。"井上哲次郎「認識と實在との關係」『哲學叢書』第1卷第2集、332頁。

一步将"动向"解释为还不伴随意思（意志）的精神的自发活动，是先于意思（意志）存在的不任意的行动。复又根据约翰·赫尔巴特（日译名为"ヘルバルト"）《心理学教科书》指出，一般的动向毋宁说是生理的现象。这就意味着，"动向"乃是衔接生理现象与心理现象的初发的活动力。

井上哲次郎紧接着主张，为了避免"动向"这个词的模糊性，用"行动"（Bewegung）这个词是更恰当的。他先列举了意大利人类学家朱塞佩·塞吉（Giuseppe Sergi，日译名为"セルヂー"）对行动的六种分类：原本（原始）自动的行动、反射的行动、直动（直觉）的行动、情绪的行动、有意的行动、派生自动的行动。前两种属于还不伴随精神作用的纯粹生理的行动，到第三种也见不到意志的存在。由此可证明确有先于感觉和意思（意志）的"行动"。随后，他援引丹麦心理学家哈格尔德·霍夫丁（Harald Höffding，日译名为"ホェフヂング"）和长期在德国工作的生理学家威廉·普莱尔（William Preyer，日译名为"プライエル"）的心理学著作，是想引出关于神经作用的问题。霍夫丁指出，有机体从外界受到刺激，开始伴随感觉的行动生成"行动感觉"（Bewegungsempfindung），这种因神经中心富有紧张力而生成的行动是自发的、无动机的。普莱尔认为一切精神发达的根本制约是感官活动性；感官活动性的四个阶段包括神经耸动、感觉、知觉和写象（观念）。第一个阶段神经耸动是超绝于感觉的自发活动，可以看作生理的现象。如此一来，就可看出精神与身体、心理与生理之间的交互作用和相互依存。而在身心关系中起衔接功能的是神经。遍布全身的神经纤维又具备离心和向心两种官能，一是从中枢接受命令引起肌肉收缩；二是将皮肤受到的外部刺激向内传送引起感觉。在神经纤维的两种官能中，精神和物质即客观与主观的关系得以成立。行动在神经纤维的两种官能中是共通的。井上哲次郎颇为得意地总结道，"动向"作为超绝于一切心的作用者，本身就兼具心理和生理两个层面，但"动向"一般来说惯用于有机体。当把"动向"一词转化为"行动"时，"就赋予了其更广泛的意义，行动，即活动，是主观和客观共通的东西，属于内界和外界还未分离的先天未画的状态"。①

为了证明自身的现象即实在论，使用"行动"（Bewegung）一词仍不是井上哲次郎的最终目标。他说：

> 行动乃超越于主观客观者。盖世界乃是一大行动，大到无数天体，小至无数的原子，从外界众多的物理现象到内在众多的心理的现象，全都是行动。为了避免"行动"的话语必然会预想到空间的麻烦，那么，我称之为"活动"（Thätigkeit）。②

"活动"（Thätigkeit）才是井上哲次郎最满意、能够匹配他的实在论的理论术语。这里需要简单概括一下井上哲次郎一元的世界观。在他看来，主观和客观都是不能否定的，从认识的方面来看，主观和客观都是存在的。但认识是有界限的，认知的对象是差别的现象界。因此，作为认识的对象，主观和客观指向的都是差别的观念。唯有对这些差别的观念进行"内面的直观"（innere Anschauung）或者"综合判定"（Synthetisches Urtheil），才可以到达无差别平等的观念。无差别的平等，即是实在。但是不存在离开主观、客观占据第三者位置的

① 井上哲次郎「認識と實在との關係」『哲學叢書』第 1 卷第 2 集、337–345 頁。
② 此段原文为"行动は主觀客觀を超越するものなり、蓋し世界は一大行動なり、大は無數の天體より小は無數の原子に至るまで、外は幾多の物理的現象より、内は幾多の心理的現象に至るまで、總べて行動にあらざるはなし、若し行動と云へる語が必ず空間を豫想すとの嫌あらば、余は之れ活動 Thätigkeit と云へる。"井上哲次郎「認識と實在との關係」『哲學叢書』第 1 卷第 2 集、351–352 頁。

"实在"，意即"失去主观、客观之差别者就成为实在（Wesen）"。
"如差别同一体使之对立者，则成为主观、客观，如融合主观、客观
而还原之则成为实在；真可谓一而三、三而一。"① "行动"或者
"活动"，正是主、客观失去差别之所在、融合之所在。换言之，也
是使现象达到实在的所在。而"哲学的终局目的无他，惟在明晰此
实在观念"，② 因此，"行动"或者"活动"就成为理解井上哲次郎
"现象即实在论"最关键的枢纽。

那为什么"活动"（Thätigkeit）相比于"行动"（Bewegung）更
得井上哲次郎的青睐呢？这是因为客观的实在是"无差别平等的实
在，即是离于空间、时间及因果规定的物如"。③ 说到"行动"，还是
会产生关于其发生场所的空间的预想，也就是说往往离不开空间的规
定性。这就有可能妨碍人们对"实在"性质的理解，即"实在"不
是认识的对象，而是"作为哲学的根本假定来凭信的"。表意更为广
泛，能脱离更多规定情境的"活动"一词就成为描述各界、各种、
各类共通性最好的选择。井上哲次郎说，"活动"是"心理、生理、
物理共通者，扩充而言之，不问内界、外界之别，世界万物共通的都
是指向'活动'；'活动'也不能直接说是世界的实在，'活动'是
最接近世界的实在者，即是从现象渡入实在者"。④

从指向人心之现象的根本、一切精神发达的源头、汇通生理过程
与心理过程的"动向"（Trieb，即指本能冲动），到把大至无穷宇宙
天体的运转微至原子颗粒的运动皆归入其中、沟通主客观和内外界的
"行动"（Bewegung），再到通向心理、生理、物理等世间万物，离于

---

① 井上哲次郎「認識と實在との關係」『哲學叢書』第 1 卷第 2 集、353 頁。
② 井上哲次郎「認識と實在との關係」『哲學叢書』第 1 卷第 2 集、434 頁。
③ 井上哲次郎「認識と實在との關係」『哲學叢書』第 1 卷第 2 集、375 頁。
④ 井上哲次郎「認識と實在との關係」『哲學叢書』第 1 卷第 2 集、394 頁。

空间、时间和因果之规定性的"活动"（Thätigkeit），井上哲次郎寻找最合适的词汇的过程事实上也是论证其"现象即实在论"的过程。

相较于建立其"现象即实在论"基本构想的《伦理新说》（1883），苛刻的思想史评论家也许可以说在1900年的《认识和实在的关系》中看不到井上哲次郎本质上的进步。他最终要揭示的"一如的实在"仍是"折衷主义"地将老庄哲学、佛教的真如、康德的实体、斯宾塞的不可知等溶解在一起。那些掉书袋式地援引海克尔、冯特、雷姆克、赫尔巴特、塞吉、霍夫丁、普莱尔等，"仅仅是摆弄式的为了装饰'实在'而获取名辞"。①

然而对于章太炎来说，通过阅读井上哲次郎的《认识和实在的关系》，无疑可以补足森内政昌《认识与实践、实在观念与理想观念》一文从宇宙的"活动"讲到人体生理的"动向"之间的逻辑断层，使他最感兴趣的"活动"之内涵更加明晰。与此同时，井上哲次郎大量援引关于进化之生物学、心理学等各种重要文献也确实为章太炎提供了丰富的德国思想学术渠道。章太炎1906年从上海出狱之后即赴东京，他在《民报》上发表的第一篇论文是《俱分进化论》，文中表现出来的对生物学及心理学上的进化论说之熟悉程度是令人惊讶的。其中自然包含了像《认识和实在的关系》这样的作品所带来的知识养料。比如，为证明"进化之所以为进化者，非由一方直进，而必由双方并进"，章太炎写道，生物随着进化程度逐渐提升，感觉器官会变得更发达，所能体会到的快乐和痛苦都越发增多，即"若以生计言，则乐亦进化，苦亦进化"。他分析了生物界从最低等生物发展到最高等的乳哺动物——人所能感受到的苦乐的差异。他说：

---

① 渡辺和靖『明治思想史：儒教的伝統と近代認識論』（増補版）、ぺりかん社、1985年、116頁。

以生计言，他物所以养欲给求者少，惟人为多。最初生物，若阿米巴，若毛柰伦，期于得食而止耳。视觉、听觉、嗅觉皆未形成，则所以取乐者少。[①]

这其中关于最初生物阿米巴、毛柰伦尚未形成感觉，而只有自发活动的分析，源头显然是海克尔的《自然创造史》。井上哲次郎的《认识和实在的关系》一文完整描述了海克尔对阿米巴、毛柰伦感知状态的分析。可堪对照的是，森内政昌的《认识与实践、实在观念与理想观念》提到了海克尔对原生界（Protistenreich）的界定及海克尔所描述的最下等有机体、介于有机界无机界中间的毛柰伦（Moneren）。森内译其名为"モネイレン"，与井上哲次郎译的"モネーレン"略有差别。森内政昌的这篇文章在这里并没有同时提及阿米巴，而是在该文另外的地方涉及阿米巴虫。[②] 这就意味着，章太炎在《俱分进化论》中的描述不一定来自森内的文章，而很有可能本于井上哲次郎的《认识和实在的关系》。或者，章太炎至少通过井上哲次郎的渠道又去阅读了日本介绍海克尔学说的著论。

四　章太炎与井上哲次郎认识论及伦理观的睽离

从"人爱活动"这个判断层层掘进，可以清理出章太炎与森内政昌、井上哲次郎的思想关联。章太炎和井上哲次郎一样，早年都是通过斯宾塞的著述以"进化"为框架将宇宙的演化、人的诞生和社会文明的演进统一在一起。井上哲次郎此后又研读了德国进化学说的新成果，更加精细化地构建了宇宙与人的统一性，并塑成自身"现

---

① 太炎：《俱分进化论》，《民报》第 7 号，1906 年 9 月 5 日，第 2、3 页。

② 森内政昌「認識と實踐、實在觀念と理想觀念」『哲學叢書』第 1 卷第 3 集、811-812、827 頁。

象即实在论"的哲学。而通过井上哲次郎的哲学，章太炎也得以进一步汲取以海克尔、冯特为代表的德国进化主义的生理学和心理学理论，从而解析欲望（意志）之本质及其运转机制，并明确以"活动"作为宇宙与人的交汇点。然而，章太炎与井上哲次郎的共通性并不能掩盖他们在认识论和伦理观上已经出现了深刻的分歧。

章太炎思想转俗成真，在认识论上最明显的特征为趋向主观唯心论。章太炎1906年出狱后谈及哲学"甚主张精神万能之说，以为万事万物皆本无者，自我心之一念以为有之，始乃有之矣"。[①] 章太炎的主观唯心论受到佛教与西洋哲学的交互熏染，理论来源颇为多元。他认为，森罗万象的世界都是"阿赖耶识"这一本体幻出的世界，是心中之幻象。《建立宗教论》据此言道："此概念法尘，非由彼外故生，由此阿赖耶识原型观念而生。"[②] 用"原型观念"来诠释阿赖耶识，本身就是日本宗教学者糅合佛学与德国哲学的成果。如章太炎读过姉崎正治的《上世印度宗教史》，其中谓"根本的阿黎耶识作为一切法之所依，乃含蓄一切现象的种子即原型观念的执持（Adâna）"的影响。[③] 而爱尔兰哲学家乔治·贝克莱（George Berkeley）认为："吾人不能承认外物的物质存在，外物只是以观念的形式存在。……在吾人感官中映写的观念即记号，乃是外物生成之所。"[④] 相关知识也在章太炎的涉猎范围内，或亦促成他的精神状态。叔本华的意志论将客观世界视作人心之作用，也是不可忽视的思想来源。章太炎说："当海格尔始倡发展论时，索宾霍尔已与相抗，以世界之成立，由于意欲

---

① 宋教仁：《我之历史》（1906年12月6日），陈旭麓主编《宋教仁集》，第696页。
② 太炎：《建立宗教论》，《民报》第9号，1906年11月15日，第11页。
③ 姉崎正治『上世印度宗教史』博文館、1900、261頁。
④ 原文为"吾人は外物の物質的存在（material existence）を認むること能はず、外物はただに觀念（ideas）として存在するのみ……吾人は感官に映寫する觀念即記號によりてその外物となす所のものを解するものなること。"森内政昌「認識と實踐、實在觀念と理想觀念」『哲學叢書』第1卷第3集、771頁。

盲动，而知识为之仆隶……其说略取佛家，亦与僧伽论师相近。"①

而主观唯心论恰恰是信仰实在论的井上哲次郎及森内政昌所猛烈批判的。森内政昌批评乔治·贝克莱的《视觉新论》（*Essay Toward the New Theory of Vision*）称："贝克莱的主观唯心论认为我们所有的认识全都是主观生成之物。如果全部都是主观的话，我们的知觉像也好，概念也好，我们的妄像、妄想、梦也好，都拥有同样的主观的确实性。"换言之，"贝克莱的主观唯心论不能区别现象和妄想。然而，所有的现象都有朝向主观的实在的价值，而妄想仅有一定的主观实在的价值，两者毕竟是不可不区分的"。由此，他认为"贝克莱陷入了一种迷妄论"。② 井上哲次郎同样不认同万法唯心的主观主义（Subjektivismus）。他非常确定，"客观世界不是主观的结果，是主观以外的实在"；个人死亡之后，客观实在并不消亡。至于"唯心论者以客观世界为心意之所现，戴青色眼镜所见的世界万物皆为青色"，他认为不值一驳，谓"此见解之误，破之不难"。③

那么，章太炎的主观唯心论是否真如森内政昌所批评那样，属于不能区别现象和妄想的迷妄论呢？本书第二章提到，"随顺进化"是理解革命时期章太炎思想的关键概念。在这一概念的内外两侧，他安顿了圆成实自的真如与依他起自的幻象两个世界。也就是说，从根本上他主张"世界本无，不待消灭而始为无；今之有器世间，为众生依止之所本，由众生眼翳见病所成，都非实有"。④ 然而，在如眼病所见、人心幻化出的世界中，他相信万物仍旧遵循着进化的法则，此

---

① 太炎：《俱分进化论》，《民报》第 7 号，1906 年 9 月 5 日，第 1~2 页。

② 森内政昌「認識と實踐、實在觀念と理想觀念」『哲學叢書』第 1 卷第 3 集、772-773 頁。

③ 井上哲次郎「認識と實在との關係」『哲學叢書』第 1 卷第 2 集、385-386、389 頁。

④ 太炎：《五无论》，《民报》第 16 号，1907 年 9 月 25 日，第 9 页。

即"随顺进化"。当然，要探究这个幻象中的世界，不仅不能陷入迷妄，还必须遵循实事求是、无征不信的科学方法。章太炎由此极为推崇"审名实、重左证、戒妄牵、守凡例、断情感、汰华辞"的经师治学轨辙，将"谬于实证，侈谈大义"的经今文学作为抵制的对象。① "随顺"的姿态与儒佛二教在传统士人精神生活中发挥作用的方式可谓一脉相承，以佛养心具有某种功能主义的色彩。

井上哲次郎及森内政昌所推崇的实在非常接近斯宾塞"不可知"的界域。井上哲次郎说，现象界才是认识的对象，实在则要依靠信念而获得——"关于客观的实在的信念在化学上如同原子论，虽不能目睹手验，但需要一般地被采用"。② 森内政昌也说："所谓实在的假定无他，实在界即存在于时间、空间及因果律以外，超越主观客观者，故不克认识之。即离言说相、离名字相、离心缘相者也。"③ 斯宾塞认为"可知"界才是科学能探讨的对象，事物终极的原因和起源是"不可知的"，是不可思议的。井上哲次郎承认，"不可知的"（Unerkennbar）接近实在的观念，"同样是非现象、无际限、无形状"。④

如果将章太炎"随顺"的两侧和井上哲次郎"现象界"与"实在界"进行比较。章太炎所谓人心幻化出的、随顺进化的世界，大体相当于井上哲次郎所言的现象界。然而，井上哲次郎完全不能认同现象界是梦幻泡影。井上哲次郎批评叔本华的意志论，叔本华以意思（意志）为实在，是与活动相近者；然而，"意思（意志）本是个人所有，乃是最初的心的作用"，"合并客观世界为个人所有的最初的

---

① 太炎：《定经师》，《民报》第 10 号，1906 年 12 月 20 日，第 77 页。
② 井上哲次郎「認識と實在との關係」『哲學叢書』第 1 卷第 2 集、389 頁。
③ 森内政昌「認識と實踐、實在觀念と理想觀念」『哲學叢書』第 1 卷第 3 集、791 頁。
④ 井上哲次郎「認識と實在との關係」『哲學叢書』第 1 卷第 2 集、414 頁。

心的作用，这一解释偏于主观的考察，亦不能认为是正确的实在观念"。① 井上哲次郎的批评从侧面点出了章太炎认识论的根本特征在生发于个人的自我感知。由此也导向章太炎伦理观的核心乃至政治哲学的出发点，都在由个人之感知扩展出来的个体自主性。②

井上哲次郎与章太炎大相径庭。井上哲次郎融合主客观、包含内外界、无任何际限的一如之实在观，使他将理想的极处置于超出个体之外的绝对的实在之物。在体会、信仰这一远远高于个体的实在之过程中，个体的身心获得了最终的安顿。这就使井上哲次郎的伦理观走向了否定真的个体之存在，否定个人主义的方向。由此，井上哲次郎的伦理观也就和章太炎出现了根本的暌离。

"我现实的世界非世界的全体"，井上哲次郎以对空间和时间的认识为例来谈实在界。他说："我们身边的空间如同没有周围的桶，无论向如何的方面，都是思想所不及之处的非现实。无限的非现实中的一小部分成为我现实的世界。然而，我现实的世界在无限的非现实之中如同海市浮山。"至于时间，则由过去、现在、未来组成。只有现在才是现实的，因为过去已经逝去、未来尚未到来，都属于非现实。然而，"现在瞬间成为过去，未来瞬间变成现在。刹那、刹那的变迁推移，从现实向非现实移动，又从非现实向现实移动，无定住之所"，亦即"浮动不止"。这就意味着，"现在在过去、未来之间，然而过去和未来没有际限，没有际限的非现实中的仅仅一小部分构成我现实的世界"。换言之，我现实的世界"无异于是无限的非现实中浮

---

① 井上哲次郎「認識と實在との關係」『哲學叢書』第1卷第2集、420頁。
② 坂元弘子指出，章太炎"在以阿赖耶识为所依的我执即自我意识的层面上确认了作为主体性的个体"；他的思索"始于认清人的存在是一种'妄'，通过探究个体之心的存在方式的唯识学得以深化，终于抵达对个体的确认。这也反映到他如何彻底地追求个体立场"。坂元弘子：《中国近代思想的"连锁"——以章太炎为中心》，第46页。

出的海市"。井上哲次郎指出，上述非现实的世界即是实在界。①

在这样的时空观中，井上哲次郎关注的"我"自然不是个体。他说："我是关联父母和子孙的大我，父母是过去的我，子孙是未来的我，我是继续父母者，子孙是继续我者，我和子孙是换得父母的形骸而存续。"与此同时，我心的活动"差不多是经过了不能思维之程度的遥远的历史遗传下来的"，是在"无限的经历"之后才到达我这里。"扩充而考察之，个体不过是比较而言的。不存在有真的个体。唯有无限的活动，活动其自身超越空间、时间及因果的规定。"②

《读佛典杂记》第二、三段恰恰体现了章太炎与井上哲次郎相异的认识论和伦理观。

《读佛典杂记》第二段诠释"自由"，认为"天下无纯粹之自由，亦无纯粹之不自由"。所谓"无纯粹之自由"，显而易见，我们的身体既受制于器官机能及生存所需的物质条件——"饥则必食，疲则必卧"；还受限于社会的法律礼仪规范，"投灰于道""便利于衢"，在街道上随意扔垃圾、大小便会受到衙役、警察的拘管。所谓"无纯粹之不自由"，即便再逼仄的环境，人都有一定的选择性。比如囚徒、奴隶，身体固然被强迫管束，但在顺从强迫和拒之以死二者之间总还可以"任其取舍"。"任取其一，而任舍其一，得不谓之自由乎?"③ 章太炎把自由理解为一种内面的精神价值，正体现出他认识论的主观唯心色彩。他后来在《答铁铮》中说："自贵其心，不依他力，其术可用于艰难危急之时。"④ 这道出了如此的认识论具备的心理功能。身陷囹圄当然是艰难危急之时，内心的自由感给他带来了精神的抚慰和解脱。

① 井上哲次郎「認識と實在との關係」『哲學叢書』第 1 卷第 2 集、410-411 頁。
② 井上哲次郎「認識と實在との關係」『哲學叢書』第 1 卷第 2 集、400 頁。
③ 章太炎：《读佛典杂记》，《国粹学报》第 1 年第 3 号，《国粹学报》影印本第 4 册，第 1339 页。
④ 太炎：《答铁铮》，《民报》第 14 号，1907 年 6 月 8 日，第 114 页。

而在革命的艰难危急时代，"以勇猛无畏治怯懦心，以头陀净行治浮华心，以惟我独尊治猥贱心，以力戒诳语治诈伪心"，[①] 自贵其心更是能激发革命人的战斗精神，确保了革命道德的纯粹性和崇高性。

《读佛典杂记》第三段阐发人之自利性与社会性的统一，乃是章太炎质疑、批判井上哲次郎及森内政昌伦理观的作品。其文曰：

> 自利性与社会性，形式则殊，究极则一。离社会性即无自利，离自利性亦无社会。然则满堂饮酒，有一人向隅而泣，则举坐为之不乐，此同类意识也。若问其何以不乐，则必曰，悲痛之声刺戟我，故以我被刺戟，故而有不乐。斯岂非自利性耶？贡高傲物，视不己若者，不比方人，此我慢意识也。若问其何以傲物，则必曰：欲使畴辈之中，以我为最上故。假而耽志幽栖，则贡高之念亦不然。则名曰傲物，其实非社会性耶？爱子者为社会性，戕人者为自利性，若问爱子者何以爱子，则必曰：以子为我所遗体故。亦犹工文字者爱其篇章，善图书者爱其手迹。篇章非即自我，以我所加行故。乃至山鸡之爱其羽，麝父之惜其香，非即当身，但是我所。然则名曰爱子，所爱乃我所遗耳，固亦自利性也。若问戕人者何以戕人？则必曰：以被障碍我所欲故；然则，非障碍者，固亦不戕。虽障碍者，以欲除其障碍之事，而不得不戕其人。所戕者人，所欲戕者在事。是故，事无障碍，则同类意识如故。巨盗入门，知主人无若我何，则未有伤害主人者。小盗窃钩，虑主人之格逐，则始有伤害主人者。然则，其所谓利，但在得赃，非在伤人，

———————————

① 太炎：《答梦庵》，《民报》第 21 号，1908 年 6 月 10 日，第 127 页。

是亦无损于社会性也。①

章太炎之所以讨论自利性与社会性的关系，乃因井上哲次郎及森内政昌伦理观的基本着眼点即为思辨利己与利他（爱他）的取向及正误。这样的论题设置导引着讨论的方向。

井上哲次郎自述其人生哲学的出发点，乃是反对有些进化论者（比如加藤弘之）从生存欲与生殖欲的自然欲（Naturtrieb）来说明人生哲学，从而演变出物质主义、功利主义、机械主义、本能主义等主张。他指出，人类不同于其他动物的特点，在于还拥有与自然欲相对的精神欲，或曰智能欲（intellektueller Trieb），并据此发挥知、情、意三方面的精神作用来对应真、美、善的理想。② 他对加藤弘之的批判也体现在《哲学丛书》的整个编辑方针上。例如，《哲学丛书》第1卷第1集"哲学评论"栏目发表《维新以后的哲学》《功利主义的弱点》，评述功利主义思潮的兴起，批评加藤弘之。在"新刊批评"栏，评论者表达了对西村茂树的欣赏，因为西村的《自识录一卷》取良心说的道德主义，攻击了西洋的利己主义。③《哲学丛书》第1卷第3集"新刊批评"栏直接抨击加藤弘之的《道德法律进化之理》，"甚而主张在普通教育中教授利己的道德"，"是则吾人不得不永远为翁之学说鸣非"。④

"哲学评论"栏中井上哲次郎亲撰的《利己主义的道德之价值》，

① 章太炎：《读佛典杂记》，《国粹学报》第1年第3号，《国粹学报》影印本第4册，第1339~1340页。
② 井上哲次郎『明治哲學界の回顧』岩波書店、1933年、77-78页。
③ 井上哲次郎編『哲學叢書』第1卷第1集、303页。
④ 原文为"甚しきは普通教育に利己的道德を教ふべしと主張せらる、是れ吾人が永遠に翁の學說の非を鳴らさざるを得ざる所以なり。"「道德法律進化の理」加藤弘之著、博文館發兌、井上哲次郎編『哲學叢書』第1卷第3集、「新刊批評」、1116页。

再次批评以己身的利益或以快乐为目的的利己主义道德观念。井上哲次郎指出，在讨论道德时，有自然法（Naturgesetz）和伦理法（Sittengesetz）的差别，不能混同理想与事实。"利己"即便是自然欲求的事实，但事实的未必就是道德的。人类需要构造利他的道德理想。道德的行为以理想为目的，是不得不如此。[①] 森内政昌的《认识与实践、实在观念与理想观念》也说："利己心是下等人就有的感情；而爱他心则非知性愈益发达、自觉观念愈益明晰后而不得存在。"[②] 总之，他们都强调爱他心处于利己心的上位，是人类知性发达的表现，是道德的依据。

章太炎在狱中阅读佛经，阅读的成果之一就是拥有激烈反驳井上哲次郎伦理观的冲动。说《读佛典杂记》第三段是针对井上哲次郎《利己主义的道德之价值》而来，除了其中的例子、理路皆与井上哲次郎文章针锋相对，最明显的标记就是章太炎两次提到"同类意识"。而翻译自德语"Gattungsbewusstsein"的"同类意识"，正是井上哲次郎文章的重要概念。他说，同类意识在人类最为显著和发达，只要认同同类意识，就不能单执利己的一偏之见来说明道德的事实。[③] 章太炎1902年就提到"同类意识"，但彼"同类意识"不同于此"同类意识"，这里略做些辨析。章太炎说："美人葛通哥斯之言曰：社会所始，在同类意识，俶扰于差别觉，制胜于模效性，属诸心理，不当以生理术语乱之。"[④] "葛通哥斯"指美国社会学家吉丁斯。"同类意识"是远藤隆吉翻译吉丁斯的《社会学》时针对

---

① 井上哲次郎「利己主義の道德的價值」『哲學叢書』第1卷第3集、1085-1086頁。

② 原文为"夫れ利己心は下等なる人類に於て既に之あり、愛他心に至りては知性のよく發達して自覺の觀念明晰になりたる後に非れば存在せず。"森内政昌「認識と實踐、實在觀念と理想觀念」『哲學叢書』第1卷第3集、846頁。

③ 井上哲次郎「利己主義の道德的價值」『哲學叢書』第1卷第3集、1081頁。

④ 章太炎：《〈社会学〉自序》，《章太炎全集·译文集》，第45页。

"consciousness of kind"的译词。① 在吉丁斯那里，"同类意识"不仅区分人与其他动物，在人群中还以人种、政治、阶级进行区分；"同类意识"指向社会心理，是产生社会集团的心理学基础。井上哲次郎从德语"Gattungsbewusstsein"译出"同类意识"。"Gattungs"表种类，指向生物界门纲目种之种的分类，属于自然的划分，不涉及社会内部由于各种不同类型和层次的共情关系（比如阶级）所构成的群体。因此，井上哲次郎的"同类意识"更多地指向人类作为一个物种的共通意识，用英文来表述的话，"generic consciousness"更为恰当一些。章太炎称："满堂饮酒，有一人向隅而泣，则举坐为之不乐，此同类意识也。"这里的"同类意识"指向正是人类一般的共通性意识，比如同情，明显不是延续吉丁斯的观念，而是接着井上哲次郎的话头在讲。

井上哲次郎在《利己主义的道德之价值》中宣布："吾人单刀直入追问'我'（das Ich）的观念，来粉碎利己论者的堡垒。"② 这里的"我"，附上了德语"das Ich"的表达，目的是将之陌生化、概念化。从定义"我"（das Ich）是什么出发，来辨析人的善恶、自利性与社会性的关系，也正是章太炎伦理思想的逻辑所在。从 1905 年《读佛典杂记》第三段开始，到 1906、1907、1908 年的《俱分进化论》《人无我论》《四惑论》，对"我"的界定和思考是一以贯之的。明确"我慢意识"、解析"我"与"我所"，《读佛典杂记》简短的篇幅蕴藏了章太炎成熟期思想的雏形。在研习佛学的同时，和井上哲次郎的伦理观对话构成了它们共有的背景。

井上哲次郎批评，利己论者的"我"是一己之身、渺然一身之

① 米國ギッヂングス著、文學博士元良勇次郎閱、文學士遠藤隆吉譯『社會學』東京專門學校出版部、1900 年、「譯字例」、5 頁。章太炎阅读过该书。

② 井上哲次郎「利己主義の道德的價值」『哲學叢書』第 1 卷第 3 集、1086 頁。

我。他指出，正确的"己"是"联结祖先和子孙无限连锁的一部分"（祖先と子孫とを連結せる無限の連鎖の一部分なり）。① 一己之身的"我"乃是社会有机体这个"大我"的一部分，不可挣脱地处于五伦的社会性关系网络之中。井上哲次郎"我"的定义和他的时空感及实在论都是一脉相承的。章太炎在《人无我论》的开篇就区分了两种"我"。一是"常人所指为我"，普通人从婴儿坠地到一期命尽所体验到的、包含着顺违哀乐之情的人生。二是"邪见所指为我"，它的特性包括恒常、坚住、不可变坏；这样的"我"，本质上是"自性之别名"。② 章太炎认为，常人所指的"我"属于依他起自性，由随顺进化的立场是必须要承认的。从常人所指为"我"的角度，他赞赏岸本能武太"社会待个人而形造，而个人不必赖社会以生存"③ 的个人主义理念。1908 年，章太炎在《四惑论》中表明，人"非为世界而生，非为社会而生，非为国家而生，非互为他人而生。故人之对于世界、社会、国家，与其对于他人，本无责任"。④ 这种以个体为本位的伦理观念，非常接近井上哲次郎所批判的利己主义者施蒂纳。⑤ 回过头来讲，井上哲次郎一旦将"我"视作"联结祖先和子孙无限连锁的一部分"，"我"就具有了某种"恒常"性，也就成了章太炎批评的、属于遍计所执自性的"邪见所指"之"我"。

　　章太炎狱中修习唯识学说，通过眼、耳、鼻、舌、身、意、末那、

① 井上哲次郎「利己主義の道德的價値」『哲學叢書』第 1 卷第 3 集、1087 頁。
② 太炎：《人无我论》，《民报》第 11 号，1907 年 1 月 25 日，第 1 页。
③ 此为岸本《社会学》的章太炎译文，《章太炎全集·译文集》，第 79 页。
④ 太炎：《四惑论》，《民报》第 22 号，1908 年 7 月 10 日，第 2 页。
⑤ 井上哲次郎批评施蒂纳，参阅井上哲次郎「利己主義の道德的價値」『哲學叢書』第 1 卷第 3 集、1073 頁。施蒂纳在《唯一者及其所有物》中说："我自己就是我的事业，而我既不善，也不恶。两者对我都是毫无意义的。……我的事业不是神的事业，不是人的事业，也不是真、善、正义和自由等等，而仅仅只是我自己的事，我的事业并非是普通的，而是唯一的，就如同我是唯一的那样。"麦克斯·施蒂纳：《唯一者及其所有物》，金海民译，商务印书馆，2009，第 5 页。

阿罗耶"八识"，圆成实自、依他起自、遍计所执"三性"，来构筑自己的理论话语。阿罗耶识又称"藏识"。《人无我论》如此解释"自我"产生的原因："自阿赖耶识建立以后，乃知我相所依，即此根本藏识。此识含藏万有，一切见相，皆属此识枝条，而未尝自指为我。于是与此阿赖耶识展转为缘者，名为意根，亦名为末耶〔那〕识，念念执此阿赖耶识以为自我。"①《俱分进化论》表述得更加简洁："有末那执此阿赖耶识，以为自我。""自我"产生的过程导致了自利性与社会性会一直并存，善恶亦将永远并进。因为阿赖耶识"无覆无记"。无记，即无善无恶；无覆，即没有染污。末那识则"有覆无记"。意识"始兼有善恶无记"。"纯无记者，名为本有种子；杂善恶者，名为始起种子。"由于生物都遵循进化的法则，因此，除最初等的生物阿米巴之外，所有的生物都"必不能限于无记，而必有善恶种子与之杂糅"，"阿赖耶识亦有善恶种子伏藏其间，如清流水杂有鱼草等物"。末那执此阿赖耶识以为自我，于是产生好善、好美、好真、好胜四种心。如果人只具备好善、好美、好真之心，那么世间一定有善无恶。然而好胜心特别是存在无目的的好胜心，使得世间的恶不可能消失。所谓无目的的好胜心，又叫"我慢心"。它"执我而起"，"纯是恶性"，它"不为追求五欲财产、权位、名誉而起竞争"，只是"天性喜斗"，如好弈棋与角力者不为赌资和名誉，只求胜过别人。②

《俱分进化论》对"我慢心"的分析在《读佛典杂记》第三段中已露端倪，所谓"贡高傲物，视不己若者，不比方人，此我慢意识也"。"贡高"是佛教用语，意为高傲自大。章太炎认为，贡高和我慢意识意味着与人争胜的好胜心。"欲使畴辈之中，以我为最上"，贡高之念的产生源自个人在人群中衡量自身的位置。贡高、我慢心不

---

① 太炎：《人无我论》，《民报》第 11 号，1907 年 1 月 25 日，第 9 页。
② 太炎：《俱分进化论》，《民报》第 7 号，1906 年 9 月 5 日，第 6~7 页。

是真正的"耽志幽栖",而恰是社会性的反映。

至于《读佛典杂记》第三段所述"我"与"我所"这一组概念,章太炎在《人无我论》中进行了相当透彻的解析。"我所"乃意指和"我"相对之外物的佛教词语。《人无我论》如此界定"我"与"我所":"自八识六根以至一毛一孔属于内界者,假说为我;自眷属衣食金钱田园以至一切可以摄取受用之物属于外界者,说为我所。""我"与"我所"、内界与外界的关系是相对而言并非一成不变的。"若由内界以望最内之界,则根识形体亦为我所,而惟阿赖耶识可称为我。"章太炎主张,人最爱的是"我",而非"我所"。营生卒岁的普通人往往会因摄取受用之物的损伤而感到悲痛,那是因为"彼以摄取受用之'我所',胶着于'我'而不能舍。损及'我所',即无异损及于'我'"。这就好像人用木头裹着身体,铁锤敲击木头,身体也会感到疼痛一样,"此所以宛转顾惜也"。在寻常生活中,人们往往把"我"与"我所"混淆在一起。只有在自杀这种极端的情况下,自杀者为了缓解"我"之痛苦,而宁愿牺牲根识形体之"我所"。这就说明自杀者所执之"我","亦即此阿赖耶识耳"。这就更证明了"所谓我者,亦此幻形为我之阿赖耶识而已"。[①]

井上哲次郎抨击利己论者以爱他心为利己心之变形。人爱其子,特别是母子之情,乃是他的重要依据。他引用斯宾塞《伦理学原理》对"物理的利他心"(physical altruism)与"自发的利他心"(automatic altruism)的解说。动物的母体在生育孩子的过程中是有部分消耗的,这是物理的利他行为。从物理的利他行为进化出自发的利他行为,在高级物种中又更进一步进化出有意识的利他行为。[②]

---

① 太炎:《人无我论》,《民报》第 11 号,1907 年 1 月 25 日,第 10~11 页。
② 井上哲次郎「利己主義の道徳的價值」『哲學叢書』第 1 巻第 3 集、1079 頁。斯宾塞原著的相关讨论,参阅 Spencer, *The Principles of Ethics*, Vol. I, pp. 201-204。

针对井上哲次郎"爱子者为社会性"的观点提出反驳,《读佛典杂记》第三段采用的正是"我"与"我所"关系的逻辑。"名曰爱子,所爱乃我所遗耳",爱子者所爱的不过是"我所"。就好像"工文字者爱其篇章,善图书者爱其手迹";篇章、手迹乃是外在于"我"之根识形体,属于摄取受用的"我所"。又好像"山鸡之爱其羽,麝父之惜其香"。山鸡之羽、麝父之香乃是外在于更内界的"我",属于形体之一部的"我所"。"我所"胶着于'我'而不能舍,因爱"我"而宛转顾惜爱"我所"。由此而言,爱子亦自利性也。《人无我论》继续思索此问题,并进行了更深入的解答。章太炎指出,兄弟之相爱的程度,一般而言不及父母爱其子的程度;而父亲对孩子的爱,又往往不及母亲。因为兄弟关系的成立不需要任何一方付出自己的劳力,而父母要建立与孩子的亲子关系是需要劳力付出的;相较而言,母亲"以种种痛苦之劳力"而得子,付出的劳力最多。这就说明,"虽父母之爱其子也,亦其爱我之深,非专以子为我所而爱之也"。① 父母爱子的多少,体现的正是他们爱自己的深刻程度。

井上哲次郎斩钉截铁地说,盗窃、诈伪、杀人等凡可被称为罪恶的行为皆出于利己心。② 在章太炎看来,井上哲次郎的观点是偏颇的。《读佛典杂记》结尾针对这些明显的利己行为,也要说明其中包含的社会性成分。谓盗窃伤人,其目的在得赃,伤人只是遇障碍时的清除行动。由于伤人并非目的,因此无损于盗窃者的同类意识,即社会性。章太炎所举的例证亦有狭窄之弊。他殚精竭虑地只是想说明,必有善恶种子杂糅于人性之中。从此更可看出,在井上哲次郎提出的问题领域中进行思考、予以反驳,是章太炎 1905 年从上海狱中书写《读佛典杂记》到 1906 年后旅居东京在《民报》上刊发《俱分进化

---

① 太炎:《人无我论》,《民报》第 11 号,1907 年 1 月 25 日,第 12~13 页。
② 井上哲次郎「利己主義の道德的價値」『哲學叢書』第 1 卷第 3 集、1083 頁。

论》《人无我论》等系列论文连贯的主题。

章太炎与井上哲次郎、森内政昌对人性认知的暌离，必然导致双方在道德实践上的差异。

井上哲次郎和森内政昌都将控制自然欲求、实现至善的理想道德观念作为人生的目标。井上哲次郎更多的是在框定原则。他区分"知的道德"（Verstandesmoral）与"情的道德"（Gefühlsmoral），认为利他的功利主义虽然比利己主义高尚，但其实都属于知的道德，不能充实人的道德心。道德实践的方向是知情合一的真道德，孔子、佛陀、基督的道德皆主情，他们分别倡导的仁、慈悲、爱都属理想的道德实践。[1] 森内政昌则偏向于探索实现理想中圆满的情之活动状态的具体方法。他认为要进行四个层面的调和。一是调和同种类的感情。个体的食欲、情欲等都是过犹不及，最佳状态乃是"中庸"。二是调和异种类感情的相互关系。保存自己、保存子孙、保存他人生活之欲情，各种活动在位阶上呈现由低到高的升序，要以高尚的情感来抑制位阶更低的情感。如孟子的"杀身成仁"，如亚里士多德《尼各马可伦理学》所言的为朋友、为国家做出牺牲所带来的荣誉感之快乐，皆属此类。三是调和自身与他人的感情，以不害人的智与美、利人的伦理等高尚情感来抑制下等的情感。四是调和自身感情与外界境遇的关系。面对天灾、地异、疾病等人类可能遭际的外界苦痛，森内政昌不取佛教之涅槃，不望基督教之天国未来，而主张用儒教的"天命"说安顿身心。[2]

章太炎则不然。在他看来，意欲的盲动，或者说意志的表彰，是一切烦恼产生的根源。"灭绝意志"[3]、将意欲"息影于荫下"的厌

---

[1] 井上哲次郎「利己主義の道德的價值」『哲學叢書』第 1 卷第 3 集、1092-1096 頁。

[2] 森内政昌「認識と實踐、實在觀念と理想觀念」『哲學叢書』第 1 卷第 3 集、840-853 頁。

[3] 太炎：《四惑论》，《民报》第 22 号，1908 年 7 月 10 日，第 6 页。

世观才"稍稍得望涅槃之门"。① 这当然就是森内政昌所批判的叔本华的观念，即将"意志的否定"（Verneinung des Willens）作为人生的最终目的。② 然而对于革命者章太炎来说，参与抵抗和救世的政治活动不可能不进行社会动员，以共同行动的方式来实现革命的目标。他将厌世

① 太炎：《俱分进化论》，《民报》第 7 号，1906 年 9 月 5 日，第 1 页。
② 森内政昌「認識と實踐、實在觀念と理想觀念」『哲學叢書』第 1 卷第 3 集、830 頁。森内政昌将"Verneinung des Willens"译为"活动的抑压"。章太炎的《四惑论》为说明灭绝意志与涅槃的关系，还特别引用了两段"德人庵卢知"的话。通常来讲，章太炎文章中提到叔本华（Arthur Schopenhauer）时一般写作"索宾霍尔""削宾霍野尔""肖宾诃尔"，这些都是对叔本华的姓"Schopenhauer"日语音译的汉语音译。如森内政昌译叔本华为"ショペンハウエル"，井上哲次郎译为"ショッペンハウエル"，中江兆民所译《道德学大原论》译为"スコペンノーエル"。而"庵卢知"很可能是对叔本华的名"Arthur"日语音译的汉语音译，如中江兆民就将叔本华的名译为"アルチュール"。獨乙アルチュール、スコペンノーエル氏著、佛蘭西アー・ビュールドー氏譯、日本中江篤介重譯『道德學大原論』、一二三館、1894、1 頁。并且，"庵卢知"这三个汉字所能联想到的意思也和叔本华思想有关。"庵"指寺庙，暗示与佛教思想的关联。而"庵摩罗"为佛教语，是梵语"amala"的音译，意思是清净识、无垢识，指经修行后，阿赖耶识脱离迷妄，达到清净无漏时的状态。章太炎在《建立宗教论》中就说："庵摩罗者，译言无垢，即此阿赖耶识永离垢染而得此名。"《民报》第 9 号，1906 年 11 月 15 日，第 18 页。另外，"卢"通"颅"，意为头骨，脑是思维的器官；"卢"亦通"庐"，"庵庐"意为草舍。"知"自然指向知识、智慧。"庵卢知"三字能让人联想到佛教与知识。章太炎《四惑论》所引的这两段文字正是叔本华观念的体现。其中第一段分析灭绝意志与自裁的区别："德人庵卢知说之曰：'世界最污垢也。故有志于道德者，必先弃捐躯体。弃捐躯体者，非就于自裁之途，勤修苦行，严持淫戒，则可矣。若夫自裁而死者，能断生命，而不能断其求有生命之心。求有生命之心云何？即意志是。虽自裁而意志犹在，他日且复转生于世界中，独其郛廓异耳。是故欲免世界之苦者，不在形体根器之消亡，而在自断其意志。断其意志运何？曰：以求断生命之意志与求有生命之意志，自相格斗而已。此二虽异，在人自择之。择之者，非如世俗所谓本心之自由，乃法界意志之自由。'此则反对自裁矣。然有人论撰法理，而曰：人果有自裁之权否？则庵卢知答之曰：'人身所有之权，与其身共归于消灭，复何问焉？'"第二段则区分涅槃与极乐国土："庵卢知之说涅槃曰：'乔答摩氏以涅槃之名词，表示寂灭，可谓豁然确斯矣！涅槃者，纯无而不与少有相杂之谓，质言则世界消灭是也。既到涅槃境界，则世界意志，复其本来，而表彰之物，无有纤悉存者，亦无一物可以形状涅槃。故托义于无，以示消极，无非断空，独与幻有相对而谓之无。'庵卢知者，非纯以佛学者也。犹知涅槃与极乐国土，判然殊绝。循是以观，果求涅槃，则必不徒消形体矣。"太炎：《四惑论》，《民报》第 22 号，1908 年 7 月 10 日，第 6~7、8 页。

观分为两派。其中"决然引去，惟以出此世界为利，亦无余念及于众生"的一派并不是他的选择。他选择的是另一派——虽然明白世界之沉沦，但愿意引导众生去寻清净殊胜之区，行动上"不惮以身入此世界，以为接引众生之用，此其志在厌世，而其作用则不必纯为厌世"。①

章太炎伦理观的核心是由个人之感知扩展出来的个体自主性。革命的政治活动使他面临如何"从个体、自我转向以革命为目标的新的共同性"②的问题。他的解决方案并不是要瓦解个体的自主性或泯灭个体的差异性，反而是要进一步提升和强化个体性，所谓"维持道德者，纯在依自，不在依他"。他将佛学与王学熔铸为一，提出"所谓我见者，是自信，而非利己"。他推崇"厚自尊贵之风"。"排除生死，旁若无人，布衣麻鞋，径行独往"，这样的个体形象越来越接近尼采所谓的"超人"。而如此自尊自贵的个体在章太炎看来，"上无政党猥贱之操，下作惴〔愞〕③夫奋矜之气"。既没有政党中人的猥贱操行，又能够以自身的超人形象来激发其他怯懦、畏惧之辈自大自尊的气质。在章太炎眼中，愚民妇子因蒙昧寡知而维系着朴素的道德，"上流知学者"最需要破除死生利害之念、激发道德情感。④革命的主体就是这些被激发的一个个自尊自贵的个体的联合体。话说到这里，清末革命派革命主体的知识精英色彩也就展露出来了。

这里有必要交代一下井上哲次郎在 1900 年出版的《哲学丛

---

① 太炎：《俱分进化论》，《民报》第 7 号，1906 年 9 月 5 日，第 12 页。

② 坂元弘子：《中国近代思想的"连锁"——以章太炎为中心》，第 47 页。

③ 章太炎《答铁铮》在《民报》刊载时，此处文字为"惴"；《答铁铮》编入《章氏丛书·太炎文录初编别录卷二》后，将"惴"改为"愞"（即"懦"的异体字）。"惴"意为恐惧，"愞"意为怯懦，意思相当。参阅《民报》第 14 号，1907年 6 月 8 日，第 122 页；《章氏丛书·太炎文录初编别录卷二》，浙江图书馆，1915，第 65 页；《章太炎全集·太炎文录初编》，第 393 页。

④ 太炎：《答铁铮》，《民报》第 14 号，1907 年 6 月 8 日，第 122 页。

书》上大谈伦理学的明治政治和思想背景。甲午战争后，日本资本主义迅速发展，全球化进程加速。文相西园寺公望1895年在演说时号召建立世界主义的道德，批判以偏僻见解说明忠孝。敕语体制有所动摇。随着和帝国主义列强修改不平等条约，1899年7月，内地杂居（即日本开放内地允许西洋人通商和居住）进入日程，文部省同年8月发布了关于教育与宗教分离的训令。自此，"已经不可能在道德论上排斥基督教"，并且"也不可能以排他的方法构筑统一的国民道德"。① 因应新的时代，《敕语衍义》的作者井上哲次郎需要构想新的国民道德论。他提出了伦理的宗教观，试图使天皇制道德意识形态教育再次以普遍化的方式确立其权威性。井上哲次郎集中表述其伦理之宗教观的作品，是他1899年10月17日在哲学会的讲演并随后发表于《哲学杂志》的《关于宗教的将来之意见》。此文也拉开了明治日本第二次"教育与宗教"冲突论争的帷幕。②

《关于宗教的将来之意见》指出，在几大宗教失势、教育与宗教分离、教育界德育不振的关头，要通过各宗教在根柢上的契合点——人天合一的伦理的实在，提出有效力的伦理主张以形成未来的、变革的宗教。这篇文章所论析的伦理法（Sittengesetz）和自然法（Naturgesetz）的差异、"大我之声"与"小我之声"的关系、平

---

① 繁田真爾「一九〇〇年前後日本における国民道徳論のイデオロギー構造(上) 井上哲次郎と二つの「教育と宗教」論争にみる」『早稲田大学大学院文学研究科紀要』第3分冊53、2007年、191頁。

② 明治日本"教育与宗教"冲突的论争一共有两次。第一次发生在1892年，导火线是基督徒内村鉴三拒绝鞠躬礼拜《教育敕语》而被解除教职的"不敬事件"。作为维护敕语体制的代表，井上哲次郎在这两次论争中都有非常重要的表现。相关讨论，参阅繁田真爾「一九〇〇年前後日本における国民道徳論のイデオロギー構造(上)(下) 井上哲次郎と二つの「教育と宗教」論争にみる」『早稲田大学大学院文学研究科紀要』第3分冊53、2007年、187-195頁；第3分冊54、2008年、173-184頁。

等无差别的实在等，和随后登场的 1900 年《哲学丛书》上《认识和实在的关系》《利己主义的道德之价值》的关键论域和主张是完全相同的。《关于宗教的将来之意见》乃是理解井上哲次郎彼时认识论与伦理观不可或缺的观念背景。

井上哲次郎指出，伦理学是"以人类的道德行为为对象的学科"，既关于知也关于行。他批评以客观法研究伦理的事实、混同伦理法（Sittengesetz）和自然法（Naturgesetz）的操作。井上哲次郎强调，道德行为的要点在于"感受此心之内"，而不是功利主义地单受外界的利害之诱。感受此内之所，即是道德存在之所。感受"此内之所"，要感受的其实是萌发于我混沌世界、从超绝一切经验的平等无差别之实在界而来的"先天内容之声"。所谓"先天内容之声"，是先于"个个别别小我的意识"而存在的，融合一切、无限的"大我之声"。"此大我之声，是独在之时于耳边嗫嚅之声，是夜半暗黑之中可听闻之声，是使人起耻辱或悔恨念想之声；逆此大我之声者，即小我之声，全凭个体之情欲或从私欲中来。"听从"大我之声"还是"小我之声"，在井上哲次郎看来，划定了善恶不两立的疆界。将来应取的宗教就是通过所有宗教中"常住不灭的真理"——"先天内容之声"或曰"大我之声"建立起来的伦理的宗教。[1]

1901 年，佛教哲学家、教育家、哲学馆的创办人井上圆了在《哲学杂志》上连载《我所谓宗教》，驳斥《关于宗教的将来之意

---

[1]　井上哲次郎「宗教の將來に關する意見」『巽軒論文初集』富山房、1899 年、234-240 頁。井上哲次郎描述如何通过先天大我之声来规定自身行为时，还引用了《中庸》"莫见乎隐，莫显乎微"。这一套道德修养的方法，如渡边和靖所言，能看到井上哲次郎的儒教素养，特别是"通过穷理与居敬两种方法来体得宇宙遍在之理的朱子学的反映"。渡边和靖『明治思想史：儒教的伝統と近代認識論』（増補版）、118 頁。

见》，构成第二次"教育与宗教"冲突论争中重量级的理论交锋。[①] 井上圆了虽然只比井上哲次郎小 3 岁，但哲次郎在 1884 年留学德国前曾在东京大学当老师，而圆了当时是他的学生。他们有两年的师生关系。此后两位井上彼此联络呼应颇为频密。《我所谓宗教》意味着两位井上在明治后期思想上的对立及个人关系难以弥缝的裂痕。[②]

站在为佛教谋取生存权利的立场，井上圆了极为敏感地捕捉到井上哲次郎主张将诸宗教一包在内而构成综合的伦理新宗教，展现了进行意识形态统合的权力欲望，是在"暗杀宗教"。[③] 圆了以"无位无官"的平民身份批评"现时文科大学长"、未来的总长文相，[④] 已显其孤勇。圆了称，和哲次郎"先天内容之大声"相比，他发出的是"小我之声""蚯蚓之声""蚊虻之声"。[⑤] 此言不完全是戏谑，而是要站在黎庶角度说话。圆了指出，哲次郎攫取诸种宗教根柢的契合点来组织普遍的、伦理的宗教，以所谓人类之一般者来同化佛教、基督教，"不过是学者的迷梦"。根据所有宗教皆排斥异端的惯习，哲次郎的作为属于另立宗派。他者也必将视井上哲次郎伦理的宗教为异

---

① 1902 年，井上哲次郎在《哲学杂志》第 7 卷第 179 号和 182 号上连载《读关于我的宗教论的批评》（「余が宗教論に關する批評を讀む」），就《关于宗教的将来之意见》发表后社会各界对他的批评进行了集中回应。文章提到了在众多批评中只有十种值得他来回应，其中就包括井上圆了的《我所谓宗教》。井上哲次郎紧扣圆了批评的要点进一步重申了自己的主张。

② 参阅三浦節夫「明治後期における井上哲次郎と井上円了の思想対立」『比較思想研究』（34）、2007 年、122–131 页。

③ 井上圓了「余がいわゆる宗教」『甫水論集』『井上円了選集』第 25 卷、東洋大学、2004 年、57 页。

④ 井上圆了的《我所谓宗教》一文最初连载于 1901 年《哲学杂志》第 16 卷第 173、174 号，后来收入他的个人文集《甫水论集》。在《哲学杂志》发表时，正文前有一段说明文字。这段文字《甫水论集》未收。这里的引文就出自这段说明文字。井上圓了「余が所謂宗教」『哲學雜誌』第 16 卷第 173 号、1901 年、520 页。

⑤ 井上圓了「余がいわゆる宗教」『甫水論集』『井上円了選集』第 25 卷、23 页。

端，人们将之呼为"巽轩教""井哲宗"，其本山不被称为"井上山巽轩寺"，必被称为"大我山内容寺"。圆了指出，以这种高度抽象化的方式制作的伦理之宗教"全然无味无色"，不仅不能结合人心，就连吸引人目都很困难。"除去一切历史的关系和诸宗教的特殊性，将它们根柢普遍的契合点集中起来所制造的宗教，恰如想要除去味噌汁、酱油汁、浓汤、牛奶的特殊性制作出综合的美味，可是却变成蒸馏之后无味无色的水。"①

　　圆了的话点出了他和哲次郎于哲学上根本的分歧在如何理解平等。哲次郎是要泯灭世间一切的差别性使之归于那个大我的、绝对的实在，齐其不齐；而圆了则是要保护那些小我之声、尊重各种具备历史继承性的特殊样态。井上圆了和井上哲次郎的对垒，其实暴露了井上哲次郎实在论与伦理观背后核心的政治哲学问题——处理差别与平等的关系。这一问题恰是章太炎从 1906 年第三次流亡日本到 1910 年出版《国故论衡》《齐物论释》最为关心的。圆了珍视味噌汁、酱油汁、浓汤、牛奶各种特殊的味道，强调文化建设的方向不是将它们都蒸馏后变成无味无色的水，这更能得到章太炎"饴豉酒酪，其味不同，而皆可于口"② 的呼应。

　　1905 年在狱中阅读《哲学丛书》、撰写《读佛典杂记》时，章太炎更多直接针对《认识和实在的关系》《利己主义的道德之价值》发表见解。然而，不能说他完全不了解井上哲次郎谈论伦理学的日本政治思想背景及当时日本思想界的论争，包括井上哲次郎和井上圆了的分歧。1903 年章太炎入狱后，他的好友宋恕访问日本。在和南条文雄笔谈时，宋恕张口就问，"井上甫水先生之佛学何如？井上巽轩

---

① 井上圆了「余がいわゆる宗教」『甫水論集』『井上円了選集』第 25 卷、44-45 頁。
② 章太炎：《原学》，《国故论衡》，第 103 页。

氏之学理如何?"① 井上甫水即井上圆了,井上巽轩乃井上哲次郎。
这说明彼时章太炎周边的中国知识人对两位井上是熟悉的,并且往往
将两人相提并论。

在《读佛典杂记》有限的篇幅中,章太炎坚持自利性与社会性
的统一,意味着认可所有人都是有限的、不完美的个体。尊重人间的
有限和不完美,即是以差别性为立足点,从而拒绝将"大我之声"
的伦理法置于压倒性的、绝对的位置上。这里其实已经隐约透露出他
政治哲学的方向。换言之,追溯章太炎齐物哲学与明治思想的关系,
除《訄书》重订本《原教》上篇明确提到的姉崎正治谈论宗教"齐
物论而贵贱泯"② 这条线索外,还应该重视在批判井上哲次郎"大我
之声"上,章太炎和井上圆了的相似性。毕竟,《四惑论》抨击黑格
尔"以论理代实在"③;而试图以普遍的抽象观念来囊括、取代无数
实际存在的特殊性,明治日本"以论理代实在"观念论哲学的代表
正是井上哲次郎。当章太炎在《国故论衡》之《原道》上、中、下
三篇中初步完整地呈现他的齐物哲学时,他和两位井上的思想纠葛就
显现出来了。

---

① 宋恕:《和南条文雄笔谈记录》(1903 年 10 月 23 日),胡珠生编《宋恕集》,中华
  书局,1993,第 360 页。宋恕和章太炎都是俞樾的弟子,两人关系极为密切。宋
  恕积极吸纳近代日本思想文化,尝谓"百年心醉扶桑者,我是支那第一人"(《宋
  恕集》,第 1093 页)。他们对日本知识界的接触范围也是大体相当的。1900 年章
  太炎好友馆森鸿访问上海就见到了宋恕。宋恕 1903 年赴日前,章太炎在上海被捕
  入狱。宋恕对相关情况十分清楚,他抵达东京后和内弟孙诒棫同寓。宋恕告诉孙
  诒棫章炳麟近况,孙痛愤而作《平子来,闻章太炎入狱,哭而赋此》七律,其中
  曰:"大云出石不成雨,如此神州安可为! 炎武一生无寸土,《黄书》终古有余
  悲。弋人岂肯忘矰缴,九域于今多棘篱。悽绝故人沧海外,忍堪西望泪丝丝。"
  (《宋恕集》,第 1118 页)。这些记录说明,宋恕当时和章太炎的关系仍十分紧密,
  他的知识视野也多少能反映章太炎的知识视野。宋恕在和南条文雄的笔谈中,还
  透露自己见过井上哲次郎的《语录》,赞其"持论颇能破门户之见"(《宋恕集》,
  第 360 页)。
② 章太炎:《原教》(上),《章太炎全集·〈訄书〉重订本》,第 286 页。
③ 太炎:《四惑论》,《民报》第 22 号,1908 年 7 月 10 日,第 4 页。

五 去宥成别：章太炎齐物哲学和井上哲次郎、
井上圆了的纠葛

"齐物平等"，可以凝练地概括章太炎转俗成真后的政治哲学，这里称为齐物哲学。其特征在将平等的基础建立在尊重世间万物自然发展所带来的差别性之上，亦即"齐物之至，本自无齐"。[①] 章太炎在《检论》之《道微》篇中自述："章炳麟次道家师说，先为《原道》（见《国故论衡》），次作《齐物论释》，自以为尽其眇意。"[②]《国故论衡》之《原道》上、中、下三篇，初载于1910年6月出版的《国故论衡》。同《齐物论释》一样，它们都是章太炎通过诠释道家学说来建立自身齐物哲学的代表作。

章太炎指出，老子"开物成务，以前民用"之说深藏于韩非子的《解老》《喻老》两文。《原道》上篇正是通过《韩非子·解老》来解说"非前识""不上贤"的老聃之道。章太炎说：

> 非之言曰："先物行、先理动之谓前识，前识者，无缘而妄意度也。""以詹何之察，苦心伤神而后与五尺之愚童子同功。"故曰："前识者，道之华也，而愚之首也。"夫不事前识，则卜筮废，图谶断，建除、堪舆、相人之道黜矣。巫守既绝，智术穿凿亦因以废，其事尽于征表。此为道艺之根，政令之原。是故私智不效则问人，问人不效则求图书，图书不效以身按验。故曰"绝圣去智"者，事有未来，物有未睹，不以小慧隐度也；"绝学无忧"者，方策足以识梗概，古今异、方国异、详略异，则方策不独任也；"不上贤使民不争"者，以事观功，将率必出于

---

① 章太炎：《章太炎全集·齐物论释》，第43页。
② 章太炎：《道微》，《章太炎全集·检论》，第438页。

介胄，宰相必起于州部，不贵豪杰，不以流誉用人也。①

按照王先谦的说法，"前识"与"物来顺应异"；王先慎则称，"无缘而妄意度"即是"无所因而妄以意忖度之也"。② 如此看来，老子反对的"前识"乃是没有对事物进行经验性的切实考察而凭一己之主观臆想来判断事物的性状纹理，进而试图指导行为的活动。"前识"在这里约等于"私智"。察者詹何绞尽脑汁、苦心伤神猜测门外的牛身体是黑色的、牛角是白色的，而五尺之愚童跑到门外观察到牛身体是黑色的、牛角因裹着白布而呈白色。两者得出的结果差不多，可见"前识"属于浮华之道、愚蠢之端。卜筮、图谶、建除③、堪舆、相人之道，这些带有神秘主义色彩的判断都属于"前识"。章太炎指出，弃绝巫守，废除智术穿凿，使事物之纹理真正得到揭示和体现才是"道艺之根，政令之原"。"私智不效则问人，问人不效则求图书，图书不效则以身按验"，则是废黜前识弊端的具体途径。因为总会有尚未到来之事、尚未亲睹之物，所以需要"绝圣去智""不以小慧隐度"；而具体事物之情境又总有古今之差别、方国之差别、详略之差别，典籍能描述梗概但不足以单单取信，这就需要"绝学无忧"。"不上贤"亦即"不尚贤"，指选人和用人上不贵出身、不重流誉，而是根据其实际技能和功绩。"不尚贤"意味着"远前识而贵参验，执前之有以

① 章太炎：《原道》（上），《国故论衡》，第108~109页。
② （清）王先慎：《韩非子集解》，钟哲点校，中华书局，2003，第134页。
③ 建除是一种根据天象来测占人事吉凶祸福的方法。古代有术数家以为天文中的十二辰分别象征了人事上的建、除、满、平、定、执、破、危、成、收、开、闭十二种情况。《淮南子·天文训》曰："寅为建，卯为除，辰为满，巳为平，主生；午为定，未为执，主陷；申为破，主衡；酉为危，主杓；戌为成，主少德；亥为收，主大德；子为开，主太岁；丑为闭，主太阴。"何宁：《淮南子集释》，中华书局，1998，第262页。

期后之效也",① 将"非前识"的宗旨贯彻到选拔官员上。

章太炎分析了"非前识"在认识事物和政治实践上的表现后，总结了"非前识"的方法和效果。谓：

> 综是数者，其要在废私智、绝县姝，不身质疑事而因众以参伍。非出史官周于国闻者，谁与领此？然故去古之宥，成今之别，其名当，其辞辩，小家珍说无所容其迁，诸以伪抵谰者无所阅其奸欺。老聃之言，则可以保傅人天矣!②

姝，指揣量；县姝，意为悬测揣量。"废私智、绝县姝"属于"非前识"对个人思维方式的必然要求，自然受到章太炎的青睐。而"去古之宥，成今之别"，简言之，去宥成别，亦可谓章太炎齐物哲学的另一种表达。章太炎曾在《与刘光汉黄侃问答记》中诠释"宥"与"别"的关系，"有所蔽曰囿，或谓之宥，反宥则谓之别"。③ 别，意指不同、差别。如《礼记·乐记》谓："乐者，天地之和也；礼者，天地之序也。和，故百物皆化；序，故群物皆别。"④ "反宥则谓之别"或谓"去宥成别"，表明尊重事物的差别，既是去除弊碍局限的手段，又是其归宿。这就进一步阐述了庄周"齐物者，夫吹万不同，而使其自己"⑤ 的哲学。

我们现在要暂时把时钟拨回到章太炎初识井上哲次郎的 1899 年。非前识、废私智、去宥成别，章太炎齐物哲学的关键性思维方式和井

---

① 章太炎《非黄》（1910）还详细说明了不尚贤者"选举视技能，而迁陟视伐、阅、年、劳"的原则。《章太炎全集·太炎文录初编》，第125、129页。

② 章太炎：《原道》（上），《国故论衡》，第110页。"迁"误为"廷"，今正。

③ 章太炎：《与刘光汉黄侃问答记》，《章太炎全集·太炎文录初编》，第37页。

④ 《礼记正义》，第1270页。

⑤ 章太炎：《原道》（上），《国故论衡》，第109页。

上哲次郎《读韩氏〈原道〉》的逻辑颇为相似。《读韩氏〈原道〉》原刊于1882年的《东洋学艺杂志》，属于井上哲次郎青年时代的作品。1899年《清议报》第17册转载该文时，章太炎就已经读到。而如何回应《读韩氏〈原道〉》提出的问题，一直萦绕在章太炎心中。经过多年的理论准备与积累，他在《国故论衡》之《原道》三篇中终于给出了自己的答案，并建构了可与井上哲次郎相抗衡的齐物哲学。中日这两位思想家在认识论与伦理观相睽离后，必然导向政治哲学上的深刻分歧。《原道》上篇与《读韩氏〈原道〉》观念的某些相似性，意味着青年井上哲次郎在章太炎齐物哲学中的"闪现"。这种"闪现"无论发生在章太炎清晰的理性、模糊的意识或者隐藏的潜意识之哪个层面，从处理的对象和逻辑结构来说，《读韩氏〈原道〉》及此后井上哲次郎哲学的发展，都足堪成为章太炎齐物哲学的对照物。

井上哲次郎《读韩氏〈原道〉》发难的对象是唐代大儒韩愈的《原道》。韩愈的《原道》在中日两国儒者的心目中曾拥有某种神圣的卫道价值。在中国，虽然"伊川程子谓其言语有病，朱子以其略格致不言为无头学问"，但宋代以降的儒者普遍于其立论大体"皆深取焉"。[①] 在日本，韩愈的《原道》更是道学者心目中的"旷世大文字"[②]。然而在近代思想的转轨期，韩愈的《原道》受到空前的挑战。1897年《时务报》第23册转载了严复1895年在《直报》上发表的《辟韩》一文。《辟韩》站在国为公有的自由民权立场，驳斥韩愈所推崇的君臣伦常。其抨击"韩子务尊其尤强梗，最能欺夺之一人，

---

① 屠仁守：《孝感屠梅君侍御辨〈辟韩〉书》，《时务报》第30册，1897年6月20日，《强学报·时务报》第3册，第2054页。

② 井上哲次郎稿《读韩氏〈原道〉》，《清议报》第17册，1899年6月8日，"来稿杂文"栏，第1055页。

使安坐而出其唯所欲为之令，而使天下无数之民，各出其苦筋力、劳神虑者，以供其欲，少不如是焉则诛"，实属"知有一人而不知有亿兆也"。① 章太炎自《时务报》第 18 册开始在该刊"佐理撰述"②、选登文稿，严复的文章他自然是读过的。然而，井上哲次郎的《读韩氏〈原道〉》批驳韩愈的《原道》"与真理相背驰"③ 才是章太炎《原道》上篇理想的对话对象。

井上哲次郎以批判韩愈"仁与义为定名，道与德为虚位"发端，认为从行动的动机（是否有利己之心）和效果（吉或凶）之不同组合来看，仁与义、道与德既可为定名，又可为虚位。在初露逻辑缜密的锋芒后，井上哲次郎进入正题。韩愈批评老子"其所谓道，道其所道，非吾所谓道也，其所谓德，德其所德，非吾所谓德也"，原因是"凡吾所谓道德云者，合仁与义言之也，天下之公言也；老子之所谓道德云者，去仁与义言之也，一人之私言也"。④ 井上哲次郎指出，老子所谓的道德并未去仁义，老子不屑言仁义，因"仁义于大道，犹涓滴于大海也"。井上哲次郎的重点还不在替老子辩护，而是要揭露韩愈思维方式的偏狭与独断。他说：

---

① 严复：《辟韩》（1895），汪征鲁等主编《严复全集》卷七，第 38 页。

② 《本馆告白》，《时务报》第 18 册，1897 年 2 月 22 日，第 1240 页。

③ "与真理相背驰"一句为《清议报》所载井上哲次郎《读韩氏〈原道〉》才有的内容，在《东洋学艺杂志》所载《读韩氏〈原道〉》中却没有出现。《清议报》原文为："以余观之，如韩氏《原道》，则其意虽孔孟乎，其文虽秦汉乎，而与真理相背驰也甚矣。取与真理相背驰者，目为旷世之大文字，则其识见可知也。"井上哲次郎稿《读韩氏〈原道〉》，《清议报》第 17 册，1899 年 6 月 8 日，"来稿杂文"栏，第 1055 页。井上哲次郎 1882 年在《东洋学艺杂志》上的表述则是："以余观之，如韩氏《原道》，则其意虽孔孟，其文虽秦汉，而不足取也。取不足取者，以为旷世之大文字，则其识见可知也。"井上哲次郎「讀韓氏「原道」」『東洋學藝雜誌』第 7 号、1882 年、1883 年再版、139 頁。

④ 韩愈：《原道》，（唐）韩愈：《韩昌黎文集校注》，马其昶校注，上海古籍出版社，1986，第 13~14 页。

假令老子之道德去仁与义言之，吾犹不以韩氏之论为然。何者？其所谓公言私言者，以其所亲闻见谓之公言也。不然，谓之私言也。虽然古今如此久矣，东西如此广矣，其所未闻见，不知其几千万也。然则其所谓公言私言者，何以知之？假令公言私言，容易可知，一村之公言，非一郡之公言也。一郡之公言，非一国之公言也。一国之公言，非全地球之公言也。故韩氏所谓公言者，一国之公言，而非全地球之公言也。然而韩氏唯据一国之公言，而断然决事之是非正邪。虽然若有汉土之外别唱老子之说者，则韩氏之公言不足信也。①

井上哲次郎直斥韩愈"信己排人"，以自己有限的见解作为全天下都应该遵循的"公言"。而漫长的宇宙时间、开阔的地球空间，那些未闻见者却被韩愈视为"私言"，实在是偏颇之极。韩愈所谓"公言"，即便能在一国的范围内适用，也不能囊括全球的普遍情况，也属于某种"私言"。井上哲次郎抵制此类偏于一隅、僵化不前却妄图囊括所有的思想言论，与章太炎"非前识""废私智""绝县娎"的逻辑结构是相似的。章太炎的《原道》上篇指出，"古今异、方国异、详略异，则方策不独任也"，批判"事有未来，物有未睹"却以"小慧隐度"等，几乎是井上哲次郎观点的另一种说法。

井上哲次郎指出，"公言私言不足以证是非正邪"，并不能依据思想言论是被大多数人认同的还是出于少数人之口就确定该思想言论的是非正邪。"盖豪杰常少，而凡庸常多；故豪杰之言，私言也；凡庸之言，公言也。"往往最开始是极个别的人冒着生命危险说出了真

---

① 井上哲次郎稿《读韩氏〈原道〉》，《清议报》第 17 册，第 1056~1057 页。

理，推动了时代的进步："昔者希腊人皆信神异，独索克氏非之，遂死于刑。……昔者英人知以物换金之为利，而不知以金换物之为利，独私密氏著书以论之。……昔者天下之人皆以为大地平坦，到处皆同，后及阁龙氏起，始说大地之圆，而当时天下之人皆不信之。"①井上哲次郎连问三句，难道上述苏格拉底、亚当·斯密、毕达哥拉斯的言论韩愈也会认为是"不足信"的"私言"吗？他斩钉截铁地表示："夫真理之始出也，必私言也；若排斥私言，则真理亦不出也。"针对有人提出大多数人说的话之可信乃是常态，其不可信则属非常态，"以非常害常，孰若以常害非常"，井上哲次郎又表示："以常害非常，孰若以常不害非常。"②井上哲次郎从"公言"与"私言"的辨析切入，一路剖析凡庸之众与豪杰之独、常态不能伤害非常态，渐次深入保护差别性、个体性的论域。可以说，《读韩氏〈原道〉》和章太炎《原道》上篇反对"因众以参伍"、倡导"去宥成别"的逻辑是相通的。

《读韩氏〈原道〉》作于1882年，体现了青年时代的井上哲次郎希望通过批驳韩愈来打掉汉土思想权威，使日本更容易接受西洋近代化新知，从而展开全面的社会变革。《东洋学艺杂志》第1号所刊井上哲次郎的《学艺论》一文最能表现其中的复杂心情。奋力拒斥汉学，恰因汉学无所不在的巨大影响。井上哲次郎回顾日本的历史，"古者自律令法度，至衣冠机器，不模仿中国者殆稀"。在取法泰西的新时代，他希望日本"鉴于既往而戒于今日……不安于小成，不立于人之篱下，唯发达其天赋之才能而以自己之心为学之根据"，彻

---

① 井上哲次郎稿《读韩氏〈原道〉》，《清议报》第17册，第1056~1057页。这里的"索克氏"疑指古希腊哲学家苏格拉底（Socrates），"私密氏"或为英国经济学家亚当·斯密，"阁龙氏"疑指古希腊哲学家毕达哥拉斯（Pythagoras）。

② 井上哲次郎稿《读韩氏〈原道〉》，《清议报》第17册，第1057页。

底摆脱"知模仿而不知创造"的积习，创造出比之泰西的弥尔、基佐，中国的孔孟老庄都毫不愧色的独特成果。① 虽然说井上哲次郎批判的是汉学的权威，但《清议报》发表《读韩氏〈原道〉》，说明它确实能击中梁启超、章太炎那一代誓要冲决旧制度之罗网的中国青年。因为中日同处改革的时期，那种"破坏尝试"的"情热与希望"② 的气氛是极为相似的。去宥成别，自有一番感动人心的力量。

章太炎1910年创作的《原道》，闪现着他1899年初识井上哲次郎时所读《读韩氏〈原道〉》的逻辑痕迹。然而，和井上哲次郎的亲近感恐怕真的是一闪而过的记忆。初识之后，章太炎和井上哲次郎的思想伴随各自国族社会政治的演变而各自演进。

井上哲次郎从1891年编撰《敕语衍义》到1912年出版《国民道德概论》，虽然说都是围绕《教育敕语》的精神在经营国民道德论，但其思想仍有一个形成、发展和不断再建构的过程。比如，《敕语衍义》主张，忠孝不仅是日本的传统道德也是东西洋的普遍道德。而随着甲午战争、日俄战争之后日本国家主义思潮越发高涨，井上哲次郎在1899年的《增订敕语衍义》、1906年的《日本德教的位置》等后续作品中越来越强调日本国体和道德的独特性。③ 日俄战争是一个重要的变化节点。井上哲次郎1905年推出的《日本朱子学派之哲学》明确以"对国体、帝室尊崇的有无作为思想评价的基准"。这是相比于"日本儒学三部曲"前两部《日本阳明学派之哲学》（1900）、

---

① 井上哲二郎「學藝論」『東洋學藝雜誌』第1号、1881年10月出版、1883年9月再版本、12-13頁。

② 周作人：《清浦子爵之特殊理解》（1926），钟叔河编《周作人文类编》（7），湖南文艺出版社，1998，第683页。

③ 参阅江岛顕一「「国民道徳論」の形成過程に関する研究——井上哲次郎の立論に焦点を当てて」『慶應義塾大学大学院社会学研究科紀要』（68）、2009年、168-171頁。近期关于井上哲次郎的研究，大多强调他尽管是国家主义教育的意识形态在理论上的代表，但其思想仍有一个随着时势变化不断再建构的过程。

《日本古学派之哲学》（1902）的"异色"所在。① 总的来说，井上哲次郎以"大我之声"压制"小我之声"的伦理诉求越来越强烈，他的"现象即实在论"在不断地贴合国体论对国民道德统合程度越发迫切的要求。

1899 年后的章太炎逐渐由主张革政转向革命，立志为一个个具体的下民争取生存空间与权利。"世之有人也，固先于国"，② 他强调要以尊重人的差别性为前提来建立新国。1905 年，他在上海监狱中阅读井上哲次郎编的《哲学丛书》。1906 年出狱后第三次赴日。章太炎始终关注日本哲学界的动向。他刚到东京和宋教仁见面互通姓名后，就和对方"谈及哲学研究之法"，询问宋教仁"日本现出之哲学书以何为最"。③ 他在民报社发表讲演，倡导用宗教发起信心"增进国民的道德"，④ 和彼时日本的国民道德论话题共振。同年他发表《建立宗教论》，其中的宗教观念和他译过的井上圆了是相当的。可以说，在长期关注以井上哲次郎为中心的东京哲学圈后，面对以文明论为旗号的殖民主义、革命同志中流行的无政府主义⑤、日本升腾的国家主义，也作为对井上哲次郎哲学的一次总回应，章太炎 1910 年《原道》篇完整表述"齐物哲学"是水到渠成的事情。

《原道》下篇再引《韩非子·解老》，谓："道者，万物之所然，万理之所稽也。理者，成物之文；道者，万物之所以成。……物有理

① 参阅繁田真爾「近代日本における国民道徳論の形成過程——明治期の井上哲次郎にみる」『「悪」と統治の日本近代——道徳・宗教・監獄教誨』法藏館、2019年、64 頁。
② 章太炎：《原道》（下），《国故论衡》，第 115 页。
③ 宋教仁：《我之历史》（1906 年 7 月 6 日），陈旭麓主编《宋教仁集》，第 619 页。
④ 太炎：《演说录》，《民报》第 6 号，1906 年 7 月 25 日，第 4 页。
⑤ 关于章太炎齐物平等的政治哲学如何抗衡文明论及对话无政府主义学说，参阅彭春凌《探索民族革命：章太炎的政治哲学》，干春松主编《中国政治哲学史》第 3卷，中国人民大学出版社，2017。这里不再详论。

不可以相薄，……而道尽稽万物之理，故不得不化。不得不化，故无常操。无常操，是以死生气禀焉，万智斟酌焉，万事废兴焉！"[1] 据《广雅·释诂》，"稽，合也，当也"。所谓道，乃是万物成为这个样子的原因，也是万理相当、相合之所在。理指的是形成各种具体事物的纹理，或者说自身的条理与规则。事物各自具备自身的纹理而不会互相逼迫、侵扰。道可以相合万物之理，意味着它必须要变化，而不能定于一执。变化本身令生生死死的自然现象天然生成、人间的智慧错错落落、人事的兴衰成败各有其时。

引用《解老》篇的原文后，章太炎又进一步做出了自己的解释："此其言道，犹浮屠之言'如'耶（译皆作'真如'，然本但一'如'字）？有差别此谓理，无差别此谓道，死生成败皆道也。虽得之犹无所得。《齐物》之论由此作矣。"[2]

《国故论衡》最初由日本秀光社 1910 年刊行，在这个初版本之后有一个章太炎手改的所谓"先校本"。[3] 在上段文字后，章太炎还有些意犹未尽，遂在先校本的段末用墨笔增补了一段内容："何谓齐物？曰：'物无非彼，物无非是，彼是莫得其耦，谓之道枢。枢始得其环中，以应无穷'，浮屠谓之'法无我'。'非彼无我，非我无所取，是亦近矣，而不知其所为使。若有真宰，而特不得其朕。百骸九窍晐而存，与物相刃相靡，其行尽如驰，而莫之能止'，浮屠谓之'补特伽罗无我'。庄周言是，固以上游冥极，而下连犴无伤，足以

---

[1] （清）王先慎：《韩非子集解》，第 146~147 页。上引《韩非子·解老》篇原文有大量省略的地方，章太炎《原道》下篇则直接将前后文连贯在一起，看不出省略痕迹。

[2] 章太炎：《原道》（下），《国故论衡》，第 114 页。

[3] 《国故论衡》先校本不仅对 1910 年的初版本有所改写、增补，其内容和 1915 年右文社及 1919 年浙江图书馆的《章氏丛书》本（即所谓的"校定本"）也有区别。相关情况，参阅《整理说明》，王培军、马勇整理《章太炎全集·国故论衡先校本、校定本》，上海人民出版社，2017，第 1 页。

经国，故曰道未始有封，言未始有常，为是而有畛也。（有畛即有差别，未始有封即无差别，有差别起于无差别，故万物一如也。）卒之'春秋经先王之志'，下视韩非，而庄周深远矣。"[1]

无论是初刊本以佛之"如"来诠释"道"，还是先校本增补段落以浮屠之"法无我"来比拟"枢始得其环中以应无穷"的"道枢"，以浮屠之"补特伽罗无我"（即"人无我"）来归纳"若有真宰，而特不得其朕，百骸九窍赅而存，与物相刃相靡，其行尽如驰，而莫之能止"，章太炎以佛释庄的取径是很明显的。然而，章太炎在诠释"齐物"时，将"理"等同于"有差别"，"道"等同于"无差别"；又明确说"有畛即有差别，未始有封即无差别，有差别起于无差别，故万物一如也"。这里"有差别"与"无差别"（平等）间的思辨其实已经进入了明治日本"现象即实在论"的核心论域。

井上圆了与井上哲次郎是明治时期"现象即实在论"的代表。[2]井上圆了在早年的作品《哲学一夕话》（1886）中就说："无差别心通过差别心而知，差别心通过无差别心而立。"[3] 而他在最体系化展开其"现象即实在论"的《哲学新案》（1909）中，区分理性之哲学立场的"表观"与信仰之宗教立场的"里观"——"表观"乃是"从物心相对的此岸"观察"绝对一如的彼岸"，"里观"则是"从绝对一如的彼岸"观察"物心相对的此岸"。[4] 章太炎通过《哲学丛书》所载《认识和实在的关系》已经了解了井上哲次郎"一如的实在"，"失去主观、客观之差别者就成为实在（Wesen）"、"平等无差别的实在"、哲学的终极目的就是明晰此实在观念等诸多论述。这

---

[1]　章太炎：《原道》（下），《章太炎全集·国故论衡先校本》，第120页。
[2]　参阅舩山信一的相关梳理和分析。舩山信一『明治哲学史研究』『舩山信一著作集』第6卷、103-144頁。
[3]　井上圓了『哲学一夕話』『井上円了選集』第1卷、東洋大学、1987年、43頁。
[4]　井上圓了『哲学新案』『井上円了選集』第1卷、370頁。

就意味着章太炎的齐物哲学有与两位井上思想相纠葛的层次。

除了上节提到的章太炎与井上哲次郎在认识论和伦理观上的暌离，他们政治哲学的着眼点和方向几乎是对立的。这种对立体现的恰恰是两人所代表的政治意识形态之间的对抗。井上哲次郎由差别性朝上、走向无差别性，在信仰超出个体之外的绝对实在之物的过程中安顿身心；政治意识则表现为越发要求所有的差别性元素都听从"大我之声"的召唤，贴合到作为绝对实在者的天皇制国家体制上。章太炎则指出，无差别的"道"要主动向下，不断变化去相合有差别的万物之"理"。他反复说，道与物相从不违故无伤，即"下连犿无伤"，如此方足以经国。"官天下"的途径在"不慕往古，不师异域，清问下民以制其中"。① 听从下民之吁求是为政之道，也是革命的目的所在。章太炎的《齐物论释》说："齐其不齐，下士之鄙执；不齐而齐，上哲之玄谈。"② 两相对比中，"下士之鄙执"暗指的正是如井上哲次郎者。

章太炎和井上圆了，一个要清问下民、不齐而齐，一个要发出"小我之声""蚯蚓之声""蚊虻之声"，反对将人间各种美味蒸馏为无味无色的水。他们的观念亲近和谐，呈现相互支撑的态势。井上圆了和井上哲次郎同为明治"现象即实在论"的阐释者，彼此相知亦最深；井上圆了对井上哲次郎的批评，其实从侧面进一步打开了章太炎齐物哲学的诠释空间。

井上哲次郎伦理的宗教论试图将人格的实在从宗教组织中全然除去。井上圆了的《我所谓宗教》就此展开批评。在圆了看来，宗教以应用为本，需要和现世人间实实在在的个体、形形色色的人生发生关系，这和以理论为终极追求的哲学是不同的。哲学足以证明"绝

---

① 章太炎：《原道》（上），《国故论衡》，第109页。
② 章太炎：《章太炎全集·齐物论释》，第5页。

对平等、无限不可思议的实在"。宗教却需要使这一实在和人接近，从而使人和此体融合。圆了说："人是有限中的有限，相对中的相对，差别中的差别；然而此体却是无限、绝对和平等。要使如此显著的大相径庭者一致冥合，必然要求无限的有限化。"① 对于宗教来说，将平等不可思议的绝对有限化，其表现就是人间化、人格化的实在。佛教中人格化的实在——三身（法身、报身、应身）乃佛教之神髓和命脉，断不能舍弃。圆了虽然是从宗教出发来展开论述，但政治和宗教一样，都以实践和应用为本，也都必然要求无限的、平等的"道"向下寻求，针对各种有限的、差别的人生与情境，变化出各种不同的形式。这也就是章太炎所强调的"道尽稽万物之理，故不得不化"；清问下民以制其中，要从"相地以衰征，因俗以定契"开始。②

此外，井上圆了还揭示，井上哲次郎所谓的"大我之声"并不像他自己所说的那样等于超绝一切经验、平等无差别、一如的实在。"大我之声"其实是可知的、有人格性的。井上圆了讽刺地说，"我为巽轩博士允许大我之声，而不许大我之形色感到奇怪"；"巽轩博士的大我，解之以海滨的松风，它的心只有声音"，由于看不见"形色"，所以其理想是"盲目的"，"可名之曰大我盲或者色盲的理想"。③ 圆了揭露"大我"具备形色，虽然他没有再往前推论，但其隐含的意思还是清楚的。兼具声、形、色的"大我"，必然也就拥有人格性的欲望和利益诉求，既不超绝也不平等。井上哲次郎的"大我之声"指向的正是天皇制国家体制对国民道德的规训，是政治性的、功利性的。它携政权之力试图"暗杀"所有既有宗教，压制所

---

① 井上圆了「余がいわゆる宗教」『甫水論集』『井上円了選集』第 25 巻、50 頁。
② 章太炎：《原道》（上），《国故论衡》，第 109 頁。
③ 井上圆了「余がいわゆる宗教」『甫水論集』『井上円了選集』第 25 巻、52-53 頁。

有"小我之声"，必定也是专制的。

结合井上圆了对井上哲次郎的批评，再来看《原道》下篇对韩非的批评，章太炎的针对性豁然开朗。章太炎批评韩非除《解老》之外，其他篇章"娓娓以临政为齐，反于政必黜"，[1] 局促地仅以是否有利于政权治理作为依据，罢黜所有与政权治理无关或背反的社会元素。韩非的《五蠹》认为，使国家得以安全富强的是兵卒和农民，他们斩敌、拔城、防御、富国。如果治理者一方面封赏兵农、"废敬上畏法之民"；另一方面却赞誉尚文之儒者与好武之侠客，"高慈惠之行""信廉爱之说""美荐绅之饰""贵文学之士""养游侠私剑"，这样的国家不能治理好。[2] 章太炎敏锐地指出："今无慈惠廉爱，则民为虎狼也；无文学，则士为牛马也。有虎狼之民、牛马之士，国虽治，政虽理，其民不人。"[3] 慈惠廉爱和文学，这些看来无用的东西恰恰是人之所以成为人，而不仅仅是能吃喝、生育的禽兽之原因所在。用井上圆了的话来说，人作为有限的、不完美的个体只有通过慈惠廉爱的授受和文学的欣赏表达——这些无限的道在人间具体化的形式或中介，才能凭借真正的道德感和智慧辨察的情性，体会到做人的意义所在。章太炎认为韩非子的统治理念不是把民众当人，而是把他们当作危险狡诈的虎狼和有工具性价值的牛马来管制和利用。

章太炎在《民报》时期写的《国家论》《四惑论》就一再强调，人先于国家而生，国家的存在是为了让个个别别的人都生活得很好。《原道》又进一步提出，不能以高高在上、抽象的国家之"虚名"来奴役人民，所谓"世之有人也，固先于国，且建国以为人乎，将人者为国之虚名役也？"由此，他批评韩非"有见于国，无见于人；有

---

① 章太炎：《原道》（下），《国故论衡》，第114页。
② （清）王先慎：《韩非子集解》，第450页。
③ 章太炎：《原道》（下），《国故论衡》，第115页。

见于群，无见于子。政之弊，以众暴寡，诛岩穴之士。法之弊，以愚割智"。[1] 章太炎表面上抨击的当然是韩非的法家统治思想，然而他所勾勒的国家统治的形状，无比接近他所流亡生活其间、天皇制绝对主义的明治日本。他所针对的理论对象，当然包括天皇制国家体制的教育在意识形态领域的代言人——井上哲次郎。

小结：围绕"现象即实在论"及其政治实践的对峙

1910 年，在章太炎出版《国故论衡》的次月，井上哲次郎先是以东亚协会的名义在东京外国语学校开讲"国民道德的研究"，12 月又受文部大臣小松原英太郎之命为师范学校修身科的教员讲述"国民道德之大意"。1911 年 7 月，他在东京帝国大学讲义室讲述"国民道德概论"。这次讲义的记录本便成为 1912 年出版的《国民道德概论》之底稿。[2] 日俄战争后以国定修身教科书为基础，国民道德教育进一步被统合进天皇制的国家体制。在这一大背景下，《国民道德概论》总结了井上哲次郎整个明治时期围绕《教育敕语》所展开的国民道德教育论述。其显著特征在于，明确日本家族制度的特色是万世一系的皇统、以天皇为国家全体之家长的"总合家族制度"。井上哲次郎指出，家族制度有两种——个别家族制度和总合家族制度。中日两国皆有个别家族制度，但唯有日本才有总合家族制度。以总合家族制度为基础，方能理解日本的"忠孝一本"。对天皇尽忠即是报本、是孝；中国相比于忠更重孝，日本相比于孝更重忠；中国有"禅让放伐、易世革命"，日本则是天皇万世一系，君臣间有父子之情。[3] 此外，为回应明治四十年代（1907~1911）社会上

---

① 章太炎：《原道》（下），《国故论衡》，第 115 页。
② 井上哲次郎「國民道德概論序」『國民道德概論』三省堂、1912 年、1-2 頁。
③ 井上哲次郎『國民道德概論』、199-212、266-278 頁。

颇有影响的个人主义和社会主义思潮，《国民道德概论》专辟两章分析家族制度和它们的关系。建立在不平等观念基础上的家族体制，自然不能容忍以平等观念为基底的社会主义。至于个人主义，井上哲次郎认为它是西洋近世文明的特色；个人主义养成独立自主精神善的方面，在东洋古来的道德中也是具备的。他批评个人主义易流于利己主义，极端者走向无政府主义，"完全实行个人主义的话，国家是不能成立的"。他主张在家族制度的组织内容纳一定程度的个人主义。① 这些主张和他哲学观念中关于"大我"与"小我"的思考是一脉相承的。

同样是总结自身的政治哲学，章太炎的《原道》下篇提出了与井上哲次郎国家统制的国民道德论方向截然相反的主张。章太炎区分"政"与"俗"两个不同的领域，"政之所行与俗之所贵，道固相乏，所赏者当在彼，所贵者当在此"。禁止奸害的法律，制定并落实法制的治理——"政"对人类社会来说当然是必要的。然而，"能说诸心，能研诸虑，以成天下之亹亹者，非政之所与也"，而是属于"俗"的范围。庄周齐物哲学的要义在于"分异政俗、无令干位"，"推万类之异情，以为无正味、正色，以其相伐，使并行而不害"。② 明治中后期日本所建立的国家方向，是以总合家族制度和个别家族制度把每一个社会成员都整合进拟血缘制的天皇制国家体制；并且以"忠孝一本"为伦理原则，要求所有的"小我"都服从天皇制国家这个"大我"的命令。日俄战争后，章太炎一直生活在日本，这样的社会空气令他有窒息之感。"采药以为食，凿山以为宫，身无室家农圃之役，升斗之税，不上于王府，虽不臣天子、不耦群众，非法之所

---

① 井上哲次郎『國民道德概論』、245-256 頁。
② 章太炎：《原道》（下），《国故论衡》，第 115 页。

禁。"① 章太炎极力为那些游离在家族和国家体制之外的个人声索生存的空间。毕竟清末民族革命的目的，是被压迫的民族对内、对外争取自主、自由的权利，更是捍卫作为有限的、不完美的个体之芸芸众生的生存权利和尊严。

总体而言，章太炎与井上哲次郎哲学的再会并不是一次完成的，而是贯穿在 1905 年章太炎阅读《哲学丛书》到 1910 年出版《国故论衡》的整段历史进程中。而章太炎所"会晤"的井上哲次郎哲学，则既有其青年时期冲决罗网之作《读韩氏〈原道〉》，又有成熟表达其"现象即实在论"的《认识和实在的关系》，还有明治四十年代从第二次"教育与宗教"冲突论争《关于宗教的将来之意见》以降、他愈加贴合天皇制国家体制的诸多国民道德论述。章太炎和井上哲次郎各自思想的轨迹，特别是他们围绕"现象即实在论"在认识论、伦理观和政治哲学上的暌离，大体反映了走向革命的清末中国与走向绝对主义天皇制的明治日本两条道路的理论差异。

思想的世界乃是"历史展现在我们眼前的五彩缤纷的外部世界和变化的背后"那一个"隐蔽的世界"。② 章太炎与井上哲次郎哲学的再会和暌离，背后还潜伏着斯宾塞进步哲学在中日两国传播和变异的隐蔽的思想世界。

通过以东京大学为中心的传播网络，井上哲次郎和井上圆了从 19 世纪七八十年代开始对斯宾塞进步哲学有相当深的涉猎。斯宾塞划分"可知者"与"不可知者"，强调科学的探索和进步都是针对"可知者"而言的，"不可知者"永远保持着神秘性。在科学昌明、

---

① 章太炎：《原道》（下），《国故论衡》，第 115 页。
② 约翰·西奥多·梅尔茨：《十九世纪欧洲思想史》第 1 卷，周昌忠译，商务印书馆，2016，第 4 页。

物质进步的时代，斯宾塞通过"不可知"为宗教保留了领地，也为全球提供了反省"物质主义洋洋自得的成功"① 的精神资源。区分"可知"与"不可知"，是斯宾塞进步哲学的前提，也是两位井上最感兴趣的内容，奠定了他们"现象即实在论"的根柢。井上圆了认为"不可知"指涉的是不可思议、绝对平等之实在，也就是立于思想之反面的"宗教"之领地。② 井上哲次郎也在不同的场合论述斯宾塞"不可知"与"实在"的关系。井上哲次郎指出，"不可知"与"实在"观念接近，它们同样"非现象、无际限、无形状"，"并非认识的对象"，"应从内面的直观予以考察"或"间接地通过经验的事实予以论证"。③ 正因为有"不可知"这一境界，井上哲次郎认为斯宾塞不是彻底的物质主义者。④ 然而在"教育与宗教"冲突论争中，井上圆了站在为佛教争取生存空间的立场，批驳井上哲次郎伦理的宗教观将天下的滋味都蒸馏成无色无味，其"大我之声"并非绝对平等的"实在"，而是某种压制性权力的外化和显形。这说明，以拥护《教育敕语》、"忠君爱国"为基盘的明治思想界并非铁板一块。各种立场、主张间激烈而尖锐的斗争，或摆在台面上，或涌动在人心里。

章太炎 1898 年和曾广铨合译了《斯宾塞尔文集》，译文始终未

---

① Francis, *Herbert Spencer and the Invention of Modern Life*, p. 156.

② 井上圆了相关的表达非常多。在《我所谓宗教》中，他还专门画了一张"可知的"与"不可知的"的对比图，两条线上所有相同位置的概念都是相对照的。其中"可知的"一条线包括"可知的—有限—变化—生灭—现象—假有—相对—差别—万殊等；而"不可知的"一条线则包括"不可知的—无限—恒久—不灭—本体—实在—绝对—平等——本等。"井上圆了「余がいわゆる宗教」『甫水論集』『井上円了選集』第 25 卷、25 頁。还可参阅井上圆了『教育宗教關係論』、46 頁；井上圆了《妖怪学讲义录（总论）》，蔡元培译，高平叔编《蔡元培全集》第 1 卷，第 260、333、332 页。

③ 井上哲次郎「認識と實在との關係」『哲學叢書』第 1 卷第 2 集、414、363 頁。

④ 井上哲次郎『明治哲學界の回顧』、73 頁。

处理或扭曲斯氏作品所涉的"不可知"界域。章太炎后来即便通过东学了解到斯氏的这一重要范畴，但仍对其分殊科学与宗教的用心难以了悟。他和彼时不少中国知识人一样，对斯宾塞"举天、地、人、形气、心性、动植之事而一贯之"，[①] 以进化观念整一性地解释宇宙和人类社会产生浓厚兴趣。透过《哲学丛书》上井上哲次郎、森内政昌的文章，章太炎汲取德国进化主义的生理学和心理学，才进一步将宇宙与人的交汇点定位在"活动"上。以此为凭依，章太炎衔接了佛学和叔本华哲学，并抓住了叔本华意志论的精髓。章太炎从重视个人自我感知的认识论扩展出以个体自主性为核心的伦理观和政治哲学；而井上哲次郎把理想的极处置于个体之外的绝对实在之物。两者的哲学思想出现了根本的暌离。

　　章太炎的《原道》下篇建议法家综合庄子的思想来"因道全法"——"赏罚不厌一，好恶不厌岐；一者以为群众，岐者以优匹士"。兼顾法制之"一"与文化、礼俗、生活方式之"岐"，体现的正是他分殊"政"与"俗"两个领域的政治哲学。通过王弼《易略例》"明一以《彖》……明岐以《爻》"，文章最后说："推而极之，大象准诸此，宁独人事之云云哉！道若无岐，宇宙至今如抟炭，大地至今如埶乳已。"[②] 从同质性的"一"到异质性的"岐"之转化，这是宇宙自然的法则，更何况人事百态呢？章太炎在"齐物"哲学的根极处，以自己的方式呼应了斯宾塞的进步法则，即以"同质性"（homogeneous）到"异质性"（heterogeneous）的转化贯穿自然与人间之道。而从斯宾塞进步哲学在中日的传播来看，章太炎与井上哲次郎的邂逅复暌离，似乎又在印证斯氏提

---

① 严复：《〈天演论〉按语》，汪征鲁等主编《严复全集》卷一，第 84 页。
② 章太炎：《原道》（下），《国故论衡》，第 116 页。

出的进步之原因，在于"每一个变化都跟随着不止一种其他的
变化"。①

　　1911年，章太炎离开日本，此后余生未再赴东瀛。然而，他
其实仍关注日本主流意识形态的发展，并保持着《原道》下篇的
立场。1930年，章太炎读了他在台湾结识的故人白井新太郎之
《社会极致论》。该书关注王道和世界统一。其所谓治理社会全体
之"王道"，乃是"以政为教、以教成政，政教一致"，使士、农、
工、商四民各尽其职业，令君臣、父子、夫妇、长幼、朋友之五
伦各尽其交际。而在人道中，"君道"起统帅作用。换言之，要求
所有社会成员在君道的统帅下，安于职业身份的规定和五伦的差
序位置，尽好自己的职责本分。② 这俨然是《教育敕语》对国民道
德要求的另一种表达。章太炎指出，这样的观念不合时宜，"其说
自身及家施于天下，盖儒家之雅论，而为今世所遗弃者也"，"君
道亦仅行于日本、英吉利数国，其余大抵变矣"。章太炎认为，君
臣之道未必非要拥有实际的君主和臣子，它可以理解为职业化社
会对上下级之间的伦理要求。章太炎还继续为"自食其力""外于
朝廷"的隐逸者争取生存空间。③ 这些主张当然是对万世一系天皇
制、总合家族制度的极大冒犯。章太炎借此实现了和井上哲次郎的隔
空对话。

　　井上哲次郎在《国民道德概论》出版后的岁月里，思想越发和
臣民克忠克孝、扶翼天壤无穷之皇运的伦理要求浑然一体。他要求
"必须由皇道来统率所有宗教"，"日本的诸宗教必须为日本而存在，

---

① Herbert Spencer, "Progress: Its Law and Cause," in Spencer, *Essays*, Vol. I (1868),
　　pp. 30, 42.

② 白井新太郎『社會極致論』、289-290 頁。

③ 章太炎：《白井新太郎〈社会极致论〉书后》(1930)，《章太炎全集·太炎文录补
　　编》，第 828~829 页。

不允许危害日本宗教的存在"。① 1942 年，在第二次世界大战的焦灼时期、《教育敕语》颁布半个世纪之后，井上哲次郎再撰《释明教育敕语衍义》。除了说明颁发《教育敕语》的原委、全文影印《敕语衍义》，核心的部分是"释明"，目的是在新的历史时期重新为《教育敕语》"护教与辩诬"，"并赋予其新的历史意义"。②《释明教育敕语衍义》谈到《教育敕语》与理性主义的关系时，仍旧主张人类通过理性来抑制自然欲、朝向真善美的方向改善自己。尽管有个别名词的扩充，如将与"自然法"（Naturgesetz）相对的"伦理法"（Sittengesetz）落实为"发展欲"或"完成欲""完己欲"，其核心论点和 1900 年《利己主义的道德之价值》是一脉相承的。他对个人主义的批判则变本加厉，谓，"个人主义本来就是谬误的见解"，"根本上，所谓个人者是不存在的"。井上哲次郎敦促个体"互相帮助、构成社会、建立国家，朝向人类最后的理想发展"。③ 井上哲次郎批评崇尚自由主义、功利主义、个人主义的国家充斥私欲、腐败、堕落，终将动摇、崩溃。这里并非单纯的学理讨论，而是将矛头直指彼时与日本作战的英美两国。在他看来，世界大战爆发的原因，乃是包括中国、印度在内的整个世界都成为"私利私欲的修罗场"；日本拥有与英美迥异的、以"清明心"作为道德动机的神道；战争乃是日本发挥神道的过程，日本参与的战争是人类的幸事；"支那事变"

---

① 井上哲次郎：《〈井上哲次郎选集〉序》（1941），井上哲次郎：《儒教中国与日本》，第 410 页。
② 刘岳兵：《〈井上哲次郎儒学论著选集〉导言》，井上哲次郎：《儒教中国与日本》，第 22 页。
③ 井上哲次郎『釋明教育勅語衍義』廣文堂書店、1942 年、350-352 頁。井上哲次郎批判海克尔将人类的根本欲望定位在生存欲与生殖欲上，并经由加藤弘之在日本产生影响。井上哲次郎认为从根本上个人主义是不存在的，因为生理上的个人是父母细胞的延续，精神上所谓意识的个人性也不是绝对的。个体需从外界接受广泛的知识，意识因具有共通性，人群才能彼此理解。

"大东亚战争"都是神道不可言说的神秘权威的体现。[1] 井上哲次郎将理想寄寓于超出个体之外的绝对实在之物的认识论和伦理观，至此已沦为统合国民思想、对内对外进行意识形态欺骗的侵略战争的工具。

---

[1] 井上哲次郎『釋明教育勅語衍義』、324-325 頁。

第四章

章太炎与转轨中的清末国学及明治汉学

16 世纪末之后，英帝国的海外殖民活动和近代科学的发展呈现互相推进的态势。全球范围内进行的天文观测、地质勘探和动植物标本采集推动了相关领域自然科学的发展。19 世纪以降，社会、人文科学各个门类的创生与演进同样离不开对各大洲古代文明遗迹的发掘，对各大陆、岛屿现存人类各种群的语言文化、宗教习俗、经济法律制度之比较分析。斯宾塞 1857 年创作的《论进步：其法则和原因》就很自然地采用了牛津大学东方学者、擅长梵语语言学和印度宗教学的比较语言学家、比较宗教学家麦克斯·缪勒的成果，以判断人类语言的演化趋势。他也及时将考古学者奥斯丁·莱亚德（Austen Layard）的《尼尼微和巴比伦遗址上的发现》（*Discoveries in the Ruins of Nineveh and Babylon*，1853）诸著所揭示的两河流域古文明残片，编织进对人类社会治理装置历史演进的构想。[①]

现代的自然和社会科学提供了一整套认知和解释宇宙及人类文明的方法和框架。伴随着这一套认知方法和框架的形成与演变，包括大学、科研机构和国家为夺取主导权的竞争所创设的关于科学的各类建制化力量也得以勃兴。在九隅通达的全球化时代，掌握这套新的认知

[①] 参阅彭春凌《章太炎译〈斯宾塞尔文集〉研究、重译及校注》，第 205、532 页。

方法与框架，将本民族的历史置诸人类文明演进的普遍历史之中进行考察，参与全球性的公共问题，共同创造、分享现代科学发展、技术革新的文明成果，是拥有悠久传统的各古老文明思想学术转轨的主要命题。然而，对在帝国、强权扩张进程中受到侵扰、伤害的弱势一方来说，同样紧要的另一项任务是，如何避免在时空中绵延不绝、自成体系的固有文化传统沦为仅仅是语言学、考古学、人类学的素材、博物馆的摆设和田野作业的对象；如何运用这套新的认知方法和框架，饱含理性与情感来掌握阐述自身文明的主导权。

　　20世纪的最初十年，中国学界上述两方面的任务显得更加急迫。西方东方学的重心从19世纪中期斯宾塞关注的中东、近东转移到中亚和中国的西北地区。斯坦因、伯希和等在中国西北探险的"收获"震动了全球东方学界。后起的帝国主义国家日本在占领台湾、吞并朝鲜之余，眼光始终注视着我国的东北和内陆腹地。加上东京帝国大学、汉字统一会、东亚学术研究会等一系列有政府背景或受政府支持的建制化力量的强势介入，转型中的明治汉学对中国国学界构成的压力最为直接。

　　章太炎及其周边《国粹学报》的知识群体身处这样的激变氛围之中，感受尤为痛切。许守微说："国粹者，精神之学也；欧化者，形质之学也。"[1] 他强调欧化与国粹各据一端、不可偏废，实际上正是认识到中国学界面临了上述两方面的任务。章太炎谓："学问以语言为本旨，故音韵、训诂、其管籥也；以真理为归宿，故周、秦诸子，其堂奥也。"[2] 他深情呵护着广土众民呼吸吟诵、情意交感于其

---

　　① 许守微：《论国粹无阻于欧化》，《国粹学报》第1年第7号，1905年8月20日，《国粹学报》影印本第3册，第99页。
　　② 章绛：《致国粹学报社》，《国粹学报》第5年第10号，1909年11月2日，"通讯"栏，《国粹学报》影印本第12册，第7490页。

间，衔接时间记忆的生活世界，希望那些"依自"的价值系统、"自心"的美学诉求都有表达的空间。黄节提醒："亡吾国学者，不在泰西，而在日本乎！何也？日本与吾同文而易淆。"① 这道出了他们共同的忧虑。本章正是通过章太炎来观察大时代转轨中的清末国学与明治汉学，并审视它们的交流和碰撞。

第一节　章太炎将"小学"转型为"语言文字学"及其建国理想

《说文》《尔雅》《广韵》领衔，涉及文字、训诂、音韵的小学，乃"六艺之钤键"。② 清朝经学之盛"莫如小学"。③ 章太炎在《检论·清儒》篇中描述自己的学统，称："近世德清俞樾、瑞安孙诒让，皆承念孙之学。……世多以段、王、俞、孙为经儒，卒最精者乃在小学，往往得名家支流，非汉世《凡将》《急就》之俦也。"④ 小学乃章太炎独擅之胜场，周作人直到1960年代仍旧认为，"章太炎先生对于中国的贡献，还是以文字音韵学的成绩为最大，超过一切之上的"。⑤ 章太炎乃是清代朴学最后的大师。他在清末以小学言革命、言建国，还成为现代"语言文字学"学科的命名人。章太炎将小学转型为语言文字学，并在这一过程中塑造新的国语、国民、国家意识等建国理想，集中体现了转轨中的清末国学介于学术与政治之间的追求。

---

① 黄节：《〈国粹学报〉叙》，《国粹学报》第1年第1号，1905年2月23日，《国粹学报》影印本第3册，第8页。
② 郭璞：《尔雅序》，十三经注疏整理委员会整理《尔雅注疏》，北京大学出版社，2000，第3页。
③ 张伯桢：《南海师承记》（1896~1897），姜义华、张荣华编校《康有为全集》第2集，第226页。
④ 章太炎：《清儒》，《章太炎全集·检论》，第483页。
⑤ 周作人：《〈民报〉社听讲》，《知堂回想录》，河北教育出版社，2002，第253页。

一 从"小学"到"语言文字之学"

中国现代语言学的诞生，有两个事件具备"划时代的意义"。一是 1898 年《马氏文通》的问世，二是章太炎明确提出了"语言文字之学"的学科命名。章太炎将传统"小学"定名为"语言文字"学，一般认为是在 1906 年的《论语言文字之学》[①] 一文。事实上，早在 1899 年章太炎旅居台湾期间，即发表了《论学校不宜专校语言文字》，已经显露"小学"转型为"语言文字"学的雏形。其文曰：

> 今之求国际而设学者，授以语言，而勿授之以所以言，是将使之终于为葛庐鹦鸲也。教育之则，物理之分，政事之法，此所以言也。习其文者，辄勿能译其义。非直其义，细者至于名物，而不能宣诸其口。何者，语言文字，则小学之属。《凡将》《急就》之伦且足此，而不学不足以钩深致远，无足怪者。夫雨光相遇之为暗，两声相遇之为瘖，此易知也。而事语言者，或勿知。知者顾在于对译理想之士。噫！智足以穷九域之方言象书，而于以察其分际终棍放弗能辨，其进不足以措政，其退不足以彪蒙，斯喃喃者将曷为也。[②]

这段文字表明，西学东渐下的文明碰撞乃是现代语言文字学诞生的大背景。比如廖平在《知圣篇》中就感叹："近贤声训之学，迂曲不适用，究其所得，一知半解，无济实用，远不及西人之语言文字，

---

① 何九盈：《中国现代语言学史》，广东教育出版社，2005，第 11、12 页。
② 章炳麟：《论学校不宜专校语言文字》，《台湾日日新报》1899 年 2 月 3 日，汉文第 3 版，"论议"。

可俾实效。"① 章太炎期望"对译理想之士"除了"智足以穷九域之方言象书",还具备"钩深致远""察其分际"的语文能力,以实现翻译的准确性、有效性及文明间彼此交往的对等性。而小学定名为语言文字学,首先要避免语言文字学的完全工具化,章太炎深不满"求国际而设学者",仅"授以语言",而不教授"教育之则,物理之分,政事之法"等"所以言",使学生"终于为葛庐鹦鹄"的现象。

语言文字学关乎"国性","为一切学问之单位之学",② 具"国故之本,王教之端"③ 的文化意义,后更与清末民族革命、建立民国的理想息息相关。这些认识伴随章太炎思考、探研语言文字学的始终。他从台湾归来后毅然"谢本师",是因为俞樾文字训诂的"经学"已丧失了顾炎武创立之初"欲使人推寻国性,识汉、虏之别"④ 的本旨,而沦为与经世理想痛痒无关、求稻粱的谋生之术,甚或"仕素虏,食其廪禄",为满洲统治者"恳恳蔽遮其恶"⑤ 的工具。他决意使用"语言文字之学",除更"确切"外,部分也由于"今日言小学者,皆似以此为经学之附属品,实则小学之用,非专以通经而已",⑥ 因不满"读书为玩物丧志"⑦ 的学院化倾向,而用新词汇与时流相区别。作为清代朴学最后的大家,时人即有"为治经家雪耻,专于枚

---

① 廖平:《知圣篇》(1888),李耀仙主编《廖平选集》,巴蜀书社,1998,第208页。
② 章绛:《论语言文字之学》,《国粹学报》第2年第12号,1907年1月4日,《国粹学报》影印本第6册,第2504页。
③ 章太炎:《小学略说》,《国故论衡》,第10页。
④ 《太炎自定年谱》(1901),汤志钧编《章太炎年谱长编》,第115页。
⑤ 太炎:《谢本师》,《民报》第9号,1906年12月,第100页。
⑥ 章绛:《论语言文字之学》,《国粹学报》第2年第12号,《国粹学报》影印本第6册,第2501~2502页。
⑦ 章太炎:《与吴君遂书》(1903年5月18日),马勇编《章太炎书信集》,第65页。

叔是望"① 的评价，而章太炎一生引以为傲的，正是能够一雪前人对朴学"专志精微，反致陆沉，穷研故训，遂成无用"② 的讥消。

知师无过于弟子，沈兼士评价章太炎的《新方言》，曰："章氏以为小学不但可以考古，亦可以通俗致用。向来只用之以考证死文字，现在却拿他来整理活语言。经学附庸之小学，一跃而为一种有独立精神之语言文字学，这是文字学史上的一个重要关键。"③ 小学发挥通俗致用之功，真正被激活，脱离经学附庸的地位而跃升为具有独立精神之语言文字学，关键在对"活语言"、方言的整理。章太炎落实其语言文字学的重要成果是《新方言》。语言不仅是思想交流的工具，更是思想本身；对形、声、义关系的激烈讨论，往往是在整个社会历史发生巨大转折的时刻，而兼顾形、声、义正是章氏语文学的特色。章太炎晚年就说："'小学'本合文字、声音、训诂三部分而成，三者不能分离，故欲为此学定一适当之名称却颇难，名为'文字学'则遗声音，名为'音韵学'又遗文字，我想可以名为'言语学'。"④

章太炎通过整理方言，意图实现小学转型为语言文字学的经世价值，创建他的文化建国理想，必须放在清末的变革背景中予以考察。外来的冲击牵掣内部的革新，面对清末的大危局，中国士人在政治制度、社会发展、文化走向等多个层面都需做出判断与抉择。从海通之后的"始慕泰西"，到甲午受创后的"尤慕日本"，⑤ "吃一堑，长一智"，敌人变老师，其影响几乎遍涉中国现代化进程的所有部门。晚清

---

① 胡珠生辑《宋恕和章炳麟交往资料·宋恕信函》，《中国哲学》第 9 辑，三联书店，1983，第 445 页。
② 章太炎：《菿汉微言》，章太炎：《菿汉三言》，第 61 页。
③ 沈兼士：《今后研究方言之新趋势》，《歌谣周年纪念增刊》1923 年 12 月 17 日，第 17 页。
④ 章太炎：《清代学术之系统》（1932），《章太炎全集·演讲集》，第 426 页。
⑤ 黄节：《〈国粹学报〉叙》，《国粹学报》第 1 年第 1 号，1905 年 2 月 23 日，《国粹学报》影印本第 3 册，第 8 页。

以来中国的文字改革当然不能自外其中。1903 年，直隶大学堂学生王用舟等人上书直隶总督袁世凯，提议推广王照的官话字母，其文曰：

> 我中国自文言分离以来，口音日杂一日，而读书识字之人愈日少一日。……吾国南北各省，口音日异，甚有隔省之人不能通姓名之弊。……彼泰西各国，类皆言文合一，故团体最固；至于日本，尤以东京语为普通教育，诚握要之图也。我国无事不规仿泰西，步武日本，独于此漠然置之，可惜孰甚。[1]

"规仿泰西"与"步武日本"，一直都是清末文字改革运动乃至整个现代化过程的路径。细考此文，我们可窥见清末诸位文字改革者的目标，一是用拼音以实现"言文一致"，文字简易便于普及教育；二是制定国语以求得"语言统一"与国家强盛。劳乃宣对此心有戚戚，他还特别重视"言文一致"与"语言统一"两个步骤之间的先后次序，"夫文字简易与语言统一，皆为今日中国当务之急。然欲文字简易，不能遽求语言之统一，欲语言统一，则必先求文字之简易"，[2] 而"泰西以二十六字母，东瀛以五十假名括一切音。文与言一致，能言者即能文……我中国数百兆凡民，欲令普受教育，非学步之不可"。[3]

章太炎旅日主持《民报》后，经历了两次轰轰烈烈的关于语言文字问题的论争。1907 年他撰文批判由日本人创立，张之洞、端方等参与的"汉字统一会"；次年又与巴黎《新世纪》的吴稚晖等就"万国新语"（世界语）大打笔战。而"汉字统一"论与"万国新

---

① 王用舟等人：《上直隶总督袁世凯书》，《清末文字改革文集》，文字改革出版社，1958，第 35~36 页。
② 劳乃宣：《致〈中外日报〉馆书》，《清末文字改革文集》，第 57 页。
③ 劳乃宣：《〈重订合声简字谱〉序》，《清末文字改革文集》，第 52 页。

语"说,恰恰是清末文字改革中"步武日本"与"规仿泰西"的新动向。章、吴二人围绕"苏报案"之唇枪舌剑,不能不说有"私怨"之嫌,但是章太炎与"汉字统一"论及"万国新语"说之争,则更多出于学术立场与文化理想之"公心"。所以尽管此类文章并无"毒詈"之言,但摆开阵势,持理议学之文,其气势恢宏,立论光明正大,同样是"所向披靡,令人神旺"。①

　　章太炎的《新方言》一书 1907 年 8 月由日本秀光社推出初版本,共 374 条,其内容在 1907～1908 年的《国粹学报》上连载。1909 年 7 月,章太炎又在日本出版了《新方言》的增订本,共 859 条。该增订本即是 1915 年上海右文社、1919 年浙江图书馆《章氏丛书》及后来上海人民出版社《章太炎全集》所收入的《新方言》所依据的版本。② 在 1907 年的《汉字统一会之荒陋》③ 与 1908 年的《驳中国用万国新语说》④ 两文中,章太炎多次提及《新方言》一书,援引其例,并直陈以"一返方言"为基本对抗"汉字统一"与"万国新语"。可以说,这两次论争提供了"一字千金"的学术著作《新方言》诞生的历史大背景。而章太炎对方言问题的理解,又成为展开辩论的理论基石。令人好奇的是,章太炎如何以"一返方言"这把利刃洞穿发端于日本、看似保守的"汉字统一"论,又抵制肇

---

① 鲁迅:《关于太炎先生二三事》,《鲁迅全集》(6),第 566 页。
② 关于《新方言》两个版本的辨析,请参阅董婧宸《章太炎〈新方言〉的版本与增订内容》,《文献语言学》2018 年第 6 期。这里需要补充说明的是,本节主体部分的内容曾题名为《以"一返方言"抵抗"汉字统一"与"万国新语"——章太炎关于语言文字问题的论争(1906~1911)》发表在《近代史研究》2008 年第 2 期。文章发表十余年来,学界对日本"汉字统一会"的组织情况和《新方言》前后两个版本差异的研究有不小的推进。此次修订该文入书,参考了这两方面的新成果。
③ 章太炎:《汉字统一会之荒陋》,原刊于《民报》第 17 号(1907 年 10 月 25 日),后收入《太炎别录卷二》时改名为《论汉字统一会》,内容不变。
④ 章太炎:《驳中国用万国新语说》曾载于《民报》第 21 号,1908 年 6 月 10 日;《国粹学报》第 4 年第 4、5 号,1908 年 5 月 19 日,6 月 18 日。

基于欧洲、貌似激进的"万国新语"说呢？在对抗新的"步武日本"
与"规仿泰西"潮流时，章太炎对方言问题的思考包含着哪些复杂
的层面，体现了其怎样独树一帜的"言文一致"思想与"语言统一"
观念？揆诸其文字改革观念生长之文化资源，除时代历史之促发外，
个人思想成长之源与流又究竟若何？

　　关于《新方言》一书，其学术上所受毁誉已构成中国语言文字学
史中的风景。无论章太炎自己赞誉其"悬诸日月不刊"①，还是傅斯年
诋毁其"东西南北的猜去"，与杨雄之《方言》相比，"竟倒退过二
千多年"，② 抑或沈兼士、王力等褒贬均衡的持平之论，③ 都可见章太
炎之语言文字学对现代方言学的影响和贡献是众多语言文字研究者关
心的问题。④ 然而，当回到围绕章太炎之语言文字学所发生论争的背
景，梳理参与论争各方的思路与资源，方言问题背后的晚清思想史就
呈现出来了。"循其上下而省之"知学术"源流清浊之所处"；"傍行
而观之"明思想"风化芳臭气泽之所及"，⑤ 正是本节论述之旨归。

二　以"一返方言"拒斥"汉字统一"论

　　明治维新以来，汉字在日本的命运颇为飘摇。从 1880 年代外山
正一参与其中的"罗马字会""假名字会"，到 19、20 世纪之交井上
哲次郎倡导的"国字改良论"，欧化浪潮和探求民族精神的自觉都使

---

①　太炎：《汉字统一会之荒陋》，《民报》第 17 号，第 105 页。

②　傅斯年的《历史语言研究所工作之旨趣》发表于 1928 年中研院史语所集刊第 1 本
　　第 1 分册。《中国现代学术经典·傅斯年卷》，河北教育出版社，1996，第 342 页。

③　沈兼士：《今后研究方言之新趋势》，《歌谣周年纪念增刊》1923 年 12 月 17 日，
　　第 16、17 页；王力：《新训诂学》（1947），《龙虫并雕斋文集》第 1 册，中华书
　　局，1980，第 318~320 页。

④　学界多从语言文字学的角度对《新方言》一书进行研究，如孙毕《章太炎〈新方
　　言〉研究》，华东师范大学出版社，2006。

⑤　郑玄：《诗谱序》，《毛诗正义》，第 11 页。这样的治学方式和传统也是章太炎所
　　欣赏的。参阅章太炎《与王鹤鸣书》，《章太炎全集·太炎文录初编》，第 154 页。

得废除汉字之声不绝如缕。然而，国粹派内部亦有如三宅雪岭、井上圆了等人力主汉字是日本国语的基础，在维持世道人心上有不可替代的价值，从而坚决反对废除汉字。① 伴随日本占据台湾及其势力盘踞朝鲜半岛并觊觎中国内陆，日本的文化人越发体认到作为东亚"同文"基础的汉字在助力日本殖民扩张上的价值。正是在这一背景下，汉字研究者、曾主持台湾教育的伊泽修二极力主导成立囊括清、日、韩三国的"汉字统一会"。1906 年下半年，以清国各省提学史访问日本为契机，这一计划进入了落实的阶段。②

　　1906 年 12 月，"汉字统一会"召开发起人会，确定政界要人金子坚太郎任创立委员长、伊泽修二任常务委员长。在各个媒体的报道下，其宗旨亦逐渐昭彰于世。《东京朝日新闻》称，汉字统一会除募集清、日、韩三国的会员外，将"选择政治、经济、教育、军事、实业等现在必要的汉字，制作日、清、韩、英共通的音韵字典，以谋汉字的统一普及"作为自身的使命。③ 法政大学面向清国留学生的汉文《东洋》杂志则说，"汉字问题，非独为日本之问题，与支那、朝鲜当俱应议之问题也。如其字数，平素不多用者，删除之，又假令不见于从来之字典中者，方今所惯用者加之，以整理三国共通文字为宗旨"，为实现这一宗旨，"日本汉文学者及教育当事者等，胥谋而设立汉字统一会"，其重要的任务是"选择现今三国必须普通汉字凡六千字，施各国音韵及训注，以编制字典"。④ 1907 年 4 月 12 日，汉字统一会在东京召开总会，选举伊藤博文任总裁，金子坚太郎、伊泽修二分任日本部会

① 参阅井上圆了『漢字不可廢論　一名國字改良論搏擊』哲學館、1900 年。
② 关于"汉字统一会"成立的相关情况，参阅劉鮮花「漢字統一会に関する一考察——清国と韓国の反応を中心として」『言語社会』第 13 号、2019 年 3 月；林翔《20 世纪初期日本的东亚"同文"主张与亚洲主义——以"汉字统一会"为中心的考察》，《世界历史》2021 年第 3 期。
③ 「漢字統一會」『東京朝日新聞』1906 年 12 月 26 日、三版。
④ 《汉字统一会之创立》，《东洋》第 3 号，1907 年 2 月 28 日，第 67 页。

长、副会长；拟定张之洞担任清国部会长，端方、严修、杨枢担任副会长；朴齐纯则担任韩国部的会长。在日本很有影响力的《东京朝日新闻》《太阳》等后续均有对该事件的报道。[1]

1907 年 10 月 25 日出版的《民报》第 17 号登载了章太炎的批驳文章《汉字统一会之荒陋》（下文简称"《荒陋》"）。章太炎描述该会，"规设于日本人，以反对罗甸字母，且欲联合亚东三国，遵循旧文，勿令坠地"，并"选择常用之字以为程限，欲效秦始皇同一文字事"，"顾中国人亦争附之，张之洞、端方辈且代表国人为会长矣"。[2] 这表明他是在获悉该会成立的信息后写作了这篇文章，并且他对该会主旨和任务的了解是准确的。

"选择常用之字以为程限"，是章太炎绝不能接受的汉字发展方案。但如果仅是日本人一厢情愿之操持，汉字统一会恐还激不起章太炎如此强烈的反击。张之洞、端方等人参与其事，代表国人为会长，才令章太炎格外恼怒。虽然说 1907 年 10 月 30 日伊泽修二拜访张之洞，张之洞以"国事多端，且老来记忆匮乏"为由拒绝了清国部会长之职，并引介心腹湖北提学史黄绍箕出任会长。[3] 但这是章太炎写作《汉字统一会之荒陋》之后发生的事。听闻张之洞出任会长，确实给予了章太炎创作《荒陋》一文最直接的刺激。章太炎与张之洞戊戌时在湖北有一段旧交，张之洞 1907 年又将湖北经心书院改为存古学堂，其"保存国粹"的呼吁在国内很有影响，所以章太炎才质问其既为"略知小学者"，何故参与此事。《荒陋》一文主旨乃是"略疏斯事是非，以激（张之洞）其意"，所谓"鼓钟在宫，声闻于

---

[1]　如銅牛「漢字統一會と伊澤修二氏」『東京朝日新聞』1907 年 4 月 23 日、三版；「漢字統一會」『太陽』第 13 卷第 6 号、1907 年 5 月、91 頁。

[2]　太炎：《汉字统一会之荒陋》，《民报》第 17 号，1907 年 10 月 25 日，第 103 页。

[3]　「漢字統一會と張之洞氏」『東京朝日新聞』1907 年 10 月 31 日、二版。

外，亦犹扬子云之望伯松钦"。① 以杨雄与张伯松之关系比拟自己对张之洞的期待，虽说不及伯牙、子期，其情其忿仍尽在不言中。此文明显将其提倡国粹之意，与张之洞等国内当权者倡导国粹之旨相区隔。一来章太炎此时正承受着革命派内部更为激进的《新世纪》诸人的责难。李石曾的《进化与革命》一文将近代数十年的中国思想界分为十派，以张之洞为"古义实学派"的代表，"此类即汉学考据家之属"，并影射章太炎也属此派——"亦有如某君某君者，其言论虽若有进，实则思想、目的、手段、常不离此派，即如主张存古及保国粹之类皆是也"。② 章太炎虽说对于论敌的指责并不介怀，自述"仆则素志已定，愿自署为守旧党、顽固党矣，岂新党鹜名之士"，但也不能充耳不闻，所以在《荒陋》中还是有急于跟张之洞等人撇清关系之嫌，并直言"张之洞提倡国粹，亦非甚力"。③ 再者，就旨趣而言，张之洞与章太炎确有在朝与在野力主国粹之别，"夫在上而言国粹，则挟其左右学界之力，欲阻吾民图新之先机，以是为束缚豪杰之具……若在野而倡国粹，则一二抱残守缺之士，为鸡鸣风雨之思，其志哀，其旨洁"。④ 因此，章太炎抵制"汉字统一"，其实凸显了晚清在野提倡国粹之人与张之洞等在上言国粹者之畛域。⑤

① 太炎：《汉字统一会之荒陋》，《民报》第 17 号，1907 年 10 月 25 日，第 108 页。
② 真（李石曾）：《进化与革命》，《新世纪》第 20 号，1907 年 11 月 2 日，第 1 版。本书所引《新世纪》为 1907 年 6 月 22 日至 1910 年 5 月 21 日原版，1947 年由世界出版协社重印发行。
③ 章太炎：《复吴敬恒函》，《民报》第 19 号，1908 年 2 月 25 日，第 118 页。
④ 许之衡：《读〈国粹学报〉感言》，《国粹学报》第 1 年第 6 号，1905 年 7 月 22 日，《国粹学报》影印版第 3 册，第 81 页。
⑤ 章太炎将自己提倡国粹的见解与张之洞相区分，并多次批评张之洞，涉及多个方面，并持续相当长的时间。1924 年在《救学弊论》中，他还将张之洞"豪举施于学子，必优其居处，厚其资用"的劝学措施作为"学弊"之一予以抨击。章太炎：《救学弊论》，《章太炎全集·太炎文录续编》，第 92 页。

溯其根荄，章太炎抵抗"汉字统一"论，主因是此论主张"选择常用之字以为程限，欲效秦皇同一文字事"。而对汉字"强立程限"之后果乃是，"非直古书将不可读，虽今语亦有窒碍不周者"，将"限制文字为汉字统一之途"，[①] 最后导致的结果只能是阻塞汉字革新之路。晚清主张拼音化或白话化的文字改革者，其理论根基几乎皆是"言文一致"，即改变作为书写方式的"文"，迫其与"言"一致，建立以语音为中心的书写和文化传播系统。[②] 章太炎的思路与众不同之处在于，他认为"言文一致"也好，"文言一致"也罢，这类文与言相合的理想所要解决的都是言语（声音）与文辞的关系问题。是否尊重语言的自然发声状态，并找到与言语相对的文辞来表达，是检验"言文一致"真伪的标准。章太炎认为，晚清以普及教育的功利目的展开的"言文一致"运动，诞生的所谓"白话"与"通俗文体"最终只是强扭"言"使之与"文"一致，而放弃了对声音、言语的执着，因此并非真正的"言文一致"。他说："俗士有恒言，以言文一致为准，所定文法，率近小说、演义之流。其或纯为白话，而以蕴藉温厚之词间之，所用成语，徒唐、宋文人所造。"[③] 而日本的汉字统一会限制汉字只能用常用字，其所谓的"文言一致"与其他的"言文一致"观相同，所导致的结果都是以"文"压"言"，以限制汉字作为汉字改革的前途。"通行文字，形体不过二千，其伏在殊言绝语中者，自昔无人过问。近世有文言一致之说，实乃遏绝方言，以就陋儒之笔札，因讹就简，而妄人之汉字统一会作矣。"

在反对汉字统一会，及其他以"言文一致"为帜的文字改革方案基础上，章太炎提出了自己独特的"言文一致"观，即"果欲文

① 太炎：《汉字统一会之荒陋》，《民报》第 17 号，1907 年 10 月 25 日，第 103~107 页。
② 当时梁启超就持这种观点。梁启超：《沈氏音书序》，《清末文字改革文集》，第 7 页。
③ 太炎：《汉字统一会之荒陋》，《民报》第 17 号，1907 年 10 月 25 日，第 105 页。

言合一，当先博考方言，寻其语根，得其本字，然后编为典语，旁行通国，斯为得之"；① "一返方言，本无言文岐异之征，而又深契古义……殊言别语，终合葆存"。② 他认为中国本没有言文分离的问题，那些普通人能说却不能写之字，是"士大夫不识字"③ 所导致的，"方言处处不同，俗儒鄙夫，不知小学，咸谓方言有音而无正字，乃取同音之字用相摄代"。在他看来，方言里面保留的恰恰是众多古字："若综其实，则今之里语，合于《说文》《三仓》《尔雅》《方言》者正多。双声相转而字异其音，邻部相移而字异其韵；审知条贯，则根柢豁然可求。"④ 因此要实现"言文一致"，只有"一返方言"。追索方言沟通古今之处，为汉语言文字的改革提供可能。正因如此，"今世方言，上合周、汉者众，其宝贵过于天球、九鼎，皇忍拨弃之为"。⑤

为与"汉字统一"论相抗，从而证实自己的"言文一致"观，章太炎一方面在刘师培、黄侃的帮助下持续增订《新方言》一书，索解当今各地的方言词，以同义音近为基，考察其在古语中的源头，表明"古今语言，虽递相嬗代，未有不归其宗，故今语犹古语也"。⑥ 另一方面，又因"一人耳治，势不能周"，在《民报》上连载《博征海内方言告白》的广告，征集"乡土殊言"。

---

① 章太炎：《博征海内方言告白》，《民报》第 17 号至第 24 号封底广告，1907 年 10 月 25 日至 1908 年 10 月 10 日。
② 太炎：《汉字统一会之荒陋》，《民报》第 17 号，1907 年 10 月 25 日，第 105 页。
③ 如李文治就说："至于方言里谚，不但无字可求，亦并无声可改。"李文治：《〈形声通〉自序》，《清末文字改革文集》，第 49 页。这类认为方言无字可求的观点，在章太炎看来就是"不识字"士大夫的浅见。
④ 太炎：《汉字统一会之荒陋》，《民报》第 17 号，1907 年 10 月 25 日，第 104 页。章太炎的《新方言》以"以古证今"见长，对方言追索语源的方法论受到沈兼士、罗常培、王力以降的现代语言学研究者的质疑与批评。这里重点在还原章太炎之所以如此思考的历史背景，尤其是论争的始末，及其如何在思想史上体现了"抵抗的立场"。
⑤ 太炎：《汉字统一会之荒陋》，《民报》第 17 号，1907 年 10 月 25 日，第 105 页。
⑥ 章太炎：《自述学术次第》，章太炎：《菿汉三言》，第 170 页。

然而，《荒陋》一文相对简短，只是粗略地阐述了章氏的文字改革理想。探究其文字改革理想的生成，及"一返方言"之"言文一致"观的酝酿，还必须追溯到章太炎的第二次日本之行。1902年，章太炎东渡日本避难，其间与孙文"定交"，泛览东西洋群籍，自谓"和、汉文籍，吾侪之江海也。不能去江海以求乐，则去纯素同帝之道远矣"。① 归国后，他"完成了理论上的蜕皮过程"，《訄书》的重订"关系其一生思想变迁甚巨"。② 《訄书》重订本中《订文》与所附之《正名杂义》两文，集中体现了在新的历史机缘下，章太炎终其一生的语言文字理想产生的过程——如何受日本经验的刺激，怎样回应日本学者武岛又次郎的观念。③ 而《新方言》一书的萌芽也正在此时。

《订文》一篇从梳理中国文字使用的历史开始，史籍之上古时代"有其文者必有其谚言"，北宋灭亡导致日常文书中使用的语言日益寡少。所谓：

唇吻所待，千名而足；檄移所待，二千名而足；细旃之所承，金匮之所藏，著于文史者，三千名而足；清庙之所奏，同律之所被，著于赋颂者，四千名而足。其他则视以为腐木败革也已矣！若其所以治百官、察万民者，则蔑乎檄移之二千名而止。以

---

① 章太炎：《与吴君遂》（1902年7月29日），马勇编《章太炎书信集》，第63页。

② 章太炎的《自定年谱》1902年目内说："余始著《訄书》，意多不称。自日本归，里居多暇，复为删革传于世。"朱维铮详细考证了《訄书》重订本修订的起讫时间，认为章太炎自1902年春天在日本与孙中山订交，回国后"完成理论上的蜕皮过程"，并从1902年7月到1903年夏历春节前后（苏报案发前），隐居余杭乡里七八个月时间完成了《訄书》的重订。参见朱维铮《前言》，《章太炎全集·〈訄书〉初刻本》，第10~18页。

③ 朱维铮讨论过《訄书》初刻本《订文》篇及附《正名略例》九则如何演变为后来重订本中的《正名杂义》。朱维铮：《訄书（初刻本、重订本）》，三联书店，1998，"导言"，第7~8页。

神州之广，庶事之博，而以佐治者寠是，其庸得不澶漫掍淆，使政令逡巡以日废也？①

之所以感到自宋迄今"澶漫掍淆""政令逡巡以日废"的衰世之景，当然是来自当时西欧和日本的冲击。反思中国所以不如人之因由，如同其他晚清文字改革者一样，小学家章太炎敏感地意识到"文字之盈歉"与"世之盛衰"②的关系如此紧密。在世界敞开之后，"今自与异域互市，械器日更，志念之新者日蘖"，中国现今面临的首要问题乃是"犹暖暖以二千名与夫六万言相角"，"其寚便既相万，及缘傅以译，而其道大穷"。中国目前文字的不简便与数量少，在章太炎看来严重影响汉字本身的前途，"今夫含生之属，必从其便者也。然则必有弟靡以从彼者，虽吾文字，亦将弃不用矣"。③在"二千名与夫六万言相角"的巨大现实压力下，汉字的革新成为章太炎关心的中心议题。④

---

① 章太炎：《正名杂义》，章太炎：《訄书详注》，徐复注，上海古籍出版社，2000，第375页。
② 章太炎：《订文》，章太炎：《訄书详注》，第369页。
③ 章太炎：《订文》，章太炎：《訄书详注》，第379、380页。
④ 实际上，所谓汉字只有"二千名"，而英文有"六万"，章太炎对文字的盈欠与世之盛衰正比例关系的认知，来自对斯宾塞的理解和翻译。1898年《昌言报》载章太炎与曾广铨合译的《斯宾塞尔文集》，《论进境之理》曰，"大抵语言文字之变愈繁，其教化亦愈文明，英国所以表西海者，其以此夫"，"今英语大数无虑六万余言，言各成义，不相凌杂。盖自书契之作，斯为最广矣"。《昌言报》第2册，第67页。对照斯宾塞的原文可以发现，斯宾塞只说"由于具备在功能上更大程度的细分和完备性，英语语言是胜过其他语言的"；至于"六万"的说法，则出自斯宾塞对普遍性的语言发展现象的描述，即在每一种语言的发展过程中，通过不断制造派生词和形成复合词，"得以形成一种语言包括大约六万或者更多不同的词语，来指称许多不同的对象、特质与行为"。参阅彭春凌《章太炎译〈斯宾塞尔文集〉研究、重译及校注》，第198~202页。也就是说，斯宾塞其实并没有讲英语有"六万余言"，而其他语言没有。章太炎为了强调汉字改革的迫切性，有意放低姿态，扭曲了斯宾塞的说法。何况斯宾塞说的是六万"词汇"，词汇和文字符号是不同的范畴。章太炎以六万比二千，也混淆了不同的概念范畴。

荀子"法后王""作新名"思想则是章太炎进行汉字自我更新的理论依据，"先师荀子曰：'后王起，必将有循于旧名，有作于新名。'是故国有政者，其伦脊必析，纲纪必秩，官事民志日以孟晋，虽欲文之不孟晋，不可得也"；"夫语言文字之緐简，从于社会质文，顾不信哉"。① 有其事继而有其言，有其言进而有其字，生活经验与现象世界在章太炎看来是产生语言，进而生成文字的根基。语言的变化应适于社会的迁变，此类受社会进化论影响的论述，其实充满了晚清接受现代思想的学人对"现在"、对"现实生活"的肯定。《訄书》之所以从《尊荀》始，部分也因为荀子之"法后王"思想与晚清要求与时俱变的潮流相吻合，所谓"法度者，与民变革，古今异宜，虽圣人安得豫制之"。②

通过批评日本学者武岛又次郎《修辞学》的观点，章太炎表达了自己如何"制新名"的主张。《正名杂义》引述武岛又次郎作《修辞学》曰：

> 言语三种，适于文辞，曰见在语、国民语、箸名语，是为善用法。反之亦有三种，曰废弃语、千百年以上所必用，而今亡佚者，曰废弃语。外来语、新造语，施于文辞，是为不善用法。世人或取丘墓死语，强令苏生，语既久废，人所不晓，辄令神味减失。③

武岛对废弃语的贬斥激起了章太炎的猛烈反击。

---

① 以上两段出自章太炎《订文》《正名杂义》，章太炎：《訄书详注》，第370、392页。
② 章太炎：《原经》，《国故论衡》，第63页。
③ 章太炎：《正名杂义》，章太炎：《訄书详注》，第440~441页。这段文字乃是章太炎综合了武岛《修辞学》相关文字的意思。参阅武岛又次郎『修辭學』博文館、1898年、30-35頁。

武岛以外来、新语，有时需用；废弃语则直为官师所不材。是于日本，容可云尔，至于禹域，进化虽纤，人事万端，本殊偏岛。顷岁或需新造，寻检《苍》《雅》，则废语多有可用为新语者，若奭、㫃、辍、暨诸文是也。东人鲜通小学，不知其可相摄代，则宜以为一瞑而不复视矣……西方新语，多取希腊，或本梵文，腐臭之化神奇，道则不易。[1]

正是有 1902 年质疑武岛的经验，所以当 1907 年日本出现汉字统一会时，章太炎格外触动，因为二者立论之根柢相同，即皆认可现存的通行语，主张摒弃久不出现在当下书面文中的"废弃"言语，同时倡导少用新造之词。而章太炎认为，中国汉字的革新，也就是"新造语"的诞生，实赖于对所谓"废弃语"的重新发掘，即是使"千百年以上所必用，而今亡佚者"在汉语中转化为新造语。颇耐人寻味的是，他依据的他山之石乃是"西方新语"之制作，"多取希腊，或本梵文"，由"腐臭之化神奇"。此处透露出晚清国粹派在抵制日本思潮时，"泰西"作为借镜的意义和价值。章太炎提出，打通过去与当下，展望汉语之未来，其枢纽就是方言。因为武岛所谓的"人所不晓，致减神味"的"废弃之语"，"固有施于文辞，则为间见；行于繇谚，反为达称者矣"。虽然在文辞中已不多见，但在各地方言口语中留存甚多，即"旷绝千年，或数百稔，不见于文辞久矣！然耕夫贩妇，尚人人能言之。至于今日，斯例尤多"。[2] 章太炎援引

---

[1] 章太炎：《正名杂义》，章太炎：《訄书详注》，第 441~442 页。

[2] 章太炎：《正名杂义》，章太炎：《訄书详注》，第 444 页。甚至日语的汉字在章太炎看来也可开掘以为汉语革新之资源："夫绝代方言，或在异域。日本与我隔海而近，周秦之际，往者云属，故其言有可以正古者。"章太炎：《正名杂义》，章太炎：《訄书详注》，第 427 页。此认识倒颇合晚清旅日中国士人的见解，如叶庆颐就认为"日本与中国地同洲，书同文，事物称名应莫不从同"，并将日语单词引述汉籍古义作解。叶庆颐：《策鳌杂摭》卷八，袁祖志校，1889 年上海刻本。

颜籀《匡谬正俗》中的例子来佐证古语存在于各地方言中："《释故》云'洋，多也'，而山东谓众为'洋'。《释言》云'恫，痛也'，而大原谓痛而呻吟为'通唤'……"模拟颜籀的《匡谬正俗》，章太炎从今方言中也找了与古书《方言》相通之语，收入《新方言》一书。① 可以说，章太炎创作《新方言》的启发部分来源于颜籀的《匡谬正俗》，② 而对以武岛为代表的日本修辞观念的批判则构成《新方言》的萌蘖。

以"今方言"为领地，打通文人俗士所谓的"废弃语"进入"新造语"的渠道，乃是章太炎文字改革的基本策略；③ 以"现在"沟通"过去"与"未来"筑就了章太炎的时间意识。他敬佩王充的说法，"知今而不知古，谓之盲瞽"；"知古而不知今，谓之陆沈"。④ 虽说从

---

① 《正名杂义》收入《新方言》一书的具体语例，参见章太炎《訄书详注》，第444~445页。"《方言》云'佻，丁小反，县也'，今称县系曰'吊'，则其遗语也。"此条入《新方言·释言》。"'塞，安也'，今杭人谓安宁曰'利塞'，则其遗语也。"此条入《新方言·释言》。"'崽者，子也。音枲。湘沅之会，凡言是子者谓之崽'，声如宰。今湘粤人谓儿童曰'崽'，声如宰。则其遗语也。"此条入《新方言·释亲属》。"自秦以后，人臣不敢称'朕'，而今北人尤自称'晋'，斯朕之音变矣。"此条入《新方言·释言》。

② 类似颜籀《匡谬正俗》的书，刘师培在《编辑乡土志序例》中还举出两本，即毛西河的《越语肯綮录》与胡文英的《吴下方言考》。《国粹学报》第2年第10号，1906年11月6日，《国粹学报》影印本第5册，第1561页。也就是说，此类以今方言证古语的研究传统其来有自，章太炎的理论背景也不仅是颜籀的《匡谬正俗》。

③ 当然，章太炎之文字改革论其实包括相当丰富的层面。他主张从多角度、多层次进行语言的更新和扩充，鄙语、文言、学说在章太炎看来各有使用的场合和各自不可替代的价值，不能将其中之一奉为圭臬，而忽略其他语言和文字的价值。"有通俗之言，有科学之言，此学说与常语不能不分之由"；"有农牧之言，有士大夫之言，此文言与鄙语不能不分之由。天下士大夫少而农牧多，故农牧所言，言之粉地也。而世欲更文籍之以从鄙语，冀人人可以理解，则文化易流，斯则左矣"；"故教者不以鄙语易文言，译者不以文言易学说"。章太炎：《正名杂义》，章太炎：《訄书详注》，第402~403页。这是一种比较全面的汉字革新观，当然与这一观念相映成趣的其实是章氏的文学观念，所谓文各有体，要"因物骋辞，情灵无拥"，然而对"今方言"的重视仍是其最基本立场。

④ 王充：《论衡·谢短》，黄晖：《论衡校释》，中华书局，1990，第555页。

情感上章太炎知道，人"于现在正有之境""爱之甚微"，"于过去未来无有之境，而爱之弥甚"，[①] 然而正是人们切身可感、可读之方言以其"现在性"疏通着过往与未来。另外，章太炎强调"文辞则千年旷绝，繇谚则百姓与能"，是因为武岛又次郎的修辞观念与"汉字统一"之见解都会导致闭塞天下之言的后果；而章太炎的"言文一致"理想恰恰是对专制力量的反抗。章太炎引述《大戴礼·小辨》之言曰："十棋之变，犹不可穷，而况天下之言乎？"并列举了一个有意思的例子："自秦以后，人臣不敢称'朕'，而今北人尤自称'晋'，斯朕之音变矣。"[②] 在收入《新方言·释言》后，又加入了意味深长的一句："自秦以来文字无敢称朕者，而语言不能禁也。"[③] 文字可能成为压抑性的专制力量，恰是语言（声音）以其多义性和难以规定性，成为对暴力和思想桎梏的反抗。所谓"防民之口，甚于防川"。"书同文"固然有利于国家的一统，声音却保护了个性的差异，方言更是维持了国家内部多元的文化生态。因此，文辞和言语的矛盾才会成为章太炎一直关心的议题。武岛所认定的废弃语，在章太炎看来很多是留存在民间，至今仍生机勃勃的言语和声音。所谓"不晓者仅一部之文人，而晓者乃散在全部之国民"，[④] 废弃它们，意味着方言的合法性、声音的合法性更加得不到保障。对"废弃语"的认定甚至是出于可怕的权力关系的唆使，是文化的挤压和摧毁。因此，章太炎提出，在面临文化转折的关头，所谓的"废弃语"不但不能被抛弃，反而正应成为"新造语"的来源。

　　章太炎强调，日本与中国之文字改革背景完全不同，日本"强

① 太炎：《国家论》，《民报》第 17 号，1907 年 10 月 25 日，第 11 页。
② 章太炎：《正名杂义》，章太炎：《訄书详注》，第 445 页。
③ 章太炎：《新方言·释言》，《章太炎全集·新方言》，上海人民出版社，2014，第45 页。
④ 章太炎：《正名杂义》，章太炎：《訄书详注》，第 445 页。

用汉字以为符号，汉字以外自有假名，今隶不备，则切假名以足之。是故汉文虽不越二千余字，绰然无匮乏忧，以自有补阙之具也"。①日本的文字革新并不完全依赖汉字，而中国舍汉字以外并无其他选择。通过方言打通"废弃语"进入"新造语"的渠道，是增加常用汉字数量的唯一路径。而"汉土所阙者，在术语，至于恒言则完"，"汉文既有孳乳渐多之用，术语虽阙，得绑集数字以成名"。②"汉字统一"论限制汉字之字数，无异于阻断中国文字革新之路。在区分中日两国汉字改革不同需求的基础上，章太炎得出结论，"汉字统一"论"斯在日本，则因陋就简可也"，而将日本之需求强加诸中国，"譬之以卖饼家而制大官之羹剂，亦不自量度哉！"③

　　事实上，任职《民报》期间，章太炎在与日本的国家主义者武田范之（笔名"梦庵"）就两国国体及是否应在《民报》上宣传佛教等问题进行辩驳时，也涉及了两国对汉字使用的不同追求。章太炎批评"日本诸子治汉学者"不留意汉字本身的特点，"惟务其义不务其文，训故未通，而以微言相侈，皮之不存，毛将焉附"，"故茂卿、息轩诸公老死而无所得。……读书不求甚解，斯语之误人"。④武田范之则以是否实用为原则，对章太炎求本字的复古倾向反唇相讥，称："宇宙是大文字，若一一按五千年前古符号而读之，例未及行之已老矣。否则，或以太炎之聪明而后可也，非愚人之所堪也。且知之者，将以行之也。苟不可行，虽知何益。"⑤搁置双方论辩中情绪化的互讽之言，就关切的实质来说，由于日本并不以汉字作为唯一书写

---

① 太炎：《汉字统一会之荒陋》，《民报》第 17 号，1907 年 10 月 25 日，第 104 页。
② 太炎：《规新世纪》，《民报》第 24 号，1908 年 10 月 10 日，第 54 页。
③ 太炎：《汉字统一会之荒陋》，《民报》第 17 号，1907 年 10 月 25 日，第 103、107 页。
④ 太炎：《答梦庵》，《民报》第 21 号，1908 年 6 月 10 日，第 131 页。
⑤ 梦庵：《答太炎书》，《东亚月报》第 4 号，1908 年 8 月 1 日；内田良平文书研究会『日本国家主義運動資料集成第 1 期・黒龍會関係資料集』、206 頁。

符号，在近代化的过程中，从武岛又次郎到汉字统一会，再到武田范之等国家主义者，他们对汉字改革多采以稳定、便易等合用化的原则。这和完全以汉字为书写符号的中国，不但要依靠汉字来书写表达，还要通过汉字来创新、发展的需求显然迥别。

有意思的是，后来《新世纪》诸人推广"万国新语"，提出编造"中国新语"以过渡，改良办法之首竟是"限制字数，凡较僻之字，皆弃而不用，有如日本之限制汉文"。① 文字改革上最激进的"万国新语"达到它的中间步骤，竟然就是看似保守的"汉字统一"。吴稚晖展望了限制汉文的前景，那恰是章太炎所担心的，即"凡中国极野蛮时代之名物，及不适当之动作词等，皆可屏诸古物陈列院，仅供国粹家嚼甘蔗渣者之抱残守缺"，"若为限制行用之字所发挥不足者，即可搀入万国新语，以便渐搀渐多，将汉文渐废，即为异日径用万国新语之张本"。② "汉字统一"意味着汉字自我更新的可能性消失，终究会带来灭亡的结果，所以章太炎在后来抵制"万国新语"的过程中，总是联想到跟日本汉字统一会的旧账。

在驳斥日本汉字改革论的同时，章太炎对张之洞等国内在上言国粹者参与此论十分警惕，认为他们是以"文"为器，压抑"言"的存在，强行制定标准，正是"挟其左右学界之力，欲阻吾民图新之先机"；离章太炎在下言国粹者反专制、倡民主之"言文一致"观差距太远。而"一返方言"的"言文一致"理想更成为章太炎终身的信仰。虽然在五四时期和 1930 年代遭遇来自不同阵营、基于不同立场的各种挑战和质疑，然其对"民声"之回归，

① 前行来稿，燃（吴稚晖）注《编造中国新语凡例》，《新世纪》第 40 号，1908 年 3 月 28 日，第 4 版。
② 前行来稿，燃注《编造中国新语凡例》，《新世纪》第 40 号，1908 年 3 月 28 日，第 4 版。

对"过往"之眷念，其志固贞、其情可悯，是晚清以"国粹"倡"革命"者的本色。[1]

三 以"一返方言" 抵抗"万国新语" 说（上）

无论是对日本的"汉字统一"论者，还是对国内在上言国粹者，章太炎虽斥其荒陋，但言谈之间还颇为客气，毕竟他们"微显阐幽之义"，在危急关头都表明了对汉字的坚守。反而是"万国新语"说，这一来自革命阵营内部《新世纪》诸人的主张，章太炎斥其为"昌披怪说"，怒责提倡此说之人如"二黄之演历史"，"于中国今日社会情形，如隔十重云雾"。[2] 加之《民报》与《新世纪》作为晚清革命派的两大报刊影响皆巨；章太炎与吴稚晖二人堪称现代报刊文章的俊秀，且都素有"疯子"之称，你来我往的论辩才气横溢。如此种种条件皆预示着，围绕"万国新语"说的论争必将更为精彩，即使此时双方争执的焦点已非"言文一致"观之歧，而是"语言统一"论之异。

《新世纪》诸人倡导废弃汉文，用万国新语，在报刊上有循序渐进却愈演愈烈的势头。正是在这一过程中，吴稚晖在时人眼里逐渐成为万国新语的代言人。旅欧革命派所办的《新世纪》自 1907 年在巴

---

① 五四之后，白话文运动获得成功，章太炎却在主流之外的一隅对其提出质疑。他1922 年在上海讲授国学时，针对正在进行的白话诗和白话文运动，从方言和体例两个问题出发，说"白话文能尽传口语的真相，亦未必是确实的"，这里正是以晚清时形成的"言文一致"思想，批驳白话文运动的理论假设"言文一致"。章太炎：《国学概论》，曹聚仁整理，上海古籍出版社，1997，第 17 页。1930 年代，新文字运动甚嚣尘上，章太炎的《白话与文言之关系》等讲演仍旧延续晚清的思路，更引出一段文坛公案。陈望道批评此论是"保守文言的第三道策"，鲁迅随即发表《名人和名言》，说"太炎先生的第三道策，其实是文不对题"（1935年）。《鲁迅全集》（6），第 373 页。这些论点都有对语言改革更实际的需求，也与当时的时代要求切切相关，相关问题还有继续讨论的空间。

② 太炎：《复吴敬恒函》，《民报》第 19 号，1908 年 2 月 25 日，第 117 页。

黎创刊后，标榜自己专以"世界为主义"，是"刻刻进化，日日更新之革命报"。①"万国"与"革命"也因而成为该周刊上出现频率最高的字眼。"万国革命之风潮"栏目绍介世界各国革命的史迹，是该周刊迄 1910 年终刊之前最稳定的栏目。"万国"几乎与"世界"同义，显示其阔大的胸怀。"革命"更成为该周刊从文字到图像竭力表现的宗旨。"祖宗革命""经济革命""女界革命"，滔滔革命之言，充盈其中。前 80 号的封面描绘了一个被打掉的旧世界——宫廷的柱石坍塌，帝王的皇冠落地，代表古旧的坟墓、象征专制的法规、寓意宗教之十字架倾圮零落，只有朗朗日月浩然当空。在此背景下，"新世纪"几个大字如石破天惊般出场。如此的氛围，注定该周刊会为"万国新语"摇旗呐喊，因为"万国新语"被誉为世界皆可通行，人类文字从象形到合声进化的最高阶段。它将"革"一切语言文字之"命"。

在《新世纪》上最早用力宣传"万国新语"的，乃是署名"醒"的作者。从言谈来看，他应是深入欧洲万国新语运动的当事人，连续发表《万国新语》《记万国新语会》《万国新语之进步》多文，不但以寓言的方式描绘使用万国新语后世界一家、"同席畅谈"的"欢乐情景"，②还及时更新世界语推广的资讯，进而切入中国文字改革的主题："以余观之，苟吾辈而欲使中国日进于文明教育普及，全国则非废弃目下中国之文字而采用万国新语不可。"③ 此后，《新世纪》的发起人李石曾、吴稚晖才介入进来。李石曾的《进化与革命》一文主要在象形与合声之别上进行理论的造势，论述"文字进化之次序，与生物进化由简单进而为高等生物同理"，人类文字有

①　《新世纪发刊之趣意》，《新世纪》第 1 号，1907 年 6 月 22 日，第 1 版。
②　醒：《万国新语》，《新世纪》第 6 号，1907 年 7 月 27 日，第 3 版。
③　醒：《续万国新语之进步》，《新世纪》第 36 号，1908 年 2 月 29 日，第 2 版。

一个从象形、表意到合声的演进历史。① 万国新语以拼音字母为基，又超越了当时的英语、法语、德语，是"进化淘汰之例"中"惟良者存"的抉择。行事惯于出奇、为人喜走偏锋的吴稚晖，最初只是按捺不住，在署名"前行"的《编造中国新语凡例》文前加上按语，赞成其在废除汉语、采用"最佳最易"的万国新语过程中编造中国新语过渡的主张，并提出若干具体建议。② 后来他开始主动出击，组织了《新语问题杂答》专辑，选取前行、新语会会员君、笃信子的来信加以批注。大家众口一词，都对通向"万国新语"的中间步骤——"编造中国新语"不以为然，"与其从事再造，徒多费时日于一种少用之文字，何如直接习此（按：指万国新语），而其用直普全球也"（新语会会员君），"弃吾中国野蛮之文字，改习万国新语之尤较良文字，直如脱败絮而服轻裘"（笃信子）。③ 此番激烈言论终于激起了章太炎的反击，《驳中国用万国新语说》一文（下面简称"《驳》文"）竟然在《国粹学报》和《民报》上同时刊载。因"苏报案"中的"献策"问题，已与章太炎水火不容的吴稚晖又起而驳斥，写作《书驳中国用万国新语说后》（下文简称《书驳后》）进行辩难。正是依靠与章太炎持续交锋建立起来的话语权力，吴稚晖逐渐提高其万国新语领袖之威望。在胡适看来，吴稚晖可与顾亭林、颜元、戴震相垺，同为中国近三百年来最具代表的反理学思想家。④ 其理论思辨能力自然十分了得，他与章太炎的遭遇和辩理真是棋逢对手。

在《驳》文中，针对《新世纪》诸人对象形文字的偏见，章太

---

① 真：《进化与革命》，《新世纪》第 20 号，1907 年 11 月 2 日，第 1 版。
② 前行来稿，燃注《编造中国新语凡例》，《新世纪》第 40 号，1908 年 3 月 28 日，第 3、4 版。
③ 燃：《新语问题之杂答》，《新世纪》第 44 号，1908 年 4 月 25 日，第 2 版。
④ 胡适：《几个反理学的思想家》，欧阳哲生编《胡适文集》（4），第 63 页。

炎主张在保留汉字的前提下，通过改良来弥补其不易学习、使用的弊病，比如为普及教育制定音韵表，为改变其不易书写的问题，重新发掘汉字的多种书写形式等，并力述合音与象形各自的优长。[1] 章太炎强调汉文有万国新语在表意和审美上不可及之处，而汉文固有的文学性会在翻译为万国新语中流失。他所采用的论证方法主要是例证法。而在《新世纪》上，吴稚晖《书驳后》等文章又针对这些例子逐一驳斥。一时间，针尖对麦芒，一方举出汉文的优势，另一方相应地排出万国新语的优长。双方各自理论根基不同。就汉文是否有表意的优长论，章太炎固然能举出汉字中细腻的意义区隔，但也不能就此断言其他文字（英语、法语、德语乃至万国新语）全没有精微之处，吴稚晖哂曰："为今世界所独高。笑之，抑讥之?"[2] 在文字传情的区隔上，章太炎和《新世纪》双方更是各说各话，很难在一个层次上交流。你说汉文以节奏句度为美，我说汉文尚属野蛮阶段，殆"异日后民脑理之细密"，中国旧种性经进化而为世界之新种性，文字传情之处必定更为动人。[3] 在《新世纪》同人看来，万国新语与汉文之间

---

[1] 倪海曙将章太炎《驳》文中的主要观点罗列梳理甚明。章太炎的主要观点包括象形与合声各有长处，文字的发达与否与是否拼音无关；象形并非比合音难于普及教育，关键是"强迫教育之有无"等诸项。参见倪海曙《清末汉语拼音运动编年史》，上海人民出版社，1959，第190~191页。

[2] 章太炎在《驳中国用万国新语说》文中说："汉语有独秀者，如持者，通名也。高而举之曰抗，俯而引之曰提，束而曳之曰捽，拥之在前曰抱，曳之自后曰拖，两手合持曰奉，肩手任持曰儋，并立同举曰台，独力引重曰扛，如是别名，是他国所无也。"《章太炎全集·太炎文录初编》，第356~357页。吴稚晖的《书驳中国用万国新语说后》予以相应回击，原文为燃料《书驳中国用万国新语说后》，《新世纪》第57号，1908年7月25日，见《吴稚晖先生全集》卷五，中国国民党中央委员会党史史料编撰委员会，1969，第43~44页。

[3] 章太炎说："学之近文者，其美乃在节奏句度之间，不专以文辞为准。"章太炎：《驳中国用万国新语说》，《章太炎全集·太炎文录初编》，第358页。吴稚晖则称："即作者所谓节奏与句度，如其不合声响之定理，为甘带逐臭之偏嗜，何足以言学术？盖异日后民脑理之细密，当别成美富之种性，岂野蛮简单之篇章，所足动其情感？"吴稚晖：《书驳中国用万国新语说后》，《吴稚晖先生全集》卷五，第43页。

的鸿沟乃是进步与野蛮、新与旧之别，在"日日更新"之理念下，最终捐弃汉文自不在话下。他们甚至有懒得与不求"进步"之人理论的心态，所以吴稚晖才会在《书驳后》一文的最后说："听作者（指章太炎）自为诂经精舍之獭祭课卷，我辈亦自为万国新语之摇旗小卒，各行其是可也。"① 但论争到"各行其是"这一步，除彼此表明了各自坚信的观念外，双方实质上并未交火。② 因为绝对差异的两种观念其实并无多少交锋的价值，如同樵夫渔人，在山在水各有立场，用章太炎的话说"饴豉酒酪"，各有所好而已。③ 所谓论争，一定是同中有异，往往表现为小同大异，站在同样的平台（无论是擂台抑或蜗角）上，角斗的双方才真能"刺刀见红"，一决高下。

吴稚晖的《书驳后》一文自认的高明处，正是认为可以基于同一个理论起点将章太炎驳倒。他在文章的开篇写道：

> 语言文字之为用，无他，供人与人相互者也。既为人与人相互之具，即不当听其刚柔侈敛，随五土之宜，一任天然之吹万不同，而不加以人力齐一之改良。执吹万不同之例以为推，原无可齐一之合点，能为大巧所指定。然惟其如是，故能引而前行，益进而益近于合点，世界遂有进化之一说。④

此处要挑战的是章太炎《驳》文的开篇。

---

① 吴稚晖：《书驳中国用万国新语说后》，《吴稚晖先生全集》卷五，第43~44页。
② 罗志田对晚清围绕"万国新语"的论争多有论列，其重点在梳理双方围绕"种界"与"学界"就此问题的差异和交锋，笔者很受启发。参见罗志田《种界与学界：抵制东瀛文体与万国新语之争》，《国家与学术：清季民初关于'国学'的思想论争》，三联书店，2003。本节更偏向从语言学内部出发，由内而外讨论这场论争的思想意义。
③ 章太炎：《原学》，《国故论衡》，第103页。
④ 吴稚晖：《书驳中国用万国新语说后》，《吴稚晖先生全集》卷五，第38~39页。

余闻风律不同，视五土之宜，以分其刚柔侈敛。是故吹万不同，使其自已，前者唱喁，后者唱于，虽大巧莫能齐也。万国新语者，本以欧洲为准，取其最普通易晓者，糅合以成一种，于他洲未有所取也。大地富煴博厚矣，殊色异居，非白人所独有，明其语不足以方行世界，独在欧洲有交通之便而已。①

　　章、吴二人共同的逻辑起点，是《庄子·齐物论》中的"吹万不同"，成玄英之疏文曰："风唯一体，窍则万殊，虽复大小不同，而各称所受，咸率自知，岂赖他哉？"②"吹万不同"讲述天下音声不齐之理，"风喻意想分别，万窍怒号，各不相似，喻世界名言各异，乃至家鸡野鹊，各有殊音，自抒其意"。③ 章太炎说五土之音各自"刚柔侈敛"，"虽大巧莫能齐"；吴稚晖亦称"原无可齐一之合点"。吹万不同，方言有殊，声音具有绝对的差异性，这是二人皆认可的第一个对话平台。

　　而第二个对话平台是，双方都承认语言是为了交流而诞生的，因此必须要制定"统一之声"。吴稚晖说，"语言文字者，相互之具"，"必加人力齐一之改良"。在晚清危局和新的民族国家建立前，章太炎意识到"今夫种族之分合，必以其言辞同为大齐"，④ 他认为当今之急务"在乎辑和民族，齐一语言，调度风俗，究宣情志；合之犹惧其隔阂，况剖分之？"⑤ 因此在语言问题上，"北人不当以南纪之言为磔格，南人不当以中州之语为冤语，有能调均殊语，以为一家，则

---

① 章太炎：《驳中国用万国新语说》，《章太炎全集·太炎文录初编》，第 353 页。
② （清）郭庆藩：《庄子集释》，第 50 页。
③ 章太炎：《章太炎全集·齐物论释》，第 9 页。
④ 章太炎：《方言》，章太炎：《訄书详注》，第 356 页。章太炎的《方言》一文是 1902 年《訄书》重订本中新加入的篇章，此文梳理中国南北方言差异的源头，并提出统一语言的具体措施。
⑤ 章太炎：《代议然否论》，《章太炎全集·太炎文录初编》，第 316 页。

名言其有则矣"。① 他亲自制作纽文、韵文，也是为达到在中国统一
语音的目的。吴稚晖颇为得意地说，自己与章太炎是"殊途遂至于
同归"，"统一语言"上是同归的，但以何种方式来统一语言则其途
迥殊。章太炎主张以汉文为基础统一中国的语言，吴稚晖却坚称万国
新语是世界人类最终"可相互"之归依。在吴稚晖看来，章太炎统
一语言的手段仍是制定拼音字母，也就是说承认语音的基础性地位，
不过采取的是韵文、纽文的形式；② 万国新语本来就是合声文字，比
汉文还少一道工序，为何不能作为语言统一的目标呢？

吹万不同以致方言有殊与统一语言，这两点是章、吴二人共同认
可的平台。然而一方面要尊重殊言别语，使各地互异之声皆能发出；
另一方面却为交流计需要统一语言，两者其实是矛盾的。对于吴稚晖
来说，用全世界统一的万国新语强使之齐一，自然能解决问题。对于
章太炎来说，方言的绝对差异性的确构成了用汉文统一之难点，所谓
"中夏言词，有流虒而无疑止，多支别而乏中央"。③ 尽管有来自方言
的压力，在《驳》文中，章太炎略微解释了为何汉语可以作为统一
南北的根基："或疑方土不同，一道数府之间，音已互异，名物则南

---

① 章太炎：《驳中国用万国新语说》，《章太炎全集·太炎文录初编》，第356页。
② 正因为章、吴二人均看重语音在统一中的基础性地位，所以才会如倪海曙所言，
两人"尽管各走极端，争论得十分激烈，但是他们却是（民国初年）注音字母的
两个最主要的奠基人。注音字母还是他们间接合作搞出来的呢！"倪海曙：《清末
汉语拼音运动编年史》，第190~191页。而章、吴二人均重视语音基础性地位的
原因，除两人共同的乾嘉学术修养外，还不得不提到二人都深受斯宾塞进化论思
想的影响。吴稚晖及《新世纪》对进化论的推崇自不待言，章太炎1902年与吴君
遂的信中说："顷斯宾萨为社会学，往往探考异言，寻其语根，造端至小，而所证
明者至大。……中国寻审语根，诚不能繁博如欧洲，然即以禹域一隅言，所得固
已多矣。"马勇编《章太炎书信集》，第64页。而《订文》也援引斯宾塞，称：
"吾闻斯宾塞尔之言曰：有语言然后有文字。文字与绘画，故非有二也，皆昉乎营
造宫室而有斯制。"章太炎：《訄书详注》，第371页。章太炎讲语言学深究语源，
重视言语先于文字的地位，皆可见进化论之痕迹。
③ 章太炎：《正名杂义》，章太炎：《訄书详注》，第412页。

北大殊，既难齐一，其不便有莫甚者。同一禹域之民，而对语或须转译，曷若易之为便？抑以万国新语易汉语，视以汉语南北互输，孰难孰易？今各省语虽小异，其根柢固大同。"① 但既然"一道数府之间，音已互异"，"同一禹域之民，而对语或需转译"，方言之差别如此巨大，为何又说"汉语南北互输"较之用"万国新语"更为容易呢？所谓的"今各省语虽小异，其根柢固大同"，表现何在呢？在《驳》文中，章太炎其实并未详细阐述。但综合章太炎旅日期间的思想，"方言"不但未构成其语言统一论的障碍，反倒成为中国只能用汉文来统一，而不能用万国新语来齐同的理据。

四 以"一返方言"抵抗"万国新语"说（下）

把"方言"从对"语言统一"构成威胁的破坏性因素，转成促进"语言统一"的建设性条件，对"转注"概念的重新发明是最关键的一步。这正是章太炎和另一员国粹大将刘师培都关注"转注"的原因。转注要解决的核心问题是"方言"存在的合法性与最终归宿何在。1906 年，章太炎甫到东京，在面对留学生的演讲中就提出："中国文字，与地球各国绝异，每一个字，有他的本义，又有引申之义。……《说文》《尔雅》《释名》等书，说那转注、假借的道理。又因中国的话，处处不同，也有同是一字，彼此声音不同的；也有同是一物，彼此名号不同的。所以《尔雅》以外，更有《方言》，说那同义异文的道理。这一种学问，中国称为'小学'。"② 杨雄的《方言》说那"同义异文"的道理，章太炎自纂《新方言》的宗旨也概莫能外。1910 年章太炎辑录《国故论衡》，在《转注假借说》一篇中，将方言存在的状态直指六书中的"转注"："盖字者，孳乳而浸

---

① 章太炎：《驳中国用万国新语说》，《章太炎全集·太炎文录初编》，第 355 页。
② 太炎：《演说录》，《民报》第 6 号，1906 年 7 月 25 日，第 10 页。

多。字之未造，语言先之矣，故文字代语言，各循其声，方语有殊，名义一也。其声或双声相转，叠韵相迤，则为更制一字，此所谓转注也。"① 刘师培的《转注说》也明言转注与邦国之"方俗殊语"迁变的关系："特许书（按：指许慎的《说文》）转注，虽仅指同部互训言，然扩而充之，则一义数字，一物数名，均近转注，如及逮邦国之属，互相训释，虽字非同部，其为转注则同。若《方言》一书，均系互训，以数字音同为众，则以音近之字古仅一词。语言迁变，矢口音殊，本音造字，遂有数文，故形异义同，音恒相近。"②

恰好是在日本时期，应该说，与《新世纪》在"万国新语"问题上的争执，是促发章太炎重新发明"转注"理论的重要契机。他在后来回顾自己的小学研究时说：

> 余治小学，不欲为王菉友辈，滞于形体，将流为《字学举隅》之陋也。顾、江、戴、段、王、孔音韵之学，好之甚深，终以戴、孔为主。明本字，辨双声，则取诸钱晓徵，既通其理，亦有所歉然。在东闲暇，尝取二徐原本，读十余过，乃知戴、段而言转注，犹有泛滥，由专取同训，不顾声音之异。于是类其音训，凡说解大同，而又同韵或双声得转者，则归之于转注。③

章太炎一直对小学研究中如王菉友等人偏重形体、忽视音韵的倾向不满，欣赏戴震、孔广森等的音韵之学，所以他说："凡治小学，非专

---

① 章太炎：《转注假借说》，《国故论衡》，第 36 页。
② 刘师培：《转注说》，《国粹学报》第 5 年第 11 号，1909 年 12 月 2 日，《国粹学报》影印本第 11 册，第 6726 页。章太炎语言学与刘师培的关系值得另文深入探讨。
③ 章太炎：《自述学术次第》，章太炎：《菿汉三言》，第 169 页。

辨章形体，要于推寻故言，得其经脉，不明音韵，不知一字数义所由生。"① 然而在旅居日本，主持《民报》，参与语言文字问题的论争，必须表明自己的立场时，他致力于通过反省以往的小学理论来重塑"转注"的概念：一则明辨自己的转注理论与许慎的根本差别之处，"其释转注亦未尝不可云：'建类一首，同意相受'，而义则与许君有异，许所谓首，以形为首也；吾所谓首，以声为首也"，② 区别于许慎以字形为根，强调自己以字音为荟建立类别；二则又深觉乾嘉戴震、段玉裁等虽熟谙音韵之学，但均只将转注理解为互训，③ 而"不顾声音之异"，忽视转注字之间音具有的相近性，有泛滥之嫌。有趣的是，刘师培对戴、段二人的评价乃至用词都与章太炎相同："转注之说，解者纷如，戴、段以互训解之，此不易之说，惟以《尔雅·释诂》为证，则泛滥而失所阙归。"④ 这也意味着晚清治小学之革命者，如章、刘等人在因应时局的需求面前，以乾嘉之学为根基，却又走出了自己的路，"其精义多乾嘉诸老所未发明"。⑤

在与许慎、戴震、段玉裁等人拉开距离的同时，章太炎重新界定和发明了六书中的"转注"，即"类其音训，凡说解大同，而又同韵或双声得转者，则归之于转注"，⑥ "吾所谓同意相受，数字之义成于

---

① 章太炎：《小学略说》，《国故论衡》，第 9 页。

② 章绛：《论语言文字之学》，《国粹学报》第 2 年第 13 号，1907 年 2 月 2 日，《国粹学报》影印本第 6 册，第 2527~2528 页。

③ 戴震在《答江慎修先生论小学》中说："转相为注，互相为训。"《戴震文集》，中华书局，1980，第 64 页。段玉裁在《说文解字注》中说："转注犹言互训也，注者，灌也；数字展转，互相为训，如诸水相为灌注，交输互受也。"（汉）许慎撰，（清）段玉裁注《说文解字注》，上海古籍出版社，1988，第 755 页下。

④ 刘师培：《转注说》，《国粹学报》第 5 年第 11 号，1909 年 12 月 2 日，《国粹学报》影印本第 11 册，第 6723 页。

⑤ 梁启超：《清代学术概论》，《饮冰室合集·专集之三十四》，第 70 页。

⑥ 章太炎：《自述学术次第》，章太炎：《菿汉三言》，第 169 页。

递演，无碍于归根也"，① 并多次在不同的场合反复表达这个意思。②
由音相近而"递演"出不同方言区的新字，到因其义本同，不同方言之表达实可"归根"到同一的源头，章太炎以语音为基础，将"递演"与"归根"这对悖反概念同时赋予"转注"身上。汉语内部语言的多样性与背后的同质性、同源性并存。在《教育今语杂志》中，章太炎还用水与瓶之喻，更通俗直白地阐明了方言之多样与同源的关系："中国有一千六百万方里的地面，同是一句话，各处的声气自然不能一样，所以后来又添出'转注'一件条例来。什么叫作转注？这一瓶水，展转注向那一瓶去，水是一样，瓶是两个。把这个意思来比喻，话是一样，声音是两种，所以叫做转注。譬如有个老字，换了一块地方，声音有点儿不同，又再造个考字。有了这一件条例，字就多了。"③ 此处以水为喻，是模拟段玉裁的解说，所谓"注者，灌也；数字展转，互相为训，如诸水相为灌注，交输互受也"，然而出现瓶，即水的承载对象，乃章太炎的发明。"水是一样，瓶是两个"，方言的源与流、同与异，"义同声近"的关系，在水与瓶的譬喻中豁然开朗。从水之比再联系前面风之喻，"吹万不同"，风一致，地万殊，与

---

① 章绛：《论语言文字之学》，《国粹学报》第 2 年第 13 号，1907 年 2 月 2 日，《国粹学报》影印本第 6 册，第 2528 页。

② 如章太炎在《文始叙例》中言："屮之与耑，予之与与，声义非有大殊，文字即已别见，当以转注，宛尔合符。转注不空取同训，又必声韵相依，如考、老本叠韵变语也。"《章太炎全集·文始》，上海人民出版社，2014，第 178 页。1910 年，章太炎在写给钱玄同的信中认为教授小学可分五级，最高的四五两级是从"转注、假借法"到"文字孳乳法"，转注为"以义同声近者"。章太炎：《与钱玄同》(1910 年 5 月 10 日)，马勇编《章太炎书信集》，第 114 页。黄侃在《国粹学报》上推介章氏之《国故论衡》时，也特别强调其对转注理论的贡献，所谓"声有对转，故重文滋多，音无定型，而转注斯起"。《国故论衡》三卷，章绛著，黄刚录，《国粹学报》第 6 年第 4 号，1910 年 5 月 28 日，"绍介遗书""近儒新著类"，《国粹学报》影印本第 14 册，第 9001 页。

③ 章太炎《中国文化的根源和近代学问的发达》原为《教育今语杂志》1910 年 3 月第 1 册的"社说"，后收入陈平原编《章太炎的白话文》，贵州教育出版社，2001，第 63 页。

"水一样，瓶两个"实与"递演"和"归根"之理相同。

换言之，吴稚晖代表的《新世纪》诸人相信方言间不可弥合的差异性，而章太炎则借"转注"概念，论证出中国方言"义同声近"的道理。所以在专门针对《新世纪》的哲学论文《四惑论》[①]中，他特别强调"自性"与"展转缘生"的关系。《新世纪》十分看重自然规律，但"言自然规则者，则胶于自性，不知万物皆展转缘生"。[②]章太炎不仅承认语言的"自性"，而且强调其具有"展转缘生"的亲缘性。因此，语言文字并非"在心在物之学，体自周圆，无间方国"，而属于言文历史之一种，"其体则方，自以己国为典型，而不能取之域外"。[③]章太炎将语言文字归于"体方"之学，而学问有"体圆"与"体方"的差异，正是"品物"之学与"社会"之学的殊途。换用今天的话说，也是自然科学与社会人文学的隔阂。"品物者，天下所公；社会者，自人而作。以自人而作，故其语言各含国性以成名，故约定俗成则不易。"[④]语言背后的"国性"，是作为民族主义者的小学家章太炎终其一生的信念。他主张"用国粹激动种性，增进爱国的热肠"，语言文字居国粹三项之首。[⑤]如果说"民族主义，如稼穑然"，[⑥]那么语言文字正是灌溉此稼穑的养料。"语言文字亡，而性情节族灭，九服崩离，长为臧获。"[⑦]基于此，章太炎骂起《新世纪》诸人来毫不留情面："彼欲以万国新语剿绝国文者……挟其功

---

①　此文取名"四惑"论，就有与《新世纪》互异的动机，《新世纪》第52号有一篇署名"四无"的文章，题目是《无父无君无法无天》（《新世纪》第52号，1908年6月20日，第1版）。

②　太炎：《四惑论》，《民报》第22号，1908年7月10日，第18页。

③　章太炎：《自述学术次第》，章太炎：《菿汉三言》，第170页。

④　太炎：《规新世纪》，《民报》第24号，1908年10月10日，第56页。

⑤　太炎：《演说录》，《民报》第6号，1906年7月25日，第4页。

⑥　太炎：《答铁铮》，《民报》第14号，1907年6月8日，第116页。

⑦　太炎：《规新世纪》，《民报》第24号，1908年10月10日，第61页。

利之心，歆羡纷华，每怀靡及，恨轩辕厉山为黄人，令己一朝堕藩溷，不得蜕化为大秦皙白文明之族。其欲以中国为远西藩地者久，则欲绝其文字，杜其语言，令历史不燔烧而自断灭，斯民无感怀邦国之心。"①

吴稚晖的逻辑是，吹万不同，声韵不能齐一，是天地自然演变的绝对事实，在合音字具有历史进步性的基础上，以合音字为基础的"万国新语"具有取一切语言而代之的可能性。语言也属于"在心在物之学"，由于完全的不齐一，所以可用万国新语使之完全的齐一化。而在章太炎心目中，《新世纪》诸人此举乃是"函胡其语，以科学牢络万端，谓事事皆可齐一，譬犹献芥而及甐也……《新世纪》记者，将比人以留声器耶"。② 他承认吹万不同的道理，"不齐"诚为声音的事实，然而并不是没有差别的绝对事实。因为语言本身的特点与人和种性相关，受文化习惯的支配，而文化之间除了差异性，还具有亲缘性。通过对"转注"概念的重新发明，方言带来了文化内部的缘分及语言统一的可能性。方言也一转成为语言的"自性"与"展转缘生"互相依靠的纽带。对语言来说，"不齐"的单位个体并非绝对意义上的声音，而是"展转缘生"而来的各个层次的共同体。处在金字塔塔底的乃是方言文化圈，由此向上为汉语文化圈，再升一级则是亚洲文化圈，如此才有"亚洲新语"与"欧洲新语"的对峙。

基于对语言文化亲缘性的考量，章太炎调侃"万国新语"只是

① 太炎：《规新世纪》，《民报》第 24 号，1908 年 10 月 10 日，第 50 页。在《民报》第 22 号的时评《台湾人与新世纪记者》中，类似的贬斥之言更显"毒詈"："《新世纪》记者，阳托名于无政府主义，而阴羡西方琛丽，一睹其士女车马宫室衣裳之好，魂精泄横，惧不得当，欲为顺民，复惧人之我消，乃时吐谪觚之语以震荡人，犹女子之无行者，阳言不嫁，乃必往不遂其私。"太炎：《台湾人与新世纪记者》，《民报》第 22 号，1908 年 7 月 10 日，第 34 页。

② 太炎：《规新世纪》，《民报》第 24 号，1908 年 10 月 10 日，第 56~57 页。

"欧洲新语"而已，① 对于"亚细亚之人"来说，此语可称"外交新语"，"学之以为驿传，取便交通亦可也"。② 以亚洲为单位，思考文明的亲疏，是章太炎旅日期间重要的思想资源和文化实践。他与张继等人发起"亚洲和亲会"，亲拟《约章》，究其原因，文化的亲缘感其实也部分肇因于当时命运的同质性。"亚洲诸国，或为外人侵食之鱼肉，或为异族支配之佣奴，其陵夷悲惨已甚"，因此"一切亚洲民族，有抱独立主义，愿步玉趾、共结誓盟"。③ 章太炎更提出，为对抗"万国新语"，今后将编造"亚洲新语"。④

然而，编造"亚洲新语"之论终显迂远，对章太炎来说，最切实的还是如何保存汉文、革新汉文，以达到在中国统一语言的目标。也正基于对汉字文化圈的认同，乃至保护汉字的理念，章太炎对先前直斥其荒陋的日本汉字统一会竟抱有一丝的赞赏："一国之有语言，固以自为，非为他人。为他人者，特余波所及耳。夫日本人于汉学所得至浅末，然犹不欲堕废汉文。罗马字代假名之说，无过崇拜势力与轻剽好异者为之。深思者无不与反对。"⑤ 在固有文化的保存上，日

① 刊载在《新世纪》上，作为"章炳麟得金出卖革命"罪证的信中，章太炎向刘师培阐述对《新世纪》的看法："此报语多模糊，盖留学欧洲者，不知中国情形，辄以欧美相拟。"《新世纪》第 117 号，1910 年 1 月 22 日，第 8~9 页。在章太炎看来，《新世纪》诸人所倡之万国新语，其实质不过是欧洲新语而已。

② 太炎：《规新世纪》，《民报》第 24 号，1908 年 10 月 10 日，第 51 页。

③ 汤志钧编《章太炎年谱长编》，第 243 页。

④ 章太炎在《规新世纪》中将亚洲最"足以表彰学术，孳乳浸多"的文字分为 4 种，"汉文为一种，梵文为一种，波斯文为一种，亚拉伯文为一种。自波斯破灭，种人分散，保于印度，而驴唇之字亦绝。今所有者凡三种"。在创制亚洲新语，令亚洲言语交通的过程中，仍强调保留三种语言本身的自足性和语音的繁复性，"三种异源而各有其特性，不容划削以就一类。若令亚洲人言语交通，亦可自编新语为会同邮传之言。当名为'邦交新语'，以别于'外交新语'，犹不得自废故书。……语言本所以为别，音愈繁则愈分。尔后造亚洲新语者，当举是为原素，镕冶之，导择之，涤荡邪秽，斟酌饱满，令交通于东土"。《民报》第 24 号，1908 年 10 月 10 日，第 51~52 页。

⑤ 太炎：《规新世纪》，《民报》第 24 号，1908 年 10 月 10 日，第 59 页。

本的国粹思想又成为"尊种爱国"的正面经验。从一个侧面也说明，章太炎固然批判"步武日本"的时代潮流，但一旦要抵抗"规仿泰西"的声音，日本的经验又显得亲近。

"转注"尽管解决了方言对语言统一构成的理论障碍，然而在实际操作中，保护方言的多样性与语言统一这两大目标之间仍旧有缝隙在。一方面，汉字的象形特征能否为保存方言语音的多样性提供可能？另一方面，既然要为中国"正音"，到底应该以何地之音为正？化用章太炎批评汉字统一会的话来质问他："彼所谓普通，以何者为准耶？"① 语音的去取之间对各类方言将构成怎样的冲击和伤害呢？

汉字的象形特征，在章太炎看来，不但未构成保护方言的障碍，反而因其时间与空间上的稳定性，成为保存方言乃至维系民间文化承继之条件。在《驳中国用万国新语说》与《规新世纪》两文中，他分别从正反两个方面论证同一个意思：在中国，方言的存在有赖于汉字跨越时空的统摄性和稳定度。换言之，要用汉字来统一语言，竟蕴含着维护方言方音之意味。从中国情况分析，"况以地域广袤，而令方土异音，合音为文，逾千里则弗能相喻，故非独他方字母不可用于域中，虽自取其纽韵之文，省减点画，以相絣切，其道犹困而难施"。②

① 章太炎：《驳中国用万国新语说》，《章太炎全集·太炎文录初编》，第 368 页。
② 章太炎：《驳中国用万国新语说》，《章太炎全集·太炎文录初编》，第 360 页。章太炎在 1910 年为《教育今语杂志》3 月第 1 册所作"社说"中，以通俗的语言表达了这个意思：中国地大，欧洲各国地小，"地方小的，可以用拼音；地方大的，断不能用拼音字"，正因"中国不用拼音字"，"所以北到辽东，南到广东，声气虽然各样，写一张字，就彼此都懂得。若换了拼音字，莫说辽东人不懂广东字，广东人不懂辽东字，出了一省，恐怕也就不能通行得去，岂不是令中国分为几十国么？况且古今声气，略有改变，声气换了，字不换，还可以懂得古人的文理；声气换了，连字也换，就不能懂得古人的文理……所以为久远计，拼音字也是不可用的……拼音字只容易识他的音，并不容易识他的义"。陈平原选编《章太炎的白话文》，第 64 页。

就相反的欧洲状况而言，"欧洲文字，以音从语不以语从音，故可强取首都而定也。英用英格兰语，德奥用日耳曼语，法用法兰西语，而一切方国之言，悉从删汰"。[1] 欧洲拼音文字的合音特征，令其在语言统一过程中裁汰方国之言。也就是说，与欧洲各国语言最终"惟强是从，惟用是便"不同，中国文字因其字形的稳定性，反倒为音的多义性提供了空间和可能。[2] 再则，汉字纵贯古今，是中华文化赓续不绝之表征，已经构成普通民众生命情性之寄托："方今家人妇孺之间，纵未涉学，但略识千许字，则里言小说，犹可资以为乐。一从转变，将《水浒传》《儒林外史》诸书，且难卒读，而欢愉自此丧，愤郁自此生矣！彼意本以汉文难了，故欲量为革更，及革更之，令读书者转难于昔，甚矣其果于崇拜欧洲，而不察吾民之性情士用也！"[3]

既要为中国"正言""正音"，又要保存方言、方音，应该说，章太炎已很难找到一种完全适用的现成方案，来弥合这两种追求间看似不可调和的矛盾。无奈中，章太炎将希望寄托在未来，"犹愿二三知德君子，考合旧文，索寻古语，庶使夏声不坠"；"明当以短长相覆，为中国正音。既不可任偏方，亦不合慕京邑"。[4] 未来的"正音"和"正言"之标准，是时间上融汇古今，"考合旧文，索寻古语"；空间上，

---

① 太炎：《规新世纪》，《民报》第 24 号，1908 年 10 月 10 日，第 64 页。

② 章太炎后来在《小学略说》中对中国拼音不能代替汉字的原因也有大体相同的解释，所谓："若其常行之字，中土不可一用并音，亦诚有也。盖自轩辕以来，经略万里，其音不得不有楚夏，并音之用，只局一方。若令地望相越，音读虽明，语则难晓。今以六书为贯，字各归部，虽北极渔阳，南暨儋耳，吐言难谕，而按字可知，此其所以便也。海西诸国，土本狭小，寻响相投，偷用并音，宜无窒碍。至于印度，地大物博，略与诸夏等夷，言语分为七十余种，而文字犹守并音之律，出疆数武，则笔札不通。梵文废阁，未逾千祀，随俗学人，多莫能晓。所以古史荒昧，都邑殊风。此则并音宜于小国，非大邦便俗之器明矣。汉字自古籀以下，改易殊体，六籍虽遥，文犹可读。"《国故论衡》，第 8～9 页。

③ 章太炎：《驳中国用万国新语说》，《章太炎全集·太炎文录初编》，第 368 页。

④ 章太炎：《正言论》，《国故论衡》，第 44～45 页。

"既不可任偏方，亦不合慕京邑"。在现实中很难完成的任务，章太炎在"唐韵"中看到了这一理想的实现："昔陆法言作《切韵》，唐韵承之，皆采合州国殊言，从其至当，不一以隋京为准，故悬诸日月而不刊。"[1] 也正因章太炎凡音以唐韵为主，顾颉刚后来讥讽他说："（章太炎）虽是看言语重于文字，但声音却要把唐韵为主。在这许多地方，都可证明他的信古之情比较求是的信念强烈得多。"[2] 顾氏之言恐未体会到章太炎的良苦用心，乃是针对当前无法解决的问题，"悬置"一个理想的"过往"（即唐韵），以对未来的革新提供方向。这中间如梁启超所言的"以复古为解放"犹显精神。[3] 而评价现实中的文字改革方案，章太炎当然也以其是否能融洽古今，弥合京畿与方国为圭臬。劳乃宣的简字方案就不入其法眼，但章太炎表明："若其所造简字不直以代正文，惟为反语笺识字旁，而分纽文韵文，又能上稽唐韵，下合宇内之正音，完具有法，不从乡曲，不从首都，惟一意求是者，余亦将表仪之。"[4] 就空间而言，正言、正音过程中，以首都为专制之趋势尤令章太炎反感："夫政令不可以王者专制，言语独可以首都专制耶？"[5] 现实中对清朝专制政权的抵抗，及以"中流"统一南北与东西、以完成其建国理想之志愿，促成其抵制宛平音，而推崇将来以武

① 太炎：《规新世纪》，《民报》第 24 号，1908 年 10 月 10 日，第 64 页。在写给钱玄同的信中，章太炎详细阐释了这一观点，他主张以陆法言的《切韵》为楷模，编订今后的新语："尊议近世语言，不能以北京官音为准，斯言甚是。昔陆法言作《切韵》时，广采州郡音声，以成二百六韵，不一以长安、洛阳为据也。况乎散言在物，至赜繁矣！宛平一县，宁能尽天下之化声？即北部诸行省语言虽博，而入声漫灭无闻，亦未足据为同律。然则合天下之异言以成新语，在知言之君子。若音韵则似以长江流域为正。"章太炎：《与钱玄同》（1907 年 8 月 18 日），马勇编《章太炎书信集》，第 100~101 页。
② 顾颉刚：《古史辨第一册自序》，《古史辨》第 1 册，第 27 页。
③ 梁启超：《清代学术概论》，《饮冰室合集·专集之三十四》，第 6 页。
④ 太炎：《规新世纪》，《民报》第 24 号，1908 年 10 月 10 日，第 64~65 页。
⑤ 太炎：《规新世纪》，《民报》第 24 号，1908 年 10 月 10 日，第 64 页。

昌音为根基，"旁采州国，以成夏声"，[①]"合天下之异言以成新语"。

总体而言，章太炎"语言统一"之方案其实仍在途中，这是一条尚未完成的路。对转注概念的重新发明，固然解决了"吹万不同"、语言的自性与展转缘生之间的关系，使方言间的亲缘性为语言统一提供了理论上的可能性。然而无论是以"唐韵"为理想，还是将来在武昌音基础上"调均殊语，以为一家"，保留当前的方言及方言文化一直是其文字改革的底线。而以吴稚晖为代表的《新世纪》诸人，倡导以万国新语取代汉文，甚至一切的语言文字以达到全世界的齐一。在章太炎看来，这样的"黄金世界"[②] 以欧洲的需要为蓝图，其带来的粉碎地方文化之后果是不能承受的，所谓"献芥而及痏"是也。章太炎以"一返方言"抵抗"万国新语"，继承的正是庄周的思想，而吴稚晖等不过学舌欧洲大陆黑格尔之理性主义而已，因

---

① 以武昌音为根基是 1902 年章太炎创作《方言》一文后一直的正言理想，这里面更多有现实中统一南北的考量："夫十土同文字，而欲通其口语，当正以秦、楚、汉之声。然执不舍径而趣回曲，观于水地，异时夏口之铁道，南走广州，北走芦沟桥，东西本其中道也，即四乡皆午贯于是。君子知夏口为都会，而宛平王迹之磨灭不终朝。"章太炎：《訄书详注》，第 367 页。《规新世纪》中，他表达了同样的意思："今宛平语，不如江宁审正多矣，而江宁亦复不逮武昌审正，然武昌亦有一二华离，故余谓当旁采州国以补武昌之阙，此非专就韵纽而言，名词雅俗亦当杂采殊方。"太炎：《规新世纪》，《民报》第 24 号，1908 年 10 月 10 日，第 64 页。同时，对未来民国之建都问题的考虑也蕴含其中，在《訄书》重订本的《相宅》中，章太炎引述孙中山之言，认为将来建都"谋本部则武昌，谋藩服则西安，谋大洲则伊犁"。章太炎：《訄书详注》，第 763 页。民国初年，章太炎也有一些变化，《检论》《方言》篇在《訄书》重订本《方言》后加入一段"右《方言篇》，亡清庚子、辛丑间为之"，补充道，"今世语音合唐韵者，莫如广州，朱元晦、陈兰甫皆征明之，其次独有武昌耳。若夫小成荣华，固不足道"。《章太炎全集·检论》，第 498 页。

② 章太炎在《规新世纪》中批评吴稚晖以"科学"的合理性为万国新语呐喊，"曷不曰今日欧洲之楼台苑囿，丽廔而精妍者，一切当摧烧使无余烬，以待美富种性之后人，建筑其黄金世界乎？"《民报》第 24 号，1908 年 10 月 10 日，第 62 页。而对黄金世界虚妄性的揭示，正是后来鲁迅在《野草》中反复强调的命题，如《影的告别》中说："有我所不乐意的在你们将来的黄金世界里，我不愿去。"从此处也可见章太炎对鲁迅思想的影响。《鲁迅全集》（2），第 169 页。

为"庄生之言曰：'无物不然，无物不可。'与海格尔所谓'事事皆合理，物物皆善美'者，词义相同。然一以为人心不同，难为齐概；而一以为终局目的，借此为经历之途。则根柢又绝远矣。"①

小结： 声音和语汇之间的现代中国

1909年1月，汉字统一会的主要成果《同文新字典》出版。同年7月，主旨上与之针锋相对的章太炎《新方言》增订本也在日本印行。章太炎不但将《新方言》一书分散弟子，还曾寄赠给前辈孙诒让、同辈蔡元培诸人，并在1911年与蔡元培的信中说："《訄书》是曩日著，由今观之，不惬意者参半……唯《新方言》，自谓精审。"② 辛亥前，章太炎自己最满意的学术著作当数《新方言》。单行本的《新方言》已从字面上抹去其撰写过程中种种的波折与思想交锋，的确朝着如杨雄的《方言》般"悬诸日月不刊"的传世著作走去。然而，他在序中有"方今国闻日陵夷，士大夫厌古学弗讲"之言，结语有"临瞻故国，其恻怆可知"③ 之感喟，还是留下了《新方言》如何"转俗成真"的痕迹。当我们回溯章太炎1906年旅日之后的思想轨迹，才发现不破不立、论争中的互动的确是生成学术思想的催化剂。④

清末的文字改革一直走着"步武日本"与"规仿泰西"两条路。章太炎立足于方言，以不变应万变，抵抗新时期仿日与崇欧的代表——"汉字统一论"和"万国新语说"。此过程中，他一方面从思想上拉开自己与日本汉字统一论者、国内在上言国粹者及革命阵营内部更为激进者的距离；另一方面完整阐述了其以方言为根基，打通古今的"言文一致"

---

① 太炎：《四惑论》，《民报》第22号，1908年7月10日，第9~10页。
② 章太炎：《与蔡元培》（1911年6月21日），马勇编《章太炎书信集》，第262页。
③ 章太炎：《新方言序》，《章太炎全集·新方言》，第4~5页。
④ 章太炎1922年曾说："学术的进步，是靠着争辩，双方反对愈激烈，收效方愈增大。"章太炎：《国学概论》，第29页。

观，以言语之"展转缘生"为依据，建立在文化地域亲缘性基础上的"语言统一"论。他的语言文字思想可说是沟通古今、笼络南北。他既反对以文辞压抑言语，又主张保持汉字的稳定性："今若以语代文，便将废绝诵读；若以文代语，又令丧失故言。文语交困，未见其益。"① 由"管龠"入于"堂奥"，形、义、声三者相统一，不但是其治小学的基本方法，② 更赋予了其统观世界的眼光。小学对章太炎而言，的确并非"专引笔画篆、缴绕文字而已"，乃具有"国故之本，王教之端"的文化意义。③《新方言》一书凝聚了这两次论辩的思想精华，1909 年甫一印行，《国粹学报》上就出现推介文字，所谓："阅此书者，可知中夏言文肇端，皇古虽展转迁变而语不离其宗。凡南北省界偏党之见，自此可断，并音简字愚诬之说，自此可消。"④ 此语彰显了该书出炉的论争背景与章太炎的期许。刘师培和黄侃对此书各有发现，刘看重"异日统一民言……其将有取于斯"，⑤ 黄则更强调"言文一致之真，庶几可睹"。⑥ 此二人真不愧为"与麟勠力支持残局"⑦ 者，堪称知音。

民国建立后，思想界的焦点有所转移，然而章太炎关于语言文字问题的体认仍然影响着当年在民报社听讲的众人。在 1920 年代的歌谣征集运动中，周作人有感于语体文"语汇之太贫弱"，倡导进行方言调查，其《歌谣与方言调查》⑧的主张乃至具体的论述，几乎与

---

① 《正言论》，章太炎：《国故论衡》，第 44 页。

② 章太炎在《小学略说》中说："言形体者始《说文》，言故训者始《尔雅》，言音韵者始《声类》。三者偏废，则小学失官。"章太炎：《国故论衡》，第 9 页。

③ 《小学略说》，章太炎：《国故论衡》，第 10 页。

④ 观此文之口吻，似为章太炎自撰；但因文后录有黄侃的"后序"，此文为黄侃所作，亦未可知。《国粹学报》第 5 年第 7 号，"绍介遗书""近儒新著类"，《新方言》定本，1909 年 8 月 5 日，《国粹学报》影印本第 12 册，第 7412~7413 页。

⑤ 刘师培：《新方言后序一》，《章太炎全集·新方言》，第 148 页。

⑥ 黄侃：《新方言后序二》，《章太炎全集·新方言》，第 151 页。

⑦ 章太炎：《与孙诒让》（1908 年 6 月 1 日），马勇编《章太炎书信集》，第 188 页。

⑧ 周作人：《歌谣与方言调查》，《歌谣》第 31 号，1923 年 11 月 4 日，第 3 版。

《民报》上章太炎之《博征海内方言告白》如出一辙；① 鲁迅 1930 年代的《名人和名言》一文虽对老师多有非难，然其终生对"声音"的敏感，要"破恶声"，要"呐喊"，要使"无声的中国"发出声音之思想观念，也可溯源到以小学言革命的章太炎。专注于"语汇"，还是执迷于"声音"，似乎可以区分周氏弟兄二人不同的性格与文化追求。而周氏兄弟不同时期以不同方式对章太炎方言思想的承继、遮拨，使得思想史的书写呈现另一种可能性（这样的可能性或许正是历来思想存在的常态），即在主流的历史叙述之外，思想在后人的承传与对话中如理想的骨鲠顽强地复活和生存，保留其反思与批判"主流"的一隅之地。

第二节　从雅乐到郑声：章太炎与明治汉学

一　章太炎与走向建制化的明治汉学

日本明治时代的"汉学"，一般指向与欧化大潮掀动的"洋学"与代表大和民族固有精神的"国学"相并立，广泛涉及以儒家经典为中心辐射出的中国传统历史文化各个层面的思想和学术。② 随着现代学术机

---

① 相关讨论，参阅彭春凌《分道扬镳的方言调查——周作人与〈歌谣〉上的一场论争》，《中国现代文学研究丛刊》2008 年第 1 期。

② 在明治时代，日本除了广义的"汉学"（即包括中国传统历史文化各个层面的思想和学术），从指涉的时代或学风上可与"宋学"相对应的、狭义的"汉学"概念仍旧被使用。比如久保天随的《日本儒学史》将日本儒学史分为三个时期：上世期"汉学讲习时代"（从应神天皇十六年开始到镰仓幕府的创立）；中世期"宋学输入时代"（包括宋学输入的五山时代与宋学弘布的战国时代）；近世期"诸学竞起时代"。久保天随『日本儒學史』博文館、1904 年。关于明治汉学的总括性研究，三浦叶侧重于研究时代思潮和汉学潮流的交互关系，包括明治的汉学论，汉学者的研究和活动，以及汉文汉字教育三大部分内容。三浦叶『明治の漢學』汲古書院、1998 年。町田三郎著『明治の漢学者たち』（研文出版、1998；中文译本参阅《明治的汉学家》，连清吉译，台北：学生书局，2002）、『明治の青春　続明治の漢学者たち』（研文出版、2009 年）大致按照时间顺序，选取明治汉学史上关键的人物和事件展开讨论，如安井息轩《辨妄》、竹添光鸿《栈云峡雨日记》及东京大学古典讲习科等。相关研究还可参阅严绍璗《日本中国学史稿》，

制的逐步建立，日本同时期还涌现出与"汉学"范畴有所交叠，但在学问风格或旨趣上颇多龃龉的"东洋学""支那学"等不同概念。[①] 然

学苑出版社，2009；钱婉约《从汉学到中国学：近代日本的中国研究》，中华书局，2007；李庆《日本汉学史》第一部，上海人民出版社，2010；陶德民『日本における近代中国学の始まり：漢学の革新と同時代文化交渉』大阪関西大学出版部、2017 年；等等。

此外，日本的"国学"运动兴起于江户中期，以契冲为创始人，以荷田春满、贺茂真渊、本居宣长、平田笃胤四大家为代表，该运动希望日本文化从儒教、佛教中解脱出来，因而对日本固有的文化和文献冠以"国学"之名。这一思潮在明治时代持续发展，比如 1888 年，三宅雪岭、志贺重昂创刊《日本人》杂志，倡导国粹保存主义与国民主义。关于江户中期的国学运动，参阅源了圆《德川思想小史》，郭连友译，外语教学与研究出版社，2009，第 151～176 页。芳賀登、松本三之介校注的『國學運動の思想』（岩波书店、1971 年）则整理了幕末国学家的文献和思想。松本三之介指出，相比于国学四大家建构了国学思想的基础和原理，幕末的国学更强调实践和应用（第 633 页）。相关研究，中文著作可参阅蒋春红《日本近世国学思想：以本居宣长研究为中心》，学苑出版社，2008；王俊英《日本明治中期的国粹主义思想研究》，中国社会科学出版社，2015。

① 关于"东洋学"，中见立夫梳理了从导入西欧的"博言学"、印度哲学和佛教学开始，到"东洋史学"的成立、东洋文库的设立，以及日本势力扩大过程中，作为否定旧有"汉学"的东洋学持续的展开过程。中見立夫「日本的『東洋学』の形成と構図」岸本美緒責任编集『「帝国」日本の学知・東洋学の磁場』岩波书店、2006 年。岸本美绪概括了近代东洋学的几个特点。第一，在吸收欧美研究方法的同时，表明和西洋的紧张对抗关系。第二，显示和中国的紧张关系。"东洋学"的用语反映了将中国相对化的姿态。一面是对中国以外的亚洲地域进行了平衡的关注；一面是随着在大陆势力的扩大，和中国的民族主义形成了有意识的或无意识的对抗。第三，现代诸学科建立过程中，在接受西洋起源的人文社会科学的同时，直面诸学科与亚洲相异地域社会如何结合的问题。岸本美緒「東洋のなかの東洋学」『「帝国」日本の学知・東洋学の磁場』、4-8 頁。

关于"支那学"，这一概念可以一般性的指涉中国学术，如 1894 年汉文书院发行的讲义录《支那学》，其主旨是"分经学、子学、史学、文学、漫录各科以明中国学术的源流"。三浦叶『明治の漢学』、464 頁。这一概念更特指以内藤湖南和狩野直喜为中心的京都大学的中国研究流派，其标志是 1920 年《支那学》杂志的创刊。虽然京都大学"支那学"的辉煌在大正时期，但它是"明治中末期以来确立日本近代支那学的各种活动的结晶……不是守旧的汉学，也不是盲目追求新颖的轻薄学问，乃是以与中国当代考证学同一步调为目标之确实而又有内涵的学问"。町田三郎：《明治的汉学家》，第 26 页。对东京帝国大学崇尚泰西及和政治牵扯的学风，内藤湖南很早就表现出不满。他 1901 年 8 月发表《京都大学与朴学之士》，倡导"对文献进行批判的考证学"与"纯粹的学问"。傅佛果：《内藤湖南：政治与汉学（1886～1934）》，陶德民、何英莺译，江苏人民出版社，2016，第 140～143 页。

而，从由幕末走来的大儒文士普遍拥有良好汉文修养，到 1886 年在帝国大学内设置文科大学"汉文学科"（后改为"汉文科"），并于 1904 年因学科调整被解体分散到史哲文三种课程之中，再到 1909 年东京帝国大学东亚学术研究会成立后将会刊首先定名为《汉学》，[①] "汉学"在明治时代走向建制化的道路。"汉学"的组织和展开逐渐主要由国立大学、科研机构等体现国家意志的部门来主导。但是，处于过渡时代的明治"汉学"仍旧是一个足勘指涉学院内外，兼及东西古今不同方法与偏好，具备相当弹性、针对中国文化研究的概念。

谈及章太炎与明治汉学的关系，大概首先会想到已成为近代中日文化交流史上标志性作品的《与农科大学教习罗振玉书》（下文简称《与罗振玉书》）。[②] 在这篇刊发于 1911 年《学林》第 1 号的文章中，[③] 章太炎批判自荻生徂徕以降的日本汉学，并一一点名批评了当

---

① 东亚学术研究会会刊先定名为《汉学》，出版了 15 册（明治四十三年五月到明治四十四年七月），后改名为《东亚研究》，出版了 85 册（明治四十四年十二月到大正七年九月），共计 100 册。

② 比如，岸本美绪责任编集『「帝国」日本の学知・東洋学の磁場』一书，附录部分是安藤润一郎所编《文献解题・研究机关等绍介》，其中"东洋史关联文献解题"还专门对《与罗振玉书》进行了解题（第 5 页）。

③ 根据汤志均编《章太炎年谱长编（增订本）》（第 193 页），一般认为《学林》出版于 1910 年。事实上，1911 年 6 月为《学林》第 1 号的正式出版时间。证据如下，章太炎 1910 年 10 月 20 日《与钱玄同》信中说，《学林》"拟于明春出版"。《章太炎全集・书信集》，第 185 页。说明计划出版时间是 1911 年春。1911 年 5 月 2 日《与钱玄同》信又提到"《学林》近已付印，本定阳历五月五日出版，排字稍缓，未能赴期"。《章太炎全集・书信集》，第 207 页。这说明直到 5 月 2 日，《学林》都未正式出版。章太炎 1911 年 5 月 24 日《与朱希祖》信写道："《学林》下月可出。"《章太炎全集・书信集》，第 392 页。朱乐川的考释将此信定为 1910 年，经董婧宸提醒（请参见她的相关研究），该信实际为 1911 年的作品。也就是说，《学林》1911 年 6 月正式出版。而日本的《日本及日本人》第 562 号（1911 年 7 月 15 日）载有长维生（稻叶君山）的《〈学林〉与章太炎》，介绍了《学林》第 1 号的内容。参阅汤志钧编《章太炎年谱长编（增订本）》，第 705 页。另外，承蒙陈继东老师惠赐《〈学林〉与章太炎》的复印件，可以辅证 1911 年 6 月为《学林》第 1 号的出版时间。

时以东京帝国大学为中心、活跃着的几代汉学家——从德高望重的重野安绎、三岛毅、星野恒，到汉学界彼时执牛耳者服部宇之吉、白鸟库吉，以及史学、文学扛大梁的佼佼者林泰辅、儿岛献吉郎、森槐南。此举几乎将日本汉学界，特别是东京汉学界置于对立面，引起震动。内藤湖南立即在广岛的讲演中提及此信。针对章太炎"一一点名骂倒"的惊人之举，内藤一面称自己幸好是学界无名的"叶武者"、小兵，不在被骂倒之列；一面敦促日本学界认真反省，要在严酷批评中寻求进步。① 内藤的敦促或能见出京都派与东京派微妙的不睦。而内藤的学生神田喜一郎则不再暧昧，他直接抨击章太炎，"通篇恶意中伤，让日本人不能不义愤填膺"，② 道出了多数日本学者的心声。

此前的研究已颇切中要害地捕捉到这一学术事件显而易见的政治属性，认为章太炎"横扫当时日本所有的中国文化研究家，血气方刚，气魄宏大"，乃是因明治汉学与明治政治暗通款曲而激发出的"民族正义"所致。但章太炎情绪"略偏激"，观点"趋于极端"，气度"狭隘"，"所论诸事许多不符当时学术的实际势态"。③《与罗振玉书》批评的对象，除明治汉学外，还包括从阮元、戴望、俞樾、孙诒让直至罗振玉，此连贯的一脉中国学术之跃动（详见下一节的讨论）。即便单论章太炎对明治汉学的判断，这一学术事件的历史维度也可以说尚未得到舒展。其学术成色其实还悬而难决，更遑论研判其政治属性。这表现在，第一，章太炎致信罗振玉的缘起，本是

<hr>

① 内藤湖南「支那學問の近狀」（1911 年）、『內藤湖南全集』第 6 卷、筑摩書房、1972 年、50 頁。

② 神田喜一郎：《手捧贝塚教授的〈甲骨文字〉图版篇回忆林泰辅博士》，《敦煌学五十年》，高野雪等译，北京大学出版社，2004，第 65 页。

③ 严绍璗：《汉籍在日本的流布研究》，江苏古籍出版社，1992，第 173 页。李庆也持有类似观点，并认为章太炎的文章反映了当时的中国学界存在着"对日本汉学研究颇不以为然的潜流"。李庆：《日本汉学史》第一部，第 280 页。

"见东人所集《汉学》",① 而信中点名的日本学人几乎都有作品见于《汉学》。但这场著名论辩的另一方迄今"缺席"——尚未见到对《汉学》杂志的解读，究竟是谁的、哪些文章、什么观点引发了章太炎的批评，章太炎信中不具名的人物所指为谁。这些基本的历史事实还未得到厘清。第二，章太炎本人的生命史其实和明治汉学早就结缘。1899 年，章太炎在好友馆森鸿的陪同下游览日本，阅读照井全都（又名一宅），结识重野安绎、井上哲次郎等学者。章太炎和他们主张有异有同，但总是情意绻绻。1904 年刊行的《訄书》重订本更援引了以白河次郎《支那文明史》为代表的明治汉学最新成果。《与罗振玉书》援用《论语·阳货》"恶紫之夺朱也，恶郑声之乱雅乐"，以淫邪之郑声淆乱雅乐来比况明治汉学。然而，一旦复原《与罗振玉书》或延续或隐藏的那些记忆，呈现章太炎十数年与逐渐走向建制化的明治汉学相纠葛的动态历程，毋宁说这是一段从雅乐到郑声的历史体验。

二　从章太炎首次旅日看《与罗振玉书》中追忆与现实感的汇流

以东京帝国大学文科大学的汉学研究者为主体，1910 年成立了东亚学术研究会，并于同年 5 月开始发行会刊《汉学》杂志。《与罗振玉书》的导火线，即罗振玉致林泰辅的通信，原题为《北京大学学长罗振玉氏寄来的关于殷代遗物新发掘的通信》（北京大學々長羅振玉氏より殷代遗物新發掘に就ての通信），载于《汉学》第 1 编第 2 号。《与罗振玉书》中点名批评的日本学者，② 也

---

① 章绛：《与农科大学教习罗振玉书》（1911），《学林》第 1 号，"学林"一，"杂文录"，第 85 页。
② 下引原文参阅章绛《与农科大学教习罗振玉书》（1911），《学林》第 1 号，"学林"一，"杂文录"，第 85~87 页。

几乎都在《汉学》第 1 编第 1、2 号这两期上亮相。章太炎首先提及"特贾贩写官之流"林泰辅的《说文考》登载于《汉学》第 1 编第 2 号。而所谓"长老腐歾博士者，如重野安绎、三岛毅、星野恒辈"，正是《汉学》第 1 编第 1 号"论说"栏的前三位作者，按资望的排序亦一致，章太炎好像是根据目录在点卯。① 服部宇之吉及其"缴绕可笑"的《孔子集大成》，恰是该号"论说"栏的第四篇文章；同号"附录"部分还有服部的《时文讲义》。儿岛献吉郎在《汉学》第 1 编第 1 号上发表《谣曲和汉文学》；森槐南（即森大来）则分别在第 1 编第 1、2 号发表汉诗及刊载《元曲百种解题》。章太炎批评儿岛"不习辞气，而自为《汉文典》"、森"专为诗歌，体已骫骳，故不知代语也，亦授《尔雅》于其大学"，并不专指他们在《汉学》上的表现，而得自于长期印象，但《汉学》有提醒的效果。唯一的例外是白鸟库吉。他并没有在《汉学》这两期杂志上发表文章。他提倡"尧舜禹抹杀论"，即章太炎谓"说尧、舜、禹三号，以为法天、地、人"，是 1909 年在东洋协会的讲演，同年 8 月 20 日以《支那古传说的研究》为名刊发于《东洋时报》。《与罗振玉书》并非率尔操觚的作品，而是要呈现对日本汉学界包括文、史、哲各个方向的整体判断。② 白鸟的"尧舜禹抹杀论"作为明治

① 《汉学》第 1 编第 1 号"论说"栏前三篇文章分别是重野安绎《关于日本的汉学》（「日本的漢學に就いて」）、三岛毅《在修养上未发已发两时之无别》（「修養に未發已發兩時の別なし」）、星野恒《在日本的汉学的效果》（「日本に於ける漢學の效果」）。

② 国家图书馆北海分馆所藏"章太炎手稿"中就有《与罗振玉书》的抄本，所用纸张是"四川地方自治研究会用纸"。章太炎后又将此信编入《太炎文录》，收入《章氏丛书》，更说明并非单纯为了论战而书写，而是自认深思熟虑的"传世"作品。因为正如鲁迅所言，章太炎手订的《章氏丛书》"自藏其锋芒"，"大约以为驳难攻讦，至于忿詈，有违古之儒风，足以贻讥多士的罢，先前的见于期刊的斗争的文章，竟多被刊落"。鲁迅：《关于太炎先生二三事》（1936），《鲁迅全集》（6），第 567 页。

间最值得关注、如强震般的史界新说，是无论如何都要纳入的。何况，白鸟库吉作为东亚学术研究会的评议员，在《汉学》上也有留名。①《汉学》确实能辐射出日本汉学彼时带给章太炎的现实感。

章太炎 1899 年 6~8 月、1902 年 2~7 月、1906 年 6 月至 1911 年 11 月三次亲履日本。他前两次旅日期间广泛接触明治汉学界人士和成果的经验，在《与罗振玉书》中被整体"不忆"或"失忆"。钱穆说："能追忆者，此始是吾生命之真。"② 追忆往往是大脑在现实感的导引下，发挥对心象的选择功能，从而重塑生命之真。换言之，"不忆"或"失忆"天然不可分割地内在于"追忆"。章太炎这两段与明治汉学的过往，迄今未见系统的整理与呈现，③ 而复原它们方得见现实感揉捏记忆的程度。

1898 年底，章太炎因戊戌党祸遁至台湾，担任《台湾日日新报》的编辑。他就儒学的伦理与政治思想、日人治台政策等与日人展开辩论，嗣后一句"旅食台湾，不怡于众"④ 颇吐其不快心情。在这段灰暗的岁月里，和"东国患难之交"⑤ 馆森鸿的交往是少有的暖色。1899 年 6 月，在馆森鸿的陪同下，章太炎旅日拜会了包括重野安绎在内的数十名汉学家。馆森鸿的《似而非笔》札记不仅记载了二人

①　「東亞學術研究會々報」『漢學』第 1 編第 1 号、1910 年 5 月 5 日、134 頁。同期刊物在介绍"支那史学会"时也提到白鸟库吉的名字（第 129 頁）。

②　钱穆：《八十忆双亲　师友杂忆》，三联书店，2012，第 386 页。

③　林俊宏、大山昌道的《十九世纪末中日学术交流的一幕——以馆森鸿〈似而非笔〉为中心》（《鹅湖月刊》第 426 期，2010 年 12 月）较早梳理了其中的部分史实，但他们的文章并未引起学界关注，2014~2018 年上海人民出版社陆续推出新版《章太炎全集》，未收入《似而非笔》中这批章太炎的著述。《似而非笔》所记述的大量事实，林俊宏文也只是有选择地予以部分展现。可以说，围绕馆森鸿周边关于章太炎这一时期的佚文、佚信，还有大量的研究工作亟待展开。参阅本书附录三相关的整理。

④　菿汉阁主：《游西京记》，《亚东时报》第 17 号，1899 年 11 月 20 日，第 16 页。

⑤　章炳麟：《神户赠馆森袖海》，袖海生：《似而非笔》（一），《台湾日日新报》1899 年 10 月 1 日，日文第 1 版，"落叶笼"栏。

的游踪，还记录了章太炎的 6 首诗、90 则笔谈。在馆森鸿的推荐下，章太炎阅读了照井全都的作品集《照井氏遗书》。除作序外，章太炎还为其中的《封建》《礼乐》等四论题词。1899 年 8 月底回国后，章太炎在给俞樾的信中论及对日本汉学界的观察。1900 年，馆森鸿赴上海，章太炎与之"觞饮弥日"，颇觉"意气酣恣"。① 该年底，馆森鸿将自己的文集《拙存园丛稿》中的数十篇文章请章太炎"审定"，章太炎为之写了 14 篇序跋。

章太炎第一次访日接触明治汉学界，从内容到形式都颇具传统意味——受共同汉文脉滋养的学者文人交游酬唱、谈经论子、品诗析文。他们辨章学术、臧否人物，在在承续两国千年雅文化之余脉。兹举各项中章太炎关切之焦点，以明其和《与罗振玉书》的渊源。

章太炎"少以小学治经"，② 主张"学问以语言为本旨"，③ 小学之优拙乃其评价经学成绩的依据。他告诉馆森鸿："贵国说经之儒先后踵接，而治小学者独稀。惟见冈本保孝耳。兄若能治此学，在贵国必出人头地。……如安井息轩注左氏，每引王引之为穿凿，亦由于小学未谛耳。"④ 同样的意思在《致俞樾》函中也有表述："东方夙学，率师范窀人，理证或优，训诂殊绌。安井衡每诋高邮王氏为穿凿，缘不通小学也。惟冈本保孝独取段注《解字》，为作正义，所据《众经音义》等书，多较懋堂所见为完备。自谓段氏良臣，良非虚语。"⑤

在所有治经子的学者中，章太炎最为褒奖照井全都："据所见

---

① 章太炎：《与重野成斋》（1900 年 3 月 14 日），《章太炎全集·书信集》，第 75 页。
② 章炳麟：《〈拙存园丛稿〉后序》（1901），馆森万平『拙存園叢稿』松雲堂書店、1919 年、1 頁。
③ 章绛：《致〈国粹学报〉》，《国粹学报》第 5 年第 10 号，1909 年 11 月 2 日，"通讯"栏，《国粹学报》影印本第 12 册，第 7490 页。
④ 袖海生：《似而非笔》（九），《台湾日日新报》1899 年 10 月 12 日，日文第 1 版，"落叶笼"栏。
⑤ 章太炎：《致俞樾》（1899），《章太炎全集·书信集》，第 8 页。

者，以为莫优于照井全都矣；专以训诂考订言，徂来、锦城、息轩诸君实美矣；然大义微言，必照井一人专之。其人虽非圣人，其言则圣矣；拟之古人，必在孟荀贾董之间。汉之马郑、宋之程朱，未有及之者也。"① 如此推崇，因照井吻合了章太炎彼时"独于荀卿、韩非所说谓不可易"② 的学术立场。章太炎谓："麟宗旨所在，以荀代孟。震旦儒人，尟合兹契。惟日本照井全都，著《汤武》《礼乐》诸论，独楬橥荀学，尊以继孔，玄照神契，独符鄙怀。"③ 章太炎在照井身上投射了太多的自我期许，即在孟子学说流行二千年后，"独能抗希大儒，仔肩绝学，信秦、汉后一人哉"。④ 他还爱屋及乌，将照井在世的弟子太田代东谷（名"恒德"）视为"海外知己"⑤。

章太炎反感被整合进维护天皇制国家"国体论"、否定"革命"合理性的日本儒学。在任职《台湾日日新报》期间，他已就康有为的评价问题撰写《答学究》《书〈原君〉篇后》，与该报舆论展开辩驳。⑥ 在汉学家中，时任东京帝国大学汉学科教授的根本通明引起了他的关注。由于根本通明在养病，章太炎在东京时并未与之见面，反倒是在拜会井上哲次郎时读到根本通明所撰的《读易私记》。根本通明将《易》之乾坤、阴阳皆视为对君臣、父子、夫妇伦理尊卑秩序的规范，谓"本天地造化之道，以理人伦，而明王道"；根

---

① 袖海生：《似而非笔》（九），《台湾日日新报》1899 年 10 月 12 日，日文第 1 版，"落叶笼"栏。引文中"锦城"指的是大田锦城。

② 章太炎：《菿汉微言》，章太炎：《菿汉三言》，第 60 页。

③ 章太炎：《致俞樾》（1899），《章太炎全集·书信集》，第 8~9 页。

④ 章太炎还表彰照井："论《庄子》，尤能超出俗见，且论德非论道一语，郭子玄、成玄英皆不能发，蒙吏有知，其当张目于九泉矣。"《题〈封建〉〈礼乐〉等四论之后》（1899），《章太炎全集·太炎文录补编》，第 212 页。

⑤ 袖海生：《似而非笔》（七），《台湾日日新报》1899 年 10 月 8 日，日文第 1 版，"落叶笼"栏。

⑥ 关于此一时期章太炎与明治学界在儒学伦理和政治思想上的对话，参阅彭春凌《儒学转型与文化新命——以康有为、章太炎为中心（1898~1927）》第一章的讨论。

本通明相信，"万世一系者，是天之道也"，换言之，日本奉行万世一系、皇统从未中断的天皇制符合天之道。而晋之干宝"以乾为革命之卦"，乃是用"邪说诬圣经"使"君臣不可易位之道灭"，而"开乱贼之端"。① 章太炎对此很不以为然，谓"根本《读易私记》，大破革命之说，于共和民主无论矣"，② 而"剧谋革命，云非臣道，斯东瀛一隅之见也"。③ 章太炎虽然欣赏太田代东谷，但批评他研究《易经》"喜干（宝）氏说，而又以革命为非，则并失干氏之宗旨矣"。④

品诗论文，章太炎皆有自己的审美标准。月旦人物，以兹为据。在《国故论衡》的《辨诗》篇中，章太炎说，"韵语代益陵迟，今遂涂地"，"故中国废兴之际，枢于中唐，诗赋亦由是不竞"。⑤ 以中唐为节点来褒贬诗歌，乃是章太炎一贯的立场。他欣赏国分青厓、副岛苍海（即副岛种臣）的汉诗。石田羊一郎的汉诗"悲壮而沉郁"，⑥ 石田贵晋、唐而不取宋、元，且最鄙薄清诗，也深得章太炎夸赞。在章太炎看来，"清诗实远不如明诗"，"自主张清诗者出而诗弥俗矣"。听闻"（森）槐南辈主张清诗"，⑦他很不以为然，评价说："石田诗卓然成立，迈槐南万万矣。"⑧章太炎的态度固然与馆森鸿批判森槐南为"非常的俗物"十分投契。

---

① 根本通明「讀易私記」『周易象義辯正・卷首』子龍氏藏版、1901 年、1-2 頁。
② 袖海生：《似而非笔》（三），《台湾日日新报》1899 年 10 月 4 日，日文第 1 版，"落叶笼"栏。
③ 章太炎：《致俞樾》（1899），《章太炎全集・书信集》，第 9 页。
④ 袖海生：《似而非笔》（八），《台湾日日新报》1899 年 10 月 10 日，日文第 1 版，"落叶笼"栏。
⑤ 章太炎：《辨诗》，章太炎：《国故论衡》，第 88 页。
⑥ 袖海生：《似而非笔》（十三），《台湾日日新报》1899 年 11 月 1 日，日文第 1 版，"落叶笼"栏。
⑦ 袖海生：《似而非笔》（六），《台湾日日新报》1899 年 10 月 7 日，日文第 1 版，"落叶笼"栏。
⑧ 袖海生：《似而非笔》（十四），《台湾日日新报》1899 年 11 月 2 日，日文第 1 版，"落叶笼"栏。

事实上，他也继承了俞樾《东瀛诗选》的风格。在北方心泉、岸田吟香的斡旋、沟通下，俞樾从1882年开始编纂，并于次年编好《东瀛诗选》。《东瀛诗选》收入江户、明治时代548名文人所作5297首汉诗，是中国人编纂的具有最高权威的日本人汉诗集。俞樾评价道："古诗以气体为主，各集中五七言古诗，固美不胜收，然或以曼衍败其律，有枚乘骫骳之讥，或以模拟损其真，有优孟衣冠之诮。"① 森槐南的父亲森春涛是当时东京的诗坛泰斗，俞樾选他的诗却并不多，且颇有微词，谓其"颇涉纤小，其诗亦多小题"。② 章太炎知晓俞樾编辑《东瀛诗选》的事迹，并将之作为品评日本汉诗的重要依据，称："曲园师选成后，有《东瀛诗录》一卷，每人皆略记其事迹，及摘其名句，其中佳者实有媲美唐人。"③ 换言之，《与罗振玉书》对森槐南的恶评，从章太炎自身来说是一以贯之，从与俞樾的师生传承而言是渊源有自。④ 在文章写作方面，章太炎自述，"言文辞，隆秦汉，则好韩愈及权德舆、皇甫湜，……自是有所作，则瑰于词，郁于气，而方严于体"，因此他批评馆森鸿"文气轶而不寁，往往喜驰骋，异余之撰"。⑤

总体而言，以汉文化为纽带，章太炎第一次旅日期间与明治汉学界各方面的交流是颇有传统余韵的。例如，他还请重野安绎帮

---

① 俞樾：《东瀛诗选例言》，（清）俞樾编《东瀛诗选》，曹昇之、归青点校，中华书局，2016，第4页。

② （清）俞樾编《东瀛诗选》，第1120页。

③ 袖海生：《似而非笔》（六），《台湾日日新报》1899年10月7日，日文第1版，"落叶笼"栏。

④ 《与罗振玉书》所谓"森大来专为诗歌，体已骫骳"之"骫骳"，固然是《汉书·枚皋传》对枚乘的评语，但也见诸俞樾对日本汉诗的评论。此外，据馆森鸿记载，馆森问章太炎，"兄评敝国诸人士之诗，每引槐南，槐南不足言"。章太炎答："此公名高，暂以之为准。"袖海生：《似而非笔》（十四），《台湾日日新报》1899年11月2日，日文第1版，"落叶笼"栏。《与罗振玉书》把森槐南抬出来批评，也有因其名高而具有一定代表性的原因。

⑤ 章炳麟：《〈拙存园丛稿〉后序》（1901），馆森萬平『拙存園叢稿』、1-2頁。

忙，重野又委托河田罴代为搜求已经整体亡佚的服虔注《左传》。章太炎激动称："若果得是书，实不啻王莽得传国玺矣。"① 在给重野安绎的信中，他也直抒胸臆："麟寱寱反侧以求之，乃得先生为抟揖搜索，诚感激不可任。"② 章太炎对日本汉学的观察张力十足，褒贬均衡。其谓："自明亡以来至今二百五十年，以中国、日本文辞相较，诗篇中国不如日本；古文则中国、日本相伯仲；骈体则日本不如中国。"③ 不同领域，中日各有胜场，亦体现了两国共享的汉文化之多元性。《与罗振玉书》恶评森槐南，抨击明治小学的粗疏，批评服部宇之吉的儒学否定革命等，均能在第一次章太炎的日本之行中寻得根据。换言之，章太炎对明治汉学负面的观感是一直存在的。《与罗振玉书》只是将这些灰色的记忆召唤出来，予以放大。而曾与负面感受并存的光彩面（无论是照井一宅还是石田羊一郎），则被置于有意识的"不忆"或无意识的"失忆"之黑洞，因而显得略偏颇与突兀。

三 《訄书》重订本与明治汉学中的比较文明史取向

章太炎 1902 年旅日，广泛吸纳明治学术成果，其心得大都体现在 1902 年夏开始修订，并于 1904 年出版的《訄书》重订本中。《訄书》重订本所征引日本文献，属于汉学研究领域的有四种。它们是《订孔》及《序种姓》（上）所援引的白河次郎、国府种德合著的《支那文明史》（博文馆，1900），远藤隆吉的《支那哲学史》（金港堂，1900），桑木严翼的《荀子的论理说》（《早稻田学报》第 14 号，

---

① 袖海生：《似而非笔》（九），《台湾日日新报》1899 年 10 月 12 日，日文第 1 版，"落叶笼"栏。
② 章太炎：《与重野成斋》（1900 年 3 月 14 日），《章太炎全集·书信集》，第 76 页。
③ 袖海生：《似而非笔》（六），《台湾日日新报》1899 年 10 月 7 日，日文第 1 版，"落叶笼"栏。

1898 年）以及户水宽人的《春秋时代楚国相续法》（《法理论丛》第3 编，1898 年）。对这四种文献进行综合考察，可以发现它们都体现了一种共同的取向，即在人类文明史的整体性视野中，通过与其他文明的比较，来解析中国古代文明或其某一侧面的特征。这也成为章太炎彼时关注，乃至于欣赏明治汉学之焦点所在。章太炎的这一动向又和他博涉明治西学，主要是社会学的步调相一致。

在文明开化思潮的影响下，随着福泽谕吉的《文明论概略》（1875）、田口卯吉的《日本开化小史》（1877~1882）等著作在理论和实践上的开拓，以将本国历史置诸人类文明进步的普遍历史中进行考察作为显著特征的文明史书写，在明治前期颇为耀眼。[①] 如家永丰吉在《文明史》中所言，进步的思想、人类统一的思想和自由的思想，乃是文明史发达的三项要件。[②] 高山林次郎的《世界文明史》则分疏了政治史与文明史的差别。政治史"以国家为中心，查照关于其盛衰兴亡的一切文物"；文明史（或曰"人文史"）则"以人类社会为对象"，目的在"从精神的方面观察人类社会一般之发达，对其表现于外部的政治、经济、宗教、文艺及其他诸种文物，给予其成立变迁之说明"。[③] 日本文明史的诸般趋向影响到彼时梁启超、章太炎对新史学的设计。[④] 梁启超将文明史视为"史体中最高尚者"，谓："盖必能将数千年之事实，网罗于胸中，食而化

---

① 关于明治日本的文明史书写，参阅永原庆二《20 世纪日本历史学》，王新生等译，北京大学出版社，2014，第 16~27 页；黄東蘭「田口卯吉『開化史』にみる文明史学の歴史叙述」『愛知県立大学外国語学部紀要第 50 号（地域研究・国際学編）』、2018 年。

② 米國文學博士家永豊吉講義・政治科得業生山澤俊夫編輯『文明史』東京專門學校講義、1-18 頁。

③ 高山林次郎『世界文明史』博文館、1898 年、2 頁。

④ 关于文明史学传入中国的整体情况及其影响，参阅李孝迁《西方史学在中国的传播（1882~1949）》，华东师范大学出版社，2007，第 42~83 页。

之，而以特别之眼光，超象外以下论断，然后为完全之文明史。"①
章太炎同样震撼于文明史的恢宏图景，谓："非通于物化，知万物
之皆出于几，小大无章，则弗能为文明史；盖左丘明成《春秋》内
外传，又有《世本》以为肢翼，近之矣。"② 白河次郎、国府种德
合著的《支那文明史》以文明史的方式来书写中国史，颇受时人
关注。③

　　《訄书》重订本援引了四种明治汉学著述，在这些作者中，白
河次郎 1897 年自东京帝国大学文科大学汉学科毕业后还撰有《孔
子》、《支那学术史纲》（与国府种德合著）、《王阳明》等作；汉诗
人、新闻记者国府种德（又名犀东）则在东京帝国大学法科大学政
治学科学习过，著述驳杂。两人算是以汉学为主业。远藤隆吉则脚
踏汉洋两只船，他 1899 年从东京帝国大学文科大学哲学科毕业后，
除著有《支那哲学史》《支那思想发达史》外，还有《现今之社会
学》《近世社会学》《社会学原论》等著，是与建部遯吾齐名的社会
学家。④ 余下两人则竟可以说几乎纯以西洋学为专业。桑木严翼是
深受康德和新康德主义影响的著名哲学家。他 1896 年毕业于（东
京）帝国大学文科大学哲学科，历任第一高等学校、东京帝国大

---

① 饮冰子：《东籍月旦》，《新民丛报》第 11 号，1902 年 7 月 5 日，第 112 页。

② 章太炎：《尊史》，《章太炎全集·〈訄书〉重订本》，第 317 页。

③ 梁启超的《东籍月旦》推荐了有文明史特征的中国史著述，除市村瓒次郎、
泷川龟太郎的《支那史》，田口卯吉的《支那开化小史》外，就有白河次郎、
国府种德的《支那文明史》。《新民丛报》第 11 号，1902 年 7 月 5 日，第
117~118 页。

④ 章太炎对远藤隆吉是十分熟悉的。他的著作中多次涉及弗兰克林·吉丁斯的《社
会学原理》，就源自远藤隆吉的译本，即米國ギッヂングス著、文學博士元良勇次
郎閲、文學士遠藤隆吉譯『社會學』。章太炎《〈社会学〉自序》（1902）谓：
"美人葛通哥斯之言曰：社会所始，在同类意识。"《章太炎全集·译文集》，第 45
页。《訄书》重订本《序种姓》上篇也有 "见葛通古斯《社会学》" 的段落。
《章太炎全集·〈訄书〉重订本》，第 170 页。

学、京都帝国大学等校教授，曾多次留学欧美。他1900年出版的《哲学概论》"是日本第一本系统论述近代哲学理论的著作，成为日本近代哲学走向成熟的标志"。[1] 他的代表作还包括《康德与现代哲学》《西洋哲学史概说》等。户水宽人是重要的法学家，他1886年毕业于（东京）帝国大学法科大学法律学科。从1889年11月开始，四年半的时间在伦敦、巴黎和柏林学习法律和政治学。1894年出任帝国大学法科大学教授，担任罗马法的讲座，后担任民法第一讲座。[2]

文明史，"根本于人类学、社会学、古物学等诸科学以及与政治史、哲学史、宗教史、文学史等的干系之中"。[3] 这些学者从西洋社会学、哲学、法学出发来反观中国文化，即便不以"文明史"标榜，但事实上呈现的正是"文明史"的某一侧面，也格外能打破旧学"知有朝廷而不知有社会"的积习。与此同时，他们习惯性地拿西洋的物事来做比较，从而非常自然地将中国文明置诸人类文明进步的普遍历史中进行考察，赋予了中国文明与人类进步文明（主要是西方文明）同步驰骋的并进感。这一感觉特别符合甲午战败后创痛剧深的中国知识人，企盼"欧美者，则越海而皆为中国；其与吾华夏，黄白之异，而皆为有德慧术知之氓"[4] 的心理需求。

白河次郎、国府种德的《支那文明史》整体借用法国汉学家拉克伯里（Terrien de Lacouperie）1894年出版的《中国上古文明的西方起源》（*Western Origin of the Early Chinese Civilisation from 2300*

---

① 参阅冯契主编《外国哲学大辞典》，上海辞书出版社，2008，第745页。

② 户水宽人的生平，参阅吉原丈司、吉原達也編『千賀鶴太郎博士・戶水寬人博士・池辺義象氏略年譜・著作目録』京成社、2010年。

③ 白河次郎、国府種德「支那文明史序」『支那文明史』博文館、1900年、1頁。

④ 章太炎：《原人》，《章太炎全集·〈訄书〉初刻本、重订本》，第20、165页。

B. C. to 200 A. D.）一书的框架，来阐述汉民族及中国文明的起源。拉克伯里吸收在欧洲刚刚兴起的亚述学（Assyriology）的研究成果，认为人类文明的中心是在埃及和两河流域，公元前 23 世纪，黄帝率领巴克族从西亚细亚的迦勒底（Chaldea）跨越帕米尔高原进入黄河流域，巴比伦文明传入中国。他还分别从科学与艺术、书写与文学、制度与宗教、历史传统和传说几个层面，来论证巴比伦与中国文明之间的亲缘性。① 这一"中国人种、文明西来说"在清末影响甚广，相关事实已被逐渐揭明，兹不赘述。② 章太炎的《訄书》重订本《序种姓》上篇称："方夏之族，自科派利考见石刻，订其出于加尔特亚；东逾葱岭，与九黎、三苗战，始自大皞；至禹然后得其志；征之六艺传记，盖近密合矣。"③ 知识来源就是《支那文明史》。章太炎还非常清楚，这一观点出自拉克伯里（"科派利"），白河次郎、国府种德仅是转述者，所以此处他并没有标注这两位日本学者的姓名。

远藤隆吉的《支那哲学史》同样建立在比较文明史的框架内。作者在序言中说，"（中国）国势今虽萎靡不振，自古文物典章，粲然可观者，非欧美诸国所能及也；就中国文物中求比肩于欧美文物者，为哲学、为文学"：④ 文明比较俨然是其展开讨论的根基。在具体论述中，该书更随时疏通中西哲学观念。如论孔子之乐教，谓，"锻炼意志之法，以音乐为

---

① 拉克伯里的论述，参阅 Terrien de Lacouperie, *Western Origin of the Early Chinese Civilisation from 2300 B. C. to 200 A. D.*（London：Asher & Co.，1894）。白河次郎、国府种德《支那文明史》第三章"支那民族从西亚细亚而来之说"就主要复述了拉克伯里的观点。

② 关于拉克伯里的中国文明西来说在清末的影响，参阅李帆《西方近代民族观念和"华夷之辨"的交汇——再论刘师培对拉克伯里"中国人种、文明西来说"的接受与阐发》，《北京师范大学学报》2008 年第 2 期；孙江《拉克伯里"中国文明西来说"在东亚的传布与文本之比较》，《历史研究》2010 年第 1 期。

③ 章太炎：《序种姓》（上），《章太炎全集·〈訄书〉重订本》，第 169~170 页。

④ 遠藤隆吉「支那哲學史序」『支那哲學史』金港堂、1900 年、1 頁。

第一，音乐有陶冶人性之功，古今东西人均所体认；孟德斯鸠尝谓，音乐和缓狞猛之人性，以使之和气蔼然"；如将孔子的"诚"与哈特曼的"无意识之实在"相比较等。①章太炎的《订孔》篇虽未摘录远藤著作中具体的比较言论，但很难忽视该书的文明比较氛围。

相较而言，《订孔》对桑木严翼的征引则纯乎出自其在西方大哲的序列中对荀子进行的定位。《订孔》表彰荀子的"正名"说，谓："世方诸认识论之名学，而以为在琐格拉底、亚历斯大德间。桑木严翼说。"②此论见于桑木严翼的《荀子的论理学》。桑木指出："荀子论理学贡献之点到底非是等诸子之所及，若在西洋论理学史上强求其类同，可答以在苏格拉底和亚里士多德之间吧。"具体来说，"苏格拉底的使概念明晰，可比之以荀子的正名。而荀子抽象地叙述、组织正名法则的本领，可谓略近于亚里士多德。而至于正名之目的，则全然与苏格拉底相符合。盖苏格拉底明晰概念以正定义的目的，以之确定当时纷乱的道德思想，明善恶正邪的意义以使成人者知其根据。荀子论正名，亦如此出于实际的目的者也。而从同一途论道德与政治，作为当时的学风，以至驱使荀子以云正名即是治天下之道"。③事实

---

① 遠藤隆吉『支那哲學史』、29、49 頁。

② 章太炎：《订孔》，《章太炎全集·〈訄书〉重订本》，第 133 页。

③ 原文为"荀子の論理學に貢献せし點は到底是等諸子の及ふ所に非ず、若し強て西洋論理學史上に其類同を求めばソークラテースとアリストテレースとの間にありと答ふるを得んか。ソークラテースが概念を明らかにせんとせしは荀子か名を正さんとせしに比すべく、而して荀子が正名の法則を抽象的に叙述したる組織的技量はやヽアリストテレースに近しと謂ふ可し。而して正名の目的に至りては全くソークラテースと符合す、蓋しソークラテースが概念を明にして定義を正したる目的は、之を以て當時紛亂せる道德思想を確定し、善惡正邪の意義を明にして人をして其據を知らしめんとせしにあり、荀子が正名を論したる亦此の如き實際的目的に出てたるものなり、而して道德と政治とを全一途より論ぜんとせし當時の學風は又荀子を驅りて正名即は天下を治むる道と云はしむるに至れり。"桑木嚴翼「荀子の論理説」『早稻田學報』第 14 號、1898 年 4 月 25 日、49-50 頁。

上，《订孔》只将桑木严翼的结论摆出来，省却了桑木的具体论证。虽然章太炎心里清楚这里面的支撑，但就文本呈现出的效果而言，多少对《订孔》建立推崇荀子的理据和逻辑连贯性，所谓"其视孔子，长幼断可识"[①] 还是有损害的。

这几种明治汉学著论中，最令人费解的其实是《訄书》重订本《序种姓》（上）对户水宽人《春秋时代楚国相续法》的征引。文章解释人类从母系社会转型为父系社会的初期，出现立少不立长的现象。其文曰：

> 父系之始造，丈夫各私其子，其媢妒甚。故羌、胡杀首子，所以荡肠正世。……而越东有辏沐之国，其长子生，则解而食之，谓之宜弟。（《墨子·节葬下篇》）何者？妇初来也，疑挟他姓遗腹以至，故生子则弃长而畜稚，其传世受胙亦在少子。至今蒙古犹然，名少子则增言斡赤斤。斡赤斤，译言"灶"也，谓其世守父灶，若言不丧匕鬯矣。中国自三后代起，宗法立长，独荆楚居南方，其风教与冀、沈、徐、豫间殊，时杂百濮诸民种，其俗立少。故《传》曰："楚国之举，恒在少者。"《左氏》文元年传文。户水宽人《春秋时代楚国相续法》曰：案楚熊渠卒，子熊挚红立。挚红卒，其弟代立，曰熊延。又熊严有子四人，长子伯霜，次子仲雪，次子叔堪，少子季徇。熊严卒，长子伯霜代立。熊霜卒，三弟争立。是亦未尝立少，盖楚国民间之法也。其成法然也。[②]

关于楚国君主的世系，在《史记·楚世家》中有完整的记载。《序种姓》（上）所引户水宽人《春秋时代楚国相续法》的这些文字就出自

---

① 章太炎：《订孔》，《章太炎全集·〈訄书〉重订本》，第133页。
② 章太炎：《序种姓》（上），《章太炎全集·〈訄书〉重订本》，第180页。

《史记·楚世家》。熊渠为西周时楚国的君主，有长子康，中子红（挚红），少子执。长子康早死，熊渠死后，中子挚红立。《史记》原文称，"熊渠卒，子熊挚红立，挚红卒，其弟弑而代立，曰熊延"；熊延立子熊勇，熊勇卒后以弟熊严为后，"熊严十年，卒。有子四人，长子伯霜，中子仲雪，次子叔堪，少子季徇。熊严卒，长子伯霜代立，是为熊霜。……熊霜六年卒，三弟争立"。① 从这段文字来看，熊渠以降，楚国立君，除了几次出现兄弟争立的情况，基本还是遵循立长不立少的规则。这就和《左传·文公元年》中令尹子上所言"楚国之举，恒在少者"的说法相抵触了。户水宽人对此的解释是：一方面，《史记》将《左传·文公元年》"楚国之举，恒在少者"的"恒"字改为"常"字，这两个字意义强弱是有差别的，② "常"意味着少子相续确实属于常态，但暗含有例外的情况。另一方面，虽然楚国熊渠以降的实例"有与令尹子上之言相抵触之嫌"，"然而，至少以令尹子上如斯明言见之，不可不推测楚国的民间实行少子相续法"。③

章太炎《序种姓》（上）援引户水宽人文章最令人困惑的地方，

---

① 《史记·楚世家》，《史记》卷四十，"点校本二十四史修订本"，中华书局，2013，第2031~2032页。

② 《左传·文公元年》的"楚国之举，恒在少者"，参阅十三经注疏整理委员会整理《春秋左传正义》，北京大学出版社，2000，第560页。《史记·楚世家》中有"楚国之举，常在少者"。参阅《史记》卷四十，第2037页。事实上，为避汉文帝刘恒的讳，汉代史书经常将"恒"改为"常"。参阅陈垣《史讳举例》，中华书局，2012，第190页。户水宽人此处有过度阐释之嫌。

③ 户水宽人「春秋時代楚國相續法」『法理論叢』第3編，1898年4月、1–2頁。在日本刊刻的《訄书》重订本，《序种姓》（上）一篇中这个讨论立少不立长现象的段落，从"《左氏》文元年传文"到"盖楚国民间之法也"，用的是双行小字，以示对前面"故《传》曰：'楚国之举，恒在少者'"一句进行解释。章炳麟：《訄书》，据浙江图书馆藏清光绪三十一年日本印本影印，《续修四库全书》九五三·子部·儒家类，上海古籍出版社，1995，第615页。《章太炎全集·〈訄书〉重订本》将这一段双行小字排版为单行小字。原刊本的处理方式如果是章太炎本人的意思，那么说明他没有读懂户水宽人的原文。因为户水宽人原文的

在其所引内容全部可见于《史记·楚世家》。甚至户水宽人文章里这段出自《史记》的引文也是以中文，而非日文的形式来呈现。① 换言之，单从《春秋时代楚国相续法》这个篇名及章太炎所征引的内容，丝毫看不出此文和比较文明史有干系。甚至于，如果只是因为这段文字，章太炎可以直接引用《史记》，完全没有必要提及和援引户水宽人。

真相并非如表面所见。户水宽人的《春秋时代楚国相续法》其实正是建基于文明比较的立场。并且，章太炎最开始关注这篇文章，就是因为它在中西古今之间进行了文明的疏通比较。此外，《春秋时代楚国相续法》影响章太炎的内容，也并非只有该段落小字部分的那点文字。如果结合《序种姓》（上）反复穿插征引具有普遍意义的社会学著述，以及具体描述各文明状况的日本研究成果，来讲述华夏民族的成长史，则能体现章太炎此时期观察中国文明的眼光及欣赏明

意思是说，熊渠以降的楚国君主立长不立少的例子，恰恰是对"楚国之举，恒在少者"这个判断的反驳。户水宽人据此推测楚国的民间实行少子相续法，而王室则有例外。《訄书》重订本《序种姓》（上）将"是亦未尝立少，盖楚国民间之法也"写成双行小字，作为进行解释的文字，好像熊渠以降楚国"未尝立少"，就是楚国民间之法。这就和户水宽人的原意相反了，并且也很难和整段分析立少不立长的风俗相协调。所以，笔者这里提出一种猜测，即很有可能《訄书》重订本在刊刻之初就发生了错误，章太炎本人的意思是将"是亦未尝立少"作为双行小字的结尾。而"盖楚国民间之法也"应该是作为单行的大字处理，意思上接续此前的"故《传》曰：'楚国之举，恒在少者'"。这样就和户水宽人的原意相吻合了，也符合全段的语脉。

① 户水宽人的原文是"史記ニ載スルトコロノ相續ノ實例ニ照シテ之ヲ觀レハ兄弟ノ內ニテ兄先ッ父ヲ相續シタルノ例多ラストセス、例之、熊渠卒、子熊摯紅立。摯紅卒、其弟弒而代立、曰熊延トアリ。又熊嚴十年卒、有子四人、長子伯霜、中子仲雪、次子叔堪、少子季徇。熊嚴卒、長子伯霜代立、是爲熊霜。熊霜元年、周宣王初立熊霜、六年卒、三弟爭立云々トアリ、是等ノ實例ト令尹子上ノ言トハ相牴觸スルノ嫌アリト雖ドモ令尹子上カ斯クノ如ク明言スルヲ以テ見レハ少クトモ楚國ノ民間ニ少子相續法ノ行ハレタルコトヲ推測セサル可ラズ。"户水宽人「春秋時代楚國相續法」『法理論叢』第 3 編、1898 年 4 月、1-2 頁。这段文字中间用中文表现的内容就出自《史记·楚世家》。

治汉学之所在。

登载《春秋时代楚国相续法》的《法理论丛》，乃是法理研究会于 1898 年 4 月创办的杂志。法理研究会成立于 1893 年，以（东京）帝国大学的法学者为主体，成员包括法学家一木喜德郎、小野塚喜平次、笕克彦、井上密、户水宽人、穗积陈重等近百人。该研究会意识到，法理学亦不能离"科学进化之通则"，因此《法理论丛》的宗旨为"或叙述古今之沿革，或比较东西之法制"。[①]《法理论丛》前 4 编，户水宽人一人包办了第 1、3、4 编这三编的内容。他在第 1 编发表《斯多葛哲学和罗马法》，涉及的是自己罗马法研究的本行。第 4 编的《周代五家的组合》并非单纯讨论中国周代的制度，而是自然地将之置诸文明比较的视野，开篇即曰："昔者在欧洲，有数家组成团体，以为个人的行为负责任之事，百般之政，皆从此团体之制中裁断而出。然而，如此之事不限于欧洲，在我邦、在中国也存在。"[②]

第 3 编的《春秋时代楚国相续法》也以"比较东西之法制"为主旨。户水宽人谈道，少子相续法，"非限于楚国，在世界上其例亦不少"，"例如，在英国称为 Borough English 的古市都有此惯例。据法国著名社会学者 Letourneau 的书，法国 Armorique 有少子相续的惯习……又根据 Letourneau 及 Elie Reclus 之言，鞑靼人之间，其他种种人民之间，亦有少子相续法"。[③] 户水宽人进一步指出："那珂通世君谓余曰：此鞑靼人，谓蒙古人。蒙古人中有少子相续的惯习。故呼少

---

① 「法理論叢出版ノ趣意」『法理論叢』第 1 編、1898 年 3 月、1-2 頁。

② 户水寬人「周代五家ノ組合」『法理論叢』第 4 編、1898 年 10 月、1 頁。

③ 根据户水寬人文章的注释及笔者的核对，法国著名社会学者"Letourneau"指的是法国人类学家查尔斯·勒图尔诺（Charles Jean Marie Letourneau）。他在著作《财产的起源及发展》中提及世界各地包括草原鞑靼民族中少子继承财产的情况。原文是"The right of the youngest is not peculiar to the Singhphos; it is still to be found among the Mros of Arrawak, among the nomadic Tartars, Where the youngest son

子必于其名之下加'斡赤片〔斤〕'之语，表'灶'之义，以少子
续父之灶故云尔。"① 这里就提示了章太炎引用户水宽人文章的真正
要害所在——并非《序种姓》（上）上引段落中小字部分户水宽人对
《史记》的摘录，而是这段文字此前的正文部分，即没有写明思想来
源的所谓"传世受胙亦在少子。至今蒙古犹然，名少子则增言斡赤
斤。斡赤斤，译言'灶'也，谓其世守父灶，若言不丧匕鬯矣"，才
更可能出自户水宽人文章的启发！勒图尔诺进行了多民族文化的比较
研究，那珂通世又将所谓的"鞑靼人"具体落实为蒙古人，给予了
章太炎在人类文明史的脉络中理解楚国制度的依据。

其实，《春秋时代楚国相续法》刊发不久，章太炎就已经留意到
这篇文章。1899 年，章太炎第一次访日，馆森鸿记录了他跟副岛种
臣的一次谈话。副岛问："《春秋》与《万国公法》异文而同义，故
为外务卿时，一据《春秋》之义以为处置，兄以为何如？"章太炎答
曰："以《春秋》为《万国公法》，美人丁韪良亦言之，特其所著乃
粗疏耳，去年贵国户水宽人著《法理论丛》一书，中有《春秋时楚
国相续法》一种，其全书收入帝国图书馆。书肆中有其目而或无其
书，弟搜求之未得，归后以此书属君寻访也。"② 从《訄书》重订本
的援引情况来看，章太炎终究还是想办法搜集到该书，读到了户水

---

inherits the paternal estate, that is, the flocks and movables; the older sons have swarmed
out of the paternal tent, taking with them the herds which their father assigned to them.
Furthermore, this same right has existed, as we have seen, among the Keltic tribes of
Cornwall, Wales, and French Armorica. " CH. Letourneau, *Property*: *Its Origin and
Development* (London: Walter Scott, 1892), p. 325. Elie Reclus 指的是法国民族志学
者埃利·雷克鲁斯（Élie Reclus），他在著作《原始民族：比较民族志的研究》中
提到相似的内容。Élie Reclus, *Primitive Folk*: *Studies in Comparative Ethnology* (New
York: Scribner & Welford, 1891), p. 200.

① 户水宽人「春秋時代楚國相續法」『法理論叢』第 3 編、1898 年 4 月、4 頁。
② 袖海生：《似而非笔》（十二），《台湾日日新报》1899 年 10 月 14 日，日文第 1
版，"落叶笼"栏。

的文章。副岛种臣自述任外务卿时，将《春秋》视同《万国公法》来料理邦交。章太炎在给俞樾的信中也谈到此事，认为这是"水精制法，见诸行事者也"。[①] 纬书曾以"水精"指孔子。[②] 章太炎发现了副岛种臣的言行与康有为那样的孔子创法改制论者的相似性。从章太炎的回答来看，在还没有阅读之前，他恐怕以为户水宽人的《春秋时代楚国相续法》也具有类似的倾向，即挖掘春秋时期中国制度在当下的普遍适用性。虽然说该文实际讲述的内容和他的预期有距离，但该文将人类各文明置于同一个演进平台上进行观察，掘发某些普遍的元素，仍旧和"水精制法，见诸行事"的心理具有某种相通性。

而这一时期提供人类文明史的普遍论述和解释框架的是社会学。章太炎1898年与曾广铨合作翻译了社会学创始人之一斯宾塞的代表作《论进步：其法则和原因》，1902年他又将岸本能武太所撰《社会学》翻译成中文。社会学作为"掩袭百流一炉同冶""最宏大最切实之科学"，[③] 对章太炎的吸引力从未衰减。社会学家对人类文明进程各种状况的判断，彼时更被章太炎奉为圭臬。如在《驳康有为论革命书》中，为了证明印度人"薄于所有观念，则国土之所丧，种族之盛衰，固未尝概然于胸中"，章太炎说，"热带之地，不忧冻饿，故人多慵惰，物易坏烂，故薄于所有观念"，"此社会学家所证明，势无可遁者"。[④]

章太炎自述1902年夏的状态，"酷暑无事，日读各种社会学书，

① 章太炎：《致俞樾》（1899），《章太炎全集·书信集》，第9页。
② 章太炎就称孔子改制为"水精制法"，并且常以"水精"指称孔子。章太炎：《论学会有大益于黄人亟宜保护》（1897），《章太炎全集·太炎文录补编》，第8页。
③ 《新民丛报》第22号，1902年12月14日，"绍介新著"栏，第67页。
④ 章太炎：《驳康有为论革命书》（1903），《章太炎全集·书信集》，第52页。

平日有修中国通史之志，至此新旧材料，融合无间，兴会勃发"。①
《訄书》重订本的《序种姓》（上）正是如此兴会勃发的产物。文章
追溯了人类学者以石层、槁骨确定的地球上人类从 50 万到 20 万年不
等的起源。历经渔猎、畜牧、部落战争的"羼处互效"，在地理气
候、通婚关系、社会阶级及号令契约的影响下，逐渐形成了以人种、
风教、语言为特征的历史民族。文章征引《支那文明史》传播的拉
克伯里学说，讲述华夏民族由迦勒底东来，逐渐自为一族的历程。根
据吉丁斯的《社会学原理》，章太炎指出，母系社会"率动植而为女
神者，相与葆祠之，其名曰讬德模"，意为图腾崇拜。② 随后，文章
又参考了原本于斯宾塞社会学的有贺长雄的《宗教进化论》，来描述
世界各地图腾崇拜的具体形态，③ 从而揭示"契之子姓自玄鼋名，
禹之似姓自薏苡名"，是中国"母系未废"时的"草昧之绪风"。
之后，文章谈到父系社会出现姓氏混乱的原因，其中一项是"异族
亡命"、家族离散过程中不同血缘的人"共为一姓"，谓"所谓技
工兄弟者矣"，并自注道："社会学以技工兄弟别于天属兄弟。"这
个判断出自吉丁斯《社会学原理》中"社会的历史进化"（the
historical evolution of society）一章。"技工的兄弟"乃是远藤隆吉对
"artificial brotherhood"（非自然属性的兄弟）的日译汉字词，以与

---

① 《章太炎来简》，《新民丛报》第 13 号，1902 年 8 月 4 日，第 57 页。
② 章太炎参考的是米國ギッヂングス著、文學士遠藤隆吉譯『社會學』、東京專門學
　校出版部、1900 年、197 頁。"讬德模"是对日文"トーテム"的汉字音译，"ト
　ーテム"对应的英文是"totem"。英文原文参阅 Giddings, *The Principles of
　Sociology*, p. 158。
③ 根据小林武的研究，《序种姓》（上）从"故埃及人信蝙蝠"到"剖哀柏落人，
　有淡巴芯、芦苇二族，谓其自二卉生也"（《章太炎全集·〈訄书〉重订本》，第
　170 页）的相关内容，节译自有贺长雄《宗教进化论》的第 370、375、376～377、
　378 页。小林武「章炳麟〈訄書〉と明治思潮——西洋近代思想との關連で」
　『日本中國學會報』第五十五集、2003 年；有賀長雄『宗教進化論』東洋館書店、
　1883 年。

"natural brotherhood"（自然属性的兄弟）相对照。① 文章继而描述，部族征战，"胜者常在督制系统，而败者常在供给系统"，导致阶级分化。"督制系统""供给系统"的概念来自章太炎所译的岸本能武太的《社会学》。② 此后，就是在叙述父系社会初期全世界广泛的"立少不立长"制度时，章太炎援引了户水宽人的《春秋时代楚国相续法》。③

《序种姓》（上）以斯宾塞、吉丁斯、有贺长雄、岸本能武太等人的社会学著作所揭示的人类文明演化的一般进程作为叙述的逻辑根干，纬之以《支那文明史》《春秋时代楚国相续法》等对中国具体特征的论述。交错纵横中，章太炎又发掘中国的史籍，通过"新旧材料，融合无间"来讲述华夏民族的成长史，从而把华夏民族的历史编织进人类社会的进化史。并且，章太炎对社会学、比较文明史之于著述中国史的价值是有理论自觉的。他在《中国通史略例》中说，"彪蒙之用，斯在扬榷，大端令知古今进化之轨而已"，"今日治史，不专赖域中典籍。凡皇古异闻，种界实迹，见于洪积石层，足以补旧史所不逮者，外人言支那事，时一二称道之，虽谓之古史，无过也。亦有草昧初启，东西同状，文化既进，黄白殊形，必将比较同异，然

① 英文原文参阅 Giddings, *The Principles of Sociology*, pp. 172, 270-272。章太炎参阅日文原文为米國ギッヂングス『社會學』、336~338 頁。

② 参阅岸本能武太讲述『社會學』、1896、242 頁。章太炎的译文参阅《章太炎全集·译文集》第 124 页。其文曰："一变而分配督制系统、供给系统于征伐者、服从者之间，是由二群相閱，乙为甲败，则甲群为主人，而胁持乙群，使从事种种劳役，斯则奴隶所权舆也。"另外，岸本能武太在修订的《社会学》（大日本圖書公司，1900）中，指明"督制系统""供给系统"乃是分别针对"the regulating system"和"the sustaining system"的译词（第 237 页）。小林武指出，这样的对译更早见于有贺长雄的《社会进化论》《族制进化论》。小林武「章炳麟〈訄書〉と明治思潮——西洋近代思想との關連で」『日本中國學會報』第五十五集、2003 年。

③ 上述《序种姓》（上）的引文，参阅《章太炎全集·〈訄书〉重订本》，第 169~180 页。

后优劣自明，原委始见，是虽希腊、罗马、印度、西膜诸史，不得谓无与域中矣。若夫心理、社会、宗教各论，发明天则，烝人所同，于作史尤为要领"。①《序种姓》（上）的编排，最能见出彼时比较文明史取向的明治汉学著述，在章太炎知识体系中所发挥的是雅非郑的协助功能。

此外，需要特别指出的是，《訄书》重订本隐伏着章太炎对待明治汉学一贯的态度，即他坚决抵制日本汉学家因维护天皇万世一系国体论，而诋毁支持放伐革命的中国儒学。这同他此前批判根本通明，此后《与罗振玉书》抨击服部宇之吉情形相类。《支那文明史》指出，孔子彷徨纵横、老庄二者间，"以合意干系为名，以权力干系为实，此儒术所以能为奸雄利器"。《訄书》重订本《订孔》篇明确反对此论，强调"今不以利器之说归曲孔氏"。②

由于《订孔》篇整体的倾向是将孔子拉下神坛，认为孔子道术不及孟荀，并且下比汉之刘歆，为孔子打造"古良史"的新形象。此文发表后，也的确起到了"孔子遂大失其价值，一时群言，多攻孔子"③的诋孔效果。所以，此前的研究更多聚焦章太炎如何扭曲或者渲染远藤隆吉的《支那哲学史》和白河次郎、国府种德的《支那文明史》中关于孔子的负面论述，以与康有为的孔教论相抗衡。④ 事实上，与《订孔》整篇降低孔子地位的意图不同，篇末这段涉及白河次郎《支那文明史》的文字，不是支持白河次郎对儒术的判断，而是表示反对。背后隐含着章太炎对明治汉学

① 章太炎：《中国通史略例》，《章太炎全集·〈訄书〉重订本》，第 333～334、335～336 页。
② 章太炎：《订孔》，《章太炎全集·〈訄书〉重订本》，第 134 页。
③ 许之衡：《读〈国粹学报〉感言》，《国粹学报》第 1 年第 6 号，1905 年 7 月 22 日，"社说"栏，《国粹学报》影印本第 3 册，第 81 页。
④ 参阅王汎森《章太炎的思想（1868～1919）及其对儒学传统的冲击》，第 177～182 页。

否定儒学"革命"传统的持续反驳。这层意思恐怕让人有些始料未及，之前的研究也没有关注或正确解读，所以下面做些梳理和分析。

首先，《订孔》的末段说：

> 白河次郎曰："纵横家持君主政体，所谓压制主义也。老庄派持民主政体，所谓自由主义也。孔氏旁皇二者间，以合意干系为名，以权力干系为实，此儒术所以能为奸雄利器。使百姓日用而不知，则又不如纵横家明言压制也。"[①]

这里必须要返回《支那文明史》第五章"关于政治的观念及君主政体的发展"，才能理解白河次郎他们论证的逻辑及为什么说儒术成为"奸雄利器"。

白河、国府指出，君主观念是政治观念的基础。在太古时代，几乎所有民族的政治观念都是与宗教观念相结合的，即君主作为神的代表行使命令。而人类群聚、强弱相争，最强者被推举出来裁断事务。强者、弱者的干系和崇拜神的宗教观念相结合，生成"命令服从的权力干系"，即"治者被治者的干系"，"君臣主从之义起，贵贱上下之位生，然后权力、威力得其归。'君主'掌握统治大权的观念就被定下来"。他们勾勒了中国古代政体演变的脉络，乃是从三皇的"神主政治"一转而为尧舜的"共和政治"，从夏、商、周建立王朝到秦始皇，逐渐完成了"君主政体"。白河、国府特别分析了尧舜政治的性质，"尧舜的政治尽管是'共和政治'，但尧举舜、舜用禹，皆是从官吏中任命之，而非从民中选举之"，也就是说，尧舜时代不纯是

---

① 章太炎：《订孔》，《章太炎全集·〈訄书〉重订本》，第133~134页。

君主政体，当然更不是民主政体，而是"贵族君主政体"。尧舜时代君位极轻，君主由诸侯所推举的有力者担任，君主与群臣的干系不过是"命令服从的合意干系"。到了夏殷周三代，情形发生了改变。君位继承由禅让制变为世袭制，群臣的职司渐渐世袭化。"'君位世袭制'和'官职世袭制'一起产生了'命令服从的权力干系'，从而具有了'君主政体'的形体。"①

在铺陈尧舜及三代政治体制和理念的基础上，《支那文明史》才开始讨论东周时期纵横、老庄及孔孟三派的政治思想。纵横家主张，君主必须充实兵力、富力以实行武力主义，对外国必须成为手握霸权的战胜者，对臣民应该将其作为器具压服之；纵横家"不承认君民合意干系"，认为"君主和臣民的干系是权力干系"。这就是《订孔》所言"纵横家持君主政体，所谓压制主义也"。而老庄派认为："君主不过'民之役'，承认'君民合意干系'，主张自由；非以君主政治为民之桎梏，不承认'权力干系'。"此即《订孔》概述的"老庄派持民主政体，所谓自由主义也"。至于孔孟派，一方面"承认君主政体的'权力干系'，以'贤者政治'为理想，祖述三代"；另一方面"主张'共和政治'，承认'君民合意干系'，祖述尧舜政治"。在白河他们看来，同时承认"合意干系"与"权力干系"的儒家在逻辑上是矛盾的。"儒者生成此矛盾的原因，乃是基于全然混同了感

① 上引日文原文为，"命令服從の權力干繫"；"治者被治者の干繫""君臣主從の義起り、貴賤上下の位生し、然る後權力、威力の歸するところ、『君主』は統治の大權を有すとの觀念定められ"；"堯舜の政治は『共和政治』なりしも、堯の舜を舉げ舜の禹を用ひたるは皆な官吏より之れを任命せしなり。決して民より之れを選舉せしに非らず。""堯舜の政治は貴族君主政軆なりき""命令服從の合意干繫"；"『君位世襲制』が『官職世襲制』と共に、『命令服從の權力干繫』を生するに至りしは、『君主政軆』の形軆を具有するに至れる者なりき"。参阅白河次郎、國府種德『支那文明史』第五章「政治に關する觀念及君主政軆の發展」、85、90-92、95頁。

情和论理。"从哀叹周室式微的感情出发，将尧舜和三代的君主都作为圣人来崇拜。"以至直接承认将'权力干系'与'合意干系'这不两立的两者并立起来。"孔孟学说的矛盾性使其既足以装饰君主的主权，又助于反对君主的主权，从而误导了此后中国学者的思想。儒家体现了中国实利主义和便利主义的特性。由于儒家既承认尧舜的"禅让"，又认可三代的"放伐"，后来的君主借着孔孟政治学说的口实来实行王朝的革命。这导致后续的中国政治合意干系悉数消失，武力主义得其势力。"战胜者占有君位，以放伐为方法；权臣夺取君位，以禅让为方法"；"儒教一面以圣人政治作为理想，一面却给予英雄最便利的口实"。① 这些议论就是《订孔》所言白河次郎将儒术视为"奸雄利器"之所本。

《支那文明史》的上述表述隐含了将万世一系的天皇制，特别是明治维新后建立的立宪君主制与中国政治体制及理念相对比，以明确日本制度优势的企图。一方面，该书将君主政体分为"专制君主政体"和"立宪君主政体"，它们处于社会进化的先后序列之中。日本"人文渐开，人智日进，学理日明"，建立"君主自己制定宪法，规定君主与臣民的干系，至臣民的代表者俱商议国政"的立宪君主制。中国自秦以后一直是"专制君主政体"，相较而言当然更落后一些。

---

① 上引日文原文为，纵横家"君民合意干繫を認めず。『君主』と臣民との干繫は『權力干繫』ならざるべからず"；老庄派"『君主』は『民の役』たるに過きす。『君民合意干繫』を認む。自由を主張す。『君主』の政治を以て民を桎梏するは非なり。『權力干繫』を認めず"；孔孟派"『君主政躰』の『權力干繫』を認めて『賢者政治』を理想とす。三代を祖述す。政治の方法は『共和政治』を主張して、『君民合意干繫』を認め、堯舜の政治を祖述す"；"儒者が此の矛盾を生するに至りたるは。全く論理と感情とを混同したるに基くつ"；"直ちに『權力干繫』と『合意干繫』との不両立の二者を併せて認むるに至りしなり"；"戰勝者の『君位』を占有するは『放伐』の方法にして、權臣の『君位』を奪ふは『禪讓』の方法なりき。……儒教は『聖人』政治を理想としなから、却て英雄に最も便利なる口實を與へたり"。参阅白河次郎、國府種德『支那文明史』第五章「政治に關する觀念及君主政躰の發展」、97-99、103頁。

另一方面，该书致力于瓦解儒家理想中的尧舜时期及三代的政治图景。一则说孔孟对尧舜"共和政治"的本质认识不清；尧舜共和并非民主政体，而是君主与推荐他的诸侯间"合意"（彼此商量、同意）的政治，但诸侯和民之间是服从命令的权力关系，属于"贵族君主政体"。再则，儒家无论政权是由贤者掌握的"禅让"，还是驱逐暴君的"放伐"，这些针对君主的"革命"行为，在白河他们看来只使野心家得利。武力盛行并没有改变君主专制的事实。[1] 至于为什么驱逐暴君的行为没有道德正义性，白河没有明言，但这背后恰恰是日本国体论之核心价值——天皇万世一系，皇位不可挑战。早在章太炎供职《台湾日日新报》时期，该报就发表过《国体说》，批评"支那曰尧曰舜，惟急于求贤而不定君臣之分，以是后世龙拿虎掷，甲败乙兴"。[2]《支那文明史》正是要消解尧舜禅让的共和政治对"国体论"在道德上构成的挑战和压力。

白河、国府站在维护明治国体的立场扭曲孔孟思想，引起中国读书人的反感。许之衡就说，"冤孔子主张专制，合时君之利用，此日人白河次郎说"；"东洋之排斥孔子，则由彼爱国者恐国人逐于汉化，又恐逐于欧化，故于孔子有微辞，于耶稣亦多论议，以成彼一种东洋之国学，即国粹主义所由来也"。[3] 章太炎的《订孔》在全面降低孔子地位时，还不忘替孔子辩诬，谓："所谓旁皇二者间者，本老氏之术……故今不以利器之说归曲孔氏。"《儒道》篇也早就说，"行一不义，杀一不辜，虽得国可耻"，是儒道之辩的大略。[4] 换言之，对道

---

① 参阅白河次郎、國府種德『支那文明史』、85–103 頁。

② 《国体说》，《台湾日日新报》1899 年 2 月 22 日，汉文第 3 版，"论议"栏。

③ 许之衡：《读〈国粹学报〉感言》，《国粹学报》第 1 年第 6 号，1905 年 7 月 22 日，"社说"栏，《国粹学报》影印本第 3 册，第 85、90 页。许之衡："孔子之遗经，无一为主张专制者，虽不主共和之制，然其所言君权，大抵主限制君权之说居多……以愚意度之，其殆主张君民共主之制者乎？"

④ 章太炎：《儒道》，《章太炎全集·〈訄书〉初刻本、〈訄书〉重订本》，第 8、136 页。

德正义性的追求是儒家的根本价值。基于这一追求的革命，无论禅让、放伐都是合理的。秉持此信念的章太炎，就明治汉学否定儒学的革命传统一以贯之地予以严厉批判。

四 章太炎批判《汉学》

1911 年的《与罗振玉书》呈现了章太炎 1906 年第三次旅日后对明治汉学包括文、史、哲各个方向的整体判断。日俄战争后，日本野心愈益膨胀。在日本的中国人普遍感到日常生活中受歧视，如鲁迅在仙台就备受同学欺凌，愤慨不少日本人认为"中国是弱国，所以中国人当然是低能儿"。[①] 章太炎对日本的情感也愈加疏离。他亲见大隈重信在纪念西婆耆王的集会上枉顾印人悲痛、"谐媚"英人。[②] 他与《东亚月报》武田范之辩论，从中发现日本"封建遗民，情存势利"的国民心理。[③] 戊戌时他还有以日本为亚洲"相倚依者"[④] 的连带感，1907 年策划亚洲和亲会则完全将日本摒之于外。其间感情的激荡转折是不言而喻的。

而《与罗振玉书》所针对的《汉学》杂志，具备学院的建制化力量和浓厚政治色彩，体现了扩张中的日本之企图心。1910 年《汉学》杂志得以创刊的大背景是"近时攻究以中国为中心的各般学术的机运渐渐成熟"，且"社会上汉学复活的声音颇为高涨"。[⑤] 随着日俄战争后民族自信的恢复乃至膨胀，日本全方面与欧美争霸之心日炽。然而，从德国的夏德、英国的翟理斯到法国的沙畹、伯希和，欧

---

① 鲁迅：《藤野先生》，《鲁迅全集》（2），第 317 页。

② 太炎：《记印度西婆耆王记念会事》，《民报》第 13 号，1907 年 5 月 5 日，第 94 页。

③ 太炎：《答梦庵》，《民报》第 21 号，1908 年 6 月 10 日，第 129 页。

④ 章太炎：《论亚洲宜自为唇齿》（1897），《章太炎全集·太炎文录补编》，第 4 页。

⑤ 「支那に關する都下諸學會近況」『漢學』第 1 編第 1 号、1910 年 5 月 5 日、127 頁。

洲以"以实物为基础"的汉学研究，从方法到成就都令日本学者"有不堪羡望的惭愧之感"。① 东亚学术研究会的宗旨之一，即是"在起于中国，传播于我国及韩国等生成各特殊发达的学术文物的研究中凌驾欧美"。② 历经欧化大潮冲击，从明治二十年代开始，以学院建制化培养和研究模式为特征，汉学逐步复苏。1882 年，在加藤弘之的申请下，文部省批准在东京大学增设附属于文学部的"古典讲习科"甲部、乙部，乙部即以汉学为主。包括林泰辅、儿岛献吉郎在内 1883、1884 年两年入学的毕业生，在明治汉学"命脉渐趋断绝之时"，"起而弥缝其间"。③ 1886 年，东京大学改为帝国大学，帝国大学文科大学起初设立汉文科，后"更新以分设支那哲学、支那史学、支那文学三科，设置更精细的各专门研究科程"，汉学研究逐渐"脱却旧套"，④ 转型为近代的"支那学"（中国学）。诸如支那史学会、汉学研究会等学会陆续成立，亦壮大了研究力量。创建"东亚学术研究会"的班底，就是东大文科大学研经会和汉学研究会等学会。《汉学》杂志的编辑部即在东京帝国大学文科大学国语研究室内。

章太炎以《汉学》为对象，可以说抓住了明治汉学的枢要，足以对其包括儒教、汉文与中国史三个领域的研究展开整体性批判。章太炎当然有敏锐的政治嗅觉，但是除了对变化中的汉学研究方法或结论做出即时反应，其对各领域的认知标准大都有前缘可考。

首先，《与罗振玉书》点名批评服部宇之吉，包含了对明治儒

① 黑板勝美「歐洲に於ける支那考古學の研究」『漢學』第 1 編第 1 号、1910 年 5 月 5 日、61、72 頁。

② 「東亞學術研究會設立主意書」『漢學』第 1 編第 1 号、1910 年 5 月 5 日。

③ 井上哲次郎「序」林泰輔『支那上代之研究』光風館發行、1927 年、1 頁。

④ 「支那に關する都下諸學會近況」『漢學』第 1 編第 1 号、1910 年 5 月 5 日、128、127 頁。

教某种整体趋向的判断："往者中土不校东人优绌，横弃重币，以求良师，如服部宇之吉辈，尚厕大学教授之列。归即自言深通汉故，腾而狂趮，时出纸笔，殆与明世《大全》同科，犹不能比帖括。《汉学》杂志中，有服部所撰《孔子集大成》一首，缴绕可笑。"[①]

服部宇之吉毕业于东京帝国大学文科大学哲学科，后成为岛田重礼的女婿。1900 年因义和团运动，和古城贞吉、狩野直喜等在北京被围困 9 个星期，撰有《北京笼城日记》。他后来被派往德国，学习汉学教学法和研究法；1902～1909 年又被清政府聘为京师大学堂师范馆教习；[②] 1909 年回日本后担任东京帝国大学文科大学教授。1910 年后，他编辑的《汉文大系》22 卷由富山房出版，成为当时最受注目的汉学丛书。其主要著作包括《孔子及孔子教》（1917）、《东洋伦理纲要》（1916）、《支那研究》（1916）等。他还创办了斯文会。《孔子集大成》连载于《汉学》第 1、3、4 号，后收入其专著《孔子及孔子教》。天皇万世一系的国体论，乃是塑成明治时期日本思想界认识论与伦理观的核心元素。章太炎已屡屡遭逢相关问题，并多次予以反击。《孔子集大成》虽是一篇短文，但可窥斑见豹，显现受国体论影响的明治儒教相关特征。

《孔子集大成》的主旨在宣讲人格完善是孔子教的中心。其开篇

---

① 章绛：《与农科大学教习罗振玉书》（1911），《学林》第 1 册，"学林"一，"杂文录"，第 86 页。

② 1902 年 9 月，服部宇之吉偕妻子服部繁子来华，与京师大学堂签署协议，1906 年再次签署 2 年留任协议，至 1909 年 1 月归国，前后在京师大学堂任职 6 年多。服部宇之吉主要承担《心理学》和《伦理学》的授课任务。服部与之吉在中国的主要经历，参阅谢群、徐冰《服部宇之吉的"行"与"思"——以担任京师大学堂师范馆正教习期间为中心》，《光明日报》2016 年 8 月 10 日，第 14 版。关于服部宇之吉的孔子教观念，可参阅刘岳兵《论近代日本的孔子教——以服部宇之吉为例》，《学术月刊》2003 年第 5 期。

就以"人行为的善恶和吉凶祸福之间的关系"来印证"自然界条理与人事界条理之间的密接关系"。用通俗的话说,"顺天者昌,逆天者亡",反映了作为人类主宰者的"天"和人的关系。① 在服部宇之吉看来,集中体现《易》的天人合一,是孔子教在理论上的总结,知天命则是孔子教的根本所在。② 事实上,将人间一切的存在都合理化为"天意"的"敬天论",是日本"国体论"的信仰基础。其将人事的变动和自然的演变联系起来,令章太炎深感厌恶。章太炎早在《儒术真论》中就确立了真儒术标准是"以天为不明及无鬼神"。③《訄书》初刻本《独圣》篇将"仲尼横于万纪"的主因归结为孔子反对機祥感生之说,革除"史巫尸祝"文化。④ 服部宇之吉接受新式大学教育,熟稔近代自然科学,自然不会犯下鼓吹巫鬼的错误。只是他强行在近代遗传学与儒家经典有关美德的论述间建立联系,以证明自然界条理对人世间善恶的规范作用。比如,《孔子集大成》说,人和兽一样,血统相近者交配有害于作为生物本能的种的永续。这本来是近代遗传学的知识,服部却以《左传》为论据。谓,回避同姓结婚,是因为"同姓者德相等,然而德相等、美相同的人结为夫妇、组成家庭,子孙就难以繁荣。必须是德相异、美不同者相配为夫妇,才能集合双方的美,兼取两方的德,家才能兴荣"。⑤ 通过这种途径来建立自然界条理与人事界条理之间的关系,是相当牵强的。章太

① 服部宇之吉「孔子の集大成」『漢學』第 1 編第 1 号、1910 年 5 月 5 日、31-32、28 页。
② 服部宇之吉另有《孔子教的天命说》一文收入《孔子及孔子教》。参阅服部宇之吉『孔子及孔子教』明治出版社、1917 年、223-261 页。
③ 章氏学:《儒术真论》,《清议报》第 23 册,1899 年 8 月 17 日,第 1507 页。
④ 章太炎:《独圣》(下),《章太炎全集·〈訄书〉初刻本》,第 103~104 页。
⑤ 服部宇之吉「孔子の集大成」『漢學』第 1 編第 1 号、1910 年 5 月 5 日、29 页。此处实际上解说的是《左传》僖公二十三年郑叔詹说"男女同姓,其生不蕃",以及昭公元年郑子产说"美先尽矣,则相生疾"。参阅《春秋左传正义》,第 472、1338 页。

炎一下就窥破了服部仍受到某种深层次神秘主义思想的导引，所以批判他"缴绕可笑"。《与罗振玉书》谓："东方诸散儒，自物茂卿以下，亦率末学肤受，取证杂书，大好言《易》，……好傅会，任胸臆，文以巫说，盖先后进所同。谓徐福所携燕、齐怪迂之士，作法于诬，令彼国化之也。"[1] 在章太炎看来，以《易》为中心，在天人间建立神秘主义的联系是日本汉学的突出特征，服部宇之吉只是其中一员。

《孔子集大成》指出，孔子认为人性中能看到"自我之情"和"同情"。"自我之情"与"自利之情"不同。"自我之情"由知晓自我的价值生发出来，虽然也与人自我保存的本能相关，但并非固执于自身利益，而是权衡价值，较易牺牲自身利益。[2] 强调人类需要构筑利他的道德理想，个体的价值应该服从于更大的社会价值，是以忠孝为本的明治国体对国民道德的基本要求。1905 年章太炎撰《读佛典杂记》，已经和《哲学丛书》中井上哲次郎、森内政昌的类似观点展开论战。章太炎不能认同有高于自利性的社会性存在；他的"己"指向一己之身的个体本位，可以脱离五伦的社会性关系。这两种伦理观的冲突体现在政治实践上，就表现为是否认同革命。章太炎的个体本位精神，自然有助于推进打破既有秩序的政治和社会革命。而对服部宇之吉来说，他不满中国革命派"借孔子的权威来作为革命道德的根据"。[3] 对他来说，君主政体才是孔子教的骨子；孔子特重君臣、父子、夫妇的伦常之教；在孔子教中追求民主

---

[1] 章绛：《与农科大学教习罗振玉书》(1911)，《学林》第 1 册，"学林"一，"杂文录"，第 85 页。

[2] 服部宇之吉「孔子の集大成」『漢學』第 1 編第 1 号、1910 年 5 月 5 日、34-35 頁。

[3] 服部宇之吉「春秋公羊學と孔子」『孔子及孔子教』、349 頁。

共和的根据属于缘木求鱼。① 从根本通明、白河次郎、国府种德到服部宇之吉，日本学者持续用儒学来否定革命，生成了章太炎对明治汉学刻骨铭心的一种负面印象。

服部宇之吉将孔子教整合进天皇万世一系的国体架构，因此他十分赞赏清末新政试图借鉴明治维新，将尊孔纳入忠君的政治建构。《汉学》第1编第1号"附录"栏载有服部宇之吉的《时文讲义》。他选择讲解的清国"时文"，乃是1906年3月宣示学部《奏陈教育宗旨折》的《上谕》。服部指出，这是"清国朝廷效仿我国有关教育的敕语所宣示者"。② 学部的《奏陈教育宗旨折》以忠君、尊孔与尚公、尚武、尚实作为教育的宗旨，确实在模仿日本的《教育敕语》。如谓，"近世崛起之国，德与日本称最矣。德之教育重在保帝国之统一，日本之教育所切实表章者，万世一系之皇统而已"，日本"人人有急公义洗国耻之志，视君心之休戚为全国之荣辱，视全国之荣辱即一己之祸福，所谓君民一体者也"。③ 除了模仿《教育敕语》，清末新政还模仿明治宪法，创制《钦定宪法大纲》。章太炎1908年就专门写文章批驳，谓，满洲统治中国"自古无万世一系之历史"，与日本天皇不相类，也不能"规定其后使匕鬯永属于一家"。④ 被吸纳进明治"国体"的儒教，否定革命的合法性，并且正在被清政府吸纳、借鉴。这是主张革命的章太炎无论如何不能接受的。基于现实的政治斗争，他也必须站出来批判服部宇之吉。

---

① 服部宇之吉「孔子教に關する支那人の誣妄を辯ず」『孔子及孔子教』、351頁。

② 服部宇之吉「時文講義」（一）、『漢學』第1編第1号、1910年5月5日、「附録」、1–3頁。

③ 《学部：奏陈教育宗旨折》（光绪三十二年三月初一日），璩鑫圭、唐良炎编《中国近代教育史资料汇编·学制演变》，第535页。

④ 太炎：《代议然否论》附《庭宪废疾》，《民报》第24号，1908年10月10日，第19页。

其次，《与罗振玉书》就明治时期的汉语汉字研究，点名批评了林泰辅、儿岛献吉郎、森槐南。其中，儿岛献吉郎"不习辞气，而自为《汉文典》"；森槐南"专为诗歌，体已骫骳，故不知代语也，亦授《尔雅》于其大学"。对森槐南的汉诗，章太炎始终气味难合。这两句话也清楚明白，儿岛献吉郎、森槐南以其昏昏，使人昭昭，才学难堪撰《汉文典》、讲授《尔雅》之任。倒是对林泰辅的评价颇耐人寻味。《与罗振玉书》本是因罗振玉和林泰辅之间讨论甲骨文的信件而起。但是，《与罗振玉书》抨击林泰辅处，并非其甲骨文研究，而是他的《说文考》。《说文考》发表于《汉学》第 1 编第 2 号。这说明章太炎的确认真阅读了《汉学》杂志，在做针对性的回应。并且，章太炎虽然攻击《说文考》"特贾贩写官之流"，但对该作并非一味否定。相较于痛诋《汉学》诸君，章太炎对林泰辅的评价反而是最高的。其文曰：

> 林泰辅辈知《说文》不与刻符同术，于诸子中最为饬慎矣，然顽顿不能辩然否，其平议皆奢言无剀切者。自余或往往知求音韵，刘览未既，辄沾沾自发舒，翻而奋笔，盖犹在赵宦光、毛先舒下。妄者或以其禁昧不调之声，自谓诚先汉语，复其次也。①

章太炎将《汉学》上的汉语汉文研究分为三个层次，由高到低分别由林泰辅、"自余"、"妄者"为代表。林泰辅如何"于诸子中最为饬慎"，"自余""妄者"是谁，各自又表征着怎样的学问取向，下面即来一一辨明。

林泰辅主要致力于甲骨文、中国古文字及朝鲜史的研究。章太炎

---

① 章绛：《与农科大学教习罗振玉书》（1911），《学林》第 1 册，"学林"一，"杂文录"，第 85、86 页。

"饬慎"一语，准确捕捉到了林氏为人、为文的风格。林泰辅东京帝大古典讲习科的同期同学冈田正之就评价他："极为谨愿端正，真挚质实，其起居举止也自有一定的纪律，见其著作的草稿，亦常常以正楷书之，次序秩然。"[1]《说文考》简要介绍《说文解字》其书及研究史。无论是对《说文解字》的历史定位，对《说文》学史的分析，林泰辅的见解都颇与章太炎投契；判断日本《说文》学著作的价值，林氏亦言有分际，当得起"饬慎"二字。

比如，林泰辅高度评价《说文解字》，称其作为许慎的创体，"拥有千岁不磨的伟功"，"为汉字的根本的研究，给予了一道光明"；但林氏也指出《说文》"部首的分类方法"有令人不满之处，且存在文字遗漏及解释牵强的地方，"不仅古文籀文遗漏甚多，亦有与晚周时代的俗体相混同者"。[2] 章太炎的国学"以《说文》《尔雅》为根极"。[3] 林氏对《说文》的夸赞他当然能够接受。章太炎尝批评："日本图书目录，《说文》列金石类，财比印谱，不知其为文字本根。"[4] 在他看来，林泰辅对《说文》的理解已远高出日本学界的一般认识水平。而章太炎治小学，既重视形、音、义的统一，又特为强调音韵的基础地位，谓："凡治小学，非专辨章形体，要于推寻故言，得其经脉，不明音韵，不知一字数义所由生。"[5] 所以，他同样对许慎以字形为根本来建立类别存有不满，称："建类一首，同意相受，……许所谓首，以形为首也；吾所谓首，以声为首也。"[6] 在章太炎看来，

---

① 冈田正之「序」林泰辅『支那上代之研究』、15 页。
② 林泰辅「說文考」『漢學』第 1 编第 2 号、1910 年 6 月 5 日、82~83 页。
③ 章太炎：《与钟正懋》（1909），《章太炎全集·书信集》，第 302 页。
④ 太炎：《汉字统一会之荒陋》，《民报》第 17 号，1907 年 10 月 25 日，第 106 页。
⑤ 章太炎：《小学略说》，《国故论衡》，第 9 页。
⑥ 章绛：《论语言文字之学》，《国粹学报》第 2 年第 13 号，1907 年 2 月 2 日，"文篇"，《国粹学报》影印本第 6 册，第 2527~2528 页。

《说文》"录秦汉小篆九千余文，而古文大篆未备"。① 林泰辅所指《说文》的缺憾，章太炎皆能认同。至于林泰辅对宋中叶至元明的《说文》研究评价不高，认为明赵撝谦《六书本义》、赵宧光《说文长笺》《六书长笺》等著，虽"间有可取，但往往有逞其臆见者"，② 亦是《说文》学的共识。如段玉裁《说文注·穴部》的"突"字注解中批评赵宧光，"欲尽改故书之灶突为灶突，真瞀说也"。③ 章太炎的《与罗振玉书》也以"犹在赵宧光、毛先舒④下"来抨击日本汉学者。

不仅如此，林泰辅能客观看待日本的说文研究。如，他虽然表彰山梨治宪（稻川）作于文政癸卯（1823）的《文纬》⑤ "聊为可观"，甚至"从音的方面研究，改变《说文》的组织"而言，要早于朱骏声《说文通训定声》（1833），但当时段注还未十分流行，这一成果"今天看来没有特别的参考价值"。⑥ 章太炎肯定林泰辅的"饬慎"，但认为他的判断属于大而化之的常识，且圆滑掩饰了自己在具体分析上的弱势，所谓"顽顿不能辩然否，其平议皆奢言无剀切者"。事实上，《说文考》刊于《汉学》杂志的"解题"栏，同期"解题"栏还载有森槐南《元曲百种解题》。所谓"解题"，即为大概介绍，缺

---

① 章太炎：《理惑论》，《国故论衡》，第 41 页。

② 林泰辅「說文考」『漢學』第 1 编第 2 号、1910 年 6 月 5 日、85 页。

③ （汉）许慎撰，（清）段玉裁注《说文解字注》，第 344 页下。

④ 毛先舒，字稚黄，浙江仁和（今杭州）人，精通音韵学，著有《声韵丛说》《韵问》《韵白》《韵学通指》各一卷。毛先舒"讨论范围涉及古韵、今韵、词韵、曲韵，认为古韵自成系统，不同于今韵，从后世韵书观察古韵，应当具体分析，离析今韵韵部，不能仅合今韵求古韵部。其观点较清初毛奇龄、柴绍炳等人为进步，但不像顾炎武那样系统系联《诗经》韵字，归纳上古韵部"。许嘉璐主编《传统语言学辞典》，河北教育出版社，1990，第 284 页。

⑤ 山梨稻川是江户后期的汉诗人、音韵学家，其《文纬》以顾炎武的古音表为本，从甲集到癸集，分别十部。山梨稻川说："《说文》立偏旁五百四十部以经九千字，今也立十部韵一千文原音以纬之。经纬相成，龙凤华藻，文彩自彰。"山梨稻川「文緯總論」『山梨稻川集』第 1 卷『文緯』、静冈山梨稻川集刊行会、1929 年、58 页。林泰辅文误认为此语出自《文纬》的《凡例》。

⑥ 林泰辅「說文考」『漢學』第 1 编第 2 号、1910 年 6 月 5 日、88 页。

乏深入恳切研讨，似不能完全怪罪林泰辅。

纵观《汉学》第 1 编前两期，章太炎"自余或往往知求音韵，刘览未既，辄沾沾自发舒，翩而奋笔"一语，针对的是后藤朝太郎及其《论字音的新研究》。

后藤 1903 年进入东京帝国大学文科大学语言科，在学时就和金泽庄三郎合译了麦克斯·缪勒的《言语学》，撰写了《汉字音的系统》（1909）、《文字的研究》（1910）等著。《论字音的新研究》批评以往研究汉字注意字形而相对忽视字音，主张借助西洋语音学（Phonetics）原理，"使汉字音现象中的事物得到若干合理的了解"。[①]后藤的观念继承自麦克斯·缪勒的《言语学》。缪勒介绍了作为 19世纪新兴"科学"的语言学，它包括比较语言学、科学的语源学、语音学、字汇学等。缪勒持自然主义的语言学观。[②] 在他看来，"历史的变化"（historical change）与"自然的生长"（natural growth）不同，"艺术、科学、哲学、宗教都拥有历史，而语言，或者其他任何自然的产物，严格地讲，只能是'生长'（growth）"；"尽管语言有持续的变化，但并不是任何人的力量所能制造或阻止的"。[③] 因此，以语言为研究对象的语言学属于自然科学。据此，后藤批评以往"机械地在以韵镜等为基础的视野中搜求历代有生命的、自由的字音"。他倡导由语音学出发，从历史、地理及心理上来研究字音。[④]

---

① 後藤朝太郎「字音の新研究を論ず」『漢學』第 1 編第 1 号、1910 年 5 月 5 日、54 页。

② 岑麒祥：《语言学史概要》，北京大学出版社，1988，第 257 页。

③ 此处为笔者所译，原文参阅 Max Müller, *The Science of Language*（London：Longmans, Green, and Co., 1899），pp. 38-39。日译本参阅マクスミュラー博士原著、文學博士金澤庄三郎、後藤朝太郎共譯『言語學』博文館、1907 年、54-55 页。

④ 後藤朝太郎「字音の新研究を論ず」『漢學』第 1 編第 1 号、1910 年 5 月 5 日、59 页。后藤 1907 年提交大学毕业论文《支那古韵 k、t、p 的沿革和由来》就是用历史比较语言学的理论探讨中国上古音。对后藤朝太郎语言学研究的评价，参阅李庆《日本汉学史》第二部，第 400~402 页。

章太炎谓"知求音韵"，表明他相当肯定后藤将音韵作为汉字研究重点，这也从侧面反映了中国现代语言文字学在产生之初即与西方语言科学相呼应。在《汉学》所署头衔上，和其他"文学博士""教授"相比，后藤署"文学士"，一望而知是小字辈。章太炎用"自余"称呼他，原因并不全在这里。章太炎确实有不满。1909年，后藤出版《汉字音的系统》，除了讨论汉字观、字形、字音转换的法则，还按照日本的五十音图对汉字加以系统排列，生成《汉字系统表》。后藤颇多参与《汉学》杂志的编辑工作。杂志《投稿及质疑应答内规》显示，编辑通信的联系人也是后藤朝太郎。① 也许是利用职务之便，后藤在《汉学》杂志上为自己的两部作品《汉字音的系统》和《文字的研究》打广告。《汉字音的系统》的广告词颇为拔高，称该作"展示贯穿汉字全体的音韵系统大纲，设立斯学在研究上的新立脚点"。② 如此难副其实的溢美，难怪章太炎会批评他："刘览未既，辄沾沾自发舒，翻而奋笔。"此外，后藤的《论字音的新研究》称，在中国已经听不到的隋唐之音，"在日本如同化石般被保存下来并且今日仍在袭用"，③ 也令章太炎愤怒。后藤这样的观点，在日本有一定代表性。章太炎在《论教育的根本要从自国自心发出来》中就抨击："现在日本人说，他所读的，倒是中国古来的正音。"④

　　《与罗振玉书》嘲讽："妄者或以其禁昧不调之声，自谓诚先汉

---

① 「投稿及び質疑應答内規」『漢學』第 1 編第 2 号、1910 年 6 月 5 日、115 頁。
② 『漢字音の系統』廣告、『漢學』第 1 編第 1 号、1910 年 5 月 5 日。
③ 後藤朝太郎「字音の新研究を論ず」『漢學』第 1 編第 1 号、1910 年 5 月 5 日、58-59 頁。
④ 章太炎：《论教育的根本要从自国自心发出来》(1910)，《章太炎全集·演讲集》，第 115、116 页。在这篇文章中，章太炎列出理据抨击这一观点。他说，日本人读汉字虽然有汉音、吴音、唐音各种区分，但学习之初就与中国的汉音、唐音、吴音不同。从《广韵》追寻唐朝的《唐韵》、隋朝的《切韵》，并没有什么大变动，从《广韵》的音切切出来的音和日本读汉字的声音并不同。

语，复其次也。""妄者"并非专指一人，主要针对《汉学》杂志上日本学者讨论"国语""国文"与"汉语""汉文"的关系时，主张日本本土的纯国语先于汉语存在，汉字、汉文在日本有一个漫长的被同化的历史。比如，冈田正之的《关于中等教育的汉文》谓，"古今的纯国文、纯国诗，在提高我国民趣味上是不可缺的"，与此同时，"同功一体、同化的汉文、汉诗在带来同一任务，贡献于我国民是无疑的"，因为汉字、汉文作为表记符号，在日本早已被同化，构成日本民族文化不可或缺的一部分。他还引用大槻文彦 1904 年所著《言海》的统计，"纯粹国语三万一千八百十七字，汉语有一万三千五百四十六字，国语的三分之一是同化的汉语"。① 儿岛献吉郎的《谣曲与汉文学》也说，"奈良朝以前的作物"乃"纯然的日本文学"，进入奈良朝后，受到相当程度汉文的影响。②

　　章太炎的不解，某种层面上是由汉字、汉文在两国语文系统中承担的不同功能所导致的。《汉学》的作者主观上应自认并无贬损汉字、汉文之意，相反他们竭力论证汉字、汉文的重要性，为其争取生存空间，因为"伴随着王政复古后的国学勃兴，以及文明开化政策所致的洋学的流行"，明治期汉学在学界、教育界影响力都较低。③相应的，一面有前岛密、清水卯三郎等专用假名的国粹主张；一面有西周、森有礼等罗马字母化的西化立场，汉字、汉文受到两方面的夹击而面临危机。汉学家对汉学困境的解决之道，都是强调汉学、汉字、汉文早就内在化、镶嵌于日本文化中，已经是"自我"不可割裂的组成部分。重野安绎的《关于日本的汉学》一文，为《汉学》

① 岡田正之「中等教育の漢文に就きて」『漢學』第 1 編第 1 号、1910 年 5 月 5 日、43、45 頁。
② 兒島獻吉郎「謠曲と漢文學」『漢學』第 1 編第 1 号、1910 年 5 月 5 日、86 頁。
③ 陶德民『日本における近代中国学の始まり：漢学の革新と同時代文化交渉』、「序説」iii.

杂志定调。他归纳了汉字、汉学传入日本两千年的历史中值得注意的三件事。一是汉学的儒教思想，"特别是忠孝节义之道助益我国固有道义，促进我国民道德之发达"；二是假名的发明借鉴汉字；三是日本的汉文、汉籍国字解的发达及汉学者的国学修养。总之，他倡导"汉学国学相须为用，决不可偏废"。①《汉学》第 1 编第 1 号还登载了重野安绎为日本国学者、以实证研究《万叶集》著称的木村正辞（号欄斋）别集所作序言，内曰："欄斋邃于国学，而兼通汉籍，余虽修汉学，而心常存于国书，以故意气相投合，二十余年犹一日。"②如此"意气相投合"的交往，非常形象地投射了重野对"国学"与"汉学"关系的期望。这也是冈田正之所言的，纯国文、纯国诗与汉文、汉诗"同功一体"的指向。

汉字、汉文在日本已被"同化"。"同化"这个词，章太炎听来刺耳。在他心目中，日本学术"仪刑他国"，"老死不出译胥钞撮"，并无创造性可言。③汉语、汉字不仅原发于中国，并且一直作为中国文化的主要负载工具，是中国"国学"的根本。而在日本，既有"汉字统一会"以限制汉字来径行确立标准，又有后藤朝太郎以日本的五十音图对汉字加以系统排列，日本汉学挟着国势，不仅要为整个汉字圈汉字改革立法，还将和语、和文凌驾于汉语、汉文之上，公然反客为主，称其渊源更早。这是章太炎难以接受的。

最后，《与罗振玉书》点名抨击白鸟库吉，谓其"自言知历史，说尧、舜、禹三号，以为法天、地、人，尤纰缪不中程度"。这是对明治中国史研究表达强烈抗议。白鸟库吉是日本东洋史学的开拓者，

① 重野安繹「日本的漢學に就いて」『漢學』第 1 編第 1 号、1910 年 5 月 5 日、1-5 頁。
② 重野安繹「欄齋別集序」『漢學』第 1 編第 1 号、1910 年 5 月 5 日、121 頁。
③ 章太炎：《原学》，《国故论衡》，第 102 页。

他所奠基的白鸟史学和内藤湖南的内藤史学，如双子星座，对整个日本东洋史学有决定性的影响。白鸟在求学期间就受到兰克史学信徒、德国教师里斯（Ludwig Riese）的影响，后留学德国、匈牙利等国，学习乌拉尔-阿尔泰语系的民族语言和历史文化，1904年开始长期在东京帝大史学科任教，致力于朝鲜、中国东北、蒙古古代史、中西亚古代史等领域的研究，主导该学科的研究方向。他关于"尧舜禹抹杀论"的文章《支那古传说的研究》，载于1909年的《东洋时报》第131号。

《东洋时报》是东洋协会的机关报。东洋协会的前身是台湾协会。日俄战争胜利后日本出于经营中国东北、朝鲜的目的，1906年12月将台湾协会改为东洋协会。其事业就包括"对有关东洋的历史、地理、言语、宗教、人种、制度、习惯、工艺等进行学术上的调查"。[①] 作为机关报，《东洋时报》也将服务于调查"台湾、韩国及满洲社会状态及各种产业"，养成相关业务人员作为自身宗旨。[②] 1907年，东洋协会成立调查部，白鸟库吉所组织的亚细亚学会会员全都成为调查部成员。白鸟本人也毫不避讳东洋研究与日本殖民扩张之间相辅相成的关系，谓："东洋研究并非单纯学问上的事，和实际的事业有很深的关系。"日本在中国东北、韩国各方面有大的活动，都必须以学问上的研究作为基础。[③] 在《东洋时报》上发表文章的，有章太炎在《台湾日日新报》任编辑时就熟悉的汉诗人籾山衣洲，有《汉学》杂志的常见作者后藤朝太郎、森槐南。这从也侧面说明，东京帝国大学学院化的汉学研究是日本帝国机器之组成

---

① 拓殖大学創立百年史編纂室『台湾・東洋協會研究　東洋文化協會五十年史稿』東京学校法人拓殖大学、2011年、22頁。

② 「東洋協會規約」『東洋時報』第131号、1909年8月20日、廣告。

③ 白鳥庫吉「滿洲民族の過去」『東洋時報』第132号、1909年9月20日、39頁。

零件。除《汉学》外，章太炎其实广泛涉猎彼时各种汉学出版物，并观察到它们明显的政治属性，所以才说："大氐东人治汉学者，觊以尉荐外交，不求其实。"[1]

《支那古传说的研究》认为，孔子祖述、孟子尊崇的古圣王尧舜禹并非历史真实存在的人物。由史载事迹看，尧长于天文观测、授民以时；舜事父至孝，爱弟弥谨；禹则勤勉力行，从事与土地相关的治水伟业。他们是后世儒教根据天、地、人三才的思想，为寄托对王者至公至明、孝顺笃敬、勤勉力行的道德期许，而创造出来的神话传说。[2] 白鸟库吉的观点，即便在日本学界也引发争议，招致如后藤朝太郎、井上哲次郎、林泰辅等人的批评。[3] 章太炎斥责此类观点"纰缪不中程度"，因太过荒谬甚至不值得从事实上予以驳斥。在当时，白鸟论述背后的两个问题特别触痛章太炎。一则，章太炎清楚，"民族独立，先以研求国粹为主，国粹以历史为主"；[4] "国之有史久远，则亡灭之难"。[5] 历史是文明的集体记忆，集体记忆将塑造人群的身份认同。中华文明以孔氏之教为代表，而"孔氏之教，本以历史为宗"；具体来说，"《春秋》而上，则有六经，固孔氏历史之学也；《春秋》而下，则有《史记》《汉书》以至历代书志、纪传，亦孔氏历史之学也"。[6] 白鸟将在经史中有明确记载的尧舜禹虚无化，消解了中华民族的历史记忆，打击了民族的自信心，为的是不战而屈人之

---

① 章绛：《与农科大学教习罗振玉书》(1911)，《学林》第1册，"学林"一，"杂文录"，第86页。
② 白鳥庫吉「支那古傳說の研究」『東洋時報』第131号、1909年8月20日、38-44頁。
③ 参阅王古鲁《最近日人研究中国学术之一斑》，上海生活书店，1936，"附录"，第218~219页。
④ 太炎：《印度人之论国粹》，《民报》第20号，1908年4月25日，第35页。
⑤ 章太炎：《原经》，《国故论衡》，第63页。
⑥ 章太炎：《答铁铮》，《民报》第14号，1907年6月8日，第116页。

兵，替日本殖民扩张张目。再则，章太炎敏锐地捕捉到了彼时汉学研究重视考古遗迹、遗物，轻视乃至怀疑史书文献记载的趋向。比如《东洋时报》刊发《支那古传说的研究》时，就正在连载人类学家、考古学家鸟居龙藏的《南满洲旅行谈》、桑原骘藏的《蒙古旅行谈》。章太炎的《信史》（上）和《与罗振玉书》同刊于《学林》杂志。在这篇文章中，章太炎坦言观察到"惑于西方之说"，"欲穿地以求石史"的现象，并猛烈抨击"疑五史之实录"，"贱可征之文献，闻一远人之言，则顿颡敛衽以受大命"的趋向。[①]

五四之后，随着国内疑古思潮方兴未艾，"尧舜禹抹杀论"渐甚嚣尘上，章太炎才真正打起精神，屡次从事理上驳斥白鸟学说的漏洞。章太炎谓："《禹贡》记大禹治水，八年告成。日本有一博士，他说：'后世凿小小的运河，尚须数十年或数百年才告成功，他治这么大的水，哪得如此快？'因此，也疑《禹贡》只是一种奇迹。"[②]章太炎指出："大禹治水，他不过督其成，自有各部分工去做；如果要亲身去，就游历一周，也不能，何况凿成！在那时人民同受水患，都有切身的苦痛，免不得合力去做，所以'经之营之，不日成之'了。《禹贡》记各地土地腴瘠情形，也不过依报告录出，并不必由大禹亲自调查的。"[③]章太炎当初哪里料到，在明治末期刚

---

① 章绛：《信史（上）》（1911），《学林》第1册，"学林"一，"文史部"，第62、64~65页。

② 章太炎此处对白鸟库吉的论述，记忆有一些错误。白鸟库吉质疑的是，禹以一己之力13年之功怎能治好洪水。中国的河川，黄河、长江、汉江合在一起全长千五百里，其他河水合在一起计算不知有几千里，如果诸水同时泛滥，禹以13年之功怎能堵住。参阅白鳥庫吉「支那古傳說の研究」『東洋時報』第131号、1909年8月20日、41页。此外，章太炎说禹治水8年，白鸟说13年，各有所本。《孟子·滕文公上》称："禹八年于外，三过其门而不入。"《史记·夏本纪》则说："禹伤先人父鲧功之不成受诛，乃劳身焦思，居外十三年，过家门不敢入。"《四书章句集注》，中华书局，1983，第259页；《史记》，第65页。

③ 章太炎：《国学概论》，第2~3页。

刚萌蘖，在他看来"甚无谓"① 的"尧舜禹抹杀论"，竟然会由于古史辨运动，在十余年后的中国掀起史界的惊涛骇浪。②

小结：超越夷夏之辨的雅郑之争

至此，近代中日文化交流史标志性作品《与农科大学教习罗振玉书》的性质已经清楚。它并非心血来潮的一时愤笔。无论是抨击服部宇之吉的儒教观念，还是厌弃森槐南的汉诗，都能在章太炎与明治汉学十余年的关联中找到其一贯的思想和美学逻辑。至于讥谈林泰辅的《说文考》，褒贬之间用词审慎；批判后藤朝太郎的汉字研究，区隔其得当的方法与不济的实力；斥责日本学者对汉字价值的定位、白鸟库吉对尧舜禹的认知，虽然不无为民族文化和记忆辩护的成分，但基于或许有局限的学问立场与视野，这些判断也均能从章太炎思想中找到相呼应的学理依据。换言之，《与罗振玉书》作为章太炎收入《文录》、意欲传世的著述，其全方位评判明治汉学，态度是严谨的。尽管在评判明治汉学上不少内容有所重复，章太炎同时期用白话演讲的《论教育的根本要从自国自心发出来》和《留学的目的和方法》③ 性质却与《与罗振玉书》不同。一是，两篇白话文用语不免轻慢、刻薄。如将日本保存和整理汉籍经典的功绩予以相对化处理，谓"像山井鼎、物观校勘经典，却也可取……其余著作，不过看看当个玩具……皇侃《论语疏》《玉烛宝典》《群书治要》几部古书，不过

---

① 章绛：《与农科大学教习罗振玉书》（1911），《学林》第 1 册，"学林"一，"杂文录"，第 86 页。

② 古史辨运动中，顾颉刚的主张和白鸟库吉"尧舜禹抹杀论"具有相似性，但是否具有剽窃性质，国内学界有争议。参阅陈学然《中日学术交流与古史辨运动：从章太炎的批判说起》，《中华文史论丛》2012 年第 3 期；李孝迁《域外汉学与古史辨运动——兼与陈学然先生商榷》，《中华文史论丛》2013 年第 3 期。

③ 两文均载于《教育今语杂志》，分别刊于第 3 册（1910 年 5 月 8 日）和第 4 册（1910 年 6 月 6 日），其中《留学的目的和方法》原名为《庚戌会演说录》。

借日本做个书簏子"；① 如有意贬低各领域有代表性，甚至自己也欣赏过的作品，谓日本东洋史学创立者那珂通世的《支那通史》"比《易知录》更加浅陋"；② 远藤隆吉的《支那哲学史》随意敷衍九流的话，"像《西游记》说的猪八戒吃人参果"；③ 等等。再则，他某些严厉的学术指控恐有不实之处，如称重野安绎及河田罴在 1896 年合著出版的《支那疆域沿革图》抄袭杨守敬《历代舆地沿革图》。④ 究其因，或也

① 章太炎：《论教育的根本要从自国自心发出来》（1910），《章太炎全集·演讲集》，第 113~114 页。这里提到的物观，即获生观，是获生徂徕的弟弟，字叔达，他为山井鼎的《七经孟子考文》作了补遗。《七经孟子考文补遗》在清中叶传入中国后，士人得知皇侃的《论语义疏》在日本有传本，乾隆三十六年（1771），武林汪鹏航海至日本购得《论语义疏》而还，该书后被收入《四库全书》。《玉烛宝典》12 卷是由隋杜台卿撰写的一部月令岁时著作。清末杨守敬在日本访得此书，由黎庶昌在日本刊入《古逸丛书》，后来流传域内。参阅李道和《民俗文学与民俗文献研究》，巴蜀书社，2008，第 228~229 页。《群书治要》是唐代由魏征等人编辑的重要典籍，该书在唐朝末年的战乱中失传，但由时在唐朝的日本遣唐使带到日本后受重视并一直保存下来。日本宽正八年（1796），尾张藩主将此书送给长崎海关的掌管近藤重藏，让他转交中华，后由中国商人带回国。阮元编《宛委别藏》就收录了《群书治要》。参阅萧祥剑《群书治要五十讲》，团结出版社，2013，第 6~8 页。

② 章太炎：《留学的目的和方法》（1910），《章太炎全集·演讲集》，第 137 页。《支那通史》首次采用西方"通史"的体例来撰述中国通史。1899 年由罗振玉介绍，在中国出版之后影响了柳诒征、夏曾佑的史学著述。参阅周予同《五十年来中国之新史学》，朱维铮编《周予同经学史论著选集（增订本）》，上海人民出版社，1996，第 535~536 页；杨鹏、罗福惠《〈支那通史〉及其在中国的传播与影响》，《兰州学刊》2010 年第 8 期；邹振环《晚清史书编纂体例从传统到近代的转变——以汉译西史〈万国通鉴〉和东史〈支那通史〉、〈东洋史要〉为中心》，《河北学刊》2010 年第 2 期。

③ 章太炎：《留学的目的和方法》（1910），《章太炎全集·演讲集》，第 138 页。

④ 章太炎：《留学的目的和方法》（1910），《章太炎全集·演讲集》，第 137 页。关于《支那疆域沿革图》与《历代舆地沿革图》的关系，童世亨在《历代疆域形势一览图》自序中说，杨守敬《历代沿革图》及日人河田罴的《支那疆域沿革图》、箭内亘的《东洋读史地图》等，均各有优缺点。周振鹤认为，清末杨守敬集大成的《历代舆地图》问世，代表着传统历史地图集的终结；与此相应，在日本也一直有这类地图集行世，如长久保赤水的《唐土州郡沿革图》与重野安绎等的《支那疆域沿革图》，并未言及《支那疆域沿革图》抄袭《历代舆地图》。童世亨：《历代疆域形势一览图》，商务印书馆，1914；周振鹤：《范式的转换——沿革地理—政区地理—政治地理的进程》，《华中师范大学学报》2013 年第 1 期。

受彼时在日本留学的学生如钱玄同影响,[1] 就中国的各种学问,"日本的深浅",章太炎称"已经略略看得明白了"。[2] 加之这些言论出自在日本高等师范学校给中国学生的讲演,因期待掌声,章太炎用语难免夸张。何况他也想以嬉笑怒骂的方式,让学生在笑声中瓦解对明治汉学,推而广之对域外学术的迷信,以免他们"以为道艺废灭,学在四夷"。[3]

章太炎1899年首次旅日和众多汉学家交游酬唱、品诗析文,体验到明治时期存留的汉字圈雅文化之余温。《訄书》重订本吸纳其1902年第二次旅日成果,在运用社会学的整体框架下不经意中参考了数种以比较文明史为特征的汉学著论。《与罗振玉书》则以《汉学》为标靶,对被建构进帝国秩序的学院化汉学进行全方位的把握和批评。就常识而论,章太炎对明治汉学著述的阅读量应该远超他在关键作品中所呈现的量。然而章太炎表露出来的持续反应,能够体现他对明治汉学观感的大趋势,无形中也见证了明治时期汉学的演变历程。总的来说,这是一个带着欣赏眼光的美好记忆逐步褪去,在一贯的评价标准下那些灰色的恶感积累彰显的过程。章太炎对明治汉学有一个从美好的雅乐到嫌恶之郑声的体验变迁。创伤体验越切身、和当下的现实感勾连得越紧密,负面印象就越被加强。从根本通明、白河次郎、国府种德到服部宇之吉,整合进国体论的明治儒学借孔子反对革命,是章太炎始终关切的问题。但他起初对根本通明的观念尚心平气和,谓"斯东瀛一隅之见";多年生活在日俄战争后日本膨胀的国

---

① 钱玄同1909年在早稻田普通科听东洋史的课程,谓:"日人所编中史不特浅陋,抑且伪谬不适于事情。"而此时期章太炎和钱玄同交往、通信十分频密。杨天石主编《钱玄同日记(整理本)》,北京大学出版社,2014,第174页。

② 章太炎:《留学的目的和方法》(1910),《章太炎全集·演讲集》,第137页。

③ 章绛:《与农科大学教习罗振玉书》(1911),《学林》第1册,"学林"一,"杂文录",第86页。

家主义氛围中，他对在中日两国最高学府均任过教、很有影响力的服部宇之吉就实在深恶痛绝了，谓之"缴绕可笑"。章太炎一向对小学形、音、义各个角度的研究定立高标准。最初他评价明代以后的汉文创作，"诗篇支那不如日本"，"骈体则日本不如支那"；在日本汉文士有反客为主，为汉字圈改革立法的倾向时，他则多次痛斥对方修养上的不足。1911 年回国后，日本汉文构成的压力感逐渐消散，他此方面的忧虑亦有减退。与之形成对照的是，明治末期"尧舜禹抹杀论"萌芽时，章太炎就在"现场"，他立即指出该说荒谬。未料到十几二十年后，国内有人"随他人之妄见，推波助澜，沿流而不知返"，[①] 酿成古史辨运动。白鸟库吉遂与根本通明、服部宇之吉一起，成为他晚年记忆中明治汉学的负面典型。[②]

　　针对章太炎批评日本汉学，十余年间日本汉学界的反应也是有差异的。馆森鸿札记《似而非笔》发表后，章太炎的批评言论虽然也引起争议，但没有引发大的震动。其原因是多方面的，一则，章太炎彼时名气较小，说话的分量没有后来那么重，再加上馆森鸿在《似而非笔》中也有否定章太炎的地方。比如，关于杨雄是否剧秦美新，两人有分歧，馆森鸿说："余感服枚叔学问之精博，独不能低头到地服者，乃其扬雄与左氏传之说。"[③] 这就把章太炎的诸多批评也相对化了。二则，《台湾日日新报》刊发《似而非笔》后，马上就出现商榷的文章。如番太郎的《问袖海生》站在

---

① 章太炎：《论经史实录不应无故怀疑》（1935），《章太炎全集·演讲集》，第575 页。

② 参阅章太炎《与日人桥川时雄谈学》（1931 年 8 月 3 日），《章太炎全集·太炎文录补编》，第 841~842 页。章太炎在谈话中，评价根本通明"自负颇甚，其实空空"，服部宇之吉、白鸟库吉"此二君欲以古学为新学，而才力不及，终不免于武断"。

③ 袖海生：《似而非笔》（二），《台湾日日新报》1899 年 10 月 3 日，日文第 1 版，"落叶笼"栏。

维护日本国体的立场，抨击章太炎将日本皇室的神器类比王莽的国玺，侮辱了天皇皇统；对中国的异姓革命非常不满。① 番太郎的批评也起到了当即消磨章太炎言论杀伤力的功效。就外部环境而言，日俄战争胜利后，日本国民的心态更加骄傲，对待中国的思想学术也更加傲慢，这也使得日本汉学界更难以接受章太炎《与罗振玉书》中的批评言论。而随着章太炎学术声望日隆，《与罗振玉书》吸引了汉学巨子内藤湖南的关注，内藤敦促日本学界认真反省，要在严酷批评中寻求进步。双方你来我往，共同造就中日文化交流史上的一个标志性事件。

《与罗振玉书》将中日汉学的竞争描述为雅乐与郑声之争，而非传统以中华文明中心自居的夷夏之辨还另有深意。章太炎早就将中日同视为文教之国，"在亚细亚者，礼义冠带之族，厥西曰震旦，东曰日本"。② 夷夏之辨的命题完全被近代重新解析中国历史文化的大事因缘所消弭，即西方通过科学革命天文学、物理学的发展和 19 世纪生物学的崛起，为理解宇宙、人、人类社会提供了全新的认知框架和研究的方法途径。中日汉学的竞争由此就演变为谁更有能力掌握并创造性地运用这套全新的认知框架和方法，贡献出占据主导地位的文明成果。白河次郎指出，"支那③文明的调查研究，非敢望于方今支那学者"，"验诸支那书史，稽诸泰西人的研究"，我邦人推为独擅。④ 远藤隆吉也说，以欧美人"探究渊源，分疏流派，条理贯通，评骘绵密"的方法来治中国学，"当今之时，舍邦人谁能当之"。⑤ 如前所述，在包括中国学的整个东方学领域，凌驾欧美正是

---

① 番太郎：《问袖海生》，《台湾日日新报》1899 年 10 月 6、7 日，日文第 2、5 版。
② 章太炎：《原人》，《章太炎全集·〈訄书〉初刻本》，第 20 页。
③ 为反映当时情况，本书对这类词未做处理。——编者注
④ 白河次郎、國府種德「支那文明史序」『支那文明史』、3 頁。
⑤ 遠藤隆吉「支那哲學史序」『支那哲學史』、2-3 頁。

发行《汉学》的东亚学术研究会之宗旨。章太炎素志"以子家合西学"。① 《訄书》重订本采纳包括明治比较文明史在内的成果，将中国人种与文明置诸人类的普遍历史中进行考察。即便到《与罗振玉书》，章太炎也并不认为需警惕远西之学，谓："今国人虽尊远西之学，废旧籍，慕殊语，部曲相外，未足以为大虞，且其思理诚审，亦信有足自辅者。"② 明治末期以降，他对社会进化学说的认知确实有具体观点的移易，如放弃了拉克伯里中国人种、文明自西亚细亚迦勒底而来的学说；③ 也有认知的深化，如为文明史的解释力框定限度，谓："文质之数，独自草昧以逮周、秦，其器日丽，周、秦之间，而文事已毕矣。其后文质转化，代无定型。"④ 然而，对于素来青睐的社会学，他始终保持浓厚的兴趣，更将《周易》视为"历史之结晶，今所称社会学是也"。⑤ 换言之，章太炎反对的"郑声"——"学术之大蟊，国闻之大稗"，乃是"以故国之典，甚精之术，不自校练，而取东鄙疑似之言"，⑥ 将中华文明的诠释权拱手让给东瀛问题重重的论述。

在章太炎看来，求学"不是教人舍旧谋新，而是教人温故知

---

① 袖海生：《似而非笔》（二），《台湾日日新报》1899 年 10 月 3 日，日文第 1 版，"落叶笼"栏。

② 章绛：《与农科大学教习罗振玉书》（1911），《学林》第 1 册，"学林"一，"杂文录"，第 87 页。

③ 章太炎对中国人种、文明起源认知的演变是一个颇为复杂的问题。简单地说，他后来虽然放弃了拉克伯里中国人种、文明自西亚细亚迦勒底而来的学说，但认为上古时仍有古巴比伦的迦勒底族人到过中国，至于"黄帝之起，宜在印度、大夏、西域三十六国间"。参阅章太炎《序种姓》（上），《章太炎全集·检论》，第366页。

④ 章绛：《信史（下）》（1911），《学林》第 1 册，"学林"一，"文史部"，第67 页。

⑤ 章太炎：《历史之重要》（1933），《章太炎全集·演讲集》，第 491 页。

⑥ 章绛：《与农科大学教习罗振玉书》（1911），《学林》第 1 册，"学林"一，"杂文录"，第 87 页。

新"。在近代欧洲到日本、中国的思想传播脉络中，如果说欧洲人好比"写信的人"，那么中国人不能像部分日本博士那样只作"接信"和"传信"的人，而是即便"采取别国，也都能够转进一层"。中国将来各项学问"都到写信的地位"才能圆满；[①] 不仅要学习、传播，还能够创造、发明，文明如源头活水、生生不息。1920年代末，陈寅恪忧愤地说，"群趋东邻受国史，神州士夫羞欲死"；[②] 傅斯年誓言，"要科学的东方学之正统在中国"。[③] 随着中日间的政治文化态势在明治中后期的趋势中持续发展，章太炎区分雅郑的忧虑和期望亦回响不绝。

第三节　另一侧的潜流：清末国学变迁与章太炎的明治汉学批判

1911年刊发于《学林》第1号的章太炎的《与罗振玉书》批评了以东京帝国大学为中心的几代日本汉学家，几乎将整个东京汉学界置于对立面。要考察此一批判事件所蕴含的历史信息，明治汉学演变的实状，以及从1898年开始三次旅迹日本与汉学界接触的过程中，章太炎本人认知和情感的变化固然是重要的渠道，然而《与罗振玉书》批评的矛头所向除明治汉学这一侧外，还包括往往被忽视的另一侧，即从阮元、戴望及包括孙诒让在内的"顷世学者"直至罗振

---

① 章太炎：《留学的目的和方法》（1910），《章太炎全集·演讲集》，第140~141页。

② 陈寅恪：《北大学院己巳级史学系毕业生赠言》（1929），《陈寅恪集·诗集》，三联书店，2000，第19页。

③ 傅斯年：《历史语言研究所工作之旨趣》（1928），《傅斯年全集》第3卷，湖南教育出版社，2003，第12页。

玉，这连贯的一脉中国学术之跃动。[1]

　　孙、罗等人有两点尤令章太炎痛心：一是带动了中国褒奖、追捧日本汉学的风气，所谓"以东国彊梁，弛美于其学术，得欀截小善，辄引之为驰声誉"；二是孙诒让、罗振玉涉足，日本林泰辅亦参与其中的甲骨学及以 20 世纪初新出土文物为重心的学术潮流，在章太炎看来是"憙与九能驰骤"，[2] 延续了清代以"金石刻画、厚自光宠"[3]的汉学末流。换言之，中国学术内部之异动也是章太炎对明治汉学进行批判的推动力。事实上，章太炎对孙诒让、罗振玉有所不满的两项内容，一直潜伏在他 1908 年后于《国粹学报》发表的言论之中。《与罗振玉书》只是他将不满指名道姓地宣之于众。《国粹学报》则提供了一个窗口，可窥见触发这些批判言论的端由，从而理解在西力东侵、东学寝盛的 20 世纪初，中国国学界所经历的这段心态调整、人事变迁、学术竞争与转轨的动态历史。

一　章太炎批判"九能" 之士与岛田翰系列事件的发酵

　　《国粹学报》创刊后，章太炎渐成为重要撰稿人。1905 年第 1 年上发表的《释真》《读佛典杂记》属于他牛刀小试的刊文尝试；1906年第 2 年所载的《诸子学略说》《文学论略》《论语言文字之学》，显示他对"国故"的整体布勒已初具雏形；通过在 1907 年第 3 年上连

---

① 神田喜一郎（《敦煌学五十年》第 66 页）、严绍璗（《汉籍在日本的流布研究》第 173 页）都指出，痛击罗振玉是《与罗振玉书》的用意。本书认为，章太炎信中批评的中国学者不止罗振玉，以俞樾、孙诒让、罗振玉为代表的一脉中国学界的一些动向也是他的批评对象。即便是痛击罗振玉，也有其发生、演变的历史轨迹，从《国粹学报》出发，有助于我们来理解这背后的动态历史。

② 章绛：《与农科大学教习罗振玉书》（1911），《学林》第 1 册，"学林"一，"杂文录"，第 85~86 页。

③ 章绛：《与王鹤鸣书》，《国粹学报》第 6 年第 1 号，1910 年 3 月 1 日，《国粹学报》影印本第 13 册，第 7532 页。

载《新方言》，他想创造继杨雄《方言》后的另一部经典。章太炎对"国粹学"的见解亦见诸报端。如在第3年最后一期两封"与人论国粹学书"中，他一面引用皇甫湜的话"书字未识偏旁，高谈稷、契；读书未知句读，下视服、郑"，① 批评彼时"陵虚画局""中窾无实"的学风；② 一面声明研习国粹之根本，在"研精覃思，钩发沈伏，字字征实，不蹈空言，语语心得，不因成说"。③ 虽此前亦有鄙薄日人汉文修养的言论，④ 在为《国粹学报》三周年庆撰写的祝词中，针对中国学者推崇日本汉学的风气，章太炎则明确提出警告。

该文刊发在《国粹学报》1908年第4年第1号上，其首段曰：

> 《国粹学报》既兴三年，余杭章□□（炳麟）以辞祝之曰：部娄无松柏，故日本因成于人，而中国制法自己。儒、墨、道、名尚已，虽汉、宋诸明哲专精厉意，虑非鶢人所能有也。自弃其重，而倚于人，君子耻之焉，始反本以言国粹。余为侏张，独奇觚与众异，盖传记之成事，文言之本剶，虽其潘澜戋余，不放弃也。然当精意自得，没身而已，务侈而鼎九能，文旷其外者，吾疾之！⑤

---

① "句读"在皇甫湜原文中为"句度"。参阅（唐）皇甫湜《答李生第二书》，《皇甫持正文集》，上海古籍出版社，1994，第72页。

② 《某君与人论国粹学书》，《国粹学报》第3年第12号，1908年1月23日，《国粹学报》影印本第7册，第3103~3105页。

③ 《某君与人论国粹学第二书》，《国粹学报》第3年第12号，1908年1月23日，《国粹学报》影印本第7册，第3106页。

④ 如在《文学论略》中，章太炎批评："日本人所读汉籍，仅中唐以后之书耳。魏晋盛唐之遗文，已多废阁；至于周秦两汉，则称道者绝少；虽或略观大意，训诂文义，一切未知，由其不通小学耳。"《国粹学报》第2年第11号，1906年12月5日，《国粹学报》影印本第6册，第2487页。

⑤ 章炳麟：《〈国粹学报〉祝辞》，《国粹学报》第4年第1号，1908年2月21日，《国粹学报》影印本第9册，第4445~4446页。

需要特别说明的是，"九能"之士，这个章太炎指向包括公羊学、甲骨彝器铭文的金石学研究、带有贬义的"秘密符码"，在这里出现了。"九能"本指大夫应当具备的九种才能。《诗·鄘风·定之方中》"卜云其吉"一条，毛《传》曰："建邦能命龟，田能施命，作器能铭，使能造命，升高能赋，师旅能誓，山川能说，丧纪能诔，祭祀能语，君子能此九者，可谓有德音，可以为大夫。"① 龚自珍在《商周彝器文录序》中说："制器能铭，居九能之一，其人皆中大夫之材者也。"② 章太炎 1909 年的《与王鹤鸣书》批评道："求六艺者，究其一端，足以尽形寿，兼则倍是，泛博以为用，此谓九能之士，不可言学。"他举出的例子就是"近世翁同龢、潘祖荫之徒，学不覃思，徒捃摭《公羊》以为奇觚，金石刻画，厚自光宠"。③ "九能之士"明确指向治《公羊》学、金石学者。《与罗振玉书》抨击罗振玉"憙与九能驰骤"，所指亦是他的甲骨金石学。章太炎晚年撰《汉学论》（1935），批评"以汉学自弊"的清学末流，其范围就是"言《公羊》与说彝器款识者"。④ 这条思想脉络于祝词中已见芽蘖。

此外，章太炎认为，有必要把和日本学术的关系作为当前国粹学的首要问题进行清理。其核心是树立汉文化的主客、本位意识。从这段文词来看，当时的两个事件也直接刺激他做出此番表达。一个是 1907 年 4 月在东京成立了由日本人主导的汉字统一会。章太炎即刻撰写《汉字统一会之荒陋》予以批驳。祝词中的"部娄无松柏，故日本因成于人，而中国制法自己"，⑤ 所谓"部娄"指小土山上长不

---

① 《毛诗正义》，第 236 页。

② 龚自珍：《商周彝器文录序》，樊克政编《中国近代思想家文库·龚自珍卷》，中国人民大学出版社，2015，第 281 页。

③ 章绛：《与王鹤鸣书》，《国粹学报》第 6 年第 1 号，1910 年 3 月 1 日，《国粹学报》影印本第 13 册，第 7532 页。

④ 章太炎：《汉学论（上）》（1935），《章太炎全集·太炎文录续编》，第 1 页。

⑤ "部娄无松柏"，典出《左传·襄公二十四年》，《春秋左传正义》，第 1156 页。

了高大的松柏树，正与《荒陋》文中"日本之规设此会者……譬之以卖饼家而制太官之羹剂，亦不自量度哉"，[①] 所谓卖饼家烹制不了大官厨的菜肴，影射了中日间文化体量的对比关系。另一个则是围绕日本汉学家岛田翰所发生的中日汉学交往的系列事件。这些事件的始末，以及章太炎如何从中反省推崇日本汉学之风气，因人事纠葛相当缠绕，表达方式亦略隐晦，而尚未见揭露。这里略做些整理。

岛田翰被誉为"明治、大正间版本学第一人"。[②] 他的父亲岛田重礼（号篁村）、老师竹添光鸿（名进一郎，号井井）都是大汉学家。岛田翰以日本宫内省图书寮藏书为中心，兼及千代田文库（今内阁文库），其父、师等人的藏书，1905 年刊行了专著《古文旧书考》。《古文旧书考》共介绍了 52 部日藏汉籍善本。岛田对每一部书都"穷源竟委，探究古今版本的递嬗源流、校刊优劣"，[③] 取得极高的学术成就，震动中日两国汉学界。此外，1907 年，在岛田翰的斡旋下，日本岩崎财团下属的静嘉堂文库从陆心源之子陆树藩手中，购得以宋版元椠本庋藏丰富而著名的陆家"皕宋楼"藏书。岛田翰随即出版了《皕宋楼藏书源流考》，交代事件过程，解明陆氏藏书的渊源流变。中国知识界因之哗然。无论是代表明治汉学成就的《古文旧书考》，还是颇象征中日间实力权势易位的"皕宋楼"藏书东渡，岛田翰都是中心人物。章太炎既感同身受，又冷眼观察中国学界对围绕岛田

① "卖饼家"的典故出自三国时魏人钟繇，他好《左传》不好《公羊》，把《左传》比喻为大官厨，把《公羊》比喻成"卖饼家"。参阅（宋）萧常《续后汉书》卷三十七，商务印书馆，1936，第 312 页。后为世人所熟悉。章太炎这里并非以"卖饼家"指治公羊学者，而是形容简陋者处理不了盛大之事。另，引文参阅太炎《汉字统一会之荒陋》，《民报》第 17 号，1907 年 10 月 25 日，第 103、107 页。

② 关于岛田翰的生平及成就，参阅钱婉约《岛田翰生平学术述论》，《中国文化研究》2009 年秋之卷。

③ 杜泽逊、王晓娟：《整理说明》，岛田翰：《古文旧书考》，杜泽逊、王晓娟点校，上海古籍出版社，2017，第 5 页。

翰的此两事件之反应。从《祝辞》到《与罗振玉书》的相关书写和行动，都有他对时势学风变动中，中国学术当如何自处的进一步思索。

《国粹学报》的诸种操作正反映了岛田翰系列事件后续的激流涌荡。

该报第 4 年第 4 号"撰录"栏登载了《孙仲容与某君书》与《某君复孙仲容书》。"某君"正是章太炎。此两信为 1907～1908 年孙诒让与章太炎的往复通信。章太炎将通信公开发表，为的是表明学术立场。① 而该报登载通信，目的之一亦是配合宣传章太炎在同期的"社说"栏中刊载的《驳中国用万国新语说》。② 孙诒让在信中写道："搏桑古籍间出，近见岛田氏所刊皇侃《丧服小记疏》，信为奇册。此外倘有所得，敬祈惠示其目。"③ "岛田氏"即是岛田翰，而"皇侃《丧服小记疏》"就收在《古文旧书考》里。④ 岛田翰的《古文

① 《某君复孙仲容书》即后来收入《太炎文录初编》的《与孙仲容书》。《制言》第 30 期（1936 年）刊出了该信的影印手稿。参阅《章太炎全集·书信集》第 265～266 页。相于《国粹学报》和《太炎文录初编》刊出的版本，原信手稿多一个段落，内容是章太炎介绍刘师培的学术及与自己交恶的情况，请孙诒让帮助劝诫刘师培。值得注意的是，手稿的落款日期是（光绪三十四年）"五月初三日"，即 1908 年 6 月 1 日，该日期很可能是该信实际收笔、发信的日期。而《某君复孙仲容书》所登载的《国粹学报》第 4 年第 4 号发刊时间是在"光绪三十四年四月二十日"，即 1908 年 5 月 19 日。换言之，如果《国粹学报》该期没有拖期的话，《与孙仲容书》公开发表的时间要早于该信实际发出给孙诒让的时间。那么可以合理推测，章太炎在还没有把信寄给孙诒让本人的情况下，就将该信连同孙诒让写给自己的信一起让《国粹学报》公开发表，其目的当然是彰显自身的某些学术立场。
② 章太炎复信称："近有欲以万国新语改汉土文字者，□（麟）方作《驳议》一篇，以世人多谓汉字难知，故复新定纽文韵文，令蒙学略知反语，已属虞君转呈，其有性缪，先生幸是证之。"《某君复孙仲容书》，《国粹学报》第 4 年第 4 号，1908 年 5 月 19 日，《国粹学报》影印本第 10 册，第 5729 页。
③ 孙诒让：《孙仲容与某君书》，《国粹学报》第 4 年第 4 号，1908 年 5 月 19 日，《国粹学报》影印本第 10 册，第 5727 页。
④ 《古文旧书考》中《丧服小记疏》的正题是"礼记子本疏义卷第五十九"，该书卷末间有一行则题为"丧服小记子本疏义第五十九"。《隋志》之后都以为此书是梁代皇侃所作，此即孙诒让说所本。在《古文旧书考》中，岛田翰分析考证此书为皇侃的学生、陈代郑灼所撰。参阅岛田翰《古文旧书考》，第 50～52 页。

旧书考》如同"房间里的大象"显露在孙信中。深有意味的是，章太炎却仿佛视而不见，回信没有直接评论岛田翰及日本汉学。

章太炎并非不知道岛田翰。他只是对中国学界褒奖日本汉学的风气非常不以为然。章太炎的青年时代，周边知识群落颇有一些崇日的声音。在章太炎看来，自谓"百年心醉扶桑者，我是支那第一人"[1]的宋恕，甚至达到了以为日本的"一话一言，皆谓远出中国人上"的"诡激"程度。[2]"诡激"是含有轻蔑意味的不满。宋恕的主张有猎奇之嫌，章太炎未必特为看重。倒是学术大师——老师俞樾引领推崇日本汉学的风气会使他内心感到紧张。《与罗振玉书》批评"阮伯元、戴子高诸君，徒以一二秘籍逸在东隅，若视其国为天府"，"顷世学者不谕其意，以东国强梁，贻美于其学术，得憺戢小善，辄引之为驰声誉，自孙仲容诸大儒，犹不脱是，况其稍负下者?"阮元、戴望、孙诒让这条谱系中，隐去了清末中日文化交流史的关键人物，即俞樾。[3] 俞樾 1877 年为竹添光鸿《栈云峡雨日记》作序，开始与明治文人交往。他为岛田翰、佐藤楚材等的著作写序文。日本派遣的留学生，如重野精一郎、楢原陈政（即井上陈政）在俞樾门下从游。日本人景仰俞樾为传统学问的最高权威。俞本人也颇有东瀛情怀，喜好日本的牙刷、怀炉、纸布，尤爱茶碗。

师生间情感的复杂羁绊，俞樾作为汉学重镇的影响力，令章太炎尤其不忿俞樾过分褒奖日本汉学。阮元、戴望、孙诒让表彰日本汉学其实并不算过分，但是基于对俞樾不忿的"移情"，容易影响章太炎对阮、孙等人的评价。

---

① 《宋恕年谱》，胡珠生编《宋恕集》，1887 年条，第 1093 页。

② 章太炎：《与钱玄同》（1910 年 3 月 30 日），《章太炎全集·书信集》，第 177 页。

③ 关于俞樾与日本的关系，参阅王宝平『清代中日学術交流の研究』。该书第二章为"俞曲园和日本"。王勇、大庭修主编《中日文化交流史大系·典籍卷》也有专节"俞樾与中日汉籍交流"予以介绍。

阮伯元即阮元，曾在杭州创立诂经精舍，在广州创建学海堂，主编《经籍籑诂》、校刻《十三经注疏》、汇刻《学海堂经解》等。说阮元褒奖东隅秘籍，突出表现是他推崇江户时代日本学者山井鼎所撰的《七经孟子考文》。山井鼎曾投大儒荻生徂徕（即章太炎《与罗振玉书》中提及的"物茂卿"）门下，他使用在足利学校查获的中土佚书或唐以前的别本，来校勘当时通行的崇祯汲古阁本经书，将其所校的《易》《书》《诗》《左传》《礼记》《论语》《孝经》总称为"七经"，同所校的《孟子》一起，合为《七经孟子考文》。该书18世纪中叶传入中国，因其突出的文献价值而被收入《四库全书》。①阮元于嘉庆二年（1797）复刻该书。他表彰山井鼎"积勤三年，成疾几死，有功圣经"，但也注意到其"才力所限"，"惟能详纪同异，未敢决择是非"。阮元珍视海外轶书的价值，然远没到章太炎所谓"视其国为天府"的程度。阮元十分清醒，"我国家文教振兴，远迈千载，七阁所储书籍，甲于汉、唐"，《七经孟子考文》"用校经疏，可供采择，至于去非从是，仍在吾徒耳"。②

戴子高即戴望，浙江德清人，著有《论语注》《颜氏学记》等。戴望和俞樾是表亲，论学甚为相得。③ 戴望的《论语注》颇有参考荻生徂徕之处。他接触《论语征》的全过程，俞樾都有参与。同治五年（1866）戴望于杭州书肆购得《论语征》，俞樾遂读之。次年，俞樾致戴望信中谓："日本士人，仆在沪上亦见其一，然不足谈，盖非足下所见者；惟得安井仲平衡所著《管子籑诂》，纸张刷印极佳；以

---

① 《七经孟子考文》传入中国的过程，参阅王勇、大庭修主编《中日文化交流史大系·典籍卷》，第270~276页。

② 阮元：《刻七经孟子考文并补遗序》，《揅经室集》，中华书局，1993，第45页。

③ 关于俞樾与戴望，可参阅罗雄飞《俞樾的经学思想与经学研究风格》，电子科技大学出版社，2014。

书而论，似不及物君之《论语征》。"①《春在堂随笔》卷一评价《论语征》，称："其大旨，好与宋儒牴牾，然亦有谓朱注是处，议论通达，多可采者；惟谓上论成于琴张，下论成于原宪，故二子独称名，此则近于臆说，然亦见会意之巧矣。"② 章太炎曾参与《春在堂全书》的刊刻工作，③ 老师欣赏《论语征》，他自然很清楚。

再说到岛田翰的《古文旧书考》，孙诒让评价该书为"奇册"，并不算拔高。俞樾才是表彰《古文旧书考》的魁首，称，"略一流览，既叹其雠校之精，又叹其所见之富"；"旧抄本《春秋集解》所标识'经'、'传'字皆在栏上，为经、传初合之本；《文选·神女赋》'王'字、'玉'字犹未互误，是与《西溪丛语》之说符合"，这是俞樾"所未克寓目者也"。俞樾褒赞岛田翰"博考之，而又加以慎思明辨之功，宜其为自来校勘家所莫能及矣"，并谓："余闻见浅陋，精力衰颓，读先生书，惟有望洋向若而叹已矣，乌足赘一词。"俞樾诚挚地将曾国藩嘉许他的四个字"真读书人"转赠岛田翰。④ 此外，黄绍箕为《古文旧书考》撰写了跋文，赞其"考书册之源流变迁，辨文字之异同得失，表章幽隐，申畅疑滞，皆碻有据依，绝无臆说"，感慨"东望神山，殆如委宛琅环，为之神往"，甚至"使乾嘉诸老见之，当有入室操戈之叹"。⑤ 此文颇代表时人对岛田翰《古文旧书考》的观感。《国粹学报》后予以转载。章太炎虽略带藐视说是"懬戴小善"，但至少在他心目中，如岛田翰这样的著作确属"善"

① 俞樾：《致戴望》（1867），张燕婴整理《俞樾函札辑证》，第40页。
② 俞樾：《春在堂随笔》，辽宁教育出版社，2001，第4页。
③ 参阅章太炎《与俞樾》（1896），《章太炎全集·书信集》，第5页。
④ 俞樾：《序》，岛田翰：《古文旧书考》，第1页。
⑤ 黄绍箕：《跋》，岛田翰：《古文旧书考》，第3页。并见黄绍箕《跋古文旧书考》，《国粹学报》第5年第4号，1909年5月9日，《国粹学报》影印本第11册，第6579~6580页。

的好作品。只是，他认为，俞樾、黄绍箕的表彰过于夸大，连孙诒让都脱离不了这般风气。①

二　清末知识人调适"自心"与"外物"

中国知识人如何面对皕宋楼藏书东渡事件，其实反映了国势衰颓下，屡经珍宝外流、物事变迁，他们的某种集体心态。

1907 年，岛田翰刊行了《皕宋楼藏书源流考》，交代与陆家交涉购书的始末，指出皕宋楼并无二百种宋版书，俞樾《心源墓志铭》之言不实。并且岛田批评陆心源存书不善，以致流出，陆氏《仪顾堂续跋》对书籍版本的判断亦不准确。岛田翰还描绘了清末几大藏书家渐次零落的萧条景象，指出静嘉堂购得藏书补充了日本的宋元版史部、集部文献。文末，岛田谈及当年黎庶昌、杨守敬于日本"购求古本，一时为之都市一空"；如今"数穷必复"，陆氏藏书东渡意味着"今之所获，倍蓰于昔日所失也；然则此举也，虽曰于国有光可矣"。②此处恰恰点出了近代中日两国在汉籍收藏上彼之骄畅，即我之郁结的相对立场。岛田翰请董康（字授经）撰写识语。董康一语道出中国知识人的痛

---

① 孙诒让在其他文章中也有一些表扬日本的言论，如他为刘绍宽的《东瀛观学记》作叙，曾表扬日本的教育，"夫以彼三十年之教育，其胜于吾今日创设之学堂，固不可以道里计"。孙诒让：《〈东瀛观学记〉叙》，孙延钊：《孙衣言孙诒让父子年谱》，第 322~323 页。日本相对于中国走在模仿西方现代教育的前列，本是事实，此处也并不涉及日本汉学。此外，孙诒让没有过分推崇日本汉学，他对日本汉学相关作品的认知较为公允，其借鉴也都符合学术的一般规律。比如，他在《札迻》的《自序》中说："若安井衡、蒲阪圆所笺校，虽疏浅亦资考证。"孙诒让：《札迻》，梁运华点校，中华书局，1989，第 1 页。他在《答日人馆森袖海》（1907）中说："闻贵国汉学亦多精博，然某所见甚少，惟物徂徕、安井仲平之书，于经、子多所得，惜未尽精到。"孙延钊：《孙衣言孙诒让父子年谱》，第 352页。章太炎在《与罗振玉书》中抨击他，推崇日本汉学是表面理由，更多是对孙氏甲骨金石学研究不满。此点俟后文详论。

② 岛田翰：《皕宋楼藏书源流考》（1907），岛田翰：《古文旧书考》，第 396 页。该文亦刊《国粹学报》第 4 年第 7 号，1908 年 8 月 16 日，"撰录"栏。引文参阅《国粹学报》影印本第 10 册，第 5759 页。

心疾首："陆氏《藏书志》所收，俱江浙诸名家旧本。古芬未坠，异域长归，反不如台城之炬，绛云之烬，魂魄犹长守故都也。为太息者累月。"① 珍籍与其流落异域，不如付诸灰烬。董康又请王式通（字书衡）题长诗置于岛田的《源流考》之前。《皕宋楼藏书源流考》就由王式通的《题词》、岛田翰的《源流考》及董康的《识语》这三篇文献组成。

《国粹学报》介绍《皕宋楼藏书源流考》的方式很有意味。先是在第4年第6号的"爱国随笔"栏目中，辟出《题皕宋楼藏书源流考诗》一则，由邓实撰写序言，说明陆氏藏书为静嘉堂所购的事件，既而转录王式通与李详（字审言）分别的题诗。到第4年第7号的"撰录"栏才以《皕宋楼藏书源流考并购获本末》为题，登载了岛田的《源流考》和董康的《跋语》（即《识语》）。换言之，召唤"爱国"的热情被置于了首要位置。邓实序言援引董康"异域言归，反不如台城之炬，绛云之烬，魂魄犹长守故都"，② 就很能说明编者的心情。

事实上，面对故物的流失，彼时普遍受到佛教熏染的知识人的心态是复杂的。伤痛之余，努力调适"自心"与"外物"的关系，通过坚信自心的实在、整全与圆满来应对一切外在物事的快速变迁流转，其实是不少知识人的选择。只是《国粹学报》特为扩散了丧失国粹后的伤痛与酸楚，却并不宣扬他们对物之得失的某种释然意味。王式通《题词》原本包括12首七绝，《国粹学报》只录了其中的十首。从失录的第三首和第四首的内容就颇能说明一些问题。这两首诗是：

丁董罗陈嗜好偏，书亡同损一宵眠。重思献县违心语，泡影

---

① 董康：《刻皕宋楼藏书源流考题识》（1907），岛田翰：《古文旧书考》，第397页。该文亦刊《国粹学报》第4年第7号，"撰录"栏。引文参阅《国粹学报》影印本第10册，第5760页。
② 《〈题皕宋楼藏书源流考诗〉编者按》，《国粹学报》第4年第6号，1908年7月18日，《国粹学报》影印本第10册，第5586页。

山河只偶然。

翁潘大雅今销歇，江费风流并寂寥。坐使静嘉腾宝气，人生快事让君骄。

在第一首诗下，王式通又有自注，曰：

> 书雅、授经、叔韫，士可皆有书癖，闻信相告，束手而已。纪文达言："赵清常殁，子孙鬻其遗书，武康山中，白昼鬼哭，何所见之不达耶！大地山河，佛以为泡影，区区者复何足云。我百年后，倘图书器玩散落人间，使鉴赏家指点摩挲曰：此纪晓岚故物。是亦佳话，何所恨哉？"语最旷达。然文达又言："尝见媒媪携玉佩数事，云某公家求售，外裹残纸，乃北宋椠《公羊传》四页，为惆怅久之。"则仍未能达观也。故叶缘裻太史诗云："山河泡影谈何易，一见公羊涕不禁。"[1]

---

[1] 王式通完整的 12 首七绝如下：

意轻疏雨陌芳椒，宾客文章下笔骄。割取书城归舶载，萍风凄绝骆驼桥。
仪顾堂前子弟佳，一家志趣尚难谐。清风辉映吴兴县，晋石庵承毦进斋。
丁董罗陈嗜好偏，书亡同损一宵眠。重思献县违心语，泡影山河只偶然。
翁潘大雅今销歇，江费风流并寂寥。坐使静嘉腾宝气，人生快事让君骄。
疏草重寻一涕演，藏书初愿总参差。雷塘弟子思前梦，亲见虚怀讨论时。
调停头白范纯仁，俯仰千秋独怆神。有客为书曾乞命，湘滨宿草已三春。
巴陵方与归安陆，一样书林厄运过。雁影斋空题跋在，流传精椠已无多。
海外琳琅亚汉京，客探秘笈品题精。微闻东士传新语，翻案来朝畏后生。
欧化东行汉籍摧，书生有志力能回。竹添余论簹村教，家学师承造此才。
未窥旧籍谈新理，不读西书恃译编。亚椠欧铅同一唳，千元百宋更懵然。
三岛于今有西山，海涛东去待西还。愁闻白发谈天宝，望赎文姬返汉关。
如海王城大隐深，遗经独抱几沉吟。白云苍狗看无定，难遣墙东避世心。

参阅王式通《皕宋楼藏书源流考题词》，岛田翰：《古文旧书考》，第 381~383 页。该题词刊落第三首和第四首后载于《国粹学报》第 4 年第 6 号，1908 年 7 月 18 日，《国粹学报》影印本第 10 册，第 5586~5589 页。

"束手而已"，不仅是丁惠康（字叔雅），董康、罗振玉（字叔言、叔蕴）、陈士可（陈毅，字士可，湖北黄陂人）等嗜书者听闻消息后的反应，也传达了包括王式通在内的大部分中国读书人的无可奈何。随即王式通引用了纪昀《阅微草堂笔记》卷七、卷十五的两则记载，来说明读书人的复杂情绪。前一则出自纪昀与董元度（字曲江）的谈话。就"赵清常殁，子孙鬻其遗书，武康山中，白昼鬼哭"的传闻，纪昀认为这样的见解不能认清世间聚散无常的真相，是不通达的表现。自己死后，若图书器玩散落，而被鉴赏家把玩，实乃佳话。王式通谓纪昀此语"最旷达"。事实上，董元度的答复才被纪昀认为"所见尤洒脱"。董元度说："君作是言，名心尚在。余则谓消闲遣日，不能不借此自娱。至我已弗存，其他何有？任其饱虫鼠，委泥沙耳。故我书无印记，砚无铭识，政如好花朗月，胜水名山，偶与我逢，便为我有。迨云烟过眼，不复问为谁家物矣。何能镌号题名，为后人作计哉！"[1] 纪昀、董元度的对话深具禅意，是在佛教文化的背景下展开的。在董元度看来，纪昀谓"大地山河，佛氏尚以为泡影"，固然是知晓外物乃是自我意识中的幻象，从而到达了不执着于物的内心修养。然而，纪昀仍旧会为后代鉴赏家"此纪晓岚故物"的说法感到欢喜，说明他"名心尚在"，还没有破除对自我的执着。在董元度看来，不单是外物，就连我身也如云烟过眼，"至我已弗存，其他何有"。在破除我执的层面上，人与物只有偶逢的关系，而没有根本的拥有关系。纪昀最终也认为董元度的见解更加洒脱。

然而，王式通随即又引用了《阅微草堂笔记》中的另一则记载，纪昀见到四页北宋椠《公羊传》被作为残纸包裹售卖的玉佩，"惘怅

---

[1] （清）纪昀：《阅微草堂笔记》，第105～106页。

久之"，① 这说明他终究做不到他所标榜的那般达观。就纪昀两次表态的差异，叶昌炽（字鞠裳，号缘裻）咏诗曰："山河泡影谈何易，一见公羊涕不禁。"② 面对故物的流失，佛教视山河如泡影的智慧通达和人情禁不住痛哭流涕的悲伤两相交织，正是浸淫在三教文化中的中国知识人最真实的心情。

王式通引用纪昀典故，其实是要回应岛田翰。岛田说："予之历游江南河北也，舟车所接，皆借书卷为淹滞。而旋聚旋散，鲜有传至二三世者……夫物聚于所好，聚散之速，莫书卷甚焉。苟子孙之不悦学，举先世之缩衣节食所购置者，以致荡为荒烟野草。"③ 不太在意物之旋聚旋散，或许真是岛田翰对待书籍流散的态度。他多次盗窃、转卖古籍，以书谋利，1915 年更因参与盗卖金泽文库的古籍文物事发而畏罪开枪自毙。然而《源流考》文末称，静嘉堂文库购得皕宋楼藏书乃是"于国有光"，岛田也并非如他所言的那般洒脱。书籍归属在特殊的时代仍旧牵动中日各自的民族情感。王式通题词"重思献县违心语，泡影山河只偶然"，叙述纪晓岚的典故，要向岛田翰表明，中国知识人当然明了佛教智慧所言"泡影山河"、物之旋聚旋散，但从情感上难禁伤怀。

《国粹学报》第 4 年第 6 号"爱国随笔"栏在王式通题诗后，紧接着登载了李详的《题皕宋楼藏书源流考诗二》共 6 首七绝。冒广生曾说："方今骈文，北王南李。"④ 所指即王式通、李详。李详诗中曰，"武康后有苕溪哭，谁为灵均下此招"；"孤本中原轻弃掷，一时

---

① 纪昀原文作"怅惘久之"，王式通的引用略有出入。（清）纪昀：《阅微草堂笔记》，第 287 页。

② 叶昌炽：《藏书纪事诗》，上海古籍出版社，1999，第 507 页。

③ 岛田翰：《皕宋楼藏书源流考》（1907），岛田翰：《古文旧书考》，第 387 页。引文亦可参阅《国粹学报》影印本第 10 册，第 5748~5749 页。

④ 蔡文锦：《李审言评传》，中国文联出版社，2001，第 248 页。

酸楚望瀛洲"。第一首下有自注："昔赵清常书归蒙叟，武康山中，白昼鬼哭，今存斋之书，沦于异域，其哭更当日夜不绝声也。"① 李详同样运用了《阅微草堂笔记》所载"赵清常殁，子孙鬻其遗书，武康山中，白昼鬼哭"的典故，但只显露招魂伤怀的酸楚之情，而没有纪昀、王式通佛教意识所示的达观面相。李详本来是针对王式通的题诗而发，但由于《国粹学报》删除了王式通题诗的关键两首，兀自彰显了中国知识界面对皕宋楼藏书的东渡那痛哭流涕的悲情。当然，这正符合《国粹学报》想要召唤出"爱国"感情的用意。该报在同期上又录有李详的《题汉射阳石门画像诗》，编者看重"其保存古物之心，拳拳不已，亦爱国之俦也"。②

在佛风大盛的清末知识界，王式通的题诗应能得到更多人的理解。康有为甚至将明显具有佛教主观唯心色彩的论述纳入儒学脉络，《万木草堂口说》载其言曰："《正蒙》之言聚散，即佛氏一切有为法，如梦幻泡影，如露亦如电之意，孔子知此理而不言。"③ 章太炎1903~1906年囚系上海，研读佛典，学问渐次"转俗成真"。出狱后，他"甚主张精神万能之说"，"以为万事万物皆本无者，自我心之一念以为有之，始乃有之矣；所谓物质的，亦不过此之一念中以为有此物质，始乃有之耳"。④ 在唯识佛学与西洋哲学的交互熏染中，他相信，森罗万象的物质世界都只是阿赖耶识这一本体幻出的世界。

① 李审言：《题皕宋楼藏书源流考诗二》，《国粹学报》第 4 年第 6 号，《国粹学报》影印本第 10 册，第 5589 页。皕宋楼的主人陆心源（号存斋），浙江归安（今湖州）人，"苕溪"亦指代湖州。
② 《〈题汉射阳石门画像诗〉编者按》，《国粹学报》第 4 年第 6 号，"爱国随笔"栏，《国粹学报》影印本第 10 册，第 5590 页。
③ 康有为：《万木草堂口说》（丙申本），《长兴学记 桂学答问 万木草堂口说》，楼宇烈整理，中华书局，1988，第 289 页。
④ 宋教仁：《我之历史》，陈旭麓主编《宋教仁集》，第 696 页。

在"此心为必有，而宇宙为非有；所谓宇宙，即是心之碍相"[①] 的观念主导下，固然不必介怀皕宋楼藏书之聚散，然而因古籍之聚散所牵动的感时忧国之伤情，却作为内心体验的一部分，愈加沉重。面对令知识界哗然的皕宋楼藏书东渡事件，既然束手无策，那么基于以"外物"为幻象，专注"自心"建设的思路，以不反应为反应，倒是章太炎顺理成章的表现。

"依自不依他"乃章太炎革命时期基本的伦理和学术立场。自贵其心，在道德上诚然能够"排除生死，旁若无人，布衣麻鞋，径行独往，上无政党猥贱之操，下作惯夫奋矜之气"。[②] 在学术上面对汹涌的西潮，一方面，有助于心理上建设防御的堡垒，于风雨飘摇中维系国粹生机于一线。如章太炎谓："像他们希腊、梨俱的诗，不知较我家的屈原、杜工部优劣如何，但由我们看去，自然本种的文辞方为优美。"[③] 另一方面，毋庸讳言，过于在意自心的完整与坚实也易造成对新事物的怀疑及接受的迟滞。因为人们接纳新事物总还是需要先从自心打开一定的缺口，从而为新意识的挹注预留空间。章太炎对彼时因"古物"的重现而如火如荼展开的新学术，如甲骨学、如敦煌学，不仅兴趣寥寥，甚至疑虑重重。从心理上讲，就未始没有坚固自心堡垒的部分缘由。

面临如皕宋楼事件般的古物流散和外在世界急遽的变迁流转，章太炎愈加坚固"自心"。而学术上坚固"自心"、维系"故闻"的结果，又令其对包括孙诒让、罗振玉及大量日本汉学家广泛参与其中、以"古物"发现为根基的新学术潮流颇多抵触。对章太炎来说，这未始不是学术上的遗憾。对于视野广阔，拥有涵容心态，又善于抓住

---

① 太炎：《建立宗教论》，《民报》第 9 号，1906 年 11 月 15 日，第 19 页。
② 太炎：《答铁铮》，《民报》第 14 号，1907 年 6 月 8 日，第 113、122 页。
③ 太炎：《演说录》，《民报》第 6 号，1906 年 7 月 25 日，第 11 页。

时代矛盾和缝隙的《国粹学报》主编邓实来讲，却从中捕捉到了将杂志运作、经营得更加风生水起的机遇。

在《国粹学报》第4年第4号所载孙诒让与章太炎的往复通信中，孙诒让坦然自己晚近对金文、龟甲文的兴趣，并录有三条古文发现。章太炎虽然表彰孙诒让的发现"精凿傀奇，足补汉师之阙"，但是有别于时兴的金石甲骨之学，章太炎决心坚守传统的音韵训诂之学及传世文献，并将之诩为"内省素心"，意即"依自"、依靠自心的选择。其文曰：

> □（麟）以寡昧款启之身，荐更忧患，学殖荒芜，无可自意。内省素心，惟能坚守旧文，不惑时论，期以故训声均，拥护民德，远不负德清师，近不负先生。虽并世目为顽固，所不辞矣。①

有意思的是，《国粹学报》在该期的"文录"栏登载了孙诒让的《古籀拾遗自叙》。孙诒让将金石学与文字训诂之学紧密结合在一起，认为作为小学的一部分，辨析金文是符合经艺的。其称："汉许君作《说文》，据郡国山水所出鼎彝铭款以修古文，此以金文说字之始。诚以制器为铭，九能之选。词谊玮奥，同符经艺。至其文字，则又上原仓籀、旁通雅故。博稽精斠，为益无方。"② 孙诒让相当赞赏制器为铭的"九能之选"。这就和此前章太炎在《〈国粹学报〉祝辞》表明"务侈而鼎九能，文旴其外者，吾疾之"，以及"九能"之士长期在章太炎那里都是带贬义的文化符码形成鲜明对立。

---

① 《某君复孙仲容书》，《国粹学报》第4年第4号，1908年5月19日，《国粹学报》影印本第9册，第5728、5729页。

② 孙诒（诒）让：《古籀拾遗自叙》，《国粹学报》第4年第4号，1908年5月19日，《国粹学报》影印本第9册，第4989页。

接下来，《国粹学报》第 4 年第 7 号 "社说" 栏并列登载了章太炎分别总结俞樾、孙诒让成就的《俞先生传》和《孙诒让传》。记者交代登录此两文的原委："德清俞氏、瑞安孙氏为近日海内二大经师，其学术行谊皆足以风天下；本报所宗仰者也。今二先生次第下世，朴学不绝如线。章君为撰二传，邮寄本报，急登之社说内，以表慕悼之意。"① 章太炎有意将对一方的批评寓于对另一方的表彰之中，表达自己对俞樾过分推崇日本汉学、孙诒让从事金石甲骨之学的不满。

《俞先生传》与《孙诒让传》对传主所持态度并不相同。《俞先生传》写俞樾充满烟火气，颇能还原老师的真性情，连 "雅性不好声色" 也见诸笔端。章太炎称俞樾："老而神志不衰，然不能忘名位；既博览典籍，下至稗官歌谣，以笔札泛爱人；其文辞瑕适并见，杂流亦时时至门下，此其所短也。""以笔札泛爱人""杂流亦时时至门下"② 等语，就指涉俞樾与日人的大量接触，推崇日本汉学以至将 "真读书人" 赠予岛田翰诸事，亦见出岛田翰事件对章太炎的情感刺激。

《孙诒让传》为塑造孙诒让 "三百年绝等双"、清代学术第一的形象，落笔几乎是有褒无贬。所谓孙诒让 "书少于《诸子平议》，校雠之勤，倍《诸子平议》"，实乃批评俞樾校雠上的缺失。单从文字上看，章太炎表彰了孙诒让辨析彝器铭文的成就，谓："诒让初辨彝器情伪，摈北宋人所假名者，审其刻画，不跌毫厘，即部居形声，不可知辄置之，即可知然后传之六书。所定文字，皆隐括就绳墨，古文由是大明。"③ 然而在《俞先生传》中，章太炎借俞樾治小学专注传世文献、不屑彝器

① 《记者识》，《国粹学报》第 4 年第 7 号，1908 年 8 月 16 日，"社说" 栏，《国粹学报》影印本第 9 册，第 4541 页。
② 章绛：《俞先生传》，《国粹学报》第 4 年第 7 号，1908 年 8 月 16 日，《国粹学报》影印本第 9 册，第 4542 页。
③ 章绛：《孙诒让传》，《国粹学报》第 4 年第 7 号，1908 年 8 月 16 日，《国粹学报》影印本第 9 册，第 4545 页。

铭文，也在相对化孙诒让的工作。他说："（俞先生）治小学不摭商周彝器，曰：欧阳修作《集古录》，金石始萌芽，摧略可采，其后多巫史诳豫为之；韩非所谓：番吾之迹，华山之棋，可以辨形体识通假者，至秦汉碑铭则止。"[1] "番吾之迹，华山之棋"典出《韩非子·外储左上经三》，"且先王之赋颂，钟鼎之铭，皆播吾之迹，华山之博也；然先王所期者利也，所用者力也"。[2] 播吾山、华山上的文字属于帝王有意造伪自身事迹。借韩非之口，章太炎表达了对钟鼎铭文真实性的怀疑。章太炎认为，"辨形体识通假"的碑铭，时间上限应划定在秦汉时期。换言之，商周彝器上的铭文，也包括甲骨文，是不可信的。这和他后来在《理惑论》中批评出土的龟甲文乃"欺世豫贾之徒"作伪而成，观点一致。1911 年，章太炎在致钱玄同的私信中说："来书谓小学失之穿凿，无迎拘滞，此在今日，诚为对症发药；高者如孙中容之伦，已不免摭拾铜器，擅改形声。"[3] 这说明《孙诒让传》有为尊者讳的成分，《俞先生传》所述俞樾对彝器铭文的态度才是章太炎自己的真实态度。

三 "古物" 与"故闻" 之学的两途

《国粹学报》研治"国粹学"，出现了以孙诒让、罗振玉为代表涉足新出土文物的 "古物" 之学，与以章太炎为代表着重传世文献

---

① 章绛：《俞先生传》，《国粹学报》第 4 年第 7 号，1908 年 8 月 16 日，《国粹学报》影印本第 9 册，第 4542 页。

② （清）王先慎：《韩非子集解》，第 262 页。"播吾之迹"说的是赵武灵王（主父）命令工匠使用带钩的梯子登上播吾山，在上面刻上宽三尺、长五尺的脚印，并刻上"主父常游于此"的文字；"华山之博"则指秦昭王命令工匠使用带钩的梯子登上华山，拿松柏树的树心做了一盘棋子，并刻上字，说昭王曾经在这里与天神下过棋。章太炎此前的文章也使用过这些典故。比如章炳麟《绝颂》，《台湾日日新报》1899 年 2 月 7 日，汉文第 3 版。

③ 章太炎：《与钱玄同》（1911 年 5 月 2 日），《章太炎全集·书信集》，第 206 页。

的"故闻"之学两种倾向。一定程度上讲，正是主编邓实本人参与其中，推波助澜，着意经营出了《国粹学报》"毫无门户党派之见"，[1] 又包含某种竞争意味的学术场域。

20世纪初，随着在中亚及中国西北探险和文物发掘的推进，西方19世纪以中东、近东为主流的东方学研究开始转向。在1902年德国汉堡举行的国际东方学会上，英国人斯坦因（Mark Aurel Stein）报告了自己在和阗一带的探险成绩，引起震动，拉开了欧洲各国争相进行中亚探险的帷幕。邓实一直在关注彼时西方的东方学进展，并且特别留意日本的角色。1905年，他发表《古学复兴论》，历数欧洲召开的国际东方学会，提及汉堡会议，称："日本所派赴会之员，系东京帝国大学校教习、亚洲文学会领袖某君，通晓东方各国文字，所携著作极富，大为欧美各国宿儒所赞赏。"这里提到的"东京帝国大学校教习"就是井上哲次郎。相较而言，中国"由驻德使署派那晋、李德顺、恩诂三人赴会，并未携有著作，不过逐队观光，借资游览而已"，没有学术实绩的表现令人痛心。作者担忧："中国虽弱，而往古教化文学之盛，庶不至亦因之而澌灭。"[2]

《国粹学报》一方面特别关注西方及日本殖民者在中国盗取文物的情况，以此激动爱国热情，[3] 呼吁"保存古物，不使流之异国，至文

---

① 邓实：《〈郑文焯信〉按语》，见《国学保存会报告第二十一号》，《国粹学报》第4年第4号，1908年5月19日，《国粹学报》影印本第10册，第5932页。

② 邓实：《古学复兴论》，《国粹学报》第1年第9号，《国粹学报》影印本第3册，第117页。

③ 比如，《国粹学报》第4年第1号（1908年2月21日）"丛谈"栏之《爱国随笔》中就载有《丹麦文学士仿刻大秦景教碑运归欧洲》，谈到丹麦的何乐谟（Frits V. Holm）到陕西，"命石匠摹刻一石，大小式样，悉如原碑。盖其意，欲以新易旧。嗣与洋务局交涉，知不能如愿而止"。何乐谟决意将复刻之碑运至伦敦帝国博物馆，或纽约、华盛顿。"陕中官吏，因此次交涉，已将原碑，雇夫起运，改植于省城西安府儒学之碑林内矣。"《国粹学报》影印本第10册，第5527页。《国粹学报》第5年第12号（1910年1月1日）"丛谈"栏之《爱国随笔》则登载《俄克特密哲之蒙古掘地记》《日本大谷光瑞之新疆掘地记》揭露俄日两国在我国西北的考古盗掘。

献无征，亦当今之急务也"；① 另一方面，它大量登载有关金石学、古器物的相关研究，鼓励中国学者在新出世文物方面做出学术贡献。从第5年第1号（1909年2月10日）到第13号（1910年1月30日），除了第10、12号未载，该报连续刊登了罗振玉的《俑庐日札》。

罗振玉1896~1898年在上海创办农学社、东文学社，不仅接触新知，还交往了一大批日本人，其中就包括从东京帝国大学文科大学汉文科毕业的藤田丰八。1898年，罗振玉与端方订交，1900年获张之洞邀请赴湖北担任农校监督。在贵人的扶助下，他的仕途颇为坦荡。1901~1902年，他曾赴日本视察教育事务。端方聘罗振玉为江苏教育顾问。1906年底，他辞任江苏上京。1907年，他被学部奏派为头二等谘议官，视察河南、山东、江西、安徽四省学务。1909年，京师大学堂筹设分科大学，分为经、法、文、格致、农、工、商凡七科，以罗振玉担任农科大学监督。同年夏，他奉部命赴日本调查农学。在京都，罗振玉拜会了京都大学长、前文相菊池大麓，晤"东邦绩学士"内藤湖南、桑原骘藏、狩野直喜、富冈谦藏等人；② 在东京，他由岛田翰介绍到宫内省图书寮观书。《俑庐日札》就是他居京师的三年间研治金石书画的作品。他讨论铭器上的箴戒，对比潘氏之孟鼎与陈氏之毛公鼎文字大小的差别，广涉古钱币、器具、古碑、摩崖石刻、画像石、画像砖诸学。他一面感慨古物流失，如"洛中近治铁道，故古物日出不穷，然欧美人以重价购求"，提醒"我国若不定古物保存律，恐不数十年古物荡尽矣，可不惧哉"；③ 一面认识到，古物的重现将掀动新的学术潮流，谁先拥有这批宝藏，谁就占据先

---

① 《金石保存一》，《国粹学报》第5年第3号，1909年4月10日，"丛谈"栏之《爱国随笔》，《国粹学报》影印本第12册，第7113页。
② 甘孺辑述《永丰乡人行年录》（罗振玉年谱），江苏人民出版社，1980，第35页。
③ 罗振玉：《俑庐日札》，《国粹学报》第5年第1号，1909年2月10日，"美术篇"，《国粹学报》影印本第12册，第6915页。

机，相较而言，"欧美人之研究东方学者日增，故中国古物，航载出疆者，亦岁有增益，而我国国学乃日有零落之叹，无识之商民又每以国宝售诸外人，以侔一时之利，殊令人叹惋无已"。①

作为流亡海外、密切关注国内政局的革命党人，章太炎对罗振玉的政治人脉是有相当了解的。时人谓："大抵论今之疆吏，莫不献谀于袁世凯、张之洞、端方三人。"② 罗振玉 1907 年视察安徽学务期间与巡抚恩铭结识，"相与扼腕论时政，极契合"。③ 罗振玉所依靠、所结交的端方、恩铭是革命党的大敌。1907 年，革命党人徐锡麟因刺杀安徽巡抚恩铭而被抓获处死，秋瑾亦因此事而被捕就义。徐、秋之逝构成革命过程中真正的流血与创伤经验，永远烙印在了章太炎等革命同志心中。《民报》上陈去病撰《徐锡麟传》，将江南革命的缘由溯自端方的管制，谓："端酋返国，来我江南，不务安集，而日为酷虐；天乎人乎，固有人焉，思剚刃于其腹矣，而徐君乃毅然突起其间，先掠小丑而歼之。"④ 徐、秋殉难后，《民报》展开纪念活动，第 16 号开卷即是徐锡麟烈士、秋瑾女士肖像；第 17 号上章太炎撰写《祭徐锡麟陈伯平秋瑾文》《秋瑾集序》祭奠烈士。此后，他念兹在兹，又撰写了《徐锡麟陈伯平马宗汉传》《山阴徐君歌》，颂扬徐锡麟"能执大义，以身救民；手歼虏囚，名声远闻"。⑤

如前所述，章太炎早在《国粹学报》1908 年即第 4 年第 1 号的《〈国粹学报〉祝辞》中，就表明不满意"九能"之士。而整个 1909

① 罗振玉：《俑庐日札（续）》，《国粹学报》第 5 年第 5 号，1909 年 6 月 7 日，"美术篇"，《国粹学报》影印本第 12 册，第 6971~6972 页。
② 寄生：《安抚恩铭被刺事件》，《民报》第 16 号，1907 年 9 月 25 日，"时评栏"，第 104 页。
③ 甘孺辑述《永丰乡人行年录》，第 31 页。
④ 南史氏（陈去病）：《徐锡麟传》，《民报》第 18 号，1907 年 12 月 25 日，第 118 页。
⑤ 章太炎：《山阴徐君歌》，《章太炎全集·太炎文录初编》，第 248~249 页。

年,《国粹学报》都在"美术篇"中登载罗振玉的金石学作品,从第5年第1号开始,每期还有"金石"专栏推动相关研究。① 第5年的杂志上,章太炎虽也发表了《六诗说》《小疋大疋说》《八卦释名》《毛公说字述》《庄子解故》《原经》《原儒》《原名》等作,但杂志关注金石学的走向已俨然与章太炎的研究路数形成分庭抗礼的趋势。加之罗振玉事实上处于政治仇敌的阵营,诸多不满都促使章太炎再次致信邓实,② 申明自己的学术立场,批评时下学风。

《致国粹学报社》登载于该杂志第5年第10号"通讯"栏。章太炎表示:"学问以语言为本旨,故音韵、训诂,其管籥也;以真理为归宿,故周、秦诸子,其堂奥也。"从小学的训诂出发,进入诸子学义理的渊海,也正是章太炎1910年出版的《国故论衡》,以小学十篇居上卷、文学七篇居中卷、诸子学九篇居下卷的命义所在。在此信中,章太炎透露:"其稿已付真笔誊写,字多汗漫,恐刻工不审,暇当斟理一过,却再寄上。"《国故论衡》已经编成,正在誊写。章太炎认为自己远远超越了传统的"汉学"路数,"我所发明者,又非汉学专门之业,使魏晋诸贤尚在,可与对谈"。进一步,他批评当时的两种汉学倾向。一是,"近世言汉学,以其文可质验,故瞽言无由妄起,然其病在短拙,自古人成事以外,几欲废置不谈";二是,"汉学中复出今文一派,以文掩质,其失则巫"。③ 后者当然指向康有

---

① 据笔者观察,从第5年第1号(1909年2月10日)开始到停刊,除了第7年第5、7号(1911年6月16日、8月14日),《国粹学报》每期都有"金石"专栏。
② 该信并没有抬头,第一句话说"国粹学报社者",语气是面向国粹学报社的。事实上,从章太炎与钱玄同讨论《国粹学报》的通信来看,章太炎提到的是邓实,称"邓秋枚向无违言",说明他写信的对象是主持编辑工作的邓实。章太炎:《与钱玄同》(1911年8月30日),《章太炎全集·书信集》,第209页。
③ 章绛:《致国粹学报社》,《国粹学报》第5年第10号,1909年11月2日,"通讯"栏,《国粹学报》影印本第12册,第7490页。

为、廖平、皮锡瑞等经今文学家。① 前者虽未明言，但根据此前的《〈国粹学报〉祝辞》抨击"九能"之士，后面的《与王鹤鸣书》不满公羊家与金石刻画者，《汉学论》直接说，"末流适以汉学自弊，则言《公羊》与说彝器款识者为之也"，这里批评的矛头指向罗振玉及《国粹学报》上的金石学方向也是没有疑义的。在章太炎看来，此类研究虽然"文可质验"，没有什么不实之言，但毛病在"短拙"。换言之，失于琐碎，只能就事论事，没法建立理解宇宙人生的义理框架。此处还可以补充一则材料。1910 年 3 月，章太炎在致钱玄同的一封信中评价高保康（字龚甫）说："高龚甫非曲园弟子，素精金石，小学经训亦能博览，非罗振玉之伦也。"② 换言之，在章太炎眼中，罗振玉虽然也精于金石学，但不像高龚甫那样"亦能博览"小学经训。这和《致国粹学报社》抨击病在"短拙"，不能明了历代学术之统系的汉学学风也是呼应的。

在《致国粹学报社》的文末，章太炎指出：

> 贵报宜力图增进，以为光大国学之原（肉食者不可望，文科、经科之设，恐只为具文，非在下者，谁与任此），延此一线，弗以自沮幸甚。③

---

① 章太炎清末持续与康有为论辩，其中一项就是康有为"以孔子为巫师"。《学隐》，《章太炎全集·检论》，第 491 页。章太炎《与刘师培书》（1906 年 8 月，题《某君与某书》，刊《国粹学报》第 2 年第 12 号）提到"公羊学之所以为公羊学者，本贵墨守，不贵其旁通，廖季平耳食欧书"云云。发表于《国粹学报》时，"廖季平"三字以□□□替代，但指涉廖平无疑，参阅《章太炎全集·书信集》第 135~136 页。章氏在《国粹学报》第 6 年第 2、3 号（1910 年 3 月 30 日、4 月 29 日）发表《驳皮锡瑞三书》，批评皮锡瑞："《春秋讲义》，又不能守今文师说，杂糅三传，施之评论，上非讲疏，下殊语录。"《国粹学报》影印本第 13 册，第 7535 页。反而说明在章太炎心目中，皮锡瑞乃是今文学家的身份。
② 章太炎：《与钱玄同》（1910 年 3 月 30 日），《章太炎全集·书信集》，第 176 页。
③ 章绛：《致国粹学报社》，《国粹学报》第 5 年第 10 号，1909 年 11 月 2 日，《国粹学报》影印本第 12 册，第 7490 页。

这里对杂志提出的希望之一是不要寄望于"肉食者"。"文科、经科之设"显然指向京师大学堂刚刚成立的七个分科大学，而罗振玉彼时正任京师大学堂农科大学的监督。"肉食者"原意宽泛指向在朝为官者，在《国粹学报》这里却有了具体的指向。与此同时，章太炎显露了充分的学术自信，无论文科、经科，"非在下者，谁与任此"。章太炎一向有天降大任的使命感。1908 年，他曾请孙诒让规劝刘师培"与麟勠力支持残局"，自谓："慺慺陈述，非为一身毁誉之故，独念先汉故言不绝如线，非有同好，谁与共济？"① 此亦拯危继绝的表态。

章太炎虽然没明说，但邓实显然知其所指。《国粹学报》第 5 年最后一期发布了《国粹学报明年之特色》，几乎句句都在回应章太炎的关切。所谓"撰述之大旨，则力避浮华而趋于朴学，务使文有其质，博而皆要"，呼应了章太炎对"以文掩质，其失则巫"的今文学的批评。编者表态：

> 至于保存古物不遗故闻，训释周秦诸子之书，使尽可读，引申乾嘉诸儒之学，不绝其绪，铨明小学以为求学之门径，谨守古谊以毋越先民之训，五年于兹，抱兹坠绪，未敢或渝。②

"保存古物不遗故闻"，强调保持两者的平衡。但此言承认了《国粹学报》业已存在以罗振玉为代表，重点放在新发现之"古物"之研究，与以章太炎领衔的偏于传世文献之重新阐释与理解的"故闻"

---

① 章太炎：《与孙仲容书》（1908 年 6 月 1 日），《章太炎全集·书信集》，第 266 页。虽然是同一封信，但这段内容没有收入发表在《国粹学报》第 4 年第 4 号的《某君复孙仲容书》里。
② 《国粹学报明年之特色》，《国粹学报》第 5 年第 13 号，1910 年 1 月 30 日，《国粹学报》影印本第 12 册，第 7496 页。

之研究，这两个方向的分歧。"不遗"云云，从语气上来讲，还颇有安抚"故闻"派的味道，意为虽然当前力倡保存古物之学，但并未因此放弃对"故闻"的关注。至于说"训释周秦诸子之书""引申乾嘉诸儒之学""铨明小学以为求学之门径"，则几乎在复述章太炎《致国粹学报社》的论断。

《国粹学报》第6年第1号紧接着又登载了章太炎的《与王鹤鸣书》。该文明确将"不可言学"的"九能之士"界定为"求六艺者，究其一端，足以尽形寿，兼则倍是，泛博以为用"，其中就包括"金石刻画，厚自光宠"。此外，章太炎还提及朝廷设置学校对于学术发展的阻碍："中国学术，自下倡之则尽善，自上建之则日衰。凡朝廷所闒置，足以干禄，学之则皮傅而止，不研精穷根本者，人之情也。……今学校为朝廷所设，利禄之途，使人苟偷，何学术之望？且主干学校者，既在官吏，关节盈篚，膏粱之家，终在上第，窭人或不得望其门，此为使学术日衰。"① 罗振玉作为京师大学堂农科大学监督，身上的官学标签一直是章太炎关注的事项。

当时社会上已经出现了对罗振玉德不配位的批评。《申报》1909年11月25日《京师近事》载："农科大学监督罗振玉已被御史一再奏参，现闻京畿道御史惠铭日昨又具折奏参该监督。前充江苏师范学堂监督时，颇滋物议，且于农学毫无经验，其在上海办《农学报》皆系请人翻译农学各书，派销各省，应请饬下学部另派农科监督以重科学而免贻误。"② 此事后续还有发展。1910年7月15日，《申报》登载《日教习之北京大学观》，内容是曾在京师大学堂担任农科教习的橘仪一氏回东京后，揭露京师大学堂的怪相，包括"北京大学生

---

① 章绛：《与王鹤鸣书》，《国粹学报》第6年第1号，1910年3月1日，《国粹学报》影印本第13册，第7532、7534页。
② 《京师近事》，《申报》1909年11月25日，第5版。

有由各显官保送者，有由各处考取者，有由本学堂自行考取者，既无齐一之程度，而诸生之心脑中皆存一做官思想，非欲学而改良农事，乃借以为进身之阶。卑陋之状，犹之今日在留我国之学生，其在留时慷慨激昂如伟丈夫，而入国之后胁肩谄笑如小女郎"。橘仪一氏说："最可笑者，我科主任为最有名之金石家罗振玉。以金石家而充农科监督，此真中国之特色。"① 橘仪一氏的话就像是对章太炎的《与王鹤鸣书》批评学校为利禄之途的旁证。金石家罗振玉成为农科大学监督，集中体现彼时清廷办学的荒谬性。由此出发，再来看章太炎的《与罗振玉书》，其中的讽刺意味呼之欲出。信中批评："身在大学，为四方表仪，不务求山谷含章之士，与之商略，而憙与九能驰骤，已稍负职。"② 换言之，橘仪一氏抱怨罗振玉身为金石学家来当农科大学监督德不配位；章太炎讥讽罗氏作为农科大学教习却"憙与九能驰骤"、混在金石学家行列，难辞失职之咎。两种批评立场略为调换，意思大致相当。章太炎从批判官学荒谬的角度来抨击罗振玉，逻辑正可溯自《与王鹤鸣书》。

与《与王鹤鸣书》并置的《第六年国粹学报更定例目》，信誓旦旦对杂志进行门类调整，其中"所分门类不尽与四库全书总目合者；小学不入经篇，而入文篇（积字成句，积句成文），金石不入史学，而入美术篇（金石在美术类雕刻中）"。③ 编者如此整顿，希望能同时照顾到章太炎和罗振玉两个学术走向的重要关切。

从章太炎方面来说，他早就不满"今日言小学者，皆似以此为

---

① 《日教习之北京大学观》，《申报》1910 年 7 月 15 日，第 5 版，"东京通信"栏。今天的学者多已注意到罗振玉对中国现代农学发展的贡献。参阅罗琨、张永山《罗振玉评传》，百花洲文艺出版社，2015。

② 章绛：《与农科大学教习罗振玉书》（1911），《学林》第 1 册，"学林"一，"杂文录"，第 86 页。

③ 《第六年国粹学报更定例目》，《国粹学报》第 6 年第 1 号，1910 年 3 月 1 日，《国粹学报》影印本第 13 册，第 7530 页。

经学之附属品";《论语言文字之学》曾申明"小学者，非专为通经之学，而为一切学问之单位之学"。① 此举也成为近代为"语言文字之学"进行学科命名的划时代事件。《新方言》则是章太炎用小学来"通俗致用""整理活语言"的关键实践。他使小学从经学附庸，"一跃而为一种有独立精神之语言文字学"。② 《国粹学报》更定例目"小学不入经篇"，属于因应小学学科独立的举措。至于以"积字成句，积句成文"为理由，将小学编入文篇，也显然是认可章太炎对文字与文学关系的界说。比如，《文学论略》就说："何以谓之文学。以有文字着于竹帛，故谓之文；论其法式，谓之文学……研论文学，当以文字为主，不当以彣彰为主。"③ 章太炎后来将自己论小学、文学、诸子学的三组文字汇集成册，定名为《国故论衡》。"国故"之"故"，俨然承继自《国粹学报》与"古物"相对的"故闻"之学，强调在时空中绵延不绝，古今阐释系统不断叠加更新的中国文化。

　　就金石学的走向而言，清代学术的重心在"彝器款识之学，其器限于古吉金，其学则专力于毂中之牨"；④ 乾嘉之后，瓦当、封泥、明器、竹简等的研究大大突破之前以礼器、石刻为主的范畴。金石学著述散见于《四库全书》经史子集诸部，尤集中在经部小学类、石经类和史部目录类。⑤ 在清末颇有影响的张之洞的《书目答问》中，

① 章绛：《论语言文字之学》，《国粹学报》第2年第12号，1907年1月4日，《国粹学报》影印本第6册，第2503~2504页。
② 沈兼士：《今后研究方言之新趋势》，《歌谣周年纪念增刊》，1923年12月17日，第17页。
③ 章绛：《文学论略》，《国粹学报》第2年第9号，1906年10月7日，《国粹学报》影印本第6册，第2441页。
④ 罗振玉：《与友人论古器物学书》，罗继祖主编《罗振玉学术论著集》第9集，第145页。
⑤ 关于清代金石学演变的情况，参阅潘静如《被压抑的艺术话语：考据学背景下的清金石学》，《文艺研究》2016年第10期；潘静如《论清代金石学的流变——兼议汉学家布朗的本土"现代性"之说》，《社会科学论坛》2018年第3期；等等。

以金石为专家之学，归入"史部"之下。① 《国粹学报》更定例目，"金石不入史学，而入美术篇"，正是金石学渐从经史附庸的地位解放出来，拥有独立学科属性的表现。其实，早在宣布"更定例目"之前，罗振玉的《俑庐日札》已经被编入"美术编"。之后，如孙诒让《汉卫鼎考》、《周大泉宝货考》（第6年第1号），《克鼎释文》、《魏郏宫残砖拓本跋》（第6年第4号）也见诸"美术编"。罗振玉后来意识到，随着金石门类剧增，研究方向已超越文字考订，"金石学"的名称也需要被改造。他最属意的是"古器物学"——这一"创于宋人"，又在"古器日出"② 的当时颇具时代感的概念。但应该看到，欧洲东方学的重心逐渐移至中亚及我国西北，《国粹学报》及罗振玉本人《俑庐日札》一直呼吁保存、研究"古物"，也是呼之欲出的"古器物学"不可或缺的生长空间。

四 章太炎与罗振玉的分飞

1909~1910年是罗振玉学术生命的关键时期。

1909年，罗振玉从日本归国，在北京访问了伯希和（Paul Pelliot），并第一次见到敦煌卷轴。他随即为所见卷轴撰写提要，题为《鸣沙山石室秘录》，刊于《国粹学报》（第5年第10号）。罗振玉还和友人蒋斧一起为这些文献作跋语，予以较详细的介绍，辑成《敦煌石室遗书》，亦刊于《国粹学报》（第6年第2、3号）。邓实为《敦煌石室遗书》作序，短短数言就描摹了敦煌文献出世映照下的中

---

① 张之洞：《书目答问》（1875），吴剑杰编《中国近代思想家文库·张之洞卷》，第92页。

② 罗振玉：《与友人论古器物学书》，罗继祖主编《罗振玉学术论著集》第9集，第146页。罗振玉类似的表述还可见于《权衡度量实验考序》（1914）、《古器物识小录·序目》等。参阅杨小召、侯书勇《罗振玉与古器物学》，《求索》2009年第1期。

国人心世态："西北奥区，精气所聚。荒山石室，蕴此菁英。古物久湮，亦越千载。一旦出世，光耀瀛寰。独惜如斯重宝，守土之吏，瞠若无睹，士夫寡味，薾然不识，遂至尽流域外，长往不返。"邓实当即就意识到罗振玉等人学术工作的重大意义，称其"使神州故物，复存人间；海外归来，衣冠重睹，宏我汉京"。① 罗振玉本人则密切关注各国学界对中国西北的研究，心知伴随新文献的出土，已经出现一种中、西、日学者共同参与其中的学术潮流。他在《流沙访古记序》中回顾："今年秋八月，同好既影照敦煌石室文字。冬十一月，东友藤田学士（丰八）邮寄英伦地学协会杂志，中载匈牙利人斯坦因氏游历中亚细亚演说，记敦煌得书事，并考西陲水道，叙述至详。已而沈君昕伯（纮）复自巴黎译寄伯希和氏演说，又于日本史学杂志中，见德人第二次游历土耳其斯坦报，爰会译为流沙访古记。而以日本白鸟库吉氏游满洲记事，及法人剌古斯德氏游蒙古演说，为《满蒙访古记》附焉。适校印敦煌遗书竟，因附刊于后。"②

1909~1910 年，罗振玉正式开始研究殷墟甲骨文。早在 1899 年，金石学家王懿荣因一个偶然的机会发现了刻写在龟甲和兽骨上的古代文字。1901 年，罗振玉就从刘鹗那里看到了这批龟甲兽骨。这期间，刘鹗著录了《铁云藏龟》，孙诒让还出版了研究著作《契文举例》。罗氏自己却"频年南朔奔走，未遑有作"。③ 直到 1909 年，时任日本东京高等师范学校教授的林泰辅在《史学杂志》上连载《论清国河南省汤阴县发见之龟甲牛骨》，明确判断"此为属于殷代王室卜人所

① 邓实：《〈敦煌石室遗书〉序》，《国粹学报》第 6 年第 2 号，1910 年 3 月 30 日，"绍介遗书""近儒新著类"，《国粹学报》影印本第 14 册，第 8985 页。
② 罗振玉：《流沙访古记序》，《敦煌石室遗书（续）》，《国粹学报》第 6 年第 3 号，1910 年 4 月 29 日，"绍介遗书""近儒新著类"，《国粹学报》影印本第 14 册，第 9000 页。
③ 甘孺辑述《永丰乡人行年录》，第 38 页。

掌之遗物"，①并分析了甲骨文的文字与卜法。此文由在北京的日本文求堂主人田中庆太郎转赠于罗振玉，这才促使罗振玉正式展开甲骨文研究。罗振玉肯定林泰辅"此卜辞者实为殷室王朝之遗物"的判断，并进一步探究甲骨文发现地，"在安阳县西五里之小屯，而非汤阴"。把甲骨出土的地点考证出来，是罗振玉甲骨文研究的一项主要成就。罗氏"又于刻辞中得殷帝王名谥十余"，并撰写《殷商贞卜文字考》，"凡林君之所未达，至是乃一一剖析明白"。②在创作《殷商贞卜文字考》时，罗振玉还寄了一封信给林泰辅，此信成为章太炎《与罗振玉书》的直接导火线。《国粹学报》第6年第7号为介绍《殷商贞卜文字考》，还专门登载了该书的序跋。罗振玉的跋语充溢着天降大任的使命感，谓："古物之出，不先不后，而适当我之生。且沈薶三千年，键予之巾笥者，亦且十年。每一展观，辄有损坏，倘再数十百年，恐千百不复存一。用是惕然自励，乃以长夏，屏绝人事，闭户兼旬，草稿甫就，不及审定，亟付写官。"③这种使命感和"天以国粹付予"的章太炎差可比拟。并且随着时光的推移，他越发感受到作为天选之人的神圣性。④

---

① 林泰輔「清國河南省湯陰縣發見の龜甲牛骨に就て」（1909 年）、『支那上代之研究』光風館書店、1927、132 頁。关于林泰辅的汉学研究，参阅町田三郎《林泰辅与日本汉学》，《明治的汉学家》，台北：台湾学生书局，2002。

② 罗振玉：《〈殷商贞卜文字考〉序》，《国粹学报》第 6 年第 7 号，1910 年 8 月 24 日，"绍介遗书""近儒新著类"，《国粹学报》影印本第 14 册，第 9031 页。

③ 罗振玉：《〈殷商贞卜文字考〉跋》，《国粹学报》第 6 年第 7 号，《国粹学报》影印本第 14 册，第 9032 页。

④ 如，罗振玉在《殷虚书契前编序》（1912）中记述，自己见到殷墟甲骨文时的心情："此刻辞中文字与传世古文或异，固汉以来小学家若张、杜、杨、许诸儒所不得见者也。今幸山川效灵，三千年而一泄其秘，且适当我之生，则所以谋流传而攸远之者，其我之责也夫。"《殷虚书契后编序》（1916）更说："天不出神物于我生之前，我生之后，是天以畀予也，举世之不顾而以委之予，此人之召我也。天与之，人与之，敢不勉夫。"参阅罗继祖主编《罗振玉学术论著集》第 9 集，第 167、169 页。

1910 年，章太炎出版了《国故论衡》。该书"叙书契之原流，启声音之秘奥，阐周秦诸子之微言，述魏晋以来文体之蕃变"，① 堪称章太炎学术的扛鼎之作。《国粹学报》第 6 年第 4 号在"绍介遗书"栏的"近儒新著"类推介了黄侃（署"黄刚"）为《国故论衡》所撰赞词。同期的"广告"栏又登载《〈国故论衡〉出版广告》。这表明，《国故论衡》已结集完毕。事实上，初版《国故论衡》在东京秀光社印刷，版权页上标注的出版日期是"庚戌年五月朔日"（1910 年 6 月 7 日）。而《国粹学报》第 6 年第 4 号的出版日期是 1910 年 5 月 28 日。这就意味着《国粹学报》提前发布了《国故论衡》的出版消息，并向读者披露了该书的编排和内容。和此前此后《国故论衡》载于《国粹学报》上的诸篇略不同，于第 6 年第 4 号上发表的《原学》篇深具即时性和对话性。

刊于《国粹学报》又辑入《国故论衡》的《原学》篇，约略保留了一些脱胎于《訄书》重订本（1904）《原学》篇的痕迹。② 然而，两篇文章的主旨并不相同。《訄书》重订本《原学》篇指出，在古代，地理环境（"地齐"）、政教风俗（"政俗"）、个人才能（"材性"）构成了学术的成因；而到了近代，由于环球交通障碍逐渐消弭，"九隅既达，民得以游观会同"；加之大众政治文化兴起，

---

① 《〈国故论衡〉出版广告》，《国粹学报》第 6 年第 4 号，1910 年 5 月 28 日，《国粹学报》影印本第 14 册，第 9076 页。

② 比如，《訄书》重订本《原学》篇在讲到学术成因中的"地齐"元素时说，"九州五胜怪迁之变在齐稷下"；论及"政俗"元素时说："周室坏，郑国乱，死人多而生人少，故列子一推分命，归于厌世，御风而行，以近神仙。希腊之末，甘食好乐而俗淫湎，故斯多葛务为艰苦，作自裁论，冀脱离尘垢，死而宴乐其魂魄。此其政俗致之矣。"从中国国家图书馆北海分馆所藏《訄书》重订本的修改稿来看，章太炎后来将《原学》篇的"雅典共和之政衰"改为"族姓定，阶级分，贵人之子，以武健陵其下，故释迦令沙门去氏，比于四水，入海而咸淡无别。共和政衰"。参阅《章太炎全集·〈訄书〉重订本》，第 131~132 页。这些段落刊发在《国粹学报》，后辑入《国故论衡》的《原学》篇略调整文字后都保留下来了。

那些"特异不过一、二人"的有才能者，即便"其神智苟上窥青天"，"违其时则舆人不宜"；因此，观察近代学术，相对来讲，"地齐""材性"的重要性下降，"政俗"成为关键指标。此所谓："故古者有三因，而今之为术者，多观省社会，因其政俗，而明一指。"①刊于《国粹学报》的《原学》篇则在西力东侵的大背景下比较"仪刑他国"与"因仍旧贯"两种学术方向。在章太炎看来，"因仍旧贯"并非"徒博识成法，挟前人所故有"的故步自封，而是在继承、贯通旧学的基础上，"有所自得，古先正之所觊髳，贤圣所以发愤忘食，员舆之上，诸老先生所不能理，往释其惑，若端拜而议，是之谓学"。文章表彰中国、印度、希腊"因仍旧贯""而能自恢弘"，鞭挞日本学术"仪刑他国"，"复往转贩，一事一义，无匈中之造"。文章强调："饴豉酒酪，其味不同，而皆可于口。今中国之不可委心远西，犹远西之不可委心中国。"② 由于传统地理环境、政俗差异而导致的学术分殊，似乎在当下仍具有某种根本性的规范意义。《訄书》重订本《原学》篇的结论被部分颠覆。《訄书》重订本《原学》篇强调九隅通达、学术会同，《国故论衡》之《原学》篇则以强大"自心"、建立民族文化自信为指归。两者主题上有不小的距离。章太炎调整了自己的思想立场，并以此来评估中日的学术现象。

此外，刊于《国粹学报》的《原学》篇还有直接与罗振玉对话的内容，即多次批评"陈器数者"。"器数"本指古礼中礼器、礼数的种种规定，包含"彝器铭文"之学。章太炎心仪诸子之学，他将其与陈器数者的治学理路相比较，颇蕴褒贬之义，谓："诸子之书，不陈器数，非校官之业、有司之守，不可按条牒而知，徒思犹无补

---

① 章太炎：《原学》，《章太炎全集·〈訄书〉重订本》，第 131~132 页。
② 章氏学：《原学》，《国粹学报》第 6 年第 4 号，1910 年 5 月 28 日，《国粹学报》影印本第 13 册，第 7563~7566 页。

益，要以身所涉历中失利害之端，回顾则是矣。"他进而又比较古今陈器数者，批评："今之良书，无谱录平议，不足以察；而游食交会者，又邑之。游食交会，学术之帷盖也，外足以饰，内足以蔽人，使后生怔怔无所择。以是旁求显学，期于四裔。四裔诚可效，然不足一切颖画以自轻鄙。"① 《国粹学报》第 5 年第 10 号所载罗振玉《鸣沙山石室秘录》，第 6 年第 3 号所载罗振玉《流沙访古记序》、蒋斧《沙州文录序目》等文，提及中国治敦煌文献者如何与伯希和交往，受到日、西诸多学人启发。对照而观，就不难看出《原学》篇"游食交会"，"旁求显学，期于四裔"云云的具体指涉对象。

加之，章太炎认为龟甲蠡珧同骸骨一样，"入土未有千年不坏；积岁少久，故当化为灰尘"。他坚信，研究古文字"宜取《说文》独体，观其会通，摄以音训"，② 而不应依赖商人"作伪"的出土器物。章太炎和罗振玉在学术判断、态度和取径上的分歧难以弥合。《国故论衡》的出版愈加坚固了他的自信，并且围绕"国学"的出版业本身有利可图，种种缘由，致使章太炎不再满足于以《国粹学报》为阵地，和罗振玉共分"国学"的半壁江山了。创刊《学林》的计划，便起意于 1910 年。《学林》第 1 号正式出版于 1911 年 6 月。并且由于《学林》风格与《国粹学报》近似，章太炎"恐《国粹报》抄录原文，则销数绌而刻资空"，还让人代笔写了一份言辞"稍厉"的信给邓实，让他不要"妄登"《学林》上的文章。③

阐明主旨的《学林缘起》在在显示章太炎的理路。它先是引用《淮南子·俶真训》"罢马之死也，剥之若稿〔槁〕；狡狗之死也，割

---

① 章绛：《原学》，《国粹学报》第 6 年第 4 号，《国粹学报》影印本第 13 册，第 7565~7566 页。
② 章太炎：《理惑论》，《国故论衡》，第 42、43 页。
③ 章太炎：《与钱玄同》（1911 年 8 月 30 日），《章太炎全集·书信集》，第 209 页。

之犹濡，是故殇死者其鬼娆，时既者其神漠"，① 来说明"形神不得俱没"。意即面对当下的亡国危机，研治古学、防止异化乃是形虽毙，然神不亡、国不灭的途径。文章表彰余杭章先生"赫然振董"古学之功。在抨击了"背实征，任臆说，舍人事，求鬼神"的今文诸师，以及"专寻琐细"的守文者后，《学林缘起》有如下一段批判文字。

> 学术既隐，欵识声律之士，代匮以居上第。至乃钩援岛客，趣以干誉，其言非碎，则浮文也。浮使人惑，碎使人厌，欲国学不亡无由。今以所急，在使人知凡要。凡要远矣，不在九能目录中。盖无尺蠖之诎者，无独伸之功；无龙蛇之蛰者，无跃见之用。博而约之，易简而天下之理得，以是牖民，如璋如圭然，先生所为书，既章章有条牒矣。②

在学术消歇之时乘势而起，与日本人交接往来——"代匮以居上第""钩援岛客"的欵识声律之士，别无他人，罗振玉是也。文章也再次出现了"九能"，这个章太炎负面指涉金石学的符码。在作者看来，罗氏之学不能通达"凡要"，浮而碎，使人惑且厌。章太炎的学问"使人知凡要"，其深远不是"九能目录"所能窥见的。此番对比，最是吐露好恶心境。一并刊发于《学林》第 1 册的《与罗振玉书》，内容与《学林缘起》相呼应，同样显示了章太炎将罗振玉视作争夺"国学"方向及话语权的对手。

《与罗振玉书》并未论及甲骨文的真伪问题。明面上对罗振玉的

① 《淮南子·俶真训》，《淮南子集释》，中华书局，1998，第 101~102 页。
② 《学林缘起》，《学林》第 1 册，1911 年 6 月，第 1~2 页。

主要不满，是他对林泰辅"奖藉泰甚，诚偲偲若有忘"，甚至"妄自鄙薄"的姿态。① "偲偲"乃"惶遽之貌"。② 那么，罗振玉面对林泰辅真的惶遽、自鄙吗？罗信开篇谓："去岁在东京，得聆大教，欢慰平生；别后之思，与时俱积，维道履休胜，良以为祝；前田中君转到赐书并大著，拜读一通，深佩赡核；觉往者率尔操觚，见嗤都雅，愧赧无似。""拜读一通，深佩赡核"有客套在；"见嗤都雅，愧赧无似"确乎有一些谦逊过甚，但此或为罗振玉受到林泰辅启发的真实心境。之后，罗信不但纠正了林泰辅将甲骨文的出土地定为汤阴的错误判断，谓"弟近以余暇，重加研究，又从估人之鬻龟甲牛骨者探知，此物实出彰德府城西北八里之小屯，其地近安阳河，即古之洹水"；并且，罗振玉"又于龟甲文字中，得商代帝王庙讳十有五"，比林泰辅研究更加深入。他还明确告知林氏："近作《殷商贞卜文字考》，约分三篇。曰正史家之违失。曰是正文字，曰考古代卜法。……凡尊考之疑窦，一一皆可了然判决。"③ ——"了然判决"林氏文章的"疑窦"。这哪里有惶遽、自卑？满满透显的是对自家学问的自信。前文的客套谦逊反倒有欲抑先扬的意思。

　　章太炎当然也能读懂这层意思。罗振玉致林泰辅信，更多是他借题发挥的由头。他要批判的，是近代以来以老师俞樾为代表，兼及戴望、孙诒让等褒奖日本汉学的风气，且担忧"四方承学者不识短长，以为道艺废灭，学在四夷；差之顷武，而行迷以卒世，则旧

---

① 章绛：《与农科大学教习罗振玉书》（1911），《学林》第 1 册，"学林"一，"杂文录"，第 85、87 页。
② "偲偲"典出刘向《九叹·思古》"魂偲偲而南行兮，泣沾襟而濡袂"。参阅王逸所注刘向《九叹·思古》，（宋）洪兴祖《楚辞补注》，中华书局，1983，第306 页。
③ 「北京大學々長羅振玉氏より殷代遺物新發掘に就ての通信」『漢學』第 1 編第 2 号、1910 年 6 月 5 日、110 頁。

法自此戡"。① 而从《国粹学报》到《学林》，学术竞争过程中政治与学术都划清界限，以守护国学门户的迫切诉求，同样是鼓动章太炎慷慨以行，笔伐对手的关键推手。

事实上，就在章太炎策划创刊《学林》的1910年，罗振玉也在筹谋自起炉灶，创办新的国学类杂志《国学丛刊》，并于秋冬之际先后咨询于端方、沈曾植。沈曾植在复信中大力褒赞罗振玉所取得的成就，"地学精确，石史甄核，固已轶驾前贤，而殷篆一编，绝学创通，遂令吾国小学家言忽腾异彩"，称其"在环球学界伟人中高踞一席"。对于《国学丛刊》"以世界眼光扩张我至美至深至完善至圆明之国粹，不独保存而已，而亦不仅仅发抒怀古思旧之情抱"，沈极表同情，但提醒，"且不可与《国粹学报》复重"。② 这句担忧从侧面说明，《国学丛刊》在内容和受众上都极易与《国粹学报》交叠。其实，罗振玉又何尝没有取而代之，令自己的国学构想占据主流的意思呢？

《国学丛刊》1911年春开始刊出。罗振玉、王国维各撰写了一篇序言。无论是罗振玉的"蒙窃以为不然"，③ 还是王国维的"不能不自白于天下"，④ 两则序言的辩解味道都很重。虽然并非句句针对章太炎，但是两文如同一对组合拳，要集中回应的正是《国故论衡》的情感设置及章太炎在《国粹学报》上屡次对彝器铭文及古物之学的诸般质疑。

---

① 章绛：《与农科大学教习罗振玉书》（1911年），《学林》第1册，"学林"一，"杂文录"，第87页。

② 沈曾植：《与罗振玉书》（1911年1月9日），许全胜：《沈曾植年谱长编》，中华书局，2007，第352~353页。

③ 罗振玉：《〈国学丛刊〉序》（1911），罗继祖主编《罗振玉学术论著集》第9集，第184页。

④ 王国维：《〈国学丛刊〉序》（1911年2月），谢维扬、房鑫亮主编《王国维全集》第14卷，浙江教育出版社，2009，第133页。

罗振玉序言的情感基调，整体建立在反驳对当时国学处境的悲情判断上。而这样的悲观体验正是章太炎一再言说，以及《国故论衡》的情感设置所在。如章太炎向孙诒让感慨，"旧学放失，怪说昌披"，[①] 他视"存亡继绝"[②] 为《国粹学报》宗旨。黄侃梳理《国故论衡》的背景，亦曰："方今华夏凋瘁，国故沦胥，西来殊学，荡灭旧贯；怀古君子，徒用盡伤，寻其瘠残，岂诚无故。"[③] 罗振玉讥刺，"言稽古之事今难于昔"的焦虑乃是"杞人之忧"。他认为，稽古之学今易于古。理由有三：一是"洹阳出龟，窥仓沮之遗迹，和阗古简，鸣沙秘藏，继鲁壁而重开"，新出土文物使"古所未有，悉见于今"；二是梯航大通、"交友极于天下"，海外交通的便捷促进了文献及思想的交流；三是"继事者易为，后来者居上"，如"段、桂《说文》，遥夺二徐之席"，后来者受益于学术的累积，更易超越前人。无论重视新出土文献还是海内外学者交际，前面两项直接驳斥章太炎对他的攻击。从王国维那里借来画龙点睛的句子"老成未谢，睹白首之伏生；来者方多，识青睛之徐监"，罗氏全文情绪越发激昂向上——"方将广鲁于天下，增路于椎轮；张皇未发之幽潜，开辟无前之涂术；信斯文之未坠，仁古学之再昌"。[④]

王国维的序言则通过把"学"的定义推至"无新旧也，无中西也，无有用无用也"的至高无上的普遍境界，以阻碍追求真知为名，可抵挡一切异议。其中，暗讽立中西学之名者"均不学之徒"，"未尝知学者"，以及"虑西学之盛之妨中学，与虑中学之盛之妨西学

① 《某君复孙仲容书》，《国粹学报》第 4 年第 4 号，1908 年 5 月 19 日，《国粹学报》影印本第 10 册，第 5729 页。
② 章绛：《致〈国粹学报〉》，《国粹学报》第 5 年第 10 号，1909 年 11 月 2 日，第 7489 页。
③ 《国故论衡》三卷，章绛著，黄侃录，《国粹学报》第 6 年第 4 号，1910 年 5 月 28 日，介绍遗书专栏，"近儒新著类"，《国粹学报》影印本第 14 册，第 9003 页。
④ 罗振玉：《〈国学丛刊〉序》（1911），罗继祖主编《罗振玉学术论著集》第 9 集，第 184~185 页。

者，均不根之说"，明显针对章太炎以远西、中国不可互相委心的《原学》之旨。

王国维申明："余所谓中学，非世之君子所谓中学；所谓西学，非今日学校所授之西学。"具体来说，"治《毛诗》《尔雅》者，不能不通天文、博物诸学"，"由《大唐西域记》以发见释迦之支墓"可作为学问无限界，彼此互相推助的例子。并且，只是在知识具公共普遍性、情感具互通性上讲，科学、史学、文学上的中、西学才仅有"广狭疏密"的差异。① 章太炎后来也有解释，他将学分为"在心在物之学"与"言文历史"之学，前者"体自周圆，无间方国"，换言之，无中西之别；后者"其体则方，自以己国为典型，而不能取之域外"。② 也就是说，言文历史之学不仅包括王国维关注的求真的知识层面（如以天文、博物来解释《毛诗》《尔雅》），还涉及人的生存方式和价值取向，这些内容是可以通过国别来界分的。特别是在西力东侵的背景下，以文明消灭野蛮为借口，中国众多与民生日用相关的领域——道德习俗、建筑形制、服饰饮食、围棋柔道、言文歌诗等③不仅越发失去声音，甚至面临被远西取代而消逝的局面。在这个意义上，章太炎强调远西与中国不可互相委心。事实上，王国维的序言也有回应势力强弱影响学问存废的问题。他说："故是丹而非素，主入而奴出，昔之学者或有之，今日之真知学、真为学者，可信其无是也。"真学者不会趋炎附势。轻描淡写的一句话，就把章太炎体验最深的文化权势问题挡了回去。由于所论之"学"范畴不同，并且王国维堵上了逻辑漏洞，章、王二人对中西学的判断距离似乎也并不

---

① 王国维：《〈国学丛刊〉序》（1911 年 2 月），谢维扬、房鑫亮主编《王国维全集》第 14 卷，第 129~131 页。

② 章太炎：《自述学术次第》，章太炎：《菿汉三言》，第 170 页。

③ 章绛：《原学》，《国粹学报》第 6 年第 4 号，1910 年 5 月 28 日，《国粹学报》影印本第 13 册，第 7566 页。

遥远。

　　如果说学无中西乃是王国维主动出击，驳斥章太炎《原学》的界域划分，那么，学无有用无用则属于他代罗振玉出马，反驳章太炎一直来批评彝器铭文之学琐碎、浮泛。他辨析了"曲"与"全"，宇宙人生的"真相"与某一"现象"间的逻辑关系，称"夫天下之事物，非由全不足以知曲；非致曲不足以知全；虽一物之解释，一事之决断，非深知宇宙、人生之真相者不能为也；而欲知宇宙、人生者，虽宇宙中之一现象，历史上之一事实，亦未始无所贡献"。结论是，"深湛幽渺之思，学者有所不避焉；迂远繁琐之讥，学者有所不辞焉。事物无大小、无远近，苟思之得其真，纪之得其实，极其会归，皆有裨于人类之生存福祉"。① 换言之，哪怕是再迂远烦琐的学问都有价值。这就使罗振玉序言中自述的"屠龙之技未成，雕虫之心转炽"② 俨然谦辞。罗、王两篇序言达到了左右开弓、里应外合抗衡章太炎的效果。

　　辛亥革命爆发后，1911 年 11 月 11 日章太炎结束在日本五年多的流亡生活，率学生十余人，由日本神户乘轮回国；罗振玉、王国维则于 11 月抵达神户，此后以清遗老身份避居京都达五年。《学林》《国学丛刊》各自出版了两期和三期后即因此停刊，转年《国粹学报》停刊。③

小结：　清末国学与明治汉学的二重奏

　　20 世纪初，海外特别是明治汉学的波澜与中国国学界的跃动，

---

① 王国维：《〈国学丛刊〉序》（1911 年 2 月），谢维扬、房鑫亮主编《王国维全集》第 14 卷，第 130、132 页。

② 罗振玉：《〈国学丛刊〉序》（1911），罗继祖主编《罗振玉学术论著集》第 9 集，第 185 页。

③ 《国粹学报》实际停刊时间应当是 1912 年 2、3 月。参阅郑师渠《晚清国粹派：文化思想研究》，北京师范大学出版社，2000，第 287 页。

事件层层叠叠，表现出互相倚依、内外牵扯的二重奏样态。本节循着《与罗振玉书》提供的线索，将相关讨论回溯至《国粹学报》，以展现 1905~1911 年这一时期围绕和明治汉学的相关议题，中国学界的情感心态、学术纷争。中国国学界内部的演变暗潮激荡，作为另一侧的潜流，助推了章太炎的明治汉学批判。真正看重的人、对准的目标，却难以宣之于口。阮元、戴望、孙诒让这些被批评的对象，有受人牵累之嫌。老师俞樾才是清末中日文化交流史的关键人物，章太炎隐去其名却是最为在意的推崇日本汉学者。俞樾极欣赏的明治汉学家岛田翰才是章太炎笔下被贬为"小善"、内心实则紧张的人物。岛田翰斡旋其间，促成日本静嘉堂收购了䟓宋楼藏书。在伤痛之余，不少知识人通过坚信自心的实在圆满来应对外在事物的变迁流转。章太炎革命时期"依自不依他"的伦理和学术立场，即产生于同样的历史和文化环境。

章太炎怀疑商周彝器铭文的真实性，视金石学为汉学末流，其不满的对象就包括以金文说字的孙诒让。彼时欧洲东方学的重心逐渐转移至中亚及我国西北，东西洋殖民者在中国大肆盗取文物。1909~1910 年罗振玉通过伯希和初识敦煌文献，在林泰辅刺激下正式研究殷墟甲骨文。《国粹学报》的国粹学出现罗振玉、章太炎分别代表的"古物"与"故闻"之学的两途。章太炎《国故论衡》结集完毕。"国故"之"故"强调时空绵延不绝、阐释系统叠加更新的中国文化，从与"古物"相对话的"故闻"概念而来。而嗣后罗振玉突破金石学的樊篱创设"古器物学"，亦有《国粹学报》的这一段因缘。《学林》与《国学丛刊》的分别创刊标志着章太炎和罗振玉各自另起炉灶。两份杂志创刊号隔空论争，章、罗皆视对方为争夺"国学"方向及话语权的主要对手。刊发于《学林》创刊号的《与罗振玉书》，虽大量篇幅在抨击明治汉学，实则亦体现中国国学内部演进的潜流。

　　历史过程的还原往往能冲破对某些人物或观念的僵化印象。章太炎向被视为殊分远西，强调中国文化的特异性。但他早年的《原学》其实深明九隅通达后的学术汇通，"因仍旧贯"的论述属于受到东西洋帝国主义欺凌而启动的民族文化的防御机制，其本质也并非故步自封。王国维的学无新旧、无中西、无有用无用，虽然是站在学问最普遍的层面立言，但其发声之初有替罗振玉的古器物之学辩护，启动对国学未来乐观认知的因由。随着辛亥后王国维参与日深，以新材料解决新问题的"罗王之学"魅力难挡。并没有出现章太炎所说的"自今以后，小学恐分裂为二家，一主《说文》，一主款识，如水火之不相容"① 的局面；倒是王国维融会章罗、达观新旧，穿梭"古文字、古器物之学与经史之学"② 的二重证据法，更预得世界学术之新潮流。章太炎至晚年也未消除对彝器铭文之学的怀疑，谓："清儒以六书解释钟鼎，已嫌臆测；今或用甲骨为证，更是穿凿。"③ 在汇通成为主潮的趋势下，来回顾这段分立的时期，别见出前人求索过程的艰难。

---

① 章太炎：《与钱玄同》（1911 年 1 月 24 日），《章太炎全集·书信集》，第 202 页。
② 王国维：《殷墟文字类编序》（1923），谢维扬、房鑫亮主编《王国维全集》第 14 卷，第 208 页。
③ 章太炎：《语录》，弟子徐澂记，《章太炎全集·太炎文录补编》，第 966~967 页。

结　语

近代思想全球流衍视野中的章太炎与五四一代

在谈论广义的五四新文化运动时，拉长视线追溯其如何从晚清逐步积聚能量、瓜熟蒂落的过程，一般都会承认章太炎作为新文学运动"不祧之祖"[①] 的地位。显而易见，无论是五四时期大放异彩的新青年，还是在五四时期接受教育的新新青年，范围广大的五四一代多少都受到章太炎自成宗派的学术思想影响。章太炎与新文化运动的诸位领袖有直接的师生关系。民国初年至五四运动时期，章门弟子聚集新文化运动的大本营——北京大学。《新青年》杂志的主编陈独秀是清末的革命党人，与章太炎本来有旧。鲁迅、周作人、钱玄同则是《新青年》的重要撰稿人。章太炎的身影时晦时明，徘徊在新文化运动标志性的"一校一刊"背后。反孔批儒思潮与广义上的语言文字运动（包括白话文运动、汉语拼音文字运动和国语统一运动）构成了新文化运动的核心内容。章太炎又显然是造出时势的先驱。[②] 这些

---

① 曹聚仁:《章太炎与周作人》,《文坛五十年》,东方出版中心,2006,第190页。

② 章太炎与新文化运动反孔批儒思潮的关联,参阅彭春凌《儒学转型与文化新命——以康有为、章太炎为中心（1898~1927）》,兹不赘述。本书第四章已指出,章太炎在催生现代语言学上功不可没。此外,章太炎清末时整理各地方言,形构五四时期方言调查、歌谣整理工作的雏形,他"取古文、篆、籀径省之形,以代旧谱"（章太炎:《驳中国用万国新语说》,《章太炎全集·太炎文录初编》,第362页）,所制造的文字符号成为1913年读音统一会通过的"注音字母"的模型,而"注音字母"是中国由政府颁定的第一套拼音文字。章太炎深刻意识到,"今夫种族之分合,必以其言辞异同为大齐"（章太炎:《方言》,《章太炎全集·〈訄书〉重订本》,第205页）,现代民族国家建设,国语统一乃当务之急。新文化运动期间,章太炎虽然对单一化的白话文运动颇有微词,但他在清末襄助《教育今语杂志》,从启蒙便俗的立场上早就认可了白话文的合理性。

凸显在历史表层的人际嬗递、观念承袭，喻示着五四新文化和清末新思潮之间不容否定的连续性关系。新事物的开创从筚路蓝缕走到江河奔涌、难以遏阻。

然而，在历史展开的深层，并非总是呈现直线向上的发展趋势。特别是思想观念的更新，关涉政治与制度诸层面相当复杂的思想之社会化过程。怀特海说，精神的建筑物，"在工人还没搬来一块石头以前就盖好了教堂，在自然因素还没有使它的拱门颓废时就毁掉了整个的结构"，"思想往往要潜伏好几个世纪"。① 从近代思想的全球流衍及其对中国的影响来看，章太炎与五四一代之间还有隐而不彰的深层次关联——他们都被人类思想近代化的命题所俘获，并且在同一片思想的土壤上反复耕耘。

所谓近代思想，这里指的是建构我们今天对宇宙自然和人类社会基本认知的那些思想，以及由于对宇宙与人认知的新旧转换，而在宗教、伦理、美学、政治社会思想诸领域引发的观念协商或革命。思想的近代化则指向接受近代思想的动态过程。16~17世纪，欧洲发生了科学革命。经过伽利略、笛卡儿、惠更斯、牛顿几代学者的努力，诞生了人类知识史上最伟大的成果——牛顿三大运动定律及万有引力定律。这些基本的力学原理促进了天体力学、工程学和物理学的发展。它表明，自哥白尼以降，转变亚里士多德所建立的世界图像的工作已经到了最后阶段。一个物质宇宙的景象呈现在人类的眼前。而整个19世纪，"进化"成为"最翻天覆地而又无处不在的新观念"。② 19世纪

---

① Whitehead, *Science and the Modern World*, "preface", pp. viii‐xi. 译文参阅怀特海《科学与近代世界》，第2页。

② Frank M. Turner, *European Intellectual History from Rousseau to Nietzsche*, edited by Richard A. Lofthouse (New Haven and London: Yale University Press, 2014), p. 84. 译文参阅弗兰克·M. 特纳《从卢梭到尼采：耶鲁大学公选课》，王玲译，北京大学出版社，2017，第113页。

的"进化"观念事实上是由哲学与经验上的"进步"（progress）思想，以及在西方有着漫长知识史、从宇宙星体演变逐渐导向生物种群起源的"进化"（evolution）学说结合而成。法国革命撼动了旧的秩序，工业革命的蒸汽机车、铁路电信网络创造出新的自然，人们似乎切切实实地感受到了社会进步。弥漫性的进步意识又启发了生物进化的理论，"在19世纪后期，当达尔文革命在生物学中取得了成功后，两个层次的进步观才综合成一种有关宇宙发展的贯穿性观点"。[1] 人无分东西，都开始面对"人从动物进化而来"，这个令人无比震惊的关于人类由来的事实。

本书在19世纪中期到20世纪初，跨越大西洋、太平洋的英语、日语、中文三个文化圈的时空范围中，从斯宾塞为代表的"进化"思想和著述在全球的传播、影响出发，以章太炎为轴心，描绘了中国近代思想的某种全球史脉动。

鸦片战争后，主要来自英语世界、科学革命以降积累了两三百年的天文学、力学、地理学、生物学的成果涌入中国，建构了章太炎在内的一代青年学子的基本西学素养。斯宾塞的进化论综合了从科学革命到生物进化学说的诸般成果，提炼出从宇宙地球的生成，到生命的诞生、人类文明及其诸表象之演进的整一性进化脉络。戊戌时期，章太炎参与翻译《斯宾塞尔文集》，建立了斯宾塞推崇的、基于机械论（mechanic）的宇宙图景，并接受了以进化为轴心的人类文明认知。甲午战争后，明治日本成为知识界吸纳西学的重要渠道。章太炎1899年之后三赴日本，东京的学术圈构成他清末十余年知识更新的主要推手。明治初期的日本，英学盛行，斯宾塞成为自由民权运动时期最受欢迎的外国思想家。1880年代后，美国、

---

[1] Bowler, *Evolution*, pp. 90–91.

德国的崛起撼动了英帝国的文化权势，留美、留德学人陆续返回日本，也带来了新的时代问题和知识视野。一方面，1880 年代之后的英美社会学在整体继承斯宾塞理念的基础上，以心理的进化主义和强调人的主观能动性对于社会进步的价值，来纠正斯宾塞遵循宇宙自然法则的自由放任主义。章太炎在日本阅读、译介的社会学著作多少都受到这波潮流的影响。心理的进化主义辅助他反思近代科学所构造的物质宇宙，从理论和革命实践两个层面来思索社会的动员和再造。另一方面，井上哲次郎 1890 年留德归国，为日本确立了输入德国哲学的方向。以井上哲次郎为中心的东京哲学圈构成章太炎"转俗成真"、衔接佛学与叔本华哲学的重要中介。明治时期的"现象即实在论"也成为章太炎"齐物平等"之政治哲学的对话对象。德国直觉派的哲学，叔本华"意欲的盲动"，及唯识佛学将森罗万象的世界视作"阿赖耶识"这一本体幻出的世界，在在促使他根本怀疑物质宇宙的实存性。哪怕在"随顺进化"的变通立场上，他也对进化的结果必达于至善至乐的终局进行了批判。"俱分进化"意味着章太炎对近代思想的理解逐渐掘进深层。

新文化运动的领袖在清末即接受了弥漫思想界的进化学说。同章太炎一样，他们理所当然建立起"道之变"与进化的紧密关系，并作为宗教、伦理、政治社会之进步革新的根本依据。陈独秀在《青年杂志》的开篇《敬告青年》中即曰："不进则退，中国之恒言也。自宇宙之根本大法言之，森罗万象，无日不在演进之途，万无保守现状之理，特以俗见拘牵，谓有二境。此法兰西当代大哲柏格森之《创造进化论》所以风靡一世也。以人事之进化言之，笃古不变之族，日就衰亡，日新求进之民，方兴未已，存亡之数，可以逆睹。"[1]

---

① 陈独秀：《敬告青年》，《青年杂志》第 1 卷第 1 号，1915 年 9 月 15 日，第 11 页。

《孔子之道与现代生活》则以"宇宙间精神物质，无时不在变迁即进化之途"，推导出"道德彝伦"同样应遵循"道与世更"的原理。[1]李大钊的《民彝与政治》热烈呼吁政治变革，"理之创于古者不必其宜于今也，法之适于前者不必其合于后也"，其根本的笃信亦在于"斯固天演之迹、进化之理，穷变通久之道，国于天地，莫或可逃，莫或能抗者"。[2]

除新文化运动领袖人物身上体现出昂扬的"进步"气质外，在五四时期普通知识阶级的思想建构和知识精英的思想展开这两个层面，同样能看到章太炎与五四一代都被人类思想近代化的命题俘获并耕耘同一片思想土地的样貌。

说到五四时期普通知识阶级的思想建构，在层出不穷的普及进化常识的著作中，不得不提《进化：从星云到人类》（*Evolution：A General Sketch From Nebula to Man*）这本书。该书是英国作家约瑟夫·麦克布（Joseph McCabe，又译为"麦开柏"）于 1909 年刊行的一本普及型的小册子。在 1922 年新文化运动的氛围中，由二十出头的郑太朴翻译、商务印书馆出版。这本书不断再版，直到 1951 年。该书在培育一代新青年的近代教养方面功不可没。聂绀弩回忆说，相较于严复译的《天演论》《群学肄言》，马君武所译《物种原始》及《新青年》杂志，《从星云到人类》"是最懂的，很薄的一本小书，给了我很多知识"。[3]

译者在例言中说："进化一语，传入中国亦已几十年，近来更通

---

① 陈独秀：《孔子之道与现代生活》，《新青年》第 2 卷第 4 号，1916 年 12 月 1 日，第 346 页。
② 李大钊：《民彝与政治》（1916 年 5 月 15 日），《民彝》创刊号，《李大钊全集》第 1 卷，人民出版社，2006，第 152 页。
③ 聂绀弩：《我的"自学"》，王存诚编注《大家小集·聂绀弩集》（上），花城出版社，2016，第 10 页。

行为口头禅；但对于此语能有明确之观念，十分清楚其意义者，恐还不多得。"麦开柏在正文开篇则说："进化一语……五十余年前，这种科学上的真理，即在很有思想的人听了亦震惊者，现在已悬于小学生之口。"① 将中英两种语境、不同时间点的表述稍微进行时间换算就会发现，1850 年代，"进化"亦是"震惊"欧洲知识界的新锐话题，但到了 50 年后的 1900 年前后，"进化"作为常识，已"悬于小学生之口"。中国在距五四"几十年"前的清末虽已传入进化学说，严复译的《天演论》也名噪一时，"进化"逐渐"通行为口头禅"。但在新文化运动如火如荼之际，普通知识阶级对于"进化"的意义还不"十分清楚"。这和胡适 1914 年旅美后的观察是一致的，"达尔文《物种由来》之出世也……历半世纪而未衰；及其东来，乃风靡吾国，……廿年来，'天择''竞存'诸名词乃成口头禅语"，然"今之昌言'物竞天择'者，有几人能真知进化论之科学的根据"。② 换言之，新文化运动的重要工作，就包括普及关于宇宙自然、人类社会由来与演化的近代思想。并且在此基础上，中国的年青一代和全世界一起，开始以科学的方式探索宇宙自然、生命与文明的奥秘。因为"进化"观念之后，"无论那个学者，没有不把他作为研究之南针。古物学者要渐渐的把原人之进化史发见出来；言语学者，亦想把世界上所有各种言语编成系统表，明其进化之来源；至宗教艺术，社会制度各方面，亦均可从之看出其进化之点"。③

麦开柏回顾进化思想的进化历程，谈到英国的斯宾塞，"伟论杰

① 麦开柏：《进化：从星云到人类》，郑太朴译，商务印书馆，1951，"例言"第 2 页，正文第 1 页。
② 胡适：《东西人士迎拒新思想之不同》（1915 年 5 月 8 日），曹伯言整理《胡适日记全编》（2），第 128 页。
③ 麦开柏：《进化：从星云到人类》，第 14~15 页。

作，层至叠出，把进化论推广至宇宙间所有一切"。①《进化：从星云到人类》从原子聚合、星云谈到太阳及诸行星的诞生，由冷凝过程主导的地球进化史讲到植物、动物从低等到高等的进化过程、人类的由来，并且展望了人类文明的未来。其布局和内容大体模仿斯宾塞1857年创作、后屡经修改的《论进步：其法则和原因》。当然，该书增加了一些斯宾塞之后的知识，比如孟德尔（Gregor Mendel）的遗传学说。而1898年时，章太炎正是在进步哲学、进化学说全球流衍的时代氛围中与曾广铨合译了《斯宾塞尔文集》，其中就包括《论进步：其法则和原因》，并由此建构了以进化为轴心的知识图景。这就意味着青年章太炎和新青年聂绀弩相似，都在经受近代全新宇宙观和社会观震慑后，重构自身的思想世界。就这个意义上讲，章太炎（及晚清一代）和五四一代之间，就像在平行空间的同一块土地上耕耘的人，是彼此的另一个自己。

从章太炎1898年翻译斯宾塞的《论进步：其法则和原因》到1922年《进化：从星云到人类》中译本的出版，张开双眼、无比惊异地获悉宇宙与社会由来、演变的"真相"，始终是趋新知识人推开近代思想之门的首堂必修课。以至于类似的译作一浪又一浪涌来，重复但又新鲜。1911年11月中华基督教青年会在上海创刊《进步》杂志，到1917年与《青年》杂志合并为《青年进步》杂志为止，《进步》共出版64册，是民初颇有影响力的综合性刊物。在发刊词中，杂志主编范祎（号晞海）指出："今吾国之所谓更始，所谓革新，大都属于事实，而思想之陈旧，仍为三千年老大国民之故态；宜乎十年来之进步虽有可观，要皆骛形式而乏精神。"② 促进社会的思想进步

---

① 麦开柏：《进化：从星云到人类》，第14页。
② 晞海：《进步弁言》，《进步》第1卷第1期，1911年11月，"发刊辞"，第2页。

乃是该杂志的根本事业。从第 1 期开始，《进步》杂志在"译著"栏分 7 期连载了紫宸达旨、健鹤润辞的《学术进化之大要（译英国斯宾塞学术论）》。这篇所谓的斯宾塞学术论，事实上正是章太炎翻译过的《论进步：其法则和原因》。

《斯宾塞尔文集》连载于《昌言报》，而《昌言报》脱胎于戊戌时期的名刊《时务报》。《斯宾塞尔文集》原拟登载于《时务报》。《时务报》第 18 期显示，其英文刊名正是 "*The Chinese Progress*"。《论进步：其法则和原因》本来是为了解说刊物题旨而准备的。13 年后，《进步》杂志再次用该文来解说"何为进步"。如果考虑到《进化：从星云到人类》一书再版到 1951 年，那么可以说，从宇宙到人类社会的进化历程是自 19 世纪中叶到 1950 年代的一百年间，知识界反复启蒙的思想主题。[1] 换言之，在近代思想的接受上，章太炎与五四一代之间并未出现断层与割裂。

至于五四时期知识精英的思想展开，不得不提的一本书则是柏格森（Henri Bergson）的《创造进化论》（*Creative Evolution*）。柏格森法文原著出版于 1907 年。到了五四时期的中国思想界，从陈独秀、李大钊到蔡元培、胡适、梁漱溟等，已经几乎无人不谈柏格森。[2] 张东荪 1918 年在《时事新报》上连载、1919 年由商务印书馆推出的译著《创化论》（即《创造进化论》），1921 年李石岑在《民铎》杂志上组织的"柏格森号"，都是思想界的现象级事件。中国知识界绍介柏格森学说之初，就根据莱曼·阿博德（Lyman Abbott）的判断，将

---

[1] 比如吴虞 1912~1914 年的日记就多次记载阅读《群学肄言》、章太炎所译《社会学》，以及《进步》杂志的信息。吴虞：《吴虞日记》上册，中国革命博物馆整理，四川人民出版社，1984，第 22、47、126 页。

[2] 王中江的《进化主义在中国的兴起：一个新的全能式世界观（增补版）》从对柏格森的接受出发讨论中国五四后的思想界，以梁漱溟、朱谦之、熊十力代表"生命主义的进化思想"，张东荪、金岳霖、张岱年代表"实在主义的进化思想"。

柏格森哲学定位为"进步哲学"（The Philosophy of Progress）。① 有舆论直陈柏格森"影响于思想界之巨，达尔文而后，莫之与京"，甚至"二十世纪之文明，将必悬于柏氏掌握中"。② 从进步哲学、进化学说发展的历史角度来理解柏格森，最是本色当行。

柏格森申明要以"真之进化说"取代"斯宾塞之伪进化论"（the false evolutionism of Spencer）。③ 柏格森指出，19世纪下半叶建基于物理学的进化论表现出理性之专横——站在事物之外，以完成式的眼光、背离不断生成的事物来谈论进化，"斯氏以为物理现象之关系映乎人心，遂成思想；外界之法则，即为思想之格式，是观念纯为外物之映影也"。④ 而以绵延、直觉、创造、自由意志为标志的20世纪的生命哲学，在柏格森看来才是足以取而代之、真正的进化论。

柏格森并不是横空出世的。柏格森哲学的评述者常目之"与叔本华之意志论所表著之思想相感通"。⑤ 五四时期柏格森主义和尼采主义相当兴盛，他们都属于"非理性主义"及"唯意志主义"的阵

---

① 钱智修：《现今两大哲学家学说概略》，《东方杂志》第10卷第1号，1913年7月1日，第1页。

② 严既澄：《柏格森传——〈时间与自由意志〉概略》，《民铎》第3卷第1号，1921年12月1日，第2页。

③ Henri Bergson, *Creative Evolution*, Authorized translation by Arthur Mitchell（London：Macmillan and Co.，1911），"Introduction"，p. xiv.

④ 法国柏格森原著《创化论》，美国密启尔英译、张东荪重译，商务印书馆，1919，第388页。英译为"For, according to him, the phenomena that succeed each other in nature project into the human mind images which represent them. To the relations between phenomena, therefore, correspond symmetrically relations between the ideas. And the most general laws of nature, in which the relations between phenomena are condensed, are thus found to have engendered the directing principles of thought, into which the relations between ideas have been integrated. Nature, therefore, is reflected in mind." Bergson, *Creative Evolution*, pp. 387–388.

⑤ 李石岑：《柏格森哲学之解释与批判》，《民铎》第3卷第1号，1921年12月1日，第1页。

营。他们都从叔本华悲观的意志论中转变出积极的、创造性的元素，通过对"自由意志"的信仰，为新的政治变革和社会改造提供思想动力。此外，柏格森的学说还明显继承了新拉马克主义的元素。拉马克主义认为用进废退是由环境的压力机械性地引发出来的，所谓"适应"并不指向动物的主观努力或意志。当然，它很容易被导向这样的认知。柏格森就说，这种努力（effort）暗示了"意识与意志"（consciousness and will）。他认为，在进化主义发展的过程中，"只有新拉马克主义承认了关于进化的一种内在和心理学的原理"，[①] 而寻求进化过程中心理学性质的原因乃是新拉马克主义"一种最坚实的立场"。[②] 在强调内在和心理学的进化主义上，柏格森比新拉马克主义走得更远，所谓："奋勉足以变易本能，创造形体者，必有更深之义焉，非四围境遇所拘，非每一身体所限。"[③] 由于极端强调直觉、本能、自由意志等创造进化的内在心理因素，柏格森断然否定意识起源于大脑，称："心决非自脑而出……夫曰脑应于心，是心已驾乎脑而上之矣。"[④] 这也成为柏格森主义最为论敌所诟病的地方。[⑤]

章太炎与柏格森类似，经历过从拉马克主义到意志论、直觉论、

---

① Bergson, *Creative Evolution*, p. 81.

② Bergson, *Creative Evolution*, p. 92.

③ Bergson, *Creative Evolution*, p. 180. 中文译文参阅法国柏格森原著《创化论》，第180页。

④ Bergson, *Creative Evolution*, p. 277. 中文译文参阅法国柏格森原著《创化论》，第279页。

⑤ 休·艾略特（Hugh Elliot）1912年出版的专著《近代科学与柏格森的迷妄》质问柏格森能举出意识"离大脑构造而存在之证据乎"。Hugh Elliot, *Modern Science and the Illusions of Professor Bergson* (London: Longmans, Green, and Co., 1912). 李石岑为柏格森辩护，认为休·艾略特是"卤莽执笔"。李石岑：《柏格森哲学之解释与批判》，《民铎》第3卷第1号，1921年12月1日，第23页。李石岑的辩护更多体现了五四后精神界的选择与取向。根据美国心理学家本杰明·李贝特（Benjamin Libet）在1980年代所做的脑神经实验，即著名的"李贝特实验"，大脑先有决定，然后才有决定的意识。自由意志乃是愉悦的错觉。

心理学等思潮的冲击。清末中国知识界所接受的种群进化观念主要是拉马克主义的用进废退理念。章太炎将用进废退与肯定主观意志的传统思想相联结，肯定"心力"对于政治、社会变革的意义。章太炎流亡日本期间，凭借角田柳作、岸本能武太、远藤隆吉译介的本杰明·基德、莱斯特·沃德、弗兰克林·吉丁斯的作品，汲取重视人的内面价值和主观能动性、强调欲望和心理学因素的英美社会学之养料。并且，他通过以井上哲次郎为中心的哲学圈，已经了解到康德、费希特等以"活动"为要点的"直觉派"（Intuitionismus）的哲学，又最为倾心叔本华意志的盲动说。他将这种基于个人感知的认识论与唯识佛学相结合，以阿赖耶识和末那识的关系来解释"自我"的产生。他虽然持灭绝意志以寻求解脱的悲观心态，但因革命活动的需要，行动上却格外接近尼采所谓的张扬意志的"超人"。

1906~1907年章太炎在东京主持《民报》，发表《俱分进化论》《建立宗教论》《人无我论》等文。而1907年柏格森出版了《创造进化论》。换言之，章太炎和柏格森几乎同时以相似的思路和方式实现了对19世纪斯宾塞进化学说的反思和批判。这就是为什么五四之后思想界大谈柏格森时，章太炎颇有惺惺相惜之感。1921年1月，《时事新报》的副刊《学灯》登载了两封章太炎与李石岑论学的书信。其中，章太炎专门论析了柏格森的重要概念"直觉"，并将之类比为唯识佛学的概念"藏识"。他说，"谈哲理者多云若者可知，若者不可知。不可知者，特感觉、思想所不能到耳。未知感觉、思想以外，尚有直觉可以自知也。是故伏断意识，则藏识自现，而向之所谓不可知者，乃轩豁呈露于前"，并由此赞赏"柏格森氏颇能窥见藏识"。①

斯宾塞以牛顿力学原理建构的宇宙进化论，把人类视作遵循自然

---

① 章太炎：《实验与理想》，《时事新报·学灯》1921年1月5日，第4张。

演化规律、镶嵌在宇宙万物中的一部分。达尔文基于自然选择理论的生物进化学说，揭示了人类的命运并不由自己掌握，而是充满机遇与死亡的不确定性。柏格森却认为，人类面对进化并不是无能为力的，相反可以通过当下的创造和自新，将命运牢牢掌握在自己手中。因为未来是未被预定的，而人的意志是自由的，此即"绵延为万物之本，自由为创化之性"。① 19 世纪下半叶进化论所昭示的人类命运的"不确定性"，在 20 世纪的柏格森那里转化为无穷的创造命运的"可能性"。章太炎与柏格森拥有相似的思想基底。召唤"直觉"，呼吁"创造"、革命，强调人的主观意志和能动性也正是他们的共同诉求。而这些诉求构成了 20 世纪新文化憧憬新的政治和社会、建构新的文艺美学之鲜明特色。近代思想的全球流衍仍是观察 20 世纪中国新文化之走向时不可或缺的视野。

1915 年，在民族"濒于绝境"的危急关头，李大钊号召"觉悟"，"本自由意志之理（Theory of free will），进而努力，发展向上，以易其境，俾得适于所志，则 Henri Bergson 氏之创造进化论（Creative Evolution）尚矣"。② 1921 年 6 月，郭沫若在东京和郁达夫、张资平、何畏、徐祖正等成立了酝酿已久的创造社，并决议出版《创造》杂志。郭沫若道出了这一团体的审美风尚，"我对于艺术上的见解，终觉不当是反射的（Reflective），应当是创造的（Creative）"，"真正的艺术品当然是由于纯粹充实了的主观产出"。③ 1949 年 9 月，在新中国成立前夕，毛泽东在总结中国革命的经验时指出："世间一

---

① 英文译文为 "we put duration and free choice at the base of things." Bergson, *Creative Evolution*, p. 291. 中文译文参阅法国柏格森原著《创化论》，第 291 页。

② 李大钊：《厌世心与自觉心——致〈甲寅〉杂志记者》（1915），《李大钊全集》第 1 卷，第 139 页。

③ 郭沫若：《论国内的评坛及我对于创作上的态度》（1922），饶鸿兢、吴宏聪等编《创造社资料》上册，福建人民出版社，1985，第 15 页。

切事物中，人是第一个可宝贵的。在共产党领导下，只要有了人，什么人间奇迹也可以造出来。"①

把进化的"不确定性"转化为无穷的"创造性"和"可能性"，章太炎和五四一代、和20世纪的中国新文化并肩同行。以章太炎的思想历程为轴心，足堪辐射19世纪中期到20世纪初近代思想在全球某种流动变迁的面相。而一旦要追溯和辨析20世纪新文化的源流，梳理其与传统思想、与东西洋学术错综复杂的关系，章太炎以参与和思考中国革命为动力，汲取、反思两洋三语之思想世界的成果，对"道"的持续追问，是值得我们不断回顾、一再重访的所在。

---

① 毛泽东：《唯心历史观的破产》（1949），《毛泽东选集》第4卷，人民出版社，1991年第2版，第1512页。

附录一

《訄书》初刻本（1900）中的日本元素

篇目	原文	关联文章	日本材料来源
《原人》第十一	"在亚细亚者，礼义冠带之族，厥西曰震旦，东曰日本，佗不得著录。冈本监辅曰：'朝鲜者，駇靼之苗裔。'"（《章太炎全集·〈訄书〉初刻本》，上海人民出版社，2014，第20页）		冈本监辅：《万国史记》卷四"亚细亚诸国记"，明治十二年原刊，光绪戊戌仲秋上海著易堂精校本，第11页。小林武「章炳麟『訄書』と明治思潮——西洋近代思想との關連で」『日本中國學會報』第五十五集、2003 年、198 頁。
《冥契》第十四	"然辁近尚武之国，其君皆自称提督，或受邻国武臣官号，佩其章袚，恢然勿以为怪，而戎事日修，则天子诚与庶官等夷矣。"（第28页）	《书〈原君〉篇后》"然辁近尚武之国，其君皆自称提督，或受邻国武臣官号，佩其章袚，恢然勿以为怪，而戎事日修，则天子诚与庶官等夷矣。"《台湾日日新报》1899 年 2 月 10 日，汉文第 3 版。	
《榦蛊》第十七	"今社会学家言上古野人之信鬼，由日中视影始。盖以为行止坐卧，是物皆随，则形体之外，必有一灵异之身矣。是说合当时情事。"（第32页）		小林武「章炳麟『訄書』と明治思潮——西洋近代思想との關連で」(『日本中國學會報』第五十五集、2003 年、199 頁) 指出，此段文字节译自有贺长雄『宗教進化論』、42-46 頁。

篇目	原文	关联文章	日本材料来源
《斡蛊》第十七			据笔者考查,章太炎参考的应该是有賀長雄『增補宗教進化論』牧野書房、1888年、36-40頁。
《族制》第二十	篇名"族制"是"kinship"的日译汉字词,意为亲属关系、血缘关系。		井上哲次郎、有賀長雄『改訂增補哲學字彙』附「梵漢對譯佛法語籔」「清國音符」東洋館、1884年、65頁。
	"瑞典人著《催眠术》,言以电气使人孰睡,能知未来,及知他人所念,是曰千里眼,又能梦游云云。其原出于希腊。晚有《曼司莫立士姆》及《汉坡诺忒斯没》诸书,今皆命曰精神学。"(第38页)		スウェーデン精神學教授フリドリック・ジョンスツロム(Björnström, Frederik)著、澁江保譯述『催眠術』博文館、1893年。据小林武「章炳麟『訄書』と明治思潮——西洋近代思想との關連で」『日本中國學會報』第五十五集、2003年、198頁。
	"又今日本帝女称内亲王,亦与兄弟为婚,不得下嫁,数有余,则宁剃发入浮屠。盖东方旧俗,不避内乱,中国同处一洲,上古亦不得有异。"(第39页)		
	"彼共和而往,其任国子者,非以贵贵,惟竞存其族故。不然,今吾中夏之氏族,礧落彰较,皆出于五帝。五帝之民,何为而皆绝其祀乎?是无他,夫自然之洮汰与人为之洮汰,优者必胜,而劣者必败。"(第40页)		"自然淘汰"是"natural selection"的日译汉字词;"人为淘汰"是"artificial selection"的日译汉字词。参阅加藤弘之著『人權新説』谷山楼藏版、1882年、13、22頁。

篇目	原文	关联文章	日本材料来源
《订文》第二十二附《正名略例》	"官吏立名,疆域大号,其称谓与事权不同者,自古有之。……乃观于日本之官号,何其剀切雅驯也。近法东邻,庶几复古哉!"(第48~49页)		
《播种》第二十五	"古者改制度,定文章,必乘兔刘之后。方日本之议尊攘,怵井伊直弼意,逮系数百,断脰裂腹,而气不少崎;卒使幕府归政,四邻不犯,变更法度,举措而定。是故变政者,儒生侮侠之所为,而矶其变者,井伊直弼也。今中国有井伊直弼矣,继兔刘之后,冯借众怒,曳天于倚杵。而反之于北落师门,其事易于平世。若是,非直权首之力,虽杀权首者亦与有力焉。若是而讥之,其脆弱也已甚矣。"(第56页)	《变法箴言》 "古者改制度、定文章,必乘兔刘之后。方日本之议尊攘,怵大将军意,逮系数百,断项绝脰,而气不少衰。至于书生剑客,慷慨国事,竞为诡激,横刀曰攘夷,摄绔曰脱藩,一言及尊攘,切齿扼捥,斥当轴为神奸,而笑悼老成宿儒之畏懦,悲歌舞剑,继以泣涕,展转相效,为一世风尚,惧有株连,复自称浮浪以免其藩主,其气之雄毅与心之苦如此。卒使幕府归政,四邻不犯,变更法度,举错而定。当其赴汤火、冒白刃,固不意此。如斯人者,将求之不得也,虽枯槁不舍也,烈士也夫!今吾中国之变法,无刀锯之迫、汤镬之危,其易于日本也,不知其几千伯倍蓰。所求于士大夫者,惟劳其心力耳。" "人固有一死,死或重或轻,视其所趣。故磨顶放踵以拯生民之陆沉,前者踣,后者继,百挫而无反顾,终以集事,斯其死重于泰山者,日本之议尊攘是也。" 《经世报》第1册,光绪二十三年七月初五日。	

篇目	原文	关联文章	日本材料来源
《东方盛衰》第二十六	"日本食鱼盐,室版堵,礼俗之善,始萌芽唐世,千祀守之,沾沾独处于三岛,而不知有欧美也。要盟既成,愤发其所,俄而奋飞矣。"（第58页） "由是言之,亚洲之衰,西虁于欧洲;欧洲盈,西溢于美;美洲攫,西被于日本。古者太平洋之盛,由长安而东;今者太平洋之盛,由英吉利而西。自日本西被,非支那则谁与?故自葱岭以左旋,绕地一帀,而返乎赤县,其流若逆,其势若有机械而不能已。"（第58~59页）	《东方盛衰》原文曾载《经世报》第4册,光绪二十三年八月上旬。	
《蒙古盛衰》第二十七	"当是时,蒙古知髦杰附己,一二愚民,不敢贯弓而报怨,乃益横厉,奋其爪牙,攫咀所至,罩及禹域,则神明之胄,孑然其殆尽矣。席成吉思之余业,威棱憺邻国,令范文虎等征师十万,东伐日本。日本君臣,至祷桧神宫以求解。此则以然炭爇蜚蓬,虑无不糜烂者。天夺其魄,融风冯怒,余皇帛兰,沦陷岛国者以百计,智虑汔尽,六师深墨,跳而西归。计蒙古起兵以来,未有泛驾败绩至是者,顾使日本不费一卒,而蒙古皆漂为转尸。其诸厉气之未当遍于神明之胄,而故遗日本一方隅土,使不与中国同饱于狼鹿之喙也。嗟乎!	《蒙古盛衰》原文曾载《昌言报》第9册,光绪二十四年九月二十六日。	

篇目	原文	关联文章	日本材料来源
《蒙古盛衰》第二十七	当蒙古之盛,方明不队,滴池不遮,惟神飙之灵,一挫其气,亦若有上天缲之矣。彼特自以为天之骄子,驰骤俯仰,所趋则如志,而不知大命之不久假也。"(第61页)		
《东鉴》第二十八	"吾观于中国、日本之盛衰,而后知大国之摡落,不如其细。""吾观于中国、日本之盛衰,而后知重钜者难为兴,锐尐者难为替。""彼政法一革,迅若票风,帝后遂断发落黛,以为民倡。"(第63页) "然则日本非有异术也,地小而子,其民在一丘,势易卙也。故自兵库港之开,国威明蓟,而三百藩侯皆来谓矣;罢警跸,废磔炙,右士族,而民与君共钟鼓之乐矣。然后据其分地,缘督而治,以旁漠四邻,而尉之,而忌之,而耆之,而坛之,十年县流求,三十年而割台湾;与泰西订约,相地衰政,有分工,亡分民,欧人翕然,莫发诡议,以流岂弟于大东。迹其行事,若丝之有级,亡或梦乱,则惟其小易旋转故。今暹罗有贡兴矣,以雕题之国,微若鱼子,非有武蜂精兵,而四邻不敢侮。由此观之,自强者非小之患也,不小乃不足以自强也。"(第64页)		

篇目	原文	关联文章	日本材料来源
《客帝》第二十九	"震旦之共主,其必在乎曲阜之小邑,而二千年之以帝王自号者,特犹周之桓、文,日本之霸府也。苟如是,则主其赏罚,而不得尸其名位。震旦有主,则为霸府于丰镐、秣陵、汴、洛、北平者,汉乎?满乎?亦犹菌鹤马蜩之相过乎前而已矣。"(第66页)	《客帝论》"支那之共主,其必在乎曲阜之小邑,而二千年之以帝王自号者,特犹周之桓、文,日本之霸府也。苟如是,则主其赏罚而不窃其名位。支那有主,则为霸府于丰、镐、汴、洛、北平者,汉乎?满乎?亦犹鹡雀蚊虻之相过乎前而已矣。"《台湾日日新报》1899年3月12日,汉文第6版,后载入《清议报》第15册,1899年5月20日。	
《官统》第三十	"夫豪俊虽超轶于里闬之士,其材性则大抵不出其里闬。东方日本有少连焉,(《礼记·杂记下》:孔子曰:'少连、大连善居丧,三日不怠,三月不解。期悲哀,三年忧,东夷之子也。'按:日本源之熙《艺苑日涉》,言神武天皇班功建德,胙土赐姓,于是有国造县主之号。尔后氏族繁胈,贵贱或混淆。洎天武天皇十三年,诏定八等之姓,曰真人,曰朝臣,曰宿祢,曰忌寸,曰道师,曰臣,曰连,曰稻置,以牢笼天下之姓氏。迺所以明源委,分贵贱,使人知氏族之所主。(以上《艺苑日涉》)据此,是以官定姓,虽自天武始赐,而其源固昉于神武也。仲哀天皇,当汉献帝初平、兴平、建安间,始置大连之官,亦因于古。	《膏兰室札记》卷三,四六六《少连大连》条与《官统》该处注释相同。	源之熙(又名村濑之熙)《艺苑日涉》,日本文化四年(1807)刻,安政四年(1857)丁巳春补刻,发兑书肆:数库堂合梓,共12卷。引文出自卷一,第20页。按:章太炎此段引文与黄遵宪《日本国志·卷三十七·礼俗志·氏族》对日本氏族的描述相同(陈铮编《黄遵宪全集》(下),中华书局,2005,第1489页)。

篇目	原文	关联文章	日本材料来源
《官统》第三十	盖是等官族,皆自神武建德赐姓始。神武元年,当周惠王十七年。少连、大连,盖即其时人,故天子得称之。《论语》少连与柳下惠并称,而谓其'言中伦,行中虑'。向不知其何时何国？今观《杂记》'东夷之子'一语,又证以东方氏族,而知少连、大连之称,犹汉世大小夏侯、大小戴等以氏族著者。乃始豁然填斯云。)其民蹲夷不恭,故贤者犹侏张。"(第71页)		据王宝平「黄遵宪『日本国志』源流考——『芸苑日涉』との関連をめぐって」『清代中日学術交流の研究』汲古书院,2005年),黄遵宪的《日本国志》有许多是引用村濑之熙《艺苑日涉》的内容。
《分镇》第三十一		《藩镇论》"今藩镇虽离于至公,而犹未合于至私。若皇德贞观,廓夷旧章,示民版法,陶冶天下,而归之一宪,如日本之萨、长二藩,始于建功,而终于纳土,何患自擅。"(《五洲时事汇报》第4册,1899年10月12日)	
《宅南》第三十二	"夫武昌扬灵于大江,东趋宝山,四日而极,足以转输矣；外鉴诸邻国江户,则曰海滨尔；内海虽咸,亦犹大江也。是故其守在赤间天草,而日本桥特以为津济。江沔之在上游,其通达等是矣,何必傅海？不然,北平之傅海不二百里,苟擅勃碣以为形胜,安用迁也？且迁者何苦而计是乎？"(第75页)		

篇目	原文	关联文章	日本材料来源
《帝韩》第三十四	"日本大伯之蝉嫣也,种姓袥晬,靡有间气,顾其籍不傅赤县。"(第78页)		
《改学》第三十九	"学校之制,校三而科四:一曰政治,再曰法令,三曰武备,四曰工艺。政法必兼治,备艺必分治。有政与法,然后诘戎与将作者有所受。不然,以工艺而议大政,以三十幅而责其为辐毂,陧夫刖夫,大陆之口,其遂反舌夫?(日本大学堂设六科,政法亦殊,以政官、法官异撰也。余言兼治者,以其同在一校,得兼二科,亦治标之急务也。)"(第88页)		
《弭兵难》第四十(戊戌春著)	"昔者冈本监辅尝欲置天讨府矣,以为据险阻之地,以直隶于上帝,列国有罪,则遣将征之,是近于弭兵矣。吾以为主天讨者,其氏族不能出于五洲之表也,虽命曰帝臣,其始亦一国之氓而已矣。"(第90页)		冈本监辅:《万国史记》卷十一"法兰西记下","吾历观万国,其民难治者亦多未有如法人也,为之深思,未有良策弭其乱,无已,则有一于此。莫有择五州要害数所,定为上帝直隶之洲,称天讨府,镇压万国,尝拟其十规,以为无不可行"(第10~11页)。
《訄书补佚》《辨氏》	"议者欲举晋衰以来夷汉之种姓,一切疏通分北之,使无干渎。愚以为界域泰严,则视听变易,而战斗之心生。且其存者,大氏前于洪武,载祀五百,与汉民通婚媾,血液变矣。进之与汉民比肩,若日本之蕃别,则可也。"(第111页)		日本的蕃别问题,黄遵宪《日本国志·卷三十七·礼俗志·氏族》部分曾有描述[《黄遵宪全集》(下),第1490页]。

篇目	原文	关联文章	日本材料来源
《訄书补佚》《辨氏》	"要之,无旷谱官,使流别昭彰。厥相绳者,虽微昧不可察,或白屋无乘载,宜诹其迁徙所自,递踪迹之,以得其郡望,必秩然无所遁。虏姓则得与至九命,而不与握图籍,以示艺极。国之本干,所以胙胤百世而不易矣。巴、僰、赟、蜑吊诡之族,或分于楚、越,亦与诸华甥舅,宜稍优游之,勿使自外。独有生女真与新徙塞内诸蒙古,犹自为妃耦,不问名于华夏。其民康回虐饕,墨贼无艺,有圣王作,侥攘斥之乎?攘斥而不既,流蔡无土,视之若日本之视虾夷,则可也。"(第111页)		

附录二

《訄书》重订本（1904）征引日本著述
及其所涉西人情况[*]

编号	篇目	原文内容	所引日本著述	备注	增补和修订
1	《原学》第一	希腊言：海中有都城曰韦盖，海大神泡斯顿常驰白马水上而为波涛。《宗教学概论》。《章太炎全集·〈訄书〉重订本》，第131页。	姉崎正治「宗教社會學」『宗教學概論』東京專門学校出版部、1900、255 頁 13－14 行。		泡斯顿：古希腊神话中的海神波塞冬（Poseidon，日译为"ポサイドン"）。

---

* 说明：小林武先生对《訄书》重订本征引日本著述的问题用力最深。他的两篇文章「章炳麟『訄书』と明治思潮——西洋近代思想との關連で」（『日本中國學會報』第 55 集、2003 年），「章炳麟と姉崎正治——『訄書』より『齊物論釋』にいたる思想的關係」（『東方学』第 107 期、2004 年 1 月）几乎梳理了《訄书》重订本所有征引日本著述的情况。本表格左侧的"《訄书》重订本（1904 年）原文内容、所引日本著述、备注"即本于小林武先生上述两篇文章的内容，未收入「章炳麟『訄书』と明治思潮——西洋近代思想との關連で」一文所列表格中《訄书》重订本直接引自中国翻译的西学书籍的内容。本表格右侧的"增补和修订"栏为笔者撰写，一方面增补了一些小林武先生未提的章太炎文章中征引日本著述的情况，另一方面修订了部分章太炎所征引日本著述的来源。此外，中文研究中以往整理、注释《訄书》重订本，如朱维铮编校《訄书　初刻本　重订本》、徐复注《訄书详注》、梁涛注释《〈訄书〉评注》根据章太炎原文也指出了其中部分西人的名字，但还是有很多不清楚的情况。由于不了解章太炎对日本著述的征引，上述中文著述均没有涉及日语的译名。而日语的译名其实是章太炎写定西人译名的依据。笔者在阅读日本著述及它们所关涉的西人著述基础上，查找到了其中绝大部分西人的原名，并将日语的译名也附在后面方便读者查阅，从而了解当时全球思想流动的线索。相关日本著述中的西人情况，小林武先生提及的放入左侧的"备注"一栏，其他的放入右边的"增补和修订"栏。"原文内容"栏，宋体字为章太炎原文正文内容，楷体字为正文中夹注的内容。

编号	篇目	原文内容	所引日本著述	备注	增补和修订
2	《原学》第一	惟印度亦曰:鸿水作,韦斯挐化鱼。视摩挐以历史,实曰"鱼富兰那"。(第131页)	姊崎正治『上世印度宗教史』博文館、1900年、227頁13、14行至228頁1行。		韦斯挐:印度教主神毗湿奴(Vishnu,日译为"ヸシヌ")。
3	《订孔》第二	远藤隆吉曰:"孔子之出于支那,是支那之祸本也。夫差第《韶》、《武》,制为邦者四代,非守旧也。远处人表,至严高,后生自以展望弗及,神葆其言,革一义,若有刑法,则守旧自此始。故更十八代而无进取者,咎亡于孔氏。祸本成,其胙尽矣。"略举远藤氏《支那哲学史》。(第132页)	节译自遠藤隆吉『支那哲學史』(金港堂、1900)第一篇「古代哲學 甲 儒家 一 孔子 第四節結論」。		
4	《订孔》第二	而以为在琐格拉底、亚历斯大德。桑木严翼说。(第133页)	桑木嚴翼「荀子の論理說」『早稻田學報』第14号、1898年4月25日、49-50頁。		琐格拉底:苏格拉底(日译为"ソークラテース")。亚历斯大德:亚里士多德(日译为"アリストテレース")。
5	《订孔》第二	白河次郎曰:"纵横家持君主政体,所谓压制主义也。老庄派持民主政体,所谓自由主义也。孔氏旁皇二者间,以合意干系为名,以权力干系为实,此儒术所以能为奸雄利器。使百姓日用而不知,则又不如纵横家明言压制也。"(第133~134页)	节译自白河次郎、國府種德合著『支那文明史』博文館、1900年、100-106頁。		
6	《清儒》第十二	《宗教学概论》曰:"古者祭司皆僧侣,其祭祀率有定时,故因岁时之计算而兴天文之观测;至于法	姊崎正治「宗教倫理學」『宗教學概論』、212頁9行至213頁5行。		

编号	篇目	原文内容	所引日本著述	备注	增补和修订
6	《清儒》第十二	律组织,亦因测定岁时,以施命令。是在僧侣,则为历算之根本教权;因掌历数,于是掌纪年、历史记录之属。如犹太《列王纪略》、《民数纪略》并列入圣书中。日本忌部氏亦掌古记录。印度之《富兰那》,即纪年书也。且僧侣兼司教育,故学术多出其口,或称神造,则以研究天然为天然科学所自始;或因神祇以立传记,或说宇宙始终以定教旨。斯其流浸繁矣。"(第152页)			
7	《清儒》第十二	《偈马》、吠陀歌诗。《黑邪柔》、吠陀赞诵祝词及诸密语,有黑白而邪柔。(第153页)	节译自姊崎正治『上世印度宗教史』、16-17页。		《上世印度宗教史》第223、245页对《富兰那》及《薄伽梵歌》的介绍,启发《清儒》篇得出"《诗》若《薄伽梵歌》,《书》若《富兰那》"的判断。章太炎此前在《新民丛报》上发表《周末学术余议》,文中已据《上世印度宗教史》得出了这一判断。《周末学术余议》征引《上世印度宗教史》的情况,参阅彭春凌《儒学转型与文化新命——以康有为、章太炎为中心(1898~1927)》,第187~189页。

编号	篇目	原文内容	所引日本著述	备注	增补和修订
8	《通谶》第十五	《宗教学概论》曰:"热情憧憬,动生人最大之欲求。是欲求者,或因意识,或因半意识,而以支配写象,印度人所谓佗拍斯者也。以此,则其写象界中所总计之宗教世界观,适应人人之程度,各从其理想所至,以构造世界。内由理想,外依神力,期于实见圆满。若犹太诗篇所载豫言,从全国人心之敬畏,以颂美邪和瓦。每饭弗谖,辄曰'何时得见弥塞亚也'。其在支那,是等宗教观念之豫言,亦甚不少。'周虽旧邦,其命维新',亦冀望成就之辞也。然则世界观之本于欲求者,无往而或异。下逮琐末鄙事,宁能遁是?勿论何人,勿论何时,有不亲历其境者乎?亦有不以神力天助之憧憬佐其欲求者乎?是皆反省而可知也。世之实验论者,谓此欲求世界观与设定世界观,梦厌妄想,比于空华。然不悟理想虽空,其实力所掀动者,终至实见其事状,而获遂其欲求,如犹太之弥塞亚,毕竟出世。由此而动人信仰者,固不少矣。"(第164页)	姊崎正治「宗教心理學」『宗教學概論』65頁6行至66頁10行。		
9	《原人》第十六	冈本监辅曰:"朝鲜者,鞑靼之苗裔。"(第165页)	冈本監輔『萬國史記』卷四「亞細亞諸國記」、1879年。	该篇及引文均见于《訄书》初刻本。	

编号	篇目	原文内容	所引日本著述	备注	增补和修订
9	《原人》第十六		可参光绪戊戌仲秋上海著易堂精校本,第11页。		
10	《序种姓》(上)第十七	方夏之族,自科派利考见石刻,订其出于加尔特亚。(第169页)	白河次郎、國府種德合著『支那文明史』、第三章。	科派利为法国汉学家拉克伯里(A.E.J.B. Terrien de Lacouperie,日译为"テリアン""ドラ""クーベリー")。	
11	《序种姓》(上)第十七	然自皇世,民未知父,独有母系从部。数姓集合,自本所出,率动植而为女神者,相与葆祠之,其名曰讬德模。见葛通古斯《社会学》(第170页)	米國ギッヂングス『社會學』、二編三章的節譯、197頁。	英文原著Giddings, *The Principles of Sociology*。	
12	《序种姓》(上)第十七	"故埃及人信蝙蝠,亚拉伯人信海麻。海麻者,枭一种也。皆因其翔舞墓地,以为祖父神灵所托。其有称号名谥,各从其性行者。""若加伦民族,常举鹭、虎、狼、鹰自名;达科伦妇人,或名白貂,或名鸇鹉足,或名鼬鼠。""故排鸠亚尼民族,有巴加多拉者,猿族民也;有排鸠衣尼者,鳄族民也。""有巴多拉西者,鱼族民也。""加伦民族,常以絮名其妇人;亚拉画科民族,常以淡巴苽名,久矣为祖。剖哀柏落人,有淡巴苽、芦苇二族,谓其自二卉生也。"(第170页)	节译自有贺长雄『宗教進化論』、370、375、376－377、398頁。		据笔者考查,章太炎参考的应该是有贺长雄『增補宗教進化論』牧野書房、1888、363、368、370、391～392页。虽然就章太炎引用的这部分内容而言,有贺长雄该书两个版本基本一致。

编号	篇目	原文内容	所引日本著述	备注	增补和修订
13	《序种姓》(上)第十七	"萨尔宫者,神农也,或称萨尔宫为神农,古对音正合。促其音曰石耳。……先萨尔宫有福巴夫者,伏戏也;后萨尔宫有尼科黄特者,黄帝也。其教授文字称苍格者,苍颉也。其他部落,或王于循米尔,故曰循蜚;或王于因梯尔基,故曰因提;或王于丹通,故曰禅通。东来也,横渡昆仑。昆仑者,译言华,俗字花。土也,故建国曰华。昆仑直帕米尔高原。帕米尔者,波斯语,译言屋极也。……君长四州,故有四岳。长民十二,故有十二牧。民曰黑头,故称黔首。文字如楔,故作八卦。陶土为文,故植碑表。尊祀木星,故占得岁。异名纪月,如《释天》'正月为陬'以下十二名,巴比伦亦有之,故贞孟陬。故曰:中国种姓之出加尔特亚者,此其征也。"(第173页)	节译自白河次郎、國府種德合著『支那文明史』、32－34、46－48、53－56、59－60页。		除了小林武先生提及的部分,这段文字也体现了《支那文明史》第61～68页的内容。人名部分:萨尔宫:指古代美索不达米亚的统治者萨尔贡一世(Sargon,日译为"サルゴン"),生活于公元前23世纪。福巴夫:古巴比伦某国王(Urbau,日译为"ウルバウ",或Urbagush,日译为"ウルバガツシエ");尼科黄特:古巴比伦某部族首领(Nakhunte,日译为"ナクフンテー");苍格:古巴比伦传说中的人物(Dunkit,日译为"ヅンキット")。
14	《序种姓》(上)第十七	所谓技工兄弟者矣。社会学以技工兄弟别于天属兄弟。(第178页)	米國ギッヂングス『社會學』、336－338页。有"技工兄弟"的说法。	英文原著Giddings, The Principles of Sociology, pp. 270-272。	

编号	篇目	原文内容	所引日本著述	备注	增补和修订
15	《序种姓》(上)第十七	则胜者常在督制系统,而败者常在供给系统。(第179页)	节译自岸本能武太『社會學』、東京專門學校、1899、237页。"督制系统""供给系统"是有賀長雄『社會進化論』『族制進化論』中对"the regulating system"和"the sustaining system"采用的译词。		章太炎所译、所引岸本能武太讲述《社会学》的版本乃是东京专门学校藏版,并非大日本图书株式会社1900年的版本。1900年版对1896年版有所修改。章太炎引文出自1896年讲义版第242页。
16	《序种姓》(上)第十七	户水宽人《春秋时代楚国相续法》曰:案楚熊渠卒,子熊挚红立。挚红卒,其弟代立,曰熊延。又熊严有子四人,长子伯霜,次子仲雪,次子叔堪,少子季徇。熊严卒,长子伯霜代立。熊霜卒,三弟争立。(第180页)	戶水寬人「春秋時代楚國相續法」『法理論叢』第三編、2頁。		《序种姓》(上)这段说明文字之前正文部分的内容:"传世受胙亦在少子。至今蒙古犹然,名少子则增言斡赤斤。斡赤斤,译言'灶'也,谓其世守父灶,若言不丧匕鬯矣",受到户水宽人「春秋時代楚國相續法」、『法理論叢』第三編第4页的启发,参阅本书第四章第二节的论述。
17	《族制》第二十	瑞典人著《催眠术》,言以电气使人孰睡,能知未来,及知他人所念,是曰千里眼,又能梦游云云。其原出于希腊。晚有《曼司莫立士姆》及《汉坡诺忒斯没》诸书,今皆命曰精神学。(第193~194页)	スウェーデン精神學教授 フリドリック・ジョンスツロム著、澁江保譯述『催眠術』博文館、1894年。	该篇及引文均见于《訄书》初刻本。	

编号	篇目	原文内容	所引日本著述	备注	增补和修订
18	《族制》第二十	《族制进化论》曰：世有不传官位于子，而传姊妹之子者。此由女系亲族法。故拔德儿曰：罗安高之市府酋长四人，皆国王甥也；王子不得嗣位。海衣说中部亚非利加之俗亦然。佗斯佗士史载日耳曼古代风俗，曰：舅与母之爱其甥，犹父之爱其子；甥爱舅与从母，或过其父；敌国交质，不取子而取甥，独财产传之其子耳。印度之连波人，夫以财物少许与妇，买其子归，冠以己族，始得专有；其女则必归妇家，而夫不得有也。班古罗夫之书所载亚美利加之其尼路人，传财产于女系子孙；初克佗人，儿童将入学校，父不命而舅命之。皆重甥之征也。（第194页）	节译自有贺长雄『増補族制進化論』，98-99、101-102页。	该引文在《訄书》初刻本《族制》篇中未见。	拔德儿：疑指瑞士法学家埃梅里希·德·瓦特尔（Emmerich de Vattel，日译为"バッテル"）。海衣，日译为"カイエ"；佗斯佗士：古罗马历史学家塔西佗（Tacitus，日译为"タシタス"）；班古罗夫：疑指美国历史学家赫伯特·霍威·班克罗甫特（Hubert Howe Bancroft，日译为"バンクロフト"），著有《北美太平洋沿岸诸州的土著》（*The Native Races of the Pacific States of North America*）。
19	《订文》第二十五附《正名杂义》	柏修门人种，以同部女子为男子所公有，故无夫妇妃耦之言；妇人、处子，语亦弗别。（第212页）	スペンセル著、乗竹孝太郎譯述『社會學之原理』第1卷第3篇、經濟雜誌社、1886年、103页。	英文原著为Spencer，*The Principles of Socio-logy*，1882。	《正名杂义》此段文字最早见于太炎《文学说例》（《新民丛报》，第15号，1902年9月2日）内自注出处，曰："案蒲斯门人种，以同部女子为男子所公有，故无夫妇妃耦之言，妇人处子，语亦无所区别（见《加藤弘之讲论集》）。"（第52页）

编号	篇目	原文内容	所引日本著述	备注	增补和修订
19	《订文》第二十五附《正名杂义》				查:确系本于『加藤弘之講論集』、加藤照麿編、金港堂、1891 年、第壹「男尊女卑の是非得失」、62 頁。
20	《订文》第二十五附《正名杂义》	又加路脱称:达马拉人,以淡巴菰二本,易羊一匹;淡巴菰十本,易犊一头。然其算数,知五而止。自五以上,无其语言,亦无其会计。故见淡巴菰十本者,扩张两手,以指切近,略知其合于二五之数,而不知其十也。又其嚚顽者,识数至三而止。(第 213 页)	スペンセル『社會學之原理』第一卷第一篇、214-215 頁。	英文原著为 Spencer, *The Principles of Sociology*, 1882。	《正名杂义》此段文字最早见于太炎《文学说例》(《新民丛报》,第 15 号, 1902 年 9 月 2 日)文字略有差别,内自注出处,曰:"盖近世达马拉人,以烟草二本,易羊一匹;烟草十本,易犊一头。然其算数,知五而已。自五以上。无其语言,亦无其会计。故见烟草十本,则扩张二手,以指切近,略知其合于二五之数,而不知其十也。又有知三而止者。而澳大利亚人,则三数犹不能燎(见角田柳作译格得《社会之进化》)。"(第 54 页)。查:确系出于英國ベンチャミン・キッド著、日本角田柳作譯『社會の進化』開拓社、1899 年、208-209 頁。人名:加路脱:指英国学者弗朗西斯・高尔

编号	篇目	原文内容	所引日本著述	备注	增补和修订
20	《订文》第二十五附《正名杂义》				顿（Francis Galton，日译为"フランシス""ガルトン"），著有《一个探险者在热带南部非洲的讲述》（*The Narrative of an Explorer in Tropical South Africa*，1853）。
21	《订文》第二十五附《正名杂义》	姊崎正治曰：表象主义，亦一病质也。凡有生者，其所以生之机能，即病态所从起。故人世之有精神见象、社会见象也，必与病质偕存。马科斯牟拉以神话为言语之瘿疣，是则然矣。抑言语本不能与外物泯合，则表象固不得已。若言雨降，案：降，下也。本谓人自陵阜而下。风吹，案：吹，嘘也。本谓人口出气息。皆略以人事表象。由是进而为抽象思想之言，则其特征愈著。若言思想之深远，度量之宽宏，深者所以度水，远者所以记里，宽宏者所以形状空中之器，莫非有形者也，而精神见象以此为表矣。若言宇宙为理性，此以人之材性表象宇宙也。若言真理则主观客观初无二致，此以主观之承认、客观之存在，而表象真理也。要之，生人思想，必不能腾跃于表象主义之外。有表象主义，即有病质冯焉。（第215页）	姊崎正治「宗教病理學」『宗教學概論』457頁6行至458頁5行。		《正名杂义》此段文字最早见于太炎《文学说例》（《新民丛报》，第5号，1902年4月8日）文字略有差别，内自注出处。文段中的按语是章太炎自己添加（第76~77页）。 人名： 马科斯牟拉，即比较语言学家、比较宗教学家麦克斯·缪勒（Max Müller，日译为"マクスミュラー"）。

编号	篇目	原文内容	所引日本著述	备注	增补和修订
22	《订文》第二十五附《正名杂义》	世言希腊文学,自然发达,观其秩序,如一岁气候,梅华先发,次及樱华;桃实先成,此及柿实;故韵文完具而后有笔语,史诗功善而后有舞诗。涩江保《希腊罗马文学史》。其所谓史诗者:一,大史诗,述复杂大事者也;二,神诗,述小说者也;三,物语;四,歌曲,短篇简单者也;五,正史诗,即有韵历史也;六,半乐诗,乐诗、史诗捃者也;七,牧歌;八,散行作话,毗于街谈巷语者也。(第228页)	涩江保『希臘羅馬文學史』、31、16、17、20-22頁。		《正名杂义》此段文字最早见于太炎《文学说例》(《新民丛报》第15号,1902年9月2日,第49页),文字略有差别。
23	《订文》第二十五附《正名杂义》	武岛又次郎作《修辞学》,曰:言语三种,适于文辞,曰见在语、国民语、著名语,是为善用法;反之亦有三种,曰废弃语(千百年以上所必用,而今亡佚者,曰废弃语)、外来语、新造语。施于文辞,则非不善用法。世人或取丘墓死语,强令苏生,语既久废,人所不晓,辄令神味减失。如外来语,破纯粹之国语而驳之,亦非尽人理解;有时势所逼迫,非他语可以傭代,则用之可也;若务为虚饰,适示其言语匮乏耳。美诗人普来乌德氏,尝语其友曰:观君数用法兰西文,果使精练英语,无论何种感想,自有语言可表,安用借法语也?武岛又次郎案:美语匮乏,不得不借于他国输入。然普来乌德尤为是言,则外来语不得恣用,明矣。(第230页)	武島又次郎『修辭學』、30－35、37-39、36頁。	普来乌德,即威廉·卡伦·布莱恩特(William Cullen Bryant,日译为"ウィリアム""カルレン""ブライアント")。	《正名杂义》此段文字最早见于太炎《文学说例》(《新民丛报》,第15号,1902年9月2日,第57~58页),文字略有差别。

编号	篇目	原文内容	所引日本著述	备注	增补和修订
24	《订文》第二十五附《正名杂义》	亚诺路得《评判论》曰:孰为见在? 在视其施于体格、关于目的者而定之,不在常谈之有无也。(第232页)	武島又次郎『修辭學』、32頁。	亚诺路得,即马修·阿诺德(Matthew Arnold,日译为"マッシュー""アーノールド")。	《正名杂义》此段文字最早见于太炎《文学说例》(《新民丛报》,第15号,1902年9月2日,第60页),文字略有差别。
25	《平等难》第二十八	泽女不骈适则不夫,山女不适骈则不养。俄罗斯人威斯特马科《婚姻进化论》有此说,今本之。(第239页)	芬蘭大學校社會學講師ウェステルマルク著、日本法學士藤井宇平譯『婚姻進化論』、哲學書院、1896年。	英文原著为 Edward A. Westermarck, *The History of Human Marriage*(London & New York: Macmillan and Co., 1894).	
26	《通法》第三十一	后王以皇室典范所录别于赋税者也。(第245页)	「皇室典範」、伊藤博文『皇室典範義解』、1889年、第八、九章。		
27	《原教》(上)第四十七	全文从第二段"观诸宣教师所疏录,多言某某族无宗教者"开始,到末段"吾故曰:邪法鬼神之容式,茫渺不思之观念,一切皆为宗教;无宗教意识者,非人也。高下之殊,盖足量乎哉"结束(第286~289页),都大致翻译自姉崎正治《宗教概念的说明契机》。	姉崎正治「宗教なる概念の說明契機」『宗教學概論』附録、『宗教學概論』558頁4行至564頁2行。	在几乎整篇文章的翻译中,章太炎有不少误译。如小林武指出,章太炎误将德国学者安东·莱切诺(Anton Reichenow,日	人名(部分可参阅本书第三章第二节的讨论):拉备科,英国博物学者约翰·卢伯克(John Lubbock,日译为"ラボック");"威知"或"瓦伊知",都指德国心理学家、人类学家西奥多·魏茨(Theodor

编号	篇目	原文内容	所引日本著述	备注	增补和修订
27	《原教》（上）第四十七			译为"ライヘノフ"）理解为未开化民族"利海诺夫"。其他的误译及章太炎添加自己话语的地方，可参阅彭春凌《儒学转型与文化新命——以康有为、章太炎为中心（1898～1927）》第二章第二节的讨论。人名：堪德，德国哲学家伊曼努尔·康德（Immanuel Kant，日译为"カント"）。	Waitz，日译为"ワイツ"）；梯落路，英国人类学家爱德华·泰勒（Edward Tylor，日译为"タィロル"）。载路，德国人类学家弗里德里希·拉采尔（Friedrich Ratzel，日译为"ラッツェル"）；西尼突尔，来自帕德博恩（Pader-born）的主教威廉·施耐德（Wilhelm Schneider，日译为"シナィデル"）；达尔文，即查尔斯·达尔文（Charles Darwin，日译为"ダヰーン"）；斯土来，美国探险者亨利·莫顿·斯坦利（Henry Morton Stanley，日译为"スタンレー"）。
28	《原教》（上）第四十七	美人奥尔廓德倡神智会，以说佛教，要在神秘不可思议，与新披佗告拉斯派之神秘观，及欧洲诸接神术相通。是瑜伽之变形也。（第288~289页）	姉崎正治『上世印度宗教史』286頁4-7行。	奥尔廓德：亨利·奥尔科特（Henry Steel Olcott，日译为"オルコット"）。	

编号	篇目	原文内容	所引日本著述	备注	增补和修订
29	《原教》（下）第四十八	今社会学家有言：上古信鬼，由日中视影始。盖以为行止坐卧，是物皆随之，则形体之外，必有一神我矣。（第289页）	节译自有贺长雄『宗教進化論』、第一部第二章第三節「幽顯二體ノ妄信ノ直接原因」、42-46頁。	《原教》（下）本于《訄书》初刻本的《榦蛊》篇，此段文字已见于《榦蛊》，文字略有调整。	据笔者判断，章太炎参考的应该是有贺长雄『增補宗教進化論』、36-40頁。虽然就章太炎引用的这部分内容而言，有贺长雄该书两个版本基本一致。

附录三
章太炎与明治汉学关系表

表 1　章太炎《与农科大学教习罗振玉书》（1911）关联人事表

《与农科大学教习罗振玉书》（1911）的陈述	指涉人物、主要相关文献（明线）	指涉人物、事件（暗线）	登载媒体	时间	章太炎主要关联文章
"见东人所集《汉学》，有足下与林泰辅书，商度古文，奖藉泰甚，诚征征若有忘也。"	罗振玉致林泰辅信		「北京大學々長羅振玉氏より殷代遺物新發掘に就ての通信」『漢學』第 1 编第 2 号。	1910 年 6 月 5 日	《〈国粹学报〉祝辞》（1908）；《与王鹤鸣书》（刊《国粹学报》1910 年）；《与钱玄同》（1910 年 3 月 30 日、1911 年 8 月 30 日）；《理惑论》（《国故论衡》1910 年）；《汉学论》（1935 年《制言》）
	清末金石学、彝器铭文及关联人物		其中，《国粹学报》1909 年开始连载罗振玉《俑庐日札》	1909 ～ 1910 年	
"林泰辅者，尝在大学治古典科，非能精理，其所作《说文考》，特贾贩写官之流。"	林泰辅《说文考》		「說文考」『漢學』第 1 编第 2 号。	1910 年 6 月 5 日	
"东方诸散儒，自物茂卿以下，亦率末学肤受，……其学固已疏矣。"	荻生徂徕，日本江户时代中期思想家。原姓物部，名双松，字茂卿				

《与农科大学教习罗振玉书》(1911)的陈述	指涉人物、主要相关文献(明线)	指涉人物、事件(暗线)	登载媒体	时间	章太炎主要关联文章
"阮伯元、戴子高诸君,徒以一二秘籍逸在东隅,若视其国为天府;亦因以其人为有旧法世传者,然其实非尊崇之也。儿僮或五六岁能作署书,市人虽知其不逮长者,犹郑重馈遗之,以为伟奇,盖方物是矣。"	阮元(字伯元)曾撰《刻七经孟子考文并序》,表彰江户时代日本学者山井鼎《七经孟子考文》				
	戴望(字子高)《论语注》颇参考荻生徂徕《论语征》	俞樾参与了戴望接触《论语征》的全过程。1867年,俞樾致信戴望,讨论日本汉学的问题。《春在堂随笔》卷一评价了《论语征》		1867年前后	《俞先生传》(刊《国粹学报》第4年第7号,1908年8月16日)
"顷世学者不谕其意,以东国强梁,驰美于其学术,得懁戳小善,辄引之为驰声誉,自孙仲容诸大儒,犹不脱是,况其稍负下者?"	孙诒让(字仲容)《孙仲容与某君书》("某"即章太炎)表彰"扶桑古籍间出,近见岛田氏所刊皇侃《丧服小记疏》,信为奇册。"岛田氏即岛田翰,撰有《古文旧书考》,收入皇侃《丧服小记疏》。	岛田翰《莳宋楼藏书源流考》交代了他协助静嘉堂文库购买归安陆氏莳宋楼藏书的事	《孙仲容与某君书》,《国粹学报》第4年第4号,1908年5月19日;《国粹学报》第4年第6号(1908年7月18日)刊《题莳宋楼藏书源流考诗》(邓实作序,录王式通、李审言诗)。	1908年	《孙诒让传》(《国粹学报》第4年第7号,1908年8月16日);《与钱玄同》(1910年3月30日、1911年5月2日)

《与农科大学教习罗振玉书》(1911)的陈述	指涉人物、主要相关文献(明线)	指涉人物、事件(暗线)	登载媒体	时间	章太炎主要关联文章
"顷世学者不谕其意,以东国强梁,驰美于其学术,得憸戢小善,辄引之为驰声誉,自孙仲容诸大儒,犹不脱是,况其稍负下者?"	顷世学者	俞樾。俞樾是清末中日文化交流史的关键人物,与大量汉学家交往。俞樾为1905年出版的岛田翰《古文旧书考》作序,大加褒奖			《致俞樾》(1899);《俞先生传》(《国粹学报》第4年第7号,1908年8月16日)
	宋恕				《与钱玄同》(1910年3月30日)
"今东方人治汉学,又愈不如曩昔,长老腐殄充博士者,如重野安绎、三岛毅、星野恒辈。其文辞稍中程,闻见固陋,殆不知康成、子慎。"	重野安绎、三岛毅、星野恒		『漢學』第1編第1号「論說」栏前三篇文章分别是重野安繹「日本的漢學に就いて」、三島毅「修養に未發已發兩時の別なし」、星野恒「日本に於ける漢學の効果」。	1910年5月5日	《与重野成斋》(1900年3月14日)

《与农科大学教习罗振玉书》(1911)的陈述	指涉人物、主要相关文献(明线)	指涉人物、事件(暗线)	登载媒体	时间	章太炎主要关联文章
"往者中土不校东人优绌,横弃重币,以求良师,如服部宇之吉辈,尚厕大学教授之列。归即自言深通汉故,腾而狂趡,时出纸笔,殆与明世《大全》同科,犹不能比帖括。《汉学》杂志中,有服部所撰《孔子集大成》一首,缴绕可笑。"	服部宇之吉《孔子集大成》		「孔子集大成」『漢學』第 1 編第 1 号。	1910 年 5 月 5 日	
"儿岛献吉之伦,不习辞气,而自为《汉文典》。"	儿岛献吉郎《汉文典》		兒島獻吉郎『漢文典』富山房、1902年;兒島獻吉郎「謠曲と漢文學」『漢學』第 1 編第 1 号。		《论教育的根本要从自国自心发出来》(1910)
"森大来专为诗歌,体已散骹,故不知代语也。亦授《尔雅》于其大学。"	森槐南(名公泰,字大来,通称泰二郎)		槐南·森大來「漢詩六首」『漢學』第 1 編第 1 号;森泰二郎「元曲百種解題」『漢學』第 1 編第 2 号。	1910 年 5 月 5 日、6 月 5 日	

《与农科大学教习罗振玉书》(1911)的陈述	指涉人物、主要相关文献(明线)	指涉人物、事件(暗线)	登载媒体	时间	章太炎主要关联文章
"白鸟库吉自言知历史,说尧、舜、禹三号,以为法天、地、人,尤纰缪不中程度。"	白鸟库吉《支那古传说的研究》		「支那古傳説の研究」『東洋時報』第131号、1909年8月。		《国学概论》(1922);《历史之重要》(1933);等等
"林泰辅辈知《说文》不与刻符同术,于诸子中最为伤慎矣。然顽顿不能辩然否,其平议皆奢言无剀切者。自余或往往知求音韵,刘览未既,辄沾沾自发舒,翩而奋笔,盖犹在赵宦光、毛先舒下。妄者或以其禁昧不调之声,自谓诚先汉语,复其次也。"	林泰辅《说文考》		「說文考」『漢學』第1編第2号。		
	自余	后藤朝太郎	後藤朝太郎「字音の新研究を論ず」『漢學』第1編第1号。	1910年5月5日	《论教育的根本要从自国自心发出来》(1910)

表2　章太炎与明治汉学大事年表

年份	事件	涉及日本汉学人物	备注
1899	流亡日据台湾,任职《台湾日日新报》,与以汉诗人籾山衣洲(名逸也、逸)为首的日本文人多有交往,他们组织"玉山吟社",彼此酬唱	交往馆森鸿、籾山逸也等汉学人士	

年份	事件	涉及日本汉学人物	备注
1899	6月10日在馆森鸿的陪同下,由基隆搭船赴日本,8月下旬从神户返回上海	拜访的汉学家包括石川香桂、加茂贞次郎、天田铁眼禅师、副岛苍海(即副岛种臣)、国分青厓、重野安绎、井上哲次郎、太田代东谷、牧野谦次郎、桂湖村、石田羊一郎等	馆森鸿《似而非笔》(载1899年10月1日至11月10日《台湾日日新报》)记录了章太炎访日的行程,收录章太炎诗6首及笔谈90则,均未收入全集。相关研究参阅林俊宏、大山昌道《十九世纪末中日学术交流的一幕——以馆森鸿〈似而非笔〉为中心》,《鹅湖月刊》第426期,2010年12月。
	为照井全都(又名一宅)的作品集《照井氏遗书》写序,为其中的《封建》《礼乐》等四论题词	照井全都	
	书信《致俞樾》	提及冈本保孝、安井息轩(名衡)、照井全都	
1900	书信《与重野成斋》	重野安绎、根本通明	
1901	为馆森鸿《拙存园丛稿》(松云堂书店,1919年才正式出版)作序和后序,为其中的多篇文章作跋语	馆森鸿	《拙存园丛稿》共收入章太炎14篇文章,《章太炎全集·太炎文录补编》(上海人民出版社,2017)根据汤志均《乘桴新获》录有其中3篇,即《〈拙存园丛稿〉序》《跋馆森鸿〈与人书〉》《〈拙存园丛稿〉后序》。经笔者查考,《〈拙存园丛稿〉后序》与原文有很大出入。另外还有11篇跋文则属于失察失收的佚文。它们分别是《跋〈孔子与点论〉》《跋〈管仲论〉》《跋〈驳魏源金滕发微〉》《跋〈老子辩〉》《跋〈泰伯三让辩〉》《跋〈周公居东辩〉》《跋〈文王称王说〉》《跋〈孔子对齐景公问政说〉》《跋〈与河野荃汀书〉》《跋〈读盐谷氏织田信长论〉》《跋〈故台湾总督府民政局长水野君铜像铭(代)〉》

年份	事件	涉及日本汉学人物	备注
1904	《訄书》重订本出版,《订孔》、《序种姓》(上)两篇多处援引明治汉学研究的成果	远藤隆吉 [按:《订孔》篇一处援引了遠藤隆吉『支那哲學史』(金港堂、1900年)的内容]	
		白河次郎(即白河鲤洋,本名次郎)、国府种德(即国府犀东,本名种德) (按:《订孔》篇有1处、《序种姓》上篇有两处援引了白河次郎、國府種德合著『支那文明史』的内容)	
		桑木严翼 (按:《订孔》篇有一处援引桑木嚴翼「荀子の論理說」『早稻田學報』14号、1898年)	
		户水宽人 (按:《序种姓》上篇有一处援引戶水寬人「春秋時代楚國相續法」『法理論叢』第3編、1898年)	
1907	撰《汉字统一会之荒陋》,刊于《民报》第17号,1907年10月25日	汉字统一会(日方总裁伊藤博文、日本部会长金子坚太郎、副会长伊泽修二;清国部会长张之洞、副会长端方等)	

年份	事件	涉及日本汉学人物	备注
1910	《论教育的根本要从自国自心发出来》,原载《教育今语杂志》第 3 册,1910 年 5 月 8 日	提及江户时代学者山井鼎、物观;儿岛献吉郎《汉文典》	
	《留学的目的和方法》(原名为《庚戌会演说录》),原载《教育今语杂志》第 4 册,1910 年 6 月 6 日	那珂通世《支那通史》;重野安绎、河田罴合著『支那疆域沿革图』富山房、1896;远藤隆吉《支那哲学史》;儿岛献吉郎《汉文典》	
1911	《与农科大学教习罗振玉书》,原刊《学林》第 1 册	参见表 1	

参考文献

基本文献

近代报刊

《格致汇编》（1876~1892）。

《申报》（1889）。

《时务报》（1896~1898），《强学报·时务报》，中华书局1991年影印本。

《国闻汇编》（1897~1898），孔祥吉、村田雄二郎整理《国闻报（外二种）》原刊影印本，国家图书馆出版社，2013。

《经世报》（1897）。

《实学报》（1897），文海出版社1995年影印本。

《湘报》（1898），中华书局2006年影印本。

《昌言报》（1898），文海出版社1987年影印本。

《亚东时报》（1898~1900）。

《台湾日日新报》（1898~1900）。

《清议报》（1898~1901），中华书局1991年影印本。

《译书汇编》（1900~1903）。

《教育世界》（1901~1908）。

《新世界学报》（1902~1903）。

《新民丛报》（1902~1907）。

《湖北学生界》（1903）。

《浙江潮》（1903）。

《民报》（1905~1908），科学出版社1957年影印本。

《国粹学报》（1905~1910），广陵书社2006年影印本。

《云南》（1906~1908）。

《天义》（1907~1908）。

《新世纪》（1907年6月22日至1910年5月21日），《世界》出版协社1947年重印发行。

《学林》（1911）。

《进步》（1911~1917）。

《雅言》（1913~1915）。

《新青年》（1915~1920）。

《戊午杂志》（1918）。

《北京大学日刊》（1918）。

《改造》（1919~1922）。

《时事新报·学灯》（1921）。

《制言》（1935~1937）。

『東洋學藝雜誌』（1881-1882年）。

『哲學雜誌』（1895-1901年）。

『太陽』（博文館、1895-1928年）。

『東京日日新聞』（1897年）。

『法理論叢』第1編至第4編（法理研究會、1898年）。

『哲學叢書』第1卷第1集至第1卷第3集、井上哲次郎編、集文閣、1900-1901年。

『東京朝日新聞』（1906-1907年）。

『東洋』（私立法政大學、1907年）。

『東洋時報』(東洋協会、1907–1921 年)。

『漢學』(東亜学術研究会、1910 年 5 月至 1911 年 7 月)。

『六合雑誌』(1914 年)。

The Westminster Review, 1854 &1857.

古籍

《周易正义》,（魏）王弼注,（唐）孔颖达疏, 十三经注疏整理委员会整理, 北京大学出版社, 2000。

《尚书正义》,（汉）孔安国传,（唐）孔颖达疏, 十三经注疏整理委员会整理, 北京大学出版社, 2000。

《毛诗正义》,（汉）毛亨传,（汉）郑玄笺,（唐）孔颖达疏, 十三经注疏整理委员会整理, 北京大学出版社, 2000。

《仪礼注疏》,（汉）郑玄注,（唐）贾公彦疏, 十三经注疏整理委员会整理, 北京大学出版社, 2000。

《周礼注疏》,（汉）郑玄注,（唐）贾公彦疏, 十三经注疏整理委员会整理, 北京大学出版社, 2000。

《礼记正义》,（汉）郑玄注,（唐）孔颖达疏, 十三经注疏整理委员会整理, 北京大学出版社, 2000。

《春秋左传正义》,（周）左丘明传,（晋）杜预注,（唐）孔颖达正义, 十三经注疏整理委员会整理, 北京大学出版社, 2000。

《春秋公羊传注疏》,（汉）公羊寿传,（汉）何休解诂,（唐）徐公彦疏, 十三经注疏整理委员会整理, 北京大学出版社, 2000。

《春秋穀梁传注疏》,（晋）范甯集解,（唐）杨士勋疏, 十三经注疏整理委员会整理, 北京大学出版社, 2000。

《论语注疏》,（魏）何晏注,（宋）邢昺疏, 十三经注疏整理委员会整理, 北京大学出版社, 2000。

《孟子注疏》，（汉）赵岐注，（宋）孙奭疏，十三经注疏整理委员会整理，北京大学出版社，2000。

《孝经注疏》，（唐）李隆基注，（宋）邢昺疏，十三经注疏整理委员会整理，北京大学出版社，2000。

《尔雅注疏》，（晋）郭璞注，（宋）邢昺疏，十三经注疏整理委员会整理，北京大学出版社，2000。

《四书章句集注》，（宋）朱熹撰，中华书局，1983。

《说文解字》，（汉）许慎撰，中华书局，1963。

《说文解字注》，（汉）许慎撰，（清）段玉裁注，上海古籍出版社，1988。

《论语义疏》，（梁）皇侃撰，中华书局，2013。

《论语集释》，程树德著，中华书局，1990。

《大戴礼记解诂》，（清）王聘珍撰，王文锦点校，中华书局，1983。

《四库全书总目》，（清）永瑢等撰，中华书局，1965。

《史记》，（汉）司马迁撰，（南朝·宋）裴骃集解，（唐）司马贞索隐，（唐）张守节正义，中华书局，2013。

《汉书》，（汉）班固撰、（唐）颜师古注，中华书局，1964。

《后汉书》，（南朝·宋）范晔撰、（唐）李贤等注，中华书局，1965。

《魏书》，（北齐）魏收撰，中华书局，1974。

《晋书》，（唐）房玄龄等撰，中华书局，1974。

《续后汉书》，（宋）萧常撰，上海商务印书馆，1936。

《老子道德经注校释》，（魏）王弼注，楼宇烈校释，中华书局，2008。

《墨子间诂》，（清）孙诒让著，孙启治点校，中华书局，2001。

《墨子笺》（清光绪三十二年湖南官书局排印本），曹耀湘著，《墨子大全》第 1 编第 19 册，北京图书馆出版社，2002。

《庄子集释》，（清）郭庆藩撰，王孝鱼点校，中华书局，1961。

《南华经解》，（清）宣颖撰，曹础基校点，广东人民出版社，2008。

《荀子集解》，（清）王先谦著，沈啸寰、王星贤点校，中华书局，1988。

《韩非子集解》，（清）王先慎撰，钟哲点校，中华书局，2003。

《法言义疏》，汪荣宝撰，陈仲夫点校，中华书局，1987。

《淮南子集释》，何宁撰，中华书局，1998。

《论衡校释》，王充著，黄晖撰，中华书局，1990。

《二程集》，（宋）程颐、程颢著，中华书局，2004。

《释氏要览校注》，（宋）释道诚撰，富世平校注，中华书局，2014。

《船山全书》，（明）王夫之著，船山全书编辑委员会编，岳麓书社，2011。

（明西洋）傅汎际译义，（明）李之藻达辞《寰有诠》，华东师范大学图书馆藏明崇祯元年灵竺玄栖刻本，《四库全书存目丛书》子部九四，齐鲁书社，1995。

《楚辞补注》，（宋）洪兴祖撰，中华书局，1983。

《文选》，（梁）萧统编，（唐）李善注，上海古籍出版社，1986。

《〈文心雕龙〉译注》，（南朝梁）刘勰著，周振甫译注，江苏教育出版社，2005。

《全唐诗》（增订本），中华书局编辑部点校，中华书局，2013。

《韩昌黎文集校注》，（唐）韩愈撰，马其昶校注，马茂元整理，上海古籍出版社，1986。

《新刊经进详注昌黎先生文》，（唐）韩愈撰，（宋）文谠注，王俦补，《续修四库全书》1309 册集部别集类，上海古籍出版社，1994。

《白居易集》，（唐）白居易著，顾学颉点校，中华书局，1999。

《皇甫持正文集》，（唐）皇甫湜撰，上海古籍出版社，1994。

《耿天台先生文集》，（明）耿定向著，北京大学《儒藏》编纂与研究中心编《儒藏》精华编二六二，北京大学出版社，2010。

章太炎著述

岸本能武太撰，章炳麟译《社会学》，广智书局，1902。

陈平原选编《章太炎的白话文》，贵州教育出版社，2001。

马勇编《章太炎书信集》，河北人民出版社，2003。

庞俊、郭诚永疏证《国故论衡疏证》，董婧宸校订，中华书局，2018。

汤志钧编《章太炎政论选集》，中华书局，1977。

张昭军编《章太炎讲国学》，东方出版社，2007。

章炳麟：《论佛法与宗教、哲学以及现实之关系》（1911 年 10 月），《中国哲学》第 6 辑，三联书店，1981。

章炳麟：《訄书（初刻本、重订本）》，朱维铮编校，三联书店，1998。

章炳麟：《訄书》，据浙江图书馆藏清光绪三十一年日本印本影印，《续修四库全书》九五三·子部·儒家类，上海古籍出版社，1995。

章炳麟：《訄书详注》，徐复注，上海古籍出版社，2000。

章念驰编《章太炎讲演集》，上海人民出版社，2011。

章太炎：《菿汉三言》，虞云国标点整理，辽宁教育出版社，2000。

章太炎：《国故论衡》，陈平原导读，上海古籍出版社，2003。

章太炎：《国学概论》，曹聚仁整理，上海古籍出版社，1997。

章太炎：《章太炎全集》，上海人民出版社，2014~2017。

章太炎：《章太炎全集》（20卷），上海人民出版社，2018。

章太炎：《〈訄书〉评注》，梁涛注释，陕西人民出版社，2003。

朱维铮、姜义华编注《章太炎选集（注释本）》，上海人民出版社，1981。

其他

《清末文字改革文集》，文字改革出版社，1958。

《谭嗣同集》整理组整理《谭嗣同集》，浙江古籍出版社，2018。

（清）纪昀：《阅微草堂笔记》，上海古籍出版社，2016。

（清）钮琇：《觚賸》，上海古籍出版社，1986。

（清）阮元：《揅经室集》，中华书局，1993。

（清）阮元等：《畴人传汇编》，广陵书社，2009。

（清）孙诒让：《札迻》，梁运华点校，中华书局，1989。

（清）吴汝纶：《东游丛录》，岳麓书社，2016。

（清）俞樾编《东瀛诗选》，曹昇之、归青点校，中华书局，2016。

（清）章学诚：《文史通义新编新注》，仓修良编注，商务印书馆，2017。

H. 斯宾塞尔：《第一原理（First Principles，1862）》，刘燕谷译，《读书通讯》第142期，1947年。

艾萨克·牛顿：《自然哲学的数学原理》，曾琼瑶等译，江苏人民出版社，2011。

艾约瑟口译，李善兰笔述《重学》（20 卷），《丛书集成续编》第 82 册自然科学类，台北：新文丰出版公司，1989。

蔡尚思、方行编《谭嗣同全集（增订本）》，中华书局，1981。

蔡少卿整理《薛福成日记》，吉林文史出版社，2004。

曹伯言整理《胡适日记全编》，安徽教育出版社，2001。

陈平原、杜玲玲编《追忆章太炎（修订本）》，三联书店，2009。

陈旭麓主编《宋教仁集》，中华书局，1981。

陈寅恪：《陈寅恪集·诗集》，三联书店，2000。

陈铮编《黄遵宪全集》，中华书局，2005。

达尔文：《人类的由来》，潘光旦、胡寿文译，商务印书馆，1983。

大西洋玛吉士：《新释地理备考全书》，《丛书集成新编》第 97 册，台北：新文丰出版公司，1985。

戴震：《戴震文集》，中华书局，1980。

岛田翰：《古文旧书考》，杜泽逊、王晓娟点校，上海古籍出版社，2017。

丁尼生：《丁尼生诗选》，黄杲炘译，上海译文出版社，1995。

董家遵：《清末两位社会学的先锋——严几道与章炳麟》，《社会研究》第 1 卷第 3 期，1937 年 1 月。

法国柏格森原著，美国密启尔英译，张东荪重译《创化论》，商务印书馆，1919。

浮田和民讲述《史学通论四种合刊》，李浩生等译，华东师范大学出版社，2006。

傅兰雅主编《格致汇编：李俨藏本》，凤凰出版社，2016。

傅斯年：《傅斯年全集》，湖南教育出版社，2003。

傅斯年：《中国现代学术经典·傅斯年卷》，河北教育出版社，1996。

甘孺辑述《永丰乡人行年录》（罗振玉年谱），江苏人民出版社，1980。

高平叔编《蔡元培全集》，中华书局，1984。

龚自珍：《中国近代思想家文库·龚自珍卷》，樊克政编，中国人民大学出版社，2015。

顾颉刚编《古史辨》（一），上海古籍出版社1981年影印本。

馆森万平：《拙存园丛稿》，松云堂书店，1919。

合信：《全体新论》，海山仙馆丛书，咸丰辛亥（1851）镌。

何启、胡礼垣：《新政真诠（一）书总税务司赫德筹款节略后》，广西师范大学出版社，2015。

赫·斯宾塞：《斯宾塞教育论著选》，胡毅、王承绪译，人民教育出版社，2005。

赫伯特·斯宾塞：《社会静力学（节略修订本）》，张雄武译，商务印书馆，1996。

赫胥黎：《进化论与伦理学》，《进化论与伦理学》翻译组译，科学出版社，1971。

胡珠生编《宋恕集》，中华书局，1993。

胡珠生辑《宋恕和章炳麟交往资料·宋恕信函》，《中国哲学》第9辑，三联书店，1983。

黄濬：《花随人圣庵摭忆》，中华书局，2008。

姜义华、张荣华编校《康有为全集》，中国人民大学出版社，2007。

蒋友仁译，钱大昕等修改《地球图说》，中华书局，1985。

焦循：《里堂算学记五种·天元一释二卷》，《续修四库全书》子部天文算法类第 1045 册，上海古籍出版社，2002。

杰克·伦敦：《马丁·伊登》，殷惟本译，人民文学出版社，1996。

井上哲次郎：《东乡平八郎评传》，毕祖成译述，上海昌明公司，1899。

井上哲次郎：《儒教中国与日本》，刘岳兵编，付慧琴等译，中国社会科学出版社，2021。

康有为：《长兴学记　桂学答问　万木草堂口说》，楼宇烈整理，中华书局，1988。

黎难秋主编《中国科学翻译史料》，中国科学技术大学出版社，1996。

黎庶昌：《拙尊园丛稿》，遵义市地方志编纂委员会编，中国文史出版社，2007。

李大钊：《李大钊全集》，人民出版社，2006。

李石岑：《柏格森哲学之解释与批判》，《民铎》第 3 卷第 1 号，1921 年 12 月 1 日。

李燿仙主编《廖平选集》，巴蜀书社，1998。

利玛窦：《乾坤体义》，《影印文渊阁四库全书》第 787 册，子部六，天文算法类一，台北：台湾商务印书馆，1986。

梁启超：《清代学术概论》，上海古籍出版社，2004。

梁启超：《饮冰室合集》，中华书局，1989，据上海中华书局 1936 年版影印。

梁启超：《中国近三百年学术史》，商务印书馆，2011 年。

梁小进主编《郭嵩焘全集》，岳麓书社，2012。

刘志惠整理《曾纪泽日记》，中华书局，2013。

鲁迅：《鲁迅全集》，人民文学出版社，2005。

罗布存德著，井上哲次郎增订《英华字典》，藤本书店，1899。

罗继祖主编《罗振玉学术论著集》，上海古籍出版社，2010。

马建忠等：《东行三录》，台北：广文书局，1967。

麦开柏：《进化：从星云到人类》，郑太朴译，商务印书馆，1951。

麦克斯·施蒂纳：《唯一者及其所有物》，金海民译，商务印书馆，2009。

毛泽东：《毛泽东选集》第4卷，人民出版社，1991年第2版。

欧阳哲生编《胡适文集》，北京大学出版社，1998。

潘飞声：《天外归槎录》，岳麓书社，2016。

潘飞声：《西海纪行卷》，岳麓书社，2016。

潘飞声：《在山泉诗话校笺》，谢永芳、林传滨校笺，人民文学出版社，2016。

钱穆：《八十忆双亲　师友杂忆》，三联书店，2012。

钱智修：《现今两大哲学家学说概略》，《东方杂志》第10卷第1号，1913年7月1日。

饶鸿竞、吴宏聪等编《创造社资料》，福建人民出版社，1985。

莎士比亚：《波里克利斯》，梁实秋译，《莎士比亚全集》第11册，台北：远东图书公司，1985。

沈兼士：《今后研究方言之新趋势》，《歌谣周年纪念增刊》，1923年12月17日。

史本守：《肄业要览》，颜永京译，美华书馆，1883。

史礼绶编《新制中华高等小学地理教科书》，上海：中华书局，1913年4月初版。

斯宾塞：《群学肄言》，严复译，商务印书馆，1981。

斯宾塞：《社会学研究》，张红晖、胡江波译，华夏出版社，2001。

孙宝瑄：《忘山庐日记》，上海古籍出版社，1983。

孙诒让：《札迻》，梁运华点校，中华书局，1989。

孙诒让：《周礼政要》，陕西通志馆印，1934。

孙中山：《孙中山全集》，中华书局，1981。

汤若望：《西洋新法历书》，《故宫珍本丛刊》第385册天文算法，海南出版社，2000。

汤志钧编《陶成章集》，中华书局，1986。

唐才常：《唐才常集》，王佩良校点，岳麓书社，2011。

田汉云点校《新编汪中集》，广陵书社，2005。

汪叔子编《文廷式集》，中华书局，1993。

汪征鲁等主编《严复全集》，福建教育出版社，2014。

王存诚编注《大家小集·聂绀弩集》，花城出版社，2016。

王力：《龙虫并雕斋文集》，中华书局，1980。

王世儒编《蔡元培日记》，北京大学出版社，2010。

王韬编《格致书院课艺》第2册，"分类西学课艺·格致"，光绪戊戌年仲春上海富强斋书局仿足本重校石印。

王锡阐：《五星行度解》，中华书局，1985。

王锡祺辑《小方壶斋舆地丛钞》（初编）第11帙《出使英法日记》，上海著易堂光绪十七年（1891）本。

王钟麒：《新学制地理教科书》（初级中学用），上海商务印书馆，1923。

伟烈亚力原译，王韬笔著《重学浅说》，原书1858年由墨海书馆出版，参《西学辑存六种》，光绪庚寅仲春淞北逸民校刊本。

魏源：《魏源全集》，魏源全集编辑委员会编，岳麓书社，2004。

吴剑杰编《中国近代思想家文库·张之洞卷》，中国人民大学出版社，2004。

吴稚晖：《吴稚晖先生全集》，中国国民党中央委员会党史史料编撰委员会，1969。

夏目漱石：《文学论》，王向远译，上海译文出版社，2016。

夏晓虹辑《〈饮冰室合集〉集外文》，北京大学出版社，2005。

谢超凡整理《俞樾全集·春在堂诗编》，凤凰出版社，2021。

谢维扬、房鑫亮主编《王国维全集》，浙江教育出版社，2009。

熊月之编《中国近代思想家文库·冯桂芬卷》，中国人民大学出版社，2014。

徐光启等修辑《崇祯历书》（影印本），《五纬历指》一卷，《故宫珍本丛刊》第 382 册天文算法，海南出版社，2000。

严昌洪、何广编《中国近代思想家文库·杨毓麟　陈天华　邹容卷》，中国人民大学出版社，2013。

严既澄：《柏格森传——〈时间与自由意志〉概略》，《民铎》第 3 卷第 1 号，1921 年 12 月 1 日。

阳玛诺：《天问略》，中华书局，1985。

杨度：《杨度集》，湖南人民出版社，2008。

杨天石主编《钱玄同日记（整理本）》，北京大学出版社，2014。

叶昌炽：《藏书纪事诗》，上海古籍出版社，1999。

叶庆颐：《策鳌杂摭》，袁祖志校，光绪十五年（1889）上海刻本。

伊曼努尔·康德：《宇宙发展史概论，或根据牛顿定理试论整个宇宙的结构及其力学起源》，全增嘏译，上海译文出版社，2001。

英国侯失勒原本，李善兰删述，伟烈亚力口译，徐建寅续述《谈天》，上海益智书会，1883。

英国雷侠儿撰，美国玛高温口译，金匮华蘅芳笔述《地学浅释》，光绪丙申（1896）小仓山房校印本。

英国斯宾塞尔原著，桐城光钟石士译述《第一义谛（上编）》，《戊午杂志》第 1 卷第 1、2 期合刊，1918 年。

英国伟烈亚力口译，长洲王韬仲弢著《西国天学源流》，《西学辑存六种》，己丑（1899）秋淞隐庐遯叟校印本。

俞樾：《春在堂随笔》，辽宁教育出版社，2001。

张德彝：《五述奇》，岳麓书社，2016。

张燕婴整理《俞樾函札辑证》，凤凰出版社，2014。

中国第一历史档案馆编《光绪朝上谕档》，广西师范大学出版社，1996。

中国革命博物馆整理《吴虞日记》，荣孟源审校，四川人民出版社，1984。

钟叔河编《周作人文类编》，湖南文艺出版社，1998。

钟叔河编订《周作人散文全集》，广西师范大学出版社，2009。

周作人：《艺术与生活》，河北教育出版社，2002。

左玉河编《中国近代思想家文库·张东荪卷》，中国人民大学出版社，2015。

スペンサー著、藤井宇平譯『綜合哲學原理』經濟雜誌社、1898 年。

ハルトマン著、姉崎正治譯『宗教哲學』博文館、1898 年。

ベンジャミン・キッド著、佐野學譯『社會進化論』而立社、1925 年。

マクスミューラー博士原著、文學博士金澤庄三郎・後藤朝太郎共譯『言語學』博文館、1907 年。

レスタルー・エフ・ワールド著、三宅雄二郎講述、伊達周碩筆記『社會學』文海堂、1888 年。

井上哲次郎、有賀長雄『改訂增補哲學字彙』附「梵漢對譯佛法語籔」「清國音符」東洋館、1884 年。

井上哲次郎、和田垣謙三、國府寺新作、有賀長雄等『哲學字彙』附「清國音符」東京大學三學部、1881 年。

　　井上哲次郎『井上哲次郎自伝』富山房、1973 年。

　　井上哲次郎『巽軒講話集第二編』博文館、1903 年。

　　井上哲次郎『巽軒論文初集』富山房、1899 年。

　　井上哲次郎『巽軒論文二集』富山房、1901 年。

　　井上哲次郎『明治哲學界の回顧』岩波書店、1933 年。

　　井上哲次郎『倫理新說』酒井清造、1883 年。

　　井上哲次郎『國民道德概論』三省堂、1912 年。

　　井上哲次郎『懷旧錄』春秋社松柏館、1943 年。

　　井上哲次郎『釋明教育勅語衍義』廣文堂書店、1942 年。

　　井上圓了『井上円了選集』、日本東洋大學井上円了記念學術セ
ンター、1987-2004 年。

　　井上圓了『漢字不可廢論　一名國字改良論搏擊』哲學館、
1900 年。

　　井上圓了『教育宗教關係論』哲學書院、1893 年。

　　井上圓了『妖怪學講義』卷之一總論、哲學館、1894 年。

　　井上圓了『佛教活論序論』哲學書院、1888 年。

　　英國ヘルベルト・スベンセル原著、日本乘竹孝太郎譯述『社
會學之原理』第 6 冊、經濟雜誌社、1884 年。

　　英國ベンチャミン・キッド著、日本角田柳作譯『社會の進化』
開拓社、1899 年。

　　遠藤隆吉『現今之社會學』金昌堂、1901 年。

　　遠藤隆吉『支那哲學史』金港堂、1900 年。

　　加藤弘之『加藤弘之講論集』第壹、加藤照麿編、金港堂、
1891 年。

　　加藤弘之著『自然と倫理』實業之日本社、1912 年。

加藤弘之著『人權新説』谷山楼藏版、1882 年。

夏目漱石『漱石全集』第 9 巻、漱石全集刊行会、1918 年。

外山正一『ゝ山存稿』丸善株式會社、1909 年。

角田柳作『社會の進化』開拓社、1899 年。

岸本能武太『岡田式靜坐三年』大日本圖書株式會社、1915 年。

岸本能武太『社會學』大日本圖書株式會社、1900 年。

岸本能武太『宗教の比較的研究』（東京専門学校邦語文学科第 1
回 2 年級講義録）、1895 年。

岸本能武太『宗教研究』警醒社、1899 年。

岸本能武太『倫理宗教時論』警醒社、1900 年。

岸本能武太講述『社會學』東京専門學校文學科三年級講義錄、
1896 年。

丘淺治郎『進化論講話』開成館、1904 年。

桑木嚴翼「荀子の論理説」『早稻田學報』第 14 号、1898 年 4
月 25 日。

桑木嚴翼『現代思潮十講』弘道館、1913 年。

建部遯吾『社會學』（東京専門學校史學科一回一學年講義録）、
早稻田大學出版部藏版、1901 年。

高山林次郎『世界文明史』博文館、1898 年。

高瀬武次郎『楊墨哲學』金港堂、1902 年。

根本通明『周易象義辯正・巻首』、子龍氏藏版、1901 年。

山梨稻川『山梨稻川集』第 1 巻『文緯』、靜岡山梨稻川集刊行
会、1929 年。

姉崎正治「宗教學概論」東京専門学校出版部、1900 年、『姉崎
正治著作集』第 6 巻、国書刊行会、1982 年。

姉崎正治『上世印度宗教史』博文館、1900 年。

姉崎正治著、姉崎正治先生生誕百年記念会編『新版わが生涯』大空社、1993 年。

西順藏、近藤邦康編訳『章炳麟集』岩波書店、1990 年。

村上こずえ、谷本宗生「井上哲次郎『巽軒日記：明治二六～二九、四〇、四一年』」『東京大学史紀要』(31)、2013 年 3 月。

竹内楠三『學理應用催眠術自在』大學館、1903 年。

内田良平文書研究会『日本国家主義運動資料集成第 1 期・黒龍會関係資料集』柏書房株式会社、1992 年。

内藤湖南『内藤湖南全集』第 6 巻、筑摩書房、1972 年。

白井新太郎『社會極致論』博文館、1921 年。

白河次郎、國府種德『支那文明史』博文館、1900 年。

浮田和民『史學原論』東京專門學校藏版、1900 年。

浮田和民『社會學講義』帝國教育會編、開發社、1901 年。

武島又次郎『修辭學』博文館、1898 年。

服部宇之吉『孔子及孔子教』明治出版社、1917 年。

米國ギッヂングス著、文學博士元良勇次郎閲、文學士遠藤隆吉譯『社會學』東京專門學校出版部、1900 年。

米國文學博士家永豊吉講義、政治科得業生山澤俊夫編輯『文明史』、東京專門學校講義、刊年不明。

法學博士一木喜德郎講述『国法學』(明治三十二年度講義)、日本国立国会図書館藏謄写稿。

有賀長雄『宗教進化論』東洋館書店、1883 年。

有賀長雄『増補宗教進化論』牧野書房、1888 年。

有賀長雄『増補族制進化論』牧野書房、1890 年。

羅布存德原著、井上哲次郎訂增『訂增英華字典』藤本氏、1883 年。

林泰輔『支那上代之研究』光風館發行、1927 年。

獨乙アルチュール、スコペンノーエル氏著、佛蘭西アー・ビュ
ールドー氏譯、日本中江篤介重譯『道德學大原論』、一二三館、
1894 年。

德富猪一郎『將來之日本』經濟雜誌社、1887 年。

Bergson, Henri. *Creative Evolution*, Authorized translation by Arthur
Mitchell (London: Macmillan and Co. , 1911).

Carpenter, William B. *Principles of General and Comparative Physiology*
(London: John Churchill, 1839).

Carpenter, William B. *Principles of Mental Physiology*, *with Their
Applications to the Training and Discipline of the Mind*, *and the Study of Its
Morbid Conditions*, (New York: D. Appleton & Company, 1874).

Carpenter, William Benjamin. "Varieties of Mankind," in *The
Cyclopaedia of Anatomy and Physiology*, ed. by Robert B. Todd, Vol. IV -
part II (London: Longman, Brown, Green, Longmans, & Roberts.
1849-1852).

Carpenter, William Benjamin. *Animal Physiology* (London: Wm.
S. ORR and Co. , Paternoster Row, 1843).

Carpenter, William Benjamin. *Principles of Comparative Physiology*, (a
new American, from the fourth and revised London edition),
(Philadelphia: Blanchard and Lea, 1854).

Darwin, Charles. *The Descent of Man and Selection in Relation to Sex*
(London: John Murray, 1871).

Doubleday, Thomas. *The True Law of Population shewn to be connected
with the Food of the People* (London: Effingham Wilson, 1843).

Duncan, David. *Life and Letters of Herbert Spencer* (New York:

D. Appleton and Company, 1908).

Elliot, Hugh. *Modern Science and the Illusions of Professor Bergson* (London: Longmans, Green, and Co. , 1912).

Ellis, Havelock. *Affirmations* (London: Walter Scott, 1898).

Fiske, John. *American Political Ideas: Viewed from the Standpoint of Universal History, Three Lectures Delivered at the Royal Institution of Great Britain in May 1880* (New York and London: Harper & Brothers Publishers, 1898).

Fiske, John. *Outlines of Cosmic Philosophy, Based on the Doctrine of Evolution, with Criticisms on the Positive Philosophy*, Vol. I (Boston and New York: Houghton, Mifflin and Company, 1890).

Giddings, Franklin H. *The Principles of Sociology* (London, New York: Macmillan and Co. , 1896).

Hardy, Thomas. *Life's Little Ironies* (New York and London: Harper & Brothers Publishers, 1894).

Huxley, Thomas. " Administrative Nihilism," *Fortnightly Review*, New Series, Vol. X , November 1, 1871.

Huxley, Thomas. *Evolution & Ethics and Other Essays* (London Macmillan and Co. , 1895).

Kant, Immanuel. *Universal Natural History and Theory of the Heavens or an Essay on the Constitution and the Mechanical Origin of the Entire Structure of the Universe Based on Newtonian Principles*, Translated by Ian Johnston, (Arlington Virginia: Richer Resources Publications, 2008).

Kidd, Benjamin. *Social Evolution* (New York and London: Macmillan and Co. , 1894).

Kipling, Rudyard. *The Writings in Prose and Verse of Rudyard Kipling*

Volume XXI The Five Nations (New York: Charles Scribner's Sons, 1903).

Kishimoto, Nobuta. "Future of Religion in Japan," in *The World's Parliament of Religions, An Illustrated and Popular Story of the World's First Parliament of Religions, Held in Chicago in Connection with the Columbian Exposition of* 1893, Vol. 2, ed. by John H. Barrows (Chicago: The Parliament Publishing Company, 1893).

Lacouperie, Terrien de. *Western Origin of the Early Chinese Civilisation from 2300 B. C. to 200 A. D.* (London: Asher & Co., 1894).

Letourneau, C. H. *Property: Its Origin and Development* (London: Walter Scott, 1892).

Mackenzie, John S. *An Introduction to Social Philosophy* (New York: Macmillan and Co., 1890).

Morrison, Robert. *A Dictionary of the Chinese Language*, part Ⅲ (Macao: The Honorable East India Company's Press, 1822).

Müller, Max. *The Science of Language* (London: Longmans, Green, and Co., 1899).

Newman, John Henry. *Apologia Pro Vita Sua: Being a History of His Religious Opinions* (London: Longmans, Green, Reader, and Dyer, 1875).

Quain, Jones. *Elements of Anatomy*, ed. by Richard Quain and William Sharpey, Fifth edition (London: Taylor, Walton, and Maberly, 1848).

Reclus, Élie. *Primitive Folk: Studies in Comparative Ethnology* (New York: Scribner & Welford, 1891).

Spencer, Herbert. "Specialized Administration," *Fortnightly Review*, New Series, Vol. Ⅹ, December 1, 1871.

Spencer, Herbert. "The Ultimate Laws of Physiology," *National*

Review, Vol. V , July and October 1857 (London: Chapman and Hall, 1857).

Spencer, Herbert. *A Theory of Population, deduced from the General Law of Animal Fertility* (London: John Chapman, 1852).

Spencer, Herbert. *An Autobiography*, Vol. I , II (London: Williams and Norgate, 1904).

Spencer, Herbert. *Essays on Education and Kindred Subjects*, Introduction by Charles W. Eliot (London: Dent, 1911).

Spencer, Herbert. *Essays: Scientific, Political, and Speculative* Vol. I (London: Williams and Norgate, 1868).

Spencer, Herbert. *Essays: Scientific, Political, and Speculative*, Vol. I (London: Williams and Norgate, 1891).

Spencer, Herbert. *Essays: Scientific, Political, and Speculative* (London: Longman, Brown, Green, Longmans, and Roberts, 1858).

Spencer, Herbert. *First Principles* (London: Williams and Norgate, 1862).

Spencer, Herbert. *Social Statics* (abridged and revised) , (New York and London: D. Appleton and Company, 1892).

Spencer, Herbert. *The Principles of Biology*, Vol. II (New York: D. Appleton and Company, 1867).

Spencer, Herbert. *The Principles of Ethics*, Vol. I (New York: D. Appleton and Company, 1892).

Spencer, Herbert. *The Principles of Sociology*, Vol. I (London: Williams and Norgate, 1876).

Spencer, Herbert. *The Study of Sociology* (London: Henry S. King & Co. , 1873).

Sumner, William Graham. *The Challenge of Facts and Other Essays*, ed. by Albert Galloway Keller (New Haven: Yale University Press, 1914).

Tennyson, Alfred. *The Complete Works of Alfred Tennyson: Poet Laureate* (New York: R. Worthington, 1880).

Ward, Lester F. "Spencer-Smashing At Washington," *The Popular Science Monthly* (April 1894).

Ward, Lester F. *Applied Sociology* (Boston: Ginn and Company, 1906).

Ward, Lester F. *Dynamic Sociology, or Applied Social Science as based upon Statical Sociology and the less Complex Sciences* (New York: D. Appleton and Company, 1883).

Ward, Lester F. *Outlines of Sociology* (New York: The Macmillan Company, 1898).

Wilhelm, Richard. *Deutsch-English-Chinesisches Fachwörterbuch* (Tsingtau: Deutsch-Chinesischen Hochschule, 1911).

Wylie, Alexander. *Notes on Chinese Literature: with Introductory Remarks on the Progressive Advancement of the Art; and a List of Translations from the Chinese, into Various European Languages* (Shanghae: American Presbyterian Mission Press, 1867).

研究论著

C. 施米特:《陆地与海洋——古今之"法"变》,林国基、周敏译,华东师范大学出版社,2006。

艾伦·布林克利:《美国史》,陈志杰等译,北京大学出版社,

2019。

坂元弘子：《中国近代思想的"连锁"——以章太炎为中心》，郭驰洋译，上海人民出版社，2019。

本杰明·史华兹：《寻求富强：严复与西方》，叶凤美译，江苏人民出版社，1995。

彼特·J. 鲍勒：《达尔文说》，张波译，商务印书馆，2013。

彼特·沃森：《思想史：从火到弗洛伊德》，胡翠娥译，译林出版社，2018。

卞崇道：《井上圆了的教育思想述评》，《浙江树人大学学报》2007年第6期。

卞崇道：《井上圆了宗教学思想述评》，《日本研究》2009年第1期。

卞崇道：《论井上哲次郎儒学观》，《东疆学刊》2004年第3期。

蔡乐苏：《严复启蒙思想与斯宾塞》，《清华大学学报》1989年第1期。

蔡文锦：《李审言评传》，中国文联出版社，2001。

蔡志栋：《章太炎后期哲学思想研究》，上海社会科学院出版社，2013。

曹聚仁：《文坛五十年》，东方出版中心，2006。

岑麒祥：《语言学史概要》，北京大学出版社，1988。

陈继东：《从〈訄书〉初刻本（一九〇〇）看章炳麟的早期佛教认识》，《言语·文化·社会》第7号，2009年3月。

陈力卫：《东往东来：近代中日之间的语词概念》，社会科学文献出版社，2019。

陈力卫：《严复的译词与日本译词》，黄自进、潘光哲编《近代中日关系史新论》，新北：稻乡出版社，2017。

陈平原：《中国现代学术之建立——以章太炎、胡适之为中心》，北京大学出版社，1998。

陈启伟：《"哲学"译名考》，《哲学译丛》2001 年第 3 期。

陈万成：《〈全体新论〉插图来源的再考察——兼说晚清医疗教育的一段中印因缘》，《自然科学史研究》2011 年第 3 期。

陈学然：《中日学术交流与古史辨运动：从章太炎的批判说起》，《中华文史论丛》2012 年第 3 期。

陈学然辑《章太炎研究文献书目初编》，《章太炎全集·附录》，上海人民出版社，2017。

陈雪虎：《"文"的再认：章太炎文论初探》，北京大学出版社，2008。

陈一容：《古城贞吉与〈时务报〉"东文报译"论略》，《历史研究》2010 年第 1 期。

陈垣：《史讳举例》，中华书局，2012。

町田三郎：《明治的汉学家》，连清吉译，台北：台湾学生书局，2002。

董婧宸：《章太炎〈新方言〉的版本与增订内容》，《文献语言学》2018 年第 6 期。

恩斯特·卡西尔：《人论》，甘阳译，上海译文出版社，1985。

恩斯特·迈尔：《生物学思想发展的历史》，涂长晟等译，四川教育出版社，2010。

方昌杰、朴昌昱：《日本观念论哲学的形成与井上哲次郎》，《东方哲学研究》1979 年 12 月。

方豪：《李之藻研究》，台北：台湾商务印书馆，1966。

冯锦荣：《明末熊明遇〈格致草〉内容探析》，《自然科学史研究》1997 年第 4 期。

冯客：《近代中国之种族观念》，杨立华译，江苏人民出版社，1999。

冯天瑜：《新语探源——中西日文化互动与近代汉字术语生成》，中华书局，2004。

弗兰克·M. 特纳：《从卢梭到尼采：耶鲁大学公选课》，王玲译，北京大学出版社，2017。

福武直主编《世界各国社会学概况》，北京大学出版社，1982。

傅佛果：《内藤湖南：政治与汉学（1886~1934）》，陶德民、何英莺译，江苏人民出版社，2016。

高坂史朗：《东洋与西洋的统合——明治哲学家们的追求》，《日本问题研究》2012 年第 3 期。

高瑞泉：《天命的没落——中国近代唯意志论思潮研究》，上海人民出版社，1991。

龚颖：《蔡元培与井上哲次郎"本务论"思想比较研究——兼论中国近代义务论形成初期的相关问题》，《中国哲学史》2015 年第 1 期。

沟口雄三：《中国前近代思想的屈折与展开》，龚颖译，三联书店，2011。

郭应传：《真俗之境——章太炎佛学思想研究》，安徽人民出版社，2006。

哈维、马修：《19 世纪英国：危机与变革》，韩敏中译，外语教学与研究出版社，2007。

韩承桦：《从翻译到编写教科书——近代中国心理倾向社会学知识的引介与生产（1902~1935）》，张仲民、章可编《近代中国的知识生产与文化政治——以教科书为中心》，复旦大学出版社，2014。

韩承桦：《审重咨学：严复翻译〈群学肄言〉之研究》，台湾师范大学历史学系、五南图书出版股份有限公司，2013。

韩承桦：《斯宾塞到中国——一个翻译史的讨论》，（台北）《编译论丛》第 3 卷第 2 期，2010 年 9 月。

豪尔赫·路易斯·博尔赫斯：《阿莱夫》，王永年译，上海译文出版社，2015。

何九盈：《中国现代语言学史》，广东教育出版社，2005。

贺麟：《五十年来的中国哲学》，商务印书馆，2002。

贺麟：《现代西方哲学讲演集》，上海人民出版社，2012。

侯外庐：《中国近代启蒙思想史》，黄宣民校订，人民出版社，1993。

怀特海：《科学与近代世界》，何钦译，商务印书馆，2009。

怀特海：《科学与哲学论文集》，王启超、徐治立等译，首都师范大学出版社，2017。

黄翠芬：《章太炎春秋左传学研究》，台北：文津出版社，2006。

黄克武、韩承桦：《晚清社会学的翻译及其影响：以严复与章太炎的译作为例》，沙培德、张嘉哲主编《近代中国新知识的建构》，中研院，2013。

黄克武：《梁启超的学术思想：以墨子学为中心之分析》，《近代史研究所集刊》总第 26 期，1996 年。

黄克武：《晚清社会学的翻译——以严复与章炳麟的译作为例》，孙江主编《亚洲概念史研究》第 1 卷，商务印书馆，2018。

黄克武：《惟适之安：严复与近代中国的文化转型》，社会科学文献出版社，2012。

惠泽霖：《论〈寰有诠〉译本》，方豪译，《我存杂志》第 5 卷第 3 期，1937 年。

江湄：《创造“传统”——梁启超、章太炎、胡适与中国学术思想史典范的确立》，社会科学文献出版社，2013。

江晓原：《天文西学东渐集》，上海书店出版社，2001。

姜义华：《章炳麟评传》，南京大学出版社，2002。

姜义华：《章太炎评传》，百花洲文艺出版社，1995。

姜义华：《章太炎思想研究》，上海人民出版社，1985。

蒋春红：《日本近世国学思想：以本居宣长研究为中心》，学苑出版社，2008。

蒋功成：《章炳麟与西方遗传学说在近代中国的传播》，《自然辩证法研究》2009年第8期。

蒋俊：《梁启超早期史学思想与浮田和民的〈史学通论〉》，《文史哲》1993年第5期。

解启扬：《章太炎的墨学研究述论》，《中国哲学史》2005年第1期。

近代日本思想史研究会：《近代日本思想史》第1卷，马采译，商务印书馆，1983。

近藤邦康：《章太炎与日本》，章太炎纪念馆编《先驱的踪迹——章太炎先生逝世五十周年纪念文集》，浙江古籍出版社，1988。

景海峰：《"哲学"东来与"中国哲学"建构》，《中国哲学史》2004年第3期。

郎宓榭等：《新词语新概念：西学译介与晚清汉语词汇之变迁》，赵兴胜等译，山东画报出版社，2012。

李道和：《民俗文学与民俗文献研究》，巴蜀书社，2008。

李帆：《西方近代民族观念和"华夷之辨"的交汇——再论刘师培对拉克伯里"中国人种、文明西来说"的接受与阐发》，《北京师范大学学报》2008年第2期。

李帆：《章太炎、刘师培、梁启超清学史著述之研究（修订版）》，商务印书馆，2016。

李庆：《日本汉学史》，上海人民出版社，2010。

李孝迁：《西方史学在中国的传播（1882~1949）》，华东师范大学出版社，2007。

李孝迁：《域外汉学与古史辨运动——兼与陈学然先生商榷》，《中华文史论丛》2013年第3期。

李约瑟：《中国科学技术史》，科学出版社，1975。

梁展：《文明、理性与种族改良：一个大同世界的构想》，刘禾主编《世界秩序与文明等级：全球史研究的新路径》，三联书店，2016。

廖钦彬：《井上圆了与蔡元培的妖怪学——近代中日的启蒙与反启蒙》，《中山大学学报》2017年第2期。

列奥·施特劳斯：《霍布斯的政治哲学》，申彤译，译林出版社，2001。

林俊宏、大山昌道：《十九世纪末中日学术交流的一幕——以馆森鸿〈似而非笔〉为中心》，《鹅湖月刊》总第426期，2010年12月。

林美茂、常潇琳：《井上哲次郎〈东洋哲学史〉与"中国哲学"的诞生》，《中国哲学史》2021年第3期。

林美茂：《"哲学"的接受与"中国哲学"的诞生》，《哲学研究》2021年第4期。

林少阳：《鼎革以文——清季革命与章太炎"复古"的新文化运动》，上海人民出版社，2018。

林翔：《20世纪初期日本的东亚"同文"主张与亚洲主义——以"汉字统一会"为中心的考察》，《世界历史》2021年第3期。

刘巍：《从援今文义说古文经到铸古文经学为史学：对章太炎早

期经学思想发展轨迹的探讨》,《近代史研究》2004 年第 3 期。

刘岳兵:《论近代日本的孔子教——以服部宇之吉为例》,《学术月刊》2003 年第 5 期。

刘岳兵主编《明治儒学与近代日本》,上海古籍出版社,2005。

陆建德:《纽曼——纽曼、牛津运动和小说〈失与得〉》,钱青主编《英国 19 世纪文学史》,外语教学与研究出版社,2012。

罗伯特·C. 班尼斯坦:《社会学》,西奥多·M. 波特、多萝西·罗斯主编《剑桥科学史》第 7 卷,大象出版社,2008。

罗检秋:《近代墨学复兴及其原因》,《近代史研究》1990 年第 1 期。

罗检秋:《梁启超与近代墨学》,《近代史研究》1992 年第 3 期。

罗琨、张永山:《罗振玉评传》,百花洲文艺出版社,2015。

罗雄飞:《俞樾的经学思想与经学研究风格》,电子科技大学出版社,2014。

罗志田:《国家与学术:清末民初关于"国学"的思想论争》,三联书店,2003。

马丁·布林克沃思、弗里德尔·韦纳特主编《进化 2.0:达尔文主义在哲学、社会科学和自然科学中的意义》,赵斌译,科学出版社,2018。

马强才:《章太炎诗集:注释本》,上海人民出版社,2020。

马修·阿诺德:《文化与无政府状态(修订译本)》,韩敏中译,三联书店,2012。

马勇:《民国遗民:章太炎传》,东方出版社,2015。

茅海建:《论戊戌变法期间康有为梁启超的政治思想与政策设计》,《中国文化》2017 年第 1、2 期。

孟琢:《齐物论释疏证》,上海人民出版社,2019。

墨子刻：《形上思维与历史性的思想规矩：论郁振华的〈形上的智慧如何可能？——中国现代哲学的沉思〉》，《清华大学学报》2001年第6期。

倪海曙：《清末汉语拼音运动编年史》，上海人民出版社，1959。

聂馥玲、郭世荣：《〈地质学原理〉的演变与〈地学浅释〉》，《内蒙古师范大学学报》2012年第3期。

潘德重：《近代工业社会合理性的理论支撑——斯宾塞社会进化思想研究》，博士学位论文，华东师范大学，2004。

潘光哲：《〈时务报〉和它的读者》，《历史研究》2005年第5期。

潘光哲：《开创"世界知识"的公共空间：〈时务报〉译稿研究》，《史林》2006年第5期。

潘静如：《被压抑的艺术话语：考据学背景下的清金石学》，《文艺研究》2016年第10期。

潘静如：《论清代金石学的流变——兼议汉学家布朗的本土"现代性"之说》，《社会科学论坛》2018年3期。

彭春凌：《分道扬镳的方言调查——周作人与〈歌谣〉上的一场论争》，《中国现代文学研究丛刊》2008年第1期。

彭春凌：《儒学转型与文化新命——以康有为、章太炎为中心（1898~1927）》，北京大学出版社，2014。

彭春凌：《探索民族革命：章太炎的政治哲学》，干春松主编《中国政治哲学史》第3卷，中国人民大学出版社，2017。

彭春凌：《章太炎对姊崎正治宗教学思想的扬弃》，《历史研究》2012年第4期。

彭春凌：《章太炎译〈斯宾塞尔文集〉研究、重译及校注》，上海人民出版社，2021。

彭新武：《进化论在社会科学中的应用及其问题》，《中国人民大学学报》2004 年第 3 期。

浦嘉珉：《中国与达尔文》，钟永强译，江苏人民出版社，2014。

奇迈克：《成为黄种人：亚洲种族思维简史》，方笑天译，浙江人民出版社，2016。

钱婉约：《从汉学到中国学：近代日本的中国研究》，中华书局，2007。

钱婉约：《岛田翰生平学术述论》，《中国文化研究》2009 年秋之卷。

钱昕怡：《简论浮田和民的"伦理的帝国主义"》，《日本研究》2012 年第 2 期。

钱锺书：《管锥编》，中华书局，1986。

璩鑫圭、唐良炎编《中国近代教育史资料汇编·学制演变》，上海教育出版社，1991。

桑兵：《国学与汉学：近代中外学界交往录》，浙江人民出版社，1999；中国人民大学出版社，2010。

桑兵：《近代"中国哲学"发源》，《学术研究》2010 年第 11 期。

桑兵：《晚清民国的国学研究》，上海古籍出版社，2001；北京师范大学出版社，2014。

单继刚：《社会进化论：马克思主义哲学在中国的第一个理论形态》，《哲学研究》2008 年第 8 期。

山田庆儿：《古代东亚哲学与科技文化：山田庆儿论文集》，辽宁教育出版社，1996。

尚小明：《论浮田和民〈史学通论〉与梁启超新史学思想的关系》，《史学月刊》2003 年第 5 期。

神田喜一郎：《敦煌学五十年》，高野雪等译，北京大学出版社，2004。

沈国威：《近代中日词汇交流研究：汉字新词的创制、容受与共享》，中华书局，2010。

沈国威：《新语往还：中日近代语言交涉史》，社会科学文献出版社，2020。

石川祯浩：《中国近代历史的表与里》，袁广泉译，北京大学出版社，2015。

石井刚：《齐物的哲学：章太炎与中国现代思想的东亚经验》，华东师范大学出版社，2016。

石云里：《〈寰有诠〉及其影响》，《中国天文学史文集》第6集，科学出版社，1994。

实藤惠秀：《中国人留学日本史（修订译本）》，谭汝谦、林启彦译，北京大学出版社，2012。

孙本文：《孙本文文集》，社会科学文献出版社，2012。

孙毕：《章太炎〈新方言〉研究》，华东师范大学出版社，2006。

孙江：《拉克伯里"中国文明西来说"在东亚的传布与文本之比较》，《历史研究》2010年第1期。

孙江：《重审中国的"近代"：在思想和社会之间》，社会科学文献出版社，2018。

孙延钊：《孙衣言孙诒让父子年谱》，徐和雍、周立人整理，上海社会科学院出版社，2003。

谭汝谦：《中国译日本书综合目录》，香港中文大学出版社，1980。

汤志钧：《乘桴新获：从戊戌到辛亥》，江苏古籍出版社，1990。

汤志钧：《章太炎传》，台北：台湾商务印书馆，1996。

汤志钧编《章太炎年谱长编（增订本）》，中华书局，2013。

汤志钧编《章太炎年谱长编》，中华书局，1979。

唐科：《一个半世纪以来英国牛津运动研究综述》，《世界历史》2013 年第 4 期。

唐文权、罗福惠：《章太炎思想研究》，华中师范大学出版社，1986。

唐振常：《当代学者自选文库：唐振常卷》，安徽教育出版社，1998。

托马斯·库恩：《科学革命的结构》，金吾伦、胡新和译，北京大学出版社，2012。

汪荣祖：《康章合论》，新星出版社，2006。

汪荣祖：《章太炎对现代性的迎拒与文化多元思想的表述》，《中央研究院近代史研究所集刊》第 41 期，2003 年 9 月。

汪荣祖：《章太炎散论》，中华书局，2008。

汪子春：《达尔文学说在中国初期的传播与影响》，《中国哲学》第 9 辑，三联书店，1983。

王汎森：《章太炎的思想（1868~1919）及其对儒学传统的冲击》，台北：时报文化出版事业有限公司，1985。

王古鲁：《最近日人研究中国学术之一斑》，上海生活书店，1936。

王俊英：《日本明治中期的国粹主义思想研究》，中国社会科学出版社，2015。

王屏：《近代日本的亚细亚主义》，商务印书馆，2004。

王前：《全球化背景下的涉"心"认知——形态演变和重要价值》，《哲学分析》2020 年第 4 期。

王青：《井上圆了与蔡元培宗教思想的比较研究》，林美茂、郭连友主编《日本哲学与思想研究》，中央编译出版社，2015。

王生团：《赫伯特·斯宾塞的思想对镀金时代美国社会影响研

究》，博士学位论文，东北师范大学，2017。

王天根：《严复与章太炎社会学思想的对峙与交流》，《广西大学学报》2003年第2期。

王天根：《章太炎对"本土经验"的强调与早期"西方社会学中国化"》，《东方丛刊》2004年第2期。

王宪明：《严译名著与中国文化的现代化——以严复译〈群学肄言〉为例的考察》，《福州大学学报》2008年第2期。

王宪明：《语言、翻译与政治——严复译〈社会通诠〉研究》，北京大学出版社，2005。

王扬宗：《〈六合丛谈〉所介绍的西方科学知识及其在清末的影响》，沈国威编著《六合丛谈（附解题·索引）》，上海辞书出版社，2006。

王勇、大庭修主编《中日文化交流史大系·典籍卷》，浙江人民出版社，1996。

王玉华：《多元视野与传统的合理化：章太炎思想的阐释》，中国社会科学出版社，2004。

王中江：《进化主义在中国的兴起：一个新的全能式世界观（增补版）》，中国人民大学出版社，2010。

吴丕：《进化论与中国激进主义（1859～1924）》，北京大学出版社，2005。

吴义雄：《晚清时期西方人体生理知识在华传播与本土化》，《中山大学学报》2009年第3期。

西奥多·M.波特、多萝西·罗斯主编《剑桥科学史》第7卷，大象出版社，2008。

狭间直树：《关于梁启超称颂"王学"问题》，《历史研究》1998年第5期。

狭间直树编《梁启超·明治日本·西方：日本京都大学人文科学研究所共同研究报告》，社会科学文献出版社，2001。

萧祥剑：《群书治要五十讲》，团结出版社，2013。

小林武：《章太炎与明治思潮》，白雨田译，上海人民出版社，2018。

谢辉元：《社会进化论与马克思主义历史哲学观念的递嬗》，《人文杂志》2018 年第 5 期。

谢群、徐冰：《服部宇之吉的"行"与"思"——以担任京师大学堂师范馆正教习期间为中心》，《光明日报》2016 年 8 月 10 日，第 14 版。

谢文新：《生物进化论在近代中国的"社会进化论"转身》，《广东外语外贸大学学报》2018 年第 4 期。

谢樱宁编《章太炎年谱摭遗》，中国社会科学出版社，1987。

熊月之：《西学东渐与晚清社会》，中国人民大学出版社，2010。

熊月之：《早年的章太炎与西方"格致"之学》，《史林》1986 年第 2 期。

熊月之：《章太炎》，上海人民出版社，1982。

许良越：《章太炎〈文始〉研究》，中国社会科学出版社，2015。

许全胜：《沈曾植年谱长编》，中华书局，2007。

严绍璗、源了圆主编《中日文化交流史大系·思想卷》，浙江人民出版社，1996。

严绍璗：《汉籍在日本的流布研究》，江苏古籍出版社，1992。

严绍璗：《日本中国学史稿》，学苑出版社，2009。

杨国荣：《实证主义与中国近代哲学》，华东师范大学出版社，2009。

杨鹏、罗福惠：《〈支那通史〉及其在中国的传播与影响》，《兰州学刊》2010 年第 8 期。

杨小召、侯书勇：《罗振玉与古器物学》，《求索》2009 年第 1 期。

姚纯安：《社会学在近代中国的进程（1895~1919）》，三联书店，2006。

姚奠中、董国炎编《章太炎学术年谱》，山西古籍出版社，1996。

叶建军：《评 19 世纪英国的牛津运动》，《世界历史》2007 年第 6 期。

永原庆二：《20 世纪日本历史学》，王新生等译，北京大学出版社，2014。

于尔根·奥斯特哈默：《世界的演变：19 世纪史》，强朝晖、刘风译，社会科学文献出版社，2016。

源了圆：《德川思想小史》，郭连友译，外语教学与研究出版社，2009。

约翰·麦克里兰：《西方政治思想史》，彭淮栋译，海南出版社，2003。

约翰·西奥多·梅尔茨：《十九世纪欧洲思想史》第 1 卷，周昌忠译，商务印书馆，2016。

增田涉：《西学东渐与中国事情》，由其民、周启乾译，江苏人民出版社，2010。

詹森主编《剑桥日本史（第 5 卷）：19 世纪》，王翔译，浙江大学出版社，2014。

张超：《从"群学"到"社会学"：近代中国社会学学科的形成与演变》，《中山大学研究生学刊》2012 年第 1 期。

张春香：《章太炎主体性道德哲学研究》，中国社会科学出版社，2007。

张荣华：《章太炎与章学诚》，《复旦学报》2005年第3期。

张汝伦编著《诗的哲学史——张东荪咏西哲诗本事注》，广西师范大学出版社，2002。

张士欢、王宏斌：《究竟是赫胥黎还是斯宾塞——论斯宾塞竞争进化论在中国的影响》，《河北师范大学学报》2007年第1期。

张寿安：《以礼代理：凌廷堪与清中叶儒学思想之转变》，中研院近代史研究所，1994。

张寿祺：《19世纪末20世纪初"人类学"传入中国考》，《社会科学战线》1992年第3期。

张铁文：《词源研究与术语规范——X射线词族的词源研究》，《术语标准化与信息技术》2005年第1期。

张晓川：《晚清西方人种分类说传入考辨》，《史林》2009年第1期。

张昭军：《儒学近代之境：章太炎儒学思想研究》，北京师范大学出版社，2011。

张志强：《"操齐物以解纷，明天倪以为量"——论章太炎"齐物"哲学的形成及其意趣》，《中国哲学史》2012年第3期。

章念驰编《章太炎生平与思想研究文选》，浙江人民出版社，1986。

赵利峰、吴震：《澳门土生葡人汉学家玛吉士与〈新释地理备考〉》，《暨南学报》2006年第2期。

郑杰文：《20世纪墨学研究史》，清华大学出版社，2002。

郑师渠：《晚清国粹派：文化思想研究》，北京师范大学出版社，1993、1997。

周东华、张君国编《章太炎和他的时代》，上海人民出版社，2020。

周红兵：《严复与斯宾塞的"社会有机体论"》，《东南学术》2015 年第 2 期。

周晓霞：《一种"思想资源"——井上哲次郎修身教科书在近代中国的受容》，刘岳兵主编《南开日本研究》，天津人民出版社，2017。

周予同：《五十年来中国之新史学》，朱维铮编《周予同经学史论著选集（增订本）》，上海人民出版社，1996。

周振鹤：《范式的转换——沿革地理—政区地理—政治地理的进程》，《华中师范大学学报》2013 年第 1 期。

邹振环：《晚清史书编纂体例从传统到近代的转变——以汉译西史〈万国通鉴〉和东史〈支那通史〉、〈东洋史要〉为中心》，《河北学刊》2010 年第 2 期。

邹振环：《影响中国近代社会的一百种译作（修订本）》，江苏教育出版社，2008。

佐藤慎一：《近代中国的知识分子与文明》，刘岳兵译，江苏人民出版社，2011。

黄東蘭「田口卯吉『開化史』にみる文明史学の歴史叙述」『愛知県立大学外国語学部紀要第 50 号（地域研究・国際学編）』、2018 年。

磯前順一、深澤英隆編『近代日本における知識人と宗教——姉崎正治の軌跡——』東京堂、2002 年。

王宝平『清代中日学術交流の研究』汲古書院、2005 年。

王麗娟「専門語から一般語へと——積極・消極を中心に」『或問』No. 32、2017 年。

下出隼吉『明治社會思想研究』淺野書店、1932 年。

笠松和也「戦前の東大哲学科と『哲学雑誌』」東京大學哲學研究室『哲学雑誌』のアーカイヴ化を基礎とした近代日本哲学の成立と展開に関する分析的研究(基盤研究(B)，18H00603。

岸本美緒主編『「帝国」日本の学知・東洋学の磁場』岩波書店、2006年。

吉原丈司、吉原達也『千賀鶴太郎博士・戸水寛人博士・池辺義象氏略年譜・著作目録』横浜、広島、京成社、2010年。

久保天随『日本儒學史』博文館、1904年。

古賀元章「1865-93年における岸本能武太のキリスト教とのかかわり──ユニテリアンへの歩み」『比較文化研究』(83)、2008年。

江島顕一「「国民道徳論」の形成過程に関する研究──井上哲次郎の立論に焦点を当てて」『慶應義塾大学大学院社会学研究科紀要』(68)、2009年。

高坂正顕『明治思想史』、源了圓編、燈影舎、1999年。

高田淳『章炳麟・章士釗・魯迅：辛亥の死と生と』龍溪書舎、1974年。

高田淳『辛亥革命と章炳麟の斉物哲学』研文出版、1984年。

佐藤豐「明治思想に関連して見た所の章炳麟の「唯物」概念について」『愛知教育大学研究報告』(人文・社会科学)、第49輯、2000年。

坂元ひろ子『中国民族主義の神話　人種・身体・ジェンダー』岩波書店、2005年。

坂元ひろ子『連鎖する中国近代の「知」』研文出版、2009年。

坂出祥伸『(改訂増補)中国近代の思想と科学』朋友書店、

2001 年。

　　三浦叶『明治の漢學』汲古書院、1998 年。

　　三浦節夫「明治後期における井上哲次郎と井上円了の思想対立」『比較思想研究』(34)、2007 年。

　　三浦節夫『井上円了——日本近代の先駆者の生涯と思想』教育評論社、2016 年。

　　山下重一「明治初期におけるスペンサーの受容」日本政治学会編『日本における西欧政治思想』岩波書店、1975 年。

　　山下重一『スペンサーと日本近代』御茶の水書房、1983 年。

　　山室信一『思想課題としてのアジア：基軸・連鎖・投企』岩波書店、2001 年。

　　小野川秀美、島田虔次編『辛亥革命の研究』筑摩書房、1978 年。

　　小野川秀美『清末政治思想研究』東洋史研究會、1960 年。

　　小林武、佐藤豐『清末功利思想と日本』研文出版、2006 年。

　　小林武「章炳麟「五朝法律索隠」とその周辺：礼と法の見方をめぐって」『中国研究集刊』第 60 号、2015 年 6 月。

　　小林武「章炳麟「五朝法律索隠」の歴史的位置」『中国研究集刊』第 56 号、2013 年 6 月。

　　小林武「章炳麟「虜憲廃疾」と「欽定憲法大綱」」『京都産業大学論集』人文科学系列 46、2013 年 3 月。

　　小林武「章炳麟『訄书』と明治思潮——西洋近代思想との關連で」『日本中國學會報』第 55 集、2003 年。

　　小林武「章炳麟と姉崎正治——『訄書』より『齊物論釋』にいたる思想的關係」『東方学』第 107 期、2004 年 1 月。

　　小林武「章炳麟における『我』の意識：清末の任侠(Ⅳ)」

『京都産業大学論集』（人文科学系列）、1994 年 3 月。

　　小林武「章炳麟における実証の問題——西洋近代的知識の意味」『中国学の十字路——加地伸行博士古稀記念論集』研文出版、2006 年。

　　小林武「章炳麟について：方法としての言語」『京都産業大学論集』（人文科学系列）、1982 年 11 月。

　　小林武「章炳麟の中国法に対する評価：「五朝法律索隠」の視点（下）」『中国研究集刊』第 59 号、2014 年 12 月。

　　小林武「章炳麟の中国法に対する評価：「五朝法律索隠」の視点（上）」『中国研究集刊』第 58 号、2014 年 6 月。

　　小林武「章炳麟の哲学思想と明治の厭世観——中江兆民訳『道徳大原論』を中心に」『中国——社会と文化』第 20 号、2005 年 6 月。

　　小林武「章炳麟の反功利主義的倫理観と明治思想」『東方学』第 114 期、2007 年 7 月。

　　小林武「章炳麟の歴史叙述をめぐって」『東方学』第 82 期、1991 年。

　　小林武「清末の『自主』と明治思想——その言語的考察」『文芸論叢』68、2007 年 3 月。

　　小林武『章炳麟と明治思潮：もう一つの近代』研文出版、2006 年。

　　松永俊男『近代進化論の成り立ち——ダーウィンから現代まで』創元社、1988 年。

　　松本三之介『明治思想史：近代国家の創設から個の覚醒まで』新曜社、1996 年。

　　松本秀士、坂井建雄「『全体新論』に掲載される解剖図の出典について」『日本醫史學雜誌』第55巻第4号、2009年。

　　松本潤一郎『日本社會學』時潮社、1937年。

　　森川潤『明治期のドイツ留学生：ドイツ大学日本人学籍登録者の研究』雄松堂、2008年。

　　真辺将之『東京専門学校の研究──「学問の独立」の具体相と「早稲田憲法草案」』早稲田大学出版部、2010年。

　　星野靖二「ハーバード大学時代の岸本能武太と小崎成章について」『宗教研究』88巻別冊、2015年。

　　清水幾太郎『日本文化形態論』サイレン社、1936年。

　　石井剛『戴震と中国近代哲学：漢学から哲学へ』知泉書館、2014年。

　　早稲田大学社会学研究室『早稲田百年と社会学』早稲田大学出版部、1983年。

　　大島正徳『近世英國哲學史』三共出版社、1928年。

　　拓殖大学創立百年史編纂室『台湾・東洋協會研究　東洋文化協會五十年史稿』東京学校法人拓殖大学、2011年。

　　町田三郎『明治の漢学者たち』研文出版、1998年。

　　町田三郎『明治の青春　続　明治の漢学者たち』研文出版、2009年。

　　渡辺和靖『明治思想史：儒教的伝統と近代認識論（増補版）』ぺりかん社、1985年。

　　島善高『早稲田大学小史』早稲田大学出版部、2003年。

　　陶徳民『日本における近代中国学の始まり：漢学の革新と同時代文化交渉』関西大学出版部、2017年。

　　繁田真爾「一九〇〇年前後日本における国民道徳論のイデオロギー構造（下）井上哲次郎と二つの「教育と宗教」論争にみる」

『早稲田大学大学院文学研究科紀要』第 3 分冊 54、2008 年。

　繁田真爾「一九〇〇年前後日本における国民道徳論のイデオロギー構造(上)　井上哲次郎と二つの「教育と宗教」論争にみる」『早稲田大学大学院文学研究科紀要』第 3 分冊 53、2007 年。

　繁田真爾『「悪」と統治の日本近代——道徳・宗教・監獄教誨』法藏館、2019 年。

　福島仁「章炳麟『訄書』の知識人論」、『国際交流研究：国際交流学部紀要』(16)、(17)、フェリス女学院大学、2014-2015 年。

　福島仁「章炳麟『訄書』の中国思想論」、『国際交流研究：国際交流学部紀要』(12)、(13)、(14)、(15)、フェリス女学院大学、2010-2013 年。

　芳賀登、松本三之介校注『國學運動の思想』岩波書店、1971 年。

　末岡宏「梁啓超にとってのルネッサンス」『中国思想史研究』第 19 号、1996 年 12 月。

　李立業「井上円了著作の中国語訳及び近代中国の思想啓蒙に対する影響」「国際井上円了学会第 6 回学術大会」報告、2017 年。

　李亞「梁啟超による『幕末の陽明学』の発見に関する一考察」『日本学研究』、2014 年。

　劉鮮花「漢字統一会に関する一考察——清国と韓国の反応を中心として」『言語社会』第 13 号、2019 年 3 月。

　林義強「章炳麟における排満思想の形成とアイデンティティの変容」『東洋文化研究所紀要』第 146 册、2004 年 12 月。

　林義強「排満論再考」『東洋文化研究所紀要』第 149 册、2006 年 3 月。

　林少陽『「修辞」という思想：章炳麟と漢字圏の言語論的批評

理論』白澤社、2009 年。

舩山信一『明治哲学史研究』『舩山信一著作集』第 6 巻、こぶ
し書房、1999 年。

Abrams, Philip. *The Origins of British Sociology: 1834－1914* (Chicago:
University of Chicago Press, 1968).

Arnold, Matthew. *Culture and Anarchy* (Oxford: Oxford University
Press, 2006).

Barker, Ernest. *Political Thought in England 1848 to 1914* (London:
Thornton Butterworth, 1928).

Becker, Howard. "Sociology in Japan," *American Sociological Review*,
Vol. 1, No. 3 (Jun. , 1936).

Bowler, Peter J. "Biology and Human Nature," in *The Cambridge
History of Science Volume 6 The Modern Biological and Earth Sciences*, eds. by
Peter J. Bowler, John V. Pickstone (New York: Cambridge University
Press, 2009).

Bowler, Peter J. *Evolution: The History of an Idea* (Berkeley and Los
Angeles: University of California Press, 1983).

Bowler, Peter J. *Evolution: The History of an Idea*, Revised edition
(Berkeley and Los Angeles: University of California Press, 1989).

Breslau, Daniel. "The American Spencerians: Theorizing a New
Science," in *Sociology in America: A History*, ed. by Craig Calhoun
(Chicago and London: The University of Chicago Press, 2007).

Butler, Leslie. "From the History of Ideas to Ideas in History,"
Modern Intellectual History, Vol. 9, No. 1 (2012).

Cartwright, John. *Evolution and Human Behavior: Darwinian Perspectives
on Human Nature* (Cambridge, MA: MIT Press, 2000).

Cassirer, Ernst. *An Essay on Man: An Introduction to a Philosophy of Human Culture* (New York: Doubleday & Company, 1944).

Dewey, John. "Herbert Spencer," in *Characters and Events, Popular Essays in Social and Political Philosophy* (New York: Henry Holt and Company, 1929).

Dikötter, Frank. *The Discourse of Race in Modern China* (Hong Kong: Hong Kong University Press, 1992).

Dikötter, Frank. *The Discourse of Race in Modern China*, Fully Revised and Expanded Second Edition (New York: Oxford University Press, 2015).

Duncan, Mitchell, G. *A Hundred Years of Sociology* (Chicago: Aldine Publishing Company, 1968).

Elliott, Walter. "Dynamic Sociology," *The Catholic World*, December 1883.

Elwick, James. "Herbert Spencer and the Disunity of the Social Organism," *History of Science*, March 2003.

Francis, Mark. & Taylor, Michael W. (eds.). *Herbert Spencer Legacies* (London & New York: Routledge, 2015).

Francis, Mark. *Herbert Spencer and the Invention of Modern Life* (Stocksfield: Acumen Publishing, 2007).

Garber, Daniel. *Leibniz: Body, Substance, Monad* (New York: Oxford University Press, 2009).

Harrington, Anne. "The Brain and the Behavioral Sciences," in *The Cambridge History of Science Volume 6 The Modern Biological and Earth Sciences*, eds. by Peter J. Bowler, John V. Pickstone (New York: Cambridge University Press, 2009).

Hawkins, Mike. *Social Darwinism in European and American Thought, 1860-1945: Nature as Model and Nature as Threat* (Cambridge: Cambridge University Press, 1997).

Hofstadter, Richard. *Social Darwinism in American Thought* (Boston: Beacon Press, 1955).

Kuhn, Thomas S. *The Structure of Scientific Revolutions* (Chicago and London: The University of Chicago Press, 1996).

Lamar, Lillie B. "Herbert Spencer and His Father," *The University of Texas Studies in English*, Vol. 32 (1953).

Levine, Donald N. "The Organism Metaphor in Sociology," *Social Research*, issue The Power of Metaphor, Vol. 62, No. 2 (Summer 1995).

Lidwell-Durnin, John. "William Benjamin Carpenter and the Emerging Science of Heredity," *Journal of the History of Biology* (2020) 53.

Mayr, Ernst. *What Evolution Is* (London: Phoenix, 2002).

McClelland, J. S. *A History of Western Political Thought* (London and New York: Routledge, 1996).

Mohr, Michel. *Buddhism, Unitarianism, and the Meiji Competition for Universality* (Cambridge, MA and London: Harvard University Asia Center, 2014).

Moore, James R. *The Post-Darwinian Controversies: A Study of the Protestant Struggle to Come to Terms with Darwin in Great Britain and America, 1870-1900* (Cambridge: Cambridge University Press, 1979).

Peel, J. D. Y. *Herbert Spencer, The Evolution of a Sociologist* (Aldershot: Gregg Revivals, 1971, 1992).

Rafferty, Edward C. *Apostle of Human Progress: Lester Frank Ward and American Political Thought, 1841 - 1913* (Lanham: Rowman & Littlefield

Publishers, 2003).

Renwick, Chris. "Herbert Spencer, Biology, and the Social Sciences in Britain," in *Herbert Spencer: Legacies*, eds. by Mark Francis, Michael W. Taylor (London & New York: Routledge, 2015).

Sorley, W. R. *A History of English Philosophy* (New York and London: G. P. Putnam's Sons, The Knickerbocker Press, 1921).

Suzuki, Norihisa. "Nobuta Kishimoto and the Beginnings of the Scientific Study of Religion in Modern Japan," *Contemporary Religions in Japan*, Vol. 11, No. 3/4 (Sept. –Dec. , 1970).

Taylor, Michael W. *The Philosophy of Herbert Spencer* (London: Continuum International Publishing Group, 2007).

Turner, Frank M. *Contesting Cultural Authority: Essays in Victorian Intellectual Life* (Cambridge: Cambridge University Press, 1993).

Turner, Frank M. *European Intellectual History from Rousseau to Nietzsche*, ed. by Richard A. Lofthouse (New Haven and London: Yale University Press, 2014).

Turner, J. H. *Herbert Spencer: A Renewed Appreciation* (Beverly Hills, CA: Sage Publication, 1985).

Viren, Murthy. *The Political Philosophy of Zhang Taiyan: The Resistance of Consciousness* (Leiden: Boston: Brill, 2011).

Whitehead, Alfred North. *Essays in Science and Philosophy* (London: Rider and Company, 1948).

Whitehead, Alfred North. *Science and the Modern World: Lowell lectures, 1925* (New York: New American Library, 1948, Originally published at 1925).

Whitehead, Alfred North. *The Principle of Relativity with applications to*

Physical Science (Cambridge：The University Press，1922).

Wilson，Ben. *Heyday：The 1850s and the Dawn of the Global Age* (New York：Basic Books，2016).

Wong，Young-tsu. *Search for Modern Nationalism：Zhang Binglin and Revolutionary China，1869－1936* (Hong Kong：Oxford University Press，1989).

工具书

《不列颠百科全书》，中国大百科全书出版社，2002。

《辞源》，商务印书馆，1915年第1版，1999年影印第1版。

冯契主编《外国哲学大辞典》，上海辞书出版社，2008。

许嘉璐主编《传统语言学辞典》，河北教育出版社，1990。

张晓编著《近代汉译西学书目提要（明末至1919）》，北京大学出版社，2012。

人名索引 *

阿梅龙　142

艾儒略　357

安部矶雄　35，241，242

安德鲁·卡内基　28

安藤阳洲　356

岸本美绪　512

岸本能武太　13~16，19，30，34~36，
52，53，61，100，102，104，225，
232，234，236 ~ 239，241 ~ 254，
256，257，265，272 ~ 286，288 ~
292，294 ~ 300，302 ~ 304，307 ~
309，311 ~ 313，316，318 ~ 321，
324，326，328，330，331，333，
363，379 ~ 383，410，413，417，
435，533，535，615，633，654，
664，687，690

岸田吟香　521

アー・ビュールドー　440，666

Abbott, Lyman(莱曼·阿博德)　611

Abrams, Philip　691

Allen, Grant(格兰特·艾伦)　361

Aristotle(亚里士多德、亚利、亚里私特
德、亚历斯大德、アリストテレー
ス)　139，150 ~ 155，157，159，
248，289，351，414，439，526，
527，606，627，628

Arnold, Matthew(马修·阿诺德、亚诺
路得、マッシュー、アーノルド)
73，691　636，637

白河次郎(白河鲤洋)　514，521，
523 ~ 525，535 ~ 539，544，558，
560，627，630，631，646，664

白井新太郎　286，287，466，665

白居易　190，654

白鸟库吉　16，30，37，344，514，
516，517，553~557，560，592，645

白雨田　15，683

班尼斯坦，罗伯特·C.　240，253，676

---

　*　未列"章太炎"。

柏拉图（布拉多） 69，251，351

班固 3，126，652

坂本直宽 32

坂出祥伸 374，687

坂井建雄 171，689

坂元ひろ子（坂元弘子） 11，14～16，117，165，238，335，428，440，670，686

北方心泉 521

本居宣长 512，675

俾斯麦 349

毕沅 122，125，128～130，136

毕祖成 358，658

卞崇道 334，335，374，671

滨野〔定〕四郎 110

波普 68

波特，T. M. 24，167，240，253，676，681

伯夷 267

博尔赫斯 298，674

布朗 290，590，678

Baer, Karl Ernst Ritter von（冯·拜尔） 23，169

Bagehot, Walter（柏捷） 86

Bancroft, Hubert Howe（赫伯特·霍威·班克罗甫特、班古罗夫、バンクロフト） 633

Barker, Ernest 85，92，691

Barrows, John H. 299，667

Becker, Howard 236，691

Bell, J. Adam Shall von（汤若望） 152，659

Bender, Wilhelm（威廉·本德、ベンデル） 376，381

Benoist, Michel（蒋友仁） 4，153，656

Bentham, Jeremy（边沁、宾丹） 23，85，92，104，413

Bergson, Henri（柏格森） 607，611～615，655，657，660，665

Berkeley, George（乔治·贝克莱） 425，426

Björnström, Frederik（フリドリック·ジョンスツロム） 618，632

Blumenbach（布鲁门巴哈） 165，181

Bluntschli, J. C.（伯伦知理） 270

Bowler, Peter J.（彼特·J. 鲍勒、彼特·鲍勒） 77，169，177，206，213，691，692，670

Brahe, Tycho（第谷） 139，151～155，157，159，248，289，414，439，527，606，628

Bray, Charles（查尔斯·布雷） 84，151～153，158，159

Breslau, Daniel 29，104，151～153，158，159，245，289，321，691

Brinkley, Alan（艾伦·布林克利）
177, 669

Brinkworth, Martin（马丁·布林克沃思）172, 676

Bruno, Giordano（乔尔丹诺·布鲁诺、勃卢那氏、ブルーノー氏）400

Bryant, William Cullen（威廉·卡伦·布莱恩特、普来乌德、ウィリアム、カルレン、ブライアント）636

Busk, George（乔治·巴斯克）22

Butler, Leslie　115, 691

蔡乐苏　59, 671

蔡尚思　7, 149, 656

蔡少卿　46, 192, 202, 656

蔡文锦　576, 671

蔡邕　159

蔡元培　37, 101, 311, 335, 367, 371～375, 388～402, 464, 509, 612, 657, 660, 673, 676, 681

蔡志栋　11, 671

仓修良　1, 655

曹伯言　48, 228, 610, 656

曹操　266

曹础基　8, 653

曹聚仁　491, 605, 655, 671

曹昇之　521, 655

曹耀湘　119, 120, 653

岑麒祥　550, 671

曾纪泽（曾劼刚）　45, 87, 193, 657

曾琼瑶　139, 656

柴绍炳　549

长久保赤水　558

常潇琳　336, 676

陈白沙　353

陈伯平　584

陈独秀　605, 608, 609, 612

陈黻宸　284, 336

陈鉴亭　1

陈锦涛　188

陈兰甫　508

陈力卫　47, 221, 671

陈平原　10, 12, 139, 237, 343, 372, 399, 501, 505, 654～656, 671

陈启伟　357, 672

陈去病　584

陈士可（陈毅）　574

陈天华　227, 661

陈万成　171, 187, 672

陈望道　491

陈玮芬　335

陈旭麓　314, 426, 455, 577, 656

陈学然　11, 557, 672, 676

陈雪虎　11, 672

陈一容　194, 672

陈寅恪　563, 656

陈垣　158, 529, 672

陈铮　31, 127, 357, 623, 656

陈志杰　177, 670

陈仲夫　268, 653

陈继东（陳繼東）　11, 76, 304, 512, 670

成吉思　621

成玄英　93, 496, 519

乘竹孝太郎　110, 236, 242, 253, 282, 634, 663

程颢　125, 653

程树德　267, 652

程颐　125, 653

池辺義象　525, 687

舩山信一　402, 406, 457, 692

村井知至　241

村上こずえ　409, 665

村上专精　345

村田雄二郎　145, 649

Calhoun, Craig　29, 104, 245, 289, 691

Camper, Petrus（坎珀）　181

Carlyle, Thomas（卡莱尔）　23

Carpenter, William Benjamin（卡彭特、克明太氏、カーペンター）　22, 23, 26, 38, 79, 169, 171, 173, 175, 177, 178, 181, 182, 184 ~ 188, 190, 226, 229, 395~397, 665, 693

Cartwright, John　69, 691

Cassirer, Ernst（恩斯特·卡西尔）　238,

671, 692

Chapman, John（约翰·查普曼）　22, 23, 69

Comte, Auguste（奥古斯特·孔德）　23

Copernicus（哥白尼）　3, 4, 139, 151, 153, 605

（鲁）悼公　129

大岛正德　366

大谷光瑞　582

大槻文彦　552

大连　623, 624

大山昌道　346, 517, 646, 676

大田锦城　519

大庭修　569, 570, 682

大隈重信　33, 35, 242, 286, 541

戴望（戴子高）　38, 122, 130, 138, 513, 562, 568~570, 597, 602, 641

戴震（东原）　14, 39, 266, 267, 492, 498, 499, 655, 689

岛田翰　564, 567 ~ 569, 571 ~ 574, 576, 580, 583, 603, 642, 643, 656, 679

岛田重礼（篁村）　542, 566, 573

德富苏峰（德富猪一郎）　7, 32, 666

德贞　170, 624

邓实（邓秋枚）　573, 579, 582, 585, 587, 591, 592, 596, 642

荻生徂徕（茂卿、物茂卿）　513, 558,

570, 641, 642

荻生观（物观） 557, 558, 648

荻生茂博 335

丁惠康（叔雅） 575

丁韪良 532

丁文江 208

町田三郎 511, 512, 593, 672, 690

东方朔 267

东乡平八郎 358, 658

董国炎 10, 684

董家遵 59, 656

董婧宸 11, 330, 476, 513, 654, 672

董康（授经） 572~575

董元度（曲江） 575

董仲舒 3

杜甫（杜工部） 195, 578

杜玲玲 237, 343, 372, 399, 656

杜鲁瓦 355

杜台卿 558

杜亚泉 371, 372, 394, 395

杜预 651

杜泽逊 567, 656

渡边治 110

渡辺和靖 340, 364, 370, 424, 443, 690

端方 475, 479, 583, 584, 599, 647

段玉裁 131, 132, 266, 500, 501, 549, 652

Darwin, Charles（达尔文、兑尔平、达文、达尔尹） 3~6, 22, 26, 30, 40, 47, 95, 99, 106, 113, 165, 166, 171~173, 177, 203, 206~209, 212~218, 220, 221, 225, 228~230, 248, 288, 289, 292, 299, 331, 338, 353, 361, 362, 364, 370, 380, 385, 419, 607, 610, 613, 616, 639, 666, 671, 677, 679, 681

Descartes, René（笛卡儿、埒加尔多） 68, 139, 169, 172, 352, 605

Dewey, John 19, 693

Diaz, Emmanuel（阳玛诺） 151, 661

Dikötter, Frank（冯客） 165, 166, 672

Doubleday, Thomas（汤姆斯·道布尔戴、道布尔戴） 175, 666

Duncan, D. 56, 666

Duncan, Mitchell, G. 106, 692

Dunkit（苍格、ヅンキット） 632

恩诂 582

恩铭 584

儿岛献吉郎 514, 516, 542, 547, 552, 644, 648

Eden, Martin（马丁·伊登） 29, 658

Eliot, Charles William（查尔斯·艾略

特）27

Elliot, Hugh（休·艾略特）614,
667

Elliott, Walter 300, 693

Ellis, Havelock 667

Elwick, James 255, 693

Emerson, Ralph（爱默生）23

Everett, Charles Carroll（查尔斯·埃弗
雷特、チャールズ·エヴェレット）
241

番太郎 560, 561

樊克政 566, 657

范甯 651

范文虎 621

范晔 652

范祎（丽海）611

范缜 120

方昌杰 334, 672

方豪 154, 672, 674

方笑天 165, 679

方行 7, 149, 496, 656

房鑫亮 599, 601, 602, 604, 661

房玄龄 159, 160, 652

费希特（费希的）353, 413, 416,
615

冯桂芬 39, 661

冯锦荣 154, 672

冯契 69, 525, 696

冯天瑜 265, 673

弗洛伊德 240, 671

服部繁子 543

服部宇之吉 16, 30, 37, 344, 514,
522, 536, 542~546, 557, 559,
560, 644, 665, 677, 683

浮田和民 30, 35, 242, 258, 303, 307~
310, 332, 333, 656, 665, 675, 679

福岛仁 14

福武直 236, 673

福泽谕吉 17, 31, 194, 523

付慧琴 365, 658

副岛苍海（副岛种臣）520, 532,
533, 646

傅佛果 512, 673

傅兰雅 188, 202, 656

傅斯年 120, 477, 563, 656, 657

富冈谦藏 583

富世平 190, 653

Fenollosa, Ernest Francisco（芬诺洛萨、
フェノロサ）32, 244, 338, 339

Fiske, John（约翰·菲斯克）22, 27,
46, 667

Francis, Mark（马克·弗朗西斯）56,
92, 206, 693

Frankland, Edward（爱德华·弗兰克
兰）22

Furtado, Francisco（傅汎际）150,

151, 153~155, 653

甘孺 583, 584, 592, 657

甘阳 238, 672

干春松 455, 678

冈百世 220, 231, 361, 362

冈本保孝 343, 518, 646

冈本监辅 618, 625, 630

冈鹿门(千仞) 160, 220, 361

冈田虎二郎 242

冈田正之 548, 552, 553

高坂史朗 101, 673

高坂正显 33

高保康(龚甫) 586

高濑武次郎 335

高平叔 101, 367, 371, 389~398, 400, 401, 464, 657

高瑞泉 173, 673

高山林次郎 523, 664

高田淳 11, 14, 687

高野雪 514, 680

根本通明 344, 346, 348, 359, 519, 520, 536, 546, 559, 560, 646, 664

耿定向(耿天台) 261, 654

公孟子(公孟)子 118, 133~135

公羊寿 651

宫崎寅藏 165

龚未生 123

龚颖 261, 335, 673

龚自珍 173, 566, 657

沟口雄三 261, 673

古城贞吉 194, 543, 672

谷本宗生 409, 665

顾颉刚 50, 507, 557, 657

顾学颉 190, 654

顾炎武(宁人、顾亭林) 39, 330, 473, 493, 549

关尹 353

馆森鸿(馆森万平、馆森袖海、袖海生) 42, 130, 220, 221, 231, 336, 345~349, 354, 356, 358~363, 369, 373, 403, 446, 515, 517~522, 532, 560~562, 645, 646, 657, 676

光钟石士 96, 111, 661

归青 521, 655

桂湖村 646

桂林(竹君、桂竹) 349, 351, 355, 356

郭诚永 11, 330, 654

郭驰洋 11, 671

郭连友 374, 512, 681, 684

郭沫若 616

郭璞 471, 652

郭庆藩 93, 94, 162, 266, 496, 653

郭世荣 171, 678

郭嵩焘(郭筠仙) 45, 94, 192, 193, 197, 658

郭象(郭子玄) 93, 162, 519

郭应传 11, 673

国分青厓 520, 646

国府种德(國府犀東) 522, 524~
526, 536, 546, 559, 647

Galilei, Galileo(伽利略) 4, 139,
606

Galton, Francis(高尔顿、加路脱、フラ
ンシス、ガルトン) 22, 221, 635,
636

Garber, Daniel 277, 693

Giddings, Franklin H.(弗兰克林·吉
丁斯、吉丁斯、ギッヂングス、葛通
哥斯、羯通哥斯、葛通古斯) 19,
103, 666

海衣(カイエ) 634

韩承桦 57, 59, 237, 673, 674

韩非 117, 136, 301, 341, 447, 448,
455~457, 460, 461, 519, 581, 653

韩敏中 45, 73, 673, 677

韩愈(昌黎) 1, 124, 125, 129, 130,
136, 352, 450~453, 521, 654

何广 227, 661

何九盈 472, 674

何宁 126, 448, 653

何启 265, 657

何钦 139, 674

何畏 616

何休 306, 651

何晏 267, 651

何英莺 512, 673

河田罴 522, 558, 648

河野荃汀 646

荷田春满 512

贺麟 98, 283, 403, 674

贺茂真渊 512

赫德 265, 657

鹤源定吉 218

黑格尔 34, 98, 251, 446, 508

洪兴祖 598, 653

侯书勇 591, 684

侯外庐 9, 13, 403, 674

后藤朝太郎 550, 551, 553~555,
557, 645

后藤新平 286

胡翠娥 240, 671

胡江波 207, 234, 659

胡敬斋 353

胡礼垣 265, 657

胡朴安 117

胡适(适之) 2, 12, 48, 76, 95, 139,
228, 493, 610, 612, 656, 659,
672, 674

胡寿文 299, 656

胡文英 487

胡新和 115, 681

胡毅　309，657

胡珠生　446，474，569，657

虎石惠实　408

戶水宽人（戶水寬人）　523，525，528～
　533，535，633，647，687

华蘅芳　171，202，661

华盛顿　39，255，290，582

桓魋　135

皇甫湜（皇甫持正）　521，565，654

皇侃　274，557，558，568，642，652

黄百家　153

黄翠芬　11，674

黄杲炘　48，656

黄晖　3，162，487，653

黄节　12，471，474

黄侃（黄刚）　449，482，501，510，
　594，600

黄克武　59，76，95，122，237，674

黄绍箕　479，571，572

黄宣民　9，403，674

黄濬　193，657

黄以周　132

黄自进　221，671

黄宗羲　153

黄宗仰　408

黄遵宪　31，127，357，623～625，
　656

黄東蘭（黄东兰）　523，686

彗广　56，110，111

惠栋　133，266

惠铭　588

Haeckel, Ernst（恩斯特·海克尔、海克
　尔）　6，183，217，404，419，424～
　426，467

Happer, Andrew Patton（哈巴安德）
　143

Hardy, Thomas　25，667

Harrington, Anne　693，169

Hartmann, Eduard von（冯·哈特曼、哈
　特曼、赫尔图门、ハルトマン）　101，
　300，315，333，365，368～370，376，
　377，382，386，405，416，527，662

Harvie, C.（哈维）　45，673

Hawkins, Mike（迈克·霍金斯）
　183，693

Hayes, W. M.（赫士）　143

Herbart, Johann Friedrich（约翰·赫尔
　巴特、ヘルバルト）　410，412，
　421

Herschel, John Frederick William（侯失
　勒、赫歇尔、矦失勒）　22，141～
　143，145，146，150，151，158，
　161，162，661

Herschel, William（威廉·赫歇尔）　145，
　146

Hirst, Thomas Archer（托马斯·赫斯

特) 22

Hobbes, Thomas(霍布斯、赫柏斯、ホッブ
ス) 251, 303, 676

Hobson, Benjamin(合信) 143, 170,
181, 187, 657

Höffding, Harald (哈格尔德·霍夫丁、
ホェフヂング) 421

Hofstadter, Richard 694

Holm, Frits V. (何乐谟) 582

Hooker, Joseph Dalton(约瑟夫·胡克)
22

Huxley, Thomas(赫胥黎) 2, 4, 6, 7,
21, 22, 26, 40, 59, 95, 107～109,
113, 145, 167, 171, 204, 254～256,
258, 333, 337, 362, 657, 685

Huyghens, Christiaan(惠根斯) 139

嵇康 221

吉田熊次 407

吉原達也 525, 687

吉原丈司 525, 687

纪平正美 407

纪昀(纪晓岚、纪文达) 4, 574～577,
655

加地伸行 15, 689

加茂贞次郎 646

加藤弘之 6, 7, 30～33, 217, 218,
256, 344, 347, 432, 467, 542,
619, 634, 635, 663

加藤玄智 379

加藤照麿 344, 635, 663

家永丰吉 523

贾公彦 651

笕克彦 531

建部遯吾 238, 242, 258, 524,
664

箭内亘 558

江湄 12, 674

江慎修 500

江熙 274

江晓原 150, 153, 675

姜义华 5, 10, 42, 59, 76, 96, 116,
126, 141, 165, 266, 277, 305,
358, 386, 471, 655, 657, 675

蒋春红 512, 675

蒋斧 591, 596

蒋功成 221, 675

蒋俊 308, 675

蒋维乔(蒋竹庄) 343, 372, 399

蒋友仁 4, 153, 657

焦循 74, 657

角田柳作 61, 105, 106, 108, 109,
311, 615, 635, 663, 664

结城蓄堂 39

金海民 435, 659

金吾伦 115, 681

金岳霖 612

金泽庄三郎 550

金子坚太郎 32，478，647

津田真道 357

近藤邦康 14，665，675

近藤重藏 558

井上密 531

井上圆了（井上圆了、井上円了、井上甫水） 15，30，34，36，37，54，334，336，343，344，347，358，360，367，370～378，388～398，400，401，403，406，443～447，455，457～460，463，464，478，663，671，676，681，688，691

井上哲次郎（井上哲、井上巽轩） 16，21，30，33～36，42，53，54，100，101，218，221，224，232，250，316，331，333～361，363～371，373，375，377，379，381，383，385，387，389，391，393，395，397，399，401～409，411，413，415，417～435，437～447，449～455，457～468，477，515，519，542，545，555，582，608，615，619，646，650，658，662，663，665，671～673，676，686～688，690，691

井上正勝（井上正胜） 347

井伊直弼 620

景海峰 358，675

久保天随 511，687

菊池大麓 583

橘仪一氏 588，589

Jansen, Marius B.（詹森） 31，684

Johnston, Ian 146，666

Joseph, Edkins（艾约瑟） 142，656

康有为 9～11，16，37，41～43，49，76，86，96，98，116，118，120，121，126，127，131，165，187，221，266，277，305，306，326，333，348，357～359，374，376，386，399，471，519，533，536，577，585，586，605，629，639，657，658，677，678

亢仓 353

柯为良 170

孔安国 651

孔广森 499

孔祥吉 145，649

孔颖达 342，651

孔子（仲尼、宣尼） 39，76，103，117～120，124～126，128，129，133～138，238，264，267，268，274，305，306，353，363，439，516，524，526～528，533，536，540，543～546，555，559，577，586，609，623，628，644，646，665，677

Kant, Immanuel（伊曼努尔·康德、康德、韩图、堪德、カント） 34，68，69，98，101，145，341，344，353，363，

405, 408, 413, 416, 424, 524, 525, 615, 639, 661, 667

Keble, John(约翰·基布尔) 70

Keevak, Michael（奇迈克） 165, 679

Keller, Albert Galloway 30, 669

Kepler, Johannes（刻白尔、开普勒） 4, 153

Kidd, Benjamin（基德、本杰明·基德、伽得、颉德、ベンジャミン・キッド） 22, 26, 61, 104～107, 109, 311, 377, 382, 615, 662

Kipling, Rudyard 667

Koeber, Raphael von（科培尔、科贝尔） 101, 368

Kuhn, Thomas S.（托玛斯·库恩） 115, 693

郎宓榭 142, 675

劳乃宣 475, 507

老聃（老子） 2, 8, 125, 203, 363, 447～449, 451, 452, 646, 652

黎难秋 158, 658

黎庶昌 125, 126, 130, 558, 572, 658

李充 274

李大钊 609, 612, 616, 658

李道和 558, 675

李德顺 582

李帆 12, 526, 675

李光地 266

李浩生 308, 309, 656

李鸿章 38, 165

李立業 374, 691

李隆基 652

李庆 512, 514, 550, 676

李锐 74

李善 141, 142, 266, 653, 656, 661

李善兰 141, 142, 656, 661

李申耆 266

李审言 576, 577, 642, 671

李石岑 612～615, 658

李石曾 480, 492

李书城 227

李天经 152

李贤 652

李详（李审言） 573, 576, 577, 642, 671

李孝迁 523, 557, 676

李俨 188, 202, 656

李燿仙 473, 658

李冶 74

李之藻 151, 153～155, 158, 653, 672

李贽 261

利玛窦 40, 150, 151, 658

笠松和也　345，686

连清吉　511，672

梁启超（梁啓超、梁卓如、饮冰子、梁任公）　12，17，37，38，41，42，47，49，50，76，86，91，100，105，106，108，109，122，123，131，134，171，173，191～197，202～204，219～221，234，235，259，270，277，305，307～309，311，333，335，347，348，358，361，362，374，376，378，454，481，500，507，523，524，658，674～677，679，682，683，691

梁实秋　77，659

梁漱溟　612

梁涛　11，627，655

梁小进　45，94，192，197，658

梁运华　117，572，655，659

梁展　165，186，676

廖平（廖季平）　472，473，586，658

廖钦彬　374，676

林传滨　350，659

林国基　25，670

林俊宏　346，517，646，676

林美茂　336，374，676，681

林启彦　42，680

林少阳（林少陽）　12，676，691

林泰辅　16，37，514～516，542，547～550，555，557，564，592，593，598，603，641，645

林廷玉　374

林翔　478，676

林义强　14

铃木义宗　32

凌廷堪　131，685

令尹子上　529，530

刘鹗　592

刘风　114，684

刘禾　165，186，676

刘恒　529

刘绍宽　572

刘师培（刘申叔、刘光汉）　10，12，37，134，135，138，279，284，449，482，487，498～500，504，510，526，568，586，587，675，676

刘寿曾　130

刘巍　11，676

刘向　598

刘歆　1，168，653

刘秀　387

刘燕谷　111，112，655

刘岳兵　193，335，365，467，543，658，677，686

刘昭　159

刘志惠　87，658

柳下惠　267，624

柳诒征　558

楼宇烈　8，577，652，658

卢文弨　122

鲁哀公　129

鲁迅　7，10，38，164，279，285，286，
299，476，491，508，511，516，541，
605，658

陆法言　507

陆建德　71，677

陆树藩　567

陆心源（存斋）　567，572，577

伦敦，杰克　29

罗布存德（罗存德）　265，358，658

罗福惠　10，558，681，683

罗继祖　43，590，591，593，599，
600，602，658

罗检秋　122，677

罗琨　589，677

罗雄飞　570，677

罗振玉（叔言、叔蕴）　16，37，43，55，
344，513～518，521，522，536，541～
543，545，547，549，551，553，555～
559，561～564，566，568～570，572，
575，578，581，583～593，595～600，
602～604，641～645，648

罗志田　12，495，677

洛克　28，69，353

洛克菲勒　28

吕思勉　134

Lacouperie, Terrien de（拉克伯里、科派
利、テリアン、ドラ、クーベリー）
241，291，525，526，531，534，
562，631，675，680，687

Lamar, Lillie B.　71，693

Lamarck, Jean-Baptiste（拉马克、勒马克）
5，52，98，164，166，169～171，173，
189，205，206，208，213，362，
614，615

Laplace, Pierre-Simon（拉普拉斯）
145

Layard, Austen Henry（奥斯丁·莱亚
德）　469

Legge, James（理雅各）　203

Leibniz（莱布尼茨）　277，279，693

Letourneau, Charles Jean Marie（查尔
斯·勒图尔诺）　530，531

Levine, Donald N.　251，693

Libet, Benjamin（本杰明·李贝特）
614

Lidwell-Durnin, John　178，226，693

Lotze, Rudolf Herman（鲁道夫·赫尔
曼·洛采、洛采、ロッチエ）　408

Lowell, Percival Lawrence（罗威尔）
161

Lubbock, John（约翰·卢伯克、拉备科、
ラボック）　22，299，384，638

Lyell, Charles(雷侠儿、查尔斯·赖尔)
　　22, 26, 38, 171, 202, 661

马采　32, 675

马场辰猪　32

马建忠　165, 659

马君武　57, 609

马礼逊　265, 305

马茂元　125, 654

马其昶　125, 451, 654

马强才　11, 677

马融　267

马勇　10, 11, 123, 143, 456, 473,
　　483, 497, 501, 507, 509, 510,
　　654, 677

马宗汉　584

麦都思　265

麦孟华　192

毛亨　651

毛奇龄　549

毛西河　487

毛先舒　547, 549, 645

毛泽东　616, 617, 659

茅海建　305, 677

冒广生　576

枚乘　521

梅尔茨, 约翰·西奥多·　462

枚皋　521

孟子　118, 119, 124～127, 133～135,
　　306, 353, 439, 519, 555, 556, 558,
　　570, 642, 652

孟琢　11, 677

末冈宏(末冈宏)　335, 691

墨翟(墨子)　68, 69, 116, 118～129,
　　131～139, 335, 353, 528, 653, 674,
　　677

木村正辞(欟斋)　553

牧野谦次郎　646

Macgowan, Daniel Jerome(玛高温)
　　171, 202, 661

Mackenzie, John S.（麦肯齐、陌京齐、
　　マッゲンシー）　244, 250, 277,
　　279

Malthus, Thomas Robert(马尔萨斯)
　　175, 177, 188, 217, 223

Marques, José Martinho(玛吉士)　186,
　　187, 656, 685

Marx, Karl(卡尔·马克思、马克思、麦喀
　　士、カアル·マルクス)　107～109,
　　167, 290, 296, 679, 683

Matthew, H. C. G.（马修）　45, 73,
　　638, 673, 677

Mayr, Ernst(恩斯特·迈尔)　4, 5,
　　176, 206, 672

McCabe, Joseph(约瑟夫·麦克布、麦
　　开柏)　609～611

McClelland, J. S.（约翰·麦克里兰）

26, 64, 92, 684

Mendel, Gregor(孟德尔) 611

Metzger, Thomas A. (墨子刻) 68, 69, 677

Mill, John Stuart(约翰·密尔、弥尔) 23, 353, 454

Mitchell, Arthur (密 启 尔) 613, 656

Mohr, Michel 237, 693

Moore, James R. 27, 99, 693

Morrison, Robert 304

Morse, Edward S. (莫斯) 338

Mozley, Thomas 71

Müller, Max (麦克斯·缪勒、缪勒、马科斯牟拉、マクスミューラー) 365, 469, 550, 636, 662, 667

拿坡仑 39

那晋 582

那珂通世 531, 532, 558, 648

那萨尔 355

南条文雄 445, 446

内田良平 393, 489

内藤湖南 512, 514, 554, 561, 583, 665, 673

籾山衣洲(逸也、逸) 80, 127, 134, 138, 143, 211, 267, 274, 287, 330, 353, 466, 554, 558, 569, 598, 642, 645, 660

倪海曙 494, 497, 678

鸟居龙藏 556

聂馥玲 171, 678

聂绀弩 609, 611, 660

钮琇 190, 655

Nakhunte(尼科黄特、ナクフンテー) 632

Needham, Joseph (李 约 瑟) 160, 676

Newman, John Henry(约翰·亨利·纽曼、纽曼) 70~72, 677

Newton, Isaac(艾萨克·牛顿、牛顿、奈端、牛董) 4, 5, 19, 23, 40, 52, 64, 114~117, 139~145, 148~150, 153, 155, 160, 162, 163, 353, 380, 412, 606, 615, 656, 661

Nietzsche(尼采) 68, 289, 441, 606, 613, 615, 673, 695

欧几里得 40

欧阳钧 284

欧阳修 581

欧阳哲生 2, 139, 228, 493, 659

Olcott, Henry Steel(亨利·奥尔科特、奥尔廓德、オルコット) 639

Osterhammel, Jürgen(于尔根·奥斯特哈默) 114, 684

Owen, Richard(欧文) 79

潘承弼 236

潘德重 56, 678

潘飞声(兰史) 349~351, 355, 356, 369, 659

潘光旦 299, 656

潘光哲 194, 221, 671, 678

潘静如 590, 678

潘祖荫 566

庞俊 11, 330, 654

裴骃 652

彭春凌 5, 11, 16, 24, 45, 57, 58, 76, 116, 147, 148, 348, 375, 396, 455, 469, 484, 511, 519, 605, 629, 639, 678

彭淮栋 26, 684

彭新武 167, 678

皮锡瑞 586

朴昌昱 334, 672

朴齐纯 479

平山周 165

平田笃胤 512

蒲阪圆 572

Peel, J. D. Y. 693

Pelliot, Paul(伯希和) 470, 541, 591, 592, 596, 603

Pfleiderer, Otto(奥托·普列德勒、プライデーデル) 377, 382

Pickstone, John V. 169, 206, 213

Poseidon(波塞冬、泡斯顿、ポサイド

ン) 627

Preyer, William T.(威廉·T. 普莱尔、プライエル) 421

Pritchard, James Cowles(詹姆斯·普理查德) 185

Pusey, James Reeve(浦嘉珉) 95, 166, 288, 679

Pythagoras(毕达哥拉斯、阁龙氏) 453

契冲 512

千贺鹤太郎 355

前岛密 552

钱大昕 131, 132, 153, 657

钱穆 517, 659

钱青 71, 677

钱婉约 512, 567, 679

钱熙辅 142

钱昕怡 258, 679

钱玄同 38, 501, 507, 513, 559, 569, 581, 585, 586, 596, 604, 605, 641~643, 661

钱智修 613, 659

钱锺书 120, 679

强朝晖 114, 684

桥川时雄 344, 560

秦九韶 74

琴张 571

清水幾太郎 256, 690

清水卯三郎 552

清泽满之　406

丘淺治郎(丘浅次郎)　3, 664

秋瑾　584

屈原　578

璩鑫圭　228, 546, 679

权德舆　521

全增嘏　145, 661

Quain, Jones(琼斯·奎恩)　187

Quain, Richard　187

饶鸿兢　615

日高真实　355

荣孟源　662

阮元(阮伯元)　153, 514, 558, 563, 569, 570, 603, 642, 655

Rafferty, Edward C.　694

Ranke(兰克)　22, 524, 554, 606, 615, 673

Ratzel, Friedrich(弗里德里希·拉采尔、载路、ラッツェル)　384~386, 639

Reclus, Élie(埃利·雷克鲁斯)　532, 667

Rehmke, Johannes(约翰尼斯·雷姆克、レムケ)　420

Reichenow, Anton(安东·莱切诺、ライヘノフ)　638, 639

Renwick, Chris　694

Retzius　181 Ricci, Matteo(利玛窦)　40, 150, 151, 658

Riese, Ludwig(里斯)　554

Rousseau(卢梭)　39, 289, 606, 673, 695

Ruskin, John(罗斯金)　65

Russell, Bertrand(伯兰特·罗素)　77

三岛毅　514, 516, 643

三浦節夫　373, 374, 444, 688

三浦叶　511, 512, 688

三宅雄二郎(三宅雪岭)　12, 244, 406, 478, 512, 662

桑兵　12, 358, 679

桑木嚴翼(桑木严翼)　69, 334, 344, 522, 524, 527, 528, 628, 647, 664

桑原骘藏　556, 583

澁江保　619, 633, 637

森川潤　33, 690

森春涛　521

森槐南(公泰、大来、泰二郎)　514, 516, 520~522, 547, 549, 554, 557, 644

森纪子　105

森内政昌　316~318, 332, 333, 336, 343, 344, 367, 403, 404, 407~418, 420, 424~428, 431~433, 439, 440, 465, 545

森有礼　31, 32, 552

沙培德　59，674

沙畹　541

莎士比亚　77，659

山根虎臣（立庵）　356

单继刚　167，679

山井鼎　557，558，570，642，648

山梨治宪（稻川）　549，664

山室信一　18，688

山田庆儿　150，679

山下重一　32，56，217，233，236，256，688

山澤俊夫　523，665

尚小明　308，679

少连　267，623，624

邵力子（邵闻泰）　110

设林　353

申彤　303，676

深澤英隆　376，379，686

神田喜一郎　514，564，679

沈曾植　599，683

沈国威　47，151，194，680，682

沈兼士　474，477，482，590，659

沈啸寰　260，653

沈延国　10，149，236

沈禹希　254

石川千代松　221

石川香桂　646

石川祯浩　165，308，680

石井剛（石井刚）　11，14，15，680，690

石田羊一郎　520，522，646

石云里　154，680

实藤惠秀　42，680

史华兹，本杰明　59，93，200，270

史礼绶　228，659

市村瓚次郎　524

释道诚　190，653

释迦　20，117，363，594，601

狩野直喜　512，543，583

叔齐　267

泷川龟太郎　524

舜　93，121，124，133，135，137，516，537～540，553～557，560，645

司马迁　278，652

司马贞　652

斯宾诺莎　363

松本潤一郎　236，242，247，258，690

松本三之介　402，512，689，691

松本文三郎　360

松本秀士　171，689

松岛刚　32，110

松永俊男　217，689

宋教仁　314，426，455，577，656

宋恕　10，123，445，446，474，569，

643, 657

宋翔凤 133

穗积陈重 531

孙宝瑄 284, 659

孙本文 236, 680

孙毕 11, 477, 680

孙登 221

孙江 165, 188, 237, 526, 674,
680

孙启治 116, 653

孙奭 652

孙文（孙中山） 10, 165, 347, 483,
508, 660

孙星衍 122

孙延钊 39, 123, 130, 131, 164,
572, 680

孙衣言 39, 123, 130, 131, 164,
572, 680

孙诒让（孙仲容） 37, 39, 116~118,
121~134, 136~139, 164, 471, 509,
510, 514, 563, 564, 568, 569, 571,
572, 578~581, 587, 591, 592, 598,
600, 603, 642, 643, 653, 655,
659, 680

孙诒棫 446

Sargon（萨尔贡一世、萨尔官、サルゴ
ン） 632

Schmitt, Carl（施米特） 25, 670

Schneider, Wilhelm（威廉·施耐德、西
尼突尔、シナィデル） 384~386,
639

Schopenhauer, Arthur（叔本华、索宾霍
尔、萧宾诃尔、削宾霍野尔、肖宾诃
尔、庵卢知、シヨッペンハウエル、
アルチュール、スコペンノーエル）
16, 21, 34, 35, 44, 54, 101, 232,
299, 312, 317, 318, 323, 325, 331,
340~342, 365~367, 370, 375, 376,
381, 385, 404, 407, 415, 425, 427,
439, 464, 607, 612~614

Schwegler, Albert（阿尔伯特·施韦格
勒、施韦格勒、シュエグレル）
338, 339

Sergi, Giuseppe（朱塞佩·塞吉、セル
ヂー） 421

Sharpey, William 187

Small, Albion（阿尔比恩·斯莫尔）
28

Smith, Adam（亚当·斯密、斯密·亚
丹、私密氏） 23, 39, 213, 453

Socrates（苏格拉底、琐克剌底、索克
氏、ソークラテース） 352, 453,
527, 628

Sorley, W. R. 694

Spencer, Herbert（斯宾塞、斯宾塞尔、赫
伯特·斯宾塞、赫·斯宾塞、史本守、

斯辨施尔、斯边撒、施本思、须边撒、苏边萨、斯宾萨、スペンサー、ヘルベルト・スベンセル） 4～14, 16, 18, 19, 21～32, 35～41, 44, 46, 51～53, 56～65, 67～87, 90～100, 102～114, 145～151, 165～179, 181, 183～185, 187～192, 197～199, 201～227, 229, 230, 234, 235, 237, 240, 241, 243～260, 263～271, 274, 275, 277, 281～284, 286, 290, 291, 300, 303, 307～309, 322～324, 331, 336, 338, 341, 342, 353, 360～365, 370, 377, 389, 396, 414, 424, 425, 428, 437, 463～465, 469, 470, 484, 493, 497, 499, 500, 533～535, 607, 608, 610～613, 615, 655～657, 659, 661～663, 667, 668, 671, 673, 678, 681, 685, 688, 690

Spencer, William George　71

Spottiswoode, William（威廉・斯波蒂斯伍德）　22

Stanley, Henry Morton（亨利・莫顿・斯坦利、スタンレー）　384, 639

Stein, Lorenz von（洛伦茨・冯・施泰因、スタイン）　39

Stein, Mark Aurel（斯坦因）　470, 582, 592

Stirner, Max（麦克斯・施蒂纳、施蒂

纳、斯契纳尔、斯撒纳尔）　279, 435, 659

Strauss, Leo（列奥・施特劳斯）　303, 676

Sumner, William Graham（威廉・萨姆纳）　22, 28, 29, 104, 669

Suzuki, Norihisa（鈴木範久）　695

太田代东谷　519, 520, 646

谭汝谦　42, 374, 680

谭嗣同　7, 9, 148, 149, 172, 173, 221, 655, 656

谭献　13, 123, 143, 305, 341

汤　10, 121, 123, 125, 138, 152, 175, 237, 266, 284, 336, 343, 375, 399, 408, 445, 473, 504, 513, 519, 592, 593, 598, 620, 646, 654, 660, 680

汤斌　266

汤尔和　284

汤志钧　10, 123, 125, 138, 237, 336, 343, 375, 399, 408, 473, 504, 513, 654, 660, 680

唐才常　192, 205, 660

唐科　71, 681

唐良炎　228, 546, 679

唐仁寿　130

唐文权　10, 681

唐振常　399, 681

陶成章　311, 375, 660

陶德民　512, 673

陶榘林　349, 355

藤村操　36

藤井宇平　61, 110, 111, 638, 662

藤田丰八　583

天田铁眼　646

田汉云　125, 660

田口卯吉　523, 524, 686

田洺　177

田中登作　110

田中庆太郎　593

铁铮　99, 117, 232, 279, 328, 392,
　393, 395, 430, 441, 502, 555,
　578

桐城光钟石士　96, 111, 661

童世亨　558

涂长晟　5, 176, 672

屠仁守　450

吐温, 马克　28

Tacitus(塔西佗、佗斯佗士、タシタス)
　634

Taylor, Michael W.　693, 695

Tennyson, Alfred(丁尼生)　45, 48,
　69, 656, 670

Terenz, Jean(邓玉函)　142

Todd, Robert B.（罗伯特·托德）
　184

Turner, Frank M.（弗兰克·M. 特纳）

606, 673, 695

Turner, J. H.　695

Tylor, Edward(爱德华·泰勒、梯落
　路、ティロル)　384, 385, 639

Tyndall, John(约翰·廷德尔)　22

Ueberweg, Friedrich(弗里德里希·乌
　伯维格、乌伯维格、ユーベルウェッ
　ヒ)　338, 339

Urbau(福巴夫、ウルバウ)或 Urbagush
　(ウルバガツシエ)　632

Vattel, Emer(Emmerich) de(埃梅里
　希·瓦特尔、拔德儿、バッテル)
　634

Verhaeren, Hubert(惠泽霖)　154,
　674

Viren, Murthy　695

Vishnu(毗湿奴、韦斯拏、?? シヌ)
　628

外山正一　30~32, 35, 244, 256~258,
　282, 338, 377, 477, 664

汪康年　41, 85, 86, 144

汪鹏　558

汪荣宝　268, 653

汪荣祖(Wong, Young-tsu)　10, 681,
　695

汪叔子　378, 660

汪征鲁　3, 21, 40, 43, 60, 77, 85~
　87, 90, 93, 95, 96, 110, 113, 147,

166, 168, 196, 197, 199~201, 204,
205, 207~211, 214, 215, 219, 225,
226, 231, 233, 234, 240, 243, 265,
270, 277, 283, 333, 451, 465, 660

汪中　122, 125, 660

汪子春　288, 681

王宝平　130, 358, 569, 624, 686

王弼　8, 9, 465, 651, 652

王承绪　309, 657

王充　3, 120, 162, 487, 653

王俦　125, 654

王存诚　609, 660

王汎森　11, 116, 536, 681

王夫之(船山)　172, 191, 192, 222,
653

王古鲁　555, 681

王国维　9, 37, 173, 207, 358, 599~
602, 604, 661

王鹤鸣　477, 564, 566, 586, 588,
589, 641

王宏斌　59, 685

王俊英　512, 681

王力　477, 482, 660

王玲　606, 673

王莽　522, 561

王念孙(王怀祖)　122, 131, 132,
138, 266

王培军　456

王佩良　192, 660

王聘珍　168, 652

王屏　356, 681

王启超　329, 674

王前　233, 681

王青　374, 681

王仁俊　126, 127

王生团　27, 681

王世儒　372, 660

王式通(书衡)　573~577, 642

王韬　96, 142, 143, 158, 203, 660,
662

王天根　5, 59, 682

王文锦　168, 652

王锡阐　158, 660

王先谦　260, 448, 653

王先慎　448, 456, 460, 581, 653

王宪明　59, 239, 682

王翔　31, 684

王向远　401, 661

王晓娟　567, 656

王孝鱼　93, 653

王新生　523, 684

王星贤　260, 653

王扬宗　151, 682

王阳明(王新建)　12, 353, 524

王逸　598

王懿荣　592

王引之　122, 131, 518

王永年　298, 674

王勇　569, 570, 682

王用舟　475

王玉华　12, 116, 682

王照　475

王徵　142

王中江　59, 288, 682

王钟麒　231, 660

韦伯　68, 105

尾佐竹猛　236

魏收　652

魏源　266, 646, 660

魏征　558

文谠　125, 654

文廷式　378, 660

翁同龢　566

沃森，彼特　240

邬国义　308

吴宏聪　616, 659

吴剑杰　47, 50, 591, 660

吴君遂　20, 99, 100, 271, 473, 483, 497

吴丕　288, 682

吴汝纶（吴挚甫）　338, 339, 350, 352, 355, 369, 655

吴义雄　170, 682

吴虞　612, 662

吴震　186, 685

吴稚晖（吴敬恒）　10, 37, 43, 325, 326, 333, 399, 400, 475, 480, 490~497, 502, 503, 508, 660

武島又次郎（武岛又次郎）　483, 485, 488, 490, 637, 638, 665

武田范之（梦庵）　330, 393, 431, 489, 490, 541

Waitz, Theodor（西奥多・魏茨、威知、瓦伊知、ワィツ）　384, 385, 386, 638, 639

Wallace, Alfred Russel（阿尔弗雷德・华莱士）　84

Ward, Cyrenus（齐尔纳斯・沃德）　296

Ward, Lester F.（莱斯特・沃德、沃德、欧尔德、レスタルー・エフ・ワール ド）　22, 28~30, 35, 52, 53, 102, 103, 232, 240, 243~249, 251, 255, 256, 258, 273, 274, 276, 280, 282~284, 288~301, 303, 307, 308, 321, 322, 328, 331~333, 382, 615, 662, 670

Weinert, Friedel（弗里德尔・韦纳特）　172, 677

Weismann, A.（魏斯曼）　221

Wesley, John（约翰・卫斯理）　70

Westermarck, Edward A.（威斯特马

科、ウェステルマルク） 638

Whewell, William（胡威立） 142

Whitehead, Alfred North（怀特海） 139,
155, 156, 282, 283, 328, 329,
333, 606, 674, 695

Wilhelm, Richard（卫礼贤） 224,
670

Williamson, Alexander（韦廉臣） 159

Wilson, Ben 696

Wundt, Wilhelm Maximilian（威廉·冯
特、冯特） 410, 412, 420, 424,
426

Wylie, Alexander（伟烈亚力） 141~143,
158, 160~162, 660~662, 670

西村茂树 31, 432

西晋一郎 408

西田几多郎 334, 402

西周 31, 352, 357, 402, 529, 552

郗萌 160

狭间直树 105, 308, 335, 682

下出隼吉 236, 686

下田次郎 101

夏曾佑 221, 558

夏德 541

夏目漱石 285, 286, 401, 660,
664

夏晓虹 171, 661

萧常 567, 652

萧统 266, 653

萧祥剑 558, 683

小林武 14~17, 99, 103, 237, 313,
316, 336, 341, 375, 378, 404, 416,
534, 535, 618, 619, 627, 632, 638,
683, 688, 689

小柳司气太 39, 365

小崎成章 241, 690

小松原英太郎 461

小野川秀美 14, 688

小野塚喜平次 531

小野梓 242

歇杰尔 353

谢超凡 39, 661

谢辉元 167, 683

谢良佐 267

解启扬 121, 675

谢群 543, 683

谢维扬 599, 601, 602, 604, 661

谢文新 167, 683

谢无量 336

谢樱宁 10, 683

谢永芳 350, 659

新岛襄 35

星野恒 344, 514, 516, 643

星野靖二 241, 690

邢昺 651, 652

熊明遇 154, 672

熊渠 528~530, 633

熊十力 612

熊霜 528~530, 633

熊延 528~530, 633

熊严 528, 529, 633

熊勇 529

熊月之 10, 17, 39, 40, 143, 288,
　661, 683

熊挚红 528, 529, 633

休谟 68

修昔底德 251

徐冰 543, 683

徐澂 604

徐福 545

徐复 10, 11, 484, 627, 654

徐光启 40, 152, 158, 661

徐和雍 39, 680

徐建寅 142, 661

徐锡麟 584

徐治立 329, 674

徐祖正 616

许嘉璐 549, 696

许良越 11, 683

许全胜 599, 683

许慎(许叔重) 8, 122, 499, 500,
　548, 549, 652

许守微 470

许之衡 480, 536, 540

宣颖 8, 653

薛福成 46, 192, 193, 202, 656

薛敬轩 353

荀卿(荀子) 21, 117, 119, 125, 128,
　132, 138, 259, 260, 301, 341, 344,
　371, 410, 484, 485, 519, 522, 527,
　528, 628, 647, 653, 664

荀彧 266

严昌洪 227, 661

严复(严几道、严幼陵) 2~4, 21, 37,
　40~43, 51, 52, 57, 59~61, 72, 76,
　77, 85~90, 92~96, 99, 105, 110,
　113, 114, 144, 145, 147~149, 165~
　168, 171, 174, 189, 196, 197, 199~
　201, 203~205, 207~217, 219, 221,
　225, 226, 229~231, 233, 234, 236,
　237, 239, 240, 243, 265, 270, 276,
　277, 282, 283, 333, 450, 451, 465,
　609, 610, 656, 659, 660, 671, 673,
　674, 682, 686

严既澄 613, 661

严绍璗 17, 335, 511, 514, 564,
　683

严修 479

岩仓具视 33

颜永京 57, 78, 659

颜元 493

颜籀(颜师古) 3, 486, 487, 652

杨度 273,661

杨国荣 76,683

杨立华 165,673

杨鹏 558,683

杨升庵 353

杨士勋 651

杨守敬 558,572

杨枢 479

杨天石 559,661

杨小召 591,684

杨雄(扬雄) 267,268,278,477,
498,509,560,565

杨毓麟 227,661

尧 121,124,135,137,191,516,
537~540,553~557,560,645

姚纯安 59,167,236,284,684

姚奠中 10,684

姚文栋(姚子櫟) 349,355

耶稣 4,104,125,150,152~154,
401,540

叶昌炽(鞠裳、缘裻) 574,576,
661

叶凤美 59,671

叶建军 71,684

叶庆颐 486,661

一木喜德郎 270,531,665

伊壁鸠鲁 413

伊达周硕 244,662

伊藤博文 31,33,478,638,647

伊泽修二 478,479,647

夷逸 267

殷守黑 358

殷惟本 29,658

永瑢 158,652

永原庆二 523,684

由其民 17,684

楢原陈政(井上陈政) 130,569

有贺长雄(有賀長雄) 19,32,100,
104,218,224,236,245,282,283,
339,357,363,377,534,535,618,
631,640,662,665

俞樾(曲园) 13,37~39,122,123,
125,128~130,132,136,343,344,
358,446,471,473,514,518~521,
533,564,569~572,580,581,586,
598,603,642,643,646,655,661,
662,677

虞云国 10,655

虞仲 267

宇野哲人 408

禹 121,125,126,254,486,497,498,
516,526,534,537,538,553~557,
560,621,645

郁达夫 616

郁振华 69,678

渊实 79,279

元良勇次郎　100, 322, 347, 409, 434, 524, 665

袁宏　266

袁森　355

袁世凯　272, 475, 584

袁祖志　486, 661

原坦山　338, 339

原宪　571

源了圆（源了圆）　17, 33, 335, 512, 683, 684, 687

源之熙　623

远藤隆吉（遠藤隆吉）　100, 102~104, 242, 258, 259, 284, 322, 323, 433, 434, 522, 524, 526, 527, 534, 536, 558, 561, 615, 628, 647, 648, 663, 665

Youmans, Edward（爱德华·尤曼斯）　22, 27

翟理斯　541

增田涉　17, 684

张波　206, 671

张伯桢　126

张超　243, 684

张春香　11, 684

张岱年　612

张德彝　355, 356, 662

张东荪　282, 371, 612, 613, 656, 662, 685

张衡　153

张红晖　207, 234, 659

张继　504

张嘉哲　59, 674

张君国　16, 238, 685

张荣华　11, 42, 96, 126, 165, 266, 277, 305, 358, 386, 471, 657, 685

张汝伦　282, 685

张士欢　59, 685

张守节　652

张寿安　131, 685

张寿祺　165, 685

张铁文　78, 685

张廷玉　266

张晓　165, 358, 685, 696

张晓川　165, 685

张雄武　246, 657

张燕婴　38, 571, 662

张永山　589, 677

张昭军　11, 116, 118, 654, 685

张之洞　47, 50, 475, 479, 480, 490, 583, 584, 590, 591, 647, 660

张志强　11, 685

张仲民　237, 673

张资平　616

章可　237, 673

章念驰　11, 12, 654, 685

章学诚　1, 11, 655, 685

赵斌　172, 677

赵利峰　186, 685

赵岐　652

赵清常　574, 575, 577

赵撝谦　549

赵武灵王（主父）　581

赵兴胜　142, 675

赵宧光　547, 549, 645

照井全都（一宅）　343, 515, 518,
　519, 522, 646

真边将之　35, 690

郑杰文　122, 685

郑师渠　12, 602, 685

郑叔詹　544

郑太朴　609, 610, 659

郑维均　208

郑玄　477, 651

织田信长　646

志贺重昂　12, 512

中村正直　31

中岛力造　347, 409

中见立夫　512

中江兆民（中江笃介）　7, 14, 16, 416,
　440, 666, 689

钟叔河　286, 454, 662

钟天纬　96

钟宪鬯　372

钟繇　567

钟永强　95, 679

钟哲　448, 653

钟正懋　548

重野安绎（重野成斋）　30, 37, 42,
　130, 344, 347, 354, 514~518, 521,
　522, 552, 553, 558, 643, 646, 648

重野精一郎　569

周昌忠　463, 684

周东华　16, 238, 685

周公（公旦）　120, 135, 137, 646

周红兵　59, 270, 686

周立人　39, 680

周敏　25, 670

周启乾　17, 684

周晓霞　335, 686

周予同　558, 686

周振甫　168, 653

周振鹤　558, 686

周作人　38, 238, 241, 286, 454, 471,
　510, 511, 605, 662, 678

朱骏声　549

朱谦之　612

朱维铮　10, 12, 141, 265, 266, 483,
　558, 627, 654, 655, 686

朱熹（朱元晦）　120, 267, 268, 508,
　652

朱张　267

诸祖耿　20, 237

竹内楠三　375, 665

竹添光鸿　511, 567, 569

庄周(庄子)　2, 8~10, 79, 93, 94,
　119, 161, 162, 266, 362, 363, 395,
　449, 456, 457, 462, 465, 496, 508,
　519, 585, 653

姉崎正治　14, 15, 30, 34~36, 53,
　61, 100, 101, 104, 241, 271, 310,
　313, 333, 336, 343, 344, 347, 366~
　368, 370, 375~392, 394~396, 401,

403, 416, 426, 446, 627~630, 636,
　638, 639, 662, 664, 665, 678, 686,
　688

邹容　227, 399, 400, 661

邹振环　143, 236, 288, 371, 558,
　686

左丘明　524, 651

左玉河　371, 662

佐藤楚材　569

佐藤豊　15, 374, 687, 688

佐藤慎一　192, 193, 686

后　记

本书书名中的"两洋三语"显示了论题所涉及的空间和文化界域。其实，我自小生活在西南山区长江边上的一个小镇，在 18 岁之前没走出过川渝，当然更没有见过海洋。如今已过不惑之年，写完这本贯穿了我整个青年时期阅读、思考、生活、游学经历的书。除了许多博学又善良的师长之指导，若干专业而包容的学术机构给予的空间，以及个人在可能性范围内的努力，根本上还要归功于塑造这个"可能性范围"的历史和时代。我属于伴随中国改革开放成长起来的一代人。这 40 多年在我看来也许是中国历史的"黄金时代"。

1999 年，我从重庆市巴南区鱼洞镇考入北京大学。就在那 20 世纪的最后一年，有张歌曲专辑叫《我去 2000 年》，"是的，我看见到处是阳光/快乐在城市上空飘扬/新世纪来得像梦一样，让我暖洋洋/……快来吧，奔腾电脑/……18 岁是天堂"。尽管所有的青春都会经历迷茫和痛苦，但回过头来看，新世纪确实像梦一样。工业化、城市化、信息化、全球化以龙卷风般的速度席卷而来。家乡重庆成了拥有赛博朋克建筑美学的知名旅游城市，在依山而建的高楼中再也找不到少年时代走过的泥泞道路。2020~2021 年我在西北城市甘肃武威挂职工作了一年：无论是沙漠边缘的民勤县城，还是祁连雪山下天祝藏族自治县哈溪镇，所有地方都有二维码覆盖，无须使用纸币。在这样的时代回瞰 19 世纪后半叶到 20 世纪初的中国思想史，格外深切体悟到"全球思想流动"的意义，也拥有了在实践上掘发这一命题更多的可操作性。

从 2006 年我涉足章太炎研究算起，至今已经 17 年了。这本书整体思路的形成却极为曲折艰难。我的第一本专著《儒学转型与文化新命——以康有为、章太炎为中心（1898～1927）》（北京大学出版社，2014），以新文化运动反孔批儒思潮的形成为线索，较为集中地考察了章太炎的有关思想。2012 年，我以"中国近代'国学'构想的建立：章太炎与明治思潮"为题，申请了国家社科基金青年项目。"章太炎与明治思潮"这一论域，有小林武先生『章炳麟と明治思潮：もう一つの近代』（研文出版、2006）的珠玉在前。我原先的想法是，以中国近代国学构想的建立为主题，继续开掘这一论域的潜力。然而，在写作涉及章太炎既有文献中已经登场的人物斯宾塞、岸本能武太、井上圆了等的单篇论文过程中，我发现当初拟定的题目和角度虽然都能沾上关系，但终究有些自捆手脚。略加整理已写作的论文，2018 年我先将该项目顺利结项。然而我自己心里很清楚，当时找到的都是若干拼图的块件，缺失的环节和线索使我还没有看清那幅宏大思想地图的完整轮廓。可以说，转换思路，通过章太炎来勾勒全球思想流动图景的深入研究真正开始了。

探查英国哲学家赫伯特·斯宾塞与全球思想史，与英、美、日、中四国近代思想的关系是勘察这幅思想地图踏出的关键的第一步。"进化"的哲学思潮勾连 16、17 世纪的科学革命与 19 世纪生物进化学说，构成了 19 世纪中期以降全球思想运动的主轴。其形成、流衍、变迁的脉络逐渐凸显出来，吸附住了我所关注的对象和问题。而凭借既有研究提示的蛛丝马迹，我找到了章太炎 1899 年在东京和井上哲次郎交往的确切信息。日本近代文化巨人井上哲次郎的"浮出水面"，在思想和人际多个层面衔接起了章太炎周边原本显得零散的日本学人圈，特别是解释清楚了明治思想在沉迷斯宾塞之后的德国哲学转向，从而为追索章太炎从"进化"到"俱分进化"的演进提供了切实的外部思想空间。可以说，这是勘察这幅思想地图过程中关键的第二步。

随着两洋三语思想世界的整体面貌日渐清晰，接下来的工作进度也逐渐加快。一方面，我集中精力完成了《章太炎译〈斯宾塞尔文集〉研究、重译及校注》（上海人民出版社，2021）一书的写作和出版。该书梳理了斯宾塞的百年汉译史，考证清楚原作底本，给予《斯宾塞尔文集》以全球史的审视，重译、校订、注释原作和译作，建构起维多利亚英国与清末中国的跨语际思想时空。在写作本书之前，那些必须要交代清楚的文献方面的基础性问题得到了落实。另一方面，在已然明晰的全球知识图景照拂下，我打通了已经书写的相关论文（那些拼图块件）彼此间的逻辑关系，重新结构了它们各自的内容，使其成为这幅知识图景中有机的存在。顺着这幅图景探寻历史，往往可以柳暗花明地发现此前忽视掉的逻辑环节和关联内容，《章太炎与井上哲次郎哲学的再会及睽离》也成为全书最后才补写完成的章节。

除因为对维多利亚时代的斯宾塞产生浓厚兴趣，而于 2016 年专程前往英国瞻仰他的墓碑，感受那个时代点点滴滴又无所不在的残迹之外，本书书写到的美、日、中三国的知识人和他们生活、学习、工作、交往的地理空间，我在过往十多年的人生中曾屡屡与之"相遇"，而很多是相遇多年后才恍然大悟。

2009~2010 年、2017 年、2019 年我多次到东京大学东洋文化研究所进行访问研究。当时绝没有想到，东京大学正是我要研究的绝大多数近代日本思想人物工作或学习过的地方。我在宗教学研究室阅读到姊崎正治的手写文献，在文学部地下室图书馆里翻看曾任东大图书馆馆长的岸本英夫的文集，而他是岸本能武太的儿子、姊崎正治的女婿。2017 年春旅日期间，我租住的小公寓位于东大本乡校区附近的小石川。小石川的街道颇有些古风，平日里人不多，各式咖啡馆的时代特色很鲜明。几年之后我才知道，章太炎 1899 年旅日期间就曾住在梁启超位于小石川的寓所，井上哲次郎自明治 25 年（1892）开始长期居住在小石川 3 丁目 20 番 11 号，那里正是章太炎和井上哲次郎多次晤谈之所。2017 年秋，我有幸参加了东洋大学主办的国际井上圆了学会第六届学术大会。东洋大学的前身是"哲学馆"，一所由井上圆了创办的大学。此行我还参观了位于中野、演绎井上圆了理念的哲学堂公园。2019 年春夏之交，我住在东大本乡的追分公寓，从那里转过一个街角，就到了东洋大学所在的白山。2014～2015 年我在哈佛大学燕京学社担任访问学者。当时还没有意识到，哈佛大学曾经是美国传播斯宾塞学说的基地，本书涉及的约翰·菲斯克、芬诺洛萨、岸本能武太都曾在这所校园里学习、生活。2019 年初，我到芝加哥参加美国历史学会的年会，顺道去了附近莱斯特·沃德的出生地——伊利诺伊州的乔利埃特（Joliet）。乔利埃特有一所废弃的监狱，曾是美剧《越狱》的拍摄地。那里的萧条、荒芜，让人稍稍与早年面临艰难生存环境的沃德产生共情。

我自己多年的学习、研究经历，竟然与章太炎所牵引出的两洋三语的思想世界有某些重叠的轨迹。仔细想来，这又并非偶然。我们仍旧生活在一百多年前的那代人所经历过的全球思想连锁空间之中，一些关键性的思想交通枢纽和通路依然在强有力地发挥着它们的作用。

感谢离开家乡 20 余年来，为我提供学习、研究、工作机会的各个大学和研究机构，以及我在每个地方所遇到的师长、学友。我从本科、硕士到博士，在北京大学中文系读了 12 年书，又在中国社会科学院近代史研究所从助理研究员、副研究员到研究员工作了11年。陈平原教授是我在北大硕博阶段的指导老师。郑大华教授当年坚持把我召进近代史研究所。人生没有太多个十年，感谢在文、史两个领域帮助和指导过我的所有老师！我从不曾忘记你们每一个人对我的关怀！中国人民大学历史学院近代史方向黄兴涛、郭双林、杨念群、夏明方、朱浒诸位老师其实长期都在关注和鼓励我的研究。2022年9月，我调入中国人民大学清史研究所工作，可以继续向老师们学习如何为学育人。感谢尾崎文昭、黑田明伸、中岛隆博几位老师提供机会，感谢王德威教授、裴宜理教授的邀请，让我在东京大学、哈佛大学进行了较长时间的访问研究。很难想象，如果没有在日、美两国的经历，还会不会有这本书的样貌。我也特别珍惜北京大学人文社会科学研究院，香港城市大学中文、翻译及语言学系给我提供的访问研究机会，谢谢邓小南、渠敬东、钱锁桥、林少阳等好多老师的照顾。

　　本书涉及大量的外文文献，感谢尾崎文昭老师、滨田麻矢、津守阳、裴亮、张晓明、蒋运鹏等师友在解读明治日文文献和德语文献上提供的帮助，感谢石井刚老师、邓芳学姐、王俊文学长帮我查阅、邮寄若干资料，坂元弘子、高柳信夫、陈捷、铃木将久几位老师曾耐心地倾听我的想法，小川利康老师帮助我在早稻田大学图书馆查阅文献，秋吉收老师帮我找到《六合杂志》，陈力卫老师把他的研究成果寄给我，陈继东老师把《日本及日本人》中关于《学林》的资料复印给我，素未谋面的饶佳荣老师也曾热心帮我邮寄资料。总之，我得到过太多在日本生活的师友的帮助，这里虽然没有办法一一写出他们的名字，但深情厚谊是永难忘怀的。

　　本书涉及的若干单篇论文，曾经在中国社会科学院近代史研究所和知名高校每年底合办的全所青年会，由近代史研究所思想史研究室郑大华、邹小站老师操持的多次思想史国际学术会议，以及所里老师们举办的其他重要会议上宣读、征求意见。这些论文还在北京大学中文系陈平原老师、王风老师、张丽华师姐、李浴洋师弟，南京大学学衡研究院孙江、李恭忠几位老师，北京师范大学张昭军、孟琢诸位师友，华东师范大学许纪霖、瞿骏、李孝迁、王传诸位师友，中国人民大学高波、胡恒等学友，首都师范大学文学院孟庆澍老师、袁一丹师妹，北京第二外国语学院国际日本研究中心张晓明老师等主办的会议或讲座上征求过意见。杭州是章太炎的故乡，我在这里参加过多次关于章太炎的专题学术研讨会，感谢章念驰先生和杭州师范大学朱晓江、周东华师友这些章太炎先生的家里人、家乡人的关怀和帮助。东洋大学是井上圆了研究的重镇，感谢佐藤将之老师的邀请，让我有机会在这里参加关于井上圆了的国际会议。会后，井上圆了研究专家三浦节夫先生赠送给我他的著作，告诉我很多圆了的研究资料。如今，三浦先生已经仙逝。2023 年 10 月底，坂元弘子老师去世的消息更让人悲痛万分，难以接受。2016 年底，彼时任职神户市外国语大学的津守阳师姐（现已调任京都大学），在大阪主办了"二十世纪东亚：跨境的文学形式与思想流动"工作坊，让我与日本有关的研究再次在日本接受检验。感谢这些会议、论坛上主持人、评议者贡献的宝贵意见。

本书若干小节曾经以论文的形式在《历史研究》《近代史研究》《抗日战争研究》《北京大学学报》《清华大学学报》《清史研究》《中华文史论丛》《中国现代文学研究丛刊》《广东社会科学》《中国文化研究》《杭州师范大学学报》和日本『国際井上円了研究』、神户外国语大学『外国学研究』上发表。这些论文进入本书后内容和逻辑都进行了或多或少的调整。感谢诸刊编辑部老师的奖掖和帮助，感谢匿名评审者的意见和建议，感谢日文译者的辛苦工作。

本书最后统稿、校订的阶段，正值国内从疫情管控到放开的两三年。面对生活的各种不确定性，紧张焦虑让心绪难以平静。我知道，绝不能烦躁着去做精细活。因此，只有在知晓有一小段时间可以自由支配、心中暂无挂碍时，我才会继续从事本书的修订工作。这也导致工作时间的断断续续，交稿的日期一再后延。然而，就像这么多年学术给我的陪伴一样，只有沉浸在自己向往的学术工作中，我的心情才能慢慢平复下来，体验到没有虚度的时光。

感谢我生活过的每一个城市，它们在不同维度上激发了我对自然、对人类的好奇心，拓展了我对生活边界的想象力。2013 年我在香港得到何教练的健身指导，他用港普夹杂英文告诉我，坚持跑步健身是实现对自己的 commitment，要努力把体重降到一个标准值。十年来，我实现了这个承诺。我一路跑过波士顿的查尔斯河畔，跑在香港、东京、武威的健身房，跑过北京夏秋两季的街道，跑坏了家里的一台跑步机。只有在跑步的时候，我的大脑才没法想任何问题，彻底放松下来。也许是内啡肽的奖励吧，精疲神衰之后跑六公里，的确帮助我找回精力和斗志。希望我的身体机能可以支撑我这样跑下去，跑过下个十年，下下个十年……

感谢章太炎先生，非常幸运遇到了这个研究对象。我以他为立足点，看中国数千年的历史文化，看他周边那些同样出类拔萃的风流人物，看日本明治时代东京的思潮涌动，看近代宇宙和人的观念及其所牵动的宗教、伦理、社会政治学说跨越大西洋、太平洋，在英语、中文、日文三个语言文化圈传播和变迁的历史图景。我的内心日益丰盈。众所周知，章太炎的文章佶屈聱牙、索解艰难，但正是阅读理解上的困难，让我不得不停下想要"奔腾"的脚步，在这个讲求效率的时代，只能"慢下来"一字一句地啃读原典，潜心沉入那个逝去的思想世界。心性也因此得到了磨炼。十多年前，我提交博士学位论文时曾暗暗下决心，要为康有为和章太炎再各写一本书。康有为那本还遥遥无期，我和章太炎的缘分也绝不会在这里终结。

感谢本书的责编李期耀先生，及徐思彦、宋荣欣等师友为本书的出版付出的辛劳。

篇末的话，还是要留给陪伴我最多的家人。对他们，除了感谢，我更多的是愧疚。我的爸爸、妈妈已经年迈体衰，我的丈夫工作强度比我的还大，但他们都在帮我挑各种生活的担子。而我在家几乎是坐在书房，别说帮助做家务、陪着聊天解闷，因为长期处于思考状态，经常是沉默寡言、一脸愁容。我的儿子六岁多了，虽然还很顽皮，但也越来越懂事。只要妈妈陪他玩耍一会儿，他就很开心，表白说"喜欢妈妈"。学术工作无休止地索取着个人时间。我爱诗歌、爱音乐、爱旅行、爱美食，想和家人郊游、漫步，想读收藏的各种画册……这些属于生活的基本要求，却总是被搁置到后面，以致常常难以实现。宇宙无涯，生命短暂，究竟什么样的人生是真正值得过的，生活的哪些部分是可以牺牲的，我还很困惑，还在追问。

2023 年 3 月初稿于北京西二旗智学苑

2023 年 11 月补记于北京中关村

图书在版编目（CIP）数据

原道：章太炎与两洋三语的思想世界：1851~1911 /
彭春凌著 . --北京：社会科学文献出版社，2024.1
（鸣沙）
ISBN 978-7-5228-2650-9

Ⅰ.①原…　Ⅱ.①彭…　Ⅲ.①章太炎（1869-1936）
-哲学思想-研究　Ⅳ.①B259.25

中国国家版本馆 CIP 数据核字（2023）第 200613 号

·鸣沙·

原道：章太炎与两洋三语的思想世界（1851~1911）

著　　者 / 彭春凌

出 版 人 / 冀祥德
责任编辑 / 李期耀
责任印制 / 王京美

出　　版 / 社会科学文献出版社·历史学分社（010）59367256
　　　　　　地址：北京市北三环中路甲 29 号院华龙大厦　邮编：100029
　　　　　　网址：www.ssap.com.cn
发　　行 / 社会科学文献出版社（010）59367028
印　　装 / 南京爱德印刷有限公司

规　　格 / 开本：787mm×1092mm　1/16
　　　　　　印 张：47.5　字 数：616 千字
版　　次 / 2024 年 1 月第 1 版　2024 年 1 月第 1 次印刷
书　　号 / ISBN 978-7-5228-2650-9
定　　价 / 158.00 元

读者服务电话：4008918866